追 / 寻 法 兰 西

RECHERCHES DE LA FRANCE

〔法〕皮埃尔·诺拉 / 著

（ PIERRE NORA ）

刘文玲 / 译

社会科学文献出版社
SOCIAL SCIENCES ACADEMIC PRESS (CHINA)

致我深爱的艾尔菲热

目　录

绪　论

我曾出版过两本关于法国的书：一本是《公共历史学家》，这本书希望通过个人的活动途径来勾勒出时代的特征；另一本是《现在、民族、记忆》，希望通过这三个词，体现出当代历史意识的各个极端。本书是我对法国研究工作的最后一个层面，汇总了我关于法国、法国身份特征以及法国记忆的主要论文。

这部合集的组织结构自然有序，强烈反映了一个统一的形象：一个民族国家在其成熟时期的形象。

虽然这本书分五个章节展开，但在我看来，其中最活跃、最中心的是第三章。在这一章中，罗列了表面上看起来没有什么关系的几个主题：分析用 27 卷写成的 20 世纪初以来法国的历史；研究早已成为遥远记忆的极右派运动；同时唤起对戴高乐主义和共产主义的记忆，而这两种主义 30 多年来都早已从人们的记忆中消失了。这些主题的对照恰恰表达了本书的真正议题，即：国家、共和政体和革命的相互交错。厄内斯特·拉维斯（Ernest Lavisse）的《法国历史》体现了共和主义者的综合分析，希望调解一个来自革命的法国和一个来自旧体制的法国。法兰西运动（Action française）表现的是共和主义相反的一面，是戴高乐主义和共产主义，持有不同政见，同时也表达了在超越共和政体的同时实现共和政体的愿望。因此描绘出这个统一的法国各个时代的曲折道路，直到它的分裂：从 1789 年革命到戴高乐主义和共产主义末期，法国这两个最终版本以不同的程度融合了民族和革命性。从一个全面的民族到一个共同体式的民族，从战斗的共和国到遗产式共和国，从征服性革命到革命思想的枯竭。这是一个混合性民族计划的完结。所有从一开始就已经确定的政治意识形态（社会主义或者自由主义、欧洲主义、独立主义或者生态主义）的突破口只是进一步动摇了这一传统历史身份特征。

马克思从法国看到古典历史的模式，因为从中世纪的封建制度到中央集权的君主制度，从资产阶级的革命政体到无产阶级的斗争，法国提供了一个从历史到纯粹国家政府最清晰、最明了的发展模式①。我倒是很愿意在改变马克思的实践辩证法的同时借用他的这种表达方式。法国是一个在纯粹的国家政府中汇集了大多数支配现代欧洲甚至世界的政治参数的国家。但是，它以独特的方式经历着这种普遍性的共同使命。我通过各种途径所要理解的，通过多次接触所要描述的正是这种独一无二而又奇特的混合：曾经服务于一个即将来临的法国肖像。

在一本关于法国民族独特性的著作中，阅读到一系列关于美国的章节，这一点并不奇怪。因为，在所有离法国最近的国家当中，它们也是离法国最远的国家，是真正反对美国模式的。法国和美国的两次基本革命是在同时代发生的，法国的革命借鉴了美国革命的经验。但是，在旧世界的革命创造了一个世界并围绕世界转了一圈的时候，美国的革命依然只限于美洲大陆。尽管美国内部发生过变化，但是它的宪法一直没变；而法国跌宕起伏的民族命运却强加给法国很多宪法，每次只是在为了更好地同美国相区别时才提起美国。正如美国著名历史学家理查德·霍夫施塔特（Richard Hofstadter）所说的那样，美国是一个"没有意识形态的国家，但是美国就是它自己本身的意识形态"。关于这一点，尽管美国的知识分子生活十分紧张②，但在美国，知识分子没有承担法国知识分子所承担的独特作用，也没有享受同法国知识分子一样的地位。美国因为成立的时间晚（1776 年建立），所以依然生活在奠基人的承诺之下，没有承担我们所要担负的"历史重任"（黑格尔语）。革命、宪政、知识分子、记忆，这四个词、四个方面，通过比较历史，来明确阐述法国模式的基本面貌。

《追寻法兰西》这个书名，在它朴素的外表下，同 16 世纪中叶法国历史学家埃蒂安·帕斯基耶（Étienne Pasquier）的著作《法国研究》（*Les Recherches de*

①　Ce que confirme Friedrich ENGELS dans l'*Avant-propos à la troisième édition du «18 Brumaire de Louis Bonaparte»* [1885], *in* Karl MARX, *Œuvres*, t. IV, *Politique I*, éd. De Maximilien Rubel, Gallimard, «Bibliothèque de la Pléiade», 1994, p. 1098.

②　On en prendra La mesure, pour la Période récente, avec Sylvie LAURENT, «Comment être un intellectuel de gauche aux États-Unis?», *Le Débat*, n°173, janvier-février, 2013.

la France）遥相呼应，可惜现在只有一些专家学者才会想起阅读这部伟大的作品①。对那些非内行的读者来说，最令人吃惊的是，作者以自由的口吻，娓娓道来各种各样的主题，从政治机构到风俗特征，从教堂的历史到语言的起源。读者很快会发现，书的内容和形式统一与一致，方法的新颖性同内容的新颖性紧密结合。也就是通过各种渊博学识的探索，切断了法兰克人是特洛伊英雄后代的神话，确定了（或者说"创造"了）法国高卢人的历史事实，这就意味着在有国王以前，在它的教堂出现以前，在贵族甚至罗马以前就已经有法国了。

不需要进行太多的比较，我们发现帕斯基耶的时代同我们的时代有某些相通的地方，在一个新的时期，即如同蒙田的《随笔集》（*Essais*）中所描述的新的时期（而且帕斯基耶也知道②），我重新采用了他的书名来命名这本书。我们面临着建立线性叙事的同样障碍，本着调动遥远的学识，阐明现状的同样利益，有以历史客体建立法国，通过强有力的合法历史，维护和证明过去的高卢民族，现今的国家体制和共和国政体的必要性，有着同宗教战争时期一样重新定义国家政府身份（过去是君主制度，现在是民主制度）的紧迫性。

最后，也许我们会提出这样一个问题，即在《追寻法兰西》和《记忆场所》之间有什么关系？因为在这本书中我引用了我自己在《记忆场所》中写的几篇文章。《记忆场所》是一项集体工作，它分好几卷出版。这项工作在于研究历史积累下来的有关目前记忆的沉淀物。根据特征，穿越时间，摒弃所有时代的界限。而现在这本书是由我个人的许多文章构成，前后用了50年的时间。这些文章基本上是关于两个世纪以来的法国政治历史。只举两个相近的例子：在《记忆场所》中被视为封存的建筑，就像费迪南·比松（Ferdinand

---

① *Les Recherches de la France* ont fait l'objet d'une édition critique en trois volumes, sous la direction de Marie-Madeleine FRAGONARD et François ROUDAUT, Honoré Champion, 1996. À consulter également George HUPPERT, *The Idea of Perfect History. Historical Erudition and Historical Philosophy in Renaissance France*, Chicago, University of Illinois Press, 1970 ; en français *L'Idée de l'histoire parfaite*, trad. P. et F. Braudel, Flammarion, 1973 ; ainsi que Corrado VIVANTI, «Les Recherches de la France d'Étienne Pasquier. L'invention des Gaulois», in Pierre NORA （dir.）, *Les Lieux de mémoire*, t. Ⅱ, *La Nation*, vol. 1, *Héritage-Historiographie-Paysages*, Gallimard, «Bibliothèque illustrée des histoires», 1986, pp. 215 – 245.

② Cf., notamment, Myriam YARDENI, *La Conscience nationale en France pendant les guerres de Religion, 1559 – 1598*, Paris/Louvain, Éd. Nauwelaerts, 1971, ainsi que, du même auteur, *Enquêtes sur l'identité de la «nation France». De la Renaissance aux Lumières*, Seyssel, Champ Vallon, 2005.

Buisson）的《教育法词典》一样，或者寻找什么样的记忆能够表达"代"的范畴，现今人们可以随时随地甚至以非传递的方式使用"代"的范畴。在这本书中却并非如此，而是将比松那部令人惊奇的《教育法词典》同拉鲁斯词典、米什莱和拉维斯的《法国历史》放在一起，形成共和国化身的长廊，或者寻找法国各"代"接替的延续逻辑性。

不可掩饰地说，在《记忆场所》和《追寻法兰西》之间存在着深刻的密切联系，即表现在主题的交叉关联，笔法的相似性以及目的的相似性。在这两本书中，都不是法国的个人历史，而是以个人的方式书写这部历史。这是一部充满光辉的历史，深入分析它的每一道光芒，都会折射出整部历史的神秘特殊性。

总之，我花了很多时间和精力来关注法国。我曾经开始写一篇论文（可惜从来没有完成），是关于 1914 年战争中德雷福斯事件（affaire Dreyfus）的民族思想。在最终统计政治言论中词语的出现频率时让我失去完成这篇论文的勇气。然而，谁能想到，在半个世纪以后，这篇论文终于呈现在读者面前，它的主题也稍微扩大了一些。它最终也没有摆脱自己的命运。也许这就是命运的讽刺性，它通过各种巧妙的途径和意想不到的迂回辗转，最后还是将我带回到出发点。

皮埃尔·诺拉

第一章
革命的牢固性

一　国家的降临[①]

无论是否是革命赋予了"国家"[②] 这个词以协同作用和能量，毫无疑问，每一种意义对它都很合适。反过来，在国家这个词上又凝聚了三层意义。社会意义：法律面前人人平等；司法意义：制宪权相对于依宪法所创立的权力；历史意义：通过延续性，历史和未来而结合在一起的人类集体。同样对于革命，也为所有这一切赋予了它自己的动力，人们不可能将这一整体性同各种各样的名词区别对待。这些词包括：王国——正是由王国引申出民族，民族是在反对王国的基础上建立起来的；共和国——长期以来是以体制形式为标志；政府——一直受君主制度的重商主义所感染；祖国——一直具有最令人激动最感人的情感含义；最后还有法国一词——法国的身份特征依然是由长期的历史、文化和意愿塑造而成。

*

在一场大规模的运动中，如果沿着长期的发展路线来看，"民族或国家"仿佛是来自远古时代的两种不同词义，突然间快速降临在被颠覆了的社会中，降临在马上就要被神圣化的领土上，同时又被政治化。这里所说的是两种不同

---

① Paru sous le titre «Nation» in François FURET et Mona OZOUF (dir.), *Dictionnaire critique de la Révolution française*, Flammarion, 1988, pp. 801 – 812.

② 法语中 nation 一字既代表国家的意思也代表民族的意思。我们根据原著作者所表达的概念有时会翻译成国家，有时会译成民族。——译者注

词义：一种是广泛的宗教上的跟圣经有关的意义，通过拉丁文的《圣经》和学者的语言传递下去，成为教廷传统（*gentes et nationes*）的承载者，这一概念使民族或国家成为人类物种以及各种自然分类中的一种，而人类物种的自然分类是来自创造神之手；另一种是狭义的解释，将民族同他的来源 [*nasci*，*naître*（出生）] 相联系，将这一概念同小团体、家庭和地方联系起来，这是一种实际经历的概念，将民族同对祖国的情感联结在一起，如同整个大世界中充满敌意的荒漠中的一片自由绿洲。这个概念后来很自然地在流亡和移民群体中被转化成祖国，我们都知道杜·贝莱（Du Bellay）和夏多布里昂（Chateaubriand）先后强调了这一点。13 世纪，各个大学按照四个"民族"（nations）进行重组，而民族的双重定义在这个时期也随之明确了起来；17 世纪初，依然是民族的概念确定了第一部字典，让·尼古特（Jean Nicot）的《法语宝典》（*Thrésor de la langue francoyse*）："不同民族的人聚居在一个城市中共同生活。"这是一个很模糊的概念：一方面，它包括的范围很广也具有学术性质；另一方面，它的含义很狭窄并且很通俗，离我们所赋予的现代意义很遥远。但是，在这个定义中，已经混合了革命所要争取的三个组成部分，突然间变得具有现实意义并且是必要的。这三个要素就是：地理政治构成，中性多样，要求基督教社团的所有其他民族共存；福音派信教构成，具有普遍性和宗教性的潜在性；世俗邻近性构成，正如《法兰西学院法语词典》（1694 年）所解释的那样："在同一个政府领导下，居住在同一个国家，遵守同一个法律，使用同一种语言的所有居民。"这同菲勒蒂埃（Furetière）所给的定义比较相近（1690 年）。他是这样定义的："（民族）是指生活在同一片封闭疆域上，具有某些限制或者受某些控制的广大居民的总称。"1771 年由耶稣会教士编著的《泰晤通用辞典》完全采用了这个定义。

然而，在那个时期，民族和祖国这两个词成为 18 世纪思想界最为发达的研究课题的一部分。18 世纪 50 年代，伏尔泰和卢梭曾经展开过激烈的讨论。关于"祖国"（patrie）的含义，往往同自由、幸福、道德相联系，这些含义来自对古代、对博林布鲁克（Bolingbroke）[他在 1738 年出版了《论国家国王思想》（*The Idea of a Patriot King*）] 式的英国的回忆，或者是对荷兰共和国（又称联省共和国）的回忆。这个祖国的定义有一种世界主义的意思，因而伏尔泰对此持有怀疑，他认为这个定义带有国家的狭隘含义，是在专制政治下的纯粹的幻想。正如《哲学辞典》所指出的："一个好国王的统治下会有一个祖国；但在一个坏国王的统治下根本不会有祖国。"所以，伏尔泰同孟德斯鸠一样，伏尔泰只有在进行描述的时候才会使用"民族或国家"一词，比如"欧洲的北部民族"，或者形容英国为"富有精神而大胆创新的民族"①。而卢梭正相反，他坚持维护各个人民的"民族特色"，保持和尊重每个民族特色。他甚至认为有必要进行公民宣誓，就像他后来在"科西嘉岛宪法计划"（Projet de constitution pour la Corse）提议中对岛民提出的一样："我将我的身心、财产、意愿及一切力量同科西嘉民族结合在一起，我以及我的所有都归属于他所有。我宣誓为他而生，为他而死。"高耶院长（Abbé Coyer）极为赞同卢梭的定义，他在自己的《论旧词"祖国"和民性》（*Dissertations sur le vieux mot de patrie et sur la nature du peuple*）（1755 年）中作了回应。格林（Grimm）却支持伏尔泰的意见，在 1765 年完成《百科全书》第十一卷和第十二卷的时候，以德若古骑士（chevalier de Jaucourt）的笔触确定了一个中立的综合性定义。"民族"是一个"集体词语，用来指称居住在一个国家的疆域上、固定在一定的范围内、遵守一个政府的管理的广大人民的统称"。他还补充说，民族因为它的"独特性"而有所区别。这个定义中立性很强，没有和形容词"民族的，或国家的"（National）这个词条联系在一起；而"祖国"这个词，在长期的发展变化中，总是伴随着"爱国的（人）"和"爱国主义"这样的词。事实上，关于"民族或国家"的思想在整个 18 世纪的讨论和发展是通过议会的传统和国家政府的改革者进行的，而不是在哲学家的讨论中展开的。议会反对皇权的专制和对路易十四派的专制主义的回忆，对于路易十四派来说，"民族不构成法国的主体"，它"完全体现在国王个人身上"，这是世代相传的契约，它将君主制度同"民族"的模糊力量联系起来；而重农主义者和"经济学家"却传播着"民族消费""民族贸易""民族流通""民族利益"，甚至是"民族教育"的思想。

为了使"民族或国家"这个词能够同"祖国"这个词所代表的政治讨论内容衔接起来，立刻增强它的革命意义，就应该在三级会议以及相应的各种小册子和抨击性文章发表之前对它的思想加以凝聚。它很清楚地反映了语义上的含义，就像爱伯哈德·施密特（Eberhard Schmitt）从 1788 年 9 月到 1789 年 5

---

① VOLTAIRE, *Le Siècle de Louis XIV*, éd. de René Pommeau, Gallimard, «Bibliothèque de la Pléiade», 1957, pp. 629 et 617.

月为编录 93 部小册子而做的语义调查一样，还有贝亚特丽斯·希斯洛普 (Beatrice Hyslop) 为编写教区手册 ①，以及黎吉娜·罗宾 (Régine Robin) 为研究奥克苏瓦地区瑟米执行官的行政手册②而做的语义调查一样。民族的思想到处绽放。人们为"议会国家"（nation assemblée）赋予了极大的权力：成立预算，编写法律，修改宗教立法，甚至撰写宪法。然而，任何一种思想也没有形成像埃马纽埃尔、西哀士 (Emmanuel Sieyès) 在《什么是第三等级》(1789 年) 中表达的基本思想那样产生如此强大的影响，如此尖锐的攻击性。根据西哀士的基本思想，要建立革命国家的概念，"如果人们剥夺了特权秩序，国家将不是缺少的部分，而是多余的部分"③。这是一个极为大胆的想法，反映了历史情感的深度：第三等级构成一个完成的国家。边界转移到国家民族群体内部。这个思想取得了惊人的成功，但是在国家原则当中种下了排外的种子，提前赋予国内战争的合法性，在创立国家的同时，也构建了国家的病因。

　　"国家"的正式降临正发生在大革命初期，也就是三级会议的时候。当第三等级抛弃了几个世纪以来对他们的称谓，超出了将他们召集在一起的理性界线，同那年夏天所说的"旧制度"产生断裂时，由此产生了国家。传统的第三等级的授权代表只有一个任务，就是挽救金融危机，寻找补充资源。一旦关系到确定权力程序的问题，他们就以由人民选出的代表组成的同一性质的国民议会代替旧君主制度的第三等级（建立在对各个等级的重要区别和不平等基础上），国家表达自我意识。米拉波 (Mirabeau) 在关于国民议会命名的演讲中提到自治机构 (auto-institution) 的概念，他在 1789 年 6 月 15 日提到："我们都同意我们应该自己成立机构。但是如何成立？以什么样的形式成立？以什么样的名义？第三等级？显然这个命名并不合适。"自称"国家代表原则是一切宪法的基础"，他的同僚们是"法国人民的代表"，而不是"得到法国国家承认的议员"。我们知道，当 1789 年 6 月 17 日讨论结束的时候，在西哀士的提议下，第三等级拒绝他们原来的称谓，要自立国民议会。正如乔治·格斯多夫 (Georges Gusdorf) 指出的那样，共和国所有议会的宪法、立法以及各项规

---

①　Beatrice HYSLOP, *French Nationalism in 1789 According to the General Cahiers*, New York, Columbia University Press, 1934; 2ᵉ éd. New York, Octagon Books, 1968.

②　Régine ROBIN, *La Société française en 1789 : Semur-en-Auxois*, Plon, 1970.

③　Emmanuel SIEYÈS, *Qu'est-ce que le tiers état?*, éd. établie par R. Zapperi, Genève, Droz, 1970.

定的组织工作都离不开词汇的演变①。

三级会议的前几个星期是关键时期。直到那时，国家的思想既没有激起有机的团结一致，也没有集体意识，更没有政治组织构成，新体制在瞬间创建了它的合法性框架。转变成国民议会的形式对价值的政治等级的颠覆起了监督的作用，事实上是赋予国民代表以主权。拉博·圣－艾蒂安（Rabaut Saint-Étienne）在回应西哀士的时候说："教士不代表国家，他只是教士。他是 20 万贵族或者献身于神坛和宗教服务事业的平民的集合。贵族不代表国家。"反过来，取消第三等级证实了旧式词汇的消失和国家的降临，这一点在 8 月 4 日晚上取消封建特权以及其他所有特权形式的时候得以确定。《人权和公民权宣言》第 3 条简单明了地肯定了正负之巅："一切主权的原则根本在于国家。"除了这种法规性的文本外，如果我们还想衡量一下这个词的渗透性以及它所产生的影响，那么就让我们来看一下雅克·戈德肖（Jacques Godechot）找到的一封信。这封信是在占领巴士底狱两天之后，一位不知名的贡比涅居民写给杜埃的一名律师的，信中描述了刚刚在巴黎发生的事件，指出"国民军队"的形成，还写到"以国家的名义接受权利"，"所有军队都是为国家而建"②。

*

这种主权的根本转换，从国王的一切权力来源的神权到享有一切权力的代表议会，这就最终形成了国家的基本框架。议会可以取消它的授权，随之设立的一些体制和制度组织法也会白费，权利关系及国家形态也会发生变化，甚至它作为参考框架及共同存在可以想象的存在形式也将不会再成为问题。但是这种"集体力量诉求"（阿方斯·迪普龙③）并不是革命变化的一个情节，以此来提供情感冲动。在揭开幕帘的那一刻就已经有了剧本，只是历史为它奏起了乐章。10 年来没有一天不在为国家这场大管弦乐增加音符。这里我们只指出几个基本的主题。

---

① Georges GUSDORF, «Le cri de Valmy», *Communications*, n° 45, *Éléments pour une histoire de la nation*, 1987.

② Jacques GODECHOT, «Nation, patrie, nationalisme, patriotisme en France au XVIIIᵉ siècle», *Annales historiques de la Révolution française*, n° 206, 1971.

③ Alphonse DUPRONT, «Du sentiment national», *in* Michel FRANÇOIS (dir.), *La France et les Français*, Gallimard, «Encyclopédie de la Pléiade», 1972.

　　首先肯定的一点就是这种复杂性如此之大，它是同"外国人"交织在一起，并从我们通常所说的西哀士定理引申出来的。这个定理打破了那种抽象的神圣界限，因为太明显而毋庸多说。这种界限自远古以来就将国王同他的臣子们区别开来，从而有利于那些无数的既明显又具体的界限区分。领土界线明确规定了主权领地，在整个 19 世纪，甚至包括 20 世纪很长一段时期，通过历史编撰传播旧体制下法国境内模糊不确定的思想，如同法国的边界培育了自然边境的神话。只是在近代才加以调整（比如，贝纳德·吉尼和达尼尔·诺德曼①）证明这种国家身份的内在主题。司法界线明确规定了人民个人在权利义务上的平等性，对这些权力的实施不是来自习俗惯例，而是法律。心理界线相对来说更加细腻灵活，它使国家具有避难保护的价值，成为团体的延伸物，共同的场所，归属和联结的象征，同领土紧密联结的工具。米拉波有一句话是这样说的："人们不能将祖国带在自己的鞋底下。"这一点没有被高估，正是这一点，国家因为进攻性的潜在力量而拥有的内容才得以加深。自从路易十六开始"背叛"在公民组织法成立时的誓言，将其置于国家权力协议之下的那一刻起，这种进攻性就应该开始转向反对国王以及王后了。它还应该以"人民自主权利"的名义以及"世界和平宣言"这一大胆的外延方式转向反对外来的敌人。1790 年 5 月 22 日，国民议会经过投票通过了"世界和平宣言"。该宣言指出："法国放弃一些征服性战争，他永远不会对任何国家人民的自由实施武力行为。"最后，这种进攻性还应该而且尤其应该用以反对内部敌人。内部敌人开始的时候仅限于同"爱国者"和"民族主义者"相对立的贵族和特权阶级。但是，随着革命进程的加速，政治阴谋不断，革命自我组建思想也变得越来越激进，这就使内部敌人的概念具有无法确定的多样性。

　　长期以来，国家就同这种带有双重含义，既有敌意又有友爱的运动结合在一起。革命在它史诗般和悲剧般的叙事中，在它既具有现实性又具有传奇性色彩中，都散发出同这种既有补充性又具有矛盾性的辩证法紧密相连的情节。回顾每一段历史，它都具有象征意义。比如，革命开始的时候，我们暂且不说 7 月 14 日和 8 月 4 日那伟大的日子，仅就 10 月 5 日和 6 日将国王从凡尔赛宫带

---

①　Bernard GUENÉE, «Des limites féodales aux frontières politiques», et Daniel NORDMAN, «Des limites d'État aux frontières nationales», tous les deux in Pierre NORA (dir.), *Les Lieux de mémoire*, t. II, *La Nation*, vol. 2, *Le Territoire-L'État-Le Patrimoine*, Gallimard, «Bibliothèque illustrée des histoires», 1992, respectivement pp. 11 – 33 et 35 – 61.

回巴黎这两天，这就为国家提供了中心和策源地。从国王"出逃"到瓦雷纳也只是相对于"遣送回国"才产生一定的意义。如果真的要指定一个爆发日期，一个阿方斯·迪普龙所说的引起"民族恐慌"①的爆发时间的话，那么，很明显应该是 1792 年八九月份的危机，也就是说，从导致剥夺国王剩余权力的 8 月 10 日起义到巴黎公社建立的拯救公民政治，9 月份的大屠杀直到瓦尔密战役的胜利。在瓦尔密战役中，凯勒曼指挥的法国中部军团开始是为了废除君主政体，建立共和，但很快又提出"国家万岁"的口号，无论是这场事件本身还是其最终的构成，都颂扬了这场战役的伟大意义。四个月后对国王的审判和处决，罗伯斯庇尔把它称为"国家旨意的行为"，终于将国王和民族这对本不可共处而临时组合在一起的二元因素分离开，而这一切也只是将民族置于自己命运的严厉考验及其统一需求之前。

统一，这是民族身份构成的第二个主题。毫无疑问，最重要的是武装战线的统一，因为是通过武装战线的统一，新的国家和最古老的民族才能相连接。在这里，神圣的使命再一次在相互矛盾中发挥了作用，承担了多种功能，这些功能都是最基本的也往往具有驱除坏命运的功能。

首先，不是出于爱国主义的冲动，而是在强有力的积极性当中，有一种同统一的君主制百年来的努力相连接的东西，这一点在 1791 年《宪法》第二章第一条中得到解释："王国是统一而不可分的。"这一点为后来共和国重新引用的法律规定打下了基础。恐惧持续不断，旧体制被消除，拒绝继承下来的遗产并对其任意挥霍浪费；突然倾心投注在几个替代遗产的基础建筑方面，即"国家、法律、国王"。国家的神秘性很快就同议会、宪法，用以识别国籍的标志，以及后来的国旗、国家名言、国歌和国庆节的统一象征联系起来。这一次，统一确认新的国家意识的决定性时刻就落在战神广场庄严地庆祝联邦国庆日上。关于这一节日，米什莱在他的叙述中曾着重指出，这是法国历史上严格意义的第一次国庆。甚至"联邦"的概念，正如乔治·格斯多夫所指出的那样，肯定了统一以及构成国家各个党派的一致性，尽管他们的政治地位和行政管理规定因承接了各种历史变化而有所不同。"联邦"的概念也符合国家在空间上的占领，符合对被解救的"土地"的结合，符合对阿尔萨斯、萨瓦及科西嘉岛的国家领土归并。这个国庆日表达了取消国家内部边界，取消地区差异

---

① A. DUPRONT, «Du sentiment national», art. cité.

的思想，也充分表达了相互一致，同意将统一的法国置于自由接受的主权之下的意愿。法国的第一个 7 月 14 日的国庆节只是摧毁了君主政体堡垒下的旧体制。联邦国庆节的时候，符合宪法规定的新国王也在场，同时还有教士们的积极支持，在临时的统一意见基础上巩固了新的联盟并建立了重归于好的法国人之间那脆弱的和谐。

其次，还有革命本身强有力的统一工作。正是这项工作激起了人们的热情，激起欧洲和世界对那些灿烂思想的崇拜：那就是旧制度所代表的各种性质和年龄的多样性以及沉淀下来的精华。但这一旧制度本身因为被全盘否定而构成一个整体，在几个月之内经历过统一和中央集权的理性的衡量。根据这种几何学的思想，这种充满了现实主义和乌托邦式的理想主义，具有有益的一面，也有几乎走向狂妄的逻辑思想。关于殖民地划为外省的讨论，正如玛丽－维克·沃左夫－马力涅尼所分析的[1]，恰恰是一个很好的例子。两年以后又同时开展了两项改革，然而它们的命运却截然相反。比如，关于度量衡的改革最终被世俗所接受，而关于共和制的日历制度却遭到人们的反对。一方面，是节庆的气氛，是革命时期充满激情的统一；另一方面，是中央集权的严酷性，是被冷漠无情地被搬上政治舞台的宪政机构以及立法规划。两者之间的差异，让人惊奇地发现，也只有在统一的强烈愿望下才找到彼此共同的目标。

统一，这还是一场大的运动。通过这场运动，哲学家、律师、司法人员以及体制的构建者心中的民族经历了战争的洗礼，经历了领土遭到侵略、旺代叛乱、政权受到威胁以及普遍饥荒的不幸，"祖国处于危机"时刻那种本能的反应，激起了他们对国家民族领土那种农民式的深刻情感。正是如此，在所有法国人的坚持要求下，在 1793 年夏天那场悲剧当中，在 8 月 20 日"全民起义"到 9 月 5 日"将恐怖统治列入日程上来"的这段时间内，战士们和可疑分子的鲜血，英雄主义精神和断头台，这一切将革命的庆典同国家民族结合在一起，将革命国家的伟大重逢同历史上"永恒不朽"的国家伟大时刻结合在一起。在超越民族的激情当中，所有呼吁统一团结的要求掩盖了不断解体的威胁，掩盖了革命超个人主义的爆发，掩盖了社会分裂的现实；而这一切，在历

---

[1] Marie-Vic OZOUF-MARIGNIER, *La Représentation du territoire français à la fin du XVIIIe siècle d'après les travaux sur la formation des départements*, Éd. de l'École des hautes études en sciences sociales, 1987.

史当中，至少在记忆当中都被废除殆尽。

最后一个通过革命联结起来的国家线条因素是普遍性。这里应该强调的是，普遍性具有双重含义，从而赋予其运动的特殊性：一是转向指定特殊的现象发生地点；另一个是可能产生模拟性传播和重复。这不是法国第一次经历选举，每一个民族自认为是独一无二的，这也是很自然的事情。相反，从这个意义上说，革命的经验重复集中在以前历史中最关键的时刻，就是将国家身份同要求自由和反对外来压迫而进行殊死斗争的存在方式相结合的时刻，比如，十字军东征和启蒙时期。奇怪的是，这一次的做法，是打着国家的旗号；同时，分离、限制、分隔、特殊鉴定和团体特殊主义的原则成为普遍化的迫切诉求。法国并不像米什莱所说的那样，是一个具有普遍性、会给其他国家造成干扰的国家。法国是一个具有特殊普遍性的国家。正是在这一点上，此时此刻，通过这些表述、这种语言、这些人、这些行为、这些原则才得以宣布；正是根据这些原则才建立了国家，一个特殊的国家。但是，这些原则被抽象化并重新改变了它们的表现形式。"一个自由的国家从这里开始。"法国这个国家在同样的运动中，在思想输出潜力基础上积累了潜在的抽象思维的资本。

尽管有很多可能的历史解释，这里存在着一个不容易意识到的神话，反映了国家的动员能力和象征能力中最深奥的东西。那些将国家公理化的文章、原则及革命规则只是启蒙时期政治和意识形态范畴上严格的实施办法。但是，在这个范畴上牢固地树立了国家的观念，国家的意识和国家意识形态也得到发展。这一范畴远胜于政治和理性范畴。那些毫无作用的比喻只是对国家意识和意识形态加以描述，却没有给出确定的定义，这些比喻都属于植物、生态、本能的或宗教的范畴。否则的话，人们就不会明白，一个国家，一个由各种宪法机构根据人权建立起来的国家，怎么能够容忍这种浪漫的转化。这种转化，除了受国家理想主义和德国民族概念影响外，还引起各种民族性的所有运动。革命民族一度是从抽象的普遍性转变成具体普遍性的变换器。它是一种错综复杂的混合体，混合了巴吕埃尔（Barruel）在1798年所说的"民族主义"（伏尔泰早先就对此进行过抨击）和普遍的扩张主义。总之，这种混合体很好地解释了革命对外政策的突然转变，那就是：在自由扩张的过程中世界和平宣言如何逐渐掩盖了领土侵占政策；在同其他共和国结盟的时候，如何转变成由法国宣战血洗欧洲整整20年。这就是"大国"的风云变幻。

*

剩下的就要思考（即便是简单地思考也好），革命对法国国家模式所造成的阻碍。这完全在于从君主权向国家主权转变的突然性和极端性，包括这种转变所产生的一切后果。

"旧体制"的消失本身就成为国家降临的首要条件。在快速回顾"旧体制"所有历程的时候，主权国家从一开始就从原则上丧失了构成其真正合法性的 8 个世纪以来时间上的连续性。赋予"国家"一切权力来源的前提就是"国家"曾经存在过。这一基本的断裂对理解法国国家模式十分关键。从某个确定国家降临的象征性时间来看（而且我们也看到了，每一个时间都可以认为是国家降临的象征性时间），革命是在否定国家统一和连续性的基础上建立了国家统一和连续性的活力。这种机制产生长期性的后果。实际上，关于国家，法国经历了两个版本，这两个版本都具有连续性和完整性，而且每一个版本都具有绝对的新颖性。这两个版本：一个是君主制国家，从 987 年于格·卡佩（Hugues Capet）登基之时起就享有长期的王朝权利，在路易十四的统治下，又充分体现了专制主义形式；另一个是革命的国家，这同此前的革命国家，如英国、荷兰或美国有所不同，主要表现在其绝对激进主义原则和扩张能力上。

法国这种国家双重性，我们在别处是看不到的，它一直存在于法国的历史、身份特征及其延续性上。它甚至赋予"国家"这个词某种丰富的内容和自主性，而这也只属于法国才有的特性。这也是法国之所以同其历史、记忆、独特性以及中央集权保持紧密联系的原因之一。在法国，历史与政治永远都承担着缝补国家历史这条"破裙子"的任务，永远都在承担着将两个法国重新建立成一个法国，把两个国家重新建立成一个国家，将两部历史重新组合成一部历史的任务。革命的创建，或者说重建，将一些永恒的"早已存在"的东西转变成持久的挑战，在少有的司法生活和最大的历史精髓之间摇摆不定，永远没有一个明确的定义。德国的国家问题同意大利的国家问题一样，都来自地理的多元性；西班牙的问题来自它的辉煌和颓废之间的交替；英国的问题来自宗教冲突；法国的国家问题来自对国家定义的内在重复性。

第一个国家（即君主国家）不可能被第二个国家（即革命国家）所否定。因此，在不可避免的冲突中建立了法国历史政治这一国家事实。旧法国和新法国、宗教法国和世俗法国、左派法国和右派法国之间的根本性冲突比政治舆论或政治领域中的冲突表现得更加突出。比如，国家身份的各种表现形式，根据想象重新使用旧材料等。这不是彼此同意基础上的一种内部竞争形式，而是国家民族本身的排他性和敌对性表现。国家的每一个派别都自认为自己是唯一合法的权力持有者，希望别人消失，在面对祖国最高利益，尤其是面对战争的时候，都曾经历过背叛的困扰。最能体现法国人缺乏公民意识的是：1914 年，"神圣联盟"驱散了法国人的恐惧，但是 1940 年的"奇袭圣婴"却表现了法国人的现实性。

这就是革命倾向于（对于法国模式的第二个影响）垄断国家思想，将大部分的参考资料集中在革命情节上。首先是象征性参考资料，然后是整个国家象征，包括权利宣言、国旗、7 月 14 日国庆、马赛曲、国家口号等，这些象征在一个空前时期如同开幕典礼的光环一般出现，很快便融入革命的曲目当中。同时还有演说口号、大记事的参考资料、招式曲目、国家机构的神圣性，由负责国防和公民教育培训的主要机构开始组建军队（政治大杂烩的实施很快给它打上国家的标签）和所谓的国家教育（这很快比公共教育更受欢迎）。国家的革命特征甚至走得更远：它通过对教士们和一部分移民财富的国有化运动及财产并对财产进行重新分配；它通过建立档案和纪念性遗产（尽管这些遗产受到封建制度无耻抨击，但被从所谓的"文物破坏"中解救出来，置于国家保护之下）来吸收所有可以见到的君主制度的历史；它调动国土，通过省的划分来进行分区管理，因为遭受"自由敌人"的侵犯而获得神圣特权的庇护。尽管这种占有力很强，但是比起通过想象和表现的占有力来说，也许这还不是那么重要。随着第三共和国的小学教育及重新树立起来的牢固思想，整个国家历史实际上根据革命的主题、理念和思想而被重新改写，从而成为国家历史的中心思想和欧米伽点。

革命对国家形成模式产生的第三个影响，最具决定性的是：生死之间不可避免的辩证法，两种主权形式，即君主主权和民主主权两种形式的衔接，对于这一点，郭舍（Marcel Gauchet）很明确地阐述了它的条件和结果[①]。

在突然之间，国家主权不经过任何过渡形式就替代了君主制度，或者说以

---

① Marcel GAUCHET, «Les *Lettres sur l'histoire de France* d'Augustin Thierry. "L'alliance austère du patriotisme et de la science"», *in* P. NORA (dir.), *Les Lieux de mémoire*, t. Ⅱ, *La Nation*, vol. 1, *Héritage-Historiographie-paysages*, *op. cit.*, pp. 247 – 316.

一种来自底层的权力代替顶层的权力，又或者说以一种抽象的、看不见的但必须具有代表性的概念，来代替集中在国王身上这个可以看得见、代表政府和国家普遍客观职能的权力形象的同时，革命并没有遵循颠覆过程的简单对称规律。随着革命的颠覆，消除了君主权力自身的矛盾，个人权力和客观权力实施的辩证关系自然而然地被转移到国家表现问题上，而这一问题正是君主制度经历过并因此而灭亡的问题。所谓"国家"主权要求权力的普遍性和客观性，突然之间建立起这样一个主权的抽象原则，开启了国家表现形式一个长期的转变过程。对于这些表现形式，法国人从来就没有感觉过随意自在，而且，他们也没有能够选择过，他们一直在两个可能的极端中摇摆不定。一方面，尝试权力客观性，放弃完全不可能实现的有效管理所授予的主权，这种管理有可能会窃取议会权力——因为篡夺国家主权是以人民、启蒙主义或者理性主义的名义进行的；另一方面，又试图重新赋予权力的个体化，放弃天赋人权的权力，这种被认为是人民意愿深刻体现的权力。结果就是要么职能不完善，要么实施专制。从构成国民代表大会的纳税精英管理到拿破仑的君主制度，革命经历了所有国家表现有可能经历的经验，也见识了所有临时登上政治舞台的国家人物。

国家本身内在的不适应性同国家降临的背景有关，它不仅说明了政府管理生活的长期不稳定性，而且革命帝国主义也从中找到根源。郭舍指出：革命国家的扩张主义同"国家原则爆发的性质是一样的，这一原则就是在特殊性中实现普遍性的原则，通过一个偶然的事件普遍性的旧方式引导特殊性偏离了正常轨迹"[1]。使其无法在内部找到平衡，并得以完全实施。征服战争之于革命国家发展日程，如同殖民地化之于共和国家的发展规划一样。因为不曾有过简单的国家，所以会有"伟大的国家"。

弗朗索瓦·福雷（François Furet）明确指出，将国家锁定于大革命之上，这一点最终确定了法国 19 世纪的政治构想，甚至是欧洲的政治构想。但是，是否如他在《革命》一书中的最后一句话所说的那样，随着第三共和国的建立，革命"驶进了港口"呢[2]？事实上，在俄国革命和 20 世纪 30 年代的危机之后，共产主义和法西斯主义的相继抬头，无论是革命左派还是右派，社会主

① Marcel GAUCHET, «Les *Lettres sur l'histoire de France* d'Augustin Thierry. "L'alliance austère du patriotisme et de la science"», *in* P. NORA (dir.), *Les Lieux de mémoire*, t. II, *La Nation*, Vol. 1, *Héritage—Historiographie—Paysages*, *op. cit*, p. 292.

② François FURET, *La Révolution. 1770 – 1880*, t. IV de l'*Histoire de France*, Hachette, 1988.

义和莫拉斯式的王权主义势头不断增强。20 世纪新的冲击层不断为革命国家的原始舞台提供养料。

事实上，为了使因革命而孕育的国家模式变得淡薄，为了使"西哀士定理"不再成真，产生新的国家几何学，应该将 20 世纪后半叶的历史事件慢慢地结合起来。这些事件应该包括第二次世界大战的爆发，苏联和美国两大帝国的崛起，每一个国家都表现了另外一种国家与革命紧密结合的形式。还应该对戴高乐主义进行综合分析，确定它的两个重要时间（尽管这两个时间的划分不是十分清晰）。第一个时间就是保证建立了共和国，而且使今天的法国站在胜利者的阵营中，这是完全出乎人们意料的事情。第二个时间就是：一方面，保证了去殖民地化，使法国成为第一个具有制度体系的国家，关于这一点大部分人都同意；另一方面，传统的国家主权的紧张局势，抑制了欧洲的建立，法国进入核能强国之列，掩盖了自己实际上实力衰退的真相，逐渐忘记了旧话语中辉煌的革命模式。然而这种旧话语却具有相当的普遍性，它既包含了路易十四的话语，也包含了丹东、博絮埃和米什莱的话语。最后还有发展和危机：共产党的衰落，准备接受革命遗产的现代右派的转变，在第五共和国中左派执掌政权，粉碎革命在国家身上打下的烙印（这一烙印依然没有彻底消除）。将这些事件结合起来，就是为了今天在我们眼前描绘一个新的模式，为了革命的国家也能够驶进港口。

二 共和政体的起源[①]

"共和国"（République）这个词同革命及革命的两个重要时间分不开。这两个时间：一个是 1789 年，国家主权代替君主主权；另一个是 1792 年，君主制度崩溃。在法国传统中，共和国这个词一直保留着一种强烈的情感效力和薄弱的制度内容。一方面，这个词反映了遭受威胁的国家和自由运动，正是"共和国"一直在"提醒我们：巴黎只有在掀起它的铺路石的时候才是真正的巴黎"。另一方面，"共和国"这个词是一个中性词，由"公共的事物"（*res publica*）合成，它是一个永远在进行自我研究的体制，它既可以同制度性的君

---

① Paru sous le titre«République» [1988], in F. FURET et M. OZOUF (dir.), *Dictionnaire critique de la Révolution française*, *op. cit.*, pp. 832 – 845.

主制度（如七月的君主制度自称是"最好的共和政体"）结合，也可以同恐怖制度、政变甚至独裁制度相结合。1804 年以后在官方文书中曾一度令人产生这样奇怪的想法："法国的共和国就是拿破仑皇帝。"一方面，是粗暴之人粗犷的形象和"指引人民前进之自由"的英雄形象；另一方面，是陈放在市政府安静的大厅中，莫里斯·阿居隆（Maurice Agulhon）最为重视的玛丽安娜那天真无邪的脸庞。"共和国"是一个陈旧的词汇，是让我们产生最根本分歧的体制。"共和国"这个词具有一种天然的魔力，从来没有失去它的象征性魅力和调动性力量。

共和国的诞生具有双重性，因此，共和国具有根本的矛盾性。它充满了政治文化，但却只是一个空洞的政治形式。共和国能够最终稳定下来的历史基础将归功于它的遗产，即国家主权和政治表现，以及人权、三色旗和国家名言，这一历史基础是在共和国之前，在君主立宪制度下快速继承过来的；或者说至少是从 1789 年 6 月 17 日第三等级自行组建国民议会时开始的。确切地说，由于内部调整以及随着体制的转变而对宪法条文进行修改，我们不只经历过五次共和制。仅在革命时期，我们就经历过吉伦特派统治下的共和国、山岳派共和国、热月共和国、督政府共和国、执政府共和国，甚至还有拿破仑帝国。比如，法兰西共和历经 13 年霜月 10 日的全民表决建立了法兰西第一帝国的继承权，弗朗索瓦·德·纳夫夏托（François de Neufchâteau）在表决后向拿破仑祝贺，说他"将共和国的轮船带进了港口"。但是只以制度的形式来定义共和国的概念是不够的。共和国的深层特征，因为它的政治弹性，源于共和国的文化和传统。在整个 19 世纪的不断积累丰富过程当中，曾经有过共和制哲学，同康德的理想主义并存。还有共和国的道德和宗教。那是朗特纳斯（Lanthenas）[《新共和国道德宣言》（1793 年）] 和沃尔尼（Volney）[《自然法》（1793 年）] 为它们揭开了序幕，并且他们不断地建立这方面的教理书库。还有共和国经济、共和国法律及共和国历史，这些最终都由拉维斯为其书写了一部不朽的著作。甚至还有共和国科学。而且共和国的学习探索远远超出了共和国理性的构建，为此历史学家克劳德·尼科莱特（Claude Nicolet）做了评论性盘查。对第三共和国一个最著名的"综述"，就是对空间、时间和思想的占领。它通过到处自我庆祝来适应新环境的文化，其中首要的也是最后的一个参考现象，确切地说，就是到处炫耀它的革命遗产。

所以说，共和国的遗产具有双重性。这就是，对于法国来说，共和制代表着一种纯粹的经验，它建立在抽象的原则上，从零做起，以国家主权反对君主专政，突然而降，在强烈的国民平等思想的引导下，混合了在一个大国中不可能实现的直接民主；但构成共和国成立基础的原则却没有任何实际实施的规则，不具备任何稳定的内在标准，也没有根深蒂固的社会历史元素。如果希望把共和制看作法国所经历过的唯一通往现代民主政治的道路的话，那么，我们就会发现，法国的民主制同英国的民主制有所不同。在英国的民主制度当中，民主革命是在保留君主制度各项职能的同时进行的，就像美国民主制一样；英国的民主制度的经验从一开始就同地方代表有着根深蒂固的联系。英国的民主是建立在历史基础上的，美国的民主是建立在原则基础上，而法兰西共和国的民主既有历史又有原则。自从 1792 年 8 月 10 日君主政体崩溃以来，共和国革命的心脏就随着这一张一缩的节奏开始跳动起来。

*

从表面上看，在法兰西王国的君主立宪制和按照立法权和宪法建立起来的制度中完全不存在共和政体。在 18 世纪留下的遗产中我们很清楚地看到这一点。事实上，已经建立起来的共和政体把马布利（Mably）或卢梭（Rousseau）当作它的先驱奠基人丝毫没有用处，因为有三点非常明确。首先，共和制这个名称只在学者的讨论当中才会用到，这个名称基本上依然保持着城邦国家的"公共的事物"（*res publica*）这个古老思想，相对于君主制度来说的，它的精神动力建立在市民道德基础之上。共和制的概念，也就是人民直接管理，只适用于有限的政治单位。比如，古代城邦国家，或者是现代的日内瓦，意大利的城市，或者再严格一点儿说，像荷兰这样的国家。但是，对于一个拥有 2500 万人口的大国，一个经过几个世纪早已牢固树立起天赋神权的传统君主制度并且至今依然保留这种制度的大国来说，这种共和制的概念是不适合的。如果说美国最终引进了共和制的概念，那是因为它没有君主制的传统（这可以使它建立独立立法权），也是因为它是一个联邦政府。关于这一信条只有直接民主的少数拥护者才会对它提出质疑，比如，像马拉和"人民之友"或者科德利埃俱乐部（Club des Cordeliers）周围这些人，还有像弗朗索瓦·罗伯特（François Robert）周围这些人。罗伯特是人民联盟中央委员会主席，自 1790年 12 月出版了《法国的共和主义》以来，就被认为是共和党的真正领袖。在那本书中他对国王人格神圣不可侵犯的特征感到愤慨，支持绝对授权的必要性，并指出"除了共和制，其他一切制度都是损害国家的犯罪"。在那个时候，这种思潮很少有人拥护。

不管怎样，直到 1791 年 6 月 21 日瓦雷纳事件爆发，那些后来成为山岳派共和国最纯粹、最坚定的使者们，比如，像写了《革命的精神》的圣茹斯特，他们以共和国的精神来表示他们的敌意。尽管如此，就像罗兰夫人在她的《回忆录》中所说的那样："雅各宾派的人仅因为共和国这一个词就会发生骚乱。"费雷耶（Ferrières）向议会提出"法国共和制是荒谬而不现实的计划"；罗伯斯庇尔曾气愤地说："如果你们愿意的话，你们可以指控我是共和主义者；我正式宣布，我痛恨一切叛乱分子统治的政府形式。"一方面，制宪派想尽一切办法（甚至通过区别积极和消极的国民这种手段以及通过纳税选举制这种办法）来阻止他们在民主制度中日益凸显的崩溃；另一方面，不顾一切甚至开始虚构一个君主职能的幻影。西哀士在 1789 年 9 月 17 日的著名演讲中所表现的态度恰恰代表了制宪派处于两者之间的态度。对于西哀士来说，共和制就是古代直接民主的同义词。解决的方法就是"代表管理"，代表享有人民主权。关于代表和人民主权之间的关系，西哀士支持放弃绝对授权和国民议员的独立性，他们各自代表的是整个国家，而不是受托人。但同时，他同样也反对一切皇权否决权形式，包括绝对的和暂时停止的否决权。在皇权否决权中他"除了一封带有封印反对全体愿望的信外，看不到任何东西。我细心地在那些相信否决权有用的人的论证中寻找，看看是否有别的原因，至少一些特别的原因，但是我不得不承认，我什么也没有找到"。正如我们所知，制宪会议没有采用他的意见，即赋予国王暂时停止的否决权，但是必须有一个部长在制宪会议宣誓，联署会签才行，最终也只是作为一种特许权赋予国王的继承权，这更加重了它的装饰摆设特性。

尽管 1791 年宪法采取一切措施摧毁绝对主义，排除直接民主的威胁，这部宪法仍然批准了一项法律，这项法律显示了共和秩序的萌芽和基础。奥古斯特·孔德（Auguste Comte）十分清楚这一点，他在《革命文章节选》中写道："我们只考虑 1791 年宪法的精神和整体含义。""如果不是引进共和制这个概念，那么它（1791 年宪法）的本质到底是什么？在人们还没有采用英国式的宪法作为临时机构，以此来筹备新的社会制度的时候，我们早晚都无法避免共和制思想的产生，这是最普遍也是埋藏在我们头脑中最深刻的政治思想。"[《青春笔记》（1816～1928 年）] 实际上，这体现了两种主要思想，这两种思想就是通过粉碎君主制的愿望，致力于人们所说的革命派的信条。这种信条，拉布莱伊（Laboulaye）在他的《宪法问题》（1872 年）的前言中曾经提到，是同英国式的（也包括荷兰、比利时、瑞士甚至美国式的）民主相对的。这两种思想：一个是，国民议会是通过人民主权代表而执行最高权力，因为人民只有一个愿望，所以不应该只有一个唯一的议会，而且这个议会享有无限的管辖权，在需要的时候，它可以实施司法权，比如，像制宪会议那样对国王进行预审；另一个是，行政权应该是一种附属权力，是代表国民议会所有意愿的一个简单的部门，赋予它表面上的特权，保证政府职能的尊严。

整个体系的可行性，理论上的完美平衡最终都建立在路易十六的实践能力基础上，接受只是名义上的君主制，而实际上不是简单地缩减其职能，而是完全颠覆了其职能。我们也知道它最终变成什么样了。几个星期公共精神所经历的道路惊心动魄；我们也看到，维护皇权的制宪会议成员的幻想同凡尔赛以及杜伊勒利皇宫里的政治和心理现实形成强烈的反差。1789 年 8 月 5～11 日，路易十六被迫批准了一系列法令以来，就策划着要逃跑。只有内克尔（Necker）才能说服他。他依然批准了国民制宪会议的教会政策（1790 年 7 月 12 日）。但是，惩罚教会的公民誓言决定，教会分裂还有接下来国民制宪会议通过教皇对教会的处罚终于让他失去了所有美好愿望，发生转变，并在瓦雷纳结束了一切。

从那时起，共和政体的思想，直到发展到仅限于科德利埃俱乐部的部分极端主义分子当中，才初步形成，并很快凝聚起来。孔多塞在 1790 年 7 月 12 日到真理之友会宣读了一篇引起轰动的文章，即《论共和制或国王对保护自由是否是必要的?》，在那篇文章中，他逐条驳斥了"君主制的朋友们"的经典论据。由于孔多塞的这一突然转变，使共和政体的思想获得很大收益。这是启蒙派归顺共和的运动，290 名国民议会的代表宣告废除临时取消国王的职能，认为这是由以拉法耶为首的政党所操纵，是危险的"共和国代理"。拉法耶公开声称这是对他的诬蔑，但在他的《回忆录》中承认自己曾经有过朦胧的共和国愿望。拉·罗什富科（La Rochefoucauld）是拉法耶最亲密的朋友，在他看来，杜邦（Dupont）早已提出共和制的概念。他承认，这一事件事实上已经将 12 个制宪会议成员"共和化"，他将他们分为"政治家"和"无政府主义者"。国民议会编造了国王被劫的假设，不认同路易十六有罪，拒绝对他进行审判（1790 年 7 月 15 日），由于这些才正式启动了共和制的思想，同时也挑起了战神广场人民的动乱（1790 年 7 月 17 日）和镇压。真正的分裂就是从那时开始的。

瓦雷纳事件揭开了长达一年的滑稽戏剧和双重游戏的序幕。1791 年 9 月 14 日，路易十六在马术展厅庄严宣誓，"利用赋予（他）的一切权力执行和维护宪法"。但是，到了 11 月份，立法会的吉伦特派的第一批政令就重新更改了这种含糊不清的态度。国王接受下令让他的兄弟，尤其是普罗旺斯伯爵回国，并且愿意接受"勒令"特里尔的选民驱赶入境的"人群"。但是，他拒绝批准向那些抵抗的教士们下最后的通牒，让他们在 8 天之内宣誓，否则将以可疑分子来处理，并取消他们的津贴。从那个时候开始，两种思想就坚决地分开了。这两种思想只在隔阂的时候才相互吻合，雅各宾派（除了罗伯斯庇尔）一直推行战争进行彻底的革命，而"杜伊勒利委员会"却相反，它要消除革命。路易十六任命吉伦特派的人当部长，同即将取代他的最差的政治结盟。1792 年 4 月 20 日的战争和这场战争引起的一系列新法令加速了共和制的进程，促进了人民运动以及各俱乐部和议会外权力的加强。路易十六再次同意遣散他的宪法护卫（1792 年 5 月 29 日），却没有同意释放被关押的教士（1792 年 5 月 27 日），也不同意召集 2 万国民联合队和自愿军到巴黎（1792 年 6 月 8 日）。他的拒绝引起（1792 年 6 月 20 日）人们的反抗，这正反映了两个不可调和的原则：一方面，遭到人身讥讽的皇室尊严在这样的拒绝当中重新恢复名望；另一方面，民主共和国化身为刽子手勒让德（Legendre）。1792 年 7 月 11 日国民议会直接向人民庄严地宣布"国家处于危险当中"，这似乎宣告了国王已经失去权力。至此，整个反对皇权的浪潮开始高涨，各省各区的爱国浪潮获得各人民社团、巴黎公社和东部及中部市政府的支持。1792 年 8 月 3 日布伦瑞克宣言在巴黎迅速流传，造成事态最终结局。随着 1792 年 8 月 10 日的起义，表面上的妥协和解也最终消失。但是制宪会议在第一次公开会议（1792 年 9 月 21 日）上宣布取消皇权，却没能宣布新体制的建立。制宪会议只限于批准承认一个既成事实的政府，随后批准即将作为"共和国元年"的文件；制宪会议在用"法国共和国统一不可分"的表述替代 1792 年 9 月 22 日规定的"皇权统一不可分"的表述（1791 年宪法第一条第二款）的同时，还要避免因为解体而出现的空白和威胁。

*

因为这一隐含的事件，革命的共和国今后的命运在以热月9日分开的两个阶段中带有很深的印记和分量。共和国在直接民主和代表的最高权力之间争执不休：共和国是以直接民主的名义建立起来的，而议会的代表权将共和国置于选举之下。因此，共和国无法为自己制定适应的法律。它从一个"革命的政府"过渡到随着政变而变化的体制。

在对国王审判和处死之后，第一次政变就同革命的命运混合在一起，这场革命自成法律，并决定自己未来的结局。它是在拯救国家和人民的强烈要求双重压力下产生的，并在1793年夏天的悲惨事件中得到真正的体现。"恐怖日程"（1793年9月5日），"法国临时政府将一直革命到和平"的宣言（1793年10月10日），霜月14日的法令规定的革命政府的最终组建（1793年12月4日），协调配合并系统规划一年来根据各种形势变化而产生的一系列组织机构。比如：1792年10月建立的全民安全委员会；1793年3月10日成立的但在9月才真正执行的革命审判庭；1793年4月6日成立的拯救公民委员会（罗伯斯庇尔在7月份进入这个委员会，从此他的权力不断扩大）；等等。从表面上看，这些都是适应形势的一些措施。罗伯斯庇尔在1793年10月10日宣称："立宪制政府的目的是维护共和制，革命政府的目的就是要奠定共和制。"事实上，这个基础应该致力于结束或者消灭三大原则，三个构成共和国秩序基础的原则。即：权力分离，尤其是立法权和司法权分离；尊重建立在宪法实施基础上的法律；通过选举出来的代表的调节来维护国家主权的完整性。立法权和司法权是否混淆不清？我们经常会讨论这样的问题，由制宪会议自己保证的对国王的审判以及对审判的执行，是否构成了宪法合同的非法分裂（康德），或者说，是否构成新的国家主权同君主主权不相容的序曲（米什莱）。这是一个开放式的问题。还有一个问题，从象征性角度和现实的角度看，对路易十六的处决在政治生活上引入了一个可以对对手执行死刑的原则。而且，由议会引导，没有借助任何专门机构的审判程序，揭开了一个体制的序幕。这个体制在两年之内，直到牧月22日法律的实施（1794年6月22日），将政府立法机器变成了一个巨大的司法机器，因为共和国唯一一部真正的法律毫无纰漏地成为革命司法权和革命特殊措施的实施手段。

在国王被废黜以后，国民公会像制宪会议一样，只是为了建立一部新的宪法才被选举产生的。第一部宪法是孔多塞在 1793 年春季提出来的，1793 年 6 月 2 日因为议会中吉伦特派的排挤而流产。第二部宪法是在 1793 年 6 月 24 日投票通过的，是在新人权宣言之后，建立在通过全民普选而形成的议会裁决权基础上，它的所有法律受构成初级议会的全体人民的直接监督，但是这部宪法从来就没有付诸实施。至于国家主权，随着国民议会向公社的巴黎各选区让步妥协，他们的领袖昂里奥（Hanriot）下达了最后通牒，勒令国民公会自行解除 29 位吉伦特派的代表，这就已经违反了国家主权。决定性的一步已经迈出，应该取消主权中的国际合法性，用纯粹的人民合法性来代替它：整个监督委员会组织系统，人民社团和国家警察，他们自己服从各选区和俱乐部激进分子的竞相许诺，他们的压力不断增长，直到热月才结束。关于这三个要点，如同维护革命一样，共和国就是在原则协商之上建立起来的。

从这个意义上说，从共和国诞生起，它就是一个同战争相连，同恐怖相妥协的特殊制度。然而，在这个特殊性当中，共和国有两个反映其长期性和真实性的特征：一个是共和国同国家保护相混淆；另一个是它将整个体系放在对道德的严格要求之上。共和制具有山岳派的制度形式，为挽救处于危机当中的国家，它经历了第一次全民动员，这是它同国家民族紧密相连的首要形式。从瓦尔密战役到凡尔登战役，从抵抗运动到自由法国运动，这种平民式的返本归源在共和国最为黑暗、最为痛苦的时候无时无刻不在发生。而且，雅各宾派的极端主义到处将公共利益高于一些个人利益的"崇高情感"，作为共和国思想的核心。罗伯斯庇尔在 1794 年 2 月 5 日的演讲中曾说："人民民主政府的基本原则，就是说，支持推动人民民主政府前进的基本动力是什么？是道德。这里的道德，我指的是共和主义道德，它在希腊和罗马产生很多奇迹，它也应该在法兰西共和国产生更多让我们惊奇的东西。"他在 1794 年 5 月 7 日还说过，道德是"市民社会唯一的基础"，是圣茹斯特在《论共和国制度节选》中所说的那样，社会透明度及个人与社会完美结合的梦想。个人有自由，但也必须参与公共生活。在受限制的情况下，如山岳派统治的时候，又重新找回古代市民资格的观念，这种观念构成了激进共和主义的基础。

但是，战争混淆了内部敌人和外部敌人，赋予法国式的共和主义的另一个基本特征，这种整体与部分的辩证主义毫无疑问更加促进国家的扩张主义和革命的外延。像在《社会契约》中所描述的那样，人民主权以统一愿望的形式表现出来，而不是像盎格鲁－撒克逊传统中那样，以个人利益相互调解的最高形式表现出来。比如，在让·饶勒斯（Jean Jaurès）的评论中，人们看到人民主权的具体实施："整个法国之所以热烈欢呼 7 月 14 日的胜利，之所以批准 8 月 10 日的决定，这并不是愚蠢地服从既成的事实，而仅仅是因为一部分人民的力量被用来服务于被一小撮特权阶级、阿谀奉承的人和叛徒所出卖的全体愿望。"因此，共和国将"背叛"置于其身份特征的中心位置，按照雅各宾派和山岳派的模式，幻想着召集所有反对"破坏自由的敌人"的"人民"成立共和制，没有任何一个标准能够永远确定共和国维护者与共和国敌人之间的界线。这是由权力来决定的。罗伯斯庇尔在 1794 年 5 月 7 日的演讲中最后说："所有同我们开战的结社都是罪犯。"这种排斥性的动力，从某种意义上说，只是革命达到极端的时候，一种被激化的结局，就像西哀士在《第三等级是什么?》中所定义的那样（也就是说，甚至在革命爆发之前），第三等级本身就"拥有建立完整国家的一切所需。他强壮粗暴，但是他的胳臂依然套着枷锁"，"他代表一切，但是却是受到制约和压迫的一切"。当然，这个消除特权的关于国家的定义在那个时候根本没有建立在阶级斗争和物质利益基础之上。这个定义是要反对一种秩序，希望建立一个统一的法律原则。因此，西哀士又回到了他在共和国三年关于宪法问题的演讲（1795 年 7~8 月）中所提到的几项原则结论上。根据曼宁（Bernard Manin）和贝谷尼邬（Alain Bergounioux）的说法，尽管如此，"第三等级的模式"在山岳派共和国特征中有很多表现，西哀士的课题在 19 世纪当中被国家、意识形态和等级的内容不断填充，在很大程度上为在政治上团结左派达成共和国共识，使"人民"成为共和国的中心和真正的国家，直到统一战线、抵抗运动、共和国统一战线甚至到共同计划的各个历史时期。共和国曾经需要敌人在战争当中来进行自我定义、自我肯定。它是因为有了对手才得以生存的。如果说攻占巴士底狱是共和国想象的中心，那么，这不仅是为了纪念一段序幕式的篇章，而是因为这一行为构成一项永恒规划的重要象征。

*

1794 年热月 9 日（7 月 27 日），在强烈的反对恐怖政策的公共舆论要求下，罗伯斯庇尔倒台以后，国民公会重新执行其原来的任务，就是要根据宪法建立共和国。法国重新调整内外形势，法国军队占领了莱茵河左岸、荷兰阿尔萨斯的所有地区。1795 年春夏之际，国民公会起草制定了共和国三年的宪法，目的是要取代 1793 年制定的却从来没有实施的宪法。

讨论的主要代表人物是皮埃尔·多努（Pierre Daunou）和西哀士，希望驱除恐怖阴影，因为恐怖是共和国第二年没有法律规范的专政制度，这跟纯粹意义上的"无政府主义"是分不开的。西哀士在 1795 年热月 2 日（7 月 20 日）的演讲中强烈批判了山岳派赋予人民的无限主权，如同旧体制赋予国王无限权力一样。他建议成立一个特殊的法官职务，并把这个职务称为"宪法审查委员会"（jurie constitutionnaire）。该委员会是通过选举产生的国家机构，负责审查法律的合宪性。但是，他的整体思路依然是忠实于启蒙时期的理性思维，遵循孟德斯鸠的思想，反对一切建立在相互制约的权力多元化基础上的宪法制度；他是要设计一个机构制度的整体，就像是钟表机械结构那样相互结合。然而，在很多建议上面，人们并没有同意西哀士的意见，尤其是关于成立宪法审查委员会的建议，他最终不得不放弃这个计划。是多努，这位前奥拉托利会成员成为这个计划的主要作者。革命再次回到两个议会的观念上，这两个议会在 1789 年 9 月的时候被分开，注意排除一切关于贵族议会的概念。就是对立法工作进行职能分工，500 名代表负责制定法律，以前的那些代表（比现在少两倍，年龄是 40 岁以上）对这些法律进行投票表决，所有的代表都经由人民选举出来，条件是选民必须是产业主，即便是很小的产业也可以。这个由两个部门构成的立法权根据共和国的法理，选举一个集体行使权力的执法委员会，这个委员会由五名领导人构成，他们是在 500 个代表的推举下由以前旧代表筛选出来的。尤其是大臣和执行人员，他们需要分配他们的职权。还有另一项规定，这是典型的共和制规定，就是经常回到人民主权上面来，而且管理者快速轮换：每年要更换 1/3 议会代表，1/5 的领导人。

从一开始，国民公会就害怕舆论的裁决，这一裁决从热月 9 日开始就向右转了。国民公会战胜了恐怖政策，但是，人们依然记得它也曾经是恐怖政策的工具，因为，它先是投票通过了处死国王；接着在 1793 年 9 月到 1794 年 7 月期间，每个月都要更新"拯救公民委员会"。在这种情况下，它怎么敢将刚刚诞生或者说重新诞生的共和国置于选举权之下呢？而且它越来越怀疑这种选举权已经被保皇派所渗透。正是因为这种政治思想，才使得国民公会在分裂之前投票通过这样一个决定，即未来督政府议会成员的 2/3 必须在议会内部选举产生。因此，在实施之前，人民甚至曾嘲笑新的共和国法律：共和国三年的公民组织法是经过 1795 年葡月 13 日对保皇党动乱镇压洗礼过的，在这次镇压中，督政府保罗·巴拉斯（Paul Barras）任命年轻的波拿巴将军为前敌指挥，轻松地取得了胜利，使拿破仑的威望在巴黎各阶层中名声大振。此后，国民公会继续在督政府的领导下管理法国。另外，他们中有五名代表被任命为公会领导。

共和国三年的历史被记录在共和国起源的史册当中。关于共和制的僵局，没有比康斯坦（Constant）和德·斯戴尔夫人（Mme de Staël）在 1796 年到 1798 年间发表的各种著作中的评论更为准确精彩。他们两个都是热月共和党人，赞同 1789 年的主要原则，反对波旁王朝和贵族的复辟，同时也深刻认识到恐怖政策和断头台让共和制失去公共舆论支持。另外，1796 年，当他们对督政府的政策加以评论的时候，巴贝夫派的阴谋将第二年的共和制继承（著名的 1793 年宪法）同共产主义思想混合在一起，因为产权的问题更加重了对恐怖政策回归的恐惧。康斯坦和德·斯戴尔夫人所担忧的不是将第三年的共和制度根植于保存已有利益当中，也不是他们所说的舆论、财产状况以及 1789 年大革命产生的习俗和思想。他们所担心的问题恰恰相反，是将共和国前两年的共和思想分开，阐述相对于 1789 年的原则，1793～1794 年间专制那种人为的不合时宜的特性；第三年的体制不再建立在道德—恐怖这对力量上，而是建立在法律保证的国民平等性基础上，建立在社会管理中的利益表现以及公民教育上。

即便如此，在面对 1797 年春季选举中保皇党的胜利，康斯坦和德·斯戴尔夫人也会反过来赞同果月 18 日（9 月 4 日）的共和国政变：以巴拉斯为首领，五个领导人中有三人要求以武力来清除议会中新的大多数人，建立继最后一次革命恐怖思潮后又一个特殊政体。在结束革命措施法令通过不到两年的时间，热月党人只有通过拉扎勒·奥什（Lazare Hoche）还有意大利的军队才能永远守住了他们的政权。所以，在拿破仑掌权后，就派遣了他的一个将领，那就是弗朗索瓦·奥热罗（François Augereau）他曾强烈反对政变。为了维护共和，反对反革命力量和教士的力量，光靠第一代那些受过学校培训，经历过各种国民性庆典的法国人的力量是不够的，他们应该在短期内同士兵结成同盟。

一个关键的转折点是，如果说共和制失去无套裤派（在 1794～1795 年间被挫败）支持的话，那么，它却前所未有地获得军队的支持。从 1792 年开始，法国革命就将它重生的远大抱负同由"伟大国家"来解放全人类的救世主降临说结合在一起。军事领土政治同反对国王和贵族的战争紧密相关。军队这一职业，以前只是贵族的职业，现在消除了这种特权，成为平民得以升迁的最好联系。自从罗伯斯庇尔倒台以后，失去了革命宣传在国内的出路，法国共和国在国外又取得了胜利，通过革命所释放的社会活力为军队投入了太多的精力。战争的胜利一定会带来荣耀、前程和战利品，在共和的思想和军事思想之间结成一种联盟，这种联盟是康斯坦和德·斯戴尔夫人都不曾预料到的。他们深信，在现代社会中是不存在征服精神的。正是这种联盟使拿破仑诞生，他成为共和国的英雄，后来也是他为共和国解除了困境。

在共和国十三年雾月的阴谋当中，西哀士和拿破仑之间所有的不平等来自这位新领导人，他是第一个举起革命的旗帜，但在随后的 10 年当中却再也没有将革命具体化。而那时年轻的来自科西嘉岛的将军在 1789 年的时候对一切还都不在乎，可是到了 1799 年的时候，却成了法国共和国的"华盛顿"。但是法国不是年轻的美国共和制：在雾月 19 日拿破仑以压倒多数的选票通过选举，第二天革命就在不知不觉中重新回到国王的手中。

*

拿破仑政权倒台以后，在法国第三共和国的治理基础上（1875～1877年），法国用了 60 多年的时间才真正建立起持久的共和国机制。正如许多学者指出的那样，法国在 19 世纪不断地进行革命。在 1830 年 7 月巴黎起义将共和制记在它的国旗上，但是一些激进保守分子在最后关头成功地创建了奥尔良王朝，它从 1789 年就一直在等待这个时刻的到来："共和君主制。"可是，这个制度过于"君主制"而缺少共和制的成分。在 1848 年 2月份的时候，轮到这个"共和君主制"自己屈服在巴黎起义面前，所以，开始了第二共和国。但这个第二共和国存在的时间比第一共和国还要短，尽管如此，它像第一共和国一样，也是由拿破仑·波拿巴结束的。1870 年拿破仑三世倒台以后，还需要很多年，经过镇压巴黎公社、波旁王朝的复辟，才诞生了第三共和国。这个共和国是经过奥尔良自由主义者和最温和的共和派代表人物梯也尔（Thiers）和甘必大（Gambetta）的努力才建立起来的。

这段漫长的历史首先是通过革命的遗产来说明政治传统从来就没有停止发挥它的作用。如果说在 19 世纪中叶的时候，共和国一直让人害怕的话，那还是因为康斯坦和德·斯戴尔夫人在 18 世纪末期所分析的原因，即：共和制是同独裁和恐怖的回忆相关联。米什莱曾经这么说过，基耐、乔治·桑、雨果，几乎所有的人都这么认为，在复辟的共和左派当中经常使用的《1793 年宪法》的命令，尽管在开始的时候处处同社会主义思想相混合，但依然没能阻止共和制与恐怖政策相等同的观念。

法国社会主义的主导思潮在复辟和 7 月君主制度下得到进一步发展，这些思潮同共和思想是有区别的，它们甚至有所保留或者含有敌意。主要的区别就是将政治革命与社会革命分开，比如，1789 年的革命乃至 1793 年的革命同消除贫困和剥削的社会革命分开。尤其是在 1830 ~ 1840 年间，这种区别在国民议会的共和派和各个社会党人之间显得更加明显。国民议会的共和派只要求政治进步，首先一点就是扩大普选范围，而社会党人对抽象的平等并不信任，因为这种平等只从定义上表现了选举主体的特征。对"人权"的评论构成社会主义文学的共同点，而 1789 年 8 月 26 日的宣言依然是共和党的典范。在这些年当中，共和思想同 7 月政体相反，它确定了普选制和公民的学校教育体制，因而学校独立于天主教堂。还有一些事情，如它按照自己的方式要求公民团结，这同社会党的团结是不同的，还有资产阶级的个人主义以及社会等级分化。共和政体既不喜欢自由市场，也不喜欢社会党阵营。说到这一点，米什莱再也不需要 1793 年的革命，因为对于他来说，共和国联邦的国庆日才是共和国真正的诞生日。

1848 年 2 月，尽管只有几天或者几个星期，却标志着这种公民团结的出现。法国人的历史、记忆和激情如同历史的一面镜子，重新出现在第二共和国中。资产阶级和广大农民对巴黎的革命依然存有怀疑，因为，巴黎革命引起一片混乱，威胁到财产所有权：共和派分离成吉伦特派和山岳派。大部分社会党人在普选制和简单的"政治"变迁中没有得到任何好处。而且，还有贫穷失业的无套裤汉的起义，从而导致 1848 年 6 月的内战和流血事件。这是戏剧的重新开始，通过革命，它没有任何"拯救公民"的时机。当波拿巴三世在其中扮演重要角色的时候，他不再是国家军事历史上的英雄，而是非常普通的通过普遍选举而产生的总统。在不到一年的时间里，从 2 月到 12 月，从拉马丁到君主总统，从友好和解时就宣布了共和制，而共和制的出现同伟大的友好和解背道而驰。革命传统的各个派别都在，但是在临时形成的以共和制为中心的统一的表面下却产生了从未有过的分裂，其中包括波旁王朝的支持者、奥尔良派的支持者、温和共和派、激进共和派、不同派别的社会党人，最后还有波拿巴家族的人，一个都不落。这种情形同 18 世纪末期的情况完全不同：法国不再有战争，但是激情和传统面临着同样的政治模式，即君主制，也就是旧体制；而共和制，则是一种冒险。为此，正如早半个世纪以前，出现了波拿巴王朝的独裁。

为了让共和制重新找回自己的机会，应该从 1848 年的失败中，在第二帝国诞生出新的一代，他们不相信自己前辈的说辞，他们更加现实，对于他们来说，共和制不仅是重新找回自由的制度，而且还是保护社会利益的体现。另外，在第二帝国当中，经济发展加速，使法国成为一个更加富有、更加现代的国家，这就使得人们远离了革命。中央政府和下属各省的独裁取消了自由，但却使农民慢慢从地方大贵族、正统派及奥尔良派的监管控制中解脱出来。铁路和学校将那些习惯于普选的人们统一起来。年轻的共和党人，比如，茹费理（Ferry）和甘必大，他们受的是帝制教育，是自由的无条件支持者，也关注物质和精神的进步。他们是革命的后代，也是孔德的学生，是实证主义者。历史是一门科学，在历史书中，他们辨析了历史的秘密。他们即将成立的共和制，将结合两种互不相容的思想。即：1789 年的原则和实证主义时代；人权和知识管理。

麦克马洪的胜利者们在 1877 年 5 月 17 日，在 1875～1880 年的共和制综合报告中混合了个人的自主性，这是现代世界原则。根据这一原则，有必要通过历史造就经验丰富的公民，这同"再生"一词遥相呼应。从这一点上体现了学校的核心重要性，学校是公民教育最好的地方，条件是学校要摆脱神职的蒙昧主义，证明一个旧时代的过去。世俗化如同共和国新文明的脊柱，而茹费理的教员就是这一新文明的火炬手。普遍选举制最终成为巴黎独裁的胜利者，为这一文明赐予大部分法国人平静的祝福。

*

这个经过千辛万苦建立起来的共和国并没有稳定下来。尽管它克服了很多危机，并借此机会保证它对政府的控制；尽管它做了巨大的努力来同国家民族保持一致，通过公民培训的各个重大部门（学校、兵役、党派培训等）来进行文化渗透，进入社会，但是应该记住，第三共和国在原则上从来都没有取得真正的一致。从德雷福斯事件经过 1934 年 2 月 6 日的极右骚乱直到维希政权，一连串的时间都可以证明这一点。这些足以解释对恐惧的反应，这种反应从来都没有离去，即使是在面对共和制有可能进行的一系列没收充公（在解放时期由共产党进行没收；1958 年戴高乐将军进行没收；1961 年阿尔及利亚的暴乱分子没收）这些无缘由的举动之后也是如此。法国的共和制往往被打回原位，它只有通过将自己固定在极不牢固的整体价值上，只有通过传统和参照主体的慢慢凝固，通过慢慢消除对原则的排斥（这些排斥使它在最终接受的时候不断地承受着巨大的压力，至少在最近一次是这样的），才能找到它的平衡和稳定。

从法国内部来看，由于管理的不稳定性，议会的软弱和宪政议会的瘫痪无力，曾两次致使共和政府倒闭，使法国共和制两度遭受威胁：一次是外国入侵；另一次是阿尔及利亚危机。从外部来看，自 19 世纪末期，民族主义右派和革命左派就一直对共和制有所争议，第二次世界大战的爆发和法国解放，以法兰西共和国戴高乐主义和斯大林共产主义的形式，向他们发出强有力的召唤，并表现了一种召集能力。这一切，在 1947 年城市选举中将共和的一致意见缩减成 1/3 的意见，达到历史最低水平。最终，共和国被它的活力所粉碎，甚至被它的成功所消耗，在其活跃的原则中解散，在法国历史中从未经历过的最强有力的发展中慢慢地却必然地经历着一场奇怪的变化。30年的辉煌时期是法国第二次革命，产生双重矛盾的影响：一方面，消除了共和国政治意识形态冲突的传统固定点，从而以共和国特征的中立划分（经济、现代性、社会等）来代替；另一方面，在国家民族的土壤上通过戴高乐主义的影响来巩固共和制，是戴高乐主义负责这种发展壮大，同时收获它的成果。

正是这种消耗在近期最终使共和制稳定下来。这需要共产党衰落以及同革命成果得以和解的现代右派的转变；还需要政治各方面对共和制保护价值进行反省，全面维护人权；最后尤其需要 1981 年政权更替和宪法的共和民族主义，以前我们只认为它是为一个人而制定的。这次变化的标志是：宪法委员会的权力提高。在 1958 年的宪法中，宪法委员会被看作执法的"看门狗"，现在成为共和国法律有力的捍卫者。正是第五共和国两位主要总统的行为和风格促进了这种制度的稳固树立。这是历史的讽刺，也是历史的逻辑：在戴高乐总统和密特朗总统的统治下，君主共和制同共和君主制重新结合，经过 200 多年一系列革命之后，最终还是站在了它一开始就希望走的道路上。

三 马克思与 1848 年革命[①]

《法国的阶级斗争》和《路易·波拿巴的雾月政变》是两本著名的经典著作，但却被人忽略了。马克思主义者还是喜欢那个写有《资本论》的具有科学精神和空论派的马克思，而不是这两本具有敏锐的论战精神和狂热情绪的小册子。至于职业历史学家，他们仔细研读这两本小册子，但是在引用这些文集的时候却十分谨慎，因为这些文集被怀疑是后来一个业余爱好者重新编辑的。

在重读这两部文集的时候，首先让人们吃惊的是，马克思对其全心投入的、现实的、即时分析完全符合今天政府所允许印刷的、教学课本上的描述。这也许是唯一对现实的、即时辨识的例子，是对历史的"自动书写"（écriture automatique）的例子。从某些意义上看，时间的倒退和认识的进步否定了这种现实政治评论的真实性[②]。从大体上说，这两本解释历史的论集被划归到风俗道德范畴，只有在现代评论对传统承认的真相加以分析的时候才提供一些思想来源。

这却是有关形势的著作。1849 年 6~8 月马克思在巴黎做短暂逗留，后来逃难到伦敦，以他在科隆主编的报刊的名字创办了一本经济政治杂志《雷纳新闻杂志》（Neue Rheinische Zeitung）。这本杂志只存在了几个月：从 1850 年 3 月到 11 月。正是在这本杂志中，马克思发表了一系列文章：《1848 年 6 月的失败》《1849 年 6 月 13 日》《6 月 13 日的影响》《拿破仑与福尔德》《从 5 月到 10 月》等。这 5 篇文章合编在一起，前面有恩格斯的一篇引言，这就是 1895 年出版的《法国的阶级斗争》的第一版本。关于《路易·波拿巴的雾月十八日》，马克思

---

① Paru sous le titre«Présentation», in Karl MARX, Les Luttes de classes en France, 1848 – 1850. Le 18 Brumaire de Louis Bonaparte, Jean-Jacques Pauvert, 1964, pp. 9 – 21.

② 尤其参见关于地方性的一些精深研究，如：Henry CONTAMINE, Metz et la Moselle de 1814 à 1870, 1932, Jean VIDALENC, Le Département de l'Eure sous la monarchie constitutionnelle, 1952, Philippe VIGIER, La Seconde République dans la région alpine 1959, Georges DUPEUX, Aspects de l'histoire sociale du Loir-et-Cher, 1962, Adeline DAUMARD, La Bourgeoisie parisienne de 1815 à 1848, 1963；关于整体研究，参见 Louis GIRARD, La Politique des travaux publics sous le second Empire, 1952, Étude comparée des mouvements révolutionnaires en France, en 1830, 1848 et 1870 – 1871, CDU, 1960 et 1961; des articles, notamment André-Jean TUDESQ, «La légende napoléonienne en France en 1848», Revue historique, septembre 1957, «L'étude des notables», Bulletin d'histoire moderne contemporaine, 1956, «L'élection du président de la République dans l'Hérault», Annales du Midi, octobre 1955, «La crise de 1847 vue par les milieux d'affaires parisiens», Études de la Société d'histoire de la révolution de 1848, t. XIX, 1956。

开始的时候是为他的朋友魏德曼所在的一家纽约周刊撰写的。当时应该从 1852 年 1 月 1 日到 3 月 25 日写起，即政变以后不到一个月的时间。最后这篇文章出现在 1852 年 5 月 20 日《革命》那本杂志上，1859 年又独立出版了一次，后来恩格斯在 1885 年对此进行再版。因此，第二部作品截取了第一部作品中大部分事件，这很正常。但是讨论重心却转移了：对 1848 年的事件，马克思只是在总结中对革命的未来发展加以分析，消除了叙事分析，增加了理论分析。

这两部作品互为补充，在思想上应该将其统一起来。

*

这是马克思辩证主义的第一次历史实践。在 1848～1851 年之间的事件当中，马克思不仅看到了非流线型的捷径，快速改变阵营的斗争，而且像很多那个时代所有明智的人一样，他还看到了一种坚定的不可改变的社会革命的前兆，这也是他所希望的。自此，他就试图以社会斗争来解释这些激烈的具有戏剧色彩的情节。政治冲突反映了社会冲突，每个人都体现了各个集团的利益，他们最终只在路易·拿破仑那里找到矛盾的临时解决办法。每个利益集团都会委派工作代表，而政治只是在前台产生社会各集团之间更深层的冲突对立。

卡芬雅克（Cavaignac）是法国资产阶级共和派联盟反对工人阶级的发言人，他"不是架在资产阶级社会上的刺刀独裁，而是手握刺刀的资产阶级独裁"。勒德律·罗兰（Ledru-Rollin）是小民主资产阶级，是对蒙田死板的模仿。拉斯帕伊（Raspail）才是真正的革命无产阶级。奥迪隆·巴罗（Odilon Barrot）曾是帝制反对派（即左派君主立宪派）领袖，他代表的这些资产阶级是在毫无意识的情况下接近国家共和派之后，开始着手资产阶级共和制向君主制的过渡。在秩序党中，他和法卢（Falloux）一起代表的是工业资产阶级和地主贵族短暂的联盟，是由奥尔良王朝派和正统王朝派共同构成的。在联盟部长遭到颠覆的时候，福尔德（Fould）就出现了，在财政部这只大"猞猁"的领导下，金融贵族就成了躲在杜乐丽皇宫里那位"克拉飘零斯基"（Crapulinski）的看门人。金融工业资产阶级、地主贵族、商业资产阶级和小资产阶级、农民阶级和无产阶级等，每个阶级都有他自己的体现，经过结盟，利用他们的代表人物，促使他们的使者在还没有落入陷阱之前向公众致意，直到面临着经济利益不可相容的情况时，资产阶级将舞台让给了"虚无"，后者以集体的名义，维护私人的经济利益，而放弃权力的执行。

也许，所有的历史学家都会求助于社会学作为解释的因素。但是，在这一点上没有一个历史学家否认政治自主性，否认偶然事件，将社会的护栏镶嵌在历史事件上，企图在历史事件的戏剧上一个一个地投放社会基础建筑。

但是，带有个人行为的阶级冲突竟以如此强烈的方式被确认下它的特征，致使马克思将他的注意力从冲突事实的纯经济分析，几乎全部转向对行为的论战式描述。即便当辩证论者将历史局限在社会学理论上的时候，历史学家依然将历史叙事提高到莎士比亚悲剧的水平上。随着事情结束的必然性，必然要导致一场不可避免的、几乎不可能的彻底颠覆。尽管在一段历史的悲剧气氛当中什么也不缺少，但是，马克思提出的新的科学解释类型本应该抛掉它的悲剧特征。

因此，即便政治的真正活动者在我们看来如同一些没有主见的傀儡一样，马克思也会让我们只关心他们及他们的激情。人们并不是在这本小册子中发现对阶级的最精确的定义，在两部著作中的每一部中，有好几段都对这个关键词预先做出了不同的定义。正是因为这一点，这位政治观察家的天资使这本著作的内容更加丰富，从而让人忘记了空谈理论的脆弱性。因为其观念的性质，马克思没有仔细分析斗争的各个阶级之间的界限以及他们各自利益之间不可调和的特征，他完全具备历史学家的禀赋，可以从容不迫地表现出个人特性，揭露人的荒谬，掀起反对资产阶级政权压迫的著名人物和象征的运动。为此，这本抨击性小册子的作者迎来了他的欢乐！马克思产生这样一种思想："拿破仑是一个双透镜。"他自始至终都在敲打着一个钉子，直到把它敲进去。这就是闹剧的秘密。"黑格尔曾经指出，从这点说，所有的历史重大事件和人物都重复两次。他忘了加上这样一句话，第一次是悲剧，而第二次就是闹剧。"从题目开始，马克思就说明了一切，从他的第一句话直到最后一句话都是这样的评论："但是，有一天当帝国的重锤终于落到路易·波拿巴的肩上的时候，拿破仑的青铜像就会从旺多姆柱高处坍塌下来。"在这一年中，这愤慨的预言终于实现了。

在这里，科学和精神道德内容如此紧密地联系在一起，从而使非科学性的论证和精神道德的批评论证显得如此强劲有力。

在我看来，论证的中心放在三个主要方面。

1. 金融资产阶级和工业资产阶级是地主贵族的胜利者，他们之间的利益存有不调和性。

2. 这两个资产阶级向拿破仑妥协，让他攫取政府机器。

3. 选举中农民大多数拥护路易·波拿巴。

*

1850～1852 年的那一段时期，确切地说，正是马克思对资产阶级政治失败做总结的时期，对于资产阶级，他曾经绝望地抱有幻想。政变终于证实了他的幻想，正是通过波拿巴主义，他构思了政府作用的概念。在此之前，他一直为资产阶级制定一个很高的历史使命，而仅仅让无产阶级来完善他的工作。在德国，他曾经将希望寄托在法兰克福议会上激进的资产阶级商人身上。然而，他却发现，这注定是失败的。资产阶级已经从底座上坠落下来，丧失了原先为它设计的"理想模式"的特权。这也因此背叛了一直同它相连的资产阶级的定义，即资产阶级是"为最狭隘最卑鄙的个人利益而牺牲了它的整体阶级利益和政治利益"的阶级。从而，在这个系统性的思想上产生了资产阶级利益的不可调和性。在金融资产阶级和工业资产阶级之间一定会存有张力，是否存在一种马克思认为是对政变起决定性作用的不可化约的对立性特征呢？目前的历史研究让人对此产生怀疑。

同时，马克思将绝对君主制到拿破仑时代这一历史时期执政权的形成做了快速的描述，他认为执政权的起源是一个"庞大的官僚机构和军事机构，有复杂而巧妙的国家机器，有 50 万人的官吏队伍和 50 万人的军队，这个俨如密网一般缠住法国社会全身并阻塞其一切毛孔的可怕的寄生机体"。但是，关于这部高度集中的政府机器，马克思提出两个相反的判断：一方面，他肯定说，这部政府机器是统治阶级压迫的工具，用恩格斯的话说，就是"波拿巴主义是资产阶级的宗教"；另一方面，马克思也感觉到这部集中的政府机器因为拥有完善的机关而越来越独立于社会，成为普遍利益之地。"每一种共同的利益，都立即脱离社会而作为一个最高的普遍的利益来与社会相对立，都从社会成员自己行动的范围中划分出来而成为政府活动的对象。只是在第二个波拿巴统治时期，国家才似乎成了完全独立的东西。"和市民社会比起来，国家机器已经大大地巩固了自己的地位，它现在竟能以 12 月 10 日协会的头目，一个从外国来的、被喝醉了的士兵拥为领袖的冒险家做首脑，而这些士兵是他用烧酒和腊肠收买过来的，并且他还要不断地用腊肠来讨好他们。由此产生了怯懦的绝望和难以表述的屈辱情感，这种屈辱压住法国的胸膛，不让它自由呼吸。法国觉得自己似乎是被凌辱了。

这种反复，就是马克思在《法兰西内战》中关于公社双重思想发展的起源。在《法兰西内战》中，他一会儿说无产阶级专政将摧毁政权，一会儿又说加强政权集中制是革命的条件。

基本在于农民的态度，因为是他们的投票选举才使路易·拿破仑取得政权。马克思用一段出色的文字描写了农民的勇敢和大无畏精神：

> 1848 年 12 月 10 日是农民起义的日子。只是从这一天起，才开始了法国农民的二月革命。这种表示他们投入革命运动的象征反映出笨拙的狡猾，反映出奸诈的天真，反映出矫揉造作的高尚，是一种深思熟虑的迷信，是一种令人伤心的滑稽剧，是一种荒诞绝顶的颠倒时代现象，是世界历史中的玩笑，是文明头脑难以了解的象形文字——这一象征显然带有文明内部野蛮风气的那个阶级的印记。共和国以一个收税人的姿态向这个阶级表明了自己的存在，而这个阶级则以一个皇帝的姿态向共和国表明了自己的存在。拿破仑是充分表现了 1789 年新形成的农民阶级的利益和幻想的唯一人物。农民阶级把他的名字写在共和国的门面上，宣布要对外国进行战争，在国内要为自己的阶级利益进行斗争。拿破仑在农民眼中不是一个人物，而是一个纲领。他们举着旗帜，奏着音乐走到投票箱跟前，高呼："打倒捐税，打倒富人，打倒共和国，皇帝万岁！"隐藏在皇帝背后的是一个农民战争。由他们投票推翻的共和国是一个富人共和国。

如果我们仔细阅读马克思的文章，可以在农民的投票中找出三种解释。

首先，是拥有小块土地的农民，他们因为拥有可开发的物质条件而同其他农民分离，这些农民倾向于将个人权力和君主监护权变成孤立的共同目标。这一点是十分深刻的，这属于社会心理学范畴。这是领主制度的后遗症，是一种生活的结果。这不仅仅是阶级的选举，相反，它剥夺了农民获取整个阶级尊严的权利，阻碍了农民拥有阶级意识，迫使他们从外部选择一个代表。因为，在马克思的眼中："小农人数众多，他们的生活条件相同，但是，彼此间并没有发生各式各样的关系。法国国民的广大群众，便是由一些同名数相加形成的，好像一袋马铃薯是由袋中的一个个马铃薯所集成的那样。当数百万家庭的经济条件使他们的生活方式、利益和教育程度与其他阶级的生活方式、利益和教育程度各不相同并互相敌对的时候，他们就构成一个阶级。但是，由于各个小农彼此间只存在着地域的联系，他们利益的同一性并不使他们彼此间形成任何的共同关系，形成任何的全国性的联系，形成任何一种政治组织，所以他们其实没有形成一个阶级。"

其次，这为民众对拿破仑的崇拜又加了一点。但是，这只是纯粹的心理和政治现象，而农民的世界还没有独占这一现象；甚至，在农村对拿破仑的崇拜也没有比在城市里更加明显。

再次，尤其是财产：农民投票选举的是一个人，来反对对他们不管不问甚至怀有敌意的共和制，这个人的名字保证了他们对国家财产所有权。从这个意义上说，这是阶级投票。然而，纯粹是因为巧合，他们投票选举的对象正好是另两个阵营所指定的名字。农民投票选举了保守派，而结果造成共和资产阶级失利，为他们选出了一个管理他们的君主。然而，25 年以后，在一系列无法改变的运动中，尽管理由是一样的，这些曾经把票投给路易·拿破仑的农民却成为资产阶级共和派最有力的支持。

总之，马克思主义阶级斗争论证中最重要的一个因素在于选举只能是部分地当作阶级选举。然而，这种令人震惊的大杂烩却让马克思在两个仇敌之间，即路易·拿破仑和农民之间建立了一条捷径，让拿破仑的侄子成了农民的选定人，因为"世界历史的一场闹剧"，成为遍布半个地球的农民革命的先祖，而他一直都把他们看作文明社会中的野蛮人。

人们依然感到很奇怪的是，对政治事实的一种社会性解读的分析剥离到经济分析的地步。当然，我们也可以注意到当马克思开始写这篇文章的时候，只对新制度的负面感兴趣，这也是合理的。但是，当一个人想以对历史进行社会学解释的名义来写这篇文章的时候，我们本应该期待的是，他对生产力量变化进行更加谨慎细致的分析。然而，在马克思寄给《纽约论坛报》的所有评论当中，直到 1870 年，这个制度从来就没有反映出它的原始缺陷[①]。第二帝国变成了军国主义滑稽的模仿、政治的装腔作势和令人怀疑的技术专家政治。在第二帝国中，马克思根本就没有考虑经济使命，在他看来，通过劳动世界的转变来实现物质材料远没有通过金融投机的利润来完成重要。通过扩大信贷来发展经济、通过传播方式的发展来形成消费市场和工业革命，这一切似乎都不是

---

① Cf. Maximilien RUBEL, *Karl Marx devant le bonapartisme*, Mouton, 1960.

他关注的问题。对于后来资产阶级历史学家看成是积极方面的"皇家节日"这一形象,马克思都把它作为负面来处理。法国社会在后来 20 年遭到完全颠覆,而马克思也从来没有重新审视他反对一个阶级,反对一个人的指控。

所以,很多这样的评判同托克维尔的评判产生相似之处①。托克维尔同样也认为(参阅他的《回忆录》),1848 ~ 1851 年是 1789 年革命新一轮的开始。而且他认为,2 月到 6 月的革命"从真正意义上说,不是抗争,而是阶级战斗,是内战",它动摇了整个社会的根基。"右派"批评的对象同"左派"批评的对象是一样的,在对现象的描述方面也同"左派"吻合,但在结论中却同"左派"分离,这也是传统现象。自由贵族和革命作家不约而同地都采用了罗马帝国历史学家塔西陀(Tacite)的风格来描述暴君的形象。但是,托克维尔憎恨"专制体制,这些体制使所有历史事件依赖重大的首要事业,它们通过命运的链条相互连接,也因此消除人性意义上的人类"。马克思和托克维尔两个人都发表过道德批评,但是一个曾以心理学和政治学的名义宣布的,而另一个是以历史意义的名义宣布的。两者最大的区别是,对于托克维尔来说,可预见的、不幸的偶然事件对一切不具有任何担保性。他总结说:"人类就是这样,对领袖的需要和回忆的力量早已根植于法国人的头脑中,正是这样,我们才有要管理的事物。"

对马克思而言,这种双重性代表了资产阶级的背叛。的确,这是人和阶级正符合他们极具讽刺形象的时候,对于 1851 年贸易危机而造成恐慌的资产阶级形象,马克思的文学形式表述是最好的,他们的头脑同他们的贸易一样不正常,处于病态,这些资产阶级在"难以置信的、喧闹的合并、重审、延缓、机构组建、密谋、联盟、移民、篡权和革命的混乱"中愤怒地大声叫嚣着,"宁可要一个可怕的结局,也不要毫无尽头的恐怖"。从马克思应用和验证的理论中,我们当然可以推论出历史发展和革命进程的普遍解释。但是,在描述方面,杜米埃(Daumier)的绘画和雨果的描绘似乎更胜一筹。从路易·波拿巴政变的研究方面来看,《路易·波拿巴的雾月十八日》相似于《惩罚集》。

---

① Pour une comparaison systématique, cf. Raymond ARON, *La Lutte de classes*, Gallimard, «Idées», 1964, et *Les Grandes Doctrines de sociologie historique*, t. I, *Montesquieu, Auguste Comte, Karl Marx, Alexis de Tocqueville : les sociologies et la revolution de 1848*, CDU, 1960. [Cf. également *Les Étapes de la pensée sociologique. Montesquieu, Comte, Marx, Tocqueville, Durkheim, Pareto, Weber*, Gallimard, «Bibliothèque des sciences humaines», 1967.]

难道不是这样吗？在马克思的所有作品中，存在一种双重思想：一种思想将他引向永恒的坚定的普遍决定主义；另一种思想赋予人类活跃的而被迫的选择的自由。马克思需要现实的星星之火来激发他自己的热情，以照亮他对历史的革命进程的分析。没有一处比在这里，擅长分析的马克思和雅各宾派的马克思之间的张力更加明显清晰。

从列宁开始，我们一直在重复，马克思对德国黑格尔思想、法国社会主义和英国经济学等三个思想来源做了综合分析。这些似乎在说，这位革命哲学家，他的个人经历完全是德国式的，却一会儿研究法国社会主义，一会儿研究英国经济学。他的思考多是借鉴外来事例，或者是曼彻斯特的英国（这是写有《资本论》的马克思）或者是革命的法国（写有《法国内战中共产主义宣言》和《路易·波拿巴的雾月十八日》的马克思），而不是对两个社会综合分析来完成的。

马克思的雅各宾主义不是对法国的一个回忆，而是德国激进主义的古老魅力，这一思想从耶拿（Iéna）开始就一直为他提供哲学思考。德国革命的失败者来到巴黎，在革命的故乡经历了第二次失败。马克思有力地强调了这样一个事实：历史不断重复，再次以喜剧的形式上演了它曾经以悲剧形式出演的戏剧。这一点同他沉痛的悲伤是分不开的。在反抗大退潮最黑暗的时刻，马克思歌颂并提高了革命和拿破仑的重要时期。闹剧的主旋律是具有复仇性的，它伸出尖锐的指甲，脱下掩藏在巨人长袍下的矮人的面纱，从而产生不可原谅的仇恨和令人兴奋的激情。他追随这些替身演员，粉碎了那些要创造高山的小老鼠。他的愤怒是继承而来的对社会的不满。因为从历史合法性的最高逻辑来看，他肯定很有先见性地预感到，无论如何，伟大先驱的继承者，是他，马克思。

第二章
共和国的表现

一 儒勒·米什莱： 身份特征的癔症①

在我使用"癔症"这个词来形容法国最伟大的历史学家的时候，完全意识到这可能有些过分或者让人感到吃惊。

然而，米什莱的确做得有些歇斯底里，有些疯狂，这一点是不容置疑的。"癔症"，如果从临床医学的角度来说，表现为情感紊乱转为躯体症状，表现为心理或神经疾病转变成物理症状，比如，昏厥、幻觉等。那么，我们完全有可能将这样一种人认为患有"癔症"，比如，他经常将小时候参观法国博物馆的情景作为叙述自己成为历史学家的缘由，如同一场原始的开幕式一般——站在这些死者的卧像前，我突然昏厥过去——"我不知道，这些沉睡在坟墓中的白色大理石肖像，他们是否会再活一次。轻一点儿，死者先生们!"这一次，这个人在他的生命末年，害怕会从他的坟墓中苏醒过来，所以，要求在埋葬之前，将他的躯体陈列于阳光之下三天，在他的手臂上划上很多伤口。正是这位历史学家，边流鼻血边书写着 9 月的屠杀；正是这位历史学家，在第一次走进国家档案馆的时候，看到埋葬在羊皮纸尘土之下的人站了起来，拉扯着他，感觉自己"像被档案的电流电过一样，手舞足蹈"。这简直就是一场幻觉。

这样一个神经质的、阴郁神秘的米什莱同我们习惯看到的那个以官员和学

---

① Paru sous le titre «Michelet, ou l'hystérie identitaire», *in* Jacques LE GOFF (dir.), *Patrimoine et passion identitaires*, actes des «Entretiens du patrimoine», Théâtre national de Chaillot, Paris, 6 – 8 janvier 1997, Fayard/Éd. du patrimoine, 1998.

者身份出现的米什莱是如此的不同。从 20 世纪 50 年代开始，不仅伽利玛出版社开始出版他的 4 卷《日记》（1959 年），而且界点出版社也在"永远的作家"系列丛书中出版罗朗·巴特的《米什莱》（1953 年）一书。这一切围绕这位伟大的历史病人，建构了一张有组织的网络，展开对那些萦绕在人们心头的主题的讨论。《日记》突然在法国的历史上增加了历史学家自己的历史。《日记》在重新改变米什莱的形象方面所起的作用，与同一时期出版的《让·桑特尔》和《反对圣伯夫》对普鲁斯特的形象的改变所起的作用可以相比较。《日记》的出版一下子使米什莱成为法国现代历史学家之父。

保尔·利科（Paul Ricœur）曾在病态的记忆和其他形式的记忆中做了区分。一是参考这种区别法；二是厘清他所说的"公正记忆"（mémoire juste）。我想说，米什莱是一个奇特的让人困惑的例子，他提供了一个范例式的、绝对的但具有参考性的历史记忆（事实上，他本身表现了一个杰出的历史学家形象）；同时，他又牢固树立了一个完全病态的歇斯底里的记忆。

当然，没有激情、没有主观性的历史学家是不存在的。但是米什莱远远超出了这一些。这就是我在这里想要描述的：首先，是个人的曲折经历和作品的有机发展之间的紧密联系，也就是个人的经历和国家历史之间的紧密联系；其次，我要着重讲述米什莱创造宣传的整个历史的兴起以及他被死亡所困扰的病态状况之间的紧密联系；再次，我简单总结一下结果，即这一强烈的自我特征所反映出的法国形象。

这种人与作品相互循环创作产生的方式足以将米什莱同其他浪漫主义历史学家区别开来。除了他自己，相信没有人能够在这样一篇著名的但却鲜为流传的文章中更好地描述这种机制和活力。那是 1869 年他为自己的《法国历史》一书写的前言，其中记录了他自己的精神思想经历：

> 我的生活就记录在这本书中，我用我的生命来写这本书。这本书是我生命中唯一重要的事件。但书与作者的这种特征难道不是一种危险吗？作品难道不带有感情色彩吗？不带有时间的痕迹吗？不带有作者的色彩吗？在时间的进程中，更多的是历史成就了历史学家，而不是历史学家编撰了历史。我的书创造了我，我是这本书的成果。儿子创作了父亲。如果说这本书首先是来自我写的，来自我年轻时的狂躁（现在依然慌乱不清），那么这本书还给我更多的力量，更多的光明，甚至是热量和重新唤起过去的

真正的力量。如果我们彼此相似，那是最好的了。这本书具有我的那些特征大部分都要归功于它，是我从它那里得来的特征。

正是这种彼此孕育使得米什莱在自己的研究课题（他将自己同这一课题视为整体）中规划了法国一个"伟大的"精神道德事实，把他作为他历史研究的原则，并认为自己是第一个产生这种思想的人：

法国通过自己的进步要进行一项自我反思①的高强度工作，这项工作将要转变所有的原始因素。

生活对它自己本身有个人的创作行为，它通过早已存在的材料，为我们创作一些绝对新颖的东西。我吃着面包、水果，流着鲜红的带有咸味的血，但是我却不记得从哪些食物中获取来的。历史的生命如此，每个人也如此，他们自我产生，自我孕育，咀嚼着混合着各种物质，这些物质对于他们来说自然是处于一种模糊不清不知其所然的状态，但是相对于构成伟大灵魂的长期工作来说，这些都不那么重要。法国成就了法国，人种的必然因素在我看来是次要的。法国是法国自由的女儿。对于人类的进步，最基本的部分是它活跃的力量，就是我们所说的人。人是他自己的普罗米修斯。

这种迂回循环，一方面记录在米什莱的内心传记当中，另一方面也在40多年（1830~1870年）关于法国历史的写作当中有所记载。

概括地说，这种循环分为三个部分，但却不是线性发展的。《法国历史》只是遵循着米什莱精神心理的发展展开，而不是按照时间的发展顺序进行的。它是按照歇斯底里的方式，通过昏厥、通过循序渐进的揭露展开的。

第一个揭露就是1869年的前言所提到的："这部经过大约40多年辛苦努力而完成的作品是在七月革命的那一时刻开始计划的。在这些难忘的日子里，出现了一道强烈的光芒，在那里我看到了法国。"从1830年到1844年，米什莱用6卷书稿"领会了中世纪的魅力"，正像雅克·勒高夫（Jacques Le Goff）在他为弗拉马里翁（Flammarion）出版社出版的由维亚拉

---

① 这是米什莱自己强调的。

内斯（Viallaneix）负责编辑的《米什莱全集》的出版序言中所说的那样：
这是物质史和精神史整部历史的中世纪，是一部人民历史的中世纪，是大教
堂、庆典和卓越的基督徒的中世纪，这个充满诗意令人心醉的中世纪不仅是时
代的开始，历史的出发点，也是"作为中世纪艺术原则的热情"[克洛德·梅
特拉（Claude Mettra）和勒高夫先后引用了米什莱在 1833 年写的这篇伟大的
文章]的一种原始性回归，回归母亲的腹中，从而跟自己做比较。正是这
"美丽的中世纪"，米什莱在第二阶段，即 1845 年以后，开始极力地否定，改
变观念，重新改写，就像吕西安·费夫尔（Lucien Febvre）所指出的那样，目
的是要逐步使其抛弃基督教信仰，抹黑这段历史，使这段历史更具肉感，同时
也更具邪恶感。

就在这个时候，第二个揭露产生了。这一次米什莱的介绍不带任何缘由，
顺其自然。临时参观兰斯大教堂让米什莱结束对 15 世纪的叙述，停留在君主
制伟大世纪的起始阶段，从而转向对法国大革命的研究，并以此花费了他 8 年
的时间。满怀喜悦地走在这座"绚丽神圣的教堂"，登上教堂的内檐壁，"让
人看到赏心悦目丰富的瑰宝，一直摆放在那里的颂歌"，他来到位于祭坛之上
最后一座小钟楼上：

> 在那里，一个奇怪的场景深深地震撼了我。圆形的塔楼饰有给受刑人
> 佩戴的花环。一个人的脖子上挂着一根绳子，一个人失去了耳朵。这里的
> 残疾人比死人还可悲。他们说得太有道理了！多么可怕的反差！什么！节
> 日的教堂，这位新娘竟然用玫瑰项链来做这么阴森的装饰！犯人示众柱竟
> 置于祭坛之上。然而，他的哭泣竟没有穿过穹顶坠落到国王的头上！大革
> 命可怕的洗礼，上帝愤怒的洗礼！如果我首先没有在自己身上树立起人民
> 的灵魂和信仰，那我将不会懂得这几个世纪的君主制。在写完《路易十
> 一》以后，我借此撰写《法国大革命史》（1845～1853 年）。

7 卷书的编撰，那是在 1853 年，在政变和第二帝国建立之后，而此时，
第三个最重要的时刻，就是米什莱开始转向研究君主制世纪历史的时刻，这只
是一段很长的遭受贬低的历史，是对古典君主制的宣判，同时也抬高了中世纪
的部分价值。在 1870 年战争之后，中世纪找到了它几乎是生态学上最精彩的
部分，这以一定的方式宣布了中世纪在今天还享有的恩惠。很明显，正是对帝

国的仇恨，对政变、专制、皇权与神坛的新联盟的仇恨引起了米什莱对君主时期的仇恨和系统性的诋毁。

法国这个国家就"像一个人一样"，这不是一个文学比喻，而是一个有机的识别特征。它意味着一种生命中必不可少的来回反复，是历史与传记、法国与法国历史学家之间的混合交融："历史，是精神道德强烈的神秘转化，在历史当中，我个人的一切激情转向普遍性，同时我的普遍性又转变为激情；人民造就了我，而我又转过来激励着人民。"①

然而，米什莱的信件远远超出历史学家自己和法国的历史。他的信件在历史学家的生命力与历史中死去的人之间建立了一种同质的、几乎是一种奇妙的联系，将死亡的不幸及濒临死亡变成历史工作的一个条件。"过去完全再现"，这句话已成为经典话语，但是要考虑这句话所表达的含义。历史是在考验当中，是在随意当中，是在死亡的困扰当中诞生的，正如米什莱在前言里所写：

> 我年轻的时候曾患有一种凄美的病，让我忧郁伤心，但是这种病也是历史学家的通病。我喜欢死亡。我在拉雪兹公墓门前生活九年，那也是我唯一的散步机会。后来我住在比耶夫雷河附近，就在女修道院的大花园中间，那是另一座坟墓。我的生活可以说是一个被埋葬的世界，那里只有过去的社会生活，我的朋友也是那些被埋葬的人。在重新编撰有关他们的传说的同时，我在他们身上唤醒了很多昏睡过去的事情。我保留了一些儿歌的秘密，这些儿歌都受到某种确定的影响。带着浓重的口音，他们把我当成他们中的一员。圣路易所要的天赋禀性却没有得到，而我却拥有，那就是"眼泪的禀赋"。这是一种充满丰富力量的禀赋。我为之哭泣的人民和天神，他们都复活了。

在对死亡和历史再现丰富的内心独白当中，米什莱清晰地表达了1839年到1842年所经历的人生危机。自米什莱的妻子保琳娜·卢梭（Pauline Rousseau）过世后，米什莱经历了一场巨大的人生转折。保琳娜出身简朴，比米什莱大5岁，在20岁的时候成为米什莱的情人，直到她怀孕的时候与米什莱结婚，生有两个孩子。她只是米什莱生活中的一个伴侣，从来没有关注过米什莱的精神

---

① *Journal*, année 1841, 18 juin.

世界、社会及职业发展变化。因为米什莱的工作和职业生涯，曾一度忽略了她的存在。他甚至说过"轻视过她"。她的死让他产生极度的忧郁和负罪感：

> 我的妻子死了，我的心如撕裂般疼痛。但是从这种心碎中迸发出一种强烈的甚至是几近疯狂的力量。我带着一种凄凉阴郁的快感全心投入到15 世纪法国的死亡历史当中，其中还夹杂着一些在我自身和我的主体中发现的粗暴的肉欲冲动。有人曾说，第四卷来自一种不道德的灵感，这并无道理。事实上，这就是一种奇怪的力量。在精神最为骚动不安的时候，讲述的往往是最坏时期的历史①。

如果想要看看"这最为骚动不安的精神"是如何表现出来的，只需阅读第四卷的最后几页。在那几页的文字中，米什莱用精炼的语言表达了法国的悲痛，用一种幻觉式的比喻表达了自己的悲痛，那就是 1424 年在巴黎无辜者墓地上演的死者的舞蹈。整段文字值得我们在这里再次引用和解释。米什莱首先描写了场地，那个场地的出现如同人类历史象征性舞台一般：

> 在墓地被摧毁的时候，一大批死人从仓库中走出来，反复往来，使得那里的地面比邻近的高出了八法尺。经过几个世纪的冲击，形成死人堆成的大山，压在活人的身上。

接着是这个场景的象征性描述：

> 这个地方，这个场景所散发出的令人厌恶的恶臭，就是让我们思考的东西。我们看到，在这事故多发的时刻，在这座死亡长期光顾的城市，这群骨瘦如柴，满脸病容，半死不活的人却欣喜地接受死亡，如同看一场戏剧一般，在滑稽可笑的道德剧中贪婪地观察着死亡的到来，并引以为乐。他们没有发现自己正踏在先父的尸骨上，走在打开的墓穴中，而他们自己也正在填充着这个墓穴。

---

① *Journal*, année 1841, 29 avril.

在回顾了那个时期伟大人物的丧事（1407 年路易一世被谋杀，1419 年无畏的约翰即勃艮第公爵去世，1420 年亨利五世凯斯特国王驾崩，1422 年查理六世死亡）之后，就是历史寓意的道德哲学说教。在这里我再次引用这段文字，因为这是米什莱历史风格最好的一个例子：

> 如果人们曾经觉得死亡这些嘲讽有些冷酷无情的话，那么死亡有话可说。它会说，如果仔细看一下，它只杀死了那些早已不再存活的人。当征服日益衰弱，无法再前进的时候，征服者就死了；无畏的约翰在躲闪推诿，甚至最后为他亲近的人所知的时候，他感到从来没有过的耻辱和无力。各个党派以及他们的领袖，他们失望了。阿马尼亚克派人在阿金库尔战役中被挫败，在巴黎遭到屠杀，而这一切比蒙特罗的谋杀更要严重。卡博奇派的人和勃艮第的人不得不承认他们受到欺骗，他们的勃艮第公爵是英国人的朋友。他们原以为是法国人，却被迫成为英国人。

这就是衰落，面对这种衰落，我们的历史学家除了他自己似乎再没有什么要表达的了：

> 因此，每个人按照自己的原则、信仰生活着。精神死亡是真实的，它深深地刺进每个人的心中。看死人舞蹈的，只有死人。

然而，正是在生存危机的深处产生复活的思想。确切地说，这种思想正是米什莱构想出来的。后来他遇到了杜麦尼夫人（Mme Dumesnil），他的一个学生的母亲，他对她充满了柏拉图式的情感，他住到她的家中，不久，杜麦尼夫人患癌症死去。在杜麦尼夫人去世的第二天，也正是因为她的死，使米什莱开始着手撰写《贞德传》，他形容自己的复活如同法国复活一样。这是新的比喻方式，新的象征，新的特征识别方式。而且有一个奇特的现象，就是直到米什莱，贞德一直是只代表法国历史的辅助形象。是米什莱让贞德成为法国历史的中心人物。更为奇特的是，这种历史构建，没有建筑在新的材料之上，而是在可以查证的时期，建筑在精神心理灵感和揭露性叙事上。与此同时，于勒·基什拉（Jules Quicherat）正在对贞德的审判和昭雪记录进行编撰整理准备出版。米什莱曾任国家档案馆历史部主任，开始的时候他只希望成为以档案为史料编撰历史的第一个人，没有想要查阅基什拉的资料。他为贞德树立了一个彩绘玻璃窗式的形象，形成一种强烈的观念，正是她在历史上树立了很大的威望，令人敬服。对于他来说，贞德是第一位作为个人来热爱法国的人。她反对正统专制，是要求个人意识权利的代表。她是一个女人，一个少女，一个天使，一个女巫师。她是英国的受害者，在米什莱眼中，英国骄傲于表，而灵魂上却贫困不堪。贞德是中世纪"激情"的最后一种表现形式，是基督教最后的体现。她是人民的女儿，她就是人民。正是为了人民，米什莱才写这本人民之书。很快，《贞德传》就单独成册出版，这本书成为路易·阿歇特（Louis Hachette）"火车站新书库"首批作品中的一本。米什莱在贞德身上凝聚了很多象征性的东西和一些个人体现，我们在这里也列举不完。

在争取归属感这一点上，我们看到米什莱赋予历史学家特殊的作用和权威。历史学家如同一个巫师，让看不到的东西变得可以看到；历史学家又如同死亡与生命之间的说客；历史学家还是守墓人，负责死者的记忆，是死者的监护人和保护人。"每个死者都留下一丝善意，一丝记忆，要求人们细心照顾。我给太多被遗忘的死者以帮助，这种帮助我自己有一天也会需要的。"这一代历史学家，我们都是怀着对米什莱的崇拜长大的，对于《日记》中这段精彩的片断，我们记忆犹新，这段话对于我们来说如同一项伟大的规划：

　　　历史学家在梦中往往会梦见一群哭泣叹息的人，是一群没有获得足够的需求，希望重新生活的人。这群人，就是全球的人类，是整个人类。明天我们也将会成为他们中的一员。但是，这些死者向我们要求的不仅仅是一个骨灰瓮和眼泪。对于他们来说，我们的再次叹息是不够的。他们需要的不是一首挽歌，一个哭丧妇；他们需要的是预言者，是先知。只要没有这样的预言者出现，他们依然会游荡在他们没有封存的墓穴周围，永不安息。他们需要一个俄狄浦斯，向他们解释至今令他们仍然不得其解的难解之谜；教他们懂得他们不曾明白的话语和行为所表达的意思。他们需要一个普罗米修斯为他们盗取火种，在空中漂浮结冰的声音有了声响，开始说话。还有，他们需要听到从未说过，一直留在内心深处的话（挖掘您的内心深处，它们就在那里）；历史的沉默如同可怕的延长号，成为历史最为悲剧的音符，使历史不再说什么。应该让沉默的历史说话，只有这样，死者才会甘心回归墓穴①。

归根结底，最令人奇怪的是整个结局，是这奇特的归属感的历史结局。因为以同样的方式出现两个米什莱：一个是力大无比，普罗米修斯式的，被拉丁学区的学生们奉为"象征性人物"的米什莱；另一个是精明老练地掌握自己事业前程的小资产阶级，成为普鲁东笔下"性格多变、爱慕虚荣、贪婪淫荡的小老头"形象的米什莱。同样，米什莱也描写了法国两个形象，代表了两个法国。如果我们仔细阅读他的《人民》（1846 年）一书，那么，我们无疑会发现两个高度浓缩的形象。米什莱在书的开头就说："这本书不仅仅是一本书，它是我自己。"在对祖国充满活力、有机性的高度赞扬当中，混合了两个法国。因为，历史的结局和国籍的冲突而产生两个对立的法国：一个是崇尚人权和共和的法国，它继承了启蒙时代的理性主义和普遍解放思想；另一个是更具沙文主义、排外思想、军国主义和高度民族主义思想的法国。奇怪的法国，奇怪的人民，它既具有小农业主的形象，也具有整个人类那既自然又有些兽性的形象，它带有稚气，可怜而又无辜，正是这样的人民激发了米什莱基督式的情感——"大家都同我一起来吧！"好战的人民成为法国战士的赞歌，"精力旺盛的高级雄性，最好的情人"。对眷恋土地的农民的歌颂变成极度疯狂的民族主义，成为颂扬高于一切民族的法国的凯歌，因为法国是最优秀的国家，它拥有一切。法国本身就是一个完整的国家："上帝应该更加照亮它（法国），因为在黑夜中，当其他国家看不清的时候，它依然目光如炬。"我们只要读一下《人民》的第三部分，在这一部分，米什莱冷酷而出人意料地反对外国人，把外国人视为一个阴谋；他反对英国，认为英国是"反法国的"；他反对城市，因为城市激怒了种族；他反对手工制造业，因为那里聚集了"一群面无血色，目光呆滞的贫困的无产者"；他反对犹太人，尤其是那些"无论人们说什么，都有一个祖国，就是伦敦的证券交易所，尽管他们在各处活动，但是他们的根还是在那个黄金之国"。

双重性格的米什莱笔下表现出的双重特征的法国值得我们进行一个系统的研究探索。这表现了一个传统双面性，通过国家意识而被深深地内在化，这也足以说明，米什莱同贝基（Péguy）一样，应该具有双重属性：既是左派也是

---

① *Journal*, année 1842, 30 janvier.

右派，既是极左派也是极右派。我们看到一个戴高乐派的米什莱和贝当派的米什莱；同样有一个多列士式的米什莱和一个勒庞式的米什莱。面对这样的米什莱形象，作为法国历史学家，今天他所起的作用只能在吸引和反感、恐怖和着迷之间分开来看。

总之，米什莱应该是一系列连续历史构建的客体。曾经有一个自由浪漫的诗人米什莱，尽管对这一形象米什莱本人很讨厌，但人们却对他怀有崇拜的心情。还曾有一个作为法国共和国之父、法国革命化身的米什莱，在1898年他100周年诞辰的时候，由他的第二任妻子雅典娜伊斯（Athénaïs）根据他的手稿筛选编辑出版了一套书籍，这多多少少造就了一个历史学家雨果，使他的声望达到顶峰。19世纪初，曾有一个奇怪地处于贝基派和加布里埃尔·莫诺（Gabriel Monod）派之间的米什莱，贝基在米什莱身上看到了摆脱索邦实证主义和拉维斯主义的良药，而莫诺作为这所具有批判精神和实证主义精神学校的校长，是坚决反对米什莱的。还有一个曾经是民族抵抗主义分子的米什莱，对此马尔罗对他了记于心，而费尔夫在战争期间利用他在法兰西学院的讲课中也对此进行讲述，以纪念他的爱国精神。通过这些，很自然就转向了年鉴学派的米什莱，一个更深刻透彻的米什莱，违反了所有界线，囊括了所有历史形式；一个收集微不足道的小事情、小人物的历史学家，这正反映了巴特笔下的那个深不可测、有些神经质的米什莱。除了这些形象，也许还有另一个米什莱的形象。

二 拉维斯：国家教员[1]

厄内斯特·拉维斯（Ernest Lavisse，1842~1922年）在极其简陋的茅屋中编撰了成为共和国经典的小学课本，发行量达几百万册，还同艾尔弗雷德·朗博（Alfred Rambaud）共同编写了《从四世纪到今天的通史》（12卷），他还是27卷册《法国历史》的主持人。在后人的眼中，他就是同甘必大和茹费理一起，在1870年失败以后重建国家精神，在社会中牢固树立共和国机构的

---

[1] Paru sous le titre«Ernest Lavisse: son rôle dans la formation du sentiment national», *Revue historique*, juillet-septembre 1962, et repris sous le titre «Lavisse, instituteur national. Le "Petit Lavisse", évangile de la République», *in* Pierre NORA（dir.）, *Les Lieux de mémoire*, t. 1, *La République*, Gallimard, «Bibliothèque illustrée des histoires», 1984, pp. 247–289.

那一代人的代言人。他的一个学生曾这样评价："他的一生一直在关注同一个问题，就是改革历史学习，使其成为国家教育强有力的手段。"① 他的另一个学生，查理－维克多·朗格卢瓦（Charles-Victor Langlois）对他的评价更高：

> 这样一个人，他完美地实现了法国国家最特别、最优秀的典型，而法国的历史能够在这样一个人的领导下以完整的形式长期展现在人们眼前，这是一件多大的幸事呀②。

从 1870 年至 1914 年，在民族情感形成过程中，人们试图厘清共和运动的愿望和拉维斯个人贡献之间的关系，这种努力最终还是徒劳。可以说，拉维斯本人也是共和运动的产物。拉维斯不是丹纳（Taine），那位在师范学校比他大 15 岁的师哥，他也没有一个共和派的学生赫美尔斯帕奇（Roemerspacher）隆重地来拜访他，就像巴雷斯（Barrès）作为《离开本根的人》的主角那样对待。

拉维斯只是学院意义上的老师。夏莱蒂（Charléty）曾经指出："他甚至没有直接培养出一个年轻人。"同年轻人的接触，他只是通过集体形式来进行，没有一个法国年轻人直接从他那里获得关于法国的概念，就如同丹纳和莫拉斯（Maurras）对法国年轻人的影响一样。这些伟大的名字似乎让他不堪重负；他的影响，因为没有那么有权威性，是否就没有那么深远了呢？

没有一个法国文人可以同兰克（Ranke）、思贝尔（Sybel）、特莱斯科（Treitschke）、莫姆森（Mommsen）、戴尔布鲁克（Delbrück）、施特劳斯（Strauss）等这些德国文人相提并论。德国伟大的历史学家在国家意识中所起到的领导者作用是法国文人无法比拟的，在法兰西共和国前几十年当中，是历史教学承担了这项任务。

因此，一直到布朗热危机，公共教育同军队一起独自享有国家特权，这种特权是它从来就不曾享有的（除了在某些制宪会议中），也是它曾经失去的特权。但是，从 19 世纪末到第一次世界大战，拉维斯却占据了不可比拟的位置，

---

① Cf. Henry LEMONNIER, «Lavisse professeur», *Revue internationale de l'enseignement*, 15 janvier 1923.

② Charles Victor LANGLOIS, «Ernest Lavisse», *La Revue de France*, n° 19, 1ᵉʳ octobre 1922.

就像于勒·伊萨克（Jules Isaac）介绍的那样：

> 在近 60 多岁的时候，他支配着一切，主持所有领域：索邦大学的历史学研究，阿歇特出版社和阿尔芒·科兰出版社的历史读物甚至是教科书的出版；公共教育部的最高顾问委员会；这其中还不包括那些数不清的各种委员会和典礼[①]。

这位超级大师在创立者之后的一代中，通过他的著作达到其影响的顶峰，后来人们将他的著作同他的行动结合起来。他远离政治斗争，受权力的庇护，在共和国最具有特色的一个机构中，时刻保持失败的屈辱和复仇的思想，并将这种思想传播出去。仅这种不协调性就足以为他在别处腾出一个位置。有些人很早就感觉到了，就像勒内·杜米克（René Doumic）在 1894 年说的那样："拉维斯先生代表了一种特殊的、独特而有意思的东西。"[②]

共和派的拉维斯？

年轻的拉维斯和体制

恢复共和国将会由教员和官员来完成，他们是国家的双重支柱，而拉维斯就是恢复共和制的世俗宣传者，这就是他自己在《回忆录》[③] 中所描写的形象。这部《回忆录》讲述了他在 1862 年 11 月之前年青时代的事情，也是在那时进入巴黎高等师范大学读书的。他写道："在那个时候，我的一段生活结束了。"对于历史学家来说，那是一段十分宝贵的叙事，但却是带有偏见性的证明。这本回忆录是在 1912 年写的，是一个 70 岁历史学家的自我重建，这位历史学家为国家教育事业奉献了一生，并取得共和国所有学术荣誉。尽管这并非他自己的愿望，但他在回忆录中还是做了必要的筛选，使历史同他所追求的使命相吻合，那就是共和国教育学家的使命。

---

① Jules ISAAC, *Expériences de ma vie*, Calmann-Lévy, 1959, pp. 265 – 267.

② René DOUMIC, *écrivains d'aujourd'hui*, Perrin, 1894. 在这里我们只考虑拉维斯关于德国著作和一些重要丛书内容的副标题，在这些丛书中有关于路易十四的重要书籍；研究中所反映的问题值得进一步探索，这将超出本篇文章的范畴，本文只是对初级教学课本进行分析。

③ 发表于 1928 年，《拉维斯回忆录》在 1988 年由 Calmann-Lévy 出版社再版，从而为人所知，其中有 Jacques et Mona OZOUF 所写的序言。

据拉维斯所述，这个使命来自于一种缺乏教育的痛苦。拉维斯是勒努维永－昂蒂耶拉什一个小零售店店主的儿子，那是一家卖时新服饰用品的小店，收益微薄。他所有的学校生活，从镇里的小学到拉昂省中学，从久负盛名的玛莱寄读学校以及马山私立学校到巴黎高等师范学校，道德教育贫瘠可怜，学术上黯淡阴沉。"各项教学方案混淆不清，在我看来没有任何前景。我的青年时期是一团飘忽不定的迷雾。"随着他的自我叙述，他对这种"狭隘、形式化的、具有惩戒性和强制性的"教育提出抗议，要以"同一时代的所有人"的名义进行教育，并对教学体制提出疑问："我对人们以前教授给我们的人道主义提出谴责，正是这种人道主义使法国变得狭隘。我们根本没有做好准备，来理解我们这个时代人类智慧所应理解的东西；我们也根本没有做好准备，来充分使用我们的自由。"自传本身就是历史的一个篇章，证实生命的存在。这位老教育学家表现的像是失败教学的一个产物。通过拉维斯自己的证词，他是想将个人的教育转变成一种受国家民族伟大思想影响的现代集体教育体制。

"个人教育"是《回忆录》中最长的一个篇幅。在那篇文章中拉维斯详细叙述了对家庭、对庇卡底乡土的眷恋还有同学之间那个小团体对雨果的崇拜，这些情感是如何同带有 1848 年精神的共和国信仰紧密结合在一起的？他说，他对生活的理解是在他返回勒努维永的时候开始的。那时，他满载着学术的荣耀，在去给孩子们做颁奖仪式演讲①之前，他回勒努维永度假。是他的家人首先让他体会到历史的滋味：

> 关于路易十六的死，关于这个国王的胜利和灾难，关于他的征战和侵略，这一切不是我从书本上读来的，而是通过一个亲眼看到国王死在绞刑架上的老人，通过国王的士兵，通过那些在敌人临近的时候躲避到树林里的人的叙述知道的。

他第一次的零花钱用来买了入圣西尔学校的教程，只是为了崇高的文学抱负他才放弃了军事上的远大理想。他在屋顶小阁楼里完成他的写作，

---

① Ernest LAVISSE, *Discours à des enfants*, A. Colin, 1907 ; *Nouveaux discours à des enfants*, A. Colin, 1910.

但是拉马丁（Lamartine）和缪塞（Musset）给他带来的"文学震撼"，在他的笔下具有某些学术性的东西。他写道，他如饥似渴地阅读米什莱的所有著作：

> 他的《通史引论》深深地吸引了我。我长久地回味着这句话："世界上没有必然性的、最具有人性和自由的地方，是在欧洲；最具有欧洲代表性的，是我的祖国——法国！"

所以，米什莱应该是他的老师：

> 因此，我们都是共和派的。但是，共和制如何在法国建立起来，关于这一点，我们没有考虑。这个神圣的名字本身就有一种神奇的力量，它足以说明一切。我们相信，共和制在解放法国的同时也会解放全人类，它正在等待我们的指示。

《回忆录》似乎通过事后的情感来解释了一些真实的细节。总的来说，他的共和主义表现显得非常幼稚：戴着红色的领带，披着长长的头发，在《年轻的法国》杂志上发表歌颂布鲁图的文章，在操场上吹着尼扎尔的口哨，一边唱着《马赛曲》，一边监视着玛丽安娜石膏像周围的情况，把他的狗叫作巴丹格（Badinguet），并假装过着隐秘的生活。但是，有时这些活动却非常投入。在皇家司法部门对尤金·佩利坦（Eugène Pelletan）做出罚款的时候，人们组织为佩利坦捐助，拉维斯跑去将他的一小笔捐款送到乔治·克列孟梭（Georges Clemenceau）的手中。在选举期间，他为朱尔·西蒙（Jules Simon）、厄内斯特·皮卡德（Ernest Picard）、路易–安图瓦纳·加尼耶–帕热斯（Louis-Antoine Garnier-Pagès）工作。也许圣西尔的那段故事①曾经发生过，但是这段事情发生的时间，即1856年，用马拉克夫战役的胜利和皇家的史诗来解释比用共和国炽热的情感来解释会更好些。因此，他对雨果和米什莱的独特

---

① 拉维斯同圣西尔一直保持着密切的联系。他试图改革圣西尔的入学考试制度（cf. Ernest LAVISSE, «L'examen de Saint-Cyr», *La Revue de Paris*, 15 avril 1896）。1899年，在德雷福斯事件中，他曾经是最有力的历史老师和文学老师。他的弟弟，死的时候身为将军，也是毕业于圣西尔军校，曾任圣马森军校（Ecole de Saint-Maixent）校长。

偏爱难道不是有点儿让人怀疑吗？因为，那个时候，雨果被流放，米什莱的课也被停止了。

比较符合事实的是一份简短而突兀的承认书。这份承认书出现在 1895 年一篇名为《过去的青春和今天的青春》①的文章中。在那篇文章中，拉维斯用很长的篇幅提起共和制，那是"在高高的空中、在鲜艳的光环中隐隐约约浮现出一个美丽的身影"，他在普罗可布咖啡馆同查理·弗洛凯（Charles Floquet）和甘必大相遇的时候，同他们一起高颂俄狄浦斯流亡的诗篇。他写道："说实话，我从来没有如此深入地投入这些年轻人的运动中去。从我身上迸发出一种矛盾的情感和滋味。"是什么呢？"我的家庭教育是要尊重权力，崇拜伟大的帝国及其力量；希望尽早开始积极的、具有影响的生活的……"是的，拉维斯是来自外省的一个好学生，并获得奖学金在巴黎求学。他的家人对他寄予厚望。他是一个希望成功，而且很快就获得成功的学生。

事实也是如此，拉维斯在师范学校一毕业就被从 1863 年开始担任共和国教育部长的维克多·杜卢伊（Victor Duruy）所赏识，他让这位年轻的亨利四世高中的老师担任他的办公室主任。尽管没有正式任命，后来，维克多·杜卢伊把拉维斯当作自己精神上的儿子来看待②。对于杜卢伊的离世，国王感到非常遗憾。在杜卢伊的推荐下，拉维斯从 1868 年直到帝国崩溃，一直担任皇储的家庭教师。

1870 年的失败在拉维斯身上产生决定性的重大影响。也许，他首先对他那一代的法国人，那一代"热爱祖国、热爱自由、热爱所有人，包括个人和民族，尤其是热爱那些受苦受难的人"的法国人产生影响。那种强制性的和平让他全心充满了耻辱。他说："理性、原则、情感，这一切在我们遭到不幸之后相互协调。我们的事业很荣幸成为人类的事业。"但是，在他身上，国家民族的危机同时夹杂着个人危机。他那时将近 30 岁。也许帝国的坍塌

---

① ID., «Jeunessse d'autrefois et jeunesse d'aujourd'hui», in *À propos de nos écoles*, A Colin, 1895.

② 我很难具体说明到底是什么样的一个机会让这两个人相遇，并且他们的关系一直持续到1894 年杜卢伊去世。那时，杜卢伊完成了满足情感的《摘要与回忆》，这是他的孩子和学生的成功所给予他的一种情感，他写道："厄内斯特·拉维斯曾是共和国教育部的一名秘书，30 年来，我一直把他当作我自己的孩子，当选了法兰西学术院的院士。"（Victor DURUY, *Notes et souvenirs*, 1811–1894, 2 Vol., Hachette, 1901, t. II, p. 312）Cf. également Ernest LAVISSE, *Un ministre: Victor Duruy*, A. Colin, 1895.

动摇了他的政治分析。有一点是肯定的，那就是帝国的崩溃粉碎了他最合理的希望。他从 26 岁开始就成为帝国皇储的家庭教师，如果帝制一直继承延续下去的话，这位新兴的费奈隆（Fénelon）说不定就是另一个勃艮第公爵了。

看到这场动乱，拉维斯突然决定去德国，他在那里待了 3 年，每年只有 500 法郎的资助。1871 年他给部长写请辞信，信中写道："没有人能够感受到我所遭遇的不幸，没有人，只有我自己才能下如此大的决心要延续他的力量来完成光复工作。"

1875 年拉维斯写了一篇关于德国的论文，其副标题清楚地反映了这位历史学家的抱负。论文题目是：《阿斯卡尼亚王朝统治下的勃兰登堡的发展：普鲁士王国起源之一的研究》。从他的第一本书开始，拉维斯就指出他对历史的兴趣所在。他的理想不是单纯的科学性，不是普鲁士的历史吸引了他，而是德国胜利的难解之谜引起这位法国历史学家的热情，他希望以此为他的同胞们揭开失败隐藏的原因。这位历史学家尽管没有参加战争，但是他以自己的方式为"光复的工作"做出自己的贡献。因此，在普鲁士的历史背后，他所关心的是民族历史。一个很好的证明就是，他完成博士论文以后就已经是一位专家了。犹豫再三之后，他放弃了普鲁士的历史，而是雇用了一个团队，在他的指导下首先编撰《通史》，接着开始编撰伟大的《法国史》。也许他对德国的兴趣一直没有停止过。但是，他的研究工作一直都是泛泛的、偶然的，大部分是为了迎合法国公众的好奇心，而不是德国公众的好奇心。他先后出版了《普鲁士历史研究》（1879 年）、《德意志帝国评论》（1881 年）、《德意志帝国三个皇帝》（1888 年）。他唯一一部关于腓特烈大帝的博学专著却最终没有完成，只是出版了《年轻的腓特烈》（1891 年）和《登基前的腓特烈》（1893 年）。德国的历史只不过是他整个工作的一个侧面，而工作的大部分依然是法国历史。

拉维斯对重建波旁王朝的期望忠心耿耿，这种忠心一直持续了很久。他同逃亡中的皇储保持书信往来，这说明他的这种执着中政治成分比个人情感更多一些。他在 1874 年 11 月 14 日从英国写的信中说道："最近几次选举事件不是再一次清楚地显示了未来的发展，证明了帝国已被激进派所攫取了吗？国家有很大一部分人还没有做出最终决定。当有一天他们为帝国做出决定的时候，我相信，那时帝国就建成了。"

所有的书信都需要我们去查阅①。比如，在描写埃纳省的精神状态的时候，拉维斯对共和党人的态度只有讽刺：

> 农民绝对不是共和党人，小资产阶级也不是；工人，除了在那些人口不多的几个中心以外，也根本不是共和党人。然而这些人在最近的选举中，却把票投给了共和派的候选人。这种矛盾从何而来？这就是人性的怯懦。这些人在 5 年前还忠心地服务于帝国，他们没有想象到，他们白白为崩溃的帝国保留了那份忠心。

后来，他建议皇储收购共和派的报纸。"这些不健康的纸张，瞬息就不见了，但是却可以以主人的口吻高声说教；无论是谁读了这些报纸，听我们议员的言论（假如他们说话的话），他们都会相信这是梯也尔派人和甘必大派人混合集锦。要撕下谎言的这块面纱，该怎么做呢？"

5 月 16 日危机前的几个星期，他的评论依然很严厉：

> 共和国充满危机。人变得渺小，根本没有思想。没有提出任何建议。我们为贫瘠所冲撞。机会主义是无能的借口。极端主义是一副古老的面具，面具后面隐藏着低级的兴趣。左派中心没有性别。该怎么办呢？只有在你们自己周围才能形成联盟。（1877 年 2 月 18 日）

那是在 1878 年，就在皇储去世的前一年他的思想发生了变化：

> 我根本就不相信共和国可以长期地持续下去。我现在比任何时候都不相信。但是我以前认为只有帝国才能延续共和制的道路，但是，现在我不

---

① 拉维斯本人将这些书信移交给了国家图书馆。1929 年 4 月由 *Revue des Deux Mondes* 出版了大部分节选，这对阿尔芒·科兰出版社来说产生极大的影响。当时任阿尔芒·科兰出版社社长的马克斯·勒克莱尔（Max Leclerc）要求拉维斯的继承人 Jeanne Quiévreux 对此事做出反应，认为这项出版从本质上有违他叔叔的记忆，因为这些书信都"太幼稚"，同我们所了解的他（拉维斯）没有任何关系。Quiévreux 夫人反过来告诉拉维斯将军的遗孀苏姗－艾美丽·拉维斯（Suzanne-Emile Lavisse），她曾怀着喜悦的心情阅读她大伯兄"这些让人感到骄傲的书信"。阿尔芒·科兰出版社的文学部主任米农（Mignon）先生非常友好地将出版社关于拉维斯的档案资料交于我查阅。在此表示感谢。

这样认为。（1878 年 4 月 30 日）

　　结论就是：拉维斯是一位忧心忡忡的爱国主义者，很晚才皈依的共和主义者；他只在共和制真正稳固地建立起来的时候，才看到自己对共和主义的热忱；他将维护体制同维护国家民族混淆在一起。

在共和制机构中的拉维斯

　　但是，当重大危机威胁着共和国存在的时候，拉维斯一直保持自己谨慎的态度，从来没有走到政治斗争的舞台当中去，这一点后来遭到很多人的指责。在布朗热危机的时候，他没有做出决定；在德雷福斯事件中，他同样没有表态。他唯一的一篇文章是在 1899 年 10 月，在德雷福斯被移送雷恩军事法庭进行重审的开庭前夕，他在《巴黎杂志》上发表的文章呼吁人们达成"民族性和解"。在他看来，德雷福斯事件将国家民族生活的两种完全不同的经验对立起来，但是他所关注的那种经验是反德雷福斯派所要求的经验。他一直在描述百年来三位一体的状况，根据这种状况，他建立了国家秩序，即宗教、国王和军队。而这一切突然间被革命所摧毁。宗教与军队，这是长期记忆的组合，都是建立在服从的基础之上，都热爱着承载它们的权力和荣耀的过去，它们不能去热爱"自由的无秩序"，也不能不为国王感到遗憾。"这种精神状态是完全合理的。"因此，他让对手背靠背团结起来："军队与正义因为可怕的误解而彼此对立，敌人兄弟们，你们要为你们的国家提供正义，它也许是世界上唯一一个国家，在那里很多人可以为了崇高的情感而经受折磨。为你们的祖国牺牲你们的仇恨。然后以这样的思想来平息你们自己的情感，那就是，团结起来，你们就是法国。"

　　所以，拉维斯从来没有参与过政治，尽管他的气质看起来是将他置于政治当中。他 1876 年担任高等师范大学的副教授，1888 年任索邦大学教授，1904 年任高等师范大学的校长，他的整个职业生涯都显示了一个伟大学者的职业生涯。但是他的社会影响远远超出了他的学术范围：1893 年当选法兰西学术院院士；从 1894 年直到去世一直担任《巴黎杂志》的主编；外交部的心腹谋士，是最著名的巴黎沙龙界，尤其是玛蒂尔德公主的沙龙（拿破仑派）最具权威的人物，无人不晓。勒内·杜米克在 1894 年就指出："这是一个伟大的人物，我们习惯于重视他。"他是一个重要人物，但更是一个重要的名人，正像于勒·伊萨克所描述的那样：

他走到哪儿都有一种自然而高傲的威严，使人敬畏，这使他同穆内·骨利（Mounet Sully）和雨果相似。在他身上让人想起历史人物，像查理曼、路易十四那种最为人喜爱的威严。在他宽阔沉静的脸庞上，清澈的蓝色眼睛透露出沉思的目光和一种敏感得让人着迷的人性。正是这一点让我喜欢上他：他很富有人情味，特别人性化，很受年轻人喜欢。

还有就是他在法兰西学术院的继任者皮埃尔·博努瓦（Pierre Benoit）对他的第一印象，那时他刚结束他在教育部主持的一个大学高级议会，博努瓦写道：

> 矮矮胖胖，很敦实，穿了一件简单的海军蓝粗呢男式西装。方脑袋，坚实稳重，似乎是深深地插入肩膀上一般，浓密的眉毛下镶嵌着一双炯炯有神的眼睛。他看着雨中那些满不在乎的乡下人和那些渔民，他们似乎并不害怕被雨水淋湿。人们都毕恭毕敬地跟他说话，而他继续以单音节来回答。从这个人身上散发出一种稳重而又忧郁的奇怪印象，也许有人会说，他更像一个忧心忡忡的农民。

除了这种表现，以及固执、倔强、果断的态度以外，于勒·伊萨克还对拉维斯的言语做了描述：

> 作为演讲人，他用精彩的语调和措辞生动地强调了他的每一个观点，深深地吸引着听众。每一次在我离开报告厅的时候，我都禁不住会说：这个人是一个伟大的演讲者，伟大的演员。除了历史，他还教会了我演讲的艺术，他是一个无人能及的老师。

拉维斯是一个作家，他天生就有很好的综合分析能力、丰富的言辞、严厉而绚丽的文风，没有矫揉造作，完全是优雅精致的自然流露；他还具有极为罕见的气质，就是他具有抓住各种才华，可以说毫无顾虑①地利用各种能力，出

---

① 拉维斯利用一切可利用的资源。于勒·伊萨克在一次私人会谈中跟我说，他在拉维斯的著作中发现拉维斯利用他给拉维斯写的信的整段话。尤其是后来建立密切合作关系的人，如埃德蒙·埃斯莫南（Edmond Esmonin），他们合作完成了《路易十四》那本书。

色巧妙地组织运用各种成果的艺术。

拉维斯的影响不仅在于他无可争辩的个人才能上，更重要的是他懂得将自己作为法国历史学家的工作和年轻人教育工作者的职业有机结合起来。这两项活动，表面上看是分开的，其实彼此之间联系紧密，而且在功能上几乎是联系在一起的。正是这一点，构成他在国家民族情感形成中最独特、最积极的影响来源。

作为历史学家，拉维斯并不是一个博学的人。在朗格卢瓦（Langlois）和瑟诺博司（Seignobos）研究历史评论实证方法定义的时候，在拉维斯的工作中人们没有看到任何有关这方面的考虑。论文完成了，他让学生来做研究性工作。他没有巴黎文献学院的学生那样的思想，也不是一个像丹纳那样具有哲学思想、像福斯特尔·德·库朗日（Fustel de Coulanges）那样专于精深综合分析的历史学家。他拒绝一切专业化并认为："历史的伟大职责在于沿着人类的道路一步一步前进，直到走到属于我们的阶段。"

到 19 世纪末期，所有的人类道路都经过欧洲，这自然地也经过法国。拉维斯没有忘记米什莱的教诲，1890 年他为《欧洲历史总观》（这本书获得了很大的成功①）写的序言中说：

> 我尽最大的努力来反对爱国主义偏见，我相信我没有夸大法国在世界上的地位。但是，读者也许会发现，在反对历史的各个要素的斗争中，法国是一系列厄运②最厉害的对手。如果说武装欧洲，使置欧洲于毁灭的冲突能够平息的话，那是因为有法国的精神。

拉维斯比米什莱更强烈地感到，法国就是浓缩的欧洲。到 1885 年的时候（这同他自己的整个变化发生了让人吃惊的吻合），他认为有必要也有可能写一部法国的历史。在此之前，各个体制接替出现，利用科学进行论战，历史学家缺乏能力，这些都无法建立一部宏伟的著作③。

---

① 在 1927 年的时候，这本书就已经印刷了 17 版。

② 本文作者强调的。但是，从这一点我们不是也可以看到在拉维斯的笔下，连米什莱优美的语句也变得枯燥无味了吗？

③ 最初的计划由来已久，拉维斯在 1878 年 4 月 7 日给卡斯通·巴利（Gaston Paris）的信中说："我真的相信，学习法国历史十分有用。但是教授们对此却不甚了解。我们国家的教育是如此的可怜，而我们却无法治愈它！"（国家图书馆，naf 24 - 25，fos 278 - 294）。

他的愿望就是，让他这一举措指出有关法国历史的一种历史评价，这也是他在《对未来充满信心的原因》（第9卷）（这是集体创作的成果，但却是一个独立篇章，由拉维斯主编署名）以及关于路易十四那一本书中得出的结论：所提到的基本原因完全是法国与制度的永恒原因。从百年战争到1870年战争，法国在每次危机之后的重建都让他相信，在"法国的稳固"当中存在着一种天意的"不可摧毁"的因素。革命和政变的时代结束了，"国家终于具备了最终的管理能力"。爱国情感和共和国思想终于结合起来，决定国家的任务："以文化来教育全体法国人，使法国释放最大的能量。"没有什么能让人更好地感觉到教育同民主职能之间的关系如此紧密。而且，不正是这些伟大的百科全集系列丛书符合这唯一的要求吗？在这些百科全书一册又一册地出现在读者面前的时候，还从来没有一套系列丛书能够让学生们对历史变化有一个全面的了解，学生们需要查阅很多专业书籍。现在拉维斯和朗博共同编写的《法国通史》为他们提供了一切之需。

可以说，正是同样的原则推动着我们这位历史学家的科学研究和所有的改革工作。在这里，我们无须区别他对小学做的工作和对大学教育所做的工作①。他从杜卢伊那里获得了所有大学改革的方法，这些改革筹备了很长时间，最后通过政府得以实施。他参加了1896年制定关于高等教育改革的《庞加莱法》（la loi Poincaré），并创立了外省大学。这是拉维斯广泛参与并长期宣传努力的结果②。他期望通过创办大学能获得精神上的利益，年轻人能在大学中将对祖国的崇拜与对科学的崇拜结合在一起。他还认为大学不应该像旧制度中的机构那样成为历史的收藏馆，而应该是未来的研讨会。"高等学校应该同国家生活紧密结合在一起。"拉维斯希望大学具有现实性。

拉维斯坚持不懈的工作不是表现在他为国家复兴所做的工作，而是表现在教育改革工作中。大学课程不再针对那些业余爱好者，而是针对那些准备教学考试的学生；设立高等教育毕业证书、改革历史教学资格，这些措施，在那些非专业人士的眼中，拉维斯就是一个脑力水准测量员。1904年，当拉维斯到巴黎高等师范学院担任校长的时候，他阐述了自己的计划，给他造成很坏的影

---

① 拉维斯对中学的改革工作做得较少。有一个很有意义的细节，就是拉维斯没有参加1882年中学教育特别委员会。

② Cf. Ernest LAVISSE, *Questions d'enseignement national*, A. Colin, 1885, et *Études et étudiants*, A. Colin, 1890.

响。他要求师范生跟随索邦大学的学校制度，并将乌尔姆街的设施缩减到学院路上的一所住宅附属建筑中①。最为讽刺的是学生联合会，其中第一个联合会竟在南锡成立，当时莫里斯·巴雷斯，就是后来完成《自我崇拜》的作者就在那里求学。他曾呼吁②"青春的记录"控制一切创举、犯罪教育、统一模式的奇怪欲望以及破坏个性的现代癖好。事实上，在这片牧场上，放养了 2000名来自小资产阶级家庭的年轻人，但是我看不到丹纳、勒南、米什莱来培育这些 20 来岁年轻人的思想。这些年轻人的共同点只有那些可怜的高中经验、继承下来的羞涩以及大革命前法院书记团式的喧闹。这是培养祖国灵魂的地方，如果说我们未来的公证人、医生、律师和代理检察长以廉价的方式来打台球，目的是让拉维斯先生发展他崇高的爱国理想主义的话，那我毫不犹豫地听从他。

正是在这些细微滑稽可笑的事情中，我们发现同样的指导思想。在拉维斯看来，加强共和民主就是武装法国。而且我们还可以说，德国也是这种国家教育的联合组织。拉维斯认为，德国表现了一种功能性的、长期稳定的形象，是人们不易忘怀的参考物，它起到了榜样、证明和激励的作用。

在我们的教育当中，德国给我们的教训，不只有拉维斯才对此有所研究③，而拉维斯从中看到，莱茵河彼岸大学对公共思想的形成直接承担责任，他对大学的这种社会作用是极为赞赏的。但是，我们却不能一成不变地照抄这些组织形式④，应该在保留基本原则的基础上，在保留科学与爱国主义关系的基础上加以转换。拉维斯对此说得很清楚，在编撰法国历史和编撰小学课本计划的时候，他的目的是一致的，那就是：传播爱国主义义务（*pietas erga patriam*）⑤，这正是德国力量所在。

---

① 参阅 1904 年 11 月 20 日巴黎高等师范学院的演讲。1905 级的师范生反应非常强烈；有些人，像当时的系主任达维给我讲起这段往事，他们还记得在迎接新校长到来时起哄的学生，那时拉维斯从他家里踱着慢步走进学校，学生们向他喊："不管校长的决定，我们要拯救我们的学校。"

② Maurice BARRÈS, *Toute licence sauf contre l'amour*, Perrin, 1892.

③ Cf. Claude DIGEON, «La nouvelle Université et l'Allemagne», in *La Crise allemande de la pensée française* (1870 – 1914), PUF, 1959.

④ Pour la critique de l'ouvrage du père DIDON, *Les Allemands*, Calmann-Lévy, 1884, cf. E. LAVISSE, *Questions d'enseignement national*, *op. cit.*, et«Jeunesse allemande, jeunesse française», in *Études et étudiants*, *op. cit.*

⑤ 同前，«L'enseignement historique en Sorbonne et l'éducation nationale»，这是 1881 年 12 月在巴黎文学院中世纪历史开课课题，1882 年 2 月 15 日发表于 *Revue des Deux Mondes*，后又载入 *Questions d'enseignement national*, *op. cit*。

在拉维斯的著作中，他所描绘的德国概况也表现了一个同法国相反的形象。尽管在国家历史和政治机构上有很深的相似之处，法德两国在本质上是不同的，因为德国人接收的是外来文明。日耳曼的本质，因为回归到自我，所以无法产生任何东西；而拉丁文明本身就会带来光明。尽管拉维斯努力去理解，尽管他很欣赏德国的稳定制度以及世纪末期的经济扩张，但是在他对德国的评价当中，依然怀有讽刺的思想。这种思想在两次战争的时候达到极点，他在《埃纳省的入侵》（1872 年）中所描绘的"野蛮的"德国人的形象同世界大战宣传册中"对士兵的讲话：我们为什么战斗"和"德国人战术"（为美国人所用）中所描绘的形象没有任何区别。这时候的历史学家变成了一位宣传者。

共和国的形象同普鲁士的形象是对立的。描写一种形象，同时也是在描写另一种形象：

进入由普鲁士胜利开创的新时期，那就要放弃所有人类和平进步的期望。今天的仇恨就是明天的战争，这就是目前和未来的欧洲。

而法国却相反：

自从欧洲结盟，使我们重新回到我们的边境上，我们就从来没有实施强暴的挑衅性政策。我们的政策最终信奉这样的原则，那就是：如果在违反人类愿望的情况下支配人类，那一切的征战都是非正义的①。

这就使阿尔萨斯—洛林地区的问题成为一个国际道德问题：

在面对一个通过武力建立起来并依靠武力来支撑，为了配合战略利益而牺牲几千人的权利的帝国，法国共和国代表了那些被侵犯的权利。如果有一天，在欧洲混乱的局面下，法国要求归还国家被掠夺的土地，她完全可以以人道主义的名义去这么做。

这不是国家民族问题。在拉维斯看来，这是另一回事，是复仇，是阿尔萨

---

① ID. , *Essais sur l'Allemagne impériale*, Hachette, 1888, p. 98.

斯的问题。在权利基础上建立起来的好战主义，因为情感而变得合理：

> 自从经历了那可怕的一年后，我没有一刻失望过；我满怀希望和信心，我坚持不懈地将希望和信心教给几百万的孩子。面对那失去的身份，我一遍一遍地重复着这永恒的责任。斯特拉斯堡的塔尖永远不会从我的视线中消失。它一直在我眼前，孤独地直耸云霄，似乎在说："我就是斯特拉斯堡，我就是阿尔萨斯，我标记着，我等待着。"①

贝基反对拉维斯

正因为如此，拉维斯最终成为共和国一名明智的官员，并像亨利·马丁（Henri Martin）一样成为国家的良师益友。1874 年，拉维斯把他称作是奉承者，而在 1914 年战争前夕，他似乎成了马丁的接班人。在这样的条件下，我们明白为什么老年的拉维斯在参与德雷福斯事件的那一代人眼中是一个谨小慎微的人，他充满了对共和国的热忱，是"大学的教皇和元帅"②。

对拉维斯的攻击最强烈的人是贝基，最直接的原因是一起个人事件：1911 年法兰西学术院第一次决定颁发文学奖，而两个候选人罗曼·罗兰和贝基都极力想获得这个奖项。拉维斯、保罗·布尔热（Paul Bourget）和巴雷斯三人之间展开了讨论。拉维斯受吕西安·埃尔（Lucien Herr）的影响，反对贝基，而且贝基后来还不断重复他的反对评语："贝基是一个无政府的天主教徒，他将圣水掺入石油中。"贝基极度愤怒，说："只要拉维斯下一道指令，只要乌尔姆街的那个小团体、那个知识分子小团体带来一道指令，法兰西学术院就会退却。"后来，有两本宣传册：一本是《周刊》主编费尔南多·洛德（Fernand Laudet）写的；另一本是萨洛蒙·雷纳克（Salomon Reinach）和朗松（Lanson）合编的《人们谈论的朗格卢瓦》。这两本宣传册相继问世，拉维斯就成了被攻击的对象：

> 大家都知道，就我个人来说，我无法忍受这样一个拉维斯，不断获取各种租金、津贴、优待和名誉，拿着各种俸禄，却在共和国和大学里散布

---

① ID. , *La Question d'Alsace dans une âme d'Alsacien*, A. Colin, 1891.
② Daniel HALÉVY, *Péguy*, Grasset, 1941.

着各种灾难;我无法忍受这样一个拉维斯,虽然他身处 20 多家学院,虽然是以师范生的方式,但对 20 年来我们所经历的各种痛苦和焦虑、工作和不幸做出各种滑稽可笑而粗俗的事情却不受处罚①。

是什么目的使贝基要拉维斯对"人们从来没有想过要指责他的"事情做一个交代?是要解决个人之间的恩怨吗?是的。但是贝基这里所说的原因是关系到整体利益。透过一些不断重复以及一些报复性的尖刻的话,我们可以区别三种不同的理由。

拉维斯首先代表的是成名的一代。贝基有一种无法忍受的不公平的感觉,这让他愤怒地撕下那些让他感到羞耻的文章②。他们这一代难道不是在积极努力地奋斗,期望在他们上一代人中保留自己的位置和头衔吗?

> 我相信任何一个民族,在任何时候,都存在这样一代人,这样一届学生,他们如此自信,如此厚颜无耻地介绍一种形而上学,却不受任何惩罚,因为这只是一种有形的东西,而不是一种形而上学③。

《我们的青春》的精神英雄主义是否应该由"几个在 15 年前一有风吹草动就逃到勒努维永 - 昂蒂耶拉什,全身战栗,躲藏起来不敢露面的自由追随者占为己有呢"?贝基认为拉维斯就是一个窃取者,他的论据是这样的:我们为你们挽救了共和国,而你们却把它占为己有。"无论从时间上还是从精神上来说,这都是贪婪吝啬的一代,他们为自己遏制着、保留着他们所收到的一切。"1912 年由庞加莱主持、在索邦大学举办的拉维斯任职 50 周年庆典是一个骗人的把戏。"因为让庞加莱当选的政策完全违背了拉维斯 50 年来所延续的政策。"

另外,拉维斯是朗松、朗格卢瓦、瑟诺博司等知识分子团体的代表,这一

---

① Charles PÉGUY, *Un nouveau théologien*, *M. Fernand Laudet*, in *Œuvres en prose*, t. Ⅲ, *Période des «Cahiers de la Quinzaine» de la onzième à la dernière série* (*1909 - 1914*), éd. de Robert Burac, Gallimard, «Bibliothèque de la Pléiade», 1992, pp. 484 - 485.

② "我完全意识到下面那些要提高这些卑鄙无耻的行为,仇恨、欲望、污七八糟和耻辱的东西。"贝基对他的朋友洛特说:"18 个月以来,我都无法说我的神父。"贝基是 1894 届的,跟拉维斯差了 32 岁。

③ *Ibid*, pp. 482 - 483.

集团侮辱了文化，使法国丧失了精神灵魂，让智力变得官僚化：

> 30 年来他们摧毁了法国的一切，以及法国这个民族。30 年以来，他们让上帝、教堂、法国、军队、风俗道德、法律起伏不平；而今天我们竟没有权利让拉维斯先生经受风浪①。

这种摧毁性医学教育的地点主要集中在师范大学。若斯福·雷纳克（Joseph Reinach）建议只召集原来毕业生的校友集会，但是贝基却建议召集原来学校所有人的集会："也许在让更多的人参与进来的同时，我们才能从政治家手中，从拉维斯先生苍老的手中解救一些珍贵的遗物。"②

拉维斯终于成为这场阴谋的结点：

> 确切地说，他就是一道矮门，所有混乱的东西都按秩序进来，一切无政府主义都进入管理当中，尤其是进入大学的管理和荣誉当中。他就是连接点、插入点③。

如果说是拉维斯在进行统治，那么是吕西安·埃尔进行管理，是吕西安·埃尔保证了饶勒斯主义运动的联络。"这一小撮师范生成了政治毒害区、传染区和毒性发源区。"一切都慢慢腐败：德雷福斯主义来自绝对自由制度，现在变成欺诈和卑劣的制度；社会主义打着饶勒斯主义的旗号进行社会工作正义组织的破坏活动；世俗主义源自意识的自由体制，现在变成对意识压迫的最可怕的体制；国际主义源自政治社会平等体制，现在变成"恶毒的资产阶级世界狂潮的一种"；共和制本来具有神秘性，现在却变成了政治性的东西。

对这一大杂烩，所有的责任都推给了拉维斯。他为资产阶级世界三重恶魔提供担保，而饶勒斯是为社会主义世界三重恶魔提供担保。所有这些指责汇合在一起，在贝基眼中，拉维斯犯有最高背叛罪。他成为所有"维护共和制"领主的主人，他败坏、损害并摧毁他所负责的法国，他就是法国内部的敌人。

---

① ID., *L'Argent suite*, in *Œuvres en prose*, t. Ⅲ, *op. cit.*, p. 884.
② ID., *Un nouveau théologien*, *op. cit.*, p. 481.
③ ID., *L'Argent suite*, *op. cit.*, p. 942.

贝基甚至指责他同德国有勾结：

> 拉维斯先生当然是不会流血的。但是，他散布的是废墟、懦弱、耻辱、衰弱、公共的松懈、公社和底层的不幸。他没有考虑血已经流尽。如果拉维斯先生及他这一代人已经成功地将法国变成他们所希望的那样，也就是说，将法国人变成像他们一样，像他们一样软弱；如果想利用进入到我们领地上的 80 万德国人，这群怯懦、软弱、卑鄙的人，那么，年轻的同志，你们将会流血①。

只有在战前的知识分子氛围中才能理解这样的攻击；这种攻击依然有些模棱两可，更有意思的是，它混合了左派和右派的言论。自从拉维斯当选了法兰西学术院院士以来，他就不再受右派的正式攻击，就像共和左派因为他同知识分子的联系以及忠于世俗化而对他的官方攻击一样。这种指责只能来自一个特立独行、不依附任何政治思想集团的人。

那个时候，拉维斯如同实证历史学派的代表，他们让历史研究成为一种决定性的进步并普遍流传，让索邦大学关心科学的真实性、关心严格苛刻的理性主义。贝基在通过漫画的手法描绘这些历史学家滑稽可笑的行为的同时，也让索邦大学在历史研究方面所带来的最杰出的成果，比如，尊重事实、用词的精确、严的方法等名誉扫地。贝基没有将优点和缺点区别开，相反，他试图将拉维斯所阐述的历史科学埋没于错误的意识形态及其背后隐藏的败坏道德和悲惨的政策当中。而且，贝基是打着对旧法国怀念的神秘招牌，对这种混合加以指责。拉维斯所处的整个一代人都在为旧法国而战，而拉维斯最终还是同他们的道义走到了一起。从这一点看，贝基的指责在思想上是属于左派的，但在论据上却成了反动的言论。

贝基的指责也不是没有启发的。贝基的所有指责都指向拉维斯本人，而不是他的著作。他指控拉维斯犯有文化、政治和国家民族罪。但是，关于拉维斯的教学内容，贝基却只字不提。说到底，这难道不是没有根据的争吵吗？揭开真实现象的时刻到了，国家要经受考验。是莫拉斯第一个出来拯救"重新找回的拉维斯"。为回复拉维斯在《时代》杂志中发表的一篇题为《由法国人来

---

① *Ibid.*, p. 886.

发现法国》的文章，莫拉斯在 1914 年 8 月 24 日《法国运动》的一篇文章中写道："我不知道是否敢于用这样尖锐激烈的词语来表达我们的喜悦。"

> 我们这些多多少少算是他的小学生的人非常怀念他。在 1885 年至 1890 年间，他曾是一名大学的布朗热主义者，最积极的知识分子式的爱国主义教授和博士，他参加民族主义，但是他却不是民族主义者！

当莫拉斯看到，拉维斯因为马尔维（Malvy）中止了反对法国波旁王朝复辟时左右政权的圣会的法律，因为奥加尼厄（Augagneur）指定神父在我们的战舰中担任职务，而向他们表示敬意的时候，他觉得这位历史学家终于"重新找回了自己精神本来的居所和故居"。他总结说：

> 如果我能清晰地感受到，在某些议题上，拉维斯的思想如同锐利的尖刀一般进入到我的思想中，如果我知道我的思想依然能够在他身上，无论什么地方都能产生同样的效果的话，那么我会记得在《法国运动》创作初期，每天都会奇怪地回顾起儒勒·勒梅特（Jules Lemaître）的思想：
> ——那么拉维斯呢？他总喜欢这么说，您觉得在拉维斯身上没有任何希望？
> 我们伤心地摇摇头……这是我们多大的胜利呀！

尽管贝基是如此愤怒，巴雷斯的嘲讽也毫不留情，但是，如果莫拉斯也有某种误解的话，那么，这难道不就是说，共和制一旦被作为一种最不容易分裂法国人的体制而接受，在拉维斯身上所体现的民族情感内容当中，再也没有什么能够如此深深地震撼民族主义者的热情了吗？

民族情感的内涵

连续出版的教科书

也许拉维斯只在小学教育当中投入很大的精力，因为那是他教授法国历史的地方。民主的迫切需要很幸运地遇到了这位学者的偏好和他同小学生对话的天赋。几百万的小学生将这些薄薄的教科书上的话牢记于心，这些教科书像讲述法国历史一样，自己也成为法国的历史。正是从这里来寻找拉维斯的意识形态，正是在这里浓缩凝聚了拉维斯那种活跃的国家民族哲学。《小拉维斯手册》是一部连续的创作，是一项不断修改的工作。毫不夸张地说，它有可能标志着伟大的进程。

拉维斯以全部的精力和技术来完成的一本真正的小学课本，是 1884 年的那本，符合 1882 年的教学大纲①。在蓝色封面的上头是这么写的：法国历史一年级新教程。根据最具权威的机构反映，这本书很受欢迎。小学教育部部长、茹费理最亲密的合作者、人权阵线联盟成员、后来成为索邦大学教育科学教授的费迪南·比松曾给拉维斯写了一封信，说："看，这才是真正具有民族性和自由的历史教材，正是我们所需要的教育工具，甚至是精神道德教育工具！""有几页，仅仅是简单的图画，配上标题，这些就足以让人流泪。这是如此真实，如此公正，激起我们要面对一切反对一切的勇气。"② 这本新教程是同一时期出版的两本教材，即法国历史一二年级教材（分别有 355 页和 439 页）的高度综合。这两本教材都是新出版的，在 1876 年出版的第一版的基础上有所增加。关于小学教师爱国主义作用（小学教师"知道，在德国人们每天都在重复着这样的事情：是德国的小学教师在萨多瓦会战和色当战役中击败了敌人"）的序言被取消了，取而代之的是"告小学生书"："100 多年前，法国是有国王统治的；今天法国成为法兰西共和国，法国人实行自治。"文章本身，直到法国大革命（革命除外），大概保持一致。但是，在形式和内容上进行了深刻的调整，这改变了教材的面貌和对历史的解释。一方面，一些难解的词和"没用"的事实被取消了，每一页的文章被分成短句，注明序号，像金牌一样被框起来；另一方面，尤其是当代的部分被广泛扩展，关于法国国家和法国君主制，到弗朗索瓦一世，再到法国大革命这三大部分的论述，将旧体制按照新的秩序排列起来。这两个特征在根据 1894 年的决定而印刷的 1895 年版本中更加突出。当代部分的内容增加了三倍，而且这一次还增加了第四部分的论述，即关于"法国革命以及它对我们今天的影响"，这样就完成了对法国历史的介绍。法国历史不再是各个体制的重叠，各种统治鱼贯而出，最终导致 1789 年的悲剧，而是有秩序的发展，由革命目的所引导的历史，1789 年的中断变成清晰易懂的双连画，一切都为后面的

①　埃德蒙·埃斯莫南肯定了这一点，我征求过他的看法，他也为我提供了很多宝贵的资料。
②　阿尔芒·科兰出版社档案。

历史提供了便利。

从 1882 年开始①，告读者中就说明，教材的目的是为了"更简单、更符合道德教育和公民教育"。人们多次提起 1884 年的教材，这本教材的构思似乎非常艰苦，前几版交送到那些有经验的小学教师手中，由他们来评论，但都不符合他们共和思想的要求。他们中的一位、巴黎五区人民图书馆馆长欧也尼·布特米（Eugène Boutemy）是这样说的：

> 对于这本教材，我禁不住要叹为观止。以一名教职人员的眼光来看，这本书从头到尾写得都非常巧妙熟练，比如，第 71 页最后一段。没有一句谴责宗教法庭（但是宗教法庭从来没有在法国建立起来）的话。为了避免其他说法，人们将宗教法庭的残暴说成"那时的野蛮行为"。再往后看，似乎在说，正是因为宗教法庭中部地区才成为"法国的一个省"。接下来的句子同样滑稽可笑。而且法国大革命的整个历史也同样不完善。这不是在歌颂人类的伟大篇章，歌颂战胜旧体制卑劣恶习的理性，而是在贬低这段历史。

最终的判定是：

> 为了修改这本书，我觉得应该让作者以完全不同的精神，以另一种思想来重新编写，赋予它新的活力②。

这本书的设计表现也是人们关注的问题。那是阿尔芒·科兰个人的作品，他是一位天才的出版商，他懂得在任何时候同作者保持积极的合作关系③，目的是在技术上取得无与伦比的成功。采用各种印刷格式，仔细使用斜体字和粗体字，精心挑选将近 100 多个刻版来完成 240 多页的书。相对于

---

① 参阅那时旧版所有者手中的当代历史分册。
② 1880 年 4 月 29 日及 5 月 5 日的信（阿尔芒·科兰出版社档案）。
③ 阿尔芒·科兰出版社档案保存的资料基本上是交往信笺。阿尔芒·科兰建议使用活版印刷字、版面设计的想法，不断要求作者"简单有趣"。拉维斯多次犹豫不决，比如："我一直认为，人们会重新阅读、检查各章节、问题、叙事的编号，检查时间等。我极力排除了那些抽象的词语，费解的表达方式。我一遍一遍地阅读检查，但是我不知道是否还有要修改的地方。我希望你们能帮我指出，帮我指出那些重复的词语。"（1881 年 8 月 27 日）

埃德加·泽沃尔（Edgar Zévort）编撰的那本优秀的公共教育课本以及其他很多私密非公开的教育课本①来说，这位经验丰富的拉维斯编撰的课本是教学上一次真正的进步。也许，它的成功要归功于这本书的表现形式和内容。基督教学校的教士们也编了一套玛母教材（Les manuels Mame），他们也采用类似的版面设计②。拉维斯的《法国历史课程》分三卷出版（预备课程、一年级课程、二年级课程），取得前所未有的成功，到 1895 年时已经印刷了 75 版。

　　这套书还有两本补充阅读材料：这两本书是拉维斯以皮埃尔·拉卢瓦（Pierre Laloi）的笔名编写的公民教育手册，后来同塔拉马斯（Thalamas）共同编撰。主要是一些叙事和军事教育课程。比如，出版他弟弟署名的《你将成为一名士兵》（1888 年），他弟弟那时是一名指挥官。在公共教学③当中，这一套书实际上没有竞争对手，它几乎垄断了法国的历史教育。尽管在 1895 年至 1908 年出现了一系列教材，但这套教材并没有受到真正的威胁。这些教材的版面设计没有什么新颖性，却都拥护共和主义。其中包括 1895 年奥拉尔（Aulard）和德比杜尔（Debidour）合编的教材（L. Chailley），1898 年卡尔韦（Calvet）编辑的教材和同年出版的德威纳（Devinat）编辑的教材（L. -H. May）；接着有吉约·玛纳（Guiot Mane）编辑的教材（1906，chez Delaplane），高缇耶·德尚（Gauthier·Deschamps）编辑的教材（1904，Hachette），以及 1908 年洛基（Rogie）和德比克（Despiques）合编的教材（chez Rieder）。除了第一套即奥拉尔和德比杜尔合编那套教材取得了一定的成功外，还有最后一套因为出现得太晚外，几乎所有的教材都似乎因为 1907 年主教训谕禁止而大受损失。

---

①　最受欢迎的有玛母教材，吕西安·巴耶（Lucien Bailleux）和维克多·马丁（Victor Martin）神父编订的教材，阿尔弗雷德·鲍德里亚（Alfred Baudrillard）教材，旺德皮特（Vandepitte）神父教材，戈德弗鲁（Godefroy）神父教材，R. P. 多姆·昂赛尔（R. P. Dom Ancel）和加布里埃尔·莫雷（Gabriel Maurel）编订的教材以及保尔·戛尼奥尔（Paul Gagnol）神父编撰的教材。

②　参阅拉维斯给阿尔芒·科兰写的信："我看了玛母的书。他们竟敢如此效仿！"（1896 年 11 月 5 日）

③　教材印刷的确切数量很难说。正常的平均印刷数量大概在 15 万册左右。因此，阅读拉维斯这套教材的读者大概有几百万人。作为参考，在拉维斯去世的那一年，仅 1922 年那一年，拉维斯在阿尔芒·科兰出版社和马塞特出版社分别有 7 万和 1.5 万法郎的信贷。

　　在政教分离以后，学校教科书的问题似乎蒙上了一层政治色彩①；而拉维斯的教材被置身于争论之外，继续保持它的胜利。

　　1912 年，这套书又出了一个新的版本。在扉页题名上明确标明："我全部重新改编了我的历史教程，并简化了很多地方。"M. 埃斯莫南（M. Esmonin）认为，这次的重新改编"是因为商业竞争的原因让马克斯·勒克莱尔（Max Leclerc）将拉维斯从困境中解救出来。拉维斯如同做额外作业一般对这件事情没有任何热情"。正是这个版本为这套教材提供了不能改变的设计理念，比如，272 页，142 幅插图，白色封面上 17 张地图，周围以蓝色花环围起来，中间写有这样的字："孩子，你在这本书的封面上看到法国生产的花朵和水果。你从这本书里将学到法国的历史。你应该热爱法国，因为大自然造就了法国美丽的风景，而历史让它变得伟大起来。"所以，这套中级课本（第一年和第二年）直到今天依然在印刷。还要加入一点就是皮埃尔·考纳尔（Pierre Conard）在 1925 年和 1934 年更新了《新历史教程》（这是根据新通告而必须做的调整），这一调整其实是根据教学大纲对 1912 年的版本进行了改编，但并没有改变它的内容和设计方式。

　　这套教材今天显得有些老旧，但是，在那个时代却是非常新颖，甚至其中的插图也一直保留到世纪末期。在"今天的化学实验室"一节，所有的研究人员都身着白大褂，戴着夹鼻眼镜，长着大胡子，就像巴斯德一样。直到 1960 年的版本，在"最现代的机车"一节中，主要讲述交通工具的不断进步，而这一节依然采用 1933 年的模式，要观察现实中的交通方式，那孩子们就要去博物馆看。

　　因为这些旧的标记能让人产生信任感，所以这本令人敬仰的《小拉维斯》从古风中获取了权威。这是政治与军事的历史。关于这一点，它同其他历史教材甚至近期历史教材都没有任何区别。教材中没有哲学、社会和宗教的参考资料，这就使它的意识形态更加清晰可辨。其他教材在文章当中编入了历史评判，并且避开了道德评价，而拉维斯恰恰相反。他以极其清晰的语言，简短的句子，列举阐述了历史事实，构成一个线性叙述。在

---

① 这是维护共和国教材大型运动的最好机会。可以参阅校长 J. GUIOT（directrice d'école）et Frédéric MANE, *Les Attaques contre les manuels d'histoire*：*répose des auteurs*, Marseille, impr. de Ferran, 1910, ou encore Paul LORRIS, *Ce qu'ils enseignent? Est-ce vrai? Étude sur les manuels condamnés par l'épiscopat*, P. Lethielleux, 1909。

1912 年的版本中，解释说明不是做陈述，而是掩盖在用斜体字写的一段心理道德文字当中。比如，像阿尔比十字军征伐。对于这段历史的叙述，他的一些观念同奥拉尔和德比杜尔的观念，同基督教学校的教士们提出的观念都截然相反①。

奥拉尔和德比杜尔②谴责整个十字军征伐：

> 这些战争没有任何正义可言。它们最终还是失败了，结果就是将伊斯兰人反对基督徒的仇恨变得更加强烈，直到今天还让人感到遗憾。

接着又说：

> 另外，那些教皇在鼓吹反对伊斯兰人的十字军征讨之后，又回来授意反对基督徒。因此，位于法国中部的阿尔比人，他们不懂得像天主教这样的基督教，当然他们也有权利不明白；但是，正是这些民众却在 13 世纪初期，在一场可恶的战争之后被英诺森三世下令灭绝处死。在那场战争中，十字军军人像野兽一般疯狂残暴。阿尔比战争同时扩大了皇权的领地，使其扩张到隆格多克一半的地区（1229 年）。

而基督教学校的教士们提出的观念（中级课本，1901 年，第 74 页）却相反：

> 阿尔比人是异教徒，他们在隆格多克和塞文山脉地区传播令市民社会和宗教社会担忧的教义。他们受图卢兹公爵，即雷蒙六世，贝济埃子爵罗杰，阿拉贡国王皮埃尔二世的保护，对传教士粗鲁对待，并摧毁了教堂。英诺森三世教皇希望通过正直的、品德高尚的传教士，尤其是圣多米尼克的说教能将他们领回正途。但是，他们粗鲁地对待派给他们的使徒，并谋杀了教皇特使，皮埃尔·德·卡斯特尔诺（Pierre de Castelnau）。

---

① 玛母教材及奥拉尔和德比杜尔合编的教材，在这里我们把它们当作最具代表性的教材，玛母教材是私密教学使用的教材，而后者的教材则是共和国公共教学使用的教材。

② Alphonse AULARD, Antonin DEBIDOUR, *Histoire de France, cours moyen*, L. Chailley, 1895, p. 22.

因此，在北方发动了征讨他们的十字军战争。

拉维斯一直在犹豫，是要讲述"阿尔比战争"（1876 年的版本），还是只按照"中部皇家领地发展"的问题来处理这场战争（1884～1895 年的版本）。他在 1912 年阐明了"阿尔比十字军征伐"：

> 在飞利普·奥古斯都，即腓力二世的时候，法国中部发生了可怕的事件。法国中部大部分人被认为是异教徒，也就是说他们不愿意相信教会所讲授的东西。人们把他们称为阿尔比人，这个名字来自他们所住的城市阿尔比，那里有很多这样的异教徒。教皇宣传对他们进行十字军征伐。北方的贵族也决定参加此次征伐，在战争中犯下很多暴行。教皇建立了一个叫"宗教法庭"的审判庭。法官重新寻找这些异教徒，并判处他们以极刑。"收复中部省份"，腓力二世没有亲自参加这次征战，但是他派出他的儿子参加。这个儿子就是后来的路易八世，他收复了博凯尔省和卡尔卡松地区，作为皇家领地。

他是这样总结这段历史的：

> 从此，国王的领地开始扩展到遥远的法国中部地区，因为当时从巴黎到卡尔卡松所用的时间是今天从巴黎到君士坦丁堡的六倍。

这样的例子我们还可以举出很多，这说明拉维斯的教材在处理宗教问题和社会问题上同其他教材有很大区别。当然，这种方法近乎谨慎。比如，基督教学校的教士们以现实主义方法对 12 月 2 日的政变做出这样的结论："比六月政变那几天的回忆还要可怕，法国牺牲了自己的政治自由以满足秩序的愿望。"对这段历史，奥拉尔和德比杜尔的评论更具有讽刺意味："在这掠夺行径之后，他开始炫耀自己拯救了宗教、家庭和自由，创造了他刚刚重建的普选制，从而赋予自己一切权力来建立一个新的议会。"拉维斯直到 1912 年的那个版本，一直在重述大多数人一致赞同、700 多万的赞同票，并总结说："法国再一次因为怕失去自由而为自己选出了一位新主人。"这种谨慎态度即使是在 1884 年教材制定的时候也似乎有些过时。他所针对的读者多是农村人和手工业者，他所呈现出来的法国形象比这种表现形式老化得更快。这是在布朗热主义危机爆发之前构想设计的，对于当代世界快速变化，他不得不做简单的处理。关于国家历史，他是将法国同其他国家脱离开来看的。随着著作的每次出版，每一次都有所增加，从而构成了最近60年的历史。这是对一段历史所进行的人为的"附加延长"，而重心始终处于大革命那段时期。结果很有讽刺意味：在皮埃尔·考纳尔（Pierre Conard）出版的那几个版本中，第二次世界大战同第一次世界大战的历史挨得很近。很明显，1914年的战争对一个孩子来说，那早已成了久远的历史。历史发展前景是依据革命事件的发生顺序排列的。小学生们将他们的目光"调节"到围绕着消失点而建立起来的一段历史上，而这一消失点脱离了他们自己的视线。

开展拉维斯教学的内在步伐，就是一个时代的步伐。在那个时代，法国还是一个农业国，农民占人口大多数，因为1789年的争论而被撕扯得四分五裂，此时，共和国应该提供证据。但是，由于反对共和主义几乎完全支持君主制，教材再现了共和制和君主制之间的对话。

对旧体制的批判和对共和制的歌颂

在系统研究每一版对革命事件的处理方式的时候，我们可以发现拉维斯对革命的评价是如何一点点转向对祖国和共和国的特征认同。

1876的版本不仅强烈谴责了国王死后法国大革命的经过，而且对"处于危机的祖国"这个议题不加评论。关于宪法议会的总结也十分保守："它（宪法议会）觉得君主制的权力过于庞大，使君主制过于削弱，无法抵制人们不断增长的革命热情。"而1884年的版本中这种保守的态度被取消了。处死国王的证据是，"准备侵略法国的移民的阴谋"，也由旺代发动起来的内战得以证实，在那里"皇权保留了很多支持者"，而不再是"那里依然保留着宗教信仰和君主制"。这一版本加入了联邦国庆、布伦斯威克宣言、瓦尔密战役胜利的喜悦。同时，在讲述法国大革命之前的序言中很明确地提醒小学生们："在阅读法国大革命这段历史的时候，永远不要忘记，法国每个人都因为法国的危机而感到不安。革命的始作俑者犯下了滔天罪行，但是，旺代的流亡贵族和造反者，他们也犯有滔天罪行。因为，他们背叛了法国。"

更大的改动是从1895年开始，尤其是更新了插图，出现共和国士兵的图片，并最终在1912年完成。自此，观念本身发生变化。处死国王不再是可以宽恕的行为，而是被证实有效的行为。"他偿还了君主制所犯下的错误，以及路易十五的那句话——我死后将是洪水泛滥！""路易十六违背了他要遵从宪法议会的誓言，因为他让外国人侵略法国来解救他。"在这里，解释了所有背叛心理和革命的烦躁紧张情绪；强调了"嫌疑犯"这个词并给这个词下了定义：（嫌疑犯）是"被怀疑不喜欢革命的人"。大革命从宪法议会开始包括教士的国民议会，对它的谴责批评的界限被限制在对恐怖时期的评判，直到现在，罗伯斯庇尔一个人承受着恐怖时期所有的责任。对那群疯狂愤怒的人所造成的 9 月大屠杀，是用这样具有威胁性的话语介绍的："敌人进入法国。他们占领了城市，并不断深入。"接着叙述了瓦尔密战役，简洁、生动、有力、令人激动。

> 敌人一直在前进。他们到了香槟—阿登地区。他们以为只要他们一出现就会吓跑我们的士兵。但是，在 1792 年 9 月 20 日这一天，他们在瓦尔密附近遇到了法国的军队。那是由杜莫雷兹和凯勒曼将军指挥的两个军团。敌人开始进攻。我们的士兵冷静应战。凯勒曼将军将他的帽子放在剑尖上高喊着："国家万岁！"我们的士兵也跟着重复："国家万岁！"一门大炮阻挡了普鲁士兵的前进，他们退却了。法国获救了。

同时，所有能够表现民情奋起和爱国热情的事件都被严格地阐述出来，比如，革命日、8 月 5 日的晚上、志愿兵的征募，并用了整整一页对人权宣言做了总结，下面还画着弗里吉亚的无边帽子，而联邦国庆占用了一页当中 2/3 的篇幅：

> 人群充满激情。联盟代表来自法国各地。他们忘记自己是布列塔尼人、诺曼底人还是加斯科人。他们感觉自己首先是法国人，并为自己是法国人而感到骄傲，因为他们是自由人。他们亲如兄弟，相互拥抱。

共和国二年的军队占有首要位置；这段叙述占用了三页纸的分量，完成对制宪会议的叙述，还加了"衣衫褴褛的士兵"，吕德的"马赛曲"以及帕莱索市政府自愿兵团的"小巴拉"的图像。一段刚强雄劲的话总结了革命的雅各宾主义："拉扎尔·卡诺，胜利的组织者。他们从国王手中解放民众，解放全人类。"鲁日·德·李尔（Rouget de Lisle），奥什（Hoche）和马索（Marceau），这些侍从、小职员的儿子，在 1789 年的时候还只是一个下士或普通的士兵，"在 1793 年的时候他们已经成为分区的将领。那年，奥什 25 岁，马索 24 岁。他们都是英雄的孩子，取得一个又一个胜利"。在这一章的总结中，是这样写的："伟大的法国。共和国在三年的时间里为祖国做出了比弗朗索瓦一世、亨利四世、路易十三和路易十四更多的事情。"

在历史当中，法国大革命起到了越来越具有决定性的作用，并具有革命前和革命后的区分；对革命前的亏欠就是对革命后的补偿。我们大致总结一下。

共和制为自己的利益承担发展的事业当中有旧体制的功劳。国王是祖国统一体的缔造者，只有在这种条件下才承认接受国王的合法性。统一体指的是领土统一，即早期卡佩王朝所归统的领地，圣路易的精神统一，以及从弗朗索瓦一世到路易十四的行政统一。因此，共和派的政见最深刻的议题是同国王联系在一起的。最为现实的问题也是最为古老的问题：阿尔萨斯—洛林的问题引发了一些思考，甚至从布汶战役中来寻找根源。后来关于这场战役，拉维斯还出了一本小册子，重复对"外国人"的仇恨、"入侵"的耻辱以及"边境安全"问题。还有其他共和制的象征是围绕路易九世展开的。比如：真正的法国依靠武力，但是却不付诸武力；法国是世界的主宰，是人类的榜样；尤其是法国真正的英雄是那些以个人的优良品质服务于人类正义与和平事业的人。最后，君主政权行政集中化所做的巨大努力体现了极为高尚的品德，即尊重在国家权力基础上建立起来的秩序。

关于君主政权消极的一面，拉维斯背行其道，编辑了所有共和制谴责的东西。比如，国王的傲慢、不堪重税的老百姓的贫苦、声誉之战、放弃领土主权、皇室的政治集权。他的不满主要体现在两个国王身上，并成为他攻击的对象，这就是路易十四和路易十五。关于凡尔赛宫唯一的一幅插图是"国王的人肉仪仗队"。这幅极尽奢华的讽刺画让人一看就很反感，表现了一个可怕的场面：1709 年大饥荒的时候，"巴黎的妇女被国王的骑兵阻挡在塞夫勒桥上"的情景。西班牙王位继承战争这段历史遭到严厉的批判，充分证明了处于末年的国王的规劝："我极其热爱战争，这一点你们不要学我，也不要学我这样挥霍无度。"对路易十四的评定充满颂词，而对路易十五却没有丝毫赞美之辞。路易十四"后悔对法国、对君主政权做了那么多的错事，可是已经太晚了"。但是路易十五却没有可减轻罪行的情节。"没用"的奥地利王位继承战争，"无可辩驳"的 7 年战争"造成重大的灾难"，失去了殖民地，导致破产，结果是："在他的统治下，由于他的错误，法国已经不再是一个伟大光荣的民族。路易十五是法国历史上最坏的国王。"

拉维斯把国家民族不和睦的责任归于君主政权。所以，在对"旧体制的总体思考"① 中，他指出：

> 人们说我们是一个没有连续思想的民族，是一个不稳定的民族。然而，这种看法是不对的。几个世纪以来，我们的祖先热爱国王。如果说君主政权没有得以持续，那是国王们的错误造成的。

第一次失败要追溯到 1356 年的三级会议：

> 埃蒂安·马塞（Étienne Marcel）曾是巴黎市长、国民议会议员。他本希望三级会议能够经常召开，如果不征求三级会议的意见，国王将无法行事。如果他成功了，那么法国从那时起就成为一个自由的国家。这对于我们来说将是最大的幸事。但是，埃蒂安·马塞没有成功。他被谋杀了。从那以后，国王几乎不再召开三级会议。他们喜欢按照自己的愿望来做事，而不需要征询任何人的意见②。

国王积极行为和消极行为之间的区别，不可避免地成为国家形成的障碍。从这里拉维斯找到叙事的线索。而且，在这些论述中总结出了他的哲学观念，即法国的发展如同一个人的发展一样。韦森盖托里克斯（Vercingétorix）时期战败的高卢不是一个祖国，"也就是说，在这个国家中，每个子民宁可牺牲生命也不要饱受外国人的统治"。祖国这个概念是同贞德一起诞生的：

> 有一天，为了提高查理七世的勇气，她给他讲圣路易和查理曼的故事。所以，这位人民的女儿懂得，法国存在已久，法国的历史有很多伟大的回忆。正是在祖国遭受不幸的时候，在我们的先辈身上唤醒了对法国的

---

① E. LAVISSE, *Histoire de France*, *op. cit.*
② *Ibid.*, p. 47.

热爱。国王统一了法国，人们维护法国的统一①。

当民族合作完成的时候，当政府有着某种不祥的感觉，面临着重大的金融灾难以及政治失误而变成独裁的时候，君主制发展变化曲线也必须发生变化。因而 1789 年的三级会议介入进来："他们希望对政府进行全面改革，他们着手进行这项庞大的工程，要建立一个独裁让位于自由、特权让位于平等、过度滥用职权让位于正义的法国。"

一边是君主政权的独裁专制，另一边是共和制的自由，这就形成了主要的反差对比。拉维斯一再提起这一点。教材的最后一章继续以这样的字眼起首："共和制度所做的，首先是自由：共和制赋予法国新闻、集会和结社的自由。从此，法国成为世界上最自由的国家之一。"在自由当中，拉维斯看到共和制成立的基础以及存在的原因；但是，他也只是把它作为独裁制度的反面教材来定义。

对于拉维斯，或者说第一代的共和主义者来说，维护建立在自由基础上的制度，这是向他们提出了自由主义最基本的政治问题。因为，几个世纪以来，法国的统一一直是建立在皇位和神坛的联合基础上。如果接替独裁专制的自由没有一定的限制，没有一个积极的内容的话，那么它难道不会像一些诽谤者所说的那样，会威胁到法国的统一，会造成不断的混乱和无政府状态吗？这是 19 世纪所有自由思想都会遇到的一个传统问题。关于这个问题，作为具有共和国执政权的教育学家，拉维斯应该给出一个明确的答复。当然，这会涉及共和主义情感的一个重要方面；拉维斯似乎是害怕受到指责，一种指向所有共和主义者的谴责，即共和制杀死了国王，并"撕毁了教会的长袍"；共和主义者每时每刻都有被当成"分裂者"的危险。因此，拉维斯也会找机会回过头来攻击君主制的分裂谴责。最明显的一个例子就是撤销特赦令：这段历史不仅占用了整个分节，并以"路易十四的绝对权力"命名，企图把专制制度同滥用职权混为一谈；2/3 的篇章都在讲述新教徒的德国大迁徙，而他们在德国的经济活动似乎是使德国强大的一个重要原因。从这一点看，路易十四就是战争的

① 尽管我们考虑到这是一本初级教科书，但是相对于米什莱的历史叙述，依然显得贫瘠乏味。在米什莱的叙述中，贞德代表了人民、贞洁、教士的受害者、对妇女的拯救、对英国人的敌意、激情、将法国看成是一个女人：总共有七种象征意义。而在这里，贞德只是处于不幸中的法国的记忆。

制造者，离战争只有一步之隔；而这一步很快就在最后一个阶段跨越了过去：
"因此，由于路易十四的错误，柏林市不断壮大，从而成为今天德国的首都。"
相反，关于共和制被推定犯有分裂罪，拉维斯总是突出强调共和制会找到方
法，即便是在君主制完结的时候，它也有能力取得成功。所以，关于路易十四
挥霍浪费的而共和制加以扩展的殖民地，拉维斯是这样描述的：

> 我们的探险家和殖民者深入到非洲。首先到达塞内加尔河。我们占
> 领了苏丹。然后，我们在苏丹和北非之间建立连线。我们陆续在几内
> 亚、象牙海岸、达荷美建立殖民地。我们的探险家、我们的士兵还有我
> 们的行政管理人员，都曾经是这杰出成就的制造者，但却往往不为人所
> 知。

这里重复使用复数第一人称，听起来仿佛是一个非常庄严的"我们"，这
些难道不是在表明，共和制即使是在统一方面也能战胜君主制吗？

但是，只证明君主制没有掌握国家统一的垄断权还不够。以自由的名义，
法国大革命还造成道德价值和政治价值的分裂。应该调和这两个方面的价值，
赋予自由一种积极的内容，建立新的合法性。

新的合法性

"因为这个旧统一已经死了，所以要不惜一切代价寻找另一种统一。"[1] 因
此，爱国主义的责任和义务就是共和主义自由的必然结果。从很多观点来看，
法国的历史只不过是公民教育手册的事例汇编。

即使是在拉维斯以皮埃尔·拉卢瓦的笔名出版《公民教育手册》的时候，
这本手册的新颖性还是让一些评论者感到震惊。埃米尔·布特鲁（Émile
Boutroux）在 1883 年 4 月出版的《教育杂志》中，将这本手册同前两年出版
的同一性质的 45 部教材进行了明确的区分。他指出："原则上没有任何问题，
道德上的教训不论在哲学方面、宗教方面还是政治方面都没有深化。但是，只
在一个方面，即爱国主义思想方面得到深化。"他还惊奇地补充说，在与其他
教材的区别方面，祖国的概念既不是建立在小学生理性的基础上，也不是建立
在他们的情感基础上。"这种思想从范畴角度来说，被认为是必需的。"查理·

---

① E. LAVISSE, «L'école laïque», in *Discours à des enfants*, *op. cit.*, p. 19.

比果（Charles Bigot）的教材同拉卢瓦的教材比较接近，他开头是这么写的："小法国人，我的小朋友，我的小弟弟，听我说：我来给你讲关于世界上最伟大最神圣的东西，那就是祖国。"但是拉卢瓦却没有这种充满感情的声音，他既不迷惑读者也不加讨论，他强迫读者接受这样一个真理："祖国，就是历史中的法国，现在的法国，未来的法国。它是我全心全意热爱的祖国，以一种绝对的让人嫉妒的挚爱来热爱的祖国。"布特鲁很吃惊地看到拉卢瓦的教材有关纯粹法律方面（拉维斯在采用拉卢瓦这个笔名的时候是否玩了一个文字游戏①）的阐述。他说："理性对民法和制度必要的、有限的规定起了补充作用。但是，理性同样也是一条法律。它不提出建议，也没有提出这样那样自由的裁决，如同上帝的十诫一样迫使人们接受。"这是一系列的行为道德准则，祖国的超越思想构成日常责任义务的基础。"你们应该热爱自己的父母，他们爱你们，他们培育了你们，抚养你们长大。你们应该遵从他们的意见。不要同他们争论。"

在实践当中，这种爱国主义的教条主义最终是对资产阶级社会道德价值的歌颂，资产阶级同政治合法性是分不开的。拉维斯教材中所表现的好政府形象就是建立在就业、节俭、货币稳定的基础上，如同企业一样管理法国这个大家庭。比如，这本手册对柯尔贝尔（Colbert）工作中所表现的保守主义态度不予以考虑，而是为他描绘了一个理想形象：

柯尔贝尔是兰斯商人的一个儿子。他希望法国有很多钱，希望法国很好地缴纳赋税，国王成为世界上最富有的人。为了让法国挣很多钱，他希望所有的人都能够工作。他不喜欢那些不工作的人。他觉得法国的教士太多，觉得法官、律师和执行员的人数也太多。他喜欢农民、商人和士兵。

在讲述完农业、制造业、公路、大商业、海军以及殖民地后，作者还总结了这位部长同国王的关系：

柯尔贝尔很伤心，因为国王花费太多，并负有很多债务。他指责国王过于沉湎于自己的兴趣，而不是他的责任。但是，路易十四什么都不愿意

---

① 法语中拉卢瓦（Laloi）即法律的意思。——译者注

听，所以柯尔贝尔很伤心。他不再有那么大的兴趣工作了。

同时，宗教是资产阶级自由的一部分，这一方面的宽容从来就没有同政治方面的宽容并行前进。同英国的教育不同，拉维斯从来没有同时认为双方都有理由；他不同意对立面。在讲述法国大革命那段历史中，他明确赞同吉伦特派、丹东派，虽然没提，却暗示谴责罗伯斯庇尔派：

> 丹东是一个革命家。他是一个爱国主义者。在法国受到侵略的时候，他一直保持着勇气，对那些受到惊吓的人们一遍一遍地说："勇敢，保持勇敢。"但是，恐怖时期到了最后让他觉得可恶，他希望能够停止恐怖活动。

拉维斯用了半页的篇幅讲述了丹东同罗伯斯庇尔两人对峙的演讲。丹东英雄般的被处死，以及最后的话："将我的头颅砍下来示众，它值得人们观赏。"而对罗伯斯庇尔的描述却相反，只有一行："制宪会议以后人们起来反对罗伯斯庇尔。在共和国二年热月9日他被处以绞刑，不久恐怖时期结束。"教材中唯一证实的一个对立面就是波旁王朝复辟时的对立，确切地说是因为它借鉴了自由资产阶级的思想。

建立新的共和政府的合法性，结束革命，这是同样的理想。用什么样的词才能不玷污人民公社呢？当然，谴责批评是很正常的，通常在所有教材都是这样的，但是当我们把拉维斯的叙述同奥拉尔和德比杜尔的叙述相比较时，我们发现：

奥拉尔和德比杜尔（《法国历史中级教程》，1895年）是这样写的：

> 在这些灾难之后便是内战。国民议会的成员大多数都是保皇派，他们非常痛恨共和制度。巴黎市民的一部分人害怕君主制复辟，导致灾难事情的发生，他们在3月18日起义反对议会。那时议会已经转到凡尔赛宫召开，政府就躲在那里。巴黎由起义机关管理，被称为人民公社。因此，内战打响了，而普鲁士兵的存在使内战更加惨痛、更加不幸。巴黎的第二次围攻持续了两个月。当政府军进入首都的时候，激烈的战争、血腥的屠杀已经持续了8天（从5月21日到28日）。人民公社命令焚烧一切和执行

处决。每一个良民都会记得那个时期胜利军的残酷和法国人流淌的每一滴鲜血。大多数的起义军被枪杀。一万多人后来被战争委员会判处流放，他们很多人直到 1880 年才返回法国。

拉维斯（《法国历史新教程第二年》，1895 年）是这样写的：

除了战争的灾难以外，还有一个巨大的耻辱和其他灾难。国民议会从波尔多转到凡尔赛宫。当巴黎人民起义，任命一个市政府，取名叫"人民公社"的时候，政府才在巴黎安置下来，管理首都（1871 年 3 月）。起义军控制了防御工事和城墙、武器和大炮，他们一直抵抗到 5 月底；德国人认为，应该由麦克马洪将军指挥一支法国军队包围起义的法国人，并攻取法国的首都。在失败之前，人民公社烧毁了巴黎的很多建筑：杜乐丽花园、审计院、市政府；他们还枪决了巴黎的大主教乔治·达尔博伊（Monseigneur Darboy）以及他们囚禁在监狱中作为人质的著名人士。在抗争当中，很多士兵被杀。许多起义兵手握着武器死去，或者后来被军事法庭判处极刑。的确，围攻时所承受的痛苦，对政府没有能够维护巴黎的愤恨，对凡尔赛议会会重建君主政权的担心害怕，这一切都使巴黎人感到局促不安，因此也促进了这次可怕的起义[①]。但是，在历史保有记忆的所有起义当中，最为罪恶的自然是 1871 年 3 月的起义，那是在取得胜利的敌人的眼皮底下犯下的罪行。

前者是对人民公社的动机和缘由做了陈述，将起义军的暴行同凡尔赛宫的暴行进行了对比，最后重点强调镇压的残酷。而后者却描写了一场可耻的罪恶的起义，单方面制造火灾，对主教进行谋杀；非常明显地表现出对反对爱国主义的指责和控诉，在 1912 年的版本中，这一点被取消了：

在围攻末期的时候，巴黎人处于极度不安当中。爱国主义者因为我们的失败而被激怒了。国民议会从波尔多搬到凡尔赛宫，似乎准备要重建皇

---

① 最后这句话出现在 1882 年的下册里（当代部分的扩展），但在 1884 年的《新教程》中取消了。

权。很多共和主义者开始不信任这个国民议会。革命者希望改变整个社会。最后，在巴黎，如同在许多大城市一样，出现一些喜欢混乱和暴力的人。

当然，这种判断的发展变化并没有减少对各个阶级之间紧张关系的斥责。拉维斯在列举共和国所有社会法的同时，他根本没提罢工的权利和工人普遍运动的权利。很明显他并不关注社会问题。格雷戈瓦老爹（Le père Grégoire）是拉卢瓦手册故事中的英雄，借用他的口，拉卢瓦一直在称颂竞争，称颂劳动自由，"以很好的方式在社会中成长"，反对集体主义。这位英雄既不是工人，也不是职员，只是一位老鞋匠。社会结构那一章节明确地总结说：

> 法国社会是按照公正的法律规定建立起来的，因为这是一个民主的社会。所有法国人享有平等权利；由于自然属性和财富的原因，我们之间存在着不平等性。这些不平等性是不能消失的。

普选制结束了社会冲突。"革命，在以前是必要的，在今天已经不必要了。"①

如果这种新的政治合法性只有保守主义的目的，那么它还是不稳定。自由作为专制主义的反面，仅这一点，就是分裂的根本起因。为了生存，它应该征服，赢得胜利，如果不这样国家就会分裂。而且拉维斯的教材最后也接受了雅各宾思想扩展主义的能动性。爱国主义最后变成了一种神秘的东西，就是将三种不同的概念，即祖国的历史概念、共和制的政治概念和自由的哲学概念结合在一起形成共同不可分离的统一体。为此，我们的教育学家需要更多地考虑人们激情的反应，而不是理性的力量。"对祖国的热爱不是用心记的，而是铭刻在心。不要以平静的心态、按照教学的规定来学习历史。在这里我们是血肉相容的。"② 这是在失败之后，朱尔·西蒙（Jules Simon）、

---

① Ernest LAVISSE, *La Nouvelle Deuxième Année d'histoire de France*, A. Colin, 1895, p. 415.

② ID., «L'enseignement de l'histoire à l'école primaire», extrait du *Dictionnaire de pédagogie*, remanié et accru dans *Questions d'enseignement national*, *op. cit.*, repris seul sous le titre *L'Enseignement de l'histoire à l'école primaire*, A. Colin, 1912.

沃丁顿（Waddington）和保罗·伯特（Paul Bert）为小学教学大纲的编制做出的答复。这个答复非常贴切。培养好公民、选民和士兵①这个基本的工作应该转交给历史。这项国家任务要求小学老师为教堂的缔造者付出特别的热情：

> 总而言之：如果小学生对我们国家取得的各项胜利没有鲜活的记忆；如果他还不知道我们的祖先为了崇高的事业拼杀于战场；如果他还不懂得为了我们祖国的统一，为了将我们从旧制度的混乱中解救出来，建立使我们获得自由的法律所付出的鲜血和努力；如果他不能成为一个全心承担义务的公民、一个爱惜自己武器的士兵。那么，小学老师就是在浪费时间。

这本手册充满了战争的气息和军事思想，这也是他向法国年轻人所传达的建议。法国历史在英雄主义那里达到顶点。他所表达的思想就是，法国历史是一项延续的集体事业，每一代人、每个人都为此做出努力。同时，法国大革命使法国成为一个特殊的民族，一个榜样，一个不同寻常的民族。总之，它是普遍的包罗万象的民族。当想到人类——国家这个机体，历史学家就有一种强烈的悲壮凄婉的情感，因为这个机体是发展的选择，是历史的长矛。拉维斯曾说："每次当我谈起法国地理的时候，我都非常激动。"在这里，战争的历史具有充分的理由。它按照自己的节奏一步一步地表达了小学教师的责任："（他们）谨慎地唤起人们天生的慷慨和民族的古老气质，引导我们未来的士兵以轻松愉快的步伐走向军旗。"② "你们这些人民的孩子，你们要知道，你们学习历史是要将对国家的爱铭记在心。你们的先人高卢人是骁勇善战的人。你们的先人法兰克人是骁勇善战的人。你们的先人法国人，也是骁勇善战的人。"所以，报复这个词也成为所有教育结构的关键词汇。这个词在回忆"埃纳省的入侵"的开头就出现，这段历史是 1871 年 9 月为"学校的孩子们"写的：

---

① Cf. l'évocation de cet enseignement primaire patriotique par Georges GOYAU, en particulier dans *L'École d'aujourd'hui*, 2 Vol., Perrin, 1899 – 1906.

② E. LAVISSE, «L'école d'autrefois et l'école d'aujourd'hui», in *À propos de nos écoles*, *op. cit.*

　　如果在你们面前出现一幅关于我们光辉历史的生动画面，一些在你们的生命当中会永远怀念的东西，那么这就是你们将会怀念我们失去的伟大形象。我们不会因为这点疼而死去，但是它却会使存在变得更高尚，它高于一切庸俗的物质利益，它赋予一种众所周知的目的……①

　　正是这样一个目的，在将近半个世纪以后，确定了这本教材的最后一段。我们再来做最后的比较。

　　玛母教材的最后一段（1904 年中级课本），"当代社会"：

　　　　工人、商人和劳动者的条件得到改善。然而依然存在很多悲惨贫苦的情况需要改善。社会主义来临了，它承诺要消除个人私有制来治愈这一切痛苦。这只是一个骗子的承诺。社会主义理论最后只能是增加贫苦，颠覆社会，摧毁自由。社会只有通过宗教活动、尊重司法和健康的自由才能重新找回它所需要的安全。利奥十三世在他给各地主教的关于工人境况的通谕中，为解决社会问题提供了一种真正的方法。大教皇以一种确定的手法为雇主和工人的友好相处指明了一条通路。但愿所有正直的人们，尤其是占国家大多数人的天主教徒们，能够懂得耶稣基督的神甫的教导，让所有法国公民，同一个主、同一个祖国的孩子们协调一致，和睦相处。

　　奥拉尔和德比杜尔（《中级教程》，1905 年）教材的最后一段，"工人阶级的现状和需求"：

　　　　由于工人的工资增加了，从 1864 年开始承认他们结盟的权利，也就是说他们有权利团结起来，为争取增加工资而举行罢工。由于各种联合协会、相互救济会以及信贷社的增加，同时也由于各行各业形成联合会或者是工会来保护他们的权利，工人的生活条件有明显改善。工人阶级还应该感谢那些公共救济机构（如医院、疯人院、孤儿院、幼儿园、收容院等）的工作，为了这些工作，我们今天的政府和公社做了很多努力和牺牲。但

---

① ID. , *L'Invasion dans le département de l'Aisne*, Laon, H. de Coquet, «Brochures sur les campagnes de France, 1870 – 1871», 1872.

是，工人阶级还是通过社会党的声音，要求改善其他条件。工会代表人民，寻找一切可能性来满足他们的要求。正当的改善以和平的方式得以解决。在共和制当中，所有人都要参加议员选举，人民不需要起来反抗以获取公正的待遇，而且他们也没有权利这么做。他们应该信任自己任命的议员。如果他们不满意的话，他们可以重新任命其他人。但是如果他们寻求武力解决问题，他们就是真的起来反抗他们自己，那他们就不配拥有自由。

拉维斯的教材（中级课本，1912年）最后一段，"爱国义务"是这样写的：

> 战争的发生也许不太可能，但是它有存在的可能性。为此，法国应该保持武装的状态，时刻准备捍卫自己的安全。尽管法国有同盟和朋友，但是它首先应该依靠自己。在捍卫法国的同时，我们在捍卫自己诞生的领土——世界上最漂亮、最富饶的领土。在捍卫法国的同时，我们如同一个好儿子一样，对我们的父辈们承担起自己的责任和义务，他们几个世纪以来为创建我们的祖国付出了很多的辛劳。在捍卫法国的同时，我们为世界各国的人而工作，因为自法国大革命以来，法国就在全世界传播正义和人道主义思想。法国是世界上最正义、最自由、最具有人道主义思想的国家。

拉维斯的教育不同之处不是表现在他的民族主义特色上，而是表现在他的民族主义本性上。当然，体现了一种协调一致的努力，在宣布革命时期完结的同时重建政治合法性。通过调动教育思想，用对自由的崇拜来支持对国家的崇拜；在一个模糊的概念上建立一个简单的概念。

拉维斯很晚才转为赞同共和制，这为他的教育提供了一些特征。从意识形态上说，他依然停留在失败的一代人那里，而不是德雷福斯事件的那一代人的思想上。因此，在他保守的教育结果和这一结果所带来的心理遣散的危险之间，拉维斯看到了一丝联系。他在1895年说："我们对年轻人说，我们完成了一项伟大的政治事业，斗争平息了，共和制慢慢地掌握着未来的发展方向。我们跟他们说，世界和平得到保证，从此不会再发生战争。"但是，他马上又担心这种能量释放后的结果："有时我也担心，尽管我们做了很大的努力，在对年轻人的教育中我们也取得了一些进步。但是，由于缺乏预见性和目前责任的整体概念，我们会继续制造事端，造成偏差。"①

拉维斯建议学院顾问委员会组织一个关于社会经济史的教育，成为布鲁斯（Brousse）、阿勒马纳（Allemane）、饶勒斯（Jaurès）、盖德（Guesde）、拉扎尔（Lazare）、瓦扬（Vaillant）等人在慕夫塔街上自由组织起来的学院的一部分。但是，只有尚布朗公爵（Comte de Chambrun）回应了他的呼吁。拉维斯再一次感到惊慌不安。"我毫不掩饰地说，我会被指控要求收回资产阶级政府和资本。"而且还加了一句："我从来都不清楚资产阶级是从什么时候开始，又在什么时候结束，我也不知道自己是否是小资产阶级或者是其他什么阶级。"拉维斯是如此狂热地考虑共和思想的爱国主义内容，而不是社会内容。

19世纪末期保守右派，20世纪初纯粹民族主义者，他们都没有错。他们轮流、有时对拉维斯加以指责和进行严厉的批评，希望能够说服这位让他们感到既亲近又遥远的大人物。

从新君主主义的意义和价值方面看，拉维斯的教育代表着一个简单但却具有决定性的变化：同样为虚弱的民族情感所困扰，同样固执于法国的传统，同样对领土、上天，以及对死者怀有最崇高、最忠诚的尊敬钦佩，同样虔诚于统一和责任，拉维斯把为君主制的辩护转移到了世俗化的共和制的模式上来。共和制成为法国的天命：它召唤法国公民为拯救国家而建立民族统一，如同博絮埃（Bossuet）所宣扬的，国王召集他的臣民来拯救他们自己。从深层意义上说，尽管一些对立的意见在某一时间具有重要意义，但是拉维斯的《法国历史》，因其诸家混合的特征，同瑟诺博斯（Seignobos）的《法国历史》相比，倒是与班维尔（Bainville）的《法兰西民族真史》更加接近。

从政治的角度看，无论拉维斯愿意不愿意，他都被卷入因为共和国危机，尤其是德雷福斯事件引起的急速潮流当中，不得不为"知识分子"做担保，成为新索邦大学的领导人。这一方面引起一些人的愤怒，另一方面也引起一些

---

① ID.，«Une école d'enseignement socialiste révolutionnaire», in *À propos de nos écoles*, *op. cit.*, p. 169.

人的尊敬。维克多·让弗瓦－菲利克斯（Victor Jeanfoy-Félix）① 曾遗憾地说，他所希望的年轻人的联合似乎将年轻人从私立教育中排除出去；皮埃尔·拉萨尔（Pierre Lasserre）认为，寥寥几句，如"王国没有完成"或者"统治的悲惨结局"足以使"路易十四让人清楚地看到一个体制性的人，一个任人摆布的棋子以及他身上表现出来的悲伤情绪"②。有时，评论又很快地明确指出："拉维斯先生不代表新索邦大学，他为新方法打开了大门，并促进这些新方法的发展。但是，这些都不是他自己的方法。"巴雷斯和贝基以他们的挖苦、讽刺和蔑视来打击拉维斯。这两个人从前都认识他；巴雷斯先认识拉维斯，那是在贝基批评拉维斯身上表现出一种"体制"的20年前。30年后，两个人先后去世，这一切都说明拉维斯是"这个时期最活跃的哲学家之一"③。

三　皮埃尔·拉鲁斯的名人集④

如何精确地定义皮埃尔·拉鲁斯的名人集？毫无疑问，最好的也是唯一的方法，应该是建立统计表格：栏数、颂词的强度、索引、诸如"公民""创造生产力""忠诚的共和主义者"等的关键词。尤其是文章风格，比如：那些可以用"著名、杰出"来形容，以很好的方法来安置，但是心却不在那里的人；那些只需要详细陈述他们的活动和作品的人；那些有权直接同大师见面的人，像在圣－安托尼街区的混战中的波丹（Baudin），他于12月2日在那场内战中被杀；或者，像讲述一堆轶事的拉·封丹；还有那些被"我们的某位先生"以热情的话语编入《十九世纪百科大词典》囊括在一个大家庭当中的人；还有他挖掘追忆出来的人物，像那位名叫露丝·布永（Rose Bouillon）的女人，她是国民公会中一名士兵的妻子，来到军队同丈夫重聚，"对历史学家来说这是一个模糊的、无人知晓、不重要的名字"。但是，她对祖国的忠心让他从心里发出这样的呐喊："来吧！来吧！《大词典》，你在那里为我们提供什么样的风格？"最后还有那些构成特殊事例，需要特别处理的人，就像拉鲁斯用大量的

---

①　Victor JEANROY-FÉLIX, *Fauteuils contemporains de l'Académie française*, Bloud et Barral, 1896.

②　Pierre LASSERRE, *La Doctrine officielle de l'Université*, Mercure de France, 1913.

③　M. BARRÈS, *Toute licence sauf contre l'amour*, op. cit.

④　Paru sous le même titre *in* Pascal ORY et Jean-Yves MOLLIER（dir.）, *Pierre Larousse et son temps*, Larousse, 1995, pp. 225–231.

文章来描述波拿巴所采用的著名言辞一样：

> 历史中最伟大、最辉煌、最耀眼的名字，当属拿破仑，法兰西共和国的将军。1769 年 8 月 15 日生于科西嘉岛的阿雅克修，死于统一不可分割的法兰西共和国八年雾月 18 日巴黎附近圣－克卢城堡。（1799 年 11 月 9 日）

十五卷的名人集

事实上，只有记账的方法才能很好地表现各类特权人物、政治家、作家、艺术家、科学家或者军事家，这既不具有任意性也不具有夸张性。只有这种方式才能列举他们特殊的荣耀，似乎只有在他们配得上被称为法国遗产的时候才能够被精选到这样的行列当中。或者相对国家历史所肯定的英雄来说，只有这种方式才能评估他们在 19 世纪和当代所做出的贡献，无论是科学家、高级代表，还是反对帝制的政治家，就像还没有取得政权前的茹费理和甘必大。

但是这样的方法，在泛泛地阅读的时候，也许会忽略其基本的东西。事实上，即使是《大词典》本身的思想也完全是根据一种隐含，其实也是十分明显的等级来安排的，而这一等级本身就是一个神庙。相对于其他词典来说，这就是它的标签和特色。一本"词典"或"百科全书"的编辑，是在囊括了主题范围的情况下，按照字母索引或者主题索引的形式，介绍一种粗略的、全面的具有现实性但却无人称性，从某种意义上说是去历史性的知识；介绍所有价值评判，所有参与使用之前的状态。拉鲁斯的愿望就是要汇集所有百科知识。但是这种愿望，如果用他经常重复的"词典"中的一段铭句，就是"同我的骨肉相融"。他将这种愿望很自然地注入并塑造在心理教学计划中，这一计划占据了他所有的个人活动。拉鲁斯只称赞过两位前任：一位是皮埃尔·贝尔（Pierre Bayle），那是因为他对怀疑主义的评判，面对所有哲学或宗教体系的自由思想以及他独立的强烈愿望、果敢的行为；另一位是狄德罗，他是拉鲁斯最为崇拜的英雄，是"最伟大的天才，最具个性的人物、运动员、哲学家、思想家、评论家，18 世纪最著名的艺术家"。《十九世纪百科大词典》是为一个时期描绘了一幅道德肖像，那一时期达到了目前成为活动斗士的最高峰；他重新描绘了那场变化，而读者自己就是这场变化的终极结果，如同穹顶的入门处。他在讲述一段历史，他本身就是一篇宏伟的叙事：一部通过征服科学、理性、启蒙，在简单天真地混合了革命浪漫主义和孔德的实证主义当中，人类获取解放，朝向世俗思想和公正自由的共和思想发展前进的叙事。

拉鲁斯的"伟大人物"

在这些条件下，"伟大人物"在这个"展现所有人的宏大筵席"（见"序言"），即爱国主义和民众的筵席中的分量和位置不是根本的但却是关键的。不是根本的，是因为拉鲁斯的英雄从来就只代表人民，是运行原则的体现，是仆人，是超越他本身的思想体现，是法国，是民族，是共和国，是正义，是自由，是英勇壮烈或者令人感动的浓缩，是榜样的标签，在这个标签上，富有个性的人只将他的著作和活动写在真、善、美的横梁上。拉鲁斯从来没有忘记将他的人物根植于土地中，如果他可以这么做的话，他会十分高兴，比如，对于拉扎尔·卡诺，他是这样评价的："革命时期最伟大的公民之一。""《十九世纪百科大词典》的一件幸事，就是找到了1789年那场风暴想要消除的几千年来尘封起来的高卢古老的贵族头衔。同时他占取了夏波人、罗昂人、蒙特莫朗西人的台座，所有的光芒又照亮了法国的征战。永恒的革命应该让一切重新归位，也就是说，回到有功绩的人物行列当中。当我们列入狄德罗和丹东的行列的时候，我们也许还会发现其他未经精雕细琢的天才，在我们进行多次祈祷的这一天，我们会用一块白石来标记这个日子。"

即便是"我们应该了解人类的历史，人民的历史"，而不是人自己的历史，个人化的处理方式依然是关键，如同对特殊人物的吹捧一样。《十九世纪百科大词典》首先是"杰出人物的生活"。因此，伊夫·毛磊（Yves Morel）在分析拉鲁斯世俗化调整的时候指出①，直到目前这几版，把姓名包含在里面，这象征了一种永恒性，一种从此属于集体记忆的确定性。没有任何公共致意，任何官方认可都具有同样的保留权力。毫无疑问，在那里体现了对拉鲁斯的原始继承。为伟大人物撰写的文章具有一种开创的象征性意义：

> 他们凝聚了一定时期的价值规范的先验理论、属性和等级。他们体现了人类的记忆和灵魂。因为"伟大人物"形成精英人才的群体，所以是

---

① Yves MOREL, «Psychologie culturelle du dictionnaire Larousse», thèse d'histoire de l'EHESS, 1991.

他们确定了一种文化的道德构成，某一个特定的值得人们尊重的伟大人物协调并综合了所有个人意识。他将历史变成现实意识和未来的素材，如同通过思考物理现象一样，在个人主观性的具体结局中实施完成集体末世论[①]。

从贞德写到国民护卫军的甘必大，他撰写达克、拉鲁斯的名人录是具有预见性的。正是这传奇式的名人录才将共和国的胜利以及深得人心的教学法转移到民族的集体记忆当中。这一点在亨利·马丁的《法国历史》中比在米什莱的历史中表现得更多些。奇怪的是，拉鲁斯只用了三行来称颂他"炙热的想象力和他一直保留的活跃的敏锐性"，但也明确指责他往往削弱活动者的作用而提高广大民众的作用："他愿意将活动者变成工具，如同一种行为要想变得具有英雄气概，那它必须来自广大群众，在它同一个人的名字相结合的时候，它也就失去它的伟大性。"所喜欢的人物名单本身并不重要，重要的是加工后的形象所表现出来的力量，这限制了词典字母索引原则，需要将所有的历史浓缩在从诞生到死亡这一段必要的生命当中。关于这一点，拉鲁斯不得不一再进行修改。正是这样，才形成《十九世纪百科大词典》的品位和动人之处。比如，两个奠基人物的历史，一个是维钦托利，在 1866 年的版本"阿维尔尼"一栏中，是"一个荷马式的英雄"，他知道要维护"古老高卢人的自由情感"。根据他的名字字母顺序，在 1876 年的版本中，他只在第十五卷的时候才出现，这位恺撒的手下败将只有一条冰冷的解释。在此期间，帝制提升了民族英雄的地位。另一个是克洛维一世，拉鲁斯认为他唯一的一个积极作用不是同基督教缔结了无关紧要的同盟，而是选择巴黎作为主要宅邸和安葬地；那时奥斯曼刚刚攻破巴黎城。每当拉鲁斯写这段历史的时候，都会泪流满面。

组织原则

这个名人集的魅力和生动特点在于组织原则的简单性和符合福音教义："照亮人类解放的悲剧"将历史和时间一分为二，这场革命为以前的所有一切饰以光环，又照亮了随后的一切，提供了确实可靠的标准，以此来区别好与坏。

[①]　Yves MOREL, «Psychologie culturelle du dictionnaire Larousse», thèse d'histoire de l'EHESS, 1991.

因此，在拉鲁斯的价值等级上，所有的先驱人物、所有唤起人民爱国主义精神的人以及君主政体的资产阶级合作者都有自己合适的位置①。在这一系列的人物中，最突出的是艾蒂安·马塞尔（Étienne Marcel），"他走在时代的前面，从 14 世纪开始，他就想在法国建立议会机构，受资产阶级的影响，将三级会议变成国民代表"。但同时也有掌玺大臣米歇尔·德·洛皮塔尔（Michel de l'Hospital），他是"法国司法界最辉煌的人物之一"：

> 他为法国 18 世纪末期进行的重大改革提前做了准备。事实上，米歇尔·德·洛皮塔尔的法令具有现代公法两大主要原则的雏形：一个是自由；一个是公民平等权。如果可以的话，人们一定会授予洛皮塔尔最伟大的公民称号。

因此，柯尔贝尔（Colbert）代表的是资产阶级的精神，"他从自己所处的等级传统和习惯中汲取最突出的优点，从而让他与众不同：他热爱工作、秩序、经济、有连续的思想"。柯尔贝尔获得拉鲁斯的钟爱，那是因为他喜欢贸易，这是文明基本因素之一，因为"这是分工的开始，是自由的原则，公平的基础以及普遍福利的目标"。

只有通过对历代国王系统性地贬低评价，只有通过这样的对比，才能明白对这些曾经同封建制度战斗过的伟大公仆的赞誉。没有一个国王不受到激烈的谴责，而且这些谴责都是采用狂怒的或者讽刺的语气来进行的，甚至包括圣路易。对于拉鲁斯来说，这是少有的情况：他毫不犹豫地反对他所追随的历史学家，比如，奥古斯特·米涅（Auguste Mignet）、亨利·马丁还有米什莱，对"他是最好、最英明的基督教国王，创立了新秩序，从他开始了政治关系下的现代君主制度"。拉鲁斯还谴责他犯有最高背叛罪，因为，他"并不十分关心他的帝国，而是关心侥幸获取的耶路撒冷"。他甚至"为了让英国国王同他一起出兵东亚而愿意向英国国王提供诺曼底和普瓦图做交换"。所有人都是按照这个风格写的，一直到路易十五，"我们厌恶地弃笔不叙"；到了路易十六的时候，已经完成了对国王评判和控诉的十一列文章，连同每个议员的决议完整

---

① Évelyne FRANC, «La mémoire national dans le "Grand Dictionnaire universel du XIXe siècle" de Pierre Larousse», mémoire de DEA de l'IEP de Paris, 1980.

发表出去。

午夜之后便是曙光。在这里革命本身是主要角色，要详细介绍的不是主要人物，而是革命爆发的过程、一系列的证明和辩护词及说明。比如，有古代风格的称颂，像对卡诺的歌颂一样，他是一个拥有所有美德的人：

> 除了他极强的能力和他对国家所提供的服务，卡诺在我们现代历史中是最纯粹的好公民。尽心尽力地效忠祖国，大公无私，清正廉洁，尽管人们辱没了普鲁塔克的名声，但是没有人能够比他更称得上这个称号了，因为他实现了现代民主理想，有朴素的英雄主义气概，有伟大的简朴气质。

从拯救人民和"危机中的祖国"当中，拉鲁斯不时地找回那种炙热的抒情表达方式，这种表达方式尤其体现在对丹东的描写中。在拉鲁斯的眼中，丹东是"大革命时期，也是 1860 年整个共和历史中最伟大的人物之一"。"在极度危急时刻，丹东的一声呐喊穿越整个法国，将志愿兵从家里召集出来，奔赴前线。"他反驳那些诬蔑性的指责，比如，让佩勒提耶·德·圣 - 弗尔戈（Peletier de Saint-Fargeau）感到吃惊的评论，这位"慷慨的爱国主义者"被迫投票赞同处死国王只是因为听从"自己内心的声音"。"关于人们评论他的话，'当人们有 60 万磅的定期收益，那他应该去科布兰兹或者是山顶上去'，这些话太过荒谬，根本无须争论。这是保皇党捏造的成千上万个理由中的一个。"还有关于布里索（Brissot），"尽管在那个时候盛传他唯利是图，但是布里索的品行简朴、正规、纯洁，他没有给他的家人留下任何财富"。在难以处理的情况下，拉鲁斯有一个必要的平衡标准。比如，对圣茹斯特：

> 在我们的年鉴中永远闪耀着他的名字，因为他在反对国王、建立新法、拯救国家中所做的决定。令人遗憾的是，这样的天才，一个拥有哲学和人道主义激情、热爱正义和法律的人，却无法消除他身上的傲气、舆论的专制和宗派思想，从而导致他悲惨的命运，以及大革命的分裂和不幸。

最后在天堂和地狱之间，评论悬而未决，正如对马拉的评判：

> 这一时期出现很多富有独特强大个性的人，其中最强大的是马拉。他

让人害怕，让人不堪重负，我们丝毫不掩饰地承认这一点。诋毁或诅咒很容易，但是要找到公正的证据，这一点并不容易……

在编写恐怖时期的时候，手法简单奇特。毫无疑问，在这里拉鲁斯的意见同路易·布朗相左，却跟埃德加·基耐（Edgar Quinet）一致。基耐是一个"有深刻思想的思想家"，拥有所有优势，"杰出的历史学家，开创新的道路，是那一时期对思想起到促进作用的著名人物之一"。他区分了两次革命：一次是1789年革命；另一次是1793年革命。但是，这种区分只是为了让人看清恐怖时期的"旧体制传统和习惯。新法国在生死战争中必须要面对这一切，但却没有足够力量跨越"。拉鲁斯最后得出这样独特而肯定的结论，并慢慢展开对恐怖时期的叙述："恐怖政治基本上是基督教和皇权体制。这14个月的恐怖时期就是14个世纪的总结。"所以，产生对马拉的谴责："他的诚挚情感如此明显。"但是，"却把惩罚当作政治理论和统治手段。这纯粹是旧体制系统"。同时也有对罗伯斯庇尔的最后谴责，认为他依然代表着旧体制，背叛了革命事业，使用"一些革命力量"反对国家的世俗化运动，"反对人们为了脱离教堂的管制所做的一切努力"。

布朗热模式

如果说拉鲁斯的名人集组成，比起它的形成机制来说，没有什么意义的话，那么我们就应该参考一下他对布朗热那长长的注解，因为布朗热为此提供了一个模式。十一列文章的前一部分去掉了"我的生平"一栏，毫无评论地接受了"民族诗人"这个自然而然形成的标签：（他）生于巴黎，"莫里哀、伏尔泰和博马舍的巴黎"。（他的）童年在波艮尼度过，在那里，他"喝着高卢的奶长大，这奶同样也培育了皮隆和雷蒂夫·德·拉·布勒托纳（Rétif de la Bretonne）"。作为贫困的小酒馆老板的弃子，他没有任何家庭教育；他谦卑地学习伟大的古典文学；他是攻占巴士底狱一颗"耀眼的太阳"，在佩罗讷省，因为他的功绩，很早就当选一个革命俱乐部的主席。面对外国的入侵，使他产生了"强烈的爱国主义思想"。这就是共和主义者想象的类型，一切尽在其中。后边接着叙述他作为"对抗政府的先锋"，尽力为其辩解，摆脱那些指责，比如，从他赞同雾月18日政变到二月革命的"极端保守主义"以及提早退出的政治路线。关于拿破仑传记构成过程中他的作用，因为他是其中主使者之一，写得很模糊但很具有艺术性。以一种抒情式的方式，不仅免除了一切责任，而且也取得了神化的效果，赋予他民主称颂者的荣耀，"他一直保持着这种胜利和荣誉"。这就是拉鲁斯所说的："以独立的思想来概述一位诗人的一生，这符合历史的需要。"这一手法极具表现性，拉鲁斯以自己一种固有的印象创造了另一印象；这种手法如此引人瞩目，在布朗热死后10年，即1867年起，长期以来诗人的地位一直摇摆不稳，很多人认为他的名声被过于高估了①。这些都不重要，拉鲁斯建立了一个"共和主义者人生"模式，就像莫理斯·多列士（Maurice Thorez）根据阿格里克尔·佩第吉耶（Agricol Perdiguier）的形象塑造了《人民的儿子》这一形象一样，米歇尔·佩罗（Michelle Perrot）的评论应该更加强调"工人生活"模式②。这就像一个庞大的俄罗斯套娃投影，在这个投影上，伟大人物只是一个范例的再现；在投影中，拉鲁斯通过不断地变化，将自己的观念投射到他的英雄身上。而这种观念本身从它的原型中汲取强大的渗透力量和影响力，和其他模型一起，建立了一个大屏幕，反过来那些大大小小的读者也可以被投放到这个屏幕上。在这里体现了一种循环性，而这恰恰是集体记忆形成的原则。从这一点看，拉鲁斯的名人集实际上就是一所学校。

四 费迪南·比松的《教育法和初级教育词典》③

在我们一系列严格的叙述当中，在人才荟萃丰富的历史当中，存在着一种确定的联系，是这种联系将革命同共和制直接联系起来，将共和制和理性、将理性和民主、将民主和教育联系起来。这种联系最终落到初级教育甚至是国家存在的身份认同上。如果我们要推荐一部著作，而且只推荐一部的话，那么应该是一个世纪以前的一本旧词典，这本词典现在已被当今的人们所忘记，甚至

---

① Jean TOUCHARD, *La Gloire de Béranger*, 2 vol., A. Colin, 1968.

② Michelle PERROT, «Les vies ouvrières», in Pierre NORA (dir.), *Les Lieux de mémoire*, t. Ⅲ, *Les France*, vol. 3, *De l'archive à l'emblème*, Gallimard, «Bibliothèque illustrée des histoires», 1993, pp. 87 – 129.

③ Paru sous le titre «Le *Dictionnaire de pédagogie* de Ferdinand Buisson. Cathédrale de l'école primaire», in P. NORA (dir.), *Les Lieux de mémoire*, t. Ⅰ, *La République*, op. cit., pp. 353 – 378.

很难找到①。当然，一些专家对这本词典还是相当熟悉的，但是，没有任何一个教育史学家对这本词典做过真正的分析②。这本词典就是费迪南·比松的《教育法和初级教育词典》③。

生涯

如果想要体会历史的重要性和滋味，那就应该完全走进历史。我们可以有选择性地来讲述它的历程。我们先翻翻目录，比如，从字母 A 开始，"建筑"那一条，签署的是维欧莱·勒·杜克（Viollet-le-Duc），而"天文学"那一条，签署的是卡米伊·弗拉马利翁（Camille Flammarion）。法国的"历史"归功于拉维斯，"法兰西"归功于兰波，"政治经济"归功于亨利·奥瑟（Henri Hauser）。那个时期这个伟大的名字，没有一个人会拒绝同他合作。涂尔干负责编写 3 篇基础性文章，即"教育""童年"和"教学法"。在这项工作中，加斯顿·马斯佩罗（Gaston Maspero）遇到了马赛兰·贝特洛（Marcelin Berthelot），奥拉尔（Aulard）遇到了杜卢伊（Duruy）和拉维松（Ravaisson），这些还没有算共和国

① 在法国国家图书馆，这本词典只有缩微胶片的形式，所以几乎是不可查阅的。在索邦图书馆，只存有 1911 年版本；在人文科学图书馆只存有 1887 年版本；在巴黎师范学院，缺少第 II 卷；而社会博物馆没有存本；国家教育学院图书馆，查阅类表被撕毁，因此查阅起来并不容易。［在此感谢法国国家图书馆馆长 Jean-Noël Jeanneney，经他的努力，《教育法和初级教育词典》可在 Gallica（*http：//gallica. bnf. fr*）网站上查阅。］

② 这篇文章似乎唤起了教育专家的好奇心。Voir Patrick DUBOIS，«Le *Dictionnaire de pédagogie et d'instruction primaire. Unité et disparités d'une pédagogie pour l'école primaire*（1879 - 1911）», thèse de doctorat, Lyon-II, 1994, devenue Le «*Dictionnaire*» de Ferdinand Buisson. *Aux fondations de l'école républicaine*（1878 - 1911），Berne, Peter Lang, 2002；Id.，«Le *Dictionnaire de pédagogie et d'instruction primaire* de Ferdinand Buisson», INRP, service d'histoire de l'éducation, 2002, accompagné d'un«Répertoire biographique des auteurs»；Daniel DENIS et Pierre KAHN（dir.），*L'École républicaine et la question des savoirs. Enquête au cœur du* Dictionnaire de pédagogie *de Ferdinand Buisson*，CNRS Éditions, 2003；Id.，*L'École de la IIIe République en questions. Débats et controverses autour du* Dictionnaire de pédagogie *de Ferdinand Buisson*，Berne, Peter Lang, 2006；Éric DUBREUCQ, *Une éducation républicaine. Marion, Buisson, Durkheim*，Vrin, 2004；Gilles UBRICH，«La méthode intuitive de Ferdinand Buisson. Histoire d'une méthode pédagogique oubliée», thèse de sciences de l'éducation, Rouen, 2011. On y ajoutera, d'un point de vue philosophique, Anne-Claire HUSSER，«Du théologique au pédagogique. Ferdinand Buisson et le problème de l'autorité», thèse de doctorat, École normale supérieure, Lyon, 2012。

③ 关于那个时期的历史和学校机构，我们可以参阅两本很优秀的教材：Antoine PROST, *L'Enseignement en France*，1800 - 1967, A. Colin, 1968, et Françoise MAYEUR, *De la Révolution à l'école républicaine*（1789 -1830），tome III de l'*Histoire générale de l'enseignement et de l'éducation en France*，Nouvelle Librairie de France, 1981。

教育体制的创始人保罗·伯特（Paul Bert）、朱尔·斯梯格（Jules Steeg）和奥克塔沃·热拉（Octave Gréard）。看着这些汇集所有权威人士的集体签名，我们对那位能够聚集起这么多名人的人产生无比的敬意。应该说那是两个人，他们懂得如何动员所有的人来完成这项事业，而不应该只是期待建立一个丰富的组合。这两个人就是：费迪南·比松和詹姆士·季佑姆（James Guillaume）。

我们也可以打开词典的中间部分，比如，从字母 P 开始：从这里我们可以知道安普瓦兹·帕科里（Ambroise Paccori）在大约 1650 年左右出生于马耶讷省索塞市，曾是奥尔良附近默恩公立中学的校长，他写了很多关于虔诚孝敬的著作，其中最主要的有《给在孩子教育中圣化的基督教母亲的建议》，这部著作被多次重新印刷。还有《基督徒圣洁自己的行为规范》，"在这本书中，讲述了关于裸体问题，阐述了让别人看到自己身体上本该遮掩的地方是多么不体面的一件事"。关于这个问题，我们在此不多赘述。关于克里斯提·帕尔默（Christian Palmer），他是蒂宾根基督教的执事，斯图加特体育馆馆长斯密特博士的合作者，在 1858 年到 1875 年合作出版了《教学大百科全书》，确切地说，《教育法和初级教育词典》希望成为能与之媲美的法语版词典；关于"学术界棕榈叶勋章"，他是由萨尔万迪（Salvandy）首次颁发的，在杜卢伊的时候有详细的规定，1885 年的法令只是重新采用了这些规定。我们先来看看关于"巴拿马"这一条，文章是这么写的：巴拿马从 1903 年开始脱离哥伦比亚独立，领土面积为 87540 平方公里，1909 年人口约 418979 人，当时大约有 15690 名儿童在小学就读，学校费用约 395000美元。关于彭卡潘迪（Carpantier），那位著有《沙砾的秘密或大自然的几何学》的幼儿教育理论学家，她的 5 卷传记立刻吸引了读者。彭卡潘迪 1815年 9 月 10 日出生于拉弗莱什，为了谋生，她在 11 岁的时候被迫辍学。在 14岁的时候，她感觉自己有一种诗人般的使命，书写了很多"优雅而充满灵感"的诗句。在二十几岁的时候，如果拉弗莱什市政府没有让她和她母亲管理即将成立的幼稚园的话，她很有可能成为一名女诗人。对于这项新工作，彭卡潘迪赋予了极大的热情，不顾自己的健康，甘愿做一个女伴的工作。但是，事情的变化又将彭卡潘迪带回到她被放弃的工作。勒芒市让她管理市幼稚园。这一次使她真正走上了教育职业生涯，她的第一部著作《幼稚园管理思考》（1845 年）对此有很多描述，而且这部著作也获得法兰西学术院的嘉奖。两年以后，儒勒·马莱夫人（Mme Jules Mallet）和萨尔万迪部长在圣安托尼区圣保罗新街建立一所师范学校，招聘幼稚园人员的时候，他们很自然找到彭卡潘迪，让她来管理这所学校。从此，彭卡潘迪夫人（大概在那一时期，她嫁给了一个叫帕普的警察）在这个拥有信任和荣誉的岗位上工作了27 年之久。

讲到彭卡潘迪夫人真正的职业生涯，我们不得不遗憾地略过这一段，跳过"巴拉圭"和纳尔希斯·帕朗（Narcisse Parent），后者曾在萨尔万迪之后、维尔曼（Villemain）之前担任了 3 个星期的共和国教育部长，现在我们简单地看一下儒勒 – 弗朗索瓦·帕雷（Jules François Paré）的介绍。他曾担任执行委员会的秘书，1793 年 8 月 2 日担任内政部部长。翻过路易 – 皮埃尔 – 费利克斯·埃斯基罗·德·帕雷约（Louis Pierre Félix Esquirou de Parieu）（正是他负责实施法鲁法）那几页，最后快速翻过 14 页关于"帕里斯"（Paris）的小学教育史，那是同艾梅·帕里斯（Aimé Paris）及其姐姐娜妮娜·帕里斯（Nanine Paris）密切相关的历史。艾梅·帕里斯 1798 年 6 月 14 日生于坎佩尔。20 岁的时候，一场偷窃案，以轻罪宣告他的当事人无罪，从而成为受害者，他那时还不是速记简法的发明者。只是后来因为这一发明，《法国通讯》和《宪制》杂志曾一度寻找他，为他们的议会讨论编写报告。但是，这位智力超常的人受特拉西（Tracy）的研究影响，打算致力于符号哲学的研究。在他24 岁的时候，已经是巴黎皇家学院的教授，穿梭于各省大城市的各个议会当中，发表关于记忆术的演讲，直到有一个疑心重重的省长下令禁止了他的课程，借口说他使用的标记掩盖了反对国家体制的不好的影射。因此，直到1828 年，他一直在比利时、荷兰和瑞士过着逃亡的生活。从回到法国直到1866 年去世，艾梅·帕里斯基本上是专心于普及音乐教育。他是依据加仑（Galin）的方法进行教学，并得到他的姐姐娜妮娜的大力支持和协助。他姐姐还出版了声乐等的《基础方法》。读者如果想对这位卓越的学者、杰出的教育家和天才发明家有一个完整的印象的话，可以查阅。我们真想完全沉浸到这一切的叙述中去。还有那些关于"教区"学校那极其严格的栏目，为纪念"帕斯卡尔"（雅克琳娜，他的小妹妹）的林林总总以及一系列不可避免的 P 字开头的词语，比如，"营业税缴纳者""赞助"及"女赞助人"，无不引起人们的惊叹。

我们没有必要按照字母的顺序展开阅读，《教育法和初级教育词典》由于它自己的注解方式，本身就要我们展开比较式的阅读。在前面我们曾经提到，国民立法议会的第一位主席巴斯托雷（Pastoret）侯爵，他后来接替孔多塞担任公共教育委员会主席，正是通过对这位侯爵的介绍让我们去认识他的夫人，"渔婆"阿德莱德（Adélaïde）。她为穷苦孩子提供了很多捐助，又通过阅读对她的介绍，我们翻看"托儿所""幼儿园""柯钦"（Cochin）医院、"马莱"（Mallet）夫人或者"米勒"（Millet）夫人的词条。在介绍学术界棕榈叶勋章（Palmes 词条，以字母 p 开头）的时候，我们已经往后翻到大学"荣誉"（Décorations）这一条，而这一条的介绍又将我们引导到"嘉奖"（Récompenses）上。通过"嘉奖"这个词条，我们又回到了"奖项"（Prix）这一项上。因此，慢慢地，这种看似任意的方法却形成了一定的秩序。接着，通过颁发"奖项"又指引我们阅读"演讲"这个词条。因为演讲的时候如果你口齿"含混不清"（Bredouillement）的话，就会产生把［z］发成［s］或者把［s］发成［z］的发音错误，这就要求我们达到完整的"发音"（Prononciation）。在这一块，文章毅然将我们引进乡村孩子们艰苦的现实生活当中，因为他们常常会遇到含糊不清的发音（bredouillement），r 音发得沉浊（grasseyement），将齿擦音读成前颚擦音的发音错误（chuintement），尤其是辅音发音错误（blèsement），比如，将 gâteau 发成［dâteau］的音，将 cousin 发成［tousin］的音等。为此，详细介绍了有用的机械矫正教育方法，比如，有杜普宜特朗（Dupuytren）、胡叶（Rullier）、瓦赞（Voisin）、阿默特（Amott）及谢文（Chervin）提出的方法。谢文，也就是文章的作者，最后还建议采用位于巴黎雨果大街 82 号（82，avenue Victor-Hugo）的口吃学院（Institut des bègues）的矫正方法。就这样，在这个神奇的阿里巴巴百科全书中，各种方法开始源源不断地运行，从最简朴的到最重大的，从"卡诺"（Carnot）到"学生书包"（Cartable），从"衣帽间"（Vestiaire）到"伏尔泰"（Voltaire），通过儿童教育者的世界来重建整个世界，将偌大个宇宙关闭在教室的四壁之下。

两部词典

实际上，《教育法和初级教育词典》有两种形式：一种是 1882 年到 1887 年之间出版的 4 卷词典，共 5500 页；另一种是 30 年后，即 1911 年出版的 2700 页的单卷册，取名为《新教育法词典》。这两种形式，无论是在厚度、出版时间、思想、结构以及制作的方式上都有区别。

第一种形式，整体来说（是否应该说实话）让人感到一种紧迫感和狂躁。第一卷甚至没有说明用意。一上来就生硬地从"（孩子）遗弃"（Abandonnés）和"算盘［（Abaque），欧洲古老的通用计算工具的名字"］开始。直到 1883 年，第二部分的第一卷出版，这时才介绍了整个词典的结构；第一部分的第二卷在 1887 年完成，在结尾的部分，有一篇《致读者》，才对这部词典的编著做了解释。这项工作完全符合时代的要求，正如文章所说："本词典的出版同法国教育改革运动不谋而合，为此也可以说，这反映了法国教育改革每个连续的过程。这部词典是在 1850 年立法制度下开始的，而它完成的时间恰恰是在 1886 年 10 月 30 日，执行新的机构法即《戈布莱法》的时候。"

这部教育词典是一部汇编，为那些从事公立和私立小学教育的人提供一个理论与实践指南。事实上，从那份 1500 名预订者名单可以看出，这项工作主要还是受公共教育者的支持，它首先面向的是教育精英、学校校长及师范学校的学生①。这部词典由两个完全不同的部分构成，每一部分分上下两卷，构成一部独立的作品。第一部分包括初级教育理论、立法及历史。确切地说，就是按照字母的顺序，以文章汇编的形式，对现有理论教育进行大量的论述。当然，有些内容非常长，比如，《制宪议会》《法国历史》《文献》《裴斯泰洛齐》（Pestalozzi）等，这都是些真正独立的论文。关于这些文章，最后那篇《致读者》提醒读者说："我们的指导宗旨就是本着自由的态度，以强有力的语气、风趣的思想和风格，在编撰百科全书的范围内，完成一部异乎寻常的工作，以区别于第二手资料的编译工作。"第二部分同样也分两卷完成，将教育理论应用到不同教学资料当中，这样构成一套完整的初级教育课程。这套教程不是针对学生，而是为方便教师使用：

> 这不是一本字典，而是一本课程典籍。在每一门学科当中有多少重要问题要解决，教师就能从中找到多少相关课程的文章，或者应该专心研究的一系列文章。如果他想一次性以教学的顺序，比如，算术教学的顺序进行阅览回顾，那他就参考"算术"这一条。这一条中包括教学计划，并指

---

① 圣克鲁高等师范学校是在 1882 年创建的。Cf. Jean-Noël LUC et Alain BARBÉ, *Des normaliens. Histoires de l'École normale de Saint-Cloud*, Presses de la FNSP, 1982；Gilles LAPRÉVOTE, *Les Écoles normales primaires en France*, 1879 – 1979, Presses universitaires de Lyon, 1984。

出各个课程的连续方法以及各种方法中相关的词，比如，"计数法""加法""减法"等依次下来，直到"对数""折旧"，以及"银行"的问题。相反，如果不是想知道整个课程，而是想了解教学的某个特殊问题，那么，他就要看"算术"这一词条。在教程里面，同时也是特殊词条的列表中看他所提出的问题关系到那个词，在所指明的特殊词条中没有单独的定义或者详细信息，而是关于整个问题的阐述，包括完整教学展开，具有一定的深度和方法。

这部词典为教员提供了必不可少的教学工具，或者说战斗的精神要素，准备应付最紧急的情况。情况的确非常紧急，从 1878 年 2 月开始，理论与实践两个部分同时出版发行，双页纸印刷，32 页，定价为 5 角，以每月至少出版两个分册的速度发行。也就是说，在 9 年当中要出版 175 分册，其中第一部分仅仅订连成一卷。这样一来，这部 5500 页（大约 4300 万字[①]）的词典的特点是编得很急促，似乎有些英雄主义气质。人们往往不得不参照最后几个字母的字来进行检索，就像对前面字母的字的补编一样。为此就得在两部分加上"补充"，为这项延续性工作提供一种措施。所以，在第一部分增加的 47 个词条中会有一些奇怪的弥补现象，比如，像遗漏了"拉默特·勒瓦耶"（La Mothe Le Vayer）或"圣西尔"这样的字条，而奥克塔夫·热拉（Octave Gréard）用了至少 25 纵段来加以阐述，还有像"教育学历史"等。关于"学校法"一词中，在同样的词条后选用了 1883 年以来发表的文章，做了 15 纵段的阐述，还有 60 多纵段的"机构管理条例"做补充；而且也加入了最近去世的人，比如，像出版商赫特尔（Hetzel），尤其是法鲁（Falloux）和保尔·贝特（Paul Bert），他们分别用 9 纵段和 5 纵段加以介绍。这两个人都在 1886 年去世，他们的结合具有象征意义，因为对他们来说，这部词典就是他们哀长的挽歌，也是他们的赞歌。

《新教育词典》没有这样杂乱无章、不规则，而且具有启蒙性的特征。理论与实践这两个部分的区别不再显得那么必要。每一项教学内容仅仅以一篇文章来处理整体问题。1789 年以来的教学、法律及规定汇集成一个篇

---

①　就拿本书做比较，这本书的每一页包含 2000 个字。教育词典的每一页包括两个纵栏：1882 ~ 1887 年的版本含有 7800 个字；而 1911 年的版本含有 8500 个字。

幅，在其他有明显区分的 7 个词条中加以阐述。这不再是日复一日由那些可以将其带到国民议会或者是部长办公室的人撰写的胜利简报，而仅仅是一些有关内容的文章和著作的简单的实用性索引。其中还引用了一小部分官方的简介，包括公共教育部部长和内政部部长的系统性介绍，因为在一段时期内，公共教育部隶属内政部。还有一个重要的特征，即从一本词典到另一本词典，资本化现象在初级教育本身展开。在关于外国，一般是对一个侨民而言的那些极其详尽解释当中，作为时间的标记，又加入了一些有关国家的殖民地的完整词条。在新的版本中，对健在的依然活跃在社会上的那一代人进行了详细的描述，并把它放在早期开始的殖民地之前，这标志着殖民地的特征及其合作关系。同时出现作者的文章和悼念死者的文章，有利于增强记忆效果。比如，马赛兰·贝特洛（Marcelin Berthelot）、维克多·杜卢伊（Victor Duruy）、奥克塔夫·热拉（Octave Gréard）、让·马瑟（Jean Macé）、菲利克斯·皮考（Félix Pécaut）、兰波（Rambaud）、查里·勒努维耶（Charles Renouvier）、朱尔·西蒙（Jules Simon）等。最后，随着小学教育机构的发展而出现一些新的专栏，这是成熟阶段的标志。比如，教师们的"友好联盟"、老学员"联谊会"、假期"夏令营"、毕业后"成果"、教学"垄断"、大家庭"之父"、教师"工会"等。事实上，这是一堆重新修改的文章，需要相互做一比较才能从根本上掌握改变的思想。举一个简单的例子，比松自己撰写了一篇《圣贤史》，在第一部词典中采用 8 纵段来完成，非常有争执性，而在第二部词典中就变得平和了很多，数量也缩减为一个纵段。

　　归根到底，真正的差异在于考虑读者的接受程度。数字是最忠诚也是最有说服力的。1889 年，第一部第一卷的销售量是 9700 册，第二卷为 12100 册。第二部第一卷的销售量为 8750 册，第二卷为 12040 册。1911 年的单卷本销售量为 5500 册[①]。当我们考虑到每一部的第一卷是通过分册来购买的（这也说明了 9000 册同 12000 册之间的数量差）；尤其是当我们将销售总体数量，（12000 册和 5000 册）同每个时期的教师人数来做一个对比，即 1876～1877 年间世俗化教员的人数为 55026 人左右，而 30 年后，即 1906～1907 年间，同

---

① 在此感谢阿歇特基金会档案管理部主任 Georges Lanthoinette 为笔者提供了这些数据。

样的教员人数为 121182 人左右①，从这样考虑来看，结论很清楚。我们发现，大概有 1/4 的世俗化教师购买第一部词典，而只有 1/25 的教师购买第二部词典。

我们并没有夸大两个版本的对立。新版的生存方式得益于它的便利性，旧版和新版混合了相同的方式。新版仅仅被改得温和一些、规整一些、精炼一些、文雅一些。在新版中人们感觉没有最初编撰时的那种高涨的热情。那时，战前 12 万多名教师都急切地想明确了解他们的责任和义务。人们改变的不是词典，而是时代（共和国体制已经维持了 30 年），两位主编：一位是季佑姆（Guillaume），现今已经 67 岁了；另一位就是比松，他看起来精神健康，还有警惕性，可马上也要到 70 岁了。借此机会，他们再次相逢。然而行会的规矩是不容欺骗的：没有平行的生活和交叉作品，但是却有平行的词典和交叉的命运。

交叉的命运

实际上，在这两本词典及其作者的生存轨迹中以及他们之间奇特的结合过程中有一种让人迷恋的东西。

费迪南·比松本应该受到特殊的研究，然而奇怪的是，人们并没有对他做特殊的研究②。在所有关于第三共和国的书籍当中，他的形象往往只是同那些最为明显的名字相连，比如，茹费理、莱昂·布儒瓦（Léon Bourgeois），而且

---

① 莫娜·奥佐夫（Mona Ozouf）在她的著作中提供了这些具体的统计数据. Mona OZOUF, *L'École, l'Église et la République*, A. Colin, «Kiosque», 1963；éd. remaniée, Cana, 1982.

时间	公立教员（人）		私立教员（人）	
	世俗化教员	修道会教员	世俗化教员	修道会教员
1876 ~ 1877 年	55026	26823	10725	19801
1906 ~ 1907 年	121182	823	31896	6564

② 这篇文章发表以后，有两篇关于比松的博士论文：Mireille GUEISSAZ-PEYRE, *L'Image énigmatique de Ferdinand Buisson. La vocation républicaine d'un saint puritant*, Villeneuve-d'Ascq, Presses universitaires du Septentrion, 1998；Daniel TOMEI, «Ferdiand Buisson（1841 – 1932）. Protestantisme libéral, foi laïque et radical-socialisme», thèse de l'IEP, Lille, 2004, 2 vol. On y ajoutera un essai, Vincent PEILLON, *Une religion pour la République. La foi laïque de Ferdinand Buisson*, Éd. du Seuil, «La Librairie du XXIᵉ siècle», 2010。

往往同他的职务（初级教育总督察、激进社会党议员）相混淆，代表的是一些政府机构，如教育联盟①、人权同盟等。他一直保持这种谦虚的态度。当人们催促他写一部回忆录的时候②，他总是说："谁又能真正对我的生活感兴趣呢？"这非常符合他本人的个性。这种态度本身就反映了他的精神哲学和康德主义的实用精神。正是这种精神才形成他超自由新教徒漫长生命（1841～1932年）的统一，即他体现了经过德雷福斯案件以后，学院式的激进主义向政治式的激进主义的过渡；茹费理的思想继承，通过卢梭思想意识，在20世纪初同反教权的激进主义相结合的过程。当然，这也是他个人稳定性反映了他强烈的个人性格，人们不断地提及他的忠诚、谦逊、容忍等，这些都是一个圣徒传记中专心描述的性格，而圣贤也许会被当成真实现象而接受。

费迪南·比松首先代表的是一个模范式或几乎是一个象征性的人物。这一形象一直影响到教育词典出版初期，那时他刚好37岁。比松的父亲是一个小法官，父亲的去世让他过早地承担起了家庭的负担。他学习优异，然而虚弱的体格让他离开了师范学校（尽管如此，直到90岁还从事着高强度的活动），但是他真诚辛勤的劳动使他获得了师范学校哲学教师资格。1866年因为拒绝宣誓效忠帝国而丧失了工作，在埃德加·基耐（Edgar Quinet）的建议下，申请并获得了在瑞士纳沙泰尔的一个哲学与比较文学教席的职务。瑞士成为费迪南·比松的第二故乡。那时同样也被流放的共和主义思想家儒勒·巴尔尼（Jules Barni）也来到了瑞士，同费迪南·比松在一起。在费迪南·比松研究自由基督教、福音的正统思想以及《圣经》的时候，参加了1868年在日内瓦举办的由加里波第（Garibaldi）主持的第一次世界和平与自由大会，并参加了次年在洛桑由雨果主持的第二次世界大会。费迪南·比松找到了自己的使命，即成为教育工作者。色当战役时他回到巴黎，在包围当中，他加入了国民防卫队。同博奴瓦·马隆一起，组织了市收容所，收纳他拯救的那些流浪的孤儿和孩子。新成立的市政府想要解散这个收容所的时候，引起了一个圣西门主义的老人，即M. 普雷沃斯特（M. Prévost）先生的兴趣。M. 普雷沃斯特先生本人早先在塞纳-瓦兹省的康普斯（Cempuis）建立了一个老人收容院。儒勒·西

---

① 关于教育联盟，cf. Katherine AUSPITZ, *The Radical Bourgeoisie. La Ligue de l'Enseignement and the Origins of the Third Republic*, 1866–1885, Londres, Cambridge University Press, 1982.

② 这是由埃尔奈斯特·鲁塞尔（Ernest Roussel）在1931年6月20日世俗学校50周年校庆举办的一次关于"比松的生活及著作"的讨论会中提出的。

蒙在 1871 年任命费迪南·比松为塞纳省的小学监察员，但是在主教杜庞卢（Mgr Dupanloup）的多次攻击下放弃了这次任命，费迪南·比松再一次完成他的论文——《塞巴斯蒂安·卡斯特利奥》（*Sébastien Castellion*）。卡斯特利奥一生都在捍卫宗教宽容性。这篇论文直到 1892 年才发表。期间仅被两次国外公务所中断：一次是在 1873 年代表法国参加在维也纳举办的世界博览会，那是法国在战败后，第一次在国际上亮相；还有一次是 1876 年，作为公共教育代表，参加费城博览会。一个典型的细节，也给费迪南·比松一个很好的定位：同儒勒·拉缪（Jules Lagneau）站在同一个阵营，都属于保尔·德贾丹（Paul Desjardins）道德行为联盟①的成员。因此，在 5 月 16 日危机爆发的时候，共和派取得政权，赔偿了比松的艰难经历，即茹费理在 1879 年 2 月 10 日任命费迪南·比松为小学教育部部长，而此时，即 1877 年 2 月，他刚刚应阿歇特出版社的要求出版《教育词典》。

费迪南·比松担任这个职位 19 年，直到 1896 年才离开教育部，到索邦大学担任教育学教席主任，并连续 6 年担任这个职位。这个教席是为他而成立的，后来由于德雷福斯案件促使他回到政治界，涂尔干接替他继续主持这个教席的工作。从那时起开始了第二个比松的形象，即：共和国教育建设的关键人物，日复一日的坚固缔造者。比松不是一个理论文字编撰者，但是他每天的活动比一切神学论述或哲学论述都更让他在各教学机构中具有理论性和教义性。正是通过各种形式描述、文章、论述和各种书籍的序言，我们才惊奇地发现他一直保持着世俗化的信仰②。正如马仲溪③所说，"宗教自由思想"留有深刻的唯灵论思想的印记，渗透着宗教是人类灵魂永恒的需求，这种信念应该成为世俗道德基础，而其中世俗道德是未来宗教真正寻求的东西，它将在地球上建立上帝的王国。从这一点看，很少有行政管理性作品以社会哲学的深度来编写，

① Cf. Jules CANIVEZ, «Lagneau républicain», in *Cent ans d'esprit républicain*, Publications de la Sorbonne, 1978. Sur Desjardins, on se reportera en particulier à *Paul Desjardins. Témoinganges et documents*, Éd. de Minuit, 1968. 另外，比松重新采用德贾丹的主要著作 *Devoir présent de la jeunesse* 这个题目，作为 1899 年 3 月 10 日在社会学学院举办的研讨会的发言题目，并于同年 3 月 25 日发表于 *Revue bleue* 中。

② *La Foi laïque*，这是 1912 年在阿歇特出版社出版的演讲和书稿集的题目，雷蒙·普恩加莱（Raymond Poincaré）为此书撰写了序言。

③ Cf. Jean-Marie MAYEUR, «La foi laïque de F. Buisson», in *Libre pensée et religion laïque en France* (journées d'études de Paris-XII, 1979), Strasbourg, Cerdic-Publications, 1980.

而比松在他的政治生涯中一直坚持着这种思维方法。第三个时期，就是他担任巴黎众议员的时候。他战胜了竞争对手，一个老布朗基主义者成为巴黎十三区的议员，受瓦尔德克 – 卢梭（Waldeck-Rousseau）的庇护，具有丰富的实践经验，出版《激进政治》（1907 年）一书，并提出激进政治理论，而且莱昂·布儒瓦（Léon Bourgeois）还为他的书撰写了前言。费迪南·比松同克列孟梭（Clemenceau）、佩勒东（Pelletan）、奥拉尔（Aulard）等都是朋友。直到 1919 年他还在国民议会中占有席位。1914 年他接任普雷桑塞（Pressensé）成为人权联盟的主席，1918 年接替让·马塞担任教育联盟主席，这些都赋予他"公正、正直"的形象，并最终在 1927 年获得诺贝尔和平奖，成为共和国的辛辛纳图斯（Cincinnatus）。

比松同《教育词典》编辑组的同行人员之间的配合非常鲜明。比松一直坚持着他的历史主线，参照官方认可的历史进程，同共和国的发展变化紧密相连。因为，他既是共和国的产物也是共和国的缔造者，他对共和国具有强烈的意识并极力捍卫着共和制的利益；而詹姆士·季佑姆（James Guillaume）自始至终（1844～1916 年）都处于边缘化，他迫使自己接受这份无私奉献的事业，强迫自己完成这份充满博学思想的工作。过去曾经有过一个季佑姆，他曾参与第一国际，他具有明确的政治经验，《教育词典》埋葬了他的政治决定，也标志着他政治决定的结束。

有很多历史条件和家庭条件在开始的时候都可以让年轻的季佑姆有一个特别美好的前程①。季佑姆来自于纳沙泰尔一个小工业资产阶级家庭，父亲是做钟表行业的。纳沙泰尔从 1814 年起是赫尔维蒂共和国的一个小镇，但是属于普鲁士公国。季佑姆在伦敦出生长大，所以起了詹姆士这个名字。他的父亲是一个思想开放、知识渊博、具有强烈个性的人。他隐居在伦敦，在那里打理家族企业的一个分公司，同时也为了躲避最终导致 1848 年革命的旧体制。他在那里同一位法裔姑娘结婚，就是季佑姆的母亲，她是一位税务官也是一位音乐家。季佑姆的父母对儿子的教育十分关心，思想也十分开放。季佑姆思维敏捷，他们回到纳沙泰尔的时候，季佑姆的父亲成为激进党政府顾问，从而

① 关于詹姆士·季佑姆，马克·乌勒米尔（Marc VUILLEUMIER）完成了一篇精彩的研究，发表于 *L'Internationale. Documents et souvenirs* 再版的序言中，Genève, Éd. Grounauer, 1980, pp. 1 - 57. 正是通过这篇研究，我才了解了季佑姆的一些生平事迹。

成为先进的兼容各种文化领域的连接枢纽：其中包括一些英国人，如达尔文的翻译者，具有自由思想的独特的女翻译家克雷芒丝 – 奥古斯特·华叶（Clémence-Auguste Royer）；像神学家希欧多尔·帕克（Theodore Parker）这样的美国人；像法兰克福议会前议员卡尔·沃格特（Carl Vogt）这样的德国人；还有像法国社会主义者皮埃尔·拉鲁（Pierre Laroux），新教主义的捍卫者、自由派的移民菲利克斯·皮考（Félix Pécaut）、朱尔·斯梯格（Jules Steeg）以及比松等一些法国人。年轻时的季佑姆非常引人注目。他是苏黎世大学的学生，不但掌握英法文化，而且还具有扎实的德国语文和哲学知识。他本来具有很好的学术前程，但是一个偶然的机会改变了他的命运，到力洛克工业学校替教一年。他重要的目的是为了筹集一些零星积蓄以准备去巴黎。从 1865 年到 1866 年间，他完全融入工人阶级当中，从此使他投入政治运动中去。他联系集体运动，在拉绍德封成立国际共产主义运动的一个支部，同时也经历了他弟弟的突然去世。关于他弟弟，在他的自传①中，以奇怪的口吻说，尽管彼此分开只有三年，但是"他就像我的学生一样"：

> 自从我的弟弟离世以来，我一直很伤心，我的心一直处于悲痛之中。但是我想，如果我全身心地投入到帮助被压迫人民的事业当中，帮助他们获得解放，那么我的存在应该可以承受的。我想到乡村去当一名教师，这样我可以更加接近人民，然后又想成为一个排字工人；但是人们打消了我一个又一个这样的念头，他们说，如果我"降低了自己的等级"，那我就几乎失去了所有我能够产生的影响。

因此，他成了汝拉省国际共产主义运动联合会的思想领袖和主要组织者，完全忠实于巴枯宁反政权和反马克思主义思想。10 年当中，他在非常独特的工人合作环境中过着革命活动家的生活，但同时也经历了一些转折，并最终以国际共产主义运动内部巴枯宁倾向的失败而结束。加入工人精英当中让他过着一种极其不稳定的生活：他中断了同家庭的联系，同父亲的关系也十分紧张，

---

① 这只是自传中的一个说明，是 1906 年写给他的一个年轻的朋友，苏黎世的一位医生 Fritz Brupbacher。后者是一名自由社会主义者，他向季佑姆要他的简历，以在《共产国际》第一卷《政治》杂志中做介绍。这个说明于 1931 年 4 月 5 日发表在《无产阶级革命》第 7 年第 116 期中，题目为«Une vie de militant. L'autobiographie de James Guillaume»。

他的教师职务也被解雇。以不平等主义和"事实宣传"为特征的革命极端主义的到来（对于这一点季佑姆是极力反对的），同时钟表工业危机，加速了手工作坊的消失，有利于大制造商的发展①，这一切结束了汝拉省联合会最好的时期，1877 年 3 月 8 日，保尔·布鲁斯（Paul Brousse）在伯尔尼一次激烈的集会中明确了自己的影响，从而也结束了季佑姆的影响。为此，季佑姆还面临着轻罪审判。政治上的失败，同时物质上的困难也接踵而来。正是在这极其困难的时候，费迪南·比松把季佑姆召回巴黎，同他一起完成《教育词典》的编撰工作。在巴黎，季佑姆不断梦想着加深巩固自己在革命历史方面的知识。

这两位是在一个很奇特也是天意造就的机会下相遇，两人所代表的思想潮流各有不同，但却奇怪地交叉相遇，他们的结合如同激进主义同社会主义在教育领域的结合一般。比松稍微年长一些，直到那时还背井离乡。比松在他 40 岁的时候，正着手进行取得胜利的共和国最具策略的行政事业。相反，当他被任命为初级教育部部长，这一任命让他这位从国外逃亡过来的，在警察署还有记录的小弟弟永远埋藏在高高的、昏暗的编辑工作当中，将自己的经验和特殊才华重新投入人民教育和革命历史的热情当中去。别忘了，这位小弟弟曾经受到政治失败的洗礼，并打上了深深的政治失败的烙印，但他的特殊才华却无法磨灭：他知识渊博，具有批判精神，对各种文化融会贯通，还有团队合作的能力。

在编辑《教育词典》的同时，事实上，对季佑姆来说也是《教育学杂志》的编辑秘书处。这本杂志是由德拉格拉夫（Delagrave）出版社出版，汇集了教育与教学各种新思想。在阿道夫·乔安尼（Adolphe Joanne）的指导下，季佑姆先后完成了《教育词典》和《法国地理行政词典》，另外还有法国登山俱乐部（Club alpin français）的出版物。但是相对于他那两部主要的文献性著作来说，这些只是一些维持生计的工作。

最为经典的是季佑姆关于立法会和宪法会公共教育委员会会议记录的 8 卷册，这是历史科学工作委员会具有历史纪念性意义的出版物，列入 1907 年革命百年纪念出版物系列，成为革命历史文献的使用手册。在这一点上，还应该感谢费迪南·比松，是他从 1880 年开始采取措施，跟随茹费理支持"全面整

---

① Cf. David S. LANDES, *Révolution in Time. Clocks and the Making of the Modern World*, Cambridge, Harvard University Press, 1983, pp. 325 sqq.; en français, *L'heure qu'il est. Les horloges, la mesure du temps et la formation du monde moderne*, trad. P. -E. Dauzat et L. Évrard, Gallimard, «Bibliothèque illustrée des histoires», 1987, pp. 337 sqq.

理系统出版从 1789 年到 1808 年公共教育方面的资料，为广大人民服务，使其成为国家的荣耀"。为此，教育部部长也赞同："首先要做的事就是保证所有档案囊括（宪法中规定的公共教育）委员会的会议记录。我准备派季佑姆先生前去考察，由您来领导。"① 政府一直坚持这方面的领导，从 1885 年开始在革命百年纪念活动中成立了两个委员会：一个来自部长内阁，比较正式，但是参与的活动不多；另一个来自市政府，比较彻底，其目的是以纪念为主。而季佑姆所隶属的是部长内阁成立的委员会②。

　　另一个领域应该源于季佑姆个人经验的回顾。世纪之交，他的私人生活和家庭中发生了一系列的不幸，他的女儿患有严重的抑郁症，病情反复之后去世，接着他的妻子也生病去世。季佑姆想发表同妻子在订婚那段日子即 1868~1869 年间的书信往来，目的是"重温我那些遥远的最幸福的日子"，这是他在 1902 年的时候写给克鲁泡特金（Kropotkine）的信中说的。因为，从这些信件中，"人们可以看到那个时期社会主义者的精神状态"③。然而他的计划发生了变化，在拉绍德封他同他的政治朋友重逢，同时经饶勒斯和比松的介绍认识了吕西安·埃尔。在他们的双重压力下，从 1905 年到 1910 年，季佑姆完成了《国际共产主义：档案与回忆》4 卷册。这是关于巴枯宁主义的讨论和汝拉主义自由生产者的经验极其宝贵的资料来源。

　　季佑姆从来没有放弃自己的两个爱好。在新一代革命工联主义者眼中，这位马拉特斯他（Malatesta）、克鲁泡特金（Kropotkine）还有斯维特兹盖贝尔（Schwitzguébel）的老同伴、汝拉省的老战士、曾亲身经历过革命文化并从中退隐下来的老人，就像博那罗蒂（Buonarroti）在七月王朝时那样，是他们的

---

① Cité par Louis CAPÉRAN, *Histoire contemporaine de la laïcité française*, Marcel Rivière, 1960, t. Ⅱ, p. 30.

② 在甘必大任部长的时候，比松发表了一份报告（cf. *Journal officiel*, 1881, pp. 6609 – 6610），之后由保尔·贝特成立了第一个委员会，其中包括格雷亚尔、拉维斯、莫诺、佩勒东、基什拉、兰波。尽管人们在各处都肯定地说季佑姆从部长级的第一次委员会开始参加工作，但实际上他那时没有参加。事实上，这个由 23 位成员构成的委员会很快就颓废了。1885 年由葛布雷成立了第二个委员会，这次由 16 名成员组成，其中包括季佑姆。这个委员会的目标没有第一个委员会的目标那么宏大，它只限于巴黎的资料。委员会依附历史科学工作组。这个委员会同市政府的委员会形成竞争关系，后者更为激进彻底，而且两个委员会的出版物从科学角度上看具有可比性，其中一些成员，比如奥拉尔和兰波等，他们位居两个委员会之中。Cf. Brenda NELMS, *The Third Republic and the Centenial of* 1789, Ann Arbor (Michigan), University microfilms, 1976, fac-similé d'une thèse de l'unversité de Virginie。

③ Cf. M. VUILLEUMIER, *L'Internationale*, *op. cit.*, p. 127.

前辈，他自己也为此奉献了自己的一生。后来《工人生活》杂志的创立者皮埃尔·莫纳特（Pierre Monatte）在 1914 年的时候，为纪念季佑姆 70 周岁诞辰特别出版了一个专辑，这样评论季佑姆："季佑姆在不自觉当中引导我们前进的脚步和我们的研究。"① 季佑姆最终以《新教育词典》结束了自己曲折的一生，也是为了这本词典，比松再一次请求他参加编辑工作。

在经常使用这本词典的时候，我们可以发现这部独特的集体合作成果的特色以及这本词典功能的思维方式。比松在阿歇特出版社拥有一个办公室，自由承担所有基础设施（阿歇特出版社的创始人路易·阿歇特在 1864 年去世，人们在词典中向他致以崇高的敬意："总之，很少有人能比他更好地完成这项高尚而有意义的工作并为此付出自己的所有"）。另外，从 1905 年开始，比松还指导编写一套真正的《初级教育通用手册》，这是从 1832 年以来存在的一本周刊。但是，主要的工作都落在季佑姆身上。比松为季佑姆提供了独特的学术界和政治界的关系网。1881 年季佑姆在给母亲的信中提到："经比松先生的介绍，我渐渐地认识了公共教育界具有名望或者占有重要地位的人；他们不时地将我引进一个委员会，我将毫不犹豫地坐在那里，因为那里的目的仅仅是为了教育，而不是为了政治。"两年以后，季佑姆又给母亲写信，信中说："我要离开你前往教育部，到比松先生的办公室工作，作为一个委员会的成员出席，其中还有格雷亚尔、皮考特以及其他著名的人士。"这些书信非常有意思，因为这两封信明确表现了季佑姆对接受他的环境的心理态度。季佑姆在第一封信中还写道："我同比松先生以及其他我认识的人之间的谈话完全自由，我感觉很好。他们了解我所想的，而且也只询问同我思想相容的问题。所有的人都十分聪明、知识渊博，而且宽容大度。"在第二封信中，季佑姆写道："在法国我受到多数人的尊重。而在瑞士，我是一个被遗弃的人。"②

另外，比松为自己的合作者季佑姆提供了所有统计方法和设施，这在以前首先由维克多·杜卢伊发起的。但是，学校革新的需求大大加强。比松自己那时也是初级教育统计委员会的关键人物。这个统计委员会是 1876 年由亨利·瓦隆（Henri Wallon）创建的，当时比松任公共教育和宗教信仰部部长，由李瓦塞尔

---

① *La Révolution prolétarienne*, n° 145, janvier 1960, p. 10.

② 1881 年 2 月 21 日和 1883 年 1 月 25 日的信。在这里我只引用了节选。马克·维约米耶的私人收藏，*in* M. VUILLEUMIER, *L'Internationale*, *op. cit.*, p. 19.

（Levasseur）担任委员会的主席。李瓦塞尔是法兰西学会的成员，是法兰西学术院、法国艺术手工业学院教授。在教育词典中还有一篇题为《教学统计》的文章。因为没有署名，很难确定是否是比松写的。在第一版的《告读者》一文中，将比松和季佑姆两人同时归为主编。只是在一些重要的哲学理论和教义，比如，"世俗性质"① 等方面的文章才比较清楚地署有比松的名字。再说，两人之间从本质上说是一种建立在深厚基础上的合作关系，这种友谊牢固地建立在新教徒的情感基础之上，个人的利益显得不那么重要。"我应该说，那是我们的，或者确切地说，他的词典。"作为此项事业的主导者，比松是这样评价他的主编秘书的："有能力将这些巨大而杂乱的事实和文章收集起来进行总结、规整协调起来的人，首先应该具备罕见的工作精力，掌握扎实的现代语言，能够从众多的法律和规定中准确地提炼出真正的思想和确切的表达方式，而且还要具有耐心、不气馁，仔细坚韧的博学意识，严肃的批判精神和历史、教学以及哲学综合全面知识。他应该是一个真正杰出的人才。我知道一个人，他符合这所有一切的要求，甚至更多。而这个人具有高度的社会使命感和热情，然而这并没有妨碍他成为学术渊博的学者中最严谨最正直的一员。"②

从季佑姆这个角度来说，应该将编辑的工作同作者的工作分离开。他的专业领域是很清楚的，正是这些专业特长，配合比松的大量的指导性文章，才赋予教育词典强烈的个人特性。他的第一个专业特长源于在瑞士的经历。那是16 世纪到 19 世纪德语区教育家同一时代的专业特长，他们既是思想家又是博爱主义者，是现代教学和民间教育的发起人和先驱，这批人中包括夸美纽斯（Comenius）、福禄贝尔（Fröbel）以及约翰·亨里希·裴斯泰洛齐（1746 ~ 1827 年），后者还有诺霍夫（Neuhof）的慈善家，季佑姆用了 60 多纵段来加以叙述，几乎相当于一部完整的书③。他所喜爱的第二个领域就是大众社会适

---

① 应该指出的是，从第一版到第二版，反教权主义不断加强，在第一版中，比松参与世俗团体组织，而在第二版中比松持有反对态度。

② *La vie ouvrière*, hommage à James Guillaume à l'occasion de ses soixante-dix ans, 20 février 1914, Ⅵ année, n° 106, p. 214.

③ 关于裴斯泰洛齐的文章内容非常丰富，最后成为一本独立的著作：James GUILLAUME, *Pestalozzi*, *étude biographique*, Hachette, 1890, 455 pages.《新教育词典》这一词条主要考虑 1890 年以来的出版物，正如马克·维约米耶（Marc Vuilleumier）所指出的那样，这些出版物中很多都是出自季佑姆之笔。在他看来，这是法文版中关于瑞士教育学家最好的一部传记（M. VUILLEUMIER, *L'Internationale*, *op. cit.*, p. 18）。

应过程方式，他曾经在力洛克的夜校当过教师，这段经历让他撰写了如《书写》（8 纵段）和《阅读》（30 纵段）这样基础性的文章，同时还有《教材》（44 纵段）和《教材手册》（30 纵段）。但是，有些文章，尤其是一些关于革命的文章，数量庞大，有力地改变了整体观念，树立起依靠国家历史这一巨大山峰的观念。从这个角度上说，无论对与错，季佑姆都为加强这一共同路线做出了很大的贡献。事实上，正如弗朗索瓦·福雷和雅克·奥佐夫所定义的那样，革命在基础教育的真正实践当中，几乎什么也没有改变；相反，"革命不仅颠覆了立法，而且创立了学校形象，将自己的未来投入到学校当中。因此，革命使学校长期以来成为政治文化冲突的中心问题"①。在这种情况下，有一篇关于《制宪会议》的文章，该文章的整个设计为当代著作《教育学词典》提供了前期规划。这一长篇自然是这部著作的中心。80 纵段洋洋洒洒的文字既包括了方法解释（我们的陈述来自最原始的材料，详细极致），也有普遍性的介绍（"国家统一的压力激励了整个制宪会议"）；既有社会主义职业信仰（最后对饶勒斯的评价），也有山岳派谨慎的讨论［米西尔－埃德墨·波迪（Michel-Edme Petit）同杜考斯（Ducos）的比较；对数学家吉贝尔·罗姆（Gilbert Romme）的最终认同］；另外，季佑姆对法国大革命的定义，同雅各宾派领军学者奥拉尔的定义完全接近，其中最重要的一点就是有关山岳派—雅各宾派的区别。法国、革命、制宪会议、公共教育等，这些都是从未出版过的资料。这些资料使人们处于神话构成中心，同时也确定了历史方法的核心地位，还有就是构成个人生存理由的关键问题②。

关于编辑组的构成，各个层次很容易辨识，基础底层是由一个忠实的小集

---

① François FURET et Jacques OZOUF, *Lire et écrire. L'alphabétisation des Français de Calvin à Jules Ferry*, Éd. de Minuit, 1977, t. I, p.97.

② 在《新教育词典》中由季佑姆整理的文章达 61 篇，包括：Athéniens（对银行家、领馆、议会的教育），Destutt de Tracy，书写—阅读、自私，Falloux，Fichte，Florian，Fourcroy，Fröbel，Gerdil（主教），Goethe，Grégoire（神甫），Herbault，Heusinger，Jussieu（神父），Lakanal，Langethal，Lavoisier，阅读，Le Peletier de Saint-Fargeau，教材（第一部），作家，手工劳作，Mentelle（Edme），Middendorff，Milton，Mirabeau，记忆术，Napoléon Ier，Niederer，Noël（Jean-François），共和二年的师范大学，Pastoret，Pawlet（le chevalier），Payan（Joseph），Pestalozzi，Philipon de la Madelaine，Ratichius（Radke），Renouvier，Rochow（Eberhardt von），Roederer，Roland de la Platière，Romme（Gilbert），Saint-Lambert，Saint-Simon（Henri de），sainte Aldegonde，Salzmann，Say（J. -B.），Schmid（Joseph），Sieyès，Simon（Jean-Frédéric），Spartiates，大学（第一部），Vallange，Vatimesnil，Vegio（Maffeo），Verdier（Jean），Vincent de Beauvais。

团来负责整个部门，比如：大学学区区长路易·马加罗（Louis Maggiolo）于1871年60岁的时候提前退休，开始自由自在地生活，非常熟悉中世纪及旧体制下的教学体制；孔佩雷（Compayré）曾任图卢兹学院的哲学教授、众议员，曾出版过《十六世纪以来法国教育理论批判历史》一书，这本书成为编撰教学经典理论历史的基础。在这个小团体中，还包括纳沙泰尔州那些老精英们，如于勒·斯迪格（Jules Steeg），后来成为众议员，编撰1886年《格布雷法》报告；费利克斯·佩考（Félix Pécaut），成为初级教育总学监。在上层领导中，那些著名的专家们也没有放弃努力。在国外，经常会由领事馆发出招标信息，除了德国。因为德国在百科全书整理工作中比法国早，但是法国这个团队同德国专家的联系主要是同耶拿大学的莱恩教授个人之间定期的书信往来。

记忆场的活力

这一系列复杂的变化，最为奇特的是通过各种五花八门的术语，很容易让人感受到两种类型的时间段、两个连续的节奏。它们之间本能地、自然地相互结合，赋予这部著作一种内在的活力和冲击力，如同一部爆炸发动机的两个时间段：一个是历史时间性；一个是新闻时间性。

从另一个角度说，《教育词典》是历史学家的著作：一方面，勾勒出那些被人遗忘的普通教育工作者的个人经历，因为在这部词典中，没有基督教学校的神甫，没有巴伐利亚16世纪晦涩的神学家，也没有救济会的慈善家的任何身影；另一方面，这部词典汇总了许多著名的先驱、启蒙时期古代教育学家（*paideia*）的生平，从教会的神父到共和国的奠基人，以及从复兴时期的伟大人物到奥古斯特·孔德。整个19世纪对学校及教学机构所保留的那份好奇心以及复辟时期杜潘男爵（baron Dupin）所着手进行的统计工作（其中一些重大的回顾性调查，如马加罗所做的调查工作一样，都已经完成），这些在《教育词典》的编撰工作中都得到应用。在这重新唤起教育的记忆及教学本身技术的优越时刻，《教育词典》带来了巨大而独特的贡献。这部著作在大众教育的关键时刻及教学先驱们的身上投下了耀眼的光芒，比如，人们在这本词典中还可以找到用法语写的关于捷克著名教育学家夸美纽斯（Comenius）的介绍及对他的三本书（《大教学论》《开放的小门》《图画中可见的世界》）内在关系的分析。在此之前，没有任何一部作品对夸美纽斯有所介绍，在此之后很久也没有人介绍过这位伟大的教育学家。从这个意义上说，《教育词典》具有深厚的积极性，也具有强有力的论据，它凝聚并记录了一种记忆的复苏。

机构制度史也渐渐波及这片完全属于教育史的大陆，支配着这个为教学而战、热血沸腾的身躯。也正是这一点，为这些沉重的四开本提供战斗的快感和新鲜的气息。正是这一群人，在前一个晚上为通过修正案而进行投票，第二天却迫不及待地将修正案编入教育词典的十戒当中，与孔德的草案或者圣奥古斯丁的四术（quadrivium）并列。比松曾在他的《告读者》一文中提出这样的问题："是否有一天我们会有兴趣在这里重新找到那些参与并合作建立新体制的人的初次印象？"当然，对读者来说他们是有兴趣的；但是对编辑们来说，兴趣会更大。如果加入这伟大的历史当中，在政治方面难道会不取得胜利合法性吗？《教育词典》不仅具有决定性的 10 年历史的关键资料，而且瞬间具有连续性色彩。重新夺回的历史及当代的讨论加强了它们彼此之间强烈的共存性。

这就是《教育词典》的真实性，集中表现在这两项资料之间强有力的结合以及两者之间的相互往来。实际上，将它们统一在一起的，正是对同一个历史的叙述，即关于小学教师关键人物的历史性降临的叙述。从这个刚刚从农村走出来就已经担负着共和国重任的年轻人身上，这几千页的词典撰写了一个新的身份。这些篇章确保了一个家族谱系，歌颂了一个全新的尊严，明确了权利和义务，照亮了它地位上升的狭长道路。在法律、规定、法规和条例的重重迷雾当中，今天的旁观者似乎有些迷茫，因为在这些无穷无尽的篇幅当中，确定了不同级别的学督（学术院、初级教育、总学监）的职责。每一个使用者，无论男女，都能很清晰地看到摆脱地方权力限制的每一个过程以及中央行政的最新成果。一些对于我们来说不怎么重要或者比较遥远的名字，比如，"朗杜"（Rendu）或者"吉朗多男爵"（baron de Gérando）倒是提醒了一个重要而且明确的日期：1816 年的法令。这个法令是第一次在保留政府监督市政学校的法律原则基础上，鼓励他们从教堂和城堡的束缚当中解放出来。所以，在那些充满数据表格、处理方式、进程阶段、额外补助以及其他指数细节当中，没有什么让人感到吃惊的。这些都构成了定义身份认同的一部分。关于这一点，当 1889 年 7 月 19 日《金融法》只给市镇留下地方和教材资金的时候，它才在《教育词典》出版以后最终确定下来的。自此，小学教师才真正成为公务员。1882 年的法律规定：

我们的小学教员是否在为他们新的命运而争得荣誉？他们是否懂得抵

制自己的不幸，对那些奉承的话，那些虚荣的提议，那些野心勃勃的狂热以及那些激励他们慷慨激昂的热情之声充耳不闻呢？我们真诚地希望他们会如此行事。如果世界上有这么一个国家，存在这样一种制度，在这种体制之下，类似的经验可以用成功的机会来完成的话，那么我们衷心希望这样的国家就是法兰西共和国；如果有这样一个阶级，值得我们寄予理性的信任，可以毫不犹豫地号召他们来承担这项新的任务，那么这个阶级就是法国的小学教员。

这部《教育词典》有一个最令人吃惊的特点，那就是，这种集体记忆在整个世界范围内得到普遍的突然性的扩展。所有的人通过教育这唯一的棱角鱼贯而入，只有在这一标识之下才得以体现。这种重建近乎一种权力的指挥台。马达加斯加从印度洋的虚无中崛起，只是因为将共和国优秀的学校同神职学校的可悲状态对立起来。人们对路易-菲利普感兴趣，只是因为基佐的存在；而对基佐，也只是因为 1833 年《小学教育法》，而且也是因为娶了波琳娜·德·莫朗为妻，后者是《教育年鉴》的合作者，出版了《拉乌尔和维克多》及《家庭教育》两本书。《教育词典》对波琳娜·德·莫朗的介绍占了一页半的篇幅。在这里，《教育词典》选取一个名不见经传的为孩子们写书的作者并不奇怪，因为这部词典就是为此而写的。亚历山大没有出现在这部词典中，那是因为亚里士多德曾经是他的家庭教师，而且他在巴克特里亚建立了几所学校。而"女人"，被编入词典当中，似乎只是因为三种分类，这跟学校没有任何关系。这三种分类为："女孩"，将我们直接带入教育培训的立法历史当中；"小学教员"，似乎是教育培训最正常普通的出路；"母亲"，她的存在就是为孩子的将来做准备。兰波的一篇题为《法国》的 30 页长篇论述就是一个很好的例子。在开始的时候，他就大胆地写道："在大革命之前，法国曾拥有：①学术院；②科学院和专业学校；③大学；④初级中学；⑤基础学校，或者用当时的话说，就是小学……"而《教育词典》，也算吧；但他是在教学的镜头下对人们发出号召，并大胆地糅合了集体的记忆和普遍记忆。同时，《教育词典》不再像主编从前那么谦虚谨慎地介绍的那样，是一本"实用手册，确保提供所有有用的知识"；这部简单的"便携式手册"成为一部厚厚的北欧纪传史，一部荷马史诗般的巨作，教育专家的创造史。

学校教师这个形象引出一部高质量的历史文献，它是通过乔治·杜沃

（Georges Duveau）的一本很薄的书开始的，大概在 25 年以后开始普及起来。这本书丰富精确，对这些"毫无希望的圣人"充满敬佩之情，同时又有些许优越感。为强化这份同情之心，这部词典囊括了所有的资料。看一下学校的建筑，"总是那么简单朴实，目的是要反映学子们的心愿，安静而从容"，但是不要将这些庄严朴实的原则推向极致，在建筑物周围栽种了许多"植物和花朵，它们的颜色同屋瓦、红色墙砖以及白色的墙面交相辉映"。还有那些反映学校崇拜的朴实无华的教具：一枝鹅毛笔，它的高度有学校学监的身高那么高；首批使用的钢笔，它的使用可以追溯到罗亚尔港的那些隐居者，这些钢笔是铜制的，直到 1803 年，英国人瓦兹制造了第一批铁制钢笔，价值仅有 20 个生丁。它有一个不方便的地方，就是很快同墨汁产生腐蚀反应，既不能进行着蓝处理，也不能加镀青铜，或者包金处理。还有这些"墨水瓶"，木角制呈梨形的容器，它们的盖子是用螺丝开关制成的，后来被带有螺纹的圆柱形玻璃杯所代替。这些虹吸管型的玻璃墨水瓶无法稳妥地放在桌子边缘，而且随手就可以丢弃，但是这些被称为"神奇"的墨水瓶却没有像广告中所称颂的那样取得很大的成功，直到后来巴黎的一个叫卡尔多的工程师，制造出瓷质墨水瓶，才发生了真正的革新；再后来一个叫格兰的人发明了一种不可倒置的墨水瓶，这才解决了所有的问题。在这一章结束的时候，有这样一段漂亮的结束语："那些关注教育的人们，他们看到我们如此详细地介绍每一个细小的教学用具，都不会感到吃惊。因为他们知道，没有比让孩子们养成细心使用这些工具，保持它们的整洁，尤其是尊重知识劳动的成果更为重要了，因为这是良好教育的一个标志。"

多么明智的评论！这些话说明民俗的形象和情感掩盖了我们一种很深的记忆，这种记忆没有高尚的色彩；但是，从人类学和文化的角度上却具有更加丰富真实的内容，它是经过漫长的岁月，在日常生活当中不断重复并具有一定的规范性而形成的。如同教育的所有行为方式，在那些书写如同一种手工劳作一样的年代里，粗笔画和细笔画的写法需要艰苦的书法练习，经过长期艰苦的努力，才将人们从蒙昧状态解救出来。这就是行为与习惯的记忆，没有什么惊人壮观，但却更加真实，是我们看得见、摸得着的。为此，《教育词典》收集了一系列具有深远意义、出人意料的文章，比如，《自私》《整洁》《意愿教育》等。这些文章涉及精神和体质教育及风俗的形成，比如，"礼仪"的发展和广泛传播。遗憾的是，在 1911 年的版本中，没有出现这篇文章。艾莉·佩考

（Élie Pécaut）博士用一页半的篇幅介绍了法国古老的礼仪习惯，它不仅是"贵族的艺术作品"，而且小学应该是一所礼仪学校，因为小学首先应该是一所文明的学校：

> 这不是一项实用的任务。当您看到一个乡村学校的老师亲手接收一群野蛮粗俗、孤僻害羞、无礼粗野并带有明显的自私自利倾向的孩子们，最终把他们培养成一批受过良好教育、适应复杂高等社会生活、懂得自制、懂得如何谈吐、懂得自尊、懂分寸，甚至还具有一定的生活品味的人，这时，您就不会同我们的行政讨价还价。因为，这是您能看到的最伟大的一幕。

《教育词典》就是这样汇集了各种类型的记忆，包括历史和日记式记录、团体和普遍性记忆、情感以及人种学的记忆等。前两种记忆来自作者，中间两种来自使用者，最后两种是今天我们读者自己的记忆。使这部词典成为一个记忆场所的是前四种记忆对后两种记忆的影响以及它们重新找回的记忆深度。这部词典希望成为当代人对当时的一个记忆场。从这一初始层面上说，这种意义已经消失，完全融汇到使用者的实践当中。对于我们来说，因为我们知道它的初始目的，只有这个时候，我们才懂得它是一个记忆场。在我们看来，正是这种辩证法构成了现在我们看到的这部词典。

关于对象的描述，这部词典所讲述的有关 20 世纪 80 年代小学教师的那些回忆同他们自己留下的回忆没有什么区别。词典通过其他类似的各种不同的记忆场所获取的资料对这些记忆详细地增加了一些补充。比如，20 多年前雅克·奥佐夫提到的《美好时代的小学教员自传》[1]，还有莫娜·奥佐夫不久前介绍的《教师桑德拉家庭笔记》[2]（至少其中有一本是若瑟夫的）。这些补充具有统一性和自愿性，尽管如此，词典纯粹的字母中立性和统一性依然很明显。这种中立性确保了它最好的记忆效果。这部词典中各种专栏文章相互交错，每篇课程不断重复（大概有 1500 遍了），在每个词条中都可以阅读到。正是以这种方式，向我们讲述有关教育的知识。没有任何一本记忆性或者个人

---

[1] Jacques OZOUF, *Nous, les maîtres d'école*, Julliard, «Archives», 1966.
[2] Mona OZOUF, *La Classe ininterrompue*, Hachette Littérature, 1979.

回忆性书籍能够比这部词典更好地告诉我们，教育是一门科学，没有上帝的学校是学校的宗教，道德不是教堂里的教规，而是一种既没有强迫性也没有惩罚性的理性约束。同个人记忆不同的是，这部词典不是为了唤起人们的记忆，而是为了人们的成长。它真正成功之处在于建立在已经消失的重要的集体记忆之上，而这集体本身给我们留下了更为个性化的证据和资料。其实我们更应该说是"教育辞典的时代"，就像我们谈论"大教堂时代"一样，因为这一时代也是世界的一面镜子。长期存在的记忆场所也许就是那些结合了临时的一些不知名的人或事，虽然不稳定但却以永恒的方式庄严地存在着的场所吧。

第三章
国家、共和政体与革命

一 共和派的综合: 厄尔内斯特·拉维斯的 《法国史》[1]

历史与民族

新索邦大学的出现

一个地点是索邦大学;一个人名是拉维斯 (Lavisse) ;一部划时代的作品是 27 卷本《法国史》(*Histoire de France*):在新旧世纪交替之际,这三个因素体现了历史在全法国君临一切的权威。

在高等教育最新的快速建设过程中,历史的确争得了优势的地位[2]。这不仅表现在文学系的课程讲授上——从 1888 年到 1908 年,文学系的学生在 20 年的时间里从不到 2500 人,增加到了 40000 人,而且还出现在高等师范学院 (École normale supérieure) 、法兰西学院 (Collège de France) 和文献学院 (École des chartes) ,更甚者,在一些新的、已经有些切实名望的机构当中也

①　Paru sous le titre «*L'Histoire de France de Lavisse. Pietas, erga patriam*» [1986] , *In* P. NORA (dir.) , *Les Lieux de mémoire*, t. II, *La Nation*, Vol. 1, *Héritage-Historiographie-Paysage*, *op. cit.*, pp. 317 – 375.

②　关于高等教育的实施,开始部分可以阅读:Antoine PROST, *L'Enseignement en France*, 1800 – 1867, A. Colin, 1968, et de Françoise MAYEUR, *Histoire générale de l'enseignement et de l'éducation* (sous la direction de Louis-Henri Parias) , t. III, *De la Révolution* à l'école républicaine, 1789 – 1930, Nouvelle Librairie de France, 1981; réédi. Perrin, 2004.À Compléter par William R. KEYLOR, *Academy and Community. The Foundation of the French Historical Profession*, Cambridge (Mass.) , Harvard University Press, 1975. Sans oublier Louis LIARD, *L'Enseignement supérieur en France*, 1789 – 1893, A. Colin, 1894, vol. II 。

是这样，比如：1868 年成立的高等实践研究院（École pratique des hautes études）；1872 年成立的、当时还很年轻的自由政治科学学院（École libre des sciences politiques）；1881 年成立的、更加年轻的罗浮宫学院（École du Louvre）。这种发展确实蔚为壮观，让 20 世纪 80 年代初期来到巴黎游历的、年轻的比利时大学教师保罗·弗雷德里克（Paul Fredericq）感到惊讶："我觉得法学院简直是一所举世无双的学校。高等实践研究院的历史教学在巴黎是基础最为扎实、内容最为完整、最为科学的。"[①]

历史一直深入初级教育的根基当中，影响了人们的思想[②]。在外部，从不同程度上按照 1846 年成立的雅典学院（École d'Athènes）的模式组织起来的一些研究所，也纷纷开展历史学的研究，比如：1876 年成立的罗马研究所；1890 年成立的开罗研究所；1901 年在河内成立的法国远东学院；1908 年成立的佛罗伦萨研究所；1909 年在马德里成立的西班牙高级研究院；1912 年成立的彼得堡研究所；1913 年成立的伦敦研究所。历史学科内部也产生了一些分枝，除了传统的历史学会之外，由于研究的专业化，新一代的学者学会如百花齐放般涌现出来。有的专门研究历史的断代，比如，"法国大革命历史学会"（1888 年）和"现代史学会"（1901 年）；有的专门研究某一类的问题，比如，"法国艺术史学会"（成立于 1876 年，1906 年重组）、"法律史学会"（1913 年）、法国教会史学会（1914 年）。也有分工更细，专门研究某一个人的一些组织，比如，"罗伯斯庇尔研究学会"（1907 年）。我们在这里列举的学会并不完整，也没有考虑范围更加广大的地方学会组织，这些组织在这一时期也得到了很大发展，其运作精神与全国性的组织不同，大学里的历史学家虽然看不起这些地方组织，但其中有一些还是出版了很多颇有价值的丛书，也有自己的杂志，与全国性的历史研究遥相呼应，在丰富各个地区取之不尽的史料方面，表现出良好的愿望。比如，"诺曼底历史学会"（1869 年）、普瓦图历史档案学会（1871 年），以及圣同日、奥尼斯、巴黎、巴黎大区等地的历史档案学会（1874 年）等[③]。

---

① Paul FREDERICQ, *L'Enseignement supérieur de l'histoire. Notes et impressions de voyage*, Alcan, 1899.

② 前文所引《Lavisse, instituteur national》, p. 83 尤其可以说明这一点，作者分析了"儿时的拉维斯"，并从总体上介绍了这个人物。后文再提到这一点时将不再详述。

③ Cf. les introductions de Robert C. LASTEYRIE DU SAILLANT, *Bibliographie générale des travaux historiques et archéologiques publiés par les sociétés savantes de la France*, avec la collaboration d'É. Lefèvre-Pontalis et d'A. Vidier, 6 vol., 1886 – 1904, complétés par 3 vol., 1901 – 1907.

　　历史在全国的影响不仅是由于各种机构当中都有其存在，而且也在于历史学科内部全新的作用。单是熟悉历史文本本身虽然并没有什么爱国主义的价值，但是文献和国民感情之间的联系是十分密切的。不仅是因为德国式的文献学研究提供了一种模式，而且让人们看到历史也是一门真正的科学。从更加深刻的意义上，也因为历史学的研究要求具有严格的道德观、严谨的治学态度。在新的图书馆中，存放在僻静角落中的那些文艺复兴时期的伟大学者和圣莫尔本笃会教士们的书，再一次受到人们的关注，世俗的修行者把教士们的学问重新拾了起来，让它们为共和精神效劳，为共和的思想和道德改革服务。这些资料具有的伦理学上的价值，无疑与科学上的价值是旗鼓相当的。"真正的历史学家就是一个文献学者。"拉维斯向第一次聚集在索邦大学的学生们大声地宣称道①。朗格鲁瓦（Langlois）和塞尼奥博（Seignobos）的历史必读书《历史研究入门》（*Introduction aux études historiques*）（1898 年）开篇第一句话就是："历史是由文献形成的。"朱利安·本达（Julien Benda）后来在提到他之所以全身心地关注德雷福斯问题，就是因为他从"数学和历史学科当中，学会了对方法的崇拜"②。

　　"方法"，这个关键词主宰着新的学派在形成中的各种形式。这表现在对研究范围的详细划分，通过需要考试的课程对大学生进行指导，成立学生会，用历史上一些伟大的预言来为学生会命名。但是，在 1893 年，学生会在布利埃舞厅举行的一场舞会，不幸地演变成一场学生的狂欢，导致 1893 年加布里埃尔·莫诺（Gabriel Monod）在人们的一片骂声中辞职③。这也表现在教授群体的形成，只有论文经检验合格的人，才能够入门，成为这个群体的一员，而且从那个时候开始，论文才表现出其作用和重要性；这个群体中的职业生涯和岗位是分成了等级的，1880 年时，教授人数只有 500 人，到了 1909 年，增加了一倍，达到 1000 多人。"方法"这个词所表示的，远不只是工作的一种规则，远不只是一系列的文章，远不只是一种思想的方法。这个时期形成了一种历史学家的文化，包括它的物质和精神的工具、工作空间、思想和反应的既定框架、关系准则、价值体系、使用词汇和行业伦理等，桩桩件件无不带有一种

---

① 1991 年 12 月在巴黎文学院"中世纪历史"课开班第一课上的演讲。

② Julien BENDA, *La Jeunesse d'un clerc*, Bernard Grasset, 1931, p. 196.

③ 详见他的辞职信，*in* A. PROST, *L'Enseignement en France*, op. cit., p. 242。"你似乎并没有想到，你的行为授人以柄，让本大学和共和国的对头攻击我们……"

斗争的、几乎算得上是不怕牺牲的精神。当卡米依·朱利安（Camille Jullian）向伟大的先驱——梯耶里（Thierry）、丹纳（Taine）、福斯特尔（Fustel）——致以敬意时，他说，这些先驱者为祖国做出的贡献"不亚于那些在战场上流血的士兵"。他总结道："25 年来，世界上没有任何一个国家，历史上没有任何一个时期是没有论述到的；研究的专业化程度有了很大的进步，导致我们的历史当中的每一个部分，罗马帝国或者希腊世界的每一个地区，都成了历史的一个省份，都自有其工作人员、执政官和法律，也就是说，都有各自的大师，各自的弟子和研究方法。"①

但是——也许这个群体是一个历史学家的群体——这一全国性的巨大努力立刻便进入了自己的历史，尽管法国从这一努力当中得到的结果是战争及复仇，似乎我们对自己的源头终于可以进行一场科学探索的同时，也在庆祝这一探索的源头。其中的任何头面人物都无法避免进入自己书写的历史。那简直是一场历史重生的狂欢，而且也得到了科学的尊严，这一运动很快便得到了巩固。路易·阿尔芬（Louis Halphen）1927 年为《50 年以来的历史及历史学家》（*Histoire et historiens depuis cinquante ans*）写的前言当中，还隐隐透出那样的气氛：

> 1870～1871 年的战争导致了极大的灾难，对于战败的法国来说，简直就是一针强心剂。破败的国土需要修整，要加紧劳动，把浪费的时间补回来，要在各个领域展开更加持续的活动，更多地付出不懈的努力。科学得到了新的推动力，其中就包括历史。再说，法国于 1870 年 9 月抛弃了帝国，挫败了君主政体复辟的企图，于 1875 年颁布了宪法，承认了共和的形式。

> 当时时机成熟，创立了《历史杂志》，记载并促进了历史的复兴，历史虽然认为有关学科有评判的自由，但它仍然声称自己独立于一切宗教的学说，是自由精神所主宰的学科。这是一个人的思想，而且由于他的坚持，终于将这一事业进行到底。加布里埃尔·莫诺（Gabriel Monod）1844

---

① Camille JULLIAN, «Notes sur l'histoire de la France au XIXe siècle», introduction aux *Extraits des historiens français du XIXe siècle* publiés dans les classiques Hachette (1897) et republiés indépendamment en 1979 (Genève, Slatkine Reprints).

年 3 月 7 日出生于勒阿弗尔，于 18 岁时进入高等师范学院……①

　　虽然文章的口吻像是在给圣徒写传记。在不同程度上，大学里爱国教师的这些话说得较为审慎、抒情，也或多或少地都有理由，那个时代自始至终都是这种老生常谈的话，也是时代的标志，很多文献当中都是这种表示敬意、回顾、追忆生平、悼念逝者的东西，虽然这种风格属于小众，但的确是极好的历史风格。在对高等教育进行集体建设的 25 年时间里，总是有人不停地回忆着，回忆就像是背景音乐一样。历史学自有其特别的关键日期，比如，"高等实践研究院"和《历史杂志》（*Revue Historique*）的创立日期。历史也有其标志性的小故事，比如，为创立大学而进行的斗争。历史学自有其开创性的英雄人物，从杜鲁伊（Duruy）到利亚尔（Liard），从阿尔贝·迪蒙（Albert Dumont）到奥克塔夫·热拉尔（Octave Gréard）。历史学自有其常规性的研究方法，比如，比较法就成了法国和德国大学里的常规方法，在新旧索邦大学里也是这样。历史学也自有其需要遵守的仪式，从开始时的论文答辩一直到退休，其间还有在定期举行的开学典礼上的讲话。历史自有其标志性的活动，比如，1889 年索邦大学新教学楼的启用，里面大幅的壁画和绘画作品，是将对过去的记忆通过大幅作品的形式表现在墙上，其中既有伟大的创始者，比如，昂布鲁瓦兹·帕雷（Ambroise Paré）和罗贝尔·德·索邦（Robert de Sorbon），也有新的大学文化的知名人物，比如，克洛德·贝尔纳（Claude Bernard）、埃米尔·布特鲁（Émile Boutroux）、勒内·高伯莱（René Goblet）或者厄尔内斯特·拉维斯（Ernest Lavisse）②。而且发起各种节日活动的人，正是拉维斯。在向外国的大学生告别时，他陶醉地看到，"那些戴着丝绒贝雷帽，戴着银色流苏软帽，戴着红色天鹅绒方帽，戴着黑色流苏大盖帽，戴着白色羽饰直筒高帽，或者佩着各色饰带的人们，那些拿着各色古老的旗帜，那上千名年轻的面孔上，目光中无不带有人类伟大族群的特点"③。话语的腔调中令人感到惊讶地带有

---

① Louis HALPHEN, *Histoire et historiens depuis cinquante ans. Méthodes, organisation et résultat de travail historique de 1876 à 1926*, Félix Alcan, 1927, à l'occasion du cinquantenaire de la *Revue historique*. Du même auteur, très utile, *L'Histoire en France depuis cent ans*, A. Colin, 1913.

② Cf. Pascal ORY, «La Sorbonne, cathédrale de la science républicaine», *L'Histoire*, n°12, mai 1979, pp. 50–58.

③ Ernest LAVISSE, «La politique étrangère des étudiants», *in* ID., *Études et étudiants*, A. Colin, 1890, p. 329.

布朗热主义的特点，而且具有划时代的意义，但是我们却从中可以毫不夸张地看到，他极其真诚地表达了自己的信念，表达了他内心深处的思想：

科学和哲学在所有事关生死的问题上都使我们感到极度不安，如果没有一个即时的、看得见、摸得着的目标，那么人类的活动极有可能日趋消亡。我清楚地知道，我自己之所以从内心深处得出某种感情，某种观念，得出对故乡土地的热爱，是因为我对祖先的久久地怀念。从祖先的思想和行动、历史和传说当中找到我的灵魂，这使我感到非常高兴；我觉得自己是一个整体当中的一部分，而这个整体已经消失在迷雾当中，整体的未来是不确定的；听到国歌时，我的心会颤动起来；我对国旗的崇拜，就像一个无神论者对偶像的崇拜一样，我想烧香，有的日子还想举行祭祀；如果我从心中忘掉我们民族的痛苦，说实话，我就不知道我是谁，也不知道我在这个世界上干什么。我就会失掉生活的主要理由[1]。

以拉维斯为中心

拉维斯是导师：人们把他与加布里埃尔·莫诺（Gabriel Monod）相比，而加布里埃尔·莫诺在新历史上是他的至交；通过对这两个人的比较，我们可以衡量拉维斯的实际地位及其战略作用。1865 年，他们在读教师资格时，在起跑线上是肩并肩的[2]，虽然莫诺排名第一，拉维斯排名第二。但是他们的生活是如此相近，却又是如此不同，说明在第三共和国时期征服大学的两种极端。拉维斯没有直接参与历史学的科学复兴，他与文献学院（École

---

① Ernest LAVISSE, «La politique étrangère des étudiants», in ID., *Études et étudiants*, A. Colin, 1890, p. 335。

② 关于加布里埃尔·莫诺, Cf. la necrologie de Charles BÉMONT, «Gabriel Monod», *Annuaire*, 1912 – 1913, École pratique des hautes études, pp. 5 – 27; Charles BÉMONT et Christian PFISTER, «Gabriel Monod», *Revue. historique*, n° 110, mai-août 1912; Albert DELATOUR, *Notices sur la vie et les travaux de M. Gabriel Monod*, Institut de France, Académie des sciences morales et politiques, 1915. Cf. également Martin SIEGET, «Science and the Historical Imagination: Patterns of French Historical Thought, 1866 – 1914», Ph. D., New York, Columbia University, 1965; et le chapitre que lui consacre Charles-Olivier CARBONELL, *Histoire et historiens. Une mutation idéologique des historiens français*, 1865 – 1885, Toulouse, Privat, 1976, pp. 409 – 453; Je n'ai pu consulter la thèse inédite de Bamjamin Harrison, «Gabriel Monod and the Professionalization of History in France, 1844 – 1912», Ph. D., Madison, University of Wisconsin, 1972.

des Chartes）或者高等实践研究院从来不曾有过密切的来往。在《历史杂志》（*Revue historique*）上，他只于 1884 年发表过一篇关于查理五世时期皇家权力的文章。他的狩猎地盘是在大学、政治、出版和上流社会的边缘地带。《历史杂志》是莫诺的天地，在与法尼兹（Fagniez）决裂之后，他只身一人担任《历史杂志》的主编。高等实践研究院是莫诺的地盘，他与阿尔弗莱德·兰博（Alfred Rambaud）[①] 都是一流的导师，在 35 年的时间里，都是他在主持文献学院的工作；在 1906 年他退休时，法兰西学院（Collège de France）在原有的历史学与道德学教职的基础上，又创立了一个"普通历史和历史学方法"的教职[②]。拉维斯的领地在别的地方，比如，索邦大学、高等师范大学（École normale）、法兰西科学院（Académie française）和《巴黎杂志》（*La Revue de Paris*）。这两个酋长级的人物各有各的地盘。莫诺是天生的博学家，是专门主持研讨班的人物，是出了名的令人感到极其无聊的教授。但是，他是真正的历史科学革命的引路人。尽管如此，他还是一生与米什莱（Michelet）保持着极其密切、极其真实关系的人，他非常了解米什莱，米什莱的文稿都是他保存着[③]。拉维斯则是个对听众颇有魔力的教授，是各个政府部门和公共教育最高理事会（Conseil supérieur de l'Instruction publique）的红人儿，他对待青年人堪称仁慈，但是很普通，他是个"处于民族中的人物"，1913 年，庞加莱（Poincaré）亲自为他主持了官方的欢庆活动。

与他们的职业产生的想象相反的是，拉维斯是个整天埋头苦干的人。拉维斯出身于一个农民暴发户的家庭，娶了玛丽·隆盖（Marie Longuet）为妻，玛丽·隆盖是他在努维永－昂－蒂耶拉施时的朋友。拉维斯是靠奖学金以及高等师范大学和大学社会地位的提高，才有了在社会上的一切。从一开始，加布里埃尔·莫诺的前景就比他要宽广得多。莫诺的父亲是勒·阿弗尔一个富有的批发商，祖上很多人是牧师。莫诺在巴黎住在普雷桑塞（Préssensé）家里；在他还没有进高等师范大学读书时，普雷桑塞家里的人便介绍他认识了查理·纪

---

① 关于阿尔弗莱德·兰博, Cf. Paul VIDAL DE LA BLACHE, *Notice sur la vie et les œuvres de M. Alfred Rambaud*, Mémoires de l'Académie des sciences morales et politiques de l'Institut de France, vol. XXVII, 1910; ainsi que Gabriel MONOD, notice nécrologique, *Revue historique*, janvier-février 1906。

② Cf. Gabriel MONOD, *La Chaire d'histoire au Collège de France*, leçon d'ouverture, d. de la *Revue politique et littéraire* et de la *Revue scientifique* (*Revue Bleue*), 1906.

③ Cf. ID., *La Vie et la pensée de Jules Michelet*, cours professé au Collège de France, Champion 1923.

德（Charles Gide）和保罗·梅耶（Paul Meyer）、费尔迪南·比松（Ferdinand Buisson）、欧仁·戴奇塔尔（Eugène d'Eichtal）、阿纳托尔·勒鲁瓦－博利埃（Anatole Leroy-Beaulieu）。莫诺刚刚取得教师资格证书，便在佛罗伦萨度假时爱上了一个俄国革命作家的女儿奥尔伽·赫森（Olga Herzen），但一直等到他的继母同意，才娶奥尔伽·赫森为妻。他的继母是玛尔维达·德·奈森伯格男爵（baronne Malwida de Meysenbourg）。在他去柏林和格丁根之前，他的继母便介绍他认识了德国知识阶层和瓦格纳上流社会的人们，他结婚时，尼采（Nietzsche）亲自送给他一首双手弹奏的钢琴曲曲谱。莫诺是个具有自由思想的新教教徒，一辈子保持着世界主义和欧洲的精神。经过德雷福斯事件之后，他很快便成为典型的"左派知识分子"，很早就深深地参与了社会事务。拉维斯对自己职业生涯的管理更加谨慎，像个农民一样。他很巧妙地让人们忘记了他年轻时走过的波拿巴分子的弯路，成了为共和国歌功颂德的人；在德雷福斯事件中，他采取了观望主义的态度。尽管如此，他还是对后来成了左派知识界重要人物的吕西安·艾尔（Lucien Herr）很有感情①。但是，拉维斯的权力、声誉和道德权威并不是真正地来自科学，也不是真正地来自政治，而是——由于他坚持国民教育的复兴，把国民教育视为生死攸关的大事——来自他念念不能忘怀的事。这也使他的权威显得更加平淡无奇，从更加深刻的意义上说，也更加具有代表性。

拉维斯几乎以堪称楷模的方式经历了他那一代大学教授们所有的生存经验，他的经验甚至比其他所有人持续的时间更长，也更加完整，与他同时代的四个主要人物，比如，维达尔·德·拉布拉施（Vidal de la Blache）（1845～1918 年）、加斯东·帕黎（Gaston Paris）（1839～1904 年）②、阿尔弗莱德·兰博（Alfred Rambaud）（1862～1905 年）和加布里埃尔·莫诺（Gabriel Monod）（1844～1912 年）都相继先他而逝。而且停战之后他又活了 4 年，所以能在去世之前，亲眼看到九卷本的《当代法国史》（*Histoire de France contemporaine*）相继出版，最后一卷是关于"第二次世界大战"。因此，由他所体现的国家命运完成了一个循环。他的根深深地扎进法国皮卡迪土地的深处，对外族入侵的

---

① Cf. Charles ANDLER, *Vie de Lucien Herr*, Reider, 1932（réed. Maspero, 1977），ainsi que Daniel LINDENBERG, *Le Marxisme introuvable*, Calmann-Lévy, 1975.

② 关于加斯东·帕黎，cf. Maurice CROISET, *Notice sur la vie et les travaux de M. Gaston Paris*, Firmin-Didot, 1904, et Gabriel MONOD, *Gaston Paris*, Daupeley-Gouverneur, 1903。

记忆让这里的土地不断地结出新的果实，对这里的人们来说，法国的历史先是让人们从肉体上深有体会，然后才成为科学研究的对象。在他 23 岁的时候，阿尔贝（Albert）将他介绍给了维克多·迪鲁依（Victor Duruy）。阿尔贝是一个自由派部长的儿子，也是他的同学。从此他在维克多·迪鲁依手下工作，亲身见证了第一次改革的浪潮。这一经验对他来说具有决定性的意义，比如，他近距离地了解了吉弗鲁瓦（Geffroy）、泽雷尔（Zeller）和梯耶诺（Thiénot）《关于历史学研究向部长提交的报告》（*Rapport au ministre sur les études historiques*）（1967 年）。只是开篇第一句话，便足以使该报告流芳后世："凡历史都属于过去，现在属于政治，而未来则属于上帝。"还有 1867 年的"调查报告"，这份报告揭示了高等教育的惨状，以及当时德国大学确切的状况。在他的档案的其他文件当中①，有一个从德国海德堡回来的法国大学生写的一封信，信上有他亲手写下的几句话，这些话后来成了他行动的主导因素："与导师的密切关系""课程只是次要的，学生是在实验室里得到培训的""深刻的实践经验""细节的科学""对事实本身进行审查""在老师的眼下""方法、研究、实验"等。莫诺在拉维斯之前去了德国，而他则是在受到失败的冲击之后才访问那里。但他并不是像很多人那样，以朝圣的知识分子的身份去的②，而是作为一个专业人员，到德国去写论文。在写了这篇论文之后，他又写了好几本关于普鲁士的作品，在与查理·安德勒（Charles Andler）一起成立法国德国学业研究基金会之前，他始终被认为是普鲁士的研究专家③。

1875 年他从德国回来时，共和国经过 5 月 16 日的危机之后，变得更加坚定，这一危机也使他成为一个明确的共和党人，并在 15 年的时间里让共和国从计划过渡到了付诸实践的每一个阶段，都有拉维斯的参与。1877 年的法令规定设立学士学位，同时规定了领导学士学业的讲师。拉维斯在高等师范大学已经当了一年这样的讲师。1878 年一个改革派的小组创立了高等教育学会（Société de l'enseignement supérieur），这个学会及其会刊《国际教育杂志》

---

① "拉维斯的档案文件"，国家图书馆 25165 号到 25172 号，米亚戴（Millardet）写给公共教育部的局长迪梅尼尔（Du Mesnil）的信，档案号 5171，fᵒ325。

② Cf. Claude DIGEON, *La Crise allemande de la pensée française, 1870–1914*, PUF, 1959，尤其是第七章《La nouvelle université et l'Allemagne（1870–1890）》。

③ 详见罗贝尔·米德（Robert Minder）1973 年 5 月 19 日在法兰西学院"结课"中，有一部分内容是将拉维斯与冯·阿纳克（von Harnack）相提并论。

（*Revue internationale de l'enseignement*）将成为一个积极的压力集团。拉维斯也是这个学会中的一员，其中还有厄尔内斯特·勒南（Ernest Renan）、艾米尔·布特密（Émile Boutmy）、路易·巴斯德（Louis Pasteur）、保罗·伯特（Paul Bert），以及马斯兰·贝特罗（Marcelin Berthelot）。1880 年，从无差别的学士学位向有选择的学士学位过渡；在他接替福斯特尔·德·古朗日（Fustel de Coulanges）的工作进入索邦大学的那一年，他向上级提交了报告。能够接替福斯特尔·德·古朗日的工作的，可不是一般的人物，后来到了1883 年，他就成了历史研究的导师。一年之前，索邦大学的课程招贴上第一次使用"大学生"（étudiant）这个词，而且在某些课程后面标注"已经结课"。"历史学需要很多工作者，我们必须提供这些人，我们必须找到这些人。"① 在盖尔松辅楼那间带有传奇色彩的木板房子里，他像个守财奴数钱一样，算计有多少个大学生：1882 年有 152 个；1883 年有 173 个。后来，他于1904 年离开索邦大学时，只是为了去领导高等师范大学。但在索邦大学时，他把每一次斗争都当作自己的事，为了学生们尽心尽力②，为教师资格证书的改革而斗争③。到 1885 年，教师资格证书的考试才完成了现在的状况：4 小时或者 7 小时的作文，解释文章，并具有双重的录取资格。在 1886 年为建立高等学业文凭（études supérieures）时，拉维斯想对考生进行"创新能力"的测试，到了 1894 年，所有考教师资格证的人都要进行这种测试。拉维斯在每次大学开学时的讲话，颇值得一读。他也怀着虔敬之心把这些讲话一一收集起来，准备有朝一日发表④，以评判自己的演讲技艺。在统率学生大军的头领的议事日程上，教育学上的创新是通过这种演讲技艺宣示的，而这种教育学上的创新便成了全国的大事："先生们，根据一项最新的部长决定，对于你们当中决心献身于教育的人来说，一项创新将为从现在开始的一年打下烙印。"他指

---

① Cf. Claude DIGEON, *La Crise allemande de la pensée française*, 1870 – 1914, PUF, 1959, 尤其是第七章«La nouvelle université et l'Allemagne（1870 – 1890）»。

② 根据前文所引安托万·婆斯特《法国的教育》一书中记载的文学学士 5 年的平均数，从 1891年到 1895 年的学生人数是 296 人，1896 年到 1900 年的学生人数为 412 人。

③ Cf.Ernest LAVISSE, «Le concours pour l'agrégation d'histoire», *Revue internationale de l'enseignement*, 15 février 1881, p. 146, ainsi que«Pourquoi il fallait réformer l'agrégation d'histoire», in *À propos de nos écoles*, *op. cit.*, p. 131.

④ 拉维斯每 5 年在 Armand Colin 出版社刊出他的主要讲话，这些讲话都很值得一读：*Questions d'enseignement national*, 1885, *Études et étudiants*, 1890, *et À propos de nos écoles*, 1895。

的是高等学业文凭（DES）：

> 我要感谢历史学家（我说的是最好的历史学家们），他们不仅仅满足
> 于准备获得教师资格的论文，虽然这是极有水平的考试，他们还就一些值
> 得关注的问题，从我们这里选择或者接受一些短的论文题目，而且论述得
> 非常好，这使我们对他们的未来感到放心。像这样的人是永远不会昏昏欲
> 睡的①。

在这场始终如一的战斗中，我们很难判定法国历史这一项目究竟产生于何
时。1881 年 12 月"中世纪历史"开课，他第一次在文学院讲话时，便做好了
一切准备："法国的历史还有待于我们来书写，而且，只有当一群群携带着适
当工具的人将田野的各个部分全都垦殖妥当，我们才能够写出这部历史。"从
这次长长的关于计划安排的讲话当中②，我们只记下了一个内容，因为它对于
计划在未来当中加以实施，是非常重要的。之所以值得"关注的"，是因为
"几乎任何人都不赞成我们国家原来的历史"，拉维斯认为这些原因不在于缺
乏人手，不在于历史的论战作用，而在于法国大革命；法国大革命将法国与其
过去割裂开来，因此只有通过历史，才能够理解法国：

> 法国大革命之后，我们这里再没有留下任何过去的遗迹，我指的是在
> 其他国家仍然得以持续的活的遗迹，比如，有违于理性的王权、僧侣、阶
> 级或者行会，享有特权的城市或者地方都是在历史当中建立的。一个不了
> 解当地的旅行者，看到石头的遗迹、教堂、庄园或者村屋，也会停下来，
> 提出很多问题③。

这样一来，今天的记忆无不来自历史：

> 当然，我们的过去存在于我们的内心深处，形成了我们的民族性情；

---

① E. LAVISSE，«Discours aux étudiants en Sorbonne», *Études et étudiants*, *op. cit.*, p. 174.

② ID.，«L'enseignement historique en Sorbonne et l'éducation nationale», art. cité, p. 3.

③ *Ibid.*, p. 4.

但是，我们的过去并没有留下可见的痕迹，需要通过博学的考证，来重建法国原来的社会，好比我们研究古希腊或者古罗马的社会一样。法国人要比其他国家的人付出更多的努力，才能够在一片各种风格的古老建筑当中，认出自己的风格来，这些建筑的附属部分常常围绕着建筑的主体交织在一起，相互抵触，因为这些房子是在事先没有计划的情况下，在一个民族漫长的生活中逐渐建设起来的①。

过去的诗，科学的考证，爱国的灵感完全融为了一体：

> 要想给思想研究规定一个结局，据说那是很危险的，思想研究永远应当是不带私利的。但是，在科学受到最高尊崇的国家，国民教育也用到科学。那些国家领导人和学者一致认为，要从德国历史的源泉中汲取对祖国的了解和爱，使受到屈辱的德国重新站起来；这些国家的领导人和学者会在自己的作品的扉页上写下什么样的格言呢？这个格言就是对祖国神圣的爱引导着我们（*Sanctus amor patriae dat animum*）。在对开本第一页上就是这句格言（*Monumenta Germaniae*），被用橡树叶子组成的花环围绕着。因此，我们可以事先召集未来的历史学家大军，让他们去探寻那些了解或者不了解我们过去历史的见证人，与他们讨论，并透彻地理解他们的证词，以便能够让法国的孩子们"尊重祖国"（*pietas erga patriam*），而尊重祖国就意味着一定要了解祖国②。

由此，我们可以看到，《法国史》的中心是重新定位的结果，而且拉维斯就是伟大的操盘手。从制度上以大学为中心，让大学成为促进历史发展的主要动力，而不是那些外围性的机构，比如，米什莱（Michelet）任教的法兰西学院，继承了博学和学术传统的文献学院（École des chartes）。或者涉世未深的实验性机构，比如，高等实践研究院。从政治上以共和国为中心，在德雷福斯事件过去之后，共和国似乎最终战胜了反革命的危险，也还没有被一种新形式的革命所威胁。从功能上以教育为中心，把教育当成是制造公民、历史学家和

---

① ID., «L'enseignement historique en Sorbonne et l'éducation nationale», art. cité, p. 5.
② *Ibid.*, p. 41.

爱国者的工厂。从职业上以专业历史学家的教授队伍为中心。从方法上以介于资料和修辞之间的文凭和论文的艺术杰作为中心。在思想上以"科学"和"真理"为中心，在一个完全依附于国家的体系之内，唯有"科学"和"真理"可以使人具有独立性。尤其是从意识形态上以民族（Nation）为中心，民族是个普世的框架，用以容纳"一个民族生活的承前启后的合法性"，而且让"过去的事情自有其存在的理由这一正确的观念"深入人心，于是人们可以爱整个法国，而不至于不履行对共和国的义务。《法国史》将是一个"完成了的"民族历史①。

实现了的民族

和前 1/3 个世纪形成的民族观念相比较，我们可以衡量出发生的变化。因为，这一观念代表着人们在理论上、思想上和文献上变得更加贫乏，同时在政治上也更加蔚然成形。历史学家不再是孤身一人，而是民族认同感的创始人，正是历史学家通过自己的故事和分析找出这种认同感，以其孤独的目光俯瞰整个演变，从宗教和爱国的风气中汲取灵感，为神显的民族而大唱颂歌，宣示新的福音即将到来。在这新的福音中，正如我们在米什莱的作品中所看到的那样：基督的原则，神化身为王的象征和养育人类的土地全都形成一体。大学教师，作为群体中的一员，也像是这个群体中的所有人一样，获得了共同职业的工具。从浪漫的一代到实证主义的一代，根据民族的时刻不同，一切都发生了变化：事业的性质，给予其灵感的风气，使其得以实现的历史学家，书写的风格。历史学家不再是被体现的民族，而是民族在历史学家身上得到了体现。剩下的就是如何把这些东西记录在资料卡片里。朗格鲁瓦（Langlois）和塞尼奥博（Seignobos）在《历史研究入门》（*Introduction aux études historiques*）前言中，有一段十分感人的文字，解释了如何建立历史学的资料卡片，应该采用什么样的格式，用多大的纸张，每张卡片建多少份，采用何种"十分简单的措施，以将这种体系的不便之处降到最低"②。按照一定的方法建立起来的批判

---

① 这是套用鲍普利尼埃尔的一部书的书名 *L'Histoire des histoires：avec l'idée de l'histoire accomplie...* ［1599］，16 世纪后半叶"完成的历史"（histoire accomplie）或者"完美的历史"（histoire parfaite）学派的名字就是来自于此。Cf. G. HUPPERT, *The Idea of Perfect History*, *op. cit.*；en français *L'Idée de l'histoire parfaite*, *op. cit.*。

② Charles Victor LANGLOIS et Charles SEIGNOBOS, *Introduction aux études historiques*, Hachette, 1898, pp. 81 sqq.

历史开启了一个新时代。在这个时代，资料重于历史学家，目的是要回归"完美史学"的历史学家们在 16 世纪便已经形成的"中性风格"。这里所谓的"中性风格"是相对于演讲术或者诗歌中的风格而言的。卡米依·朱利安（Camille Jullian）说："最有吸引力的历史也许将是历史学家尽可能少出现的历史，是读者最直接地被真实的表达所震撼的历史。"① 我们已经知道米什莱作品中的一切，首先是他在夜里的幻想。我们知道，拉维斯或者拉维斯的任何一个工作人员都不曾留下过私人日记，我们也不需要这样的日记来理解《法国史》（Histoire de France）。但是，拉维斯的《法国史》是与写作时代和占主要地位的资料密不可分的，比如德国和深深扎进共和民主土壤中的根基②。

的确，1870 年的战争深刻地改变了德国在法国意识中的作用及其身份认同的定义。德国已经不是那个能从他们伟大祖先身上获取灵感的德国，不是米什莱歌颂过的德国（"我的德国，只有它能让我将问题推向极致"），不是丹纳（Taine）或者第二帝国时的勒南（Renan）笔下的德国，也不是 1858 年《日耳曼杂志》（Revue germanique）时期的德国，那个时候，依靠 Littré 字典的支持，《日耳曼杂志》曾带来一场"科学和文献学的运动"。当然，德国仍然是思想竞赛的主要推动因素。战争的德国，强占了阿尔萨斯和洛林的德国，不仅从感情上激起了人们对祖国的热爱，也从深刻的意义上决定了对民族的重新定义。虽然从根本上说这并不是一个全新的问题，但德国仍然是一个有机学说的主体，能够以新的民族的目光来看待自己的历史。在福斯特尔（Fustel）回答莫姆森（Mommsen）的问题"阿尔萨斯属于德国的还是属于法国"时，或者在勒南以"什么是民族"所做的著名的报告（1882 年）当中，已经清楚地表明了这一点：

> 一个民族就是一个灵魂、一种精神的原则。老实说，组成这一灵魂、这一精神原则的，有两种东西：一种东西在过去，另一种在现在；一种是共同拥有某种丰富记忆的遗产，另一种是目前的一致，是共同生活的愿望，是继续发扬作为一个整体而接受的遗产。先生们，人不是无根无源、

---

① C. JULLIAN, «Notes sur l'histoire de France au XIXe siècle», art. cité, p. CXXVIII.

② Cf., en particulier, la série de conférences de l'École des hautes études sociales sur *L'Éducation de la démocratie*, par Lavisse, Alfred Croiset, Seignobos, Malapert, Lanson, Hadamard, publiée par Alcan en 1907.

仓促造就之物。民族和个体一样，也是由努力、牺牲和献身而构成的漫长的过去所达成的结果。在所有的崇拜当中，对祖先的崇拜是最具正当性的。是我们的祖先成就了我们现在的样子。一段由伟大的人和光荣（我指的是真正的光荣）组成的英勇的过去，民族的观念就是建立在这样的社会资本基础之上的①。

从很多方面来看，这个定义都有米什莱的特色，但是其意义和作用，年代和前巴雷斯（prébarrésien）的味道都发生了变化。如果民族的认同感只来源于"对历史深刻的纠缠"（这是勒南的原话），而不是来源于语言、人种、利益、宗教的亲和力和军事上的必然性所导致的形式上的归属感，那么作为爱和认识的对象的，就应当是整个历史，而不是历史的一部分，不是从大革命以来的这一部分。在整个19世纪全力阐释大革命创伤的努力当中，德国所引入的，是一种冲击性的元素，因为德国以决定性的方式推移了民族合法认同感的边界。具有创始意义的分割从原则上不再产生于民族内部，而是产生于民族外部。不再产生于民族历史的内部被镇压的旧体制和被接受的现代法兰西之间，而是产生于外部一种建立在其根源之上的民族类型，以及建立在事实上的、通过武力归并的民族类型之间。这样一来，从整体上恢复了过去的名誉。坦白地说，德国为使地理边界线神圣化，为消除压在历史边界线上的诅咒做出了贡献。

拉维斯的普遍计划所反映的，正是这种推移②，对此我们应当指出，第一个系列（1901~1911年，开始时考虑只有这一个系列）是"从开始到大革命"的。而且他所选择的两个重要时刻，从开始到结束都是为了强调国民认同的最为强有力的形象；这两个重要时刻所表达的也是这种推移：《法国地理概况》（*Tableau de la géographie de la France*）以及他自己负责的《路易十四》③。这是参照米什莱的体系吗？答案是肯定无疑的。但是，我们不应当忘记的是，他的"法国画卷"（Tableau de la France），米什莱是放在第三卷当中

---

① Ernest RENAN, «Qu'est-ce qu'une nation?», conférence faite en Sorbonne le 11 mars 1882, in *Œuvres complètes*, Calmann-Lévy, 1947, t. Ⅰ, pp. 887 – 907.

② Cf. *infra*, «Apprendice», p. 235.

③ 《法国地理概况》和《路易十四》由 Tallandier 出版社再版。前者再版于 1979 年，有保罗·克拉瓦尔（Paul Claval）写的前言。后者于 1978 年再版，有罗兰·姆斯尼耶（Roland Mousnier）写的前言。

的，也就是在公元千年左右，在于格·卡佩（Hugues Capet）取得王权之后。他认为在此之前，法国并没有有机的统一，如何更加清楚地说明这一点呢？他让维达尔·德·拉·布拉施（Vidal de La Blache）——维达尔·德·拉·布拉施是他高屋建瓴的思想当中唯一的合作者——为他建立的"地理画卷"（*Tableau de la géographie*），他把它放在引言里，而且为此整整写了一卷：在法国之前，法兰西就已经存在了。这一信念在写高卢人的第二卷中再一次得到确认，而米什莱只用一章就把高卢人的历史一带而过。这也许是在把高卢人提升到民族想象的高度，奥古斯坦（Augustin）兄弟阿梅戴·梯耶里（Amédée Thierry）的作品在这一方面首开先河（1828 年），被视为创立共和国英雄之一的维森吉托利克斯（Vercingétorix）也强有力地表达过这一点①，拉维斯把这一思想接了过来。德国的博学界之所以抓住高卢不放，是因为要从法国博学界得到民族认同的一个主要论据。从考古学上利用高卢这一因素，已经从科学的角度写入福斯特尔的遗产，正如卡米依·朱利安所指出的那样②。尽管如此，将"地理画卷"和"高卢"并列在一起，仍然建立了一个民族认同的坚实基础：法兰西的范围、领土、特点从一开始，在其历史之前就已经存在了。似乎天命论在进入他的历史之前，就已经进入了他的基因程序。

《路易十四》代表的是另一个极端，而且很奇怪的是，在历史上也是和《法国画卷》相对应的。历史的曲线本身停滞了下来。开始有一段叙述性很强的文字，几乎像是每天的流水账一般，介绍英雄人物是如何在 1661 年掌握政权的；然后便是一幅阔大的画卷，占用了近两卷书的篇幅，分为"经济治理""政治治理""社会治理""宗教治理""知识阶层治理"等。标题的排比并不仅仅是形式上的，同样的张力使两部分文字充满活力。一部分是地理的个体性和地区分割之间的张力；另一部分则是对伟大人物和时代的深深的赞佩和对君

---

① Cf. Paul VIALLANEIX et Jean EHRARD（dir.），*Nos ancêtres les Gaulois*，actes du colloque international de Clermont-Ferrand，1982，ainsi que les comptes rendus de Mona OZOUF，«Les Gaulois à Clermont-Ferrand»，*Le Débat*，n° 6，novembre 1980；Jean-Pierre RIOUX，«Autopsie de *Nos ancêtres les Gaulois* »，*Le Débat*，n°6，novembre 1980，et Jean-Pierre RIOLLX «Autopsie de *Nos ancêtres les Gaulois*»，*L'Histoire*，n° 27，octobre 1980；Cf. également Karl-Ferdinand WERNER，«Les Origines»，*in* Jean FAVIER（dir.）*Histoire de France*，Fayard，1981，t. Ⅰ，chap. Ⅵ，et Chistian AMALVI，«De Vercingétorix à Astérix，de la Gaule à de Gaulle，ou les métamorphoses idéologiques et culturelles de nos origines nationales»，*Dialogues d'histoire ancienne*，CNRS，1984，pp. 285－318.

② Cf. Albert GRENIER，*Camille Jullian. Un demi-siècle de science historique et de progrès français*，1880－1930，Albin Michel，1944.

王的谴责之间的张力。他之所以赞美时代，显然是因为，如果他处在这样的时代会如鱼得水，他就会隐隐地想象着自己是处在这样的时代中；他之所以谴责君王，是因为君王的最显而易见的成就，就是从政治上得到了人们的服从。尽管如此，很能够说明问题的是，拉维斯为自己所选择的是盛极一时的古典君主制。他没有选择君主制统治结束的时代，把战争和对外政策留给亚历山大·德·圣－勒吉（Alexandre de Saint-Léger），把经济历史留给菲利普·萨尼亚克（Philippe Sagnac），把宗教和知识阶层的事物留给阿尔弗莱·雷贝里奥（Alfred Rébelliau）（第 8 卷，第 1 节）。他所关注的、所迷恋的，是从 1661 年到 1685 年的伟大时期，是光荣的君主和奋斗的君主：一边是 1668 年"自以为回应了世人的期望"的人；另一边是 1685 年"自以为通过雷根斯堡的停战，通过废除南特敕令引发加尔文分子的异端，战胜欧洲"，而不惜让法国筋疲力尽的人。在这两个人之间，变幻出了色彩缤纷的光影。他主要让路易十四来代表法兰西，而他又不断地修改法兰西的形象，而且在该离开的时候，他还是不忍放手：

> 当理性发现这一统治"具有破坏性基础"的时候，想象却被"亮闪闪的表皮"所引诱，抵制着理性。想象沉湎于对这个人的回忆当中，从而怡然自得。这个人根本就不是个恶人呀，他有很多优点，他甚至有很多美德，他潇洒、优雅，而且很会说话，很有天赋。并且，就在法兰西光彩照人的时候，他是法兰西的出色代表，当法兰西"筋疲力尽"的时候，他也决不承认。自从豪华的大幕拉开，一直到最后一场戏的黯然谢幕，他在美轮美奂的布景中持续扮演着一个伟大的角色，那些在不知什么地方，在荒芜的土地上建设的宫殿，那些从无水的地下冒出的喷泉，那些从枫丹白露或者龚皮尼移来的树木，那一群群的男女，也和树木一样失去了根基，只是被移栽在那里，充当着在我们看来是如此遥远的一出戏里的人物，这出戏所表现的场景和习俗是如此不同寻常，只是用来表现古代的些许魅力和伟大。

"伟大的拉维斯"确确实实就是拉维斯大帝（Lavisse le Grand）。与"地理画卷"相比，两段文字所表达的就是一种膨胀到地球及其历史的饱满的民族意识，就是一个充实的民族时刻。

一个决定性的时刻，这一时刻的历史在统一复兴的冲动当中，赢得了科学的正当性、专业的正当性和民族的正当性。是《法国史》（*Histoire de France*）的时刻，它表现出了强有力的时代意义，但仍然具有特殊的代表性，处在批判历史与共和的记忆相交的十字路口上。在它的产生和它的精神上，这一历史是从一次失败的影响一直延续到一次胜利的影响当中。拉维斯的历史之所以使27卷文字成了人们对回忆的记载，与很多法兰西历史连续的潮流产生根本性差异的原因就是，他把科学的实证主义和对祖国的念念不忘的崇拜交织在一起。就像在一个大坩埚里，将两个真实性瞬间溶化在一起一样。在我们今天看来，这两种真实性是毫无关系的，但是时代使这两者成了具有互补性的东西，从而变得密不可分，这就是档案材料的普遍真实性和民族的特殊真实性。

档案与民族

资料的记忆

在1876年的《历史杂志》（*Revue historique*）上，所有的当代人都在庆祝这一时刻的开始，而且加布里埃尔·莫诺（Gabriel Monod）的社论称其为正式的出生证[①]。

这是一篇重要的文章，其中值得关注的一点就是，文章本身也把自己介绍成是一段历史，也就是"历史研究进步"的历史；历史研究的进步与博学的进步混淆在一起，莫诺作为接过博学之火炬的继承人，挖掘了人们的记忆，确定了各个环节的位置。16世纪的先驱者，批判方法的创立者，比如，写了《历史图书集成》（*Bibliothèque historiale*）的克洛德·维尼埃（Claude Vignier），或者"首开先河，将古代高卢和古代法兰西进行了公正的批判性研究的"克洛德·福谢（Claude Fauchet）。后来还有君主制范围内的一些博学家，比如，位列"17世纪一流出版家"的安德烈·迪谢斯纳（André Duchesne），"为了科学地了解中世纪而首先向历史学家提供了必不可少的工具"的迪·冈日（Du Cange），"路易十四曾想把编撰一部伟大的历史学家丛书的任务交给"他。除了皇家的历史文献之外，还有耶稣会教士、奥拉托利会教士、本笃会教士们建立的宗教历史文献，尤其是圣莫尔的本笃会教士们，"我们对他们怀着感激不

[①] 加布里埃尔·莫诺的社论在《历史杂志》100周年的一期上重印，详见1976年4~7月第518期。

尽的情愫"，因为"他们有着令人尊敬的怜悯精神和坚定不移的思想独立性，这使得他们的工作显得庄重并具有权威"，演变关系中的最后一个阶段："铭文和文学学院"，最终是落到了布里吉尼（Bréquigny）的身上，使他"孤身一人承担起收集所有政令、所有证书和文书的工作"。因此，这时也就到了吉佐（Guizot）和法国历史学会对未出版过的文献的收集阶段，莫诺（Monod）在这项文献的收集工作当中，特别提到文献集和画屏的出版商盖拉尔（Guérard）的工作做得格外出色。在论证当中，有三个原则是密切联系在一起的，即：第一，从题目开始观念便十分明确，那就是"所谓的历史研究是从文艺复兴才真正开始的"；第二，还要申明的是，"法国的历史科学所忍受的最大的不幸，就是人们在很长时间里想把文学和博学分别开来，更准确地说是把这两者对立起来"；第三，人们深信不疑的是，落后"是因为缺乏组织良好的高等教育，因为高等教育是青年人汲取普通文化，养成工作有条不紊，有批判精神，在思想上严格自律的好习惯的途径"。

这样一来，对于搞文献的人和历史学家来说，这种对资料记忆的组织和建设便可以实施或者加快了；今天，这些资料仍然是我们的工作基础，我们在这里只能简单地指出这些资料的主要线索。一方面，是出版的一些资料集系列。这些资料卷帙浩繁，往往都是一些无尽无休的收集工作，尤其是历史和科学研究委员会和法国历史学会所承担的资料收集工作，从阿尔图·吉里（Arthur Giry）契据和证书集，到公共安全委员会（Comité de salut public）和公共教育委员会（Comité d'instruction publique）的笔录，这些东西真正形成了一个物质基础。另一方面，是目录和目录索引的编撰工作。这是在利用资料之前必不可少的准备，是支撑起历史资料这个矿藏的一系列柱石，在这一行中首先起作用的不是那些埋头整理资料的人，而是在档案学和历史学上的一些杰出人物。这是一项巨大的任务，但很多方面都是同时完成的。比如：1886 年，《法国图书馆和档案馆年鉴》（*Annuaire des bibliothèques et des archives de France*）开始出版，同时，根据列奥波尔德·得利尔（Léopold Delisle）的计划和观点，也开始出版《法国公共图书馆手稿总目》（*Catalogue général des manuscrits des bibliothèques publiques de France*）；1895 年，国家图书馆开始出版馆藏印刷图书目录以及手稿部常用目录；1888 年，加布里埃尔·莫诺亲自出版了《法国史目录索引》（*Bibliographie de l'histoire de France*），是该类作品中的第一部堪称后世楷模的图书，里面收录了 4542 个篇目，专门用于"为研究者，尤其是大学生"提供一份参考图书目录而作,借鉴的是莱茵河彼岸著名历史学家韦兹 (Waitz) 根据达尔曼 (Dahlmann) 的《目录索引》(*Bibliographie*) 而改编的目录索引。历史学家们始终不可或缺的,而且都非常熟悉的《法国历史渊源》(*Sources de l'histoire de France*) 就是由此而来的。以下一些人系统地参与了这项工作:奥古斯特·莫利尼埃 (Auguste Molinier) 收集了从一开始到意大利战争期间的材料 (从 1901 年到 1906 年,共五卷)[1];亨利·奥瑟 (Henri Hauser) 负责 16 世纪 (两卷,1906 年);艾弥尔·布儒瓦 (Émile Bourgeois) 和路易·安德烈 (Louis André) 负责 17 世纪 (8 卷,1913 年)。除了这一类的目录索引之外,还有《知识学会研究成果总目》(*Bibliographie générale des travaux des sociétés savantes*),由罗贝尔·德·拉斯戴利 (Robert de Lasteyrie) 及其合作者从 1880 年到 1907 年共出版了 9 卷,以及乔治·布里耶尔 (Georges Brière) 和皮埃尔·卡隆 (Pierre Caron) 于 1899 年出版的《法国现代和当代历史方法索引》(*Répertoire méthodique de l'histoire moderne et contemporaine de la France*),这部作品在 1902 年与菲利普·萨尼亚克 (Philippe Sagnac) 一起写的《法国现代历史研究现状》重要一文中提到说,"对现代史任何题目的研究有可能取得的成果都与档案和手稿内容的分类状态有直接关系"。这属于实际工作中纯粹具体性操作,除了这个标志之外,还有历史本身的目录索引,这是"索引之索引",是关于研究工具的科学。这种目录索引对于历史来说,起到了烛照的作用,具有深刻的意义,让使用者能够用得上。对此做出过详细阐述的有:查理·维克多·朗格鲁瓦 (Charles Victor Langlois) 在 1891 年与亨利·斯坦 (Henri Stein) 合作出版的《法国档案》(*Archives de France*),以及在 1896 年和 1904 年出版的两卷本《历史目录索引手册》(*Manuel de bibliographie historique*)[2];克萨维埃·夏姆 (Xavier Charmes) 于 1886 年发表的《历史和科学研究委员会》(*Le Comité des travaux historiques et scientifiques*);奥古斯特·莫利尼埃为他的《法国历史的渊源》(*Source de l'histoire de France*) 写了 200 页

---

[1] Cf. Gabriel MONOD et Charles BÉMONT, *Auguste Molinier*, Nogent-le-Rotrou, Daupeley-Gouverneur, 1904.

[2] 查理·维克多·朗格鲁瓦和亨利·斯坦的《历史目录索引手册》包括了主要的国家。加布里埃尔·莫诺编撰过一本法国的历史目录索引《法国的历史研究》(*Les études historiques en France*),文章载《国际教育杂志》(*Revue internationale de l'enseignement*, 1889, t. II, pp. 587–599)。

的前言，这篇文章是在他逝世前两个月写的，实际上放在了最后一卷的开始处。

这是一项推动历史研究的工作，在此我们应当仔细关注这一工作，这是十分重要的。首先，只要提到这一点，便能够说明《法国史》当中有很多新颖之处，在布日瓦和安德烈的作品发表之前，拉维斯在其勾画出的路易十四统治的画卷当中，可以完全指出："在我们历史当中的现代期间，没有可以引导我们对制度和习俗进行研究的科学性手册，而在对古代历史和中世纪历史的研究中，这样的指导手册是有的。"尤其是批判的历史虽然有了供内部使用的一些研究工具，但是一切专业人员以及算得上是入门的人，却都从自己的领域中排除了使其研究成为可能的特有条件的历史。宫廷史中没有包括有关花园的历史。对于建立档案、收集资料、收集图书的关注，与建立博物馆一样，是博学领域的博学家们的专业，对记忆的历史研究只能寻求把这些东西拉到历史学的主要道路上去。档案学的记忆对作为科学的历史学的影响太大了，所以我们不能不注意它们之间进行联合的特殊情景。

国家的档案记忆

档案材料使历史学家成为其自身运动的一部分，更注重于保存，而不是应用，而且尤其是，不管在其本质上还是在精神上，档案材料不仅是为了满足历史学家的好奇心，而且也属于国家的权力[1]。因此，历史学家和档案的相遇事实上是一段缓慢的，具有偶然性的历史相会，期间充满了陷阱，而且永远是一条单向的道路。的确，档案材料随着历史的延长而变得越来越多，并且是从1830年之后开始的，在20年的时间里影响了整个欧洲：布加勒斯特档案馆成立于1831年；伽沙尔（Gachard）的比利时档案馆成立于1835年；英国的公共登记文书馆（Public Record Act）成立于1838年；档案学家博法鲁尔（Bofarull）1854年在巴塞罗那开始发表《未出版过的文件》（*Documentes ineditos*）；维也纳的奥地利历史研究所（Institut für Osterreichische Geschichtsforschung）也是成立于1854年；马德里和佛罗伦萨的古文字和档案学校也成立于同一年[2]。在法

---

[1]　Cf. Jean FAVIER, *Les Archives*, PUF, «Que sais-je?», 1959, éd. remaniée, 1976.

[2]　Cf. Robert-Henri BAUTIER, «Les archives», *in* Charles SAMARAN (dir.) *L'Histoire et ses méthodes*, Gallimard, «Encyclopédie de la Pléiade», 1961, pp. 1120 – 1166, ainsi qu' Adolf BRENNEKE, *Archivkunde*, 1953. On yajoutera Le rapport de Leopoldo SANDRI, «La Storia degli Archivi», *Archivum*, t. XVIII, 1968, pp. 101 – 113.

国，在起初时的努力终于在 1821 年成立了文献学校①，于 1829 年对学校进行了重组，并开展了对吉佐的研究活动②。这两方面的运动虽然是同时出现的，但是档案学和历史仍然是属于明显不同的两个传统。尽管研究封建法律的专家、皇家的历史学家和本笃会的修士们做出了很大的努力，一些像米拉托利（Muratori）之类的伟大的档案学家，对历史事实也考虑得很周到，但是档案材料仍然是君主和国王的私人财产，完全用于功利性的目的。那是保存他们的权力和管理，掌握他们的权力和权利的合法证明。据说，有一次拿破仑心血来潮，突然要干一件荒唐事，让人把他侵占的或者已经成为他的附属国的几个国家的档案都集中到巴黎来，还说："对于国家来说，一个好的档案管理员，比一个好的炮兵元帅更加有用。"所有有权势的人都会像拿破仑那样做的。保管档案的人会严格控制档案的使用。档案材料是"秘密"武器，是战争的机器，是过去的人们贪婪地争夺的东西，而且档案管理员虽然自称具有独立性，但他们终究不过是权力的忠诚附属，是政治和外交的附庸。

我们不能被"公共"档案的概念所欺骗。这一概念的发展清楚地表明了所谓"公共"是什么意思。这一概念所指的，不是档案的"公共"使用，而是从菲利普一直到拿破仑集权制王权所实行的君主制度的官僚主义化，我们在此只能重提这一过程的重要日期和重点事件。16 世纪中期西班牙为此提供了第一种模式：查理五世（Charles Quint）于 1545 年将卡斯蒂利亚的文献馆藏转移到了著名的西芒卡斯要塞城堡（forteresse de Simancas）。在法国也发生过类似的事件，1568 年，文献馆藏的登记中止。档案材料开始由掌玺大臣公属和国务秘书来掌管，到了黎塞留时代，这一做法变成了普遍的习惯。正是在这

① Cf. *L'École des chartes, le livre du centenaire*, 1929, 2 vol., ainsi que la thèse (inédite) de Jean LE POTTIER, «Histoire et érudition, recherches et documents sur l'histoire et le rôle de l'érudition médiévale dans l'historiographie française du XIXᵉ siècle», thèse de l'École des chartes, 1979. Cf. également L. HALPHEN, *Historiens depuis cinquante ans*, *op. cit.*, chap. Ⅳ, «La chasse aux documents», et Xavier CHARMES, *Le Comité des Travaux historiques et scientifiques, histoire et documents*, «Documents inédits pour l'histoire de France», 1886, 3 vol.

② 详见法兰西学院于 1985 年 12 月 17 日至 20 日在"法国历史科学委员会"成立 150 周年时组织的国际研讨会《使历史成为科学的时间〈1830～1848 年〉》。这是一次重要的研讨会，会议文件将于将在 *Storia della Storiographia* 杂志上发表。会议举行得有些晚，我们无法在这里将其所有的成果综合在本书之中，感谢罗贝尔 – 亨利·博梯埃将其引导性的发言传达给了我《承认历史是科学》。〔Cf. Laurent THEIS, «Guizot et les institutions de mémoire» (1986), *in* P. NORA (dir). *Les* Lieux *de mémoire*, t. Ⅱ, *La Nation* vol. 2, *Le territoire-L'État-Le Patrimoine*, *op. cit.*, pp. 569 – 592。〕

个时候，随着国家君主制管理的强大，公共档案的概念得到了最初的重要扩展。从 1670 年开始，那些为国家效劳的重要人物一旦消失，他们的档案材料便被王权扣押。18 世纪中期是集权的一个新的阶段：1769 年，玛莉 - 泰莱兹（Marie-Thérèse）在维埃纳创立了哈普斯堡王国中央登记处（Haus—，Hof— und Staatsarchiv），后来便成了启蒙时期整个欧洲的样板。法国大革命和拿破仑的帝国又为第三次档案材料的集中管理做出了贡献，出现了国家档案馆。国家档案馆开始时是围绕着在苏比斯公馆（hôtel de Soubise）组建国民议会的重要材料而形成的，当时在阿尔芒·卡谬（Armand Camus）的领导之下，不仅收集了旧制度时期一些议会和行政管理机构的档案材料，连一些修道院、巴黎的教务会议和教会的档案材料，以及一些移民的个人和被判刑的人的材料也收集了起来。对这些材料一定是进行过分类的，关于"历史"的一些篇目放在了国家图书馆。行政管理或者有关国家地产的争议用得着的一些文件将保存，而那些"没有用"的文件将被拍卖，那些"专制和迷信的文书"将隆重烧毁。阿尔芒·卡谬坚持反对，才把档案材料的分隔限制在一定的范围之内，而运行了六年之久的档案材料分类办公室，由于掌握在有能力的专家手中，也将损害限制在了最低的程度之内。

　　大革命对公共档案材料有贡献的说法，从某种意义上说是模棱两可的。大革命之所以具有重要的贡献，正是因为大革命创立了档案这个概念。旧制度时的社会是不可能了解这一概念的，任何资料都不会因时效而过时。档案材料的权威并不在于其真实性，因为掌握档案材料的机构的权威，保证了档案材料的权威，而保证档案材料真实性的，是其古老的传统。当然，博学家和学者相互之间会把从国家和教会手中好不容易得来的档案材料进行交流。尽管如此，古代法国个人要想对某些事寻根问底，会踏破铁鞋，而且往往也未必能够达到目的，如果要把某个档案资料的源头告诉某人，那是他三生有幸，而且是给他极大的面子[1]。即使是马毕庸（Mabillon）在需要修道院里的某些档案材料时，也并不是每次都能够如愿以偿的。从理论上说，旧制度时，你只能将档案材料存档，比如，雅各 - 尼古拉·莫洛（Jacob-Nicolas Moreau）就是一个最好的例子[2]。只有当权

---

① Cf. Krzysztof POMIAN, «Les historiens et les archives dans la France du XVIIᵉ siècle», *Acta Poloniae historica*, nᵒ 26, 1972.

② Cf. Dieter GEMBICKI, *Histoire et politique à la fin de l'Ancien Régime, Jabob-Nicolas Moreau (1717 – 1803)*, Nizet, 1979.

者不再需要时，才会有档案材料。如果没有 8 月 4 日之夜，那就没有档案材料。事实上，那是第一次瞄准整个政治、封建和宗教体制档案的计划，并在突然之间超越了国家档案的概念，达到了"民族"档案的概念。具体的档案材料由此而得以大规模的集中，结束了令人无法想象的分散和混乱状况，形成了真正的档案资产；若不是这样，人们就没有办法理解为什么实证主义的成果会达到如此的程度，而且会具有如此系统性的特点。更何况除了巴黎的国家档案馆之外，大革命时还在每个省和每个市镇组建了档案存放局，这是吉佐趁热打铁采取的措施。要是没有这一措施，1838 年和 1841 年关于省档案组织的法律（由此而编制了集册的目录，并于 1854 年开始出版）就会成为无的之矢。最后，大革命还宣布了一项根本性的原则，即：档案材料是属于国家的，因此应由所有的公民来支配。虽然在执行和使用范围上有所限制——到了 1840 年才开始在国家档案馆建资料阅览室——，但从潜在的意义上说，这一原则使得档案专业化和科学历史的建立成为可能。

罗贝尔－亨利·博蒂埃（Robert-Henri Bautier）恰如其分地指出说，相对于档案的传统观念，大革命时期并没有发生决定性的变化，恰恰相反，大革命甚至代表了传统观念的顶峰[1]。档案应属于公众的原则是与从君主的合法性向国家主权转变的过程并行不悖的。这一原则并不是要放弃国家的特权。共和二年稨月七日（1794 年 6 月 25 日）法律的制定者心中想到的是公民，他们根本没有想到历史学家。档案材料有了其地位，但是和以往一样，档案材料仍然是连续性、集权和合法性的一个象征。是理论上的一种权利，是实际上的一种物质的储存。想要证实这一点吗？我们从档案材料的结构目录中就能够看得出来。目录当中旧制度的分类用了 24 个字母，而最近 50 年以来所有政府的资料只用了一个字母，也就是所谓的"F"。当时的人们只是想保存从前的记忆，只是从收藏的角度来看待事物，根本没有想到如何对待应当怀着庄严的心情称之为"遗产"的东西，所以他们根本就没有考虑到档案材料具有可以浮动的特点。正是从 1840 年开始，在来自外部的历史的推动之下，才渐渐地、部分地出现了一个缺口，这一缺口从来就不曾完整过。但自从出

---

[1] Cf. Robert-Henri BAUTIER, «La phase cruciale de l'histoire des archives: la constitution des dépôts d'archives et la naissance de l'archivistique, XVIᵉ-début du XIXᵉ siècle», *Archivum*, . XVIII, 1968, pp. 139 – 149.

现了所谓实证主义历史（histoire dite positiviste）之后，才突然间扩大开了。的确，在 20 年的时间里，用罗贝尔－亨利·博蒂埃的话说，"档案材料从当权者的武器库变成了历史的实验室"。法国在政治上的稳定性与政府管理文化遗产的稳定性结合在一起时，国家主动的记忆才以档案资料被动的记忆来养育自己。于是两者之间的相互影响便开始了。这是通过两者之间密切结合来互相影响的。

档案的效果

尽管如此，历史和档案材料的结合仍然相当密切，所以整个批判历史学的发展都采取了这种模式。

资料记忆的影响首先产生的效果，就是把国家年代学的重心猛地向前推移。而且这种趋势持续的时间与这种类型的历史学存在的时间一样长。马克·布洛赫（Marc Bloch）称之为"起源之纠缠"（hantise des origines）。方法的肯定，文本的主导，哲学上的反应，日耳曼的影响，在这一切的作用之下，人们认为中世纪就是历史的根本。最具当代意义的问题，深深地扎根在最为古老的档案材料当中。由于诞生时的条件，批判性的历史将"文献就是一切"的情结保持了很长时间——即使是今天，它从这情结当中摆脱出来了吗？查理·布莱邦（Charles Braibant）讲述说："在很久之前——也就是在 1880 年的时候——，虽然文献学院的档案资料活动还是能够为历史学家切实地开展服务的，但是研究中世纪史的人对现代派的感觉有点类似于骑兵看到步兵时的那种感觉。如果一个历史学家忙于研究 1453 年之后的事，那他只能是一个可怜的家伙，你来跟我讲这种事，有什么好处呢？"[1] 现代国家历史的大部分创立者，都是从中世纪开始的。兰博（Rambaud）的研究对象开始于 10 世纪的拜占庭；拉维斯是从《阿斯卡尼王朝时代的勃兰登堡边境省》（*La Marche de Brandebourg sous la dynastie ascanienne*）开始；19 世纪外交史的先驱艾弥尔·布儒瓦（Émile Bourgeois）开始时是研究 10 世纪之前的法国贵族史，而且塞尼奥博（Seignobos）在《当代法国史》（*Histoire de France contemporaine*）编撰过程中，负责的是 1848 年以来的历史，但他读书时的论文却是以勃艮第封建制度为题的。到了 1880 年，文献学院的一篇论文才敢于超越 1500 年这个不可逾越时期，而且高等研究学院也才怯怯地试图开始讲授现代历史：当时的 40 门课程当中只有两门是

---

[1] Charles BRAIBANT, «Souvenirs sur Georges Bourgin», *Revue historique*, vol. CCXXI, 1959.

讲授现代史的①。在 17 卷本的《法国史》（*Histoire de France*）当中，有 6 卷是写中世纪的，也就是占了 1/3。

档案和中世纪的关系不仅仅是由于研究资料的方便程度，从更加深刻的意义上说，这也是一种将最为遥远的东西与最近的东西联系起来的认知方法，是将古视为今的原因和起始。它超越了当人想要阐释事件时自然而然地总想找到渊源的困扰。马克·布洛赫当时就已经揭露说，隐藏在这种醉心的考据背后的，是一种目的论的哲学：

> 以起源为中心的历史是为价值判断服务的。不管是日耳曼的侵略还是英国的诺曼底征服，人们之所以如此积极地致力于用过去解释现在，只是为了更好地为过去找到理由，或者为了谴责过去。所以在很多情况之下，起源之魔鬼只不过是真正历史的敌人这一魔鬼的替身而已②。

我们还可以走得更远。在这种用文本科学巧妙地掩饰着的"偏执"当中，人们对资料唯命是从，档案就是戒律。实证主义者最终往往会相信，所谓历史，归根结底不过就是档案。所以历史形成的关键，就在于行业的戒律及其权威的力度。在所有的历史学家当中，那些最知名的文献学家和中世纪研究学者是最先投身于德雷福斯事件的，这就很能够说明问题③。保罗·梅耶（Paul Meyer）、加斯东·帕黎（Gaston Paris）、加布里埃尔·莫诺以及很多其他人都曾作为专家或者道德权威，在短时间内成为新闻和司法的热门人物。在艾斯特哈齐（Esterházy）被判无罪之后，《世纪报》（*Le Siècle*）在头版以大幅标题刊载文章：《一个历史学家的证词》，说的是研究院的研究员阿尔图·吉里（Arthur Giry）以经过检验的文本批评技巧为基础，揭穿了亨利（Henry）的谎言。就在同一天，上校也招认了罪责。在左拉第一次出庭时，他便同文献学院的院长奥古斯特·莫利尼埃（Auguste Molinier）提出了证词。奥古斯特·莫利

---

① 还有阿贝尔·勒弗朗（Abel Lefranc）讲授的"16 世纪的思想史"（L'histoire des idées au XVIe sicècle）以及罗道尔夫·莱斯（Rodolphe Reuss）的"旧制度下的阿尔萨斯"（L'Alsace sous l'Ancien Régime）。

② Marc BLOCH, *Apologie pour l'histoire ou Métier d'historien* [1941], A. Colin, 1959, p. 7。该作品于 1980 年再版时，乔治·迪毕（Georges Duby）写了前言。

③ Cf. la riche étude de Madeleine REBÉRIOUX, «Histoire, historiens et dreyfusisme»dans le numéro du centenaire de la *Ruvue historique*, n° 518, avril. juin 1976, pp. 407 – 432.

尼埃在逝世前的最后一篇文章是《对账单的批判性考证》（*Examen critique du bordereau*）。他们在意识形态上的参与怎么能和各自的专业水平分别开来呢？很有号召力的拉维斯是通才型的人物，但是他的观望主义却与从意识形态上积极参与的专业学者们形成鲜明的对照。对文献、证书和各种资料集的研究，在很长一段时间里都是历史学家最重要的"象征性的资本"。档案不仅使人们"对起源念念不忘"，也让人们学会了如何利用事件的"渊源"。

　　但是，档案所产生的最重要的效果还不在于此，而在于它扩大了历史出版物的数量，我们姑且不说它引起历史出版物在短时间内的"大爆炸"。有的人盲目地以格利高瓦·德·图尔（Grégoire de Tours）为基础，来讲述克洛维一世（Clovis）和墨洛温王朝的故事，就像福利埃尔（Fauriel）和佩蒂尼（Pétigny）那样，而且还把显然是后来才出现的一些文章也加在故事里面，比如像所谓的弗雷德盖（Frédégaire）的那些文章以及《法兰克史》（*Liber historiae Francorum*）。它们利用一些资料作为直接的见证，或者自以为是的见证，援引事件的讲述者，编年史的作者和回忆录的作者们说过的话，经过这样的加工之后，故事的味道已经在很大程度上发生了变化，历史的视角也被大大扩大了①。但是，格利高瓦·德·图尔只是一个代表个人意见、情绪偏激的编年史作家，他是在国王去世 60 年之后才写了《法兰克史》；但是说明我们能不能相信格利高瓦·德·图尔和证明弗雷德盖的手稿转述的内容是正确的，以便说明所有受弗雷德盖启发的人所做的描述也是正确的，正如加布里埃尔·莫诺在 1872 年所做的那样，这是两种根本不同的工作②。而且这也关系到一个决定性的界限。一种情况是，即使回到渊源，也只能是传承了传统的记忆。而另一种情况是，对渊源提出怀疑，坚持重建的立场，就等于是进入了批判和科学的领域。所谓实证主义的全部历史就在于从一种情况过渡到另一种。换句话说，实证主义的历史区别了什么是叙述的渊源，什么是档案资料。实际上，这两者之间的区别是用了很长时间才建立起来的，甚至这两者之间从来就没有完全区别开来。拉维斯以及拉维斯之后的很多人都没有放弃求助于记忆来回顾凡尔赛和路易十四。在理论上，这两者之间的分界线还是很明晰的。在这里，理论要重

---

①　Cf. *infra*, chap. XVI, «La voie royale des Mémoires d'État», p. 454.

②　Gabriel MONOD, *Études critiques sur les sources de l'histoire mérovingienne*, Bibliothèque de l'École des hautes études, fasc. VIII.

要得多。比如，朗格鲁瓦（Langlois）和斯坦恩（Stein）在《法国档案》（*Archives de France*）（1891 年）的前言中便写道："我们认为，'法国的历史档案'是指与法国历史有关的所有档案文件，也就是各种官方的文件资料：文献、账目、调查资料等，以及政治或者私人的通信。总而言之，这一定义只排除了一种旧时的资料：历史、科学和文学的作品；这些作品的位置不是在档案当中，而是在图书馆里。"奥古斯特·莫里尼埃讲到法国历史在中世纪的渊源时，也从另一个方面很清楚地说明了什么是档案。他说："对我们的中世纪历史的叙述源泉进行有条理的、完整的研究还没有形成普遍性的成果。"

只是从叙述渊源简单地过渡到档案资料，实际上便为历史开启了无限的多样性可能。我们可以把这两种方法的差别比喻成两种能源系统的突然变迁，比喻成从水磨突然过渡到了蒸汽磨，比喻成突然冒出石油的探井。有很多数字都可以说明这一点。我们只举几个例子便可以明白其规模。在论文目录当中，阿戴纳依·穆利埃（Athénaïs Mourier）和费利克斯·戴尔图（Félix Deltour）只用 450 页的一卷目录，便将从 1800 年到 1870 年的论文答辩全部列了出来；另外一卷 600 页的目录列出了此后 15 年内答辩的论文（1880～1895 年）；但是从 1895～1902 年间答辩的论文，又列了同样厚的一卷目录。也就是说，在 7 年的时间里，通过答辩的论文和此前 70 年间答辩的论文一样多。而且在此之后，每一年都需要单独成卷[①]。

这只是人们根据档案所不得不做出的数量比例的变化。这标志着对历史的

---

① Cf. Albert MAIRE, *Répertoire alphabétique des thèses de doctorat ès lettres des universités françaises*, 1903, ainsi qu'Athenaïs MOURIER et Félix DELTOUR, *Catalogue des thèses françaises et latines pour le doctorat ès lettres*, 1903。如果我们来看 R. C. LASTEYRIE DU SAILLANT, *Bibliographie générale des travaux historiques et archéologiques publiés par les sociétés savantes de la France*, op. cit., 数量增长的曲线也是一样的。该项目录的第一卷出版于 1886 年，第四卷出版于 1904 年，总共列举了 83792 个篇目。为了填补 1886 年到 1900 年间的空白，又出版了两卷增补本，增补本列出 51586 个篇目，也就是说，在 14 年的时间里，出版的论文数量就占了此前总论文数量的一半以上。然后就是每年一本目录，从 1901 年到 1907 年，在 7 年的时间里，大约统计到 3 万个篇目。另外一个数字也可以证实这个论文数量增长的曲线：Eugène SAULNIER et André MARTIN, *La Bibliographie des travaux publiés de 1866 à 1897 sur l'histoire de la France de 1500 à 1789*, PUF, Rieder, 1932 - 1938, et Pierre CARON, *Sur l'histoire de la France depuis 1789*, par pierre CARON, 1912, 这本参考书目当中列出了 30796 个篇目。加斯东·布里埃尔和卡隆的《法国现代和当代历史目录年鉴》（Gaston BRIÈRE et CARON, *Répertoire annuel de l'histoire moderne et contemporaine*）当中列举的 1898 年到 1906 年间发表的篇目达 30028 个，相当于最后 8 年发表的篇目相当于此前 30 年的总数。

研究急剧膨胀，档案资料一五一十，从头至尾地展示在人们面前，档案资料所表达的意义范围是如此宽广，无尽无休，所以在很长时间里，历史学家只是满足于档案材料所明确表达的意义，也就毫不奇怪了。由此也就产生了档案材料不同类型的历史。如果说实证主义民族生成派的历史学家们首先转向了政治、行政、军事、外交和传记的历史，那么他们首先阐明民族的起源，就不仅仅是意识形态上的需要了，我们这样认为难道不合理吗？和欧洲其他国家相比，法国尤其是这样。在走上档案之路的时候，他们突然在国家中央档案馆发现了一张铺好了的舒服的床。《法国历史目录》（*Catalogue de l'histoire de France*）是需要仔细研究的，正如克里斯蒂安·阿玛尔维（Christian Amalvi）在一篇很特别的文章中很仔细地研究过一样①。这本目录是朱利·塔斯切罗（Jules Taschereau）和列奥波尔德·得利尔（Léopold Delisle）编辑的，从中我们可以看到，某种类型的历史利用表面看起来属于中性的史实源头资料，采用一些若无其事的研究范畴，再用历史学家的酵母让这些东西发酵，积淀成基础的传记作为工具，形成深刻的框架和词语。人们对过去历史的认识带有一种君主专制的特征，这一点在对那些没有统治过的君主的记录当中是显而易见的；但是我们在术语当中却根本没有大革命的明确影响。一方面是民族历史迅速凝结成形；另一方面是重新发现悠久的遗产。《法国史》（*Histoire de France*）是在这两种现象的交会处形成的。1870 年的战争，法德之间的对抗，建立现代的和民主的高等教育体制，将共和的意识形态扎下根基的意愿，所有这一切促使出现了对民族历史的需要。虽然以后几代人觉得这种类型的历史十分贫乏，但是它却被赋予了很强的民族代表性的意义，这是由法国档案传统的两个重要事实所引起的。法国君主制集权的历史悠久，而且革命改革的规模和深度又很大。当权机构的档案勾画出了权力的历史，国家的档案已经预示了国家的历史。

世纪末的史学断裂和连续性的原则正是处在这两者的交会当中。一方面，实证主义的民族史学是最为古老的国家—民族的女儿，是女儿但也是女仆。在建立以资料作为支撑的历史—科学的同时，在把档案高高矗立起来作为真理的保证和科学标准的同时，在赋予档案最终的证据尊严的同时，"实证主义史学"的一代人所做的工作，说到底，不过是向民主的、资产阶级的和自由派

---

① Cf. Christian AMALVI, «Catalogues historiques et conceptions de l'histoire», *Storia della storiografia*, n° 2, 1982, pp. 77 – 101.

的民族提供了合法性的名目，并为这个民族重新承担起奴役性的、久负盛名的作用，而这种作用从前是封建的法家和旧制度下的历史学家为天下有权势的人们所承担的。另一方面，档案为历史提供了使其形成的最原始的条件，以及其活力必不可少的工具，永远地终结了话语和博学的各自所唱的独角戏，使这两者联合了起来。除了历史学家的文本之外，从其话语来说，再没有其他来源的历史具有潜在意义上的普遍性。但是，从其对象来看，这种历史一定是有局限性的。除了其自身的好奇心之外，博学没有别的视角。从其所关注的对象来看，这样的博学是无限的，但是却被囚禁在对自身的好奇心当中。档案将这两者联合在民族的视角之下，同时，将其中的一方从轻浮当中解放了出来，又让另一方摆脱了絮絮叨叨的话语，使实证主义的历史成为独一无二的联合：传统记忆的巨大资本将可以"有条有理地"梳理学术界的记忆，并在梳理的过程中去伪存真。到了这时，万事俱备，法国的"必然历史"（histoire nécessaire）已经可以成为可能的历史（histoire possible）了。

批判的记忆和共和的民族

《法国史》的历史

在这部《法国史》当中，自然有一部内部史和一部外部史，而且这两者之间是不吻合的。内部史有着美好而统一的外表，而外部史里面还有很多模糊的、很难阐明的地方，在很大程度上同内部史相抵触。

的确，这种意外是在 10 年的时间里展开的，从第 1 卷的出版（吕谢尔和朗格鲁瓦第 2 卷第 2 节和第 3 卷，1901 年）一直到 1911 年插图版本的全部出版，包括带详细内容介绍的目录。如果从 1892 年拉维斯签署合同的时候开始算起，那就是 20 年①。当时合同乐观地规定，在 4 年的时间里出版 15 卷，从 1894 年到 1898 年。如果把《当代法国史》（Histoire de France contemporaine）也包括在内，那就是 30 年时间。在今天看来，第二个系列的《当代法国史》同第一个系列的《法国史》是完全联系在一起的。但是，如果没有法国大革命，如果不是最后一卷表现了一幅第一次世界大战英雄主义的全景图，那么整

---

① 拉维斯签署于 1892 年的合同取消了 1888 年 7 月的一项最初的合约；该项合约已经规定要出版"一部新的内容丰富的法国历史，要配有科学的插图，要根据当代资料编撰"（见于阿谢特出版社的资料）。

体上的印象就会很不一样。然而，当时并没有考虑出版《当代法国史》；因此，这部历史可以有两种读法。由于《法国史》的出版受到了极大的欢迎，所以阿谢特（Hachette）出版社的合伙人才在1904年决定接着出版，而且想到，如果拉维斯不接受后续的工作的话，那就去找阿尔贝·索莱尔（Albert Sorel）① 来接替这项工作。拉维斯在考虑了3个月之后同意了。他在1905年8月4日签署的合同②中再一次乐观地规定，从1907年到1909年将出版8卷。出版计划由于战争而发生延期中断之后，这部史书从1920年到1922年间才出版。但是，此时的条件与以往已经不一样了。在战争的慌乱当中，不得不考虑出版关于战争的一卷，并为塞尼奥博（Seignobos）配两位专家：一位是奥古斯特·高文（Auguste Gauvain），《辩论报》（*Journal des débats*）的外交政策主编，曾任《外国政治生活》（*La Vie politique à l'étranger*）的总编辑，这是19世纪90年代由拉维斯负责编辑出版的年刊；另一位是亨利·毕都（Henri Bidou），也是《辩论报》的编辑，拉维斯曾是他大学时的导师。有关大革命的几卷也要重新编写。帕利塞没有按时交稿，1919年12月，出版商建议与这个"可怕的家伙"中断合同③。萨尼亚克（Sagnac）明白情况的紧急程度，但是，他是在1906年到1909年间编写了书的主要部分，其间也开始写《大革命和帝国时期的法国莱茵河》（1917年），而且不得不从整体上进行重新组织。"你知道，我这一卷有一部分是建立在一些未出版过的资料基础之上的——这些资料当中有一些最近出版了，我打算在国家档案馆对一两个方面的资料再做一些研究，以回应拉维斯先生提出的一些要求（1917年12月9日）。"最后，尤其是因为拉维斯老了，出版作品的事主要落在三个人的身上：第一个是塞尼奥博（Seignobos），他总是有点异想天开，个人主义，但是他一个人就承担了9卷本当中近一半的工作量；第二个是吉约姆·勃列东（Guillaume Bréton），他是负责日常工作的；第三个是吕西安·艾尔（Lucien Herr），他1912年便参加了这项工作，而且从1917年开始，便几乎承担了全

---

① Jean MISTLER, *Histoire de la Librairie Hachette*, Hachette, 1954, p. 286。作者是从合伙人讨论会的记录当中得出这些情况的。

② 拉维斯的资料当中有这份合同，详见国家图书馆 naf 25170, f⁰ 243。合同还规定，作者版权为7.5%，拉维斯的版权为2.5%，而且每一卷400页，预付款为10000法郎。

③ 吉约姆·勃列东（Guillaume Bréton）与吕西安·艾尔（Lucien Herr）的通信当中对这件事有所反映。详见下一条注释。

部的责任①。他是主持人，是拉维斯、作者和出版者之间的中间人；他要改稿和修订文本，而且做得都很巧妙，让作者们都很感激他。只有在计划安排上需要做决断时，才提交给拉维斯②，这时的拉维斯总是有病，精神越来越不济，出版商要他做出一个"显然是乐观"的结论，可这对于上了年纪的大师来说却成了"一场噩梦"。出版商本来想让他写单独一卷的，可他"只写了三十几页"。

这项巨大的工程和当时很多其他的工作是类似的。回顾这项工作的历史，我们关注的不是最终的结局，而是从一开始的整个过程，这样才能够让我们看到出版事业的真正意义。尤其是科兰（Colin）出版社和阿谢特出版社的竞相争夺。这两家出版社分担了大部分大学和中学历史教学用书的出版工作③。科兰出版了《国际教育杂志》（*Revue internationale de l'enseignement*）（1881 年），里面

---

① 菲利普·萨尼亚克（Philippe Sagnac）1912 年 12 月 12 日对吕西安·艾尔（Lucien Herr）说："我从勃列东那里听说，拉维斯、塞尼奥博和你，你们要负责当代历史出版的工作。"吕西安·艾尔在巴黎政治研究所的档案材料当中有一份关于《法国当代史》的资料，是三十封吉约姆·勃列东写给吕西安·艾尔的信，很多拉维斯写的便条，便条上的字体已经不成样子，萨尼亚克的 6 封信，塞尼奥博的 5 封，艾斯莫南（Esmonin）的 1 封，带插图。整个材料十分生动，表现出的萨尼亚克十分自觉、十分投入所从事的工作，拉维斯却是急于将书编辑完成，但也愿意重读"塞尼奥博所写的全部内容，至少是其中最困难的部分"，塞尼奥博则是个出人意料的人物，1917 年与女伴玛丽利埃（Mme Marillier）在普鲁巴兹拉奈克（Ploubazlanec）度夏，迟迟不愿意回来，一心只顾着玩帆船，"我也不知道好不好，材料是如此之丰富，要写个摘要很难。对于需要从形式上进行修正的东西，用不着从口头上采取措施，只要是你觉得有用的，我都接受。至于别总是用主语开始句子，我不知道我能否做得到。凡是你认为没有必要的东西，你就都删掉吧"（9 月 19 日）。10 月 23 日他又写道："对我的懒惰，你别太生气。我们在这里到处是花，倒挂金钟、玫瑰、石竹、天竺葵、大丽花、凤仙花、缬草、忍冬、天芥菜、香豆、含羞草，而且还有草莓，但是绿樱桃总是熟不了……因此，再说我还没有改校样就显得多余了，自从我到了这里之后，我还一点都没有看……"

② 1920 年 2 月 25 日，吉约姆·勃列东写信对吕西安·艾尔说："我想和你谈谈……我不明白塞尼奥博为什么要把对法国 1914 年之前的历史结论（社会变革、习俗、文化、艺术和科学的演化）放在战争历史之后。在这个地方，只能写 1920 年的结果，就这样结束这一段历史，实在是不怎么光彩。我的意见是想办法，把这段概述写得很短很短，最多写三四十页，而且要放在塞尼奥博最后一卷的最后位置，这一卷可以例外地稍稍长一些。另外，关于战争的那一卷还包括拉维斯写的二十几页文字：结论，虽然我们刚刚走出灾难，但是为什么我们对未来仍然有希望，仅此而已。最后一卷不包括文本，完全是表格。你看到了吧，所有这些事还是值得我们谈一谈的。"3 月 4 日，他再一次谈到这事："你告诉我，你觉得我们能不能去和拉维斯去谈一谈这事，以便尽早做出决定。"拉维斯有一封短信（没有标注日期，只注明"周三 5 时"）好像是回应这一请求的，也为这事定出了调子："我召集毕都（Bidou）和高文（Gauvain）周三开会，塞尼奥博也必须参加。你也来。我还要通知勃列东。星期天下午尽量过来谈一谈。我不出去。"

③ Cf. Valérie TESNIÈRE, «L'édition universitaire», *in* Henri-Jean MARTIN et Roger CHARTIER (dir.), *Histoire de l'édition française*, t. III, *Le Temps des éditeurs*, Promodis, 1985, pp. 217 – 227.

已经有好几个未来的合作者，而且在出版了中小学教学课本之后（其中就包括拉维斯 1876 年以来出版的课本），又开始出版大学教学用书和一般公众的读物，尤其是 1890 年到 1901 年间出版的《从四世纪至今的通史》（*Histoire générale du IVe siècle à nos jours*），有 12 卷，每 1 卷上千页，70 多个合作者参与了编辑出版工作，其中已经有以拉维斯为核心的人物，比如：巴耶（Bayet）、科维依（Coville）、朗格鲁瓦（Langlois）、吕谢尔（Luchaire）、玛丽耶约尔（Mariéjol）、塞尼奥博（Seignobos）；但其中也有一些以艾弥尔·法盖（Émile Faguet）为核心，从事文学出版的一些人和以阿尔贝·索莱尔（Albert Sorel）为核心，主要从事外交政策出版的人。这些人已经从思想上远离了拉维斯，而且在发生德雷福斯事件之后，他们之间的距离就更远。这些人包括：奥拉尔（Aulard）和拉瓦色（Levasseur），阿尔贝·马莱（Albert Malet）和阿尔图·吉里（Arthur Giry）。在两个主编当中，只有兰博（Rambaud）做了实际工作①，而且在斯拉夫、亚洲和殖民地领域做出了 17 项重大的贡献。拉维斯甚至将编写路易十四的历史也交给了拉古 - 盖耶（Lacour-Gayet）。只有一篇文章是他亲笔写的，这种奇怪的事似乎让人觉得是在某个地方发生了疏漏，所以总编辑不得不在最后关头亲自出马，至少《教皇权力的形成：拜占庭、伦巴第和教皇的意大利（395 ~ 756 年）》就是这样的一个例子。集体的思想，比如，《古代剑桥和现代历史》从成文的方式上还是旧时的，最终的参考书目依然是二手的。在出版普蒂·德·朱尔维尔（Petit de Julleville）主编的《法国语言和文学史》（*Histoire de la langue et de la littérature françaises*）（1896 年）和安德烈·米歇尔（André Michel）主编的《艺术史》（*Histoire de l'art*）（1905 年）时，科兰还是照搬了这种做法。这些著作当中有的具有百科全书的特点，每位专家负责编写书中的一个章节，有的是个人的综合，比如，同一时期（1892 ~ 1900 年）出版的加斯顿·马斯佩罗（Gaston Maspero）的《古典东方民族史》（*Histoire des peuples de l'Orient classique*）和拉维斯的《法国史》（*Histoire de France*）。这是阿谢特出版社在拉维斯即将被选为科学院院士的时候向他约的稿。在这两种作品之间，还有一种混合类型的作品，即分别成卷，但是受同一种主导思想的指

---

① 拉维斯在为悼念去世的兰博写的笔记当中说，他们的想法是共同的，但是"具体的工作都是兰博一个人完成的，是他真正地领导了出版工作"，而他本人在 1891 年之后想退出来，好全心全意地从事《法国史》（*Histoire de France*）的工作。见于《高等师范学院老校友友好协会公报》，1906 年。

导，而且排列成一个完整的系列。虽然思想上的领导是属于拉维斯的，可是出版的规划和推出的政策却由阿谢特出版社说了算，尤其是吉约姆·勃列东（Guillaume Bréton）说了算。吉约姆·勃列东在 1883 年继承了父亲的出版社，1877 年他在高等师范大学时是拉维斯的学生。实际上是他确定了这些图书的特色，主要是为大学生们编写的，当时的大学生还没有其他的高校教材。于是，从 1901 年开始出版这套丛书，每 1 卷分为 8 个分卷，1 年出 1 卷，分为 4 次出版上市。开始时每个分卷 7500 册的印数（拉维斯的《路易十四》是 11000 册），但是到了 1923 年全书以精装插图再版时，印数已经达到了 17000 册和 35000 册之间，所以读者群体也更加广泛①。这种出版的方式远不是次要的方式，因为书中材料的分布排列顺序都是由推出的方式决定的。每 1 卷分为 2 册，一共 9 卷，组合成 3 ~ 5 本"书"，每本书再分成 3 ~ 5 章，下面再分成节，而且每个段落根据页边的标题，也是各自成篇的。《当代史》（*Histoire contemporaine*）也是编为 9 卷，也就是《法国史》（*Histoire de France*）的一半。书的排版十分清晰明了，版式一目了然，十分讲究。所以，书的编辑非常规矩，是无可指摘的经典编排，但又有很明显的现代特点。从石器时代到战争年代的各个分册在封面的印模上都是一样的，24 幅有力而简洁的版画插图，无疑也对内容的统一做出了很大的贡献。各个部分的作者虽然提出了一些抱怨，但是每一部分都必须服从内容的统一。亨利·卡里（Henri Carré）以顺从的口吻给勃列东写信说："我这一部分不会超过你为我限定的最多 480 个印刷页，而且我会根据你给我寄来的样本，将内容分成册、章和段落。"②

整个作品的结构及其新颖性的基础，就在于每一章节的评注和作品文本的对照，评注分为资料的渊源和参考作品，而作品的文本应当将所有的资料综合在线性的、具体的叙述当中。一方面，不断为新的现实资料补充最新的历史，而且图书的印刷总是一拖再拖，让作品很快就过时了，这让作者们感到担心；另一方面，拉维斯十分重视文本，他关注具体的文字，一行一行地修改，总想让文字变得更加简单、更加清楚、更有活力、更加能够成为最终的定稿。因此，不能够有注释。注释就说明作者对自己的表达后悔了，说明是隐藏的想

---

① 这些数字是由乔治·朗图瓦奈特（Georges Lanthoinette）提供的。《当代史》（*Histoire contemporaine*）初版印数为 10000 册，而从 1949 年到 1956 年间的再版印数为 2000 ~ 3500 册之间。

② 未载明日期，见于阿谢特出版社的档案资料。

法，是有细微差别的意思，是补充的说明，有可能让人产生双重理解。拉维斯不允许有注释，他的全部历史都是确定性的，都是不容置疑的，他总是把怀疑、问题关在门外，不允许人们对旁门左道的事产生好奇，不允许事件处在悬疑的状态，不允许有问题的史学研究。整个作品都在这两个方面之间产生张力：一方面，是不断修正的知识；另一方面，是不容许人们产生不同解释的文本，因为这一文本是供给大众阅读的。比如，朗格鲁瓦就曾写道（1897 年 1月 27 日）：

> 我真想结束我的工作，但是一直到现在也结束不了。那是在一些根本性的问题上，目前正在进行中的一些研究，会让我讲述的这个时期的历史发生翻天覆地的变化，我知道这些研究正在进行过程中，所以我在看到这些最新成果之前，现在写了也是白写。如果某些章节已经写了，几个月之后的现在也要重新编写①。

吕谢尔（Luchaire）也说：

> 正如你所说的那样，我做出了极大的努力，同我习惯了的历史组合内容决裂。我必须克服我自己，但我并不是总能够成功，我对此并不感到奇怪。你的能力比我强，知道应当把哪些东西告诉《法国史》的大众读者，因为你比我更了解这些读者，如果我能够像你一样知道该如何面对这些读者，我也就进科学院当院士了。因此，在这方面，凡是你认为有助于我们共同的事业成功的意见，你都可以对我提出来，不用怕会得罪我。你已经看到，我已经牺牲了很多我作为博学历史学家的习惯。我也愿意做出其他牺牲，愿意为了我，也为了大家，让我的作品中的一切都能够得到很好的利用。可以肯定的是，我们在所有的想法上都是一致的，但是在形式问题上，凡是我做不到的，凡是会让法国和外国的读者们小瞧我的事，你就不要让我做了②。

---

① 见于阿谢特出版社的档案资料。
② 见于拉维斯的文件，国家图书馆，naf 25168, f⁰ 195。

意志坚定的主编一定是利用这种充满良好意愿的表白，让他的同事重新改稿，因为他的同伴向勃列东写道：

> 关于我的第一卷的手稿，你知道我已经在合同规定的时间交给拉维斯了。根据主编的要求，我对手稿进行了全面的调整，调整过后又交给了他。但是能不能交付印刷，就与我无关了，我不得不把手稿要了回来，根据法国和外国发表的一些资料进行补充。不幸的是，对于手稿论述的主题来说，新发表的资料太多了。所以，第二次调整的手稿还没有结束[①]。

拉维斯在选择撰稿人的时候，甚至把标准定在他能不能与作者保持友好的权威关系，以便撰稿人能够很容易地重新建立联系。拉维斯只选择了两个与他同龄的人参与撰稿，一个无可置疑是地理学家维达尔·德·拉布拉施（Vidal de La Blache），另一个就是文艺复兴和意大利战争方面的专家，他的老朋友亨利·勒莫尼埃（Henry Lemonier）。那是他在查理大帝中学时的同学，1889 年在索邦大学接替了他，而且他通过关系让亨利·勒莫尼埃当上了艺术史的教授。除此之外，团队中的大部分人，20 个人当中的 12 个，都是他一手提拔起来的：有的是他在高等师范大学当讲师时（从 1876 年到 1880 年）的学生，比如，塞尼奥博（Seignobos）、雷贝里奥（Rébelliau）或者菲斯特（Pfister）；有的是考了教师资格证的人，不管是普通的大学生，比如，帕里塞特（Pariset）（帕里塞特在教师资格会考当中是考第一名的）；有的是文献学院出身的人，比如，朗格鲁瓦、普蒂－迪塔依（Petit-Dutaillis）、科维尔（Coville）；有的是高等研究院出身的，比如，夏勒蒂（Charléty）。有的人相差几乎一代，比如，塞尼奥博（1874 届毕业生）和萨尼亚克（Sagnac）（1891 届毕业生）。拉维斯自己没有孩子，他在与这些人的通信中的口吻表现出他对他们始终如一的感情，几乎就像父亲一样。拉维斯成就了他们的职业生涯。但是受益于拉维斯的，远不只是他们。他指导了所有人的博士论文——亚历山大·德·圣－勒洁（Alexandre de Saint-Léger）的论文除外，圣－勒洁是里尔商学院的教授，拉维

---

① 见于阿谢特出版社的档案资料。

斯当时并不认识他①，但这是一个例外。这些人的论文大都预示了他们对《法国史》的贡献：菲斯特的论文是关于《虔诚的罗贝尔》（*Robert le Pieux*）（1885 年），所以他负责了对法国国王世系的研究；朗格鲁瓦的论文是关于《大胆的菲利普三世》（*Philippe III le Hardi*）（1887 年），所以他负责路易九世和英俊的菲利普之间一段历史的研究；科维尔的论文是《卡布奇叛乱和 1413 年赦令》（1889 年），承担了关于查理六世和一般等级的研究；雷贝利奥的论文是《博絮埃对新教的历史研究》（1892 年），所以他成了路易十四时期宗教问题的专家；普蒂－迪塔依的论文是关于路易十三的（1895 年），实际上是对 13 世纪初卡佩王朝的研究；萨尼亚克的论文（1898 年）是关于法国大革命民事立法的研究。

还剩下他本人不太熟悉的，或者是根本就不熟悉的一些时期，于是他在当地找了一些有关方面的专家，都是比他小 5～6 岁的人：负责高卢时期的是马克·布洛赫（Marc Bloche）的父亲古斯塔夫·布洛赫（Gustave Bloche），他本来就是"罗马人"，也以研究罗马为天命，他的论文是《古罗马元老院的起源》（1884 年），而且他当时是高等师范大学的讲师。查理·巴耶（Charles Bayet）在里昂时曾经是布洛赫的同事，他当时是里尔大学的校长，不久之后将负责所有的初等教育；拉维斯起初想把整个中世纪早期交给他，后来又让菲斯特（Pfister）和科兰克洛兹（Kleinclausz）来辅助他②。负责中世纪的是阿奇尔·吕谢尔（Achille Luchaire），他是从波尔多来巴黎代替福斯特尔·德·古朗日（Fustel de Coulange）的。所以，这些人都是专家，但都是可以控制的人物，而且通常还是一些二流的人物。这也说明为什么在相隔 10 年出版的《法国史》和《法国当代史》的编辑出版过程中，虽然这两个领域当中的很多东西都是日新月异，但是却没有卡米依·朱利安（Camille Jullian）的参与；

---

① 1900 年 7 月 30 日，拉维斯在亲自提出要求几个月之后，的确在里尔当教授的萨尼亚克写信说："很感谢你费心帮我寻找一起合作的人。我很愿意接受你向我提出的两个人。由你负责把事情与圣－勒洁安排一下吧。由他负责从里斯维克和约（la paix de Ryswick）到乌得勒支和约（la paix d' Utrecht）之间这一时期……让他跟我说说他对这一时期是怎么看的，手头是不是有必要的参考书。"（见于克里斯托夫·查理的文件集）亚历山大·德·圣－勒洁毕业于里尔大学，1900 年答辩通过了博士论文 *La Flandre maritime et Dunkerque sous la domination française*，（1659－1789）。

② 1902 年以三个人的名义签署的合同中提到 1892 年以巴耶一个人的名义签署的合同。见于拉维斯的档案资料，国家图书馆，naf 25 170，f⁰ 245。

而且 1895 年卡米侬·朱利安拒绝接受所有的约稿，专心致力于 8 卷本《高卢史》（*Histoire de la Gaule*）的编撰工作①。奥拉尔也没有参加，也许是因为奥拉尔社会活动大多，在当时过多地参与了阿尔贝·马蒂茨（Albert Mathiez）的论战。拉维斯宁愿使用他造就的两个弟子：一个是已经经过考验的忠诚的萨尼亚克②；另一个是帕里塞特③。帕里塞特的研究方面虽然不是大革命，但他的论文弗雷德里克-吉约姆（Frédéric-Guillaume）一世统治下的普鲁士是在拉维斯的直接授意下写的。

有时候，拉维斯为自己的选择付出了沉重的代价，其中包括萨尼亚克。虽然他认为萨尼亚克负责的关于大革命的那一卷，从本质上还是很不错的，我们现在可以看到拉维斯修改过的校样，上面每一页，每一行都有修改，都有说明，而且每个说明都值得进行深入的研究。但是其他人简直让他感到绝望，让他想放弃。他写给吉约姆·勃列东的信就可以证明这一点。我们将这封信全文引述如下：

> 亲爱的吉约姆，我是在抱怨，但我并不指责别人。发生现在的情况，都是因为我的过错。你知道，关于 18 世纪的历史，我没有找到别人，只好交给卡里（Carré）。我没有想到他在写这一部分时的能力是如此之差，我要把我有生之年还剩下的生命拿出两年来修改这一部分。有的时候，我

① 至少奥利维埃·莫特（Olivier MOTTE）是有这种感觉的，奥利维埃·莫特在法兰西学院为写作《卡米侬·朱利安的成长年代》（*Camille Jullian, les années de formation*, Presse de l'École française de Rome, 1990）而研究过朱利安的材料。

② 拉维斯向萨尼亚克提出这事时的遣词造句（1900 年 4 月）其实也很值得关注："你大概知道，我和一些同事开始在阿谢特出版社出版一部大革命之前的法国史。我负责关于路易十四的两卷。第一卷已经差不多完成。但是为了按时完成第二卷，我需要有人帮助。雷贝里奥已经负责处理关于宗教史、道德史和文化史方面的一些章节。你愿意承担同一时期（从科尔贝去世到路易十四死亡）有关行政管理——政治和经济——方面的工作吗？我觉得这一部分正好与你的研究工作相符。你在其中会遇到你所感兴趣的一些问题的前提。另外，参与编写一部有意义的作品，并把你的名字和我们列在一起，对于你来说应当是一件令人愉快的事吧。"在这一时期，拉维斯排斥对档案材料的使用，因为他又补充说："当然，我们打算提供的法国史是基于目前对法国历史的了解，我们只使用已经发表过的资料。因此，你用不着研究档案材料。"——见于克里斯托夫·查理的档案材料。

③ 关于乔治·帕里塞特（Georges Pariset），详见 1927 年 11～12 月号的《历史杂志》（*Revue historique*）第 422 页上查理·贝蒙（Charles BÉMONT）写的追悼文章，以及克里斯蒂安·菲斯特（Christian PFISTER）去世后结集出版的《关于现代和大革命史的文章》（*Essais d'histoire moderne et révolutionnaire*, 1932）中开篇的传记。

真的是难以忍受。我没有休息的时间，我个人的事统统顾不上了。该尽的
责任也尽不了。我什么事也干不好。我本来打算在有生之年干这干那的。
结果什么也干不了！校样来了，我要看，要一再地看。不管我费了多大的
气力，但我敢肯定，这两卷书的原始过失的痕迹是消弭不了的，这让我心
慌意乱。所有这一切都让人非常难过。但是这事你没有责任。你是一个很
宽容的出版商，像你这样宽容的出版商不多见。我向你提出的唯一一个要
求，那就是千万别再让我负责《法国当代史》的编辑了。我没法接着做
下去了。把这本历史编完。我就不干了[1]。

经过证实的民族记忆

终于结束了。这部历史之所以在整体上是有力的，之所以具有"历史—
记忆"的作用，是因为它只是对传统的记忆以批判的精神进行了深化。

哪怕是它的批判精神，也只是对文件起到了证实的作用，从任何意义上
说，都没有发明什么新的来源。传说的东西被排除了，事实得以修正。但是，
在编年的框架之内，以及在最为普通的叙事类型上，在深层次上并没有发生任
何变化。历史按照王权的统治期，按照王朝来排列布局[2]。《当代史》仍然是
按照这种制度排列布局。这种排列的方法实际上是最为古老的，除了浪漫的、
古典的史学之外，甚至最为古老的中世纪的编年史也套用了这种排列方法。在
总体的结构当中，没有任何东西与我们记忆当中自发的节点联系相违背。在米
什莱的史学当中，这两者之间的对照便于突然之间凸显出来。从表面上来看，
有相似性，仍然是从复辟以来便开始的民族运动作为背景，将民族的主观性与
民族的愿望固定在一起（拉维斯很喜欢这种民族愿望的重大跳跃），所有这些
因素都能够，也应该为这两种"历史"的接近提供便利。但是，在拉维斯的
历史当中，如果只看到米什莱史学的科学影响，那就大错而特错了。两个史学
家都念念不忘历史的统一。在这一点上，他们是一样的。米什莱的统一是有机
的统一；而拉维斯的统一是全景上的统一。一个使我们不得不做出强烈的选
择，另一个使我们不得不全面地看待历史。米什莱是按照时期来划分叙述
的——中世纪、宗教改革、文艺复兴，而这些时期是他通过思想上的努力而建

---

① 见于阿谢特出版社档案资料。
② Cf. *infra*, «Appendice», p. 235.

立起来的，他与各个不同的时期都保持着感情上的联系，他用具有反差意义的象征，根据当时的情绪和政治观点的变化来体现各个时期。他是从一个朝代的濒临死亡到复活，从无辜者墓地上的死神的舞蹈（对于他来说，这是中世纪末期的形象），过渡到贞德救世的形象。"我需要向我自己证明，向我表达了其短暂出现的人类证明，人是不会死的，人会再生。我需要这一点，因为我觉得我在走向死亡。"[①] 在路易十一之后，他突然停下来，投身于对大革命的研究。对于他来说，大革命是终点，而且从某种意义上说，是法国历史的终结，然后又回到文艺复兴。拉维斯的《历史》越来越被当代史所牵扯，他是从当代史为起点来重建和安排回顾的目光。米什莱与档案的关系，复杂得没边没沿。而且，如果我们知道，对于某些时期，他查阅档案材料的数量远比人们相信的要多，他并没有说明资料的来源。奥拉尔便因为他这一点而提出过强烈的谴责。相反，在第四卷结束时，也就是在圣路易死时，他想说明这一卷书绝大部分来源于国家档案馆，也就是文献馆。你到那里去转一转，简直就像是在幻觉当中一样，"在这些手稿的墓穴中，在这个埋葬着民族文物的公墓里"，死人们挣扎着从坟墓里出来，"有的伸出手来，有的探出头来，就像在米开朗琪罗的《最后的审判》中一样"，这些人围绕着他跳起"电光石火般的舞蹈"[②]。米什莱猜测、发明、催促、修改，而且没有资料来源时，便自荐代替需要的来源："法兰西的有生命的精神啊，我到哪里去找到你，还不是在我的心中。"[③]

拉维斯却相反，他对传统的等级不做任何修改，也不改动政治制度和国家优先权的重要性——虽然他对经济、社会、文学和艺术感兴趣，这些东西都被他老老实实地放在了每一卷书的最后。他没有改动事件相对的重要性，事件让位给人，人物都进行了完整地描写，包括他们在战斗中的行为。而这些战斗，从阿佐古之战到滑铁卢，从瓦尔米到凡尔登，一场场战役让人觉得都差不多，因为看起来都像是参谋部的讲解。重新开始了 27 次的 480 页文字就像是那篇著名的"综合纪要"一样，福斯特尔（Fustel）把这篇纪要看成是数年分析的

① Jules MICHELET, *Journal*, t. Ⅰ, 1928 – 1948, Gallimard, 1959, année 1841, p. 359.

② ID., *Œuvres complètes*, éd. De Paul Viallaneix, Flammarion, t. Ⅳ, *Histoire de France*, Ⅰ, 1974, pp. 611 sqq. Cf. l'introduction de Jacques Le Goff, «Michelet et le Moyen Âge, aujourd'hui».

③ ID., préface de 1847 à *Histoire de la Révolution française*, éd. de Gérard Walter, Gallimard, «Bibliothèque de la Pléiade», t. Ⅰ, 1789 – 1792：Livres Ⅰ à Ⅷ, 1939, p. 2.

最终结果。

因此，口吻从严格的意义上是一致的，而这种一致性源于官方资料的类型和国家一致性所隐含的哲学之间的聚合。实证史学是直接源泉的黄金时代，也就是说史料的来源明确说了什么，就是什么，决不强迫它说别的东西。但是，历史学家要负责任，要把史料所说的话表达清楚，包括文献、证书、文件、条约、遗嘱、诏书，以及所有记录着公共记忆意图，并专为记录此意图而产生的所有文本。在完全用于进行"分析"和"综合"的《历史研究入门》（*Introduction aux études historiques*）（1898 年）当中，朗格鲁瓦和塞尼奥博一五一十、非常详细地描述了如何根据文献确认一件史实，也许我们今天会觉得，他们描述的细节过时了。但是，他们一次也没有提到过间接的资料来源，也就是从一篇文献当中可以得出来的与文献所要表达的意思不同的其他意思，这样的源泉实际上是取之不竭的。然而，正是由于这种可能性，使我们可以从不同的角度重新提出问题。浪漫的史学所代表的，是叙事之源优先，而"《年鉴》时代"则是让起源的概念膨胀起来，让资料之源表达各种各样的意义；在这两个时代之间，《法国史》代表了一个在意义和史实之间进行完美调整的时刻，因为这是必需的，而且只要能够正确地建立其一，其二也就能够脱颖而出。

我们举一个典型的例子。布维纳战役（1214 年）是建立民族特征的事件之一，也是承载着最为沉重的传说故事和爱国想象的事件之一。亨利·马丁（Henri Martin）写的《法国史》（*Histoire de France*）为大众所熟知，在很长时间里与米什莱的史学一起是这一事件的权威叙述；亨利·马丁对事件的叙述是以三种完全叙述性的资料来源为基础的①。在布维纳战役之后 50 年所写的兰斯编年史，以及在菲利普·奥古斯特（Phillipe Auguste）之后亲身经历了这场战役的布列塔尼人吉约姆（Guillaume le Breton）的作品《菲利普纪事》（*Philippide*）。这部作品有两个版本：一个是诗体版本；另一个是散文体的编年史。他指出这些资料来源不同，但他更喜欢最后一种来源。他解释说："兰斯编年史是一个很值得关注的资料，主要不是因为史实，而是因为在编年史中体现了忠实表达出来的传统和民众感情。"在做出这一选择之后，他通过引述国王小教堂里神甫的原话或者用对原话的解释，来讲述那次战役，并"像古

---

① Henri MARTIN, *Histoire de France*, Furne, 1844, t. Ⅳ, pp. 78 – 87.

代高卢的行吟诗人一样",与神甫一起为战役而歌功颂德。而且他还在最后坦诚地承认说:"这个故事几乎完全是根据布列塔尼人吉约姆的编年史得出的,并和《菲利普纪事》的第 10 章和第 11 章进行了对照。"在链条的另一端,乔治·迪毕(Georges Duby)① 在《布维纳的星期天》当中,作为战争和记忆的人类学家,从相反的方面理解了这一事件。这是根据战役所遗留下来的所有痕迹而将事件重新建立起来的,然后又进行了三种相向而行的分析。即:重新建立所有的证明得以产生的文化背景;初步提出一种战争社会学;通过对这次战役的一系列纪念活动的分析,追寻"记忆在不断变化的精神再现中的命运"。这是根据完全不同的资料来源而进行的不同性质的研究工作。这项工作所达到的,不仅仅是完全更新了的对事件的理解;而且通过这样的研究,我们可以准确地定位阿奇尔·吕谢尔在《法国史》当中是如何对待这一战役及其结果。他的分析具有决定性,但是也有局限性。

之所以说具有决定性,是因为吕谢尔列出了所有的资料,查阅了所有的研究成果,其中有一些是根本性的,而且在德国刚刚发表。在他所列出的作为参考书目的 10 多部作品当中,有一半是 10 年前发表的。之所以说具有决定性,是因为他像个"预审法官一样",分析了所有的谎言,对照了所有的证词,对所有的假设都进行了分类。总而言之,用兰克(Ranke)的话说,在重建布维纳平原上 1214 年 7 月 27 日 12 时和 17 时之间"的确发生过的事实"时,他没有忽略任何细节;他同时也根据"因""果"关系的链条,重建了那一天的情景。这是必不可少的研究工作(除非以后再有什么重大的发现),这也是后人无法超越的工作——但人们总是有幻想,觉得会有所发现的,或者说总是有徒然的妄想。这首先是因为,这一真理是无法通过亲身经历的现实来达到的,而且它能够从各个方面挫败我们的努力,使我们无法让历史事件成为肯定无疑的事件。另外,迪毕还解释说,只有接受断代错误的代价,我们才能够重建这一事件,而这种错误"使我们在无意识当中认为,我们看待菲利普·奥古斯特的态度,就像是高乃依看待庞贝的态度一样,也就是说,是在'不变的人性'背景当中要与其他意愿和愿望针锋相对的一种愿望,一种意愿"。

这一批评雄辩有力,而且是可以推而广之的,它明确地指出了《法国史》

---

① Georges DUBY, *Le Dimanche de Bouvines*, 27 *juillet* 1214, Gallimard, «Les trente journées qui ont fait la France», 1973, p. 12; réed. «Folio», 1985.

所记载的记忆类型。还是像迪毕所说的那样："布维纳是明确地处在权力历史的动态之中的。那一天似乎是在一系列连续的决定、企图、犹疑、成就或者失败的链条上形成了一个结，这个结比别的结更大，但是所有的结都是向着一个方向排列的，那就是欧洲国家演变的方向。"

如果认为这部历史只是讲述了一个巨大的故事，那也是不正确的。作品的各个部分是分给每个作者各管一段的，这种分法恰恰是最失败的：或者由于作者缺乏天才；或者由于他们从事文献档案工作的特点而使某一部分受到了局限，比如，科维尔（Coville）、普蒂迪塔侬（Petit-Dutaillis）；或者是由于他们要编写的时期太接近当代，比如，夏勒蒂和塞尼奥博；或者由于他们没有用心地去对待这部约稿的作品，好像朗格鲁瓦就是这种情况。当然，拉维斯本人也没有看到他的《法国史》出版，正是在爱弥尔·涂尔干（Émile Durkheim）的《社会学年》（Année sociologique）（1896 年）的出现和亨利·贝尔（Henri Berr）的《历史综合杂志》（Revue de synthèse historique）（1900 年）之间，思想正出现更新。但是，至少有三个部分与众不同，表现出了强烈的个性。首先，是维达尔·德·拉·布拉施（Vidal de La Blache）的《法国地理概况》（Tableau de la géographie de la France），这一部分在思想上起到了转折的作用。他带着急迫感重新提到 19 世纪 30 年代的米什莱，标志着国民教育中历史和地理正在结合起来，同时也表现了人文地理的运动，而这种人文地理的运动对历史—编年史的出现产生了极大的影响。其次，是关于路易十四的那一部分①，因为拉维斯所说的 25 年，实际上是对"世纪"的一个解剖，是对一种体制类型——也就是专制制度——的描述。再次，是吕谢尔的中世纪时期，但吕谢尔的情况不是太明显。

这两卷书的标题的确表明的是纯粹的编年史，"最初的卡佩王朝（987 ~ 1137 年）"以及"路易十二、菲利普·奥古斯特、路易十三（1137 ~ 1226 年）"。但是，如果我们看一看目录就会发现，"前四个卡佩王朝"只用 1 章 30 页的篇幅就介绍完了（第 1 卷第 5 章），而反抗金雀花家族、狮心王理查、教

---

① 应当说关于路易十四的这一部分是艾德蒙·艾斯莫南（Edmont Esmonin）的功劳；艾德蒙·艾斯莫南负责的是资料当中很大的一部分，但是很难确定其范围。艾德蒙·艾斯莫南的博士论文是《科尔贝时期诺曼底的大小（1661 ~ 1683 年）》（由阿谢特出版社于 1913 年出版）。他是格勒诺布尔大学的教授，退休时在历史研究的多个方面做出了贡献：Études sur la France des XVIIᵉ et XVIIᵉ siècles，PUF，1964。

皇英诺森三世所占的篇幅还不到第 2 卷的一半。关于政治方面的题目所包括的内容就完全不一样了,详细地描述了封建制度从 10 世纪到 13 世纪的形成。这是福斯特尔新思想的成果,是在《法国史》上留下印迹的唯一真正的史学新思想。从 16 世纪以来,在民族史学当中占据主导地位的,就是侵略、征战、种族斗争,《旧法国政治制度的历史》把这些东西放在次要的地位上,突然之间便把各民族和人种的冲突变成了封建制度慢慢产生的过程。阿奇尔·吕谢尔就是一个不折不扣的福斯特尔信徒,而且福斯特尔的影响在作品当中跃然纸上。他的作品首先对封建制度进行了全面的介绍。从作品开始几页,语气便十分明显:

> 在法国王国内部,一场王朝的革命刚刚完成(987 年)。但这场革命并没有开启一个所谓的新时代。王朝的权威很久以前便衰败了;教会和封建制度的势力极其强大。几个世纪以来在深层次上发生的作用最终改变了国家的社会和经济状态。人最终分成了几乎固定不变的类别。产生于公共和私人庇护的封建体系包括了一切,深入到一切事务当中,而且有可能征服一切。

米什莱的中世纪是具有"总体性"的使命感,奥古斯坦·梯耶里(Augustin Thierry)的中世纪则具有传奇浪漫的使命感,亨利·马丁的中世纪则具有史诗般的使命感;而所有这一切都为具有纯粹社会意义的中世纪所代替,那就是马克·布洛赫的中世纪。今天研究中世纪的人们认为,马克·布洛赫的观点是不可忽视的。从根本上说,是政治记忆形式上的统一,《法国史》在其最好的时刻使两种类型的历史共同存在于一体。

记忆的共和化

如果说《法国史》的总体布局和实证史学的程序都遵守了面向政治和国家的自发记忆,那么对记忆不容置疑的共和化,却带有领导这部史书编辑的个人印记。的确,在这部没有前言的作品当中,拉维斯的想法重复地表达过 3 次,我们姑且不说每次都是一字一顿地着重表达的。第一次是在路易十四统治时期的结论部分(第八卷);第二次是在路易十五和路易十六统治时期的总结当中(第九卷);第三次是在《当代法国》的总论部分(第九卷)。虽然都是根据具体的情况说的,但仍不失为他作为历史学家的嘱托。

　　在将这几处的表达进行比较时，我们吃惊地发现，它是根据共和制度的出现，根据最能够形成共和特征的主题而对旧制度进行的系统重建。在讲到法国念念不忘的阿尔萨斯－洛林时，反复强调国家的边界；在讲到殖民扩张最为兴盛的时期时，反复强调王权统治下的法国在海洋作用上的缺失；在讲到法国注重储蓄和法国的金法郎时，反复强调王国糟糕的财政；在讲到民众统一十分紧迫的需求时，反复强调国内统一的缺失；在讲到通过普选和政党的形成进行政治教育的时期时，反复强调民众对民族参与的缺失。正是根据这些排他性的标准，拉维斯对君主制度进行了最终的分析，并得出了结论。在他的结论当中，我们并不容易分清楚哪些是由于制度的性质决定的，哪些是由于制度的退化而导致的；哪些原因出于制度内在的罪恶，哪些又是由于国王的"无能"。但是在这篇控诉状当中，我们不难辨识出 20 世纪前 10 年自由思想的、值得称赞的小资产阶级的价值观。缺乏权威："国王似乎在对大臣的选择上也做不了主。"在对大臣的任命上，我们看到虔诚的信徒、哲学家、金融家、宫廷的小集团、女人的任性、蓬帕杜夫人、迪巴利夫人、玛丽－安东奈特都参与了对大臣的任命：

　　　　路易十六为了让大家都满意，像我们今天所说的那样，建立了集权的内阁。对于很多大臣来说，人们发现他们的职务名称和所担任的实际职务并不一致。为什么阿姆罗·德·夏约（Amelot de Chaillou）和戴吉庸（d'Aiguillon）成了外交事务大臣，而他们两个人自己却又不知道呢？为什么警察中尉贝丁（Bertin）成了总稽查员，警察中尉贝里耶（Berryer）又成了海军大臣呢？为什么掌玺大臣又兼任总稽查，或者马肖（Machault）既是掌玺大臣又是海军大臣，这岂不是很奇怪的安排吗？有时候兼任的职务又换了，而且我们看不出来这种做法会对国家有什么好处。

尤其让人觉得奇怪和气愤的，是国内经济的糟糕状况：

　　　　国王对财政的平衡，一点也不操心。有一天，达图瓦伯爵对议会声称说，他没有必要量入而出，正相反，王国的收入应当根据他的支出来调整。然而，自从 16 世纪以来，宫廷的开支再加上战争的开销，两项都在不断地增长，债务在累积，法国王室豪华的开销仍然大手大脚。

然而，这种捉襟见肘的状况本来是可以消除的：

> 通过改革，国王本来可以提高他的权威，减少人民的痛苦。只要王室、国王的情妇、凡尔赛城堡和无益的战争搞得不那么过分奢侈，也就可以实现这些改革了。

书中的描写从经济又过渡到了放弃集权，而集权是"王国无法达到完美状态"的缘由：

> 似乎国王的内阁本应该继续在黎塞留（Richelieu）时代开始的努力，在省里引入行政管理，让国王的权威无所不在，而且同样有效。通过有始有终的引导，该行政管理肯定可以消除差别性，因为这种差别性既不可行，也不是人们所愿意看到的；或者至少可以减少实现法国统一所遇到的主要障碍……
>
> 因此，用卡洛纳（Calonne）的话说，国王并没有"使各省成为王国的一部分"；他并没有让这些省成为法兰西的省。正如米拉波（Mirabeau）所说的那样，王国只不过是"不团结的人民没有组织的大杂烩"。大革命让法国成了"统一的不可分的整体"，是马赛人、敦刻尔克人、波尔多人和斯特拉斯堡人的祖国。

最后一个主要的罪状，也是最为严重的罪状，那就是"法国实力的下降"：

> 人们不会忘记愚蠢的艾克斯拉夏贝尔和约，耻辱的巴黎和约；人们不会忘记十五年的战争——奥地利继承权战争和七年战争——却没有争得一寸土地，由于几个军官的英雄主义，我们丧失了已经深得民心的殖民地。人们没有忘记有些宫廷的军官在战斗中失利，在赶来的普鲁士人面前耻辱地逃跑。冯特努瓦之日是光荣的一天；但是国王气色很好的这一天，是一个德国人，是德·萨克斯元帅在指挥，在王权的失信当中，喜欢光荣的法兰西承受了很多屈辱。

欧洲在 18 世纪所发生的变化不能由国王来负责。"但是王国的混乱，他要负有完全的责任，君主体制的秩序不完善，也要由他来负责。"拉维斯所表达的无疑是民众的感情，他责备国王过分自以为是，但又没有足够能力当好这个国王。他听不进改革派的建议，满足于自己无所不能的权力，沉湎权力的国王"只知道发财之后在凡尔赛修建的大房子里享受自己无尽的财产"。凡尔赛是伪都，集中了人们的憎恨，变成了"国王坐吃山空的地方"。于是，拉维斯得出结论说："在法国大革命的原因当中，应当包括巴黎的恐怖和路易十四的狂妄思想，由于这种狂妄的思想，他才想使一个城堡变成法国的首都。而开始时，这个城堡只不过是打猎时一个集合的地方而已。"

拉维斯和路易十四之间的关系——我们姑且不说这是他们两个人之间的肉搏战——之所以具有战略意义，之所以惹人关注，正是由于小资产阶级的价值观和君主制最为兴盛时期的价值观之间发生的冲突。在最终的描写和判断当中，语气是不一样的；他所选择的由他自己亲自承担的时期，也许可以说明为什么会有这种差别。他亲自承担的两卷书内容所涉及的广度不同寻常，而且阐述之丰富，本身就值得进行单独的研究；这两卷书与王权的威严结合得天衣无缝，表达得恰到好处，让人不由自主地从中看到他个人的一种享受，几乎是性情上的亲和。拉维斯与路易十四亲密接触的时间长达 20 年。菲利普·萨尼亚克（Philippe Sagnac）说："他喜欢意志上的悲剧，而且很喜欢研究正在形成中的国家。他认为一个国家就是一股力量，一旦创立之后，就会自由地发展起来，一直到与其他力量发生冲突，输给其他力量或战胜它们为止。在真正创立了普鲁士国的弗雷德里克二世之后，他怎么能够不喜欢与那么多国内的力量和整个欧洲进行斗争的路易十四呢？"[1] 但是，作为民主人士最后的判决要更有高度，也更严格：

> 人们不久之后所说的"旧制度"，这个没用的或者不幸的陈旧组合词，它的装饰已成褴褛，只有权利没有责任就会变成权力的滥用，这片具有漫长历史的废墟上孤独蠹立起无所不能的强权，不愿意为未来做好准备，对此，我们只是指责路易十四的不公正；然而这种强权却将他推到了不完善的最高点，使他除了死路之外，再也无路可走。

---

① Philippe SAGNAC, «Ernest Lavisse», *Le Flambeau*, mars 1922.

在对他的评判当中，有好有坏，使这个漫长的统治时期成了法国历史的一个转折点，成了历史的巅峰，成了突然变化的起点：

> 路易十四的最明白无误的成就，就是让人们从政治上服从，而这并不是轻易就能够做到的。每年都有造反的，有的还十分严重。如果要想清楚地了解大革命的前兆，就要准确地写出这些起义的历史，是援引何种理由起义的，造反的人们用什么话骂人，用什么话发出威胁。

他的确将王国的边界向外推移了，他征服了弗朗什-孔戴（Franche-Comté），征服了弗朗德勒（Flandre）的一部分、艾诺（Hainaut）的一部分，征服了坎布雷西（Cambrésis）、斯特拉斯堡（Strasbourg）。虽然在领土扩张上的结果很可观，但是拉维斯认为，1661 年法国的强大力量较之欧洲的衰弱来说，还可以指望得到更多：

> 我们在这里应当指出，法国付出何种代价才能够征服西班牙手里的荷兰，如果是那样，那就会让离边境太近的巴黎成为王国的中心，让南北的天才和气质在民族的统一当中得到平衡，将其海岸线一直扩展到艾斯科河口（Escaut），让安维尔（Anvers）加入敦刻尔克、波尔多、马赛的版图……
>
> 我们还要重复说的是，科尔贝（Colbert）和塞涅莱（Seignelay）的法国，敦刻尔克、布雷斯特、罗什福尔、波尔多和马赛的法国，将加拿大、路易斯安那、安的列斯变为殖民地的法国，也可以成为"海上大国""陆上强国"，正如科尔贝所说的那样……

事实上，外部的可能性都被"围绕着一种固定不变的观念而产生的五花八门的、相互矛盾的企图主导下的政治"所葬送掉了。"那种固定不变的企图就是通过别人的屈辱来得到自己的荣耀，这是谨慎、油滑和经常的狂妄混合在一起的一种态度，会一下子毁掉长时间上演的把戏。所有的人都承受了这种把戏的粗暴、谩骂或者欺骗，所以联合起来的人会越来越多，最终会把整个欧洲都包括在内。这种不断的战争政策的领头人从资格上倒是一个很好的'参谋部军官'，但是头脸怎么看也不像个将军，内心也没有士兵的情感。"

拉维斯无法直接与路易十四进行对话，便奇怪地通过科尔贝来间接地对话。科尔贝是个标志性的人物，拉维斯不断地提到他，他集中了《法国史》全部的爱和关注，他不断地被列入改革派的大臣一列，与胥利（Sully）、黎塞留、图尔果（Turgot）齐名。拉维斯细细地描述他的"革命思想"，说他是东京远征（expédition du Tonkin）和梅利纳法律（les lois Méline）之间共和国海关和殖民政策的先驱。在1661年执政和个人权力开始之间，很巧妙地加入了一章《科尔贝的礼物》。"在这个独一无二、极其短暂的时刻，科尔贝提出了一个非常新颖的建议，那就是让国王和法兰西把挣钱看成是具有根本性意义的事。"于是拉维斯便细细地阐述了什么是"科尔贝理想中的法兰西"：

> 他想象了一个完全不一样的法国，对外关起门来，打破所有内部的障碍，通过建立同样的法律和同样的度量衡制度来实现统一，并通过"更加恰当的选择，更加公平的分配"来减轻赋税，为了需求和对外销售而生产、而制造，法国要根据这种工作和销售来组织，海上到处是法国的商船，商船由伟大而漂亮的海军保护，缺少的原材料、热带的产品和北方的产品都向殖民地去要。总之，是一个躲开外部世界的法国，能够自给自足，对外有威严，因流入的黄金而富足，在反对所有其他民族为赢得金钱的战争中获得胜利，在他国的废墟上昂然挺立。

要实现这样一个理想的法国，就要有一个"理想的国王"，也就是一个节俭的、"喜欢商品"的国王；一个尚武的、有仇必报的国王，而且尤其应当是一个"巴黎的国王"。这种变化让人感到非常吃惊，因为是拉维斯让他承载了这些意愿，而且使这个"独一无二、短暂的时刻"成了法国整个命运发生转折的时刻。拉维斯简洁地归结说："法国和国王如何对待科尔贝的这个礼物，是路易十四统治下的根本性问题。"

路易十四—科尔贝：这是两条分水线的峰顶，是民族变化的核心。一条线上升到民族统一的体现者的高度，比亨利四世和查理五世还高，比路易十一和圣路易还高，一直高到了伟大的建国者的高度；当然还没有到查理大帝的高度，这个莱茵河畔的人，他梦想着建立帝国，而且"对于我们来说，从某种意义上是外在于我们"的人物。但是与于格·卡佩一样高大，于格·卡佩是"法兰西公爵，巴黎的伯爵，他是我们自家人。尽管我们的土地一次次地分裂、再分裂，但是他仍然代表了所有的人。他体现了法兰西的统一。"拉维斯对这个充满了神圣英雄特征的王国不断地表达自己的爱，情不自禁地发出赞佩的声音。但是，在路易十四之后，这个王国即将坠落。路易十四"耗尽了君主制度的精力"，让它成了苟延残喘的空洞形式，法律的制定相互矛盾，乱成一团，成了专权和烦琐的集合体。因为"王权衰败的主要原因，就是国王的缺位"。另外一种机制，也就是科尔贝所体现的机制，那是脆弱的，但却承担着沉重的民意，直接产生了联盟的庆典，因为科尔贝代表了所有权贵的恶意和普遍的利益。"要有民族的自觉和自愿，这是法兰西的一种观念。1790 年 7 月 14 日，民族的统一代替了君主制的统一。而民族的统一是牢不可破的。"

突然之间，大革命等同于民族，民族等同于共和，共和就是"人们认为可以是最终结局的一种制度"，但这其中并非没有隐藏的可怕的困难。也许任何历史都没有做出过如此大的努力，将君主制的过去与共和制的现在联结在一起，其目的是为了让民族的际遇具有逻辑性和楷模的意义。为的是让这场际遇从深刻的意义上充满活力，并固定在它的现实意义上。有幸的是，以战争的悲剧为基础，它积累了民族所能够接受的最大程度的力量。它胜利了，但是，也因此而筋疲力尽，流尽了自己的鲜血，变得四分五裂，变得垂头丧气。然而，正是在这时，拉维斯要拿出他的总括性的结论。法国最著名的"坚实性"被动摇了，通货开始膨胀，议会再也无法运行，共产党诞生了，殖民世界动荡了。在被撕裂了的欧洲，法国的地位在突然之间发生改变。拉维斯也到了坟墓的边缘①，他强使自己"对未来有信心的理由"显得异常空洞。他对坚定不移的民主的信念显得不那么真实。法国对和平的国际宣传的态度像是不着边际一般。那最终的表达也像是一声叹息："法国会成

---

① 他的潦草的字体变得令人揪心。他妻子做了手术，他担心得"简直感到焦虑"。"我的头脑还好，但是我的腿脚却越来越撑不起身子了。""我很少工作，因为做不了一两个小时，我的脑袋就不运转了。我走不了路，腿脚总是很虚弱。"而且他也开始要人帮忙救急。他对吕西安·艾尔（Lucien Herr）说："24 号星期四，我一点气力都没有。要躺下和起来，都困难得很。你要帮帮我。我不得不中止所有的工作。一想到要写东西我便感到厌恶。"1921 年 7 月 11 日，他写信给萨尼亚克说："我要请你帮我个大忙。我正在写一个当代史的结论。其中有一部分是各卷的一个综述。你能不能重新看一看关于你的那一部分？……请原谅，我想再说一遍，这样，你会帮我个大忙的。"（见于克里斯托夫·查理的档案资料集）9 月 29 日，他又给吕西安·艾尔写信说："我又神经衰弱了。一点用也没有了，而且我感觉到我好不起来了。因此，一想起结论来，我就感到恐惧。拥抱你们五个人。"

为资产阶级的法国吗？果真是这样，那就再也没有真正意义上的资产阶级，只有最终归于完整的民族。"而由这种说法所导致的社会和解的愿望，也像是病态的一般。

使拉维斯铭记于法国人记忆当中的，是这部《法国史》，而不是这一信息。在更加广泛的小教科书的基础之上，这大教科书更上一层楼。在两部教科书之间，有一种互相放大的作用。两部教科书都在唱同样的曲调，都互相为对方提供帮助："小拉维斯教科书"有力地强调了另外一部书里面明确表达的政治哲学；"大教科书"用资料源和文献的"最终手段"（*ultima ratio*）代替了表达的逻辑和草率的判断。历史的连续性从教育的连续性中得到了验证，成千上万的孩子通过教育开始了解历史，而历史学家的工作最终目的也是为了教育这些孩子们。

但是《法国史》在共和国和法国的历史当中所代表的，是一种综合和平衡的努力。让研究和教学之间取得平衡，使得历史硕士学位的教育具有引领民族意识的作用，并使得这种教育负有解释神话、为神话担保的作用。让法国变得平衡，法国用了一个世纪的时间让习俗接受大革命，而且这场革命还没有被另一场革命的威胁所代替。法国用了半个世纪的时间——从 1830 年的拉法耶特（La Fayette）一直到 19 世纪 80 年代的甘必大（Gambetta）——来讨论共和，又花了半个世纪的时间——从莫拉（Maurras）到布拉齐亚施（Brasillach）和班维尔（Bainville）——来打倒这个共和。我们所说的最后一个平衡，是这两个半世纪之间的平衡。拉维斯没有在任何一点上颠倒传统的民族背景，他只是把事实组合在一起，并让这些事实表达了一种意义，并由此而确立强有力的形象，最终竖起了一面镜子，使法兰西在这面镜子当中不断地重新认识自己。

附 件

《法国史》大纲

从源头到大革命的法国史

Ⅰ. 1. 维达尔·德·拉·布拉施：法国地理概览，1903

　　2. 布洛赫：起源，独立时期的高卢和罗马统治下的高卢，1903

Ⅱ. 1. 巴耶，菲斯特，克兰克洛兹：基督教，蛮族，墨洛温王朝，加洛林

王朝，1903

2. 吕谢尔：最早的卡佩王朝（987～1137 年），1901

Ⅲ. 1. 吕谢尔：路易十二世，菲利普·奥古斯特和路易十三世（1137～1226 年），1901

2. 朗格鲁瓦：圣路易，美男子菲利普以及最后的卡佩王朝（1226～1328 年），1901

Ⅳ. 1. 科维尔：最早的瓦鲁瓦王朝和百年战争（1328～1422 年），1902

2. 普蒂·迪塔依：查理七世，路易十一世，查理八世（1422～1492 年），1902

Ⅴ. 1. 勒莫尼埃：查理八世，路易十二世和弗朗索瓦一世，意大利战争（1492～1547 年），1903

2. 勒莫尼埃：反对奥地利家族的斗争，弗朗索瓦一世和亨利二世治下的法国（1519～1559 年），1904

Ⅵ. 1. 玛丽耶约尔：改革，南特敕令联盟（1559～1598 年），1904

2. 玛丽耶约尔：亨利四世和路易十三世，（1598～1643 年），1905

Ⅶ. 1. 拉维斯：路易十四世，投石党，国王，科尔贝（1643～1685 年），1905

2. 拉维斯：路易十四世，宗教，文学和艺术，战争（1643～1685 年），1906

Ⅷ. 1. 德·圣勒吉，雷贝里奥，萨尼亚克，拉维斯：路易十四世及其统治末期（1685～1715 年），1908

2. 卡里：摄政时期和路易十五世的统治（1715～1774 年），1909

Ⅸ. 1. 卡里，萨尼亚克，拉维斯：路易十六世统治时期（1774～1789 年），1911

2. 总析总表，1911

《法国当代史》

从大革命一直到1919 年和平

Ⅰ. 萨尼亚克：大革命（1789～1792 年），1920

Ⅱ. 帕里塞特：大革命（1792～1799 年），1920

Ⅲ. 帕里塞特：执政府时期和帝国（1799～1815 年），1921

Ⅳ. 夏勒蒂：复辟时期（1815～1830 年），1921

Ⅴ. 夏勒蒂：七月王朝（1830～1848 年），1921

Ⅵ. 塞尼奥博：1848 年大革命以及第二帝国开始时期（1848～1859 年），1921

Ⅶ. 塞尼奥博：帝国的没落以及第三共和的建立（1859～1875 年），1921

Ⅷ. 塞尼奥博：第三共和的演变（1875～1914 年），1921

Ⅸ. 毕都，高文，塞尼奥博：第一次世界大战（1914～1918 年），1922

二　"法国行动"或者共和的反面[①]

"法国行动"是法国 20 世纪最复杂、最广泛的右派运动。到目前为止，我们只有关于这场运动的两种类型的研究，而且这两种研究从其目标和所提供的信息的性质上来看，差别也是很大的[②]。直接由"法国行动"的成员写的所有文章都属于第一类，或者莫拉主义的成员所写的作品也间接属于这一类，作品很多，但是总是显得有些可疑，虽然作者们总是以回顾的目光来看待事物，超然于事外，而且资料也十分详细和准确。的确，这些作品很可能维系了有关"法国行动"的一些传说，加强了这场运动在文学上的特点，而这场运动在文化界的地位已经在社会和政治方面高于其实际上所具有的重要性。

相反，第二类的作品在科学上的贡献却很小。很多作品都是论战性的，在法国只有不多的一些文字与众不同。约瑟夫·乌尔（Joseph Hours）写的关于班维尔（Bainville）和加克索特（Gaxotte）心目中的法国历史的一篇文章，就

---

① Paru sous le titre «Les deux apogées de l'Action française», *Annales. Économies Sociétés. Civilisations*, n° 1，janvier-février 1964.

② Eugen WEBER, *L'Action française*, Stock, 1963. 本篇文章开始时是以对本书的介绍的形式出现的。欧根·韦伯的书曾经是，现在仍然是了解法国这一运动的基础参考材料。莫拉（Maurras）和莫拉主义后来成了很多作品研究的对象。最近举办了一系列的研讨会，关注了这一运动的各个方面，这些研讨会的成果分为三个方面发表：Michel LEYMARIE et Jacques PRÉVOTAT（dir.），*L'Action française. Culture, société, politique*, Villeneuve-d'Ascq, Presses Universitaires du Septentrion, 2008；Olivier DARD et Michel GRUNEWALD（dir.），*Charles Maurras et l'étranger. L'étranger et Charles Maurras*, Berne, Peter Lang, 2009；Olivier DARD, Michel LEYMARIE et Neil MCWILLIAM（dir.），*Le Maurrassisme et la culture*, Villeneuve-d'Ascq, Presses universitaires du Septentrion, 2010。

是属于这一种①。雅克·朱利亚尔（Jacques Julliard）也写过一篇关于莫拉的宗教政策的文章②。第三篇文章是拉乌尔·吉拉尔戴（Raoul Girardet）关于"法国行动"所造成的影响③。尤其是《"法国行动"，是对传统的综合?》（*L'Action française, une synthèse de traditions*?）当中，勒内·雷蒙（René Rémond）写的极其出色的一章文字。虽然所有这些文章与美国历史学派④（美国历史学派的研究更多一些）的研究一样，从维廉·库特·布特曼（William Curt Buthmann）到萨姆埃尔·M. 奥斯古德（Samuel M. Osgood），都是从运动的意识形态方面考虑的，或者是只考虑查理·莫拉个人⑤。

最近美国又发表了两部从总体上分析"法国行动"的作品，作者是艾德华·R. 塔南博姆（Edward R. Tannenbaum）和欧根·韦伯（Eugen Weber）。两位作者事先并没有沟通，是分别进行的研究。艾德华·R. 塔南博姆是将哲学博士学位论文整理后发表的。欧根·韦伯是加利福尼亚大学（洛杉矶）的教授。他在 1959 年便发表了一部关于 1914 年法国战前民族主义的作品，年纪轻轻便引人瞩目⑥。两位作者都提到国家档案馆 F7 系列的警察报告。两位作者都从活下来的人和证据那里得到了十分有教益的材料。欧根·韦伯并不掩饰艾玛努埃尔·博·德·洛梅尼（Emmanuel Beau de Loménie）对他的帮助，我们姑且只举这一个例子。两位作者都可以自由地查阅或者是弗朗索瓦·都德（François Daudet），或者是雅克和艾琳娜·莫拉保存的一些资料。因此，他们

---

① Joseph HOURS, «L'Action française et l'histoire de France», *Cahiers de la Nouvelle Journée*, n° 10, *Un grand débat catholique et français. Témoignages sur l'Action française*, 1927.

② Jacques JULLIARD, «La politique religieuse de Charles Maurras», *Esprit*, mars 1958, pp. 359 – 384.

③ Raoul GIRARDET, «L'héritage de l'Action française», *Ruvue française de science politique*, vol. VII, n° 4, octobre-décembre 1957.

④ En Particulier: William Curt BUTHMAN, *The Rise of Integral Nationalism in France with Special Reference to the Ideas and Activities of Charles Maurras*, New York, Columbia, University Press, 1939; Samuel M. OSGOOD, *French Royalism Under the Third and Fourth Republic*, Nijoff, La Haye, 1960, et«Charles Maurras et l'Action française: état des travaux américains», *Revue française de Science politique*, vol. VIII, n° 1, mars 1958, pp. 143 – 147. 萨姆埃尔·奥斯古德 1960 年是第一个利用警察局的某些报告进行研究的作者［cf. «The AF Between the Wars», communication au congrés annuel de la Society of French Historical Studies, Unversity of Rochester (New York), 9 avril 1960］。

⑤ Cf. Léon S. ROUDIEZ, *Maurras jusqu'à l'Action française*, A. Bonne, 1957.

⑥ Edward R. TANNENBAUM, *The Action française. Die-hard Reactionaries in Twentieth Century*, Londres et New York, Wiley, 1962. Eugen WEBER, *The Nationalist Revival in France*, 1905 – 1914, Berkeley/Los Angeles, University of California Press, 1959; en français, *L'Action française*, trad. M. Chrestien, Stock, 1964.

也证明，这些被说成是像无法攻陷的堡垒一样的东西，实际上并不是无法企及的。由此说明，这些资料大家都知道是必不可少的，虽然很宝贵，但除了一些例外，也只是研究的一些补充，研究的基础还是要连续地细心地阅读出版物和期刊。但是，研究项目所采用的资料及其广泛程度相差依然很大，所以两部作品还是不可同日而语。艾德华·R. 塔南博姆主要研究的是 1914 年之前的时期；虽然他很想理解，但他还是不愿意太过严肃地对待一个"不入流的人的运动"，一个"知识分子咖啡馆"的运动，他承认不管是从政治上还是从精神上，他都离这种运动相距甚远。判断上的差距，作者对主题关注程度上的差距，也有规模上的差距。从严格的材料的角度上来看，欧根·韦伯的作品 600 页，篇幅是另一部作品的两倍。艾德华·R. 塔南博姆的作品综合性强，文字很好，可以为我们带来一些有益的东西，可以对韦伯的作品进行修正或者起到证实的作用。而韦伯的作品是至今为止，对"法国行动"资料翔实、描写最为全面的作品。

这场运动只是在动态中来看待。面对大量的意识形态分析，作者用 30 个章节的长度，以轻松的口吻叙述他研究的内容。从导致这场运动产生的民族危机，一直到它最后的民族灾难，"法国行动"在半个世纪的时间里，用法国式的意识形态和政治思维，编织它施展影响的网络，以此希望不通过政党、不通过选举而形成的组织，不使用大量的金融资源，便形成最为特殊和最别出心裁的反右派运动。

这还只是这段历史当中最小的悖论。在很大程度上，"法国行动"应当对神圣联盟时期法国重整精神道德负有责任，但是"法国行动"通过挑起人们之间的憎恨和诽谤，在这场"奇怪的失败"当中没有承担任何责任，莫拉主义却从中获得了一种新的、也是最后的气息。面对一次次的失败，虽然他保持着清醒的头脑，明确表现出悲观的情绪，本来反对唯心主义，反对洋洋得意地做墙头草的莫拉，却对别人表现得盲目，对自己抱有幻想，这都属于乐观的、不知悔改的唯心主义。法国行动是"通敌党"，但它得到街头人们的支持，那些一听到勒南的名字便如醉如痴的女公爵们也为此欢呼。理性的学校从来不曾培养出这么多虚情假意的人。教皇谴责的第一号天主教党，被抛弃过两次的保皇党，自认为是保皇党的人抛弃了它，这些人的继承者也抛弃了它。作为一场运动，它的受益者从内心深处都是保守派，其最杰出的成员因为喜欢革命的动乱而离开了它。它是爱国主义的先驱，是反日耳曼主义的先头兵，由它所担保的国家元首主张的政治前提，就是与德国合作。历史和战争当中情节曲折的"悬念"，"法国行动"是一个也不缺，欧根·韦伯一个也没有忘记。从这连续的叙述中，人们虽然觉得很高兴，但也很遗憾地没有看到应当有的研究假设，或者从总体上进行解释的努力。

"法国行动"的首领好像从一开始，而且是自始至终地将两种本来在法国具有完全不同作用的词语密切地联系在了一起：民族主义和王权主义。这两者被联系在一起形成了一个学说的主体，而且为右派提供了《当代法国的起源》以来唯一的理论武器。通过假设和形式上的推论，这里的民族主义能够将人引向王权主义。莫拉写道："如果你决心成为一个爱国者，那你必然是一个王权主义者。这是理性所要求的。"① 然而，莫拉的论调有两个音符，其中第一个很有可能在民族当中得到共和派深刻的响应；而第二个对于民众的感受力来说，总是让人觉得带些外国的情调，即使是这种音符与共和为敌的时候。所以，才有了这种根本上的矛盾：一方面，基于不妥协的学说而建立起来的联盟；另一方面，每年都在关注有多少新信徒的教派，一种动不动就诅咒人、却又只顾说、并不考虑如何付诸行动的话语。这些东西只有作为散漫的影响，作为仅供参考的话语，作为漫无边际的效忠，作为被放弃了的修道院时，其影响才会这么大。这一运动只是通过中间人才"从深刻的意义上"与民族相遇，这一相遇的代价，就是要毫不妥协的人们做出重大牺牲，也就是他们要放弃他们的恨和他们的蔑视。"法国行动"有两个重要的时刻：1918 年 11 月 11 日和1940 年的秋天。克里蒙梭（Clemenceau）赢得了胜利，于是"法国行动"便与共和妥协了。掌握权力的是元帅，于是莫拉便与日耳曼主义妥协了。成功和失败只是同一枚硬币的两面。在民族的舞台上，从某种意义上说，"法国行动"只有在彻底消失之后，才更加令人瞩目了。

*

1918 年，作为运动标志的第一阶段达到了顶峰。这场运动声势为人所关注的时间只有 12 年。1905 年的 3 月，警察的报告当中只依稀提到 7 年前，也就是 1898 年春天在选举的高潮时候，由两个陌生人伏日瓦（Vaugeois）和普约（Pujo）建立的一场运动。8 个月之后，"从哲学和科学特点上吸引了很多

---

① Charles MAURRAS, *Enquête sur la monarchie* [1900], Nouvelle Librairie nationale, 1909.

人"的一个联盟，其势力还比不上爱国大学生联盟和保皇派阳光联盟。从1906 年 5 月开始，事情发生了转折，警察的报告当中记录的是"法国行动"所产生的重大影响，一直到 1914 年。其原因是什么呢？我们想强调这场运动之所以快速发展的三个原因，同时也意识到，这样归结有可能是与这场运动兴起的复杂性有关；有几个人，以及他们驾驭时事的能力对运动的兴起起到了推波助澜的主要作用。

第一，团队的人年轻，具有战斗精神，而且这些人与原来的保皇党没有联系。伏日瓦在 1900 年时 30 岁，是哲学教授，父辈是参与判处路易十六死刑活动的人，是个激进的社会党人；普约比他小 8 岁，是奥尔良的佩吉（Péguy）的弟子，曾经是个斯宾诺莎和瓦格纳的狂热追求者，后来又当过《艺术与生活》（*L'Art et la Vie*）的主编，这是无政府主义者的一本杂志，很有"世纪末"的思想特点；列翁·都德（Léon Daudet）出身于一个知名的共和党人家庭，曾经是个反布朗热分子；列翁·德·孟德斯鸠（Léon de Montesquiou）是罗马王室女管家的孙子，皈依了共和；勒内·根东（René Quinton）是"法国行动"中的第一个科学家，是丹东（Danton）的侄孙；欧仁·卡芬雅克（Eugène Cavaignac）出身于雅各宾党的家庭。吕西安·莫洛（Lucien Moreau）是拉露丝家族的一个成员，原来是个无政府主义者，在莫拉的劝说下皈依了"法国行动"；班维尔（Bainville）的父亲是卡米依·佩利坦（Camille Pelletan）的弟子和朋友；马利坦（Maritain）是朱尔·法夫勒（Jules Favre）的孙子。是什么原因将这些出身五花八门的人联系在一起的呢？是具有狭隘教条特征的爱国主义，是面对着 1902 年选举时传统的民族主义动乱的失败，对秩序的呼唤意识，还是对巴莱斯（Barrès）所说的"新爱国主义"的确信要求他们采用其他方法，寻求其他学说和领袖。

他们是极好的具有互补作用的领袖，而且他们也意识到了这一点，便各自分担了不同的角色。莫拉是以人格参与的，他全身心地投入了这场具有净化作用的沉重灾难当中。在 1898 年 12 月 2 日他写给巴莱斯的一封信（未发表过）中，我们可以看出他的梦想："德雷福斯党是造反党，应当全部被枪毙。一个具有如此大的多样性的民族只能在血泊中才能够得到统一和改革。必须拿起武器。不要以为我是心血来潮，我只不过是厌恶得再也忍不下去了！"他的人格，就是永远为人瞩目的风格，还有他的学说。也许这没有任何新意，但是莫拉却巧妙地将这些陈旧的东西融合在一起。他批判民主和个人主义的自由思想，蔑视金融利益，憎恨犹太人的国际主义，在政治上把道德哲学摆在优先的地位上，无视作为行会秩序万应灵药的经济数据，推崇非法行动，认为非法行动的原则是至高无上的权威，不会在普选当中受到辱骂。他是这场运动的主导人、圣师和思想家，但是他并不喜欢出头露面，他让更加嗜血的人担任了明星的角色。而且列翁·都戴有幸成了新闻的最大的报料。他和让娜·雨果离婚后，在第二任妻子带领之下，信奉了十分暴力的天主教，以及十分具有文学意味的反犹太主义，"这个可恶的大男孩"令艾德蒙·德·龚古尔（Edmont de Goncourt）感到惊奇不已。因为，"在他身上既有街头小混混的流氓习气，会跟赶马车的车夫打架，同时又常和最为高深的思想家有着精神上的交流，能够以十分独特的文字编写医学生活"，是"法国行动"的捣乱分子，也是读者们最喜欢的人物。

第二，有天主教人士的支持。"法国行动"做了很多努力，想把工人争取到自己的阵营里来，而且莫拉向我们指出说，摆脱了民主和国际思想的社会主义，可以与民族主义形成一致，"就像一只为漂亮的手而定制的漂亮的手套一样"（《政治和批评词典》中的"社会主义"词条）。他们不仅仅满足于文字，在乔治·索莱尔（Georges Sorel）和莫拉之间也不仅仅满足于交换有效的办法。比如，在德拉维依罢工运动中，"法国行动"是站在工人一边，与克里蒙梭（Clemenceau）的警察进行斗争。但这一切都徒劳无益。所有社会主义和工团主义的词语都让"法国行动"所选定的同党感到不安，而且反对宗教的斗争，政教完全分离的孔伯主义（combisme）以及很多诸如此类的东西所引起的混乱，更是大大地增加了人们的不安。

"法国行动"最早的保皇派同党大部分是天主教徒，同样，反对教会体制的斗争使得"法国行动"的保皇思想得到了大部分天主教人士的支持。通过主教莱（Lai）（他是主教会议的秘书，也是在庇护面前为"法国行动"说好话的人），高级教士们当中有很多是同情"法国行动"的人，其中有三位主教：蒙伯利埃的主教德·卡布利埃尔（de Cabrières）、里昂的大主教塞文（Sevin）以及波尔多的大主教安德里耶（Andrieu），级别稍低一些的还不算在内。《十字架杂志》（La Croix）里圣母升天会的神父们与所有原教旨主义新闻界都支持"法国行动"。天主教的修道院成了主张宗教极端主义的民族主义的活动中心。天主教的军事组织"军队圣母院"（Notre-Dame des Armées）对这一学说进行宣传；而且公布了警察局 1905 年 9 月的一份报告的《宇宙》

（*Univers*）杂志，正要被"法国行动一个朋友和成员集团所收购"。

教皇在 1910 年 8 月 25 日的一封信中谴责基督教民主的原则和马克·桑尼埃（Marc Sangnier）的运动，这封信被认为是"法国行动"的胜利。对《田野》（*Sillon*）杂志的谴责最终结束了"法国行动"与梵蒂冈近 20 年的同盟关系。

第三，国际形势。战争越来越近，暴力反日耳曼的雅各宾主义的再次出现是从 1905 年开始，使人们产生了一种幻想，以为"法国行动"是一种民族主义运动的先锋。事实上，这只是部分的巧合，而这种巧合便为这一伙人提供了机会。在战争之前，"法国行动"赢得了第一局，成了一种可能的假设。它有了自己的媒体，而且搞得还不错：创立于 1908 年的《批评杂志》（*Revue critique*）对于右派的知识分子来说，就像《新法国杂志》（*La Nouvelle Revue française*）对于左派一样。在路易·迪米埃（Louis Dimier）管理下，研究所正在蓬勃发展。"法国行动"远远超越了巴黎，在法国西部、西南部和南部、诺曼底、北部和加莱海峡地区站稳了脚跟，这些地方的企业主和天主教影响很大；还有在罗讷河谷一带也驻扎了营地。罗曼·罗兰 1914 年在给塞谢（Séché）的信中写道："我不赞成莫拉和'法国行动'的结论，但是他们的党是合乎逻辑的，而且组织得很好。"1914 年，3000 名成员跟在德鲁莱德（Déroulède）的灵车后面为他送葬。3 月底，巴黎联盟（Fédération de Paris）44 个支部的代表大会结束，参加会议的成员达 6000 人。5 月 24 日，30000 多人参加了贞德节（fête de Jeanne d'Arc）的游行活动。

1915 年 1 月 28 日，警察局的一份报告归结说："我们可以认为，从今以后，'法国行动'已经将法国所有的保皇力量都掌握在自己的手中。在它认为适当的时候，会随心所欲地支配这些力量。保皇党对此充满激情。毫无疑问，经过我们正在经历的这场考验，保皇党会变得更加强大。"的确，战争和胜利只不过是让"法国行动"的存在变得更加合法化，使它更加深刻地融入政治生活当中。在战争前夕，"法国行动"还只是垄断保皇党的代表性，到了战争结束时，它已获取了民族代表性的资格。正是这样完成了一步步的转变。对克里蒙梭（Clemenceau）的咒骂到了 1918 年就变成了无条件的赞美。卡约（Caillaux）被逮捕和马尔维（Malvy）被判刑看起来成了都德（Daudet）运动自然而然的结局。在不到一年的时间里，报纸赢得了 7000 多订户。据阿尔贝·托马（Albert Thomas）所说，只要阅读《法国行动》报，就可以了解当天新闻的一般论调。马塞尔·普鲁斯特（Marcel Proust）声称，这是唯一让他读起来感到很快活的报纸。阿波利奈尔（Apollinaire）把《玛讷战役颂歌》（*Ode à la bataille de Marne*）的作者比作平达（Pindare）和隆萨（Ronsard），并给列翁·都戴写信说："和你意见一致的人一定在帮助你。"而且在巴拉尔（Barral）和列翁·德·孟德斯鸠死后，伏日瓦也死了，于是，班维尔、迪米埃（Dimier）、普约和普拉多（Plateau）便有了前途，蒸蒸日上的"法国行动"从会考街（rue du Bac）搬到昂丁马路（chaussée d'Antin）。从塞纳河的一岸搬到另一岸，这是象征性的变化，也是在方向上发生的渐变。

一言九鼎：梵蒂冈 1926 年 12 月对"法国行动"的谴责标志着这一运动上升期的结束。战后"法国行动"渐渐完成了重组，牢牢掌控着十个区，在拉丁区占有主导优势，由参加运动的成员或者慷慨的捐赠者提供大笔的资助，比如，弗朗索瓦·高弟（François Coty）在 4 年的时间里向《法国行动》支付了 200 万，这份日报的印数是 10 万份，周日出版的《农业周刊》印数为 2.5 万份。联盟组织这时候的影响力达到了顶峰。

第二个危机：乔治·瓦鲁瓦（Georges Valois）在战前便开始了漫长的努力，想把工人联合起来，而在这个时候，这种努力最终失败了，并且兵败如山倒，败得不可收拾。从 1920 年开始，瓦鲁瓦便建立了"法国知识和生产界联盟"（CIPF），以便在行会的基础上组织法国的生产。1924 年，他越来越被墨索里尼式的法西斯主义所吸引，希望摆脱保皇党严格的政治思想束缚，于是获得准许，成立一个与"法国行动"共同存在的自己的报纸和运动。1925 年 2 月，《新世纪》（*Le Nouveau siècle*）出版；9 月，《光束》（*Le Faisceau*）出版。在几个星期的时间里便发生了彻底的决裂，而决裂的意义远远超出了个人与个人、组织与组织之间的竞争。瓦鲁瓦有经济头脑，而莫拉的头脑中只有人道；瓦鲁瓦有着一颗无产者的心，而莫拉的心中则是资产者。瓦鲁瓦是站在工人一边的，而莫拉则是站在中产阶级一边。瓦鲁瓦自称是法西斯，而莫拉则采取了保守派的态度；瓦鲁瓦想革命，而莫拉最终在选择的时候站在了既定秩序一边。瓦鲁瓦在 1910 年写道："所有卑微者的权利最为严肃的保证，都是与有权势者的拯救和利益联系在一起的。"

1925 年的分裂并没有伤害到联盟的有生力量。在莫拉和瓦鲁瓦之间，"法国行动"的忠实信徒们没有犹豫，自主本能地选择了莫拉的保守主义道路。分裂的种子是为未来而播下的，随着法西斯社团主义的诱惑越来越大，分裂才渐渐产生了影响。

梵蒂冈是第二年才进行干预的，与梵蒂冈的决裂却立刻影响到眼下。关于这一决裂的原因，欧根·韦伯的书中详细地介绍了发展过程（罗马从 1914 年便接受了其原则），但是并没有做出清楚明了的分析。对于莫拉的不可知论，罗马在何种程度上是反对的，当时的形势和政治意愿对参与天主教的"联盟"起到多大的作用？问题的历史重要性，以及法国天主教发生的转折，也许都应当进行更加深入的分析①。

无论如何，对于"法国行动"来说，这两次危机加在一起，导致了一个新时期的出现，并不是因为这场运动已经达到了它的深层意义。梵蒂冈的谴责甚至让它像被迫害者一样更加出名。如果说，天主教不再公开地支持它，"法国行动"在法国天主教上层人士的内部所引起的暗恋感，以及欲罢不能的忠实拥护者，都清楚地表明，相对于天主教国际政治的变化来说，法国天主教的舆论还是有着不小的偏差。但是，这场运动不再纠结于现实事件。从此以后，它已经不再是一场为了政变而组织的群众运动。长期以来，运动的领袖一直宣称他们马上就要夺取政权，以此来鼓动自己的民众；现在这种想法已经消失，换成了悲观的预言，直到 1940 年，莫拉才从这种预言当中走出来。欧根·韦伯说得很清楚："法国行动"是在衰落，而不是"重新定义"，由此运动的统一性和吸引力也就变弱了。

从一些数字上可以很清楚地看出这种衰退。即使在加斯科涅（Gascogne）这样"法国行动"立足十分稳固的地区，总体的安全报告也记录到有丧失活力的现象。虽然丧失活力的过程比别的地方更慢，但是变化也是很明显的。1927 年波尔多的全国代表大会参会人员有 1500 人，一年之后的会议就已经没有那么兴旺。1928～1930 年《新圭亚那》刊登了很多农村会议的宣传，现在地区首府的活动寥寥无几。1930 年 11 月，"法国行动到了死亡点"。宣传会议从 1926 年的 404 场下降到 1929 年的 172 场。到了 1930 年，报纸的订户不足20000 户。钱变得越来越缺乏。无疑，"法国行动"仍然可以动员像其他"右派"组织一样的人数参加街头的抗议活动，而且组织得更好，也就是大约2000 人，这算不上多。也许其成员人数可以达到六七万人，而同一时期共产

---

① 关于对"法国行动"的谴责，阿德里安·当塞特（Adrien DANSETTE）对有关的事实做过很好的阐述，cf. Adrien DANSETTE, *Histoire religieuse de la France contemporaine*, t. Ⅱ, *Sous la Ⅲᵉ République*, Flammarion, 1951, pp. 563 – 613。

党的人数也就三四万人。同拥有 13 万人的国际工人法国支部相比，这真算不上多，尤其是同"爱国青年"（9 万成员）、"法国团结"（15 万成员）以及"火焰十字架"（18 万成员）相比。另外，像"法国行动"这种从来没有用参加人数来衡量其力量的组织，还无法用不算太少的成员人数来掩饰其衰败。

实际上，在政治力量的结构当中，"法国行动"所处的地位发生了质的变化。它的作用力衰败了。从 1934 年 2 月 6 日到 1940 年 6 月，"法国行动"对体制的威胁，远不及其他政治联盟的发展对体制所造成的威胁，尤其是"火焰十字架"的发展。1934 年 2 月 6 日发生的状况是"法国行动"根本没有料到的。巴黎公爵（Le comte de Paris）在布鲁塞尔，他深信"'法国行动'根本就不想成事"。都戴在 2 月 6 日晚上得到电话通知，急匆匆回到巴黎。"法国行动"的队伍被人小心翼翼地排挤到了一边。未发生变故的省没有动静，里尔除外。这新的一天让很多人受骗上当，这也使很多人相信，"法国行动"已经是个无所作为的组织，其中包括皮尔埃·德·贝努维尔（Pierre Guillain de Bénouville）和雅克·雷努文（Jacques Renouvin）。自从 20 世纪 30 年代以来，1914 年以前的思想便在人们当中酝酿。越来越保守的小资产阶级民族主义的学究们年老力衰，他们和新一代人之间的差异，表现在 1931 年和 1934 年的阶段划分中，在战争期间最终放弃了《我无处不在》(Je suis partout)。1936 年，都戴 69 岁，莫拉 68 岁，普约 64 岁。很多人都像约瑟夫·达尔南（Joseph Darnand）一样，以粗暴的方式离开了他们。"一群傻瓜！"布鲁克贝吉神父写道："他明明看出来了，这些没用的老东西永远也干不出什么像样的事来，便带着直言不讳的蔑视离开了他们。"① 1936 年 2 月的解散不可避免地掩盖了"法国行动"决定性的衰败。

这是否意味着，在新的联盟（比如，"火焰十字架"），尤其是一些新的政党（比如，法国社会党）和一些新的学会（比如，"风帽会"和古老的法国行动）之间，存在着某种连续办法。虽然在法国民族—社会党和法国法西斯党当中，很难分辨哪些东西是从右派那里继承来的，哪些东西是受外国影响的，但是在人的心中，还是有些思想，有些方法，有些肯定无疑的演变联系，甚至是在代替了

---

① Maurice GARON（dir.），*Les Procès de collaboration：Fernand de Brinon，Joseph Darnand，Jean Luchaire（compte rendu sténographique）*，Albin Michel，«Grands Procès contemporains»，1948，p. 219.

行动本身的行动浪漫趣味当中，依然存在着让"火焰十字架"谴责"法国行动"的联系，就像梯耶里·姆尔尼埃（Thierry Maulnier）谴责"风帽会"一样。历史遗留下来的东西并不少，但是遗产本身的重要性也会使陈旧的"法国行动"处于极度的孤独当中，1937 年"法国行动"的领袖被监禁仍然具有象征性的意义，仍然是法国和外国的知识精英忠实于它的标志。就在这同一年，那些被想登上权力宝座的人所遗弃的苦难者终于赋予"法国行动"先锋的形象。尽管莫拉被上帝、国王和激进主义分子所抛弃，但仍以一位老者不知疲倦而无所畏惧的勇气，保证其学说的长久不衰，不受暂时令人失望的现实所影响，而事实终究会奇迹般地让这位老者如愿以偿。因此，1940 年的战争为政治上行将就木的一场运动带来了新的气息。彻底的民族主义从失败当中爆发出第二次高潮。

从传统角度说，"法国行动"一直被认为是维希（Vichy）政治哲学最基本的组成元素之一。当然，维希的政治班子当中很大一部分人，尤其是拉瓦尔（Laval）都是反对这一运动的。但是，1940 年 7 月 17 日的法律禁止一切父亲是外国人的人担任公职；7 月 22 日的法律修改 1927 年以来的国籍登记；7 月30 日的法律规定成立最高法院，审判第三共和国的部长们；8 月 13 日的法律禁止秘密协会的行动，尤其是共济会；8 月 23 日和 9 月 3 日的政府令允许逮捕任何"危害国家安全"的人；10 月 3 日的犹太人身份法；1941 年的劳动法。所有这些措施都是在"劳动、家庭、祖国"的口号之下提出来的，还有什么青年工地、乌里亚日学校以及很多贝当讲过的东西，都成了"法国行动"的期望发出的最后的回声。但是，这种几乎算得上是后世的成就，却是一种悲伤的胜利，是温和派人士的胜利。1924 年，甚至在 1934 年仍然是这样，"法国行动"在人们的心目当中是一种极端主义运动，是这场运动的激进主义导致保守右派掌握了权力。1940 年，代表极端主义的，是民族社会主义，是坦诚而忠实地拥护通敌的人们。从今往后，"法国行动"不再让人感到害怕，而是让人感到放心。在共和国危机的时刻反对它的事物，在并非因为它的打击而垮台的共和国时期反而对它有利了。"法国行动"可以算是都梅格（Doumergue）在 2 月 6 日之后所提出的一个明智的方案。

但是，维希政权还没有穷尽"法国行动"的新鲜花招。民族主义同样的行动曾引导保皇党人做出相反的选择。公民投票的古老资本使贝当又拿起古老的反日耳曼的资本用于抗战，排在最前边的就有皮埃尔·德·贝努维尔、雅克·雷努文（Jacques Renouvin）、奥诺雷·戴斯提安·多尔夫（Honoré d'Estienne d'Orves)、达尼埃尔·科迪埃（Daniel Cordier）以及《雷米上校》（*Colonel Rémy*），这些人扮演的角色我们已经知道了。虽然分裂是在 1830 年开始的，但是从这时开始，当德国人的占领迫使人们不得不说真话、不得不明确表达效忠于什么人的时候，主要的分裂才得以完成。

归根结底，对于"法国行动"来说，1940 年具有揭示性作用。贝当派"神奇的圣婴"明确显示，已经成为莫拉主义的"法国行动"，其实在完全共和主义的环境已经最终完成了反革命性质的蜕变。"法国行动"的精神、政治和心理世界，仍然保持了莫拉年轻时代的状态；与布朗热主义和德雷福斯事件是同时代的。也许"法国行动"不是一个错误的综合，而更多的是一个僵化的综合。一代人以来，也许是两代人以来，当 1940 年精神、政治和军事上的崩溃使失败了的法国又一次回想到 19 世纪末期古老的珈桑德拉时，"法国行动"的时代便已经成为过去。

*

这就是我们可以从这一段历史中得出的结论。"法国行动"的兴旺与第三共和的繁荣不谋而合。体制最为激进的争论工具，是在左派联盟使共和变得激进的时候产生的。它的第一个高潮是克里蒙梭（Clemenceau）的胜利，它的衰落开始于最后一任部长普安卡里（Poincaré）时代，对于第三共和国来说，那是动乱时代的开始。在这里我们并不是想让成为死对头的两兄弟在死后得到和解。从历史的角度来看，我们不得不注意到两种现象所具有的互补性，首先是年代上的互补性。"法国行动"抹去了反共和的感情。它是共和的反面。

对于共和议会制的民主来说，它无疑在法国的政治习俗当中引入了一种完全陌生的词汇和风格。但是这场运动的思想和文学上的特点并没有被引入，而正是因为这一特点，它才不只是政治现实中的一个组织部分，政治的现实也有助于让这场运动成为世纪初最具有文化光辉特色的表现之一。所有的属性它都不缺。首先是因为，正如梯耶里·姆尔尼埃在 1935 年所写的那样，莫拉主义永远不会放弃它所触及的人，以至于"除了实际的、可见的和可以衡量的力量之外，'法国行动'还有另外一种力量，那就是由所有离开了它的人所形成的力量"。另外，很多伟大的作家都在不同的时期向莫拉表达过敬意。这些作家包括普鲁斯特（Proust）、莫里亚克（Mauriac）、纪德（Gide）、罗吉·马丁·迪·卡尔（Roger Martin du Gard），以及年轻的马尔罗（Malraux）。马尔罗在 1923 年声称说："从精神上的无政府主义走向成为今天最伟大的精神力量之一的莫拉，并不是与自己的内心背道而驰，而是在建设。"就在这同一年，他写了《蒙克小姐》（*Mademoiselle Monk*）的前言①。

然而，即使在行使其职能的时候，"法国行动"也只能以更加深刻的方式才会表现出它同共和的对立面。作为反理智主义的知识分子的反抗行为，它在共和国战胜最后的致命危机之时诞生，作为共和国的反面教材发展壮大起来，因而不得不进行持续不断的说教，声称它只是比较了以有限的方式向精英们传播的学说和共和教育缓慢积淀下来的理论。一些杰出的大学教授，比如，兰博、龙尼翁（Longnon）或者与加布里埃尔·莫诺共同创立《历史杂志》（*Revue historique*）的法尼兹（Fagniez），还有奥古斯特·孔德的遗嘱执行人安托万·博曼（Antoine Baumann）都成为皇宫晚宴的座上宾，后来在 1906 年 2 月建立了法国行动研究所（Institut d'Action française）。无论如何，从"法国行动"的思想教义的角度看，所有这些人的影响也比不过莫拉一个人的贡献。"法国行动"的历史之所以一波三折，之所以可以吸收体制的各种形式的异议，这与学说的统一性不无直接的联系。创立"法国行动"的团队之所以有存在的理由，是因为《关于君主政体的调查》（*Enquête sur la monarchie*）的作者以实证主义和保皇主义为假设，断言必须让理性和共和区别开。他认为这两者的联系是致命的，也是具有偶然性的，支持德雷福斯的人们的那些说法，就是这种统一所结出的恶果。这时候，这场运动便登上了一个台阶。他坚持一个原则，而这个原则也成就了他的魅力。于是，莫拉便明显地与反革命的传统思想区别开，而长期以来，人们一直认为他代表着反革命的思想。他很明确地表明自己的理性主义和彻底的实证主义，这便足以让他的思想与布克（Burke）或者圣朱斯特（Saint Just）的思想形同陌路。同时，这种自称十分关注历史的思想却与当时法国的历史完全决裂。他的王权主义是一种十分抽象的推断，所以才从君主的舍弃中活了下来。莫拉从来没有走出选择王权主义所带来的必然后果以及这种选择的完全理性动机之间的矛盾。"具有组织作用的经验主义"这一模糊的概念并没有完全地填充空白，这也是莫拉在法国行动研究所"政治"课上所讲授的主题。

---

① 1923 年 3 月 7 日，弗洛朗·费尔（Florent Fels）写信对莫拉说："马尔罗自发地要求我写一个关于你的说明，因为他从内心深处赞佩《知识阶层的未来》（*L'Avenir de l'intelligence*）。"（莫拉的个人档案资料）欧根·韦伯在《法国行动》中引述过这段话（*L'Action française, op. cit.*, p. 575, note 6）。

在莫拉的心中，最为强烈的激情只是服务于理性。运动是从头脑发展到心的，是他手下的公众颠倒了顺序，让理性为激情服务。这一颠倒无疑是"法国行动"历史的一个主要元素。莫拉是从原则上反动，而他的拥护者则是从表面上反动。因此，说到底，必须准确了解的，是"法国行动"的公众。

然而，社会学的指示迹象相对来说不是那么确定，哪怕是因为脆弱的统计学基础造成的。比如，塔南伯姆（Tannenbaum）在1910年的研究是根据一份811名加入"法国行动"人的名单进行的。韦伯在1933年的研究基础是873名加入者的名单，其中212名指出了他们的职业。这时，贵族参加的人数与1910年时无异，占15%～20%，和1927年之前宗教界人数的比例一样多。然而，到第一次世界大战之前：一方面，大多数似乎是由军官和知识阶层的人员组成，其核心是律师和天主教法学家学会的人，而且在文献学院的立足时间比较早，但是却很稳健；另一方面，由一些很小的小资产者构成，他们的地位不稳固，而且也是属于边缘阶层，比如，银行职员和小生意人、保险代理人和客商，他们人数很多，所以才专门设立了一个支部，将那些"所有以说服客户为职业"的人组织在一起。社区的战士正是从这样的大众当中征集的，这些人常常是刚刚从外省来到城里，在失去了人文特点的社会关系当中感到无所措足，他们是城市化的受害者，觉得受到了"大众民主"的威胁，而不是受到了经济体制演变的威胁。

变化在战后加快，而1927年之后宗教界人士和天主教信徒的正式撤退，以及20世纪30年代的经济低迷改变了"法国行动"的公众面貌①。构成外省支部骨干的小工业主和地主受到的危机威胁最为严重，受他们的影响，很多当地的知名人士也陷入了困境。这个时期建立了一些团体，比如，福斯特尔·德·古朗日（Fustel de Coulanges）的团体（1928年成立），高等师范学院也建立了一个小团体，而且这时候的"法国行动"在教师、知识分子和作家群体当中一般被认为是替代共产主义的一种办法。"法国行动"做出了极大的努力，向医疗和军事领域进行宣传；一份专门的杂志《医生》（Le Médecin）大量发行；1928年2月，"法国行动"的报纸推出一个双月刊的军事专刊，很受欢迎。所有这些迹象都表明，运动的对象发生了变化。

---

① 在873名登记加入"法国行动"的人当中，有212名说明了职业，这212名人员的职业分布如下：46名医生；36名店铺主；10名药房主；32名军人；26名农场主或者地主；24名律师或者法学家；16名小工业主；10名市镇长、市政府的秘书或者小公务员；6名商店售货员；3名工程师；2名保险代理人；1名银行家。

我们还是很难从总体上做出判断，出现了一种明显的倾向性。1914 年以前，虽然有些平民甚至是工人参加，但是占大多数的还是一些名人。1930 年之后，参加人员的名单就不那么光鲜亮丽了，知名人士少了许多。男爵、主教和科学院院士少了，更多的是殖民地的人、行政部门的工作人员、公务人员和小业主。如何从社会心理学的角度，来解读这些关于职业的数据呢？这似乎不是一个失去了社会地位的人的运动①，而是一些"不正常的"人的运动，他们的名誉受到伤害，对社会关系的观念受到触及，对两次世界大战之间法国所起到的作用感到失望，对议会制和政府的不稳定感到愤怒，法国的堕落萦绕在他们的心中，而不是担忧经济利益的威胁。他们恨 20 世纪的社会，而不是痛恨成为工业化的受害者。因为，在 40 年的时间里，在一个像法国社会这样复杂的社会中，抵制意识形态，社会感受力稳定不变，对传统家庭的依恋，对上流社会的模仿，外省人的孤立，学校的影响或者知识分子的宗派，这一切引发了一些政治行为（而且对于"法国行动"来说，经常表现为一些无关大局的小事件），而没有触动社会经济局势，尤其没有触及社会体系，使社会制度向着我们今天所说的"工业社会"转变。

由于没有关于家庭或者个人的专题研究，要使结论能够回答最为关键的问题，作者们也许应该扩大资料的统计学基础，或者同时采用一些其他的方法，比如，对"法国行动"在选举中支持哪一方进行分析，或者，最后而且尤其应当指出的是，他们可利用自己对法国政治生活心理上的微妙变化所具有的天生的直觉，来弥补数量上的空白。

另外，单纯的"法国行动"实践史必然无法全面理解这一现象：一方面，必须在欧洲政治运动的框架之内对"法国运动"进行解读；另一方面，也必须将"法国行动"纳入法国整体的经济和社会问题当中加以理解，否则我们只会夸大它的实际作用。

两次世界大战之间的法国，没有经历意大利和德国那样的社会经济动荡。革命胎死腹中。从总体上来看，如果说，法西斯主义是正在发生快速工业变化的国家民族主义危机的表达，而法国没有经历快速的工业变化，也没有发生民族主义危机。相反，经济的停滞使法国发生了动荡，虽然并没有发出多大的响声，但

---

① 这是塔南博姆的作品中的一章的标题，d'E. R. TANNENBAUM, *The Action française*, *op. cit.*, pp. 115 – 135。

是深刻的程度是一样的。在民族感情上，人们不无理由地认为，法国是大部分欧洲历史经验的先锋，在经过了一场损失惨重的胜利、一场人们都不觉得是胜利的胜利之后，现在却踮着脚尖从历史的舞台上退了下来。所以，外国才那么有吸引力，人们才怀着强烈的愿望进行复兴和革命，对一些人来说这是共产主义的民族分裂，而对另一些人来说却是法西斯主义的民族分裂。"法国行动"还有另外一种偏差形式，那就是通过颂扬已经逝去的伟大，通过制造想象中的敌人来驱除法国势力的终结。相对于法西斯和共产主义在深水中搅起的浪涛来说，"法国行动"只不过是水面的一个泡沫；然而，它以自己的方式，更加真实地证明了什么是伪造的民族意识，什么是在停滞中僵化的社会。在瘫痪了的社会中，是什么东西推动了僵化中的"法国行动"？正是在这个瘫痪的社会中，才出现那些合乎逻辑的疯话以及具有不容置疑特性的判断（这些判断往往不能说是完全错误，也不能说是完全正确），才表现了"法国行动"历史研究的重要性，才出现华丽的前台装饰和后台的贫乏之间的空白；它的理论学说才会稳稳地立于绝对之中，气贯长虹，不断适应政治形势；尤其是在虚弱的经济社会中形成自己的强大力量，即消极抵抗力。最后，才达到两个高潮，即：像所有补偿的意识形态一样，"法国行动"最美好的时候得之于一场假的胜利和一场真的失败。

因此，"法国行动"的确揭示了民族危机，但是它的意义与所相信的东西之间存在着很大的差别。它自己就是这种意义最有说服力的表达，只是指出了一些主要的特点而已。它的历史重要性只能在空白的地方去辨识。作为法国政治生活实践的参与者，它几乎什么也不是；作为一个社会总体危机的见证、标志和象征，它几乎可以是一切。

三　戴高乐－共产主义时期[①]

时间的作用

"有我们共产党人，然后就什么都没有了。" 1949 年，在法国人民联合党（RPF）全国大会上，马尔罗这句著名的话曾引来人们多么热烈的欢呼啊！可

---

① Paru sous le titre«Gaullistes et communistes», in Pierre NORA (dir.), Les Lieux de mémoire, t. Ⅲ, Les France, vol. 1, Conflits et partages, «Bibliothèque illustrée des histoires», 1992, pp. 347 – 393.

是在这次会议上，重要的，恰恰是"什么都没有"。在 30 年的时间里，从法国解放到 20 世纪 70 年代中期，两种政治力量以其对人们的吸引力主宰了法国的政治生活。但在人们的记忆当中，这两种力量的命运并不一样。共产主义在瓦解的同时，也受到了人们的诅咒，也在事后被人们妖魔化。戴高乐主义也同时遭到削弱，结果却相反，由于运动创始人登上神坛而被罩上了一层光环。

这真是一种神奇的变化。今天，想要探索这两种现象随着时间记忆场的推移而形成对立之势的话，就不能不考虑 20 年当中产生的形象颠覆问题，投入历史的真实时刻当中。这一时刻也许是暂时的，同时（在 1989 年和 1990 年）也见证了共产主义历史的沉沦，以及戴高乐将军在 100 周年诞辰的时候，是如何登上历史神坛的。这一形象颠覆甚至可以说是双重颠覆，因为将军也为自己个人的神圣化付出了代价，那就是完全颠覆了他本人的形象，这也是我们必须强调的。

这就是我们现在的状态。作为国家领导人，戴高乐将军在生前受到的争议是最多的，而现在所有的民意测验都表明[1]，在他逝世 20 年之后，却成了最无可争议的人物，法国人各种集体记忆中的冠军。最大的民族分裂者变成了团结和联合的最后象征。"不断的政变"发动者成了两个世纪以来，受到人们最为广泛

---

① 最近的一次是 1990 年 6 月 14 日 Ifop 民调机构为《解放报》—法国电视一台—法国国内台所做的"关于戴高乐年代"的民意调查，调查的主题是，关于戴高乐本人，共和国总统和戴高乐主义。结果显示，57% 的法国人认为，现在戴高乐的影响"很小"或者"根本没有"，尤其是戴高乐研究所 1990 年 11 月 19～24 日在联合国教科文组织以"世纪戴高乐"为题，为国际日而要求 Sofres 进行的调查。奥利维埃·迪阿梅尔和热罗姆·雅弗莱的《Sofres，1991 年的舆论状态》（Olivier DUHAMEL et Jérôme JAFFRÉ, *Sofres. L'état de l'opinion* 1991, Éd. du Seuil, 1991）对调查结果进行了分析，书中有雷蒙·巴尔的评论。在此之前，1989 年还进行过三次调查：第一次是 1 月 4 日 Ipsos-Le 世界报的调查，结果显示，戴高乐是"大革命最好的继承人"；第二次是路易·哈里斯－法朗士（Louis Harris-France）为 7～8 月号的《历史杂志》（n° 124）所做的调查，结果表明戴高乐是欧洲的最伟大的建设者；第三次是路易·哈里斯－法朗士为 11 月 10 号的《快报》杂志做的调查，结果显示，戴高乐 1958 年重新出山是"世纪初以来最为盛大"的事件。与 1980 年戴高乐去世 10 周年所进行的调查结果相比，这种盛誉就显得更加突出。当时进行过 4 次主要的调查：2 月 12～18 日的 Ifop-VSD 调查表明，53% 被问到的人说愿意在 6 月 18 日回答电话调查（其中 61% 是 50～60 岁的人）；8 月 22～28 日 Sofres 和《历史杂志》所进行的调查（结果发表于 11～12 月号），结果表明 81% 的法国人认为戴高乐的行动"很"或者"相当"具有积极意义；12 月 12～17 日路易·哈里斯－法朗士和《历史》所进行的调查（结果发表于 1981 年 4 月的 n°33 期），结果显示，戴高乐是"法国历史上的重要人物，人们愿意与他聊上一个小时"，持这种意见的法国人达 19.5%，而对拿破仑有相同评价的只有 13%；1981 年 1 月 26～31 日 Ifop 和《文学新闻》进行的一次调查（结果发表于 2 月 16 日），结果显示——当时正是选举期间——戴高乐在人们心目中是第五共和国"最右倾"的总统。关于上述民意调查，详见让·夏洛的《法国人和戴高乐》（Jean CHARLOT, *Les français et de Gaulle*, Ifop, 1971）。

赞成的制度的缔造者。他原来是个军人，别人总是怀疑他在搞布朗热主义的专制政治，现在他却走在雨果、茹费里（Jules Ferry）、克里蒙梭之前，走进了共和国的万神庙。19世纪民族主义事业的宣传捍卫者，最憎恨欧洲超民族组织的人，却被当作欧洲最勤劳的建设者，受到人们的欢呼。他本来在精神上与巴莱斯（Barrès）和佩吉（Péguy）是同时代人，却成长为能够看到21世纪的远见家。他主张差异，是个冷酷而沉默的指挥官，但在媒体的吹捧之下，通过漫画的喜好，通过不断的评论，在民众的想象当中变成了很受欢迎的一幅年画，变成了伟大的查理（Charles）大帝，我们民族的阿斯特里克斯（Astérix）和我们的埃菲尔铁塔。这是共产党的思想在欢呼，而它昨天还是世界的青年，未来的希望；这是斯大林主义在歌唱，昨天的谩骂变成了今天的光荣称号，对于它的捍卫者来说，这如同一种热量，或者说是人类温存的奶汁，它的捍卫者们曾经受到官僚主义和专制主义无耻行径的抨击，带着古拉格的耻辱烙印，遭受到原来的拥护者的揭露，现在仍然带着谎言和邪恶的标记。戴高乐将军从来没有完全从古典专制的民族主义当中摆脱出来，而有关这种民族主义的说法，现在则一无所剩，因为这一现象正如戴高乐将军所愿，取得了它应有的规模。原来激进的人文主义，即使是在索尔仁尼琴（Soljenitsyne）之后一时被误导，表面看来成了共产主义取之不尽的声望源泉，如今也是一无所剩。有人打算将其同纳粹主义相比较，而且这种比较很可能是对纳粹主义有利，但至少纳粹主义还没有借着马克思主义解放的假面具，在和平鸽的掩护之下走向前台。在这两种情况之下，记忆抹掉了历史所经历的对事实真相的摸索。对共产党的信徒来说，尤其是对那些仍然在不断试图理解共产主义信条的老信徒们来说，共产主义信条已经变成了一个谜；回想起来，反戴高乐主义也是为自己的行为进行辩护的一种需要①。

---

① 在1990年11月19～24日的国际日期间，戴高乐研究所向一些人物提出了一个问题："你现在是如何看待戴高乐的？"被提问的人包括弗朗索瓦·布洛施－莱内（François Bloch-Lainé）、克洛德·布尔戴（Claude Bourdet）、雷蒙·布尔金（Raymond Bourgine）、让·加达拉（Jean Cathala）、米歇尔·克洛齐埃（Michel Crozier）、让·达尼埃尔（Jean Daniel）、雅克·福维（Jacques Fauvet）、弗朗索瓦丝·吉鲁（Françoise Giroud）、阿尔弗莱德·格洛塞（Alfred Grosser）、安德烈·让松（André Jeanson）、阿兰·克里维纳（Alain Krivine）、让·拉库图尔（Jean Lacouture）、贝尔特朗·雷努文（Bertrand Renouvin）、让－弗朗索瓦·雷维尔（Jean-François Revel）、吉·索尔曼（Guy Sorman）和米歇尔·维诺克（Michel Winock）。在《戴高乐及其世纪》的第一卷《在人们和民族的记忆当中》（De Gaulle et son siècle, t. Ⅰ, Dans la mémoire des hommes et des peuples, La Documentation française-Plon, 1991, pp. 483－525），可以看到这些人物是如何回答问卷调查的。

最让人感到吃惊的是，正是共产主义应该成为最沉重的一种现象，它应该与局势和特殊人物联系最少，最应该面向未来，无论是逻辑上还是理性上，无论在空间上还是在时间上都应该是最具有历史内容的。这是世俗的末世论，这种言论同时产生它的政治、道德、哲学、科学、美学、生活方式和日常行为方式；这是一种实践论，拥有自己的圣经（马克思、恩格斯、列宁），自己的神圣历史（党史），自己神许下的乐土（世界革命）以及自己的选民（无产阶级）。怎么能将它的伟大与戴高乐主义相比呢？戴高乐主义从一开始便被打上了狭隘的、厚古薄今的民族主义烙印，从根本上便是与纯粹个人的政治冒险联系在一起。从政治观点来看，我们可以比较、可以对照的是戴高乐和法国共产党（PCF）的政治。共产党人和戴高乐主义者在纷乱的冲突当中①，在既对决又合作，进行暗中串通、暗地里合谋的时候，产生深刻的负面极化作用。这个带有贵族姓氏的将军在共产党人的心目当中，随着时代的变化，只可能是个反动派、专制者和潜在的法西斯；他们互相嫌恶。对于戴高乐这个民族主义的将军来说，共产党人只能是听命于莫斯科的人，是分裂主义者和专制主义者。但是，他们也有着深刻的联系，因为他们都具有深深扎根于法国政治文化和传统的特点，那就是：雅各宾式的爱国主义，傲慢的民族主义，英雄般的具有牺牲精神的唯意志主义和国家意识，对历史悲剧性的理解，憎恨美国的现代性，憎恨资本主义世界和金钱。在对历史记忆的内容和对未来的希望方面，我们不能将民主时代伟大的世俗宗教同简单的"法国思想"相比较。这种世俗宗教将阶级斗争的活力牢固地树立于原始社会中，而它的教会，是通过政党，即共产国际法国支部表现出来的，是在世界战略范围内采取行动；简单的"法国思想"只是疲倦地重复自己，保持自己的"地位"，注定是要随着它伟大的化身一同消失。然而，虽然共产党以一个没落的党派残存下来，但正是共产主义这个有机整体的思想，在丰富的记忆出现之时才消失得无影无踪，而共产主义思想也是这丰富记忆最虚假、最贫乏的载体。此时牢固树立在法国人意识当中的却是对戴高乐主义的记忆。戴高乐主义其实完全摆脱了依然仰仗其权势的政治家族，但对它的记忆，凭借戴高乐本人的奇迹，却深深地扎根于人们的意识当中，并唤起最为深刻的回响，成为目前集体和民族记忆的主要参照，带有抹杀不掉的烙印以及无法回避的框架。

---

① Cf. Henri-Christian GIRAUD, *De Gaulle et les communistes*, Albin Michel, 2 vol., 1988 et 1989。书中以日记的形式做了整体描述。

这种差别会保持到什么时候呢？未来会证实目前的状态，还是会修改其论据呢？戴高乐的形象，将来是会变得不那么引人注意还是会最终在历史和传说当中固化为永不消逝的伟大形象呢？共产党的传奇故事会从自己的苦难修炼当中修成些许正果，还是会像世纪的黑洞一样，永远地沉沦在万劫不复之中？这些问题都是无法回答的，但也是不可回避的。在这里，必须从我们所关注的观点出发，明确分析的各个程度和标准。

当人们谈论戴高乐主义和共产主义的记忆时，或者把共产主义和戴高乐主义当作记忆场来讨论的时候，人们实际上在谈论很多事情。对此，我们在前面已经简要地做了概述，但是这些记忆的脉络和痕迹还有待于确定①。有交织在这两个主要政治力量当中的历史，它们彼此之间的战略，相互反射的形象，平行的生活和交叉的故事，永恒的活力就是一部全面而详尽的政治史。在这里，这段历史只同我们间接有关。但是，两种政治现象从不同的方面形成了记忆的重要组成部分，也就是说，与任何其他政治集团或者政治运动相比，记忆作为他们政治身份的关键因素，起着不同寻常的作用，在其组织当中的地位也是不可同日而语的。两个运动都具有丰富的历史，并且都从很大程度上利用了各自的历史。两个运动都对自己的历史给予了特别的关注。两个运动都以强有力的方式对人们的记忆产生了影响。为此，我们能够，也应该从戴高乐主义和共产主义运动的丰富经历和各自的特点当中探索他们的记忆。每种记忆都有其内容和结构，都有其技术和记录；每种记忆都拥有其象征体系、教育形式、仪式、工具和历史②。但是，在这

---

① Stéphane COURTOIS et Marc LAZAR (dir.) *Cinquante ans d'une passion française. De Gaulle et les communistes*, préface de René Rémond, actes du colloque de Nanterre, 1er – 3 octobre 1990, Balland, 1991. 对此有详细的介绍，我们后面会经常提到这一作品。

② 两个例子：一个是克莱尔·拉瓦布勒（Claire LAVABRE）根据《记忆和拥护者的身份：法国共产党的个案》（«Mémoire et identité partisane：le cas PCF», Consortium européen de recherche politique, Salzbourg, 13 – 18 avril 1984, multigraphié）公布的计划，研究共产党负责人和活动家书面或者口头记忆，由于复制的小册子现在已找不到了，感谢作者向我提供了这份材料；另一个是尼古拉·拉辛 – 福尔洛（Nocole RACINE-FURLAUD）向国际日提交的论文《1940 年6 月18 日的记忆》（«La mémoire du 18 juin 1940», *De Gaulle et son siècle*, *op. cit.* t. I, pp. 549 – 563）。也可以把两种观点进行比较，比如，两个作者在上述提到的 *Cinquante ans d'une passion française* 当中所做的那样，克莱尔·拉瓦布勒研究的是《共产党活动家对戴高乐的记忆和印象》（Souvenirs et images de De Gaulle chez les militants communistes），尼古拉·拉辛 – 福尔洛则重现了那场象征之战《1940 年6 月18 日或者1940 年7 月10 日》（«18 juin 1940 ou 10 juillet 1940»）。是热拉尔·纳梅（Gérard NAMER）首先提出这种研究方法的，详见他的《1944 ~ 1982 年法国的纪念活动》（*La Commémoration en France 1944 – 1982*, Papyrus, 1983）。

里这并不是我们所主要关注的地方。最后也是最主要的一点就是，戴高乐主义和共产主义，其本身就是一种记忆现象。他们从中汲取存在的根源。它们的号召力量和动员民众的吸引力，不管是戴高乐还是法国共产党，都不是从意识形态的内在逻辑、参加运动的人数、与政权的关系当中得到的，而是因为他们声称自己代表了历史的合法性，声称他们能够代表法国，代表整个法国，代表真正的法国[1]。每个运动都以自己的方式综合了法国当代历史所纠结的两个重要的主题：民族和革命。这是民族合法性的两个版本，具有综合性，相互竞争、互为补充。两种版本的对立确立了当代法国历史记忆的结构，在记忆达到高潮的时候，以极其明确的方式，也许是最终的方式，表明了在法国政治当中，诉求伟大记忆以及对历史的感情操纵所起的推动作用。正是因为这一点，也是从这个意义上说，即使是因为所有其他的原因累积起来加强了这两种运动，戴高乐主义和共产主义才构成了从本义上所说的"记忆场"（lieu de mémoire）。

*

上述说明是必要的，因为这两种现象提供的，也许是独一无二的例证，说明两种相反的记忆是如何发展变化的。

的确发生过一系列的情况和接二连三的事情，使戴高乐主义对戴高乐的记忆延续下来，并在人们的各种仪式当中固定下来。首先是几届总统任期的顺序，这是根本性的因素，这一顺序微妙而出人意料，从很大程度上强有力地促进了国家身份特征的这些形象最终逐渐发展起来。支持路易－菲利普的银行家和工业主，离他最近也是最遥远的人，自愿"缓解局势"的年轻的技术官僚经济学家，这一形象有些飘忽不定，在家族的土地上并没有扎下多深的根，最后成为敌人最顽强的对手（而实际上，多亏了这些敌人，戴高乐才得以站稳脚跟）。首先，那些不断诽谤戴高乐体制的人采用了这些体制，并经过不同派别的人共同执政的经验考验，使人们永远不再怀疑他们只是同路人，让他们也加入了民族的行列[2]，

---

① 我在《Les quatre coins de la mémoire politique française》，*in* Pierre Nora，*Présent*，*nation*，*mémoire*，Gallimard，《Bibliothèque des histoires》，2011，pp. 343 – 369 当中初步提出了这个问题。

② 对所有这些问题，请参阅奥利维埃·迪阿梅尔的《左派与第五共和国》（Olivier DUHAMEL，*La Gauche et la Ve République*，PUF，1980）以及奥利维埃·迪阿梅尔和让－吕克·帕洛迪（Jean-Luc PARODI）主编的庆祝第五共和国 25 周年研讨会的论文集《第五共和国的组成》（*La constitution de la Ve République*，nouv. éd.，Presses de la FNSP，1988）。

恺撒（César）和西拉（Sylla）变成了梭仑（Solon）；其次，弗朗索瓦·密特朗（François Mitterrand）成了一个对着镜子给自己祝圣的行家里手，和已经过世的竞争对手建立了一种政治文学高峰对话，法国人对这种东西到了痴迷的程度，称之为"交替法"，而且适合于种种对称的游戏——"标记"和"痕迹"①；再次，这一行动，左派得到了重整，而且事先承认左派的归附，这是戴高乐的形象之所以深入人心最显著、最具决定性的事件②。"我们都变成戴高乐主义了吗？"马克斯·加罗（Max Gallo）在左派上台之前问道③。这一广泛运动因为另一运动而得到了加强，戴高乐的形象之所以重新定义，是因为这一运动的贡献非同小可。那时候，由于无产阶级的国际主义垮台，民族主义思想再一次有了活力，使得世界上一项古老的规律又一次获得了青春，人们以为第二次世界大战以来已经死亡了的极右派民族主义，在法国再一次复兴，极右派的民族主义通过对立，清除了戴高乐的民族主义，这应当是最具讽刺性的特点，从而使其更加开放，更加爱国，也因此让它披上了一件几无差别的大一统（œcuménisme）的外衣，使所有政治派别，所有不同感受的人都能够从中看到自己的影子——不管是巴莱斯（Barrès）还是佩吉（Péguy），不管是米什莱（Michelet）还是勒南（Renan）——，从而造就了一面旗帜，尽管借用这面旗帜的名义是徒有虚名，不会让人付出什么实际代价，但是当你挥舞这面旗帜的时候，还是很能招人敬重。更何况还有一个情况，就是革命的伦理简化成人权的哲学，1789 年大革命 200 周年纪念时，着重强调的就是这一哲学；这种简化应该能够使戴高乐将军的形象因为法国大革命的遗产而顺利变得更加高大。因此，对戴高乐的记忆基础从三个方面变得更加广泛：从个人的冒险发展到唯我独尊；从右派发展到左派；从收敛性的理性主义发展到共和派的统一。这也是逐渐浸入其自然历史空间的三个过程：在戴高乐本人亲自启动之后④，通过记忆仪

---

① Cf. Alain DUHAMEL, *De Gaulle-Miterrand. La marque et la trace*, Flammarion, 1991.

② 关于戴高乐与左派的关系，他们最开始的串通，他们一次次的盟约和一再推迟的联合，雅克·奥佐夫（Jacques Ozof）在戴高乐将军去世时所写的一篇文章是最有远见卓识的：《她与他》（《Elle et lui》，*Le Nouvel Observateur*, 16 novembre 1970）。

③ Max GALLO, *L'Express*, 8 – 14 novembre 1980.

④ 戴高乐将军定了调，机会当然不同寻常，比如，1965 年 12 月 16 日在总统选举无结果之后，他与米歇尔·德鲁瓦（Michel Droit）的谈话："法国不是左派的法国！……法国不是右派的法国。"这两个词不是他常挂在嘴边的。详见让－玛丽·科特莱和勒内·莫洛的《戴高乐将军的词汇》（Jean-Marie COTTERET et René MOREAU, *Le Vocabulaire du général de Gaulle*, A. Colin, 1969）。

式主祭官明智的管理，由戴高乐主义纯粹政治遗产当中右倾派的操纵，从而使戴高乐将军从拥护者的舆论小圈子里摆脱出来，迅速立足于民族神话的中心。

　　这事发生得很快，因为戴高乐将军成为神话是一个漫长的过程，这个过程是他的历史不可分割的一部分，自从他出现在政治舞台上时便开始了。但是其形成很快，而且一旦成形便不可逆转，也就是 18 个月的时间，从法国人通过 1969 年 4 月 28 日的全民投票抛弃了他，到 1970 年 11 月 12 日葬礼达到世界性高潮[1]。对主题和行动的组织领导可谓神奇：首先，是退出，这是经过三重调整的重要主题——从历史和政治意义上说，自从 4 月 28 日简短的公报"我中止执行共和国总统的职务。本项决定今天中午生效"发表以来，一直到同样是非常简短，也是最终的声明："我什么也不再说了。"其次，从死人意义上说，他在去世之前便把自己关在拉·布斯里（La Boisserie），那里已经成了关系亲密的朋友和对失势的伟人依然忠诚的人们朝圣的地方。再次，从想象的或者几乎是形而上学的意义上说，通过退出而退守，退到康内马拉的赫尔辛格这个深渊当中，从这里传出悲伤的石头巨人的形象，并传遍整个世界。后来，《希望回忆录》（*Mémoires d'espoir*）的第一卷《复兴》出版，引起巨大反响：1970 年 10 月 7～10 日，17.5 万册图书在 3 天时间里就被人们一抢而光，这样的成就简直令人难以置信。一个月之后，他便去世了，那时也正是他成功的时候。虽然写书是个很普通的事，但是却有着重大的象征意义，突然之间，他说死就死了，好像活生生被上帝召走了的圣人一般。最后，严格执行遗嘱的条款，遗嘱是 1952 年立下的，也就是在重新回来掌权之前。按照顺序举行了两次庄严的葬礼：一次是空着棺材在圣母院举行的，簇拥在棺材四周的，除了种族歧视的非洲和希腊之外，该来的都来了，从而使他的光荣达到了顶峰；另一次是在科隆贝，出席的人有"教区的人、家庭的人、教会的人，那是骑士的葬礼"[2]。那是具有双重性质的仪式，既是私人性质也是公开性的[3]，很多无名百姓自发

---

① Cf. Jean-Pierre Rioux, «Le souverain en mémoire (1969 – 1990)», aux Journées internationales，除此之外亦请参见前面所引 *De Gaulle en son siècle*, op. cit t. Ⅰ, pp. 303 – 315。

② André MALRAUX, *Le Miroir des limbes*, éd. Définitive, Gallimard, «Bibliothèque de la Pléiade», 1967, p. 729.

③ Cf. Bernard RIGAUD, «Funérailles nationales, deuils internationaux, 1969 – 1970. Les obsèques de J. F. Kennedy, P. Togliatti, W. Churchill, Ch. de Gaulle», thèse de l'EHESS, 1985. Cf. aussi«Les réactions internationales à la mort du général de Gaulle», communication de Jacques DUPUY aux Journées internationales, *De Gaulle en son siècle*, *op. cit.*, t. Ⅰ, pp. 607 – 611.

地来向将军致敬，人群整个晚上冒着雨顺着香榭丽舍大街缓缓而行，那是在 1944 年 8 月 26 日的夜晚，他曾与群众一起夺取的街道。在这里，于无意和有意之间上演了一出在场与缺席之间相联系的游戏，在已经算不上是生还和未亡之间，安排了一场具有象征性的片段，一个不同寻常的记忆戏剧，其神奇的安排和准确的动作，尽管当时人们并没有意识到这一点，看起来却像是以对立的方式回应了另外一场导演出来的记忆曲目，也就是在相反的记载当中，1968 年 5 月那场激情的爆发。在那场戏剧中，巴黎具有象征意义的街垒，让人想起 1848 年时的巴黎和巴黎公社时的巴黎，无政府主义的黑旗和革命的红旗混在一起，不久之后，格勒奈尔协议又重复了民族阵线的马提翁协议；在那场戏剧中，年轻人、大学生和工人的造反为共产主义争得了一份与其领导人不一样的记忆。在这里，孤独的人瞬间闪现出其耀眼的一面，另一个戴高乐出现了，那是因为当了 10 年国家领导而已经被人们忘记的一面，即：6 月 18 日的起义者，跨越沙漠的孤独者，写《战争回忆录》（*Mémoire de guerre*）的作家，时间重新激活了他真正的命运。

记忆的胜利与共产党的受难之路，形成一种强烈的对照。对于他们来说，第一声惊天之雷始于 1956 年 2 月赫鲁晓夫在苏共代表大会上的报告，也是承认南斯拉夫分裂之后，苏联的坦克镇压布达佩斯叛乱之前[①]。在此之前，对官方记忆的揭露及其对记忆的操纵并不少见。这是共产党第一次在官方论坛上揭发了斯大林的"罪行"和"错误"，于是潘多拉的盒子便再也闭不上了。魅力被打破，最后共产党的记忆也受到了伤害。赫鲁晓夫本人也做了一些努力，想把对过去的指责限定在"个人崇拜"所造成的恶果方面，但是其结果造成极大的损害，更何况当时的托雷佐—斯大林主义在不断形成，而且把自己说成是马克思列宁主义最完美的化身。梁柱一旦被损害，整座房子就有可能倒塌。民主集中制在实践上不会犯错误的论调受到了最终的质疑。面对这种威胁，这种严重的对记忆完整性的威胁，党在官方场合的反应是典型的，也是致命的。从来不会做出坦率的让步，不会公开地出尔反尔，或者为了赎罪而否认什么，要想让人们认同于党，这本来都是应该做的。但是，这个群体中的人们，说话的用词总是带着双重性，甚至具有三重意义，语言永远是带着密码的，一边大声地否认，不断地肯定说自己一无隐瞒，自己对过去的继承毫无闪失，一边又悄

---

① Cf. Branko LAZITCH, *Le Rapport Khrouchtchev et son histoire*, Éd. du Seuil, 1976.

悄地滑向了一边，内部发生坍塌，又急忙堵塞，精心计算，仔细调整，渐渐地消除最缺乏宽容性的一些说法，利用久经考验的技巧，偷偷摸摸地用上几个关键词。而 1956 年的冲击导致了四分五裂，尤其是思想上的四分五裂，让那些"原"共产党人出现在历史的风口浪尖上，在 20 年左右，共产党（PC）将会一直坚持"所谓的赫鲁晓夫报告"中的说法。要等到 1977 年，在左派联盟的迅猛发展和欧洲共产主义的诱惑之下，在第 22 届代表大会表面上的"现代化"背景之下，在让·艾朗斯坦（Jean Elleinstein）以《世界报》（*Le Monde*）为舞台，借用电视台"银屏资料"节目播放《供认》（*L'Aveu*）之机，开展了那场阴暗而混乱的论战之后①，政治局在 1 月 13 日的《人道报》上发表了一篇长长的新闻公报，里面到处都是只有内行的人才看得懂的解释。"在准备法国共产党第十四届代表大会的过程中（在赫鲁晓夫的报告之后），为了让所有的战士都能够有益地讨论赫鲁晓夫同志报告中所提出的问题，政治局要求苏联共产党中央委员会提供这份有些共产党和工人党的党员已经了解的报告文本。"仅此而已。这种"延误"的论断是乔治·马谢（Georges Marchais）接受了的，这种说法到了 1955 年至 1960 年"重新评价某些理论立场"时，又变成了"复杂而矛盾"的一般性问题，1982 年在中央委员会成员和党的历史学家罗吉·马戴利（Roger Martelli）的口中，最终被说成是一次"战略性的卡壳"②的时候，这种"复杂而矛盾"的一般性问题的说法占了主导地位，但是，这并不能改变事情的本质。因为，从本质上说，共产党（PC）是不能直

---

① 在播放了《供认》之后，让·卡纳巴（Jean Kanapa）声称说，如果共产党人知道，他们会做出反应的，而且"在他们知道了之后，他们便大声地严厉谴责了"。让·艾朗斯坦在 1976 年 12 月 29 日的《世界报》上写文章说，外国的共产党，尤其是法国共产党，只是在代表大会的第二天上午才得到通知，收到了报告的文本，而且要求晚上就要把文本退还，还要承诺不许说。第二天，《人道报》（*L'Humanité*）断然揭穿了艾朗斯坦的谎言，15 天之后，《人道报》发表了一份新闻公报，又否认了自己说过的话。我们可以把让·卡纳巴讲过的话与他自己在 20 年之前，在赫鲁晓夫做报告之后，在法国共产党第十四届代表大会的舞台上所说的话进行比较："听某些人说，我们好像应该表达遗憾，请求原谅。从某些人所揭发的斯大林同志的所作所为，以及某些违反社会主义法律的行为来看，我们无疑感到非常难过……但是，后悔吗？我们该后悔什么呢？后悔在苏联面对系统的诽谤的时候，我们对苏联的不顾一切的、无条件的捍卫吗？后悔用我们党的精神来维护我们的党和我们的过去的坚固的阵线吗？不！不管遇到何种考验，何种困难，不管是何种缺点，何种摸索，我们永远不后悔过去这所美好的、艰巨的学校，过去这些年就是我们的党的学校，多亏了这所党校，我们才有了作为革命运动先锋的战斗精神。"

② Roger MARTELLI, *1956, le choc du XXe Congrès. Textes et documents*, Messidor-Éditions sociales, 1982.

面自己的过去的。

党组织因为发生斯大林危机所产生的结果，在很大程度上影响了党的基础遗产，从而使共产党最终被束缚了手脚，产生竞争，被逼得进入防守，受到从党的霸权中挣脱出来的两个阵线的夹击：一个是社会主义和社会民主阵线，从前共产党不断地使这个阵线失信于人，现在它好容易从中挣扎了出来；另一个阵线是极左派，极左派不想让共产党独占革命传统，也想从中分得一杯羹，在中国和苏联分裂、古巴和阿尔及利亚战争的帮助之下，意欲加入毛泽东思想和第三世界主义的潮流当中，最终趟进左派的浑水。记忆发生了双重的、广泛的转移。在一条战线上，这种转移使社会党有可能得以复兴，而且，由于革命思想的枯竭，不属于共产党的左派洗刷了自己被怀疑是永远的"叛徒"这一形象，这种怀疑正是列宁主义对历史的解读所导致的；这一切所产生的原因，便是20世纪70年代天主教和理论上的马克思主义合流，从而导致重大的文化变迁，这又是一段漫长的历史，我们在此只能简单带过。自从梵蒂冈第二次教务会议开始，天主教的教会便开始转向，而且作为一种全新的现象，教会的高层开始同工人的希望展开对话[1]。在列宁主义正统思想的废墟上，发展了多种形式的马克思主义，受约莱斯（Jaurès）和布罗姆（Blum）的传统教育洗礼，并接受了葛兰西（Gramsci）的激素，总的来说变成了一种绵软而散漫的哲学，成为法国式社会主义的普遍参照，一直到1983年与共产党人从政治上彻底决裂，即使是这样，也从来没有被公开地舍弃过。在另一条战线上，在主张斗争的思想和托派分子以及极端自由主义分子的推动之下，1968年前后，原来被列宁主义的布尔什维克思想所掩盖的所有运动都被再次翻了出来，或者再次被人们发现，从喀琅施塔得（Cronstadt）到斯巴达克斯联盟，从马赫诺（Makhno）到工人委员会和西班牙的全国劳动联盟（CNT）。各种各样的"未知革命"的英雄或者受害者又都被提了出来[2]，在现实中都是

---

① 主要参见1977年7月初出自法国主教常设委员会的两份文件，这些文件导致人们进行了广泛的争论：一份文件是《马克思主义、人和基督徒的信仰》（Le Marxisme, l'homme et la foi chrétienne），主教委员会肯定说"我们不可能让我们的基督徒的希望向历史唯物主义和共产党的辩证法看齐"；第二份文件是《工人世界的信仰和马克思主义》（Foi et marxisme en monde ouvrier），是工人世界主教委员会的一份文件，该主教委员会提出"欢迎马克思主义哲学，以对其进行探索"（Éd. du Centurion, 1977）。

② VOLINE, pseudonyme de V. M. Eichenbaum, *La Révolution inconnue*, 1917 - 1921. *Documentation inédite sur la révolution russe*, Belfond, 1969, nouv. éd. 1986.

有用的，只要它能够与官方垄断的历史版本作对。而且官方垄断的革命学说已经僵化得很厉害，已经走了不少的弯路，"修正主义"的味道已经很重，想回归纯粹正统思想的人已经没有办法再让它回到布尔什维克主义的经典学说上去[1]，比如，安德烈·费拉（André Ferrat）1930 年就对党员干部做过一次次报告，这类的报告在很长时间里，在人民阵线出现之前，仍然是唯一的"法国共产党的历史"[2]。显然，共产党的黑色记忆几乎变成了它的真正记忆。它已经彻底地完蛋了。哪怕是它最为警惕的守卫者也亵渎它、背弃它、讽刺它。自从英雄时代以来，它走过了一条多么艰难的道路啊，前面再也无路可走，就连《人道报》也在"世界节"的最后一天用四栏的大标题刊文：《这是最后的斗争》！

*

这种矛盾变化所引起的结果便是，出现了两种堪称样本的历史记忆，当代历史学家很难看到这种纯粹的记忆结果：一种是神话化了的记忆；另一种是历史化了的记忆。

的确，对于戴高乐主义来说，整个事情的发展，如同无法改变的结果一样，不仅认可了记忆的个人政治和意图[3]，符合大多数人所赞同的戴高乐自己想打造出来的形象，而且还利用这一形象的一些元素使其得以延长，通过丰富的第一手材料，让它变得更加明亮，满足自己的需求，成为一种具有自主性的"记忆场"。我们可以借用将军 1968 年 5 月所说的一句话：忠诚的信徒们不断地让人们忠诚，媒体不断地宣传，历史学家也在不断地记载着历史。

---

① 我们这里就不讲固执地要回归斯大林主义的路易·阿尔图瑟（Louis ALTHUSSER）了。Cf. *Réponse à John Lewis*, Maspero, 1973；*Éléments d'autocritique*（1964 – 1975），Maspero, 1976；*Ce qui ne peut pas durer dans le Parti communiste*, Maspero, 1978.

② André FERRAT, *Histoire du PCF*, Bureau du mouvement ouvrier, 1931；réed. Éd. Gît-le-Cœur, 1969。André Ferrat 1927 年在 27 岁时便是政治局成员，与托莱兹（Thorez）作为代表参加了共产国际的第六届代表大会，从 1924 年到 1931 年在莫斯科任共产党的代表，因其左派反对活动而在 1937 年被开除出党。

③ Cf. Odile RUDELLE, «Politique de la mémoire; politique de la postérité» in *De Gaulle en son siècle*, *op. cit.* t. Ⅰ, pp. 149 – 162.

随着一次次的纪念活动①、民意调查②、一批批图书的出版③、筛选一些照片④和电视片⑤，人物发生了变化。那些在记忆上显得可疑的年代（法国人民联盟；1958 年 5 月事件；阿尔及利亚战争；1968 年 5 月事件）被逐渐遮掩起来，从而使人物特色变得越来越突出。通过增加原始模式当中所没有的元素，它的最终形象确定了下来：一个好父亲；一个好儿子；一个好丈夫；一个好基督徒⑥。他进入教学体系，成了高中会考的考题⑦，并通过戴高乐研究所的活动而最终被机构化⑧。正如《反对圣博夫》（*Contre Sainte-Beuve*）和《让·桑特伊》（*Jean Santeuil*）的出版为《追寻流逝的时光》（*Recherche du*

---

① Toutes précisions dans J. -P. RIOUX, «Le souverain en mémoire（1969 – 1990）», art. cité.

② 安德烈·盖达尔（André GUETTARD）1980 年在他的硕士（DEA）论文中对这些民意调查进行了分析《戴高乐的传奇和戴高乐将军去世十周年》（*La Légende gaulliste et le dixième anniversaire de la mort du général de Gaulle*, mémoire de DEA, sous la direction de Raoul Girardet, IEP, 1981）。该文表明，一些基本的东西已经形成了。

③ 从将军去世到 1974 年，共出版了 132 本图书和画册，也就是说，平均每年 26 本。不同的时期表现出不同的特点：1958～1969 年，每年平均出版 17 本书；1975～1990 年，每年平均出版 16 本书。

④ 照片的选择性作用是很重要的，这从雅克·博吉和尼古拉·维雅斯诺夫的《戴高乐与摄影师》（Jacques BORGÉ et Nicolas VIASNOF, *De Gaulle et les photographes*, EPA-Vilo）（1979 年）当中可以看得很清楚。

⑤ 在这一点上，节奏也很能够说明问题：奥利维埃·吉沙尔的《将军》（Olivier Guichard, *Mon général*），皮埃尔·勒弗朗和皮埃尔–安德烈·布当的《话语与形象》（Pierre Lefranc et Pierre-André Boutang, *Le Verbe et l'image*）是 1980 年的重要作品。安德烈·阿里斯和阿兰·塞都依的《法国人，你们要是知道就好了》（André Harris et Alain Sédouy, *français si vous saviez*）出版于 1982 年，看起来像是回击。1988 年 5～6 月在法国电视一台上播放的系列电视片《戴高乐或者永远的挑战》（Jean Lacouture, Roland Mehl et Jean Labib, *De Gaulle ou l'Éternel Défi*）以及同名出版的图书（Éd. du Seuil, 1988）是准备戴高乐 100 周年诞辰活动的重头戏。1990 年 11 月 21 日～12 月 11 日，巴黎录像资料馆播放了大量资料片《银屏上的戴高乐》（*De Gaulle à l'écran*）。

⑥ Cf. Philippe de GAULLE, *De Gaulle, mon père*, Plon, 2003.

⑦ 比如，玛丽–艾琳娜·普拉迪纳（séminaire IEP de Jean-Pierre Rioux）便列出过 1978～1988 年以戴高乐为题的 77 篇论文的标题，由此让我们看到哪些学区是拥护戴高乐的，比如，尼斯、里尔、蒙伯利埃。哪些学区比较有抵制的精神，比如，利穆日、第戎、普瓦提埃或者雷恩。

⑧ 戴高乐研究所位于巴黎索尔费里街 5 号，将军的办公室曾设在那里的一座楼房里长达 11 年。研究所是一家私人学会，是将军从一开始便提倡的，1971 年 2 月 20 日在皮埃尔·勒弗朗（Pierre Lefranc）的领导之下建立。研究所的一些委员会、"友人"团体、报告会、研讨会起到了很重要的作用。研究所组织研究班、巡回展览，出版季刊《希望》（*Espoir*），也出版同名的丛书，有一个名为"我们的世纪"（*Notre Siècle*）的书店，出版画册，也出版学术著作，比如《戴高乐将军主题作品检索》（*Index des thèmes de l'œuvre du général de Gaulle*, Plon）（1978 年）。这里面有理想化的虔诚，有科学的考虑，组织的方式既有随意性，也有军事的严格，活动既警觉又审慎，但是效率极高，这一切都值得进行仔细的研究。

temps perdu）如流星般的出现打下了基础一样，12 卷本《书信、笔记和记事》（*Lettres，notes et carnets*）第 1 卷的出版①让人们看到了戴高乐之前的一个戴高乐，不管他是否为 6 月 18 日的喧闹做好了准备，同时也让人们看到了在形象建构当中被人小心隐藏的部分，那就是私生活中的戴高乐。这是这个神话般的形象变得越来越强大的标志，也说明人们接受了这一形象，因为人们不断地重新提起阿尔及利亚事件或者大众化的维希问题，由此也使反回忆攻势一次次失败。戴高乐成了法国人的父亲，因为他进入了祖辈的行列，也因为人们把幽默和嘲讽的亲切感放在了一起，也就是让 - 皮埃尔·里约（Jean-Pierre Rioux）所说的"热情的私人化"。克洛德·莫里亚克（Claude Mauriac）的《爱戴高乐》（*Aimer de Gaulle*）（1978 年）就很能够说明作者的孝顺②。12 年之后，雷吉斯·德布雷（Régis Debray）的《明天见，戴高乐》（*À demain de Gaulle*）出版，与其遥相呼应，后来成了兄弟之作③。

这样一来，尽管有关戴高乐的作品已近 3000 部④（高于法国历史上的任何其他人物，也包括拿破仑），但戴高乐还没有进入历史时代。他甚至永远地脱离了历史。很多书⑤都是由一些见证人写的，比如，记者、政治学家，但是其中有多少真正可以自称为有历史意义的呢？如何让一部神话变成一部非反神话的历史呢⑥？几乎所有关注过戴高乐主义的某个方面或者关注过戴高乐将军的行动的历史学家大概都会认为，你可以从两种意义上为他辩护，他有两本账。关于重大事件的资料，尤其是自从 1958 年以来的事

---

① 海军上将菲利普·戴高乐（amiral Philippe de Gaulle）对《书信、笔记和记事》的选择和介绍立即引起了历史学家的批评，尤其是让 - 诺埃尔·让纳奈（Jean-Noël JEANNENEY）在《世界报》上的批评（1980 年 6 月 18 日）。

② 克洛德·莫里亚克的作品《爱戴高乐》（Grasset, 1978）出版之后，随后又有很多神话制造者的作品问世：Pierre LEFRANC, *Avec qui vous savez*, Plon, 1979；Jacques CHABAN-DELMAS, *Charles de Gaulle*, Paris-Match/Édtions nº 1, 1980；Marcel JULLIAN, *L'Homme de* 1940, Robert Lafont, 1980；Maurice SCHUMANN, *Un certain 18 juin*, Plon, 1980。

③ 雷吉斯·德布雷的《明天见，戴高乐》（Régis DEBRAY, *À demain de Gaulle*, Gallimard, 1990）一出版，便立刻受到了极大的欢迎，书的印数达到 40 万册。

④ 其中 2/3 是 10 年以来出版的。戴高乐研究所定期对关于戴高乐的国际书目进行整理。统计有数千个篇目，包括图书、文章和报告，有的是法文的，有的是其他语言的。

⑤ Cf. Pierre VIANSSON-PONTÉ, *La République gaullienne*, Fayard, 1971。该作品内容布局和评论都不错。

⑥ 我在"面对戴高乐的历史学家"（«L'historien devant de Gaulle», *in* P. NORA, *Présent，nation，mémoire，op. cit.*, pp. 278 – 288）当中谈到过这个问题。

件，首要的是重新掌权和阿尔及利亚战争，还包括德国和欧洲问题，以及宪法，或者对美国的态度，甚至作为作家的戴高乐问题，都可以从矛盾的两个方面来进行解释和判断，包括整体上的解释也是在两极之间摇摆：一极是行动的现实主义者，弗朗索瓦·高盖尔（François Goguel）就是为这种观点辩护的①；另一极是"历史的艺术家"，斯坦利和英热·霍夫曼（Stanley et Inge Hoffmann）是最先强调这一点的②。在这里，从历史角度上的论述不能与更加真实的戴高乐相对立，而是在每个问题的中心都产生令人无法决断的模糊性。然而，在所有这些解释当中，集体的记忆还是做出了选择，而且，从总体上看是符合将军的意愿的。历史学家也应当从这种记忆出发来进行研究。不管怎么样，他都成了一个两难的选择：一种就是从一开始就把戴高乐现象和戴高乐这个人物当成是一个绝对的例外，放弃根本性的东西——对于历史学家来说，那就是要从所论述的主题当中剔除能够通过他而得以阐述的主题；另一种正好相反，就是不承认戴高乐现象和戴高乐这个人物是绝对的例外，但是这样一来，就有可能错过根本性的东西，也就是错过戴高乐主义和戴高乐这个人物所具有的独特的东西。最好的历史学家也未能免俗——尤其是让·拉库图尔③——；他们一开始便用一个解释的框架来对待戴高乐，用戴高乐自己愿意被别人评判的标准来评判他，也就是用来评判一个身负天命的英雄的标准，一个要面对所有挑战的哈姆雷特（Hamlet）的标准。从这一决定性的让步出发，我们总可以加以各种各样的限制，提出种种细微的差别。但是，对于一个历史学家来说，却放弃了最根本性的东西：人物是按照他自己所提出来的标准进行评判的。游戏的规则就是这样定的，正如拉·图（La Tour）或者维米尔（Vermeer）的油画一样，人们以为照亮画的光线其实是来自画本身。从一个结构性的中心焦点向四处放射出的，不是"历史本体"（ego-histoire），而是

---

① 奇怪的是，让-弗朗索瓦·雷维尔（Jean-François REVEL）在回答"你现在是如何看待戴高乐的？"时，也持这种观点，请参阅《将军的风格》（Éd. Complexe, *du Style du Général*, Julliard, 1959）再版时写的前言"从活的传说到死后的神话"（De la légende vivante au mythe posthume, 1988）。关于弗朗索瓦·高盖尔的立场，在他与让·拉库图尔（Jean LACOUTURE）的对话中有简单的介绍。对让·拉库图尔认为是"神话制造者"的人，弗朗索瓦·高盖尔认为是经验主义者和现实主义者。"戴高乐是否发明了戴高乐？"载《历史杂志》n°134，1990年6月（De Gaulle a-t-il inventé de Gaulle? *L'Histoire*）。

② Stanley et Inge HOFFMANN, *De Gaulle artiste de la politique*, Éd. du Seuil, 1973.

③ Jean LACOUTURE, *De Gaulle*, t. I, *Le Rebelle*, t. II, *Le Politique*, t. III, *Le Souverain*, Éd. du Seuil, 1984 – 1986。这部作品受到批评界的一致欢迎。

"历史反射"（écho-histoire），其间荆棘遍地，发展越来越精细、分支越来越多的体裁，相互之间遥相呼应，证据需要反证据来证明，证人又需要另外的证人来证明，官方的评论需要私人的秘密来支撑，日常的报道引起人们去关注定期的综合；身边的人们是分成等级的，这种等级之分迫使一些人开口说话，而使另一些并非无说服力的人保持缄默；人物的奇特性引起人们的联想，想象着他的模样，分析他的心理；其贵族气度激发了很多庄重华贵之美①；他的庄严引起人们过分的夸张，并发表一些溢美的言辞；他奇怪的做派又吸引着外国人的目光，就这样如同滚雪球，台阶日益提升。戴高乐的造势学说也有其规律和节奏，有主祭的教士和唱诗班的儿童；有时候，他甚至还有自己的历史学家。但是，即使是这样，戴高乐主义或者戴高乐本人的历史也只能在"戴高乐化"了的或者是"归顺了戴高乐派"的历史内部去书写。一个明显的证据就是，与表面现象相反，实质上的历史研究并不是在所有情况下都能够进行的。

相反，正是在历史领域，在建立和比较事实的最有批判精神的历史领域当中，共产党的记忆受到了攻击，从内部和外部都遭到了破坏，并最终受到了局限②。

另外，这也是一个十分敏感的领域。共产党历来是滥用历史，历来是从战略上使用历史的。作为马克思主义者，他怎么能够不寻求历史解释呢？"历史告诉我们说……"他是大众，他是无产者，他怎么会没有权利对人们进行大规模的记忆教育呢？他有自己的基础党校，有宣传出版物，有革命记忆，不断地重复工人斗争和反对占领者的地下斗争，还有大量的文学资料。一些调查甚至指出，在教育程度相当的时候，共产党人对历史了解得更多。从 1938 年底开始，共产

---

① Cf. *De Gaulle et les écrivains*, Jean SERROY（dir.），préface de Régis Debray, commentaire de Jean Lacouture, Presses universitaires de Grenoble, 1991.

② 主要的历史论述有：Nicole RACINE，«État des travaux sur le communisme en France» in *Le Communisme en France*, A. Colin, 1969, pp. 305 – 346; Annie KRIEGEL, «L'historiographie du communisme français : premier bilan et orientations de recherches», en annexe de la première édition de son ouvrage classique, *Les communistes français. Essai d'ehnographie politique*, Éd. du Seuil, «Politique», 1968—reprise et complétée avec Guillaume BOURGEOIS dans l'édition refondue *Les communistes français dans leur premier demi-siècle*, Éd. du Seuil, 1985, annexes I et II. aussi Roger MARTELLI, «Bref aperçu des publications consacrées au PCF depuis 1969», *Étudier le PCF*, n°s 29 – 30, des *Cahiers d'histoire de l'Institut Maurice-Thorez*, 1979, pp. 128 – 170; Marie-Claire LAVABRE et Denis PESCHANSKI, «L'histoire pour boussole? Note sur l'historiographie communiste, 1977 – 1981 », *Communisme*, n° 4, 1983, pp. 105 – 114; Marie-Claire LAVABRE, ibid, n° 7, 1985. Stéphane COURTOIS et Roger MARTELLI, «Où en est l'histoire du PCF? Un échange», *Le Débat*, n°31, septembre 1984, pp. 149 – 177 对这一问题的状况做出了总结。

党便设立了一个正式委员会，而且在官方论坛上，历史学家从来没有被忽视。更有甚者，任何党都不像共产党那样注重其历史背景，注重对其自身历史的介绍，任何党都没有像共产党那样把对记忆的责任提高到事关其身份的关键因素的高度上。但是，共产党的历史是一个很特殊的历史，是一个经过完美的磨合，有着严格的规则机制的"历史记忆"①。一直到 20 世纪 70 年代初期，党内还没有专职的历史学家；所有涉及历史的资料都由政治负责人决定，而且都是以莫里斯·托莱兹（Maurice Thorez）的《人民的儿子》（*Fils du peuple*）② 和《莫里斯·托莱兹作品集》（*Œuvres*）的样式为主。因此，这纯粹是官方的政治化的历史，即使不是直接出自党的领导机关，或者不采用专职的历史学家，也是为了把历史当作可耻的宣传工具，比如，让·伽龚（Jean Gacon）和让·布维埃（Jean Bouvier）的《关于 1939 年的真理》（*La Vérité sur 1939*）。因此，这样的历史发出的是"组织的声音"，是用"党的精神"写成的。《法国共产党史》这套教材曾经很受人期待，但又极其令人失望；1964 年，为这套教材的第一本写前言的人仍然持这种观点③："本研究的基本原则是党的科学精神，那是唯一能够将科学的严格性和诚实性结合在一起的精神。"这样的历史拘泥于细节，而且模仿别人，完全照搬来自外部的模式，共产党唯一能够记起的，就是目不转睛地盯着并不属于自己的记载，而且是《苏联共产党（布）史》［*Histoire du PC（b）de l'URSS*］从 1937 年便确定了标准和语调的历史。这部历史基本上是部解释史、调整史，其华丽武断的辞藻，服从的是纯粹无历史性的内部经济结构。这部历史完全是一部直线性的确认既定事实的历史，正如很多篇目所强调的那样，永远是"从……到……"④；这部历史中的材料固定不变，角色是事先就分配好了的，一边以帝国主义资产阶级的角色开始，另一边则是被英雄主义化的党和代表了受难的祖国的工人阶级。在一般的结构上，你可以像乔治·拉沃（Georges Lavau）一样，当成神奇的故事来分析，就像专门研究民间传说的符拉基米尔·普罗普（Vladimir Propp）一样，有时候里面还会开出几朵最盛的奇葩，

---

① Cf. Georges LAVAU, «L'historiographie communiste: une pratique politique», *in* Pierre BIRNBAUM et Jean-Marie VINCENT, *Critique des pratiques politiques*, Galilée, 1978, pp. 121 – 163.

② Cf. l'analyse de Michelle PERROT, «Les vies ouvrières», *in* P. NORA（dir.）*Les lieux de mémoire*, t. Ⅲ, *Les France*, Vol. 3, *De l'archive à l'emblème*, *op. cit.* P. 86.

③ Jacques DUCLOS et François BILLOUX（dir.）*Histoire du Parti communiste français*［manuel］, Éditions sociales, 1964, p. 10.

④ Par exemple, Florimond BONTE, *De l'ombre à la lumière*, Éditions sociales, 1965.

显露出最后几块书写历史的化石，而这种书写方式，共产党不得不渐渐放弃。

　　因为，20 年以来，让党感到不堪的，正是自己的记忆，让它经受了一个又一个致命的打击。在这一过程中，历史学家发现一些专门写回忆录的人所起的作用——有的时候，历史学家和写回忆录的人就是同一伙人。党原来的一些负责人或者一般战士的见证材料、回忆①、自传等都成了一种专门的文体被用于研究，形成一些极其丰富多样的科学资料，通过党的"筛选"不断更新，其本身也构成了记忆场，成为官方记忆的工具。从经历的各种意义来说，它使人们对党的记忆成为个人回忆的一个真实体验，却与事实没有任何关系。从总体上来说，这种现象之所以解体，不是由于文体的原因，而是由于现象僵化，但是有时候文体产生了一种真正的冲击效果——只要想一想艾德伽·莫兰（Edgar Morin）1958 年发表的《自我批评》（*Autocritique*）以及阿瑟·伦敦（Artur London）1968 年发表的《招认》（*L'Aveu*）② 就知道了——，为专门研

---

①　仅仅在冷战时期，还不算后来发表的一些作品，弗朗西纳·西蒙（Francine SIMON）1978 年在政治研究院（IEP）拉乌尔·吉拉尔戴（Raoul Girardet）的指导下，完成其硕士学位论文《共产党的记忆，法国的持不同政见者和冷战》（La mémoire communiste, les dissidents français et la guerre froide）时，深度分析研究的就有 15 部作品。按照发表的时间顺序，这些作品是：André MARTY, *L'Affaire Marty*, Les Deux Rives, 1955；Pierre HERVÉ, *Ce que je crois*, Grasset, 1958；Edgar MORIN, *Autocritique*, Les Lettres nouvelles, 1958；Auguste LECOEUR, *Le Partisan*, Flammarion, 1963；Claude ROY, *Moi je*, 1969, *Nous*, 1972, *Somme toute*, 1976, Gallimard；Dominique DESANTI, *Les Staliniens, 1944 – 1956*, Fayard, 1974；Simon SIGNORET, *La nostalagie n'est plus ce qu'elle était*, Éd. du Seuil, 1976；Pierre DAIX, *J'ai cru au matin*, Robert Laffont, 1976；Jean DUVIGNAUD, *Le Ça perché*, Stock, 1976；Jean-Pierre CHABROL, *La Folie des miens*, Gallimard, 1977；Raymond LÉVY, *Schartzenmurtz ou l'Esprit du parti*, Albin Michel, 1977；Philippe ROBRIEUX, *Notre génération communiste*, Robert Laffont, 1977；Charles TILLON, *On chantait rouge*, Robert Laffont, 1977；Roger PANNEQUIN, *Les Années sans suite*, Le Sagitaire, 1977, 2 vol.；Jean RONY, *Trente ans de parti. Un communiste s'interraoge*, Christian Bourgeois, 1978。我们列的这个书单当中还不包括同一时期由党的负责人发表的官方的回忆录。官方的回忆录主要有：Vigile BAREL, *Cinquante années de lutte*, Éditions sociales, 1966；Jacques DUCLOS, *Mémoires*, Fayard, 1968 – 1972, 6 Vol. 这部书有 6 卷本，其中第 4 卷《战斗的最前线，1945～1952 年》和第 5 卷《混战之中，1952～1958 年》是讲这一时期的；Léo FIGUIÉRES, *Jeunesse militante*, Éditions sociales, 1971；Fernand GRENIER, *Ce bonheur-là*, Éditions sociales, 1974；Raoul CULAS, *Souvenirs d'un condamné à mort*, Éditions sociales, 1976；Étienne FAJON, *Ma vie s'appelle liberté*, Robert Laffont, 1976。

②　这两本轰动一时的作品，艾德伽·莫兰的《自我批评》和伦敦的《招认》本身就值得做一个接受性研究。关于伦敦的《招认》，请参见阿尼·克里热尔（Annie Kriegel）的《共产党体系当中的重大官司》（*Les Grands Procès dans les systèmes communistes. La pédagogie infernale*, Gallimard, «Idées», 1972）。

究这方面题材的人提供了取之不尽的零散信息。

因此，所有一切都经历过同样的命运。首先是其产生的条件①，然后是莫里斯·托莱兹（Maurice Thorez）本人②，最后尤其是从 1939 年 9 月的苏德条约到 1941 年德国入侵苏联这个可悲的时期。这个时期提出了革命失败主义的关键问题，以及在抵抗运动中党的领导从什么时候开始的问题③。记忆中的角角落落都被搜寻了个遍。共产党人不得不接受一些事实，即：在苏德条约之外，还有个秘密协议④；《人道报》出版了标注日期为 1940 年 7 月 10 日的一期有名无实的专号⑤；为了让党的日报重新出版，对"宣传部"（*Propagandastaffel*）做一些措施；为了释放被关押的共产党，毕约（Billoux）给贝当（Pétain）写过信⑥。所有这些，长期以来一直是党内甚至是党内领导所关心的敏感性的重要问题⑦，

---

① 详见阿尼·克里热尔的博士学位论文。他的研究开启了大学里对共产党的研究浪潮。《法国共产党的起源，1914 ~ 1920 年》（*Aux origines du communisme français, 1914 - 1920*, 2 vol., Mouton, 1965）。以及同一年在图尔代表大会上的介绍（Julliard, «Archives»）。

② Cf. Philippe ROBRIEUX, *Maurice Thorez, vie secrète et vie publique*, 4 vol. Fayard, 1975, ainsi que la vaste série qui a suivi sur l'*Histoire intérieure du Parti communiste*, 4 vol., Fayard, 1980 - 1984.

③ Cf. Stéphane COURTOIS, *Le PCF dans la guerre, de Gaulle la Résistance, Staline...*, Ramsay, 1980. 1983 年 10 月在高等师范学院以此为题召开的那次重要而争吵不断的研讨会的论文集，由让 - 皮埃尔·阿兹马（Jean-Pierre AZÉMA）、安托万·普鲁斯特（Antoine PROUST）和让 - 皮埃尔·里约（Jean-Pierre RIOUX）主编，分为两卷不同的内容出版：*Le Parti communiste des années sombres*, Éd. du Seuil, 1986；*Les Communistes français de Munich à Châteaubriant*, 1938 - 1941, Presse de la FNSP, 1987。

④ Cf. Yves SANTAMARIA, *Le PCF et son histoire. Le pacte germano-soviétique. Études de l'historiographie communiste*（1943 - 1968），mémoire de maîtrise de l'université Paris-IV, 1983。秘密协议规定在共同胜利之后，由苏德两国平分波兰。

⑤ 1940 年 7 月 10 日的号召是一个标题为"法国人民"的传单，由莫里斯·托莱兹和雅克·迪克鲁签署，其中 500 行文字当中，有 23 个半行可以被认为是对"法国自由、独立和复兴阵线"的号召。其他的文字其实是再一次表达了党的和平和反英国立场。从 1948 年开始，安吉罗·罗西（Angelo ROSSI）便在《法国共产党的面貌》中谴责了"虚伪的爱国者"，并指出说，1940 年 7 月 10 日那期所谓地下的专号上刊载的"号召"文本，后来变成了官方的文本，1947 年 12 月 12 日的《世界报》又刊载了文本的复制件，其实那期地下的报纸是假的。关于该"号召"的政治意义及其在纪念活动中的使用，cf. Nicole RACINE-FURLAUD, «18 juin 1940 ou 10 juillet 1940, bataille de mémoires», in *Cinquante ans d'une passion française*, op. cit.

⑥ 雅克·福维（Jacques FAUVET）与阿兰·迪阿梅尔（Alain DUHAMEL）合作出版的作品当中，已经提到过这一点。详见《法国共产史》（*Histoire du Parti communiste français*, Fayard, 1964 - 1965, 2 vol）。

⑦ Cf. Stéphane COURTOIS, «Lutte politique et élaboration d'une histoire：le PCF historien du PCF dans la Deuxième Guerre mondiale», *Communisme*, n° 4, 1983, pp. 5 - 26.

即使在今天，党的历史学家仍然在寸土必争地斗争着①。这是一部战斗历史学，阿尼·克里热尔（Annie Kriegel）为解释这种历史观提供了第一个总体上的框架；整整一代人的思想被阿尔及利亚战争和 1968 年的事件打上了烙印，被左派联盟及其联盟的破裂打上了烙印。熟悉这些人的历史学家也加入了这种战斗史学的队伍。它让共产党人不得不做出反应。阿让特依（Argenteuil）中央委员会曾小心翼翼地提出过一条时时需要调整的分界线，不允许出现任何与"真实历史"相矛盾的官方真相。但是，这条分界线慢慢展开：一边是马丽-克莱尔·拉法布勒（Marie-Claire Lavabre）和德尼·佩尚斯基（Denis Peschanski）所说的"参照历史"（histoire-référence），也就是说已经成为过去的政治；另一边则是"历史实体"（histoire-substance）②，1970 年之后，"历史实体"得到了相对自主的发展。党从历史的"主体"变成了历史的"客体"③。1962 年的《历史教材》完全受政治领导控制。莫里斯·托莱兹研究所④的两部标志性出版物：1979 年出版的《研究法国共产党》（*Étudier le PCF*）和 1981 年出版的《法国共产党，阶段与问题，1920～1972 年》（*Le*

---

① 详见前文所引拉法布勒和佩尚斯基的文章《作为指南针的历史？关于共产党历史学的笔记，1977～1982 年》，文章指出，从 1977 年到 1982 年在《共产党纪事》（*Cahiers du communisme*）上发表的历史文章当中，有近 1/3 是讲战争年代的。1990 年，罗吉·布德隆（Roger BOURDERON）用马克思主义研究所的《历史纪事》（*Cahiers d'histoire*）第 42 期一整期的篇幅来讲 1940 年，1990 年 5～6 月的《思想》（*La Pensée*）第 275 期一系列关于"40 年"的文章对《历史纪事》的文章也提供了支持。

② Cf. Marie-Claire LAVABRE et Denis PESCHANSKI, «Histoire militante. La formation historique dans quatre organisations de gauche», notamment«Parti communiste, la ligne générale», *Espace-Temps*, n° 9, 1978, pp. 50 – 69.

③ 这个区别是达尼埃尔·塔塔高夫斯基（Daniel TARTAKOWSKI）在前文提到过的《研究法国共产党》（*Étudier le PCF*）当中提出来的。文中主要写道："历史和马克思主义在马克思主义当中，因此，也就是在法国共产党当中享有特殊的地位。与哲学不同，我觉得历史在今天已经结束了为此支付代价。"亦请参见同一作者的《法国共产党的历史》（*Une histoire du PCF*，PUF，«Politique aujourd'hui», 1982）。

④ 莫里斯·托莱兹研究所是在 1964 年 10 月，在第一书记去世后立刻建立的，出版《纪事》（*Cahiers*）杂志，也就是后来的《历史纪事》（*Cahiers d'histoire*），其中很重要的一期便是《研究法国共产党》（*Étudier le PCF*，n°ˢ 29 – 30，1979），出版这期杂志时，集中了整个年轻的共产党历史学家的团队：罗吉·布尔德隆（Roger BOURDERON）、让·布尔（Jean BURLES）、雅克·吉洛特（Jacques GIRAULT）、罗吉·马戴利（Roger MARTELLI）、让-路易·罗贝尔（Jean-Louis ROBERT）、让-保罗·斯科特（Jean-Paul SCOT）、达尼埃尔·塔塔科夫斯基（Daniel TARTAKOWSKI）、日耳曼纳·维拉尔（Germaine WILLARD）、塞尔日·沃利科（Serge WOLIKOW）等。《法国共产党、阶段和问题，1920～1972 年》（*Édition sociales*，1981）也是这个团队编辑的。

PCF，étapes et problèmes，1920－1972）已经不再受党的政治领导所控制。但是，共产党的历史学家虽然是专业的，但他们的内心深处仍然被研究的政治关键问题所主宰。他们当中有人就说："拒绝——哪怕是真诚地拒绝——具有根本辩解性作用的历史，只能导致立场的颠倒，使法国共产党脱离对于自己和意识形态的斗争十分重要的战场。"① 现在的观念仍然是这样，仍然停留在乔治·马谢（Georges Marchais）确立的框架和限度之内；在第 22 届代表大会之后，乔治·马谢谴责说，从今往后，"不管在什么问题上，如果我们不说实话，那简直是无法想象的事"，他要求历史学家"对我们过去的行为做出评判"。但他的要求根本就是空谈，因为他又紧接着说，"我们一致认为，从根本上说，从建党以来一直到第 22 届代表大会，我们的党所从事的政治都是很好地为社会主义利益服务的"②。虽然历史学家想收复失地，或者注重他们对史实的解释机制，但这是一场从潜在的意义上已经结束了的战斗，因为它已经失去了论战的意义。戴高乐主义在与自己的历史所进行的斗争中赢得了胜利，而共产党的历史是在与其记忆的斗争中赢得了胜利。

因此，时间的作用导致了截然相反的境况。戴高乐主义代表的是一种奇怪的被神化了的历史记忆，历史分析只能不断地维持这种记忆，即使对它的历史分析希望自己具有科学性和"客观的"，历史只能与神话共存，而且只能根据神话来发展。共产党同样也是一个奇怪的个案，其历史记忆完全被历史化了，以至于作为记忆，它只能通过具有重建作用的历史学，才能够被理解；换句话说，人们也许不再能够读懂共产党的记忆。两种关于记忆的"理想模式"，如果我们现在想比较的话，那么就必须将它们归置在原本的位置上。

双重的记忆体系

开始时是为了驱魔和遗忘，因为正是从历史的展望中，展高乐主义和共产

---

① 详见前文所引让·布尔（Jean BURLES）《研究法国共产党》第 21 页。塞尔日·沃利科（Serge WOLIKOW）也持同样的论调："对于共产党的历史学家来说，问题不是要无视政治和他的党之间的关系，而是要根据今天的事实来定义这一关系……根据产生于政治战略当中的需求来思考这些关系。"出处同上，第 30 页。

② 乔治·马谢 1977 年 1 月 25 日对记者发布的新闻声明。

主义得到他们记忆的存在，并在事实上形成必然的结盟。只有在这种谵妄之中，他们才能够找到自己存在的理由，才能够让人放心，才能够得以维持。在使他们分裂成为不同运动的共同资本的原则当中，自由的法国和抵抗运动为他们提供了取之不尽的合法性，作为自己成立的基础。

就像军事行动和外交行动一样，所有的战争都是一次记忆行动。要通过战争洗刷所有的耻辱，消除因"奇怪的失败"而受到的史无前例的羞辱，以及因民族的颓丧而造成的伤害；要让人们忘记 1940 年夏季那种普遍的负罪感和德国军靴的践踏。在解放的时候，要让持观望态度的民众，要让已经成为囚徒的、善于应付的民众知道自己的英雄主义所带来的教训；要让一个伤残的民族相信它几乎是单打独斗，通过内部和外部的斗争，自己解放了自己；要让它重新恢复自己的"地位"，不惜一切代价让它参与战胜者的谈判；通过有选择性的、受到控制的清洗，让它相信，除了极少数迷失了方向的人和叛徒之外，法国的广大民众所追求的，完全是祖国的利益。就在巴黎起义的时候，两个具有基础作用的神话柱子已经矗立起来。在重新出版的《人道报》第一期社论当中，马塞尔·卡山（Marcel Cachin）在提到法德条约时，只是小心翼翼地用"1939 年 8 月 23 日事件"一带而过，用以证实苏联的和平态度以及受到不公平地谴责的共产党人的爱国情怀：

> 人们取消了《人道报》，因为它谴责希特勒，谴责慕尼黑的叛徒们。《人道报》之所以被取消，是为了实现乔治·博奈（Georges Bonnet）对德国人许下的诺言。关于 8 月 23 日的原因和情况，人们对法国撒了谎。因此，在这一日期，苏联挫败了反对它、反对和平的阴谋事件。

而在 8 月 25 日，戴高乐在市政厅只是略微提了提"我们亲爱的、值得赞佩的同盟"：

> 被侮辱的巴黎！被粉碎的巴黎！被虐待的巴黎！但是巴黎解放了！在法国军队的支持之下，在整个法国的支持和帮助之下，在战斗的法国、唯一的法国、真正的法国、永恒的法国的支持之下，巴黎自己解放了自己，人民解放了巴黎。

因此，抵抗主义两个互相竞争的版本很快便制定了出来①。戴高乐的版本否认维希事件，强调共和国合法性的连续性。同一天在同一个地方给乔治·毕都（Georges Bidault）的回答也是同一个意思："共和国从来没有停止其存在。我为什么要宣布它呢？"他要删除战争意识形态的内容，并强调它的民族军事意义。这是"三十年战争"的主题意义：一方面，减少由共产党领导的国内抵抗运动的影响；另一方面，也减小了通敌的影响，只把通敌的行为局限在司法定义的"与敌人秘密勾结"上，以歌颂法国战斗和爱国精神的统一。相反，共产党人的抗战是以优秀地下斗争为基础，这种斗争又是在法国领土上进行的，因此，才有"75000人被枪毙"的神话；也是以战争的反法西斯内容为基础，主要是因为苏联红军的参与才取得胜利，那是苏联红军的胜利，也是法国游击队的胜利；是以战争所代表的阶级斗争为基础的，必须以"抵抗的精神"将阶级斗争继续下去，并加强这种斗争的精神，反对所有背叛的人。随着时间的推移，这两个版本出现了不同的变种，在细节上得到了修正，对形势也进行了调整。在内部很早就受到激烈的反对，产生不断的论战，最近一次是围绕让·姆兰（Jean Moulin）②而引起的论战，激起了参加过抵抗运动的人们的激情：1964年因将姆兰的骨灰移送到先贤祠而使其成为象征性人物③。但是，仅仅这两个版本便足以构成抵抗群像的主题，而学术界的历史学和记忆的官方政策，都在不断地加强这一主题的神话特色。20世纪70年代初期之前，这一主题几乎占据了独步天下的统治地位。在这个问题上，1968年也是发生了根本性变化的标志。20年以来，如果说对战争的黑色记忆变得似乎有些强制性，一直萦绕在人们心头，而且越来越明显，使英雄群像的主题被击打得

---

① Cf. Henry ROUSSO, *Le Syndrome de Vichy*（1944 – 1987），Éd. du Seuil, 1987。文中把解放定义为"记忆—屏障"（详见25 ~ 39页）。

② 详见达尼埃尔·科迪埃（Daniel CORDIER）发表的内容浩繁的传记《让·姆兰，先贤祠的陌生人》（*Jean Moulin. L'inconnu du Panthéon*, Jean-Claude Lattès, 1989）前两卷所引发的一场论战。他原来的秘书指责"战斗运动"的队长亨利·福洛奈（Jean Frenay），说他在1940年11月写过一个同情"民族革命"的"宣言"，并就卡吕（Caliure）的被捕指出应当负责的人员名单。卡吕的被捕是抵抗期间一个重大的未解之谜。

③ 安德烈·马尔罗（André Malraux）为让·姆兰致的悼词是戴高乐主义把抵抗运动为我所用、自视为抵抗运动领袖的最完美的文章。我们前文所引卢梭的《维希综合征》中做了很好的分析（请参阅该作品第95页到111页）。

四分五裂，每年都会发生不少的"驱魔"事件①，那么从最初的疑虑所引发的阻力，我们就可以衡量出它在人们的思想和体制当中的影响有多大：帕特里克·莫迪亚诺（Patrick Modiano）的第一本小说《星星广场》（*La Place de l'Étoile*）（1968 年）引起了人们的公愤，罗贝尔·帕克斯顿（Robert Paxton）的《维希时期的法国》（*La France de Vichy*）（1973 年）招致一场论战，马塞尔·奥菲尔斯（Marcel Ophuls）的影片《忧郁和怜悯》（*Le Chagrin et la Pitié*）（1971 年）在国家电视台被禁播长达 10 年②。

两个现象内在的补偿机制和历史戏法，这些都不能被简单地说成是战争的必然性。我们可以强调戴高乐政治的现实主义，或者说戴高乐派的人们大量使用了神话，尽管如此，在民族主义影响的 30 年里，戴高乐的历史天才也不过是用伟大的华丽辞藻来包裹法国实际实力的减弱；神奇地把法国最令人痛苦的军事失败变成某种胜利；借用法国进入核大国的俱乐部，让人们忘记法国在阿尔及利亚的失败；利用独立的神话，利用民众的反美情绪来遮掩对大西洋依赖产生的新限制；用永恒的法国来拨动人们的心弦，以弥补因为第三次工业革命的突然到来而产生的缺憾；只有用另一种语言来对法国人进行说教，他们才能够直面自己在资本主义当中残酷的平庸。厚古薄今的幻想应该是对戴高乐的记忆中最大的魅力。马尔罗曾替戴高乐说过："法国只有在梦想时才会是她自己。"这种说法带有神奇的方式，在这一对老夫妻当中，"法国人连续不断地感激戴高乐的，正是他让他们体会到了遗忘的甜蜜"③。

遗忘，这个词用在共产党的行动上有可能会显得不合时宜，因为共产党是想让自己同工人斗争的现实密切联系在一起。然而，因为我们知道得越多，理解得就越深：现在已经很清楚的是，共产党热情爆发的所有时刻和所有事件，包括人民阵线、解放、冷战，事实上所对应的，都是党在对莫斯科的信誉上和对民族事务的实际能力上，痛苦地体会到其极限，以及因其无能为力而感到无

---

① Cf. Pascal ORY, «Comme de l'an quarante. Dix années de "rétro satanas"», *Le Débats*, n° 16, novembre 1981, pp. 109 – 117; ainsi que, du même, *L'Entre-deux-mai. Histoire culturelle de la France*, mai 1968 – mai 1981, Éd. du Seuil, 1983, pp. 118 – 127.

② 我认为对《忧郁和怜悯》的最好的分析来自斯坦利·霍夫曼的《关于法国的杂文，没落还是复兴？》（Stanley HOFFMANN, dans les *Essais sur la France. Déclin ou renouveau?*, Paris, Éd. du Seuil, 1974, pp. 67 – 87）。

③ Cf. Jacques OZOUF, «Un vieux ménage», *Le Nouvel Observateur*, 5 janvier 1972, commentant l'ensemble des sondages de l'Ifop présentés par J. CHARLOT, *Les Français et de Gaulle*, *op. cit.*

可奈何的时候。比如，1947 年，如果我们仔细关注的话，就很能够说明这方面的问题①。共产党在选举中获得 25% 的选票，有五位政府部长，党的传说和声誉都达到了顶峰，成为"法国的第一大党"，强有力地代表着整个民族，成为新生的脆弱的第四共和国最大的威胁。11 月起义般的大罢工真正动摇了体制的基础。从 5 月份共产党的部长被开除出政府，到 9 月份齐达诺夫（Jdanov）谴责法国领导人患了"议会呆小病"，由"地下乐队指挥"，也就是所谓的保罗·拉马迪埃（Paul Ramadier）主导的吵翻了天的这一年，其实不过是一系列的失败，党不断地向后退却，在各个方向上丧失城池，一直到不得不当众承认"战略收缩"。共产党从来没有挑起过风暴，他的态度也只是被迫保持观望。作为革命党，他不得不依靠一次次即将到来却又一次次被推迟的革命而生存，因为革命的"客观条件"永远不具备，与其投放赌注而承担真正的风险，还不如选择维持自己的立场，退守内在特征的一致性。真正的赌局在解放的时候就已经在暗中悄悄地定了输赢；而且历史学家们不断地寻思，共产党是不是只是假装想投下赌注的②。赌局那时候就输定了，而且是在与戴高乐对赌的时候输的。法国共产党后来便关起门来从事面对现实的纯意识形态建设——资本主义的普遍危机，苏联作为和平的代理人与美帝国主义斗争，戴高乐主义是"面向个人专制并向法西斯主义开放"的总统体制——他不仅要发展一种新的语言，而且还要发展一种新的逻辑和一种新的僵化行为，使他反复强调的理论，以及一次又一次咄咄逼人的话语，成为一种转移人们注意力的方式，成为偷偷摸摸地消除过去的方式。法国的斯大林主义表现得越来越专断，法国共产党的行为越来越明显地表明他不承认现实，不得不让党的团队保持着历史的观望主义，从而付出代价，对所有这一切，该从何种程度上来解读呢？这是一个可以提出来的问题。

---

① 共产党在外表上让人感到恐惧，实际上根本就是个纸老虎，这种鲜明的对照在樊尚·奥利奥尔的《七年日记》（Vincent AURIOL, *Journal du septennat*, t. I, 1947, version intégrale, A. Colin, 1970）表现得淋漓尽致，比如，在 5 月危机的时候，托莱兹向共和国总统承认说，"我已山穷水尽了"，从而让总统感到非常吃惊。请参见我在本书"绪论"中评论。

② Cf. la communication d'Annie KRIEGEL au colloque franco-italien de Naples en 1973, «Le Parti communiste français, la Résistance, la Libération et l'établissement de la IVe République（1944 – 1947）», reprise *in* Id., *communismes au miroir français*, Gallimard, «Bibliothèque des histoires», 1974, pp. 160 –176; et celle de Maurice AGULHON au colloque international de 1974 sur la Libération de la France, «Les communistes et la Libération de la France», reprise *in* ID., *Histoire vagabonde*, t. II, *Idéologies et politique dans la France du XIXe siècle*, Gallimard, «Bibliothèque des histoires», 1988, pp. 177 – 208.

我们看得出来，在两种情况之下的补偿机制意思不一样，功能也不一样。戴高乐与历史背道而驰，他的话语超越了历史，让现实的散文求助于传说的诗歌，让法国人求助于法兰西，让"一个接一个的宿命"求助于历史的唯意志论。所以，他覆盖的范围才十分广泛，从呼风唤雨、永远制造挑战的人，到乌布老爹这种可笑的市井小人，无所不包。对于共产党来说，由于一代代党员的快速而大量地更换，在这种情况之下，操纵遗忘便成了权力的技巧，动员的工具，掩饰错误和转变方面的手段，恐惧和恐吓的形式，一种通过忘记自己而"越来越成为自己"的方式。在第一种情况下，采用的是投射的方法，通过这种方法，让所有的法国人都认同这一说法："所有的人都曾经是，现在是或者将来也会是戴高乐主义的人"；在第二种情况下，采用的是一种操纵的方式，操纵的是那些愿意服从的人。但是，一个是必然的结果，一个是最终的目的。处在两种现象中心的，都是驱魔的历史作用，这种作用远远超过了他们的意识形态和政治能力，说明了他们为什么具有吸引力，为什么对人们具有影响。这远远超出了对历史偶然性，或者应该说"反历史"的反应所具有的逻辑性和可靠性。

*

因此，这两种记忆，都享有特殊的威信，具有战斗性和战略性，都是停靠在一些使他们具有超验的庄严性的参照物上，比如，"法兰西""大革命"。但是，虽然表面上看两者具有亲和力，然而背后却极其陌生，而且他们的内部组织和经历过的管理结构都有着极大的差别。我们在这里甚至于可以不必过分地强调它们之间的对称，就可以一项一项地将两者对立起来。共产党的记忆具有动员性，是人类学和宗派的记忆；戴高乐主义的记忆则相反，它是契约式的、具有象征性和普世性的记忆。一个是外向性的，另一个是自我封闭的；一个是永恒的，另一个是停滞的。如果确实存在一种真实的记忆，由个人全身心地投入其身体和精神境遇而形成的话，那就是共产主义的记忆①。共产党是一个封

---

① 除了共产党的记忆之外，热拉尔·樊尚在"共产党是一种存在的方式"（《Êtres communiste? Une manière d'être》, in Philippe ARIÈS et George DUBY［dir.］, *Histoire de la vie privée*, Êd. du Seuil, 1987, t. Ⅳ, pp. 427 – 458）还详细地描写了共产党的社会性。贝尔纳的《红色的巴黎，1944~1964 年，首都的法国共产党人》（Jean-Pierre A. BERNARD, *Paris rouge*, 1944 – 1964. *Les Communistes français dans la capitale*, Champ Vallon, 1991）为此提供了很多例子。《不同》杂志（*Autrement*）专门用一期的版面，30 多篇各种各样的文章来讲"同志的文化"，详见该杂志1986 年第 78 期。

闭的、自足的世界，扎根在本地的乡土当中，有他自己的习惯、回忆、仪式、规则、传统、象征、语言、重复的节奏和日常的事务，也有他自己特有的精神反应，自己的节庆和圣地，首先是中央委员会的所在地，阿拉贡（Aragon）从1933 年开始便在《红孩子》（*Enfants rouges*）当中歌颂过：

> 那是在拉法耶特街 120 号
> 英勇的共产党抵抗着
> 资本家的攻击，保护着
> 你的父亲和面包。

从来没有任何一个党派，任何一个政治家族能够诞生出这样一个世界，一个充满标志、拥有丰富众多的符号和标记的世界，一个热烈的、具有保护性的、让人感到放心的世界。它的原则就是：如同幸福一样，一部没有故事的历史①，一段中止的时光，一种不受现实侵扰的高度浓缩的现实。所有的战斗行动都是通过巧妙的方式将时间禁闭在现时当中，不分等级，也让人看不到前景②。看一看《人道报》和《真理报》（*Pravda*）③，你会有一种时间被隔离、隔断，与现实脱节的感觉，因为在世界上发生的无数新闻当中，上面报道的天天都是相同的好消息。一场运动消除了另一场运动，因为每一次都有固定的目标，都是要激励战士们的热情，通过高喊口号，让他们感觉到这将是最后一场战斗。每一次都涉及社会主义祖国的前途，而且所有的进步力量都将投入战斗。在这个封闭的世界里，事实不会累积起来，一切都是在幸福地重复着，因为对于一心沉浸在任务当中的好学生、好战士来说，每一个现时时刻都是整个过去象征性的总结，都是未来的希望。关于这种身份和变

---

① 雅克莉娜·梅尔在《莫里斯·托莱兹的共产党，或者法国共产党的幸福》（Jacqueline MER, *Le Parti de Maurice Thorez, ou le Bonheur communiste français*, Payot, 1977）当中所做的人类学分析还很少为人所知。

② 这个想法是我从别人那里现成拿来的，让-玛丽·古勒莫在《斯大林的冲锋号》（Jean-Marie GOULEMOT, *Le Clairon de Staline*, Le Sycomore, 1981）当中讲到在斯大林 70 周年诞辰的时候，就阐述过这一想法。塞尔日·科莱的"作为战斗文化产生的街头游行"（Serge COLLET, «La manifestation de rue comme production culturelle militante», *Ethnologie française*, t. XII, n° 2, avril-juin 1982, pp. 167 – 176）。

③ Cf. Gabor T. RITTERSPORN, «Qui lit la *Pravda*, comment et pourquoi?», *Le Débat*, n° 2, juin 1980, pp. 82 – 92.

化的专政，甚至党的整个历史都可以被写出来，而且已经写了出来。"共产党变了吗？"对于这个不断有人提出来的问题，我们可以收集到一大堆回答，最早的开始于 1920 年。所以，共产党人才毫无节制地喜欢节日[1]、庆祝、葬礼[2]、纪念仪式等，但却没有真正地纪念什么，将预见性的传说推向顶峰，展现共产党记忆的本质；纪念的地点从纪念墙到冬季自行车赛场（Vél'd'Hiv），从五一广场到地铁站，这些都带有明显的、大规模的据为己有的意思；成为一体的含义当中把那些已经不在世的人也视为自己当中的一员；共产党人看似自然的夸张的话语和僵化的语言[3]，由于工人阶级的伟大生命力而显得更加活跃。

这就是这种记忆的浸渍力量，它的根基的深度和传播的力量，好比向水中扔进一块石头所激起的涟漪一样，我们是通过它的外在元素，如它的外围、效果来衡量它的大小。对于很多已经不赞成这一记忆，但是仍然保留着它的姿态和语调的人来说，究竟还剩下些什么？德·曼特农夫人（Mme de Maintenon）发明了"挺起来的身体"（corps redressé）；甘必大（Gambetta）发明了共和派的宴会风格；托莱兹（Thorez）则发明了一种手势和一种遣词造句的方式，一种特殊的斯大林式的做派，具体表现为大众化的亲切态度，负责任的但却咄咄逼人的教育方式，对革命的过去和世界未来的"舍我其谁"的口吻。正如普鲁斯特（Proust）听到查吕男爵（baron de Charlus）发出某种奇怪的咯咯声，便看出他是从自己并没有见过的曾叔祖那里无意识地继承来的一样，我们也会很惊奇地发现，在很多经过伟大时代的老共产党员身上，也有某种讲话的声调，某些思想的深度，某种透过乐观主义所表现出来的强硬态度，某种哀怨的人道主义精神和强悍的暴力，尽管经历了 20 年之久，所有这些东西仍然表现出他们对党最古老的忠诚。这是一种真正的内在化了的记忆。"伟大的俄国革命""我们伟大的热情""建立在莫斯科的社会主义共和国的巨大浪涛""这一事实在世界上是史无前例的"。所有这些只是图尔代表大会上马塞尔·卡山（Marcel Cachin）的讲话当中所反映的萌芽状态而已。在成为以后的僵化语言

---

① Cf. Noëlle GÉRÔME et Danielle TARTAKOWSKY, *la Fête de«L'Humanité»*, Éditions sociales, 1988.

② Jean-Pierre A. BERNARD, «La liturgie funèbre des communistes（1924 – 1983）», *Vingtième siècle, revue d'histoire*, n° 9, janvier-mars 1986, pp. 37 – 53。该文章对此做出了翔实的分析。

③ Cf. Françoise THOM, *La Langue de bois*, Julliard, «Commentaire», 1987, ainsi que le numéro spécial de *Mots*, n° 21, «Langue de bois?», décembre 1989。文中特别解释了这个词的来源。

的典型之前，这些话之所以出现在同样被 19 世纪深刻影响的人的口中，一定是布尔什维克主义在法国共和世俗制的遗产中找到了适合自己生存的土壤。如果没有《两个孩子周游法国》，也就不会有《人民的儿子》①。如果在党的内部没有我们特有的民族精神当中那些极其普遍的、经常性的特点（共产党将这些特点窃为己有，在为己所用的过程中，使其意义变得更加僵化），也就不会与布尔什维克一拍即合。这些特点就是，基督徒的虔诚变成了"法国人民"的爱国主义，对国家的服从变成了民主集权主义，理性世俗化的人道主义变成了革命逻辑。正是这种集中式的再次变化，使共产党的善恶二元论具有了恐吓的能力，让共产党垄断了整个左派，这一影响甚至超出了党的有限影响范围。凡是没有遭遇到"基本的深刻的反共产主义"打击的人都或多或少地内化了共产主义的某些东西。尊重党的思想逻辑，承认它的政治文化，虽未明说，但也承认了党的参考框架和解释标准，因为在他与党的思想背景当中，有些东西是共同的。共产党的记忆在宗谱上具有民族性，而社会主义阵营将它变成一种封闭式的记忆，一直被同内部敌人的权力关系所萦绕，总是为正统和异端、包容和排斥的规律所左右。而且正是在这种进/出，皈依/放弃的变化过程中，先前的共产党建立起了早期的"记忆"②，可作为克洛德·鲁瓦（Claude Roy）所说的漂亮的描述："我们生活中漫长的异化季节"的见证和叙事③。这些见证当中最新的，是阿尼·克里热尔（Annie Kriegel）的《我以为明白了的》（*Ce que j'ai cru comprendre*）④，电视银屏上也在追寻这些证据，比如，莫斯各（Mosco）的《原来那些人物的回忆录》（*Les Mémoires d'ex*）⑤，看到这些东西，我们不由自主地产生一种感觉，觉得那些事离我们既远又近，既神秘又明白。他们把什么都说了，就是没有说根本性的东西。我们只看到了一些事，但是没有信仰，我们只看到了事情是怎么样发生的，却不知道为什么发生。随着记忆

---

① C'est J. -M. GOULEMOT, *Le Clairon de Stalien*, op. cit., qui fait ce rapprochement. Sur «*Le Tour de La France par deux enfants*», cf. l'analyse de Jacques et Mona OZOUF, in P. Nora (dir.), *Les Lieux de mémoire*, t. Ⅰ, *La République*, op. cit. pp. 291 – 321.

② 阿尼·克里热尔（Annie Kriegel）1979 年在高等社会科学研究院（EHESS）的研讨班上初步提出了这一主题。后来这一主题渐渐变得明确。Cf. Marie-Claire LAVABRE et Marc LAZAR, «Se rassembler à sa ressemblance, lecture de quelques récits autobiographiques, 1981 – 1983», *Communisme*, n° 4, 1983, pp. 114 – 119。

③ C. ROY, *Nous*, op. cit., p. 396.

④ Annie KRIEGEL, *Ce que j'ai cru comprendre*, Robert Laffont, 1991.

⑤ 1990 年在法国电视三台播放的电视系列片。

的消失，秘密也被带走了。

"伙伴"的世界与"同志"的世界不一样。那是以忠诚的概念为基础建立起来的，整个世界依靠的是其持续的时间，它是由世袭关系和成员的加入形成的，由时高时低的辩证一致性和孤独性构成的。"大家都曾经是，现在是，将来也会是……"一份即将陨落的记忆，一份摇摇欲坠折叠起来的记忆，它的政治参与变化曲线所反映的仅仅是表层的东西①。它的原则是一种奇怪的，或许是独一无二的超级个人化和绝对去个人化混合在一起的例证。这是指挥者的秘密——要让自己成为象征——，他的历史过程似乎是从个人对时局的肯定，"我是戴高乐将军，目前我在伦敦"，到不具名的宪法文本。而历史的双重性似乎早就表现出来，从他的诞生——他的父亲出于何种天命的偶然性，听命于天，并给他取名叫查理的呢？——一直到死亡的整个过程：他举行了两次葬礼，全世界人在圣母院向他表示敬意。这一切都经历了从他的到来到走进历史的历程：6 月 18 日，一边是一个被排斥在"一切等级之外"的 49 岁男人进行的一场孤独的冒险②；另一边是永恒的法国，是不会熄灭的抵抗之火。正是在戴高乐这个人身上，才让人找到了这个至少是不平凡的但又令人觉得扑朔迷离的因循守旧者的混合体。

这种对照在他与大自然独自相处时，表现得最为清晰，而大自然从本质上说，就是一种非历史（an-historique）现象。戴高乐强有力地利用了这一点，似乎是为了强调他从对"事物之自然"的顺从向迅速的历史决策过渡，强调风暴的动荡和行动不受时间限制的意义。1946 年 1 月他写道："在面对大海思考时，我选定了我即将离开的方式。"从安提比斯的地中海边，到爱尔兰的西海岸，"在一个荒野的、远离城市的地方，可以进入一片最为荒凉的海滩，附近的周围就是一片森林"，作为不同寻常的导演，他一向让自己的角色与四周的景致合二为一，《战争回忆录》（Mémoires de guerre）的第 1 卷就是在这种天人合一的情景中完成的。"我白天大部分时间都待在一个转角形的屋子里。我从那里可以看到夕阳西下时的远景。天边广漠、空旷忧郁；到处是树林、草地、庄稼地和令人感到凄凉的休耕地；地势起伏，

---

① 从政治学角度看，可以把这一点同让·夏洛的《戴高乐派现象》（Jean CHARLOT, Le Phénomène gaulliste, Fayard, 1970）进行比较。

② 这种说法的背景是这样的："随着不可收回的话语随风而逝，我觉得一种生活在我心中结束了，那是我在坚强的法国，在不可分裂的军队环境中的生活。在 49 岁的时候，我开始冒险，正如一个被命运排斥在所有系列之外的人一样。"（Charles de GAULLE, Mémoires de guerre, t. Ⅰ, L'Appel, plon, 1954, p.71。）

说明那里原来是山，但是已久经磨炼，变得忍气吞声了；一些平静的、贫穷的村庄，几千年以来，没有任何东西来改变那里的灵魂和地位。就好比我的灵魂一样……"这就是古老事物的历史现实：那里有戴高乐一系列的情感地理①，正方形草地的精神文化，正是这片土壤是戴高乐的记忆深深扎根之所。

在历史的记录上，也具有同样的诸说混合和概括的可塑性。戴高乐的天才不仅在于善于引证法国历史上的一些伟大人物，而且他也先后代表了一些最为矛盾的人物②，比如，贞德（Jeanne d'Arc）和路易十四（Louis XIV）、圣·路易（Saint Louis）和克里蒙梭（Clemenceau）、拿破仑（Napoléon）和甘必大（Gambetta）。将民族形成的各个历史层面都整合在一起：基督教的法国和中世纪的法国，专制主义时期的法国，大革命和拿破仑时期的法国，共和制的法国。他用他自己的人生拨动了民族传统那根最为敏感的弦音，而且这些弦音都集中体现在他一个人身上，其中包括军事之弦、政治之弦和文学之弦。他的记忆是缩合的记忆，也是一个十字路口。从这种意义上说，这种记忆之所以值得关注，不是因为它完全表达法国、法国的内容，而是因为它构成的程序和方式③。一种投射性放映式记忆（mémoire de projection）——这与共产党的记忆是不同的，因为共产党的记忆是摄取式记忆（quiest d'introjection）——，一切都是通过行动来实现，通过公开的表达，通过事实来证明，而不是过多地考虑如何进行教育推广，这种教育推广也只是按照民族想象的中等水平展开。

---

① 让-皮埃尔·鲁在"戴高乐将军的风景"（Jean-Pierre RIOUX，«Les paysages du général de Gaulle»，*L'Histoire*，n° 134，juin 1990，pp. 24 – 29）中很好地说明了这一点。作者在文章里引用了很多恰到好处的语录，我在本文中也引用了几句。

② Cf. Alain PEYREFITTE，«De Gaulle et les grands personn. ages de l'histoire de France»，in *De Gaulle en son siècle*，*op. cit.*，t. Ⅰ，pp. 107 – 115.

③ 出于友谊，让·拉库图尔（Jean Lacouture）在穿过他的图书馆的时候，为我勾画了其层次。自从"揭秘"浪潮（la vague de la«révélation»）以来［菲利普·巴莱斯（Philippe Barrès），吕西安·纳山（Lucien Nachin），玛德莱纳·班维尔（Madeleine Bainville），乔治·加托依（Georges Cattaui），让·高尔米耶（Jean Gaulmier），莫里斯·舒曼（Maurice Schumann），雷米上校（colonel Rémy），雅克·苏斯戴尔（Jacques Soustelle），写《放开被禁制的言论》（*Bâillon dénoué*）的弗朗索瓦·莫里亚克（François Mauriac）］一直到重新掌权的回潮阶段［雅克·苏斯戴尔的第二种方式，罗贝尔·蒙琴（Robert Mengin），阿尔弗莱德·法布尔-吕斯（Alfred Fabre-Luce），让-弗朗索瓦·雷维尔（Jean-François Revel），阿尔古上校（colonel Argout），特兰吉耶上校（colonel Trinquier），弗朗索瓦·密特朗（François Mitterrand）］，中间还曾有第一波对战争的批评，关于自由法国和抵抗的有好有坏的回忆录等。这都只是一些说明，但是也可以让我们看到，根据不同的时代，不同的种类，不同的主题和不同的作者，对参考书目的积淀进行细致的分析，对人物的形成的研究还是有很大的好处。

戴高乐的记忆特点，就是这种稳定的混合，个人的和非个人的记忆混合，个别和一般的混合，个体和集体的混合，具体的局势和跨越历史的大势之间的混合，对此最好的说明就是，你没有办法说明有哪些地方是戴高乐的记忆之地。戴高乐的记忆圣地有很多。粗略地看看地图就知道，有超大型的都市[卡尔顿花园（Carlton Gardens）、阿尔及尔（Alger）、圣·皮埃尔和梅克隆（Saint-Pierre-et-Miquelon）、布拉柴维尔（Brazzaville）、达卡（Dakar）]，还有巴黎首都的一些地方，比如，瓦雷利安山（mont Valérien）、香榭丽舍（Champs-Élysées）、索尔费里诺街（rue de Solferino），而且海边和边境线上也有一些，比如，桑岛（l'île de Sein）、巴耶（Bayeux）、布鲁纳瓦尔（Bruneval）、里尔（Lille）、斯特拉斯堡（Strasbourg）。对于参加解放的同事们来说，这些地方常常是有先后顺序的。但是，恰恰是这些地方太多了，不能不让人觉得可疑，而且，尤其是太细碎了。两个真正的戴高乐记忆圣地，正如戴高乐执政的重要时刻一样，清楚地说明令人感到吃惊的两极性：一个是作为遗产中心的第五共和国宪法；另一个是成了真正的纪念中心的拉·布瓦瑟里（La Boisserie），他说过"那是我的家"。

*

这些记忆机制当中的每一种，都涉及法国，不过是两种类型的法国，是历史记忆和民族身份的两种最极端形式的历史记忆。一个把法国当成革命圣地，认为法国把启蒙的理性主义投射到了革命的普遍主义之上，革命的普遍主义又把它投射到了理想化的苏维埃革命之上。另一个则从世代相传的宗教爱国主义情感当中不断地汲取营养，强调它的奇迹般的永恒和历久弥新的保证。共产党的记忆和戴高乐派的记忆（或者更准确地说是戴高乐的记忆），对民族的过去进行了分类，是按照二元论的模式运行的，但是各自的模式是不一样的。对于共产党来说，有一个好法国和一个坏法国之分，从法朗克人和高卢人开始，经历过艾蒂安·马塞尔（Étienne Marcel）事件、攻占巴士底狱、巴黎公社、人民阵线，一直到反对"法国人民"的多民族主义者，这些共同经历过的关键时刻，是这两个好坏法国构成了历史善恶二元论和简化的观念。在戴高乐派的观念当中，界线是在法国人和法国之间，在无风浪的时期和救人于水火的动荡时期之间，在历史的曲折动荡和祖国的功臣之间。一方面是从开国元年开始呈直线性发展的动态的法国；另一方面是周期性的、永远在涅槃中重生的法国。

但是这两种记忆既是革命的，又是民族的，它们的共同点是相信法国命运具有个别和例外的特点，由于历史或者出于天命，法国的命运当中有着某种独一无二的、具有普遍性和神圣性的东西。法国革命青年联盟的歌曲，"我们是法国的继往开来者"与戴高乐反复说的"陷入没落中的法国"遥相呼应。"接过历史的续集""对存在于这个民族身上、我们所释放出来的某种深刻的东西做出回应""必然成为永恒的法国的重要时刻"：这些话并不是戴高乐将军说的，而是保罗·瓦扬-库图里耶（Paul Vaillant-Couturier）在 1936 年 7 月 11 日《世界报》的一篇著名的社论当中说的。当时人民阵线正是热情高涨，游行示威的人群陶醉在激情之中，罢工的人们占领了工厂，由于政府接受了罢工者的条件而让人们欢天喜地，带薪休假也让人们洋洋得意，由 3 万革命者组成的一个小党，在几个月的时间里便发展成一个 30 万党员的群众性的大党，党的领导机关突然开始庆祝列宁和贞德的婚礼，"国际歌"和"马赛曲"的歌声交织在一起。一个重大的区别是，共产党本希望在民族记忆和法国传统当中产生的断裂，而实际上它也代表着这种断裂，却被披上了一层连续性的外衣。而戴高乐想体现和保证的本质上的连续性，只能借助决裂的姿态，才能够成为感性的东西。但是，两者对法国和法国的历史都持有同样的救世主式的观念。而且更为激烈的是，由党来完成并揭示革命真理，由戴高乐来实现永恒回归的时刻。

这两种现象，作为一种记忆，才具有共同点，产生某种力量，同时产生将两者分开的那种具有无比深刻意义的不可避免的东西。两种记忆同样都是从反对德国的行动中产生的，两种记忆都是自发的反美运动，两种记忆都敌视欧洲防卫共同体（CED），它们联合起来反对第三种力量，两种记忆走到一起反对秘密军组织（OAS）和支持将阿尔及利亚留在法国的人，两种记忆都反对欧洲超国家组织，两种记忆都奋起反对极端自由主义的爆发和 1968 年 5 月的"社会混乱"状况。但是，这两种现象的起因从来都不是一样的，也不是以同样的法国思想的名义发起的。因为，作为记忆，每一种记忆都是两种记忆的混合，而且是不加以区别的，但在彼此的眼中它们却都存在着天壤之别。共产党的记忆一旦以人民阵线作为转折点，便建立在一个双重的基础之上，即雅各宾主义和布尔什维克主义，而且正如托莱兹（Thorez）所说的那样，"每个人都有两个祖国，一个是法国，一个是苏维埃联盟"。戴高乐派的记忆因为是纯粹爱国的，所以既是国家的，也是民族主义的。在这一双重基础之上，两种记忆只能聚在一起，互相握手。聚在一起，因为如果共产党是"社会正义之梦"的话，那就会像马尔罗所说的那样，"那我们就是对于传说中的法国的全部忠诚，也就是说，是对堪称楷模的法国的全部忠诚"①。但是，只是在不断的争吵当中，在对遗产疯狂的反对、对合法性的根本冲突当中，双方才能够聚在一起②。"共产党人既不是左派，也不是右派，他们是在东方。"这就是戴高乐不断地利用这种中性的、却能够让人失去资格的理由。虽然共产党的战略随着其利益的变化而不断变化，而且它也没有能力将戴高乐主义放在它的精神范畴的理论框架之内，没有能力衡量这一现象（处在这种情况的并不只是共产党一家）。所以，在整个第四共和国期间，共产党都在一心一意地步步为营，剥除"英雄时代"的戴高乐主义神秘的外衣。这种现象一直持续到戴高乐去世，直到 1958 年夏天，戴高乐从莫里斯·托莱兹手中夺走 100 万张选票之时，托莱兹为戴高乐主义做了这样的评语："或者戴高乐主义什么也不是，或者是一种政治和社会现象，如果是这样，那么戴高乐便与将他推选出来、并推动着他前进的社会力量是分不开的。"③

这是一种技巧。为此，共产党不得不经常付出极大的努力，将他们的双重遗产联系在一起；而戴高乐主义则无须如此，因为它本身就是一种天然的共生现象，能够把两种组成部分很好地融合在一起，其实这两种构成之间往往只存在着一条十分细小的界线；但共产党最终还是将他们的记忆建立在一种从本质上看根本就不对称的基础之上，我们这里所说的"不对称"是从这个词的所有意义上讲的。共产党的记忆是经过不断的修修补补而形成的。自从图尔代表大会以来，那些不光彩的事情，那些值得怀疑的、需要共产党不得不定期进行粉饰装扮的人物，那些被开除了的人、"叛徒""变节者"④，那些从衣橱里走出的鬼魂以及经过篡改的真理，这一切都严重地妨碍了共产党的记忆。由于内部的重组和编造想象中的传记（首先是莫里斯·托莱兹的传记）的需要，共产党的记忆变得越来越模糊。无论是以国家利益为托词的何种奥秘（对戴高

---

① 安德烈·马尔罗 1949 年 2 月 12 日在法国人民联盟（RPF）全国大会上的讲话。Cf. Jeanine MOSSUZ-LAVAU, *Malraux et le gaullisme*, Presses de la FNSP, 1982。

② Cf. Stéphane COURTOIS, «De Gaulle et les communists: confrontation de deux légitimités», communication aux journées internationales.

③ Maurice THOREZ, «Rapport à la conférence internationale du PCF, 17 – 18 juillet 1958», *L'Humanité*, 18 juillet 1958, cité par Marc LAZAR, «Le PCF et le gaullisme, 1958 – 1969», communication aux Journées internationales. À compléter par Marie-Claire, LAVABRE, «Les communistes et de Gaulle: une mémoire polémique», *De Gaulle en son siècle, op. cit.*, t. I, pp. 564 – 573.

④ Cf. en particulier Pierre DAIX, *Les Hérétiques du PCF*, Robert laffont, 1980.

乐的马基雅维利主义来说，国家利益是十分宝贵的），它们都没有像"党的秘密"那样具有合法的构建权利。共产党的记忆完全是自己说了算，因为这种记忆战术不断地按照共产党无法掌控的国际战略来进行调整，而且往往是共产党的领导最后才得到通知的，比如，单一战线，布尔什维克化，苏德条约，赫鲁晓夫的报告，共同纲领的破裂，这里列举的还只是最主要的一些事项。戴高乐的记忆也有很多阴暗点，比如，处死普舍（Pucheu）① 和布拉齐亚施（Brasillach）。也有很多死角和不太光彩的方面，但是，这与共产党的受难之路是不可比的：共产党是不得不时时逆着潮流，时时来粉饰自己。它服从的是一种自然的沉淀。共产党无时不在掌控着自己的档案，在对外公布时会变得斤斤计较，只有那些没有用处、经过清理之后的材料才能够公布②。戴高乐将军会经常注意把有关他的资料提交给国家档案馆③。《回忆录》加上官方的或者私人的资料，可供见证人讨论，也可以让历史学家提出反证④，因为不管受到多么严重的歪曲，这些资料都不必理会由莫里斯·托莱兹主编的经过多次修改和逐步清理的《全集》⑤。共产党的记忆，不管怎么样，在党影响最为强烈的时候，它的传播

① 皮埃尔·普舍（Pierre Pucheu）是法国人民党党员，在拉瓦尔入阁之前，是维希政府的部长；他认为拉瓦尔是亲德国派人士。1942 年春天在吉洛（Giraud）的鼓励下来到摩洛哥。吉洛说准备"在战斗队里给他个位置"。他被逮捕后被关押在阿尔及尔并被草率地审判，共产党说，1941 年 10 月 21 日在夏多布里昂被枪决的 47 人的名单是他开列的。所以，在共产党的压力之下，他被判死刑，被处枪决。戴高乐将军出于国家的理由，拒绝宽恕他，同时也表示了对他的敬重，而且以个人的名义承诺会关照他的孩子的教育。这是戴高乐痛苦地越过的第一道与维希之间的血的界线。

② 对此，我个人就有体会。1963 年，我在 Julliard 出版社准备《档案》丛书的出版，知道有马塞尔·卡山（Marcel Cachin）的记事本，他的女儿玛丽 - 路易丝·雅吉耶（Marie-Louise Jacquier）掌握这些记事本。我向她说尽了好话，想看看这些资料，并和朱尔·汉贝尔 - 德洛兹（Jules HUMBERT-DROZ）的《莫斯科在巴黎的眼睛》（L'OEil de Moscou à Paris）一起发表。当然，他们以这是国家秘密为由拒绝了我。今天，这些资料已经由马塞尔·艾尔佐格（Marcelle Hertzog）交给国家档案馆供发表，但是出版商又百般阻挠出版这卷厚厚的记事。

③ 戴高乐海军上将（amiral de Gaulle）以不无争议的私人档案为借口，不让公开，即使是公共档案禁止法已经不再禁止公开的材料。

④ Cf. leur analyse par S. HOFFMANN, Essais sur la France, op. cit., chap. Ⅶ et Ⅷ.

⑤ 比如，第 5 卷对列翁·布鲁姆（Léon Blum）的描绘，我们至今还记得列翁·布鲁姆反犹太主义的态度是多么强烈："实际上他叫列维 - 科尔（Lévy-Cœur），讲话细声细气的，举手投足很有派，你与他握手时，会感觉到他细腻、柔软的手。他反对一切粗糙的东西，一切纯粹的、健康的、大众化的东西，反对一切观念、情感、伟大人物和人的信仰……这简直就是蝼蚁的直觉……政治家的狡猾……一个卑鄙的伪善者，令人厌恶的爬虫……豺狼布鲁姆，叛徒，警察的走狗，密探布鲁姆……好比麦克白夫人（Lady Macbeth）一样，看到那细长而带弯的手指染上洗不掉的无辜人的血，他会感到惊恐不安吧！"如此等等。

范围也是极为有限的，即便不是在小集团内部，至少也只是在一定的舆论领域内，对于左派中的一大部分人来说，这也永远是完全陌生的。戴高乐主义，即使是在法国人民联盟（RPF）最差的时候，或者在穿越荒漠的时候，也始终拥有"最为著名的法国人"的声誉，而且他始终属于军队这个代表民族国家最具官方意义的机构。任何人都有没有反对过《战争回忆录》用三色旗作为封面。很少有人在听到戴高乐将军 1960 年说的"20 年以来我所代表的民族合法性"这样的话而感到气愤①。而且不管共产党在民族融合最强烈的时刻与"法国人民"缔结了多么深的关系，不管是在人民阵线的七月，还是在抵抗之夜，同法国人家家都有的画册中那些伟大时刻和伟大画面所表现的历史经验相比，这种关系都显得太轻浮。画册中所表现的那种联系融进了悠久的制度当中，凝聚在一直到今天仍然存在的体制当中，深入我们自己的记忆当中。正是这种不对称，为共产党和戴高乐主义在法国的历史记忆当中分配了各自的位置。

在法国历史的记忆当中

那个战争年代，那个经济贫穷和革命的年代使这两种现象具有了某种意义和影响，我们现在已经走出了这个年代。这里不仅包括为了掩盖 1940 年的灾难，戴高乐在解放时提到过的 30 年战争，还包括冷战以及与世界两极分裂相关的核灾难，包括确定了法国作为强国的物质和象征意义的殖民战争。正是战争，以及战争所带来的革命利害关系的重新出现，使这两种记忆有了各自动员民众的力量，各自抒发情怀的伟大和神圣的偶然性。正是战争使这两种记忆从最为强烈的时刻开始，向前后放射开来：向前一直追溯到德雷福斯事件，复仇和国际社会主义出现的时代；向后一直延伸到阿尔及利亚战争之后，一直到经济增长发挥了充分的作用，一直到第三世界的戴高乐主义再次兴起。那是专制主义的壮年。

---

① 还是有一个例外，而且代表了当时左派中典型的反戴高乐主义：阿尔图尔·戴尔库瓦的《20 年的合法性》（Arthur DELCROIX, «Vingt ans de légitimité», *Les Temps modernes*, nᵒˢ 167 – 168, février-mars 1960）。"这是路易十六 1788 年所说的'这是合法的，因为我想让它合法'，这是 1814 年'第 19 年统治'的幻想，这是莫里斯号召人们用'真实的国家'来反对'合法的国家'。而且正是戴高乐主义的'神圣权利'将更接近波拿巴主义的政治实践和君主专制的传统混在了一起。资产阶级的法国也想这样。"应当指出的是，这是一篇很有意思的文章，因为文章的署名作者阿尔图尔·戴尔库瓦不是别人，正是弗朗索瓦·福雷（François FURET）作为记者的化名。

如果需要确定一个参考点，我们以回顾既往的方式把它定在 1965 年，大概是不会错的。随着戴高乐将军在第一次共和国总统选举的普选中选票未过半数，戴高乐不败论首次受到伤害，预示了人们会喊出"10 年了，够了！"的口号。虽然是我们看不见的，但是也很有指示性的意义，那就是共产主义大学生联盟的瓦解。在整个链条当中，虽然这是最为薄弱的一个环节，是一个微小的事件，但是却导致三年之后，出现了很多左派的小团体①。从象征意义的角度看，1965 年也是一系列经济、人口、社会和文化参数的交会点，一些社会学家，比如，亨利·曼德拉（Henri Mendras）使我们从中看到了"第二次法国大革命"的开始②：生育率发生了颠倒，每周劳动时间减少，参加劳动的妇女人数明显提高了，弥补了 1900～1914 年的增长曲线，梵蒂冈二世的主教会议结束，我们在这里还不说简装本图书和超市的普及或者——为什么不呢？——杂志和电影当中出现了裸体模特。一个世界结束，另一个世界开始了。莫里亚克（Mauriac）预感到这种变化的效果，比如，他在 1964 年的《戴高乐》（De Gaulle）中写道："戴高乐的敌人已经完全认不出今天的世界了，是什么东西让这个世界变得如此不同呢？事实上，洗衣机、电视机、两马力的汽车已经成为天堂的明显标志，在三个星期的带薪休假期间，天堂的意味表现得更加充分，发明这个世界的，不是戴高乐，他是前一个世界的勇士。"③

走出伟大的历史，远离世纪的悲剧之后，本来会使两种现象都成为过去。勇士就更是过时的了。但是将军的历史运气就在于他参与了法国历史的两个时代，属于历史的双重记载：在与历史的现实格格不入的时刻，他提出了民族伟大的话语；同时，与这种话语最为陌生的社会诞生了，这个社会是最适合于化解这种话语的，最适合于颠覆它，而这个社会是由富足的经济、享乐的个人和惬意的消费造成的。这是历史的狡诈和嘲讽：战争的巨人从他写《战争回忆录》的博物馆中站了出来，"在暗夜里永远不知疲倦地窥伺希望之光"——这是回忆录的最后一句话——，用另一场同样是厚古薄今的战争奇迹，主持了一个世界的诞生。最为讽刺的是，正是这个世界抛弃了他，但是我们从这个世界中仍然能够辨认出我们自己，他为这个世界配置的机构（虽然这些机构的民

---

① Cf. Hervé HAMON et Patrick ROTMAN, *Génération*, Éd. du Seuil, 1987, t. I, chap. IX, «États d'armes».

② Henri MENDRAS, *La Seconde Révolution française*, Gallimard, 1989.

③ François MAURIAC, *De Gaulle*, Grasset, 1964, p. 339.

主还不完整）经过后继者的改进而具有了生存的活力。戴高乐是因经济增长的光荣 30 年和蓬皮杜的工业主义而得救的吗？这种假设没有任何荒唐的地方，因为我们知道戴高乐从 1958 年便开始把一些事务性的、非做不可的事放手让蓬皮杜去做，只把那些具有伟大的冒险回忆、有历史诗意的事留给自己做。我们应当把事情颠倒过来说：戴高乐响应了光荣 30 年的号召，因为法国人只有听到十字军东征时的那种豪言壮语，才能够直面高速公路的建设。继任者在将戴高乐的政治遗产凝聚在致力于现代化和工业建设的右派时，其中有一半工程是得到人们赞同的，有一半是遭到人们舍弃的，这样就使英雄"落入了左派一边"，正如第三共和国时期明智的政治所主张的那样，这为人物向着神话的腾飞提供了方便。共产党虽然在历史现实面前屡遭打击，但是却一次次死而复生；在解释这一现象时，人们常常说，那是因为战斗的年轻一代不断更新，与之相对立的戴高乐派却是密切地与一个人的姿态联系在一起的，当这个人消失时，戴高乐派必然也就消失了。健忘的一代代人如后浪推前浪，却并未能阻止马克思主义意识形态的瓦解，其工人基础的社会学表现还是渐渐式微，苏维埃的神话还是破灭了，共产国际的体系也还是分崩离析，这些才是法国共产党垮台的主要原因。共产党的记忆是自我封闭的，再加上历史的封闭，也有助于让我们感觉到其神秘性。我们没有办法理解人们入党的热忱和激情，没有办法理解是何种逻辑思维推动着暴力，以及人们为什么会喜好暴力。富足的时代使共产党人财两失，但是，也正是富足的时代使得由戴高乐所象征的戴高乐主义得以生存了下来。

然而，两种现象的历史动力都是来自相同的源泉：法国自从 1914 年战争以来遇到了一系列危机，1940 年的灾难使危机达到了顶峰，其后续的影响又持续了近 20 年①。作为上尉的戴高乐艰难地体验过民主和精神上的失血，他认为这种屈辱可以回溯到法兰克福协议，民族的堕落在很大程度上说明了图尔的代表大会选择加入第三国际的原因。20 世纪 30 年代的危机表现为 1934 年 2 月的政治危机，共产党这时候摆脱了边缘化的处境，奋不顾身地投身于反法西斯主义；而这时候的戴高乐在孤独之中连续写出了《剑锋》（*Le Fil de l'épée*）

---

① Cf. Stéphane COURTOIS, «Gaullisme et communisme: la double réponse à la crise de l'identité française», in *Cinquante ans d'une passion française*, *op. cit.*, pp. 305 – 322。文中的分析很明晰，引用了很多语录，我们这里只是介绍了它的引言。

（1932 年）和《走向职业化的军队》（*Vers l'armée de métier*）（1934 年）。这场危机导致 1938 年 9 月慕尼黑辞职（démission de Munich）的民族危机，预示着 1940 年的垮台；1940 年的灾难标志着法国在经济、政治、精神上无法适应现代世界的条件。面对这一民族身份的危机，有三种可能的回答：第一种是民族右派的回答，是适应性的和技术官僚的回答；第二种是被反革命和法西斯化的革命轨迹所吸引的右派的回答；第三种是革命左派的回答。这已经是共产党的时刻，还不是戴高乐的时刻。但是危机最严重的时候已经过去，革命右派因纳粹的失败而失信于人，改革右派因参与维希政府而声誉尽毁；剩下的只有从抵抗运动中产生出的两翼。面对民族衰落而产生的令人难以忍受的情感——与此相呼应的，似乎只有战前反动的颓废哀歌——，面对需要追赶现代化的紧急形势，戴高乐和共产党都提出了自救方案，当时只有这两种方案既有诱惑力，又令人难以接受。两种方案都有革新积极进取精神，同样都很激进，也同样对法国革命的、普遍主义的能力怀有信心。但是，双方心目中的革命并不一样，双方的法国不一样，双方的普遍主义也不一样。戴高乐派的方案在实际上超过了共产党的方案，原因不在于我们后来可以看到的它在本质上有多么高超，也不是两者相比在战略的高度上有优劣之分，而是由于历史上的一些变化把竞争的对手推向了下风头，从而使另一方抢占了地盘。

然而，两种现象之间的关系及其深入人心的记忆机会，只能通过它们以共和为中心的活动来进行评价。

在戴高乐主义和共产主义所拥有的资本当中，其中有一个固定不变的部分，就是戴高乐主义和共产主义混合了诸家学说，综合积累了两种传统中最敌视共和传统的部分而得以呈现出来的东西。正如第三共和国综合巩固共和传统一样：一方面，是君主专制主义—波拿巴主义—民族主义的记忆；另一方面，是革命的记忆，而且是恐怖主义、社会主义和国际主义的革命版本。它们体现了这些派别的复兴。戴高乐出身于一个君主专制主义者的家庭，虽然不反对德雷福斯分子，但是在很长时间里带有莫拉分子的名声①。在放弃"以阶级反对

---

① 实际上是让·拉库图尔（Jean Lacouture）提出了一个很新的说法，解释了戴高乐在 20 世纪 20 年代与共和派倾向非常明显的艾米尔·梅耶上校（colonel Émile Mayer）之间的关系，才使戴高乐摆脱了这种名声。是亨利·莱尔纳（Henri LERNER）让人们注意到这两个人之间的关系的。Cf. «Le général De Gaulle et le cercle du colonel Mayer», *Revue historique*, janvier-mars 1983。

阶级"的战略之前，在共产国际第七届代表大会上，保罗·瓦扬－库图里耶（Paul Vaillant-Couturier）（他的好战言行人所共知，后来他大概是被德国人暗杀身亡的）表达了共产党的官方立场，当时共产党还是个具有布尔什维克煽动作用的小党；1935 年 2 月 19 日他在《人道报》上写文章说："布鲁姆说过要保卫共和吗？法西斯主义不就是共和吗！共和不就已经是法西斯主义了吗！"

虽然戴高乐主义和共产主义给人们留下了很多反共和的记忆，但它们仍然与共和传统保持着不清不楚而且是从根本上不同的关系；这种关系也与表面现象相反，是人代表着整个记忆，共和国的建立目的是为了反对个人记忆，共和国曾经对这种记忆重建过两次①。共产党自称是共和国天生的儿子和最后的保护屏障，这对共和国造成了直接的威胁。戴高乐主义和共产主义以极其矛盾的方式继承了其记忆遗产。戴高乐将军从来没有提到过，从来没有承认过他与其他传统思想的直接联系②。不管他的对手怎么说，他都不加干涉，任其在他的思想和其他传统思想之间建立各种联系，这在他的心目中无疑是根本不存在的，任其在他与一大堆东西之间建立联系，他也从来不属于明显地澄清这一切。1944 年 8 月 24 日，他在市政厅拒绝乔治·毕都（Georges Bidault）提出的宣布共和国成立的建议，因为他认为，共和国从来就没有中断过其存在。在 1958 年 5 月 19 日的会议上，他只赌气地说了那句著名的话："到了 68 岁的年纪，我还能够成为专制的人吗？"有风言风语说他有可能要复辟，他也听之任之，只是在一些确实属于私人的信息当中暗示说

---

① Cf. Jean-Paul COINTET, «De Gaulle et la République ou la double reconnaissance (1940–1944)»; Jean-Pierre RIOUX, «De Gaulle en République de Courseulles à Bayeux (1944–1946)»; Jean LACOUTURE, «De Gaulle, une certaine idée de la République». 以上各文均见于关于法国共和国的尼斯研讨会文集（Paul ISOART et Christian BIDEGARAY, *Des Républiques françaises*, Economica, 1988, pp. 683–729.）。亦请参见 MAURICE AGULHON, «La tradition républicaine et le général de Gaulle», et Dominique COLAS, «Portrait de la République selon Charle de Gaulle», in *De Gaulle en son siècle*, *op. cit.*, t. I, pp. 188–202. On consultera également Odile RUDELLE, *Mai 1958. De Gaulle et la République*, Plon, 1988, ainsi que, ID., «Le Gaullisme et la crise de l'identité républicaine», *in* Jean-Pierre RIOUX (dir.), *La Guerre d'Algérie et les français*, Fayard, 1990, pp. 180–202. 若想了解从整体上所做的综述, cf. enfin Maurice AGULHON, *La République. De Jules Ferry à François Mitterrand. 1880 à nos jours*, t. V de l'*Histoire de France*, Hachette, 1990。

② 勒内·雷蒙（René RÉMOND）经过仔细掂量，还是把他归到了波拿巴主义的行列当中。Cf. *Les Droites en France*, Aubier-Montaigne, 1982, pp. 313–350。

过帝国继承的话①。但是，对于执行权力的最高主权，戴高乐从来没有说过可以产生于除了普选之外的其他途径②。拿破仑不是他所崇敬的人之一，因为拿破仑与卡尔诺（Carnot）不同，而且在所有他或明或暗地谈到拿破仑的话语当中，他都认为拿破仑不是制度的创立者，而是革命的巩固者。对于能让人想起上世纪末（19 世纪末——译者注）民族主义残迹的法国人民联盟（RPF），他在回忆录中只简单地提了提③。决定性的观念不是反对共和的斗争，而是反对其先天性怯懦的斗争，"让国家具有能够使其保持稳定和具有连续性的体制，而这正是它 169 年以来所缺乏的"④。

相反，共产党人在自己的权力要求当中，气势汹汹地披上了革命遗产的外衣，同时对这一遗产重新进行了双重解读：一方面，是围绕着法国大革命进行解读；另一方面，是围绕着苏维埃革命进行解读。他们以无产阶级使命的名义，猛烈抨击人权的形式民主。从潜在的意义上说，革命就是无产阶级使命的载体，但是资本主义的小资产阶级胜利不断地剥夺无产阶级这一使命，而且为了让他们的说辞站得住脚，还改变了自高卢人以来法国的历史⑤。他们立刻便接受了布尔什维克们向他们传达的雅各宾派经过修改的、但还是具有连续性的形象⑥，以至强加给社会党人加入第三国际的 21 条，在图尔代表大会上的分量显得远没有路易－奥斯卡·福洛萨尔在巴黎马戏场的讲话中号召火炬传递时那样，引起人们强烈的认同："苏维埃有资格的代表列宁和托洛茨基，要我们

---

① 尤其请参阅他在 1969 年 4 月 30 日写给他儿子的信，在《书信、笔记和记事》（*Lettres*，*notes et carnets*）第 12 卷出版时，在人们心中引起了一些涟漪："亲爱的菲利普，如果我在不久的将来突然去世，未能直接让人们知道在目前的情况之下，我希望法国人民选择谁作为我之后的继任者，担任共和国的总统，我请你立即发表随信所附的声明。我说的是在我之后的继任者，因为此后，我希望你愿意也能够承担起引领法国的责任。"

② Cf. Lucien JAUME, «L'État républicain selon de Gaulle», *Commenentaire*, n°s 51 et 52, automne et hiver 1990, pp. 523 – 532 et 749 – 757.

③ 但是这件事的意义很深远，影响也很大。Cf. Jean CHARLOT, *Le Gaullisme d'opposition*, *1946 – 1958*, Fayard, 1983。

④ Charles de Gaulle, *Mémoire d'espoir*, Plon, 1970, t. I, p. 23。关于戴高乐对革命借鉴, Cf. Odile RUDELLE, «Lieu de mémoire révolutionnaire et communion républicaine», *Vingtième siècle*, *revue d'histoire*, n° 24, octobre-décembre, 1989。

⑤ Se reporter notamment au gros ensemble «Communisme et Révolution française», *Communisme*, n°s 20 – 21, 1988 – 1989.

⑥ 关于这种意识形态上的来往, cf. Tamara KONDRATIEVA, *Bolcheviks et Jacotins, itinéraire des analogies*, Payot, 1989。

向你们转达他们的社会主义兄弟般的问候，并对我们说：'对巴黎来说，法国的无产阶级，1793 年雅各宾党人的后代，1830 年的起义者，1848 年 6 月的革命者，1871 年 3 月的英勇的战士们，他们不可能不明白，我们才是他们整个革命传统的继承人。'"①

　　这种由乱七八糟的东西拼凑起来的基础，受到戴高乐主义的否认，共产党却很愿意揽在自己身上。随着民主和类似共和性质的制度的建立，上述基础也在人们心中驻扎了下来，成为闪闪烁烁、不清晰、不稳定的种种关系，这些都是由情感认同的时刻和怀疑所造成的幻觉而形成的关系，其中交织着奇怪的连续性和断裂的辩证法。因为对于有的人来说，"共和传统"是与"体系"融为一体的；对于另一些人来说，"共和传统"又是与"资产阶级权力"同流合污的，或者是与保卫民族、拯救公众一样的。就这样，共产主义和戴高乐主义时而走在一起，时而又互相对立，有时候是共和国的掘墓人，有时候又是共和国的最终捍卫者，有时候两者都是共和国的真正代表，有时候又互相争夺真正的代表权。比如，在 1947 年的市政选举当中，共产党获得 30％ 的选票，法国人民联盟（RPF）获得 40％，两党一起把共和派的合法性逼到了历史最低点。再比如，1958 年，仍然是在共和广场上，共产党在 5 月份举行活动，戴高乐派是在 9 月份，双方为了替自己辩护而互相争斗。1961 年，在爱丽舍宫的号召之下，共产党的军队准备重新征用出租车，以应对阿尔及尔空降兵的威胁。1965 年，第一次通过普选来选举共和国总统，安德烈·马尔罗在冬季运动场对共产党的盟友密特朗喊道："共和派唯一的候选人，让共和国睡觉去吧！"但是在任何时刻，通过体制的或者是革命的巨大变化，以及在这种变化过程当中，共产党人和戴高乐派都想代表必要的、不可避免的、天然的连续性。而且实际上两者都代表了可能的连续性以及共和国合法性的替代性选择。

　　与其说是戴高乐派还不如说是戴高乐本人拒绝承认自己继承这场运动及其

---

① Louis-Oscar FROSSARD, *De Jaurès à Lénine*, 1930, p. 155。这一信条不断地被重申。比如，安德烈·弗雷约尔（André FRÉVILLE）在《夜终止于图尔》中说："（共产党的）建立不是出于偶然，也不是出于人的武断意愿，而是产生于法国工人运动的发展。"（*La nuit finit à Tours*, Éditions sociales, 1950, p. 160。）或者在 IMT 结集出版的 1917 年 10 月革命周年研讨会论文集中，乔治·高尼奥（Georges COGNIOT）在会上的发言："1920 年 12 月的事件是典型的具有历史必然性的事件。"（*Cahiers de l'IMT*, n°78, novembre-décembre 1967。）

领导人留下的遗产；相反，共产党人主动采取一切以革命为马首是瞻的态度，而这一切都恰恰是他们独霸记忆的原因，是他们得以避免时而被简单化、时而被稀释的关键，也是他们令人难以置信地被边缘化到极端的原因，即使是在他们共同奋起反对共和派的中央集权，或者是互相排斥的最糟糕的时刻。他们是想把自己的根深深地扎在民族合法性当中，这比在战争期间为祖国效劳的愿望要强烈得多。因为，扎在民族合法性当中的根是不以选民团体的众寡，或者是偶然的民意咨询中得票的多少来衡量的，而是按照两种现象在国民想象当中曾经占有过的地位来衡量的。一边是在民主体制的维系当中巧妙地描绘君主专制的形象；另一边是把自己想象成身处暂时还是苏维埃革命的世界革命当中，表达出颇有力度的革命思想。正是这种双重空缺成就了他们记忆的万应灵药。

　　但是，这种记忆的万应灵药是在完全不同的条件下起作用的。这是因为：一边是强调对民族历史的革命诺言经受得住一切考验的忠诚；另一边则是重申彻底与众不同的新政治，而这种新政治是与一个负有天命的人联系在一起的，这个人与其他"负有天命的人"没有关系。共产党尽心竭力地维系自己的天赋神圣使命，正是这一使命使 19 世纪的革命圣地成为世界共产主义的长女，使精神上的马克思主义成了世俗的宗教。悠久的、连续不断的存在让任务变得更加容易，与欧洲其他所有共产党不同——不算战争的短暂插曲——，法国共产党是从这种悠久而连续不断的存在当中受益的。共产党在很长一段时期内都是作为反对派出现的，所以没有受到任何资产阶级共和的牵连，这也是让任务变得更加容易的原因。在宗派和教条意味最浓、最具有引以为豪的斯大林特色，而且也是最依赖于其记忆和传统遗产的机制掌握之下，这一任务注定会使共产党陷入僵化。对于历史和社会的所有变化，法国共产党都马上会用一种现成的观念去解释，而这种观念又是建立在资本主义普遍危机的假设之上的。资本主义的危机到了最高阶段，必然是帝国主义的和法西斯主义的①。对于法国共产党所经历的三个新历史事实，也就是希特勒的纳粹主义、战后的经济增长和戴高乐现象，共产党都是义无反顾地用冷战的思维、阶级斗争、工人阶级绝对贫穷的论断来反对，把戴高乐主义看成一种"通过强力和威胁来推行的个

① Cf. Frédéric BON, *Les Discours de la politique*, Economica, 1991, au chapitre Ⅲ, «Le discours communiste: invariants et variantes»。可惜该文集是在作者去世之后才出版的。

人和军事专制，是大资产阶级最反动、最具沙文主义和殖民主义思想的分子"[1]。它把有可能表现出的一切开放思想都消灭在萌芽阶段，比如，瓦尔戴克·罗谢（Waldeck Rochet）的想法[2]；由于它很快就脱离了现实，所以早早便封闭在僵化的记忆当中。

君主的形象在共和体制中得以重振的过程则完全不同。这一过程不是经过协商来完成，而是与两个事实联系在一起，即心理事实和体制事实：一个是查理·戴高乐的人格；另一个是第五共和国宪法。但是，戴高乐将军的政治和宪法思想中行政权的优势，没有同任何皇家特权的重建相伴而行。这只不过是弥补了被长期议会体制削弱了的总统权力的弱点——而且自从 19 世纪以来，所有的改革派都不断地使用过这种办法。在第五共和国的框架之内，"总统君主制"（monarchie présidentielle）有可能只是一种比喻的说法而已，而且几乎算得上是一种很别致的说法[3]，戴高乐的做派本来就像个没有王国的国王，所以与这一说法相得益彰，而且戴高乐本人就很喜欢君主政体风格的形式和奢华，这就使得 1958 年的《宪法》以及后来 1962 年通过普选的方法选举共和国总统的法律不像是他的权力来源和对权力的加强，而更像是为他量体裁衣制定的措施（关键的内容是关于特殊权力的第十六条，而这一条从来就不曾执行过），是送给他的一件豪华的礼物。尽管如此，政治体系的重心转向了行政首脑，从而允许并导致了专权的发展，使在执行权力过程中，由负有责任的每一个人来确定其风格，实验其掌权的模式和限度[4]。因为，国王在国民回忆和想象中的形象和地位是模糊的，完全像幽灵一般，是最终的祈求和心底的怀念的混合物[5]。只能靠经验性的再适应，靠暗示，靠没有清楚边界的表示敬意的象征，才能够重新活跃起来。对于体系来说，这种形象和地位具有根本性的意义，但是属于外围，有着细微的差别，而且几乎具有讨好人的意味。在宪法的框

---

① Maurice THOREZ, «Union et action de tous les Républicains pour le *non* au référendum plébiscité», *Cahiers du communisme*, Vol. XXXIV, n° 8, août 1958, p. 1128.

② Cf. en particulier, sur la tentative de désoviétisation de Waldeck Rochet, l'analyse que lui consacre Ph. ROBRIEUX dans son *Histoire intérieure du parti communiste*, *op. cit.*, t. Ⅱ, chap. Ⅷ «L'échec du Khrouchtchev français».

③ Cf. Pierre VIANSSON-PONTÉ, *Les Gaullistes*, *rituel et annuaire*, Éd. du Seuil, 1963.

④ Cf. Jacques REVEL, «La cour», *in* Pierre NORA（dir.）, *Les Lieux de mémoire*, t. Ⅲ, *Les France*, vol. 2, *Traditions*, Gallimard, «Bibliothèque illustrée des histoires», 1992, pp. 128 – 193.

⑤ Cf. Alain BOUREAU, «Le roi», *in ibid*, Vol. 3, *De l'archive à l'emblême*, *op. cit.*, pp. 785 – 817.

架之内使戴高乐将军成了"国王"的东西，曾经是占据某个位置，仅仅通过普选认定，经由人们默认许可才承认那个位置应该属于他的。只要他占据着这个位置，任何人都不能去抢。所以，1965 年他与弗朗索瓦·密特朗在选举中的争斗才显得十分奇怪，这种争斗又是正常的，这是牧羊人大卫与歌利亚之间的争斗。在 1968 年，当大学生们在游行时喊出"10 年了，够了！"的时候，国王陛下马上就站不住脚了。1969 年 1 月 17 日，乔治·蓬皮杜（Georges Pompidou）在罗马宣布参加总统选举时说："只要有候选人，那就是我。"那却成了一种亵渎，而且不久他便被流放了。因此，戴高乐"国王"像是一个具有双重机关的机构：一方面，是强烈的记忆回归，没有多少威胁的意味，只是让人觉得很开心，很像是著名的搞笑刊物《被捆住的鸭子》（Canard. enchaîné）在很早的时候便预言到的"宫廷"的象征；另一方面，是一种参照回忆的建构，以戴高乐的离去作为高潮而形成一个循环，而他所有的继任者都将永远给予这种参照性回忆以重视，或者是为了达到与他同样的高度，或者是为了与他保持距离。戴高乐的记忆永远是未完成的记忆，但是这种记忆具有矛盾之处，而且从相反的意义上起作用，正好同共产党自我封闭式记忆起的作用一样：戴高乐让法国人从反面重写了自己的历史，而共产党是让"法国人民"从正面经历了这一历史。

*

说到底，这就是两种现象的长期意义：以系统的和相反的方式结束由法国大革命开启的伟大历史循环。一个是从深刻的意义上用共和的观念同化右派；另一个则是对在此之前处于分裂的工人世界进行事实上的民族整合。爱国主义与从大革命中走出来的法国尚处在不可调和的状态，戴高乐主义的道路就是让这样的爱国主义对民主开放；对于共产党来说，无产阶级代表了大革命的普世价值，而共产党的道路就在于让这些普世价值成为爱国价值。这一过程看起来没有什么了不起，却具有强大的记忆效率，而且后果持久。

这两种运作的过程都不是经过直接思谋的，而是由戴高乐主义和共产党引发和支持的，有时候还是由他们指挥的。右派记忆的联合受到了四种基本形势的促进：第一，解放后传统右派消失了，像落入了陷阱一般，这是传统右派史无前例的灾难，其中一部分人只有通过法国人民联盟（RPF），才得以重新站立起来[1]；第二，经济增长的机制和第三次工业革命的后果，这种后果和机制从政治上来说是中性的，却将现实主义和现代性的价值转移到了右派身上，当时左派忙于一心一意地反对资本主义，放弃了这种现实主义现代性的价值观，而传统上的右派是守旧的；第三，戴高乐当时努力将天主教徒收拢在共和国的怀抱，并利用 1959 年的德布雷法律（la loi Debré）确保他认为应当保证的学校和平；第四，也是最重要的形势，是右派的联合，尽管戴高乐作为多数派的领袖敌视其政治力量只是违心所为，尽管戴高乐派的组成成分多种多样[2]，其中还包括左派，但最终将除极右派之外，所有明确以右派权威为依靠的党派结成同盟，参加选举。戴高乐的共和主义免除了维希政权所导致的右派反共和主义的罪责。总体上来说，共产党对工人阶级的代表以及与工人阶级的联合从时间上来看，与经济的发展和劳动世界的发展是同时代的事，重工业的重要地位构成了它稳固的基础，而且从 20 世纪 30 年代开始一直到 60 年代末期，这一发展都是相对稳定的。当罢工与占领工厂反映了一些人对公共生活的入侵，对此西蒙娜·韦依（Simone Weil）把这些人描写成在自己的国家中的"外国人、被流放的人、失去了根基的人"，列翁·茹奥（Léon Jouhaux）和联合劳工总联盟（CGTU）的代表第一次尴尬地、极其惊讶地与天赋权利的资方谈判平等的协议时；当北方和巴黎地区的红色堡垒刚刚确立时；当统一的浪潮使第二次工业革命中产生的工人阶级掌握了代表自己的工具，包括政治的、工会的和象征性的工具时；当《天要亮了》（Jour se lève）和勒内·克莱尔（René Clair）的电影中的"钢铁工人"成为知识分子和艺术家怀着赞叹所追求的目标时；当比扬古（Billancourt）的传奇史诗刚刚开始，工人所特有的记忆谱系（虽然是虚幻的谱系，但是却有极大的影响力）正在形成时[3]，一个世界在人民阵线面前爆炸了。研究工人历史的一个历史学家说，那是"特殊的一代人"[4]。或

---

① 详见雷蒙在《法国的右派》（R. RÉMOND, *Les Droites en France*, *op. cit.*）当中专讲第五共和国的一章开头那句著名的话："1945 年，似乎的确是时候在右派的历史上写下'终结'一词了。"（第 238 页）

② 在政治分析的框架之内对组成成分的分析是必不可少的，但是本文不需要考虑这一点。

③ Cf. Michel VERRET, «Mémoire ouvrière, mémoire communiste», *Revue française de science politique*, Vol. XXXIV, n°3, juin 1984.

④ Gérard NOIRIEL, *Les Ouvriers dans la société française*, *XIXe-XXe siècle*, Éd. du Seuil, «Points Histoire», chap. Ⅵ. cf. aussi Marc LAZAR, «Le mineur de fond. Un exemple de l'identité du PCF», *Revue française de science politique*, avril 1985, pp. 190-205.

者更准确地说是两代人。因为相同的工人阶级在已经被今天的人们忘记了的强烈战斗精神激励下，受到劳动者统一联盟（CGT）和法国共产党（PCF）的严格领导，被严格控制的权利要求常常将物质要求与政治目标交织在一起，持续30年不变，形成共产党力量的主力：1943年的FTP世界；1945年的国有化；1947年起义式的大罢工；1952年反对"瘟疫利奇伟"（Ridgway la Peste）大游行①；1958年从巴士底狱到共和国广场的反戴高乐主义游行；甚至还包括1968年的格雷奈尔协议（accords de Grenelle）。在戴高乐离去之后，雅克·迪克鲁（Jacques Duclos）在1969年的第一轮选举当中作为共和国总统的候选人参加选举，这似乎象征着达到了他重新参加政治生活过程的顶峰。

这种同时的、并行的适应过程，丝毫不说明政治和社会暴力的终结，也不表明阵线的分裂结束，甚至也不能够说明人们本来会以为过时了的阶级斗争，从今以后不会再以阴险的方式再次出现，而是强加于暴力等其他各种形式，并为它们提供了参照框架，人们可以将这一框架称之为民主的，或者是共和的。这些东西的表达途径受到了极大的改变，从而出现了另一种政治文化，这种新的政治文化是从戴高乐主义和共产党的双重沦陷中产生的，也是从戴高乐渐行渐远，同时又深深地扎根于人们心中这一双重运动中产生的，从而使得一些在此之前对法国传统来说是陌生的概念和词语，比如，协商一致，多党派，法律的宪法性检查②等具有了新的现实意义。有些人为此而感到高兴，他们从中看到了战争和排斥政治文化的结束，民族救世主观念的结束，而戴高乐主义和共产党就代表了这种民族救世主的突出形象，是对一种已经过时了的历史现实的极其雄辩的滑稽模仿；也有一些人为此而感到绝望，对于这些人来说，法国的伟大、特殊和普世价值的最终形式只能让人感到悲哀和忧郁。大家都感到心里空落落的。回顾以往，大家都觉得共产党和戴高乐主义虽然没有占领全部的政治领域，但还是奇迹般地占领了人们的想象。人们预感到，在不久的将来，这两种现象是寄生关系，它们会平分天下，它们所代表的是民主能够得到很好调理

① 1952年5月28日反对利奇伟将军的大游行的历史意义一向受到人们的强调。利奇伟是在艾森豪威尔（Eisenhower）之后指挥SHAPE的将军，米歇尔·皮日奈（Michel PIGENET）专为他写过一篇文章《从强硬的证明到具体的冲突》[«De la démonstration "dure" à l'affrontement physique», in Pierre FAVRE（dir.），*La Manifestation*，Presses de la FNSP，1990，pp. 245 – 268]，把这次游行的历史重要性说得很清楚。

② Cf. François FURET，Jacques JULLIARD，Pierre ROSANVALLON，*La République du centre*，Calmann-Lévy，«Liberté de l'esprit»，1989.

的美好时代。我们想到米什莱，因为他认为革命和揭示（Révolution-Révélation）是《法国史》（*Histoire de France*）的天鹅之歌（le chant du cygne）[1]，正好比在《墓外回忆录》（*Mémoires d'outre-tombe*）当中，夏多布里昂（Chateaubriand）描写拿破仑垮台后复辟政治社会的苍白："想到我此时此刻不得不蔑视一群我也是其中一分子的小人物，不得不对一大片阳光已经消失了的场景表示怀疑、保持阴暗，我就脸红。"[2]

对于历史学家来说，变化也许是另一个层次上的。共产主义和戴高乐主义曾经代表了两种极端的、完美的法国历史和政治形式，而这种模式是从比西方任何国家都更悠久、更连续的历史中产生的。在很长的时间里，它曾自以为更高级，因为更合理。这种模式从内部和外部都发生了破裂。从根本上来说，它是国家和民族的模式，在与它不适应的新现实发生接触的时候，从外部发生了破裂：从曾经的超级强国向中等强国过渡；帝国意识的终结；错过了两种体制，屈服于这两种体制所控制的世界；渴望地区政权，摆脱中心控制；加入欧共体，而又不得不接受它指定的标准。从根本上来说，这种模式是合乎逻辑和理性的，它强制推行自己，因为面对外部的挑衅，共产党人给出的回答是将启蒙的理性推向极致，一直到它变成完全邪恶的荒诞行径。而戴高乐派给出的回答则是推出一个理想的、抽象的、想象的法国，在一场黄粱大梦中迷失在历史的森林当中。两个党派都让法国人经历了一种强烈的幻觉，对于有些人来说，这种幻觉是有可能与原来的东西彻底决裂，然后再重新开始；对于另一些人来说，则是会定期地得到拯救。今天，他们都清醒了过来，回望过去，他们既有对从前的怀念，又有酒醉方醒的感觉，通过这种双重的梦，也是在这场双重梦境中，他们发现了这种历史模式所具有的奇特性和特殊性，发现了这种独特的感觉和同普遍性的特殊关系确切产生的理性类型。在这样的时刻，历史学家不得不更新自己的计划：用一种新的眼光去看待世纪的历史，重新思考我们所有的传统，所有的政治表现。它要求我们重新思考大革命，引发人们对"法国身份"进行新的探索。它呼吁我们重新整理我们与过去的关系，清理我们的记忆，这也正是想以其特有的方式，提出一种方法和场所。

---

[1]　Cf. Paul VIALLANEIX, «Michelet et la Révélation de 1789», *Romantisme*, n° 50, pp. 61 - 74.

[2]　François-René de CHATEAUBRIAND, *Mémoires d'outre-tombe*, t. Ⅱ, livres XXV à XLIV, éd. de Maurice Levaillant et Georges Moulinier, Gallimard, «Bibliothèque de la Pléiade», 1950, p. 4.

第四章
反美国模式

一　革命[①]

　　1976 年，东西方的历史学家们在庆祝美国革命的两百周年。然而，虽然其回声震荡，但声波的冲击力度相去并不远。美国殖民者的胜利暴动燃起了人们的想象，但并没有让整个地球燃烧起来。当然，在欧洲甚至在所有的地方，想象与权力是相反的，而且美国人的功绩经过出色的调配，掀起了一阵对皇位和对旧世界统治的非议之风。但是，意见的协调一致和遥相呼应并不足以建立起因果关系。法国大革命并不是美国革命的亲生女儿，尽管法国大革命至少在开始的时候曾经借鉴过美国革命的经验。"76 年的精神"（*spirit of 76*）只是出于相似性的影响才跨过大洋彼岸。相反"89 年的精神"却搅动了欧洲大陆的版图，并在上面画出了深深的痕迹。

我们想阐明的，正是这种对照

　　从一些伟大的奠基文本中，首先是从"独立宣言"中可以清楚地看到，英国的殖民者造反时提出的权利要求几乎完全是延续着史前的要求，而且从内在的本质上具有保守性，他们援引自然权利或者不列颠传统在政治和行政事务中的自我管理

---

① 本文曾是以阿兰·克勒芒（Alain Clément）和皮埃尔·诺拉（Pierre NORA）的名义，以《美国和法国，两场革命和两个世界》（L'Amérique et la France, deux révolutions et deux mondes，Éd. CNRS, 1979）为题，在 1978 年 2 月 21 日至 25 日召开的美国革命和欧洲研讨会上的发言。阿兰·克勒芒负责文章的第一部分"美国革命内在活力的性质及其对加拿大和南美洲的影响"，我负责第二部分。本文在此第一次发表时，作者对这一部分做了一些修改。

习惯。另外，之所以排除美国起义"泛滥"的危险，是因为与很多其他造反行动不同，美国起义从开始一直到胜利之后形势稳定下来，领导人始终就那几个。按照传统的说法，这场革命没有"吞噬它自己的孩子"。它培养自己的后代，让他们尊重"建国父辈们"，并尊重他们立法的审慎。也许它上溯到了比"父子"关系更高远的地方。托克维尔最为洞若观火的论述，就是他没有把美国人看成是新人类，而是把他们看成是"尽情地放任自己"的英国人，是摆脱了僵化，除掉了几百年的积垢和遗传的呆板，重新恢复遥远的祖先原始的、几乎是野蛮的力量①。

美国革命接近于"革命"这个词在词源上的意义，是想回归源泉，持续地唤起本来应该有的存在状态，建立一个"忠实于自己"的英国体制（某些美国人不是主张"帝国方案"吗？而所谓的"帝国方案"，就是把帝国的首都转移到美洲大陆上），是一种撤退的乌托邦，但同时也是复兴的乌托邦。从这种意义上说，这场具有苦行主义意味的南北战争，从一开始就是处于追溯既往的谱系当中，而不是在离心的普遍主义当中。没有任何"以进为退"的企图，没有任何在内心逐步升级、被迫激进化的企图。美国不需要为自己找一个能够证实任何"改革计划"的理由，不管这个计划能不能够输出。美国完成的是乔纳森·爱德华兹（Jonathan Edwards）所关注的"赎罪的行动"，或者，夏多布里昂用电光石火般的智慧所说的话更准确，"它悄悄地实现了它的自由"。这种自我祝圣方式批准了新权力的诞生，而后便按照真正的共和制的"使徒传承"方式，使一届届总统顺利地延续到如今。

在法国，神圣的权力、天赋的权力正是被打翻在地的权力。在其废墟之上，一种世俗的权力（因此对于正统主义的人来说，也就是亵渎神圣的权力）由共和国树立起来。但是，我们还要提醒人们注意的是，《马赛曲》中提到的"血的旗帜"用了近一个世纪的时间来洗刷它原始的污秽。1870年失败之后，正是因为不同意将这一旗帜作为所有法国人的旗帜，香波堡公爵（le comte de Chambord）才让第二次复辟半途而废。这一原则上的区别，使两种革命经验在方向上背道而驰。法国大革命经历的是一个原始点，而美国革命则是一个抵达点，而且是绝对不能往回倒退的。法国革命是在已经有着悠久历史、有着强烈的民族意识、国家政权高度集中传统的国家发生的。革命的动荡一直是一个

---

① Alexis de TOCQUEVILLE, *Voyages en Sicile et aux États-Unis*, in *Œuvres complètes*, t. V, vol. 1, éd. de J.-P. Mayer, Gallimard, 1958, p. 203.

不争的事实，这不是大家共同的意见。在 20 世纪末，才开始巩固共和的统一，其结果首先是因为社会党的观点，后来又因为共产党的观点而变得激进化。正因为如此，左派没有执掌权力，而是成了民族争论的中心。哪个乱党没有说过："所有民族的都是我们的？"

在美国，革命的要求虽然话音刺耳，却永远保持着矜持，不会在基本的东西上面竞相要价。美国的革命融进了文化遗产，在人们之间形成一致意见，而不是摧毁。大家一起来面对共同的命运，这种观念吸收了革命观念，避免了革命与民族的二律背反，而这两者之间的辩证关系织就了欧洲历史经纬。美国的"概念缺失"既是它传递出来的信息的弱点，又是它整合力量的秘密所在：革命在神启发之下被废除。

从这个角度来看，一场掌握得如此精准、与过去的成果联系得如此密切的革命，没有优先对待一切社会未来主义，甚至没有优先对待任何一种社会计划，而是把资产阶级的私人道德摆在首位，这又有什么奇怪的呢？况且，这些私人道德又不会简化成只是遵守一些私人的名言警句，比如，"不杀人不偷盗"之类。它只是要求放弃集体道德，放弃公平的伦理，而并非只是简单的平衡伦理。美国的共和制从一开始便没有打算以群体为基础。所有人的独立都是以个体心理和物质独立为基础，个人对财产权（或者个人的节制）会将这种独立置于"具有腐蚀性"的压力和欲望之上。这种隐私优先（primauté de la *privacy*）的思想为某种自由地位提供了保证。这种自由首先保证了人类的自主性，不受其他"干扰"所破坏；这是一种具体、不具有侵犯性的自由（但是在自卫的情况下，这种自由是可以具有侵犯性的，甚至具有侵犯的狂热倾向）。因为，美国民族一开始就是建立在自由的基础之上，自由的施行就是个人的权利，个人只要求公共权力来保障这种自由便可。公民通过奋起"反对权力"来体现这种自由，不管它是政治权力还是经济权力。从这种角度来看，著名的自由派人士、当时伟大的社会事业活动家、"正义的"布兰迪斯（Brandeis）（波士顿附近一所大学就是用他的名字命名的）的颂扬之词是再合适不过了，这就是他口中所说的"不受别人烦扰的权利""所有的权利当中最具广延性、也是文明人类最珍视的权利"①。面对这种"隐私优先"的权利，

---

① 这句话见于路易·布兰迪斯针对最高法院 1928 年"奥姆斯特德诉美国案"的判决发表的"少数人的意见"。

任何法院都没有资格提出其他最高权力，都没有资格软禁它，将它禁闭在某个地方。这就是达到极致的权力分立逻辑：它要让最高权力内化于每个意识当中。这也是布兰迪斯所属的最高法院——他从 1916 年到 1939 年在该最高法院任法官——意见一致的奇迹所在，而且该最高法院所做出的最具争议的、最具爆炸性的判决（我们想到 1974 年 7 月最高法院一致做出的反对尼克松总统、并最终导致他下台的判决！）不用借助强制执行工具，早晚都会得到服从。我们从中是否可以得出这样的结论，即：与法国相反，在美国实行的制度一致性，代替了相当于我们法国社会的一致性，而在美国，社会的一致性是"悬置"在某种政治真空当中呢？

在欧洲，民族和革命之间的辩证关系孕育出了很多后代，而这些后代或多或少都直接地回溯到法国事件上，它们是一对分不开的"夫妻"，而其中的革命观念却孕育了民族的定义。

从旧制度向现代性的经济、政治社会和社会体系过渡，法国大革命也许并不会负有特别的或专门的责任，因为其他国家没有发生过革命，但是也实施了这一过渡。可以肯定的是，至少在法国，通过所发生的过程，大革命直接产生了一种民族观念，这种观念是建立在三种互相补充的基础之上的。第一种是社会基础，即：排斥特权，将民族共同体与第三等级融合，而且仅仅是与第三等级融合，正如西哀士在他那本著名的小册子当中定义的那样。第二种是地域基础，即：自然边界理论，保卫被侵犯的领土，并且相应地建立起统一的内部空间，统一的语言，统一的、可以普遍化的度量衡，旗帜的象征意义，处在危险中的祖国和建立公共拯救委员会。第三种是意识形态基础，也就是启蒙哲学的自然神论和去基督教化的政治。

正因为有了这三重配置，具有极大的传染性和重复性的模仿能力才有了活力，就是国家地理本身也使其具有动员民众的锋芒。我们知道，国界在美国所起的作用与在欧洲所起的作用完全不同。在美国，边界是文明、进步和民主的连续迁移；在欧洲，则是冲突和战争的关键所在，代表了历史的诅咒，尤其是国家—民族权力的物质基础。因此，地理与历史合谋，使得这种独一无二的特殊现象成了孕育一系列其他现象的温床，而这些现象也都声称是受地理的启发而产生的。如果反宗教的斗争不是从一开始便使得政治斗争负有了与边界问题不同的意识内容，地理也许不会具有那种传播力量。宗教因素是这种模式的中心。旧制度下的法国，"王权和宗教权"的统一使王权遭到颠覆，同时也导致教权失信于民，并使得意识形态具有了宗教的衍生意义。正因为如此，政治或者爱国革命的斗争精神成了神职人员的替代形式。欧洲的"知识分子"，特别是法国的知识分子，才有了美国人所不懂得的权威，这种权威是与权力机制有分别的，所以就显得更加重要。

渐渐地，就这样，西部欧洲、"沙皇帝国"、亚洲的中国和第三世界都变成了意识形态征服的战场。从"君主同盟"和"贵族阴谋"到1920年被围困的苏维埃革命，后来又到"帝国主义的阴谋"，一些新独立的国家感觉到或者实际上经受到这一阴谋的威胁，19世纪所有自由民族主义以及20世纪革命的民族主义都从法国的先例中寻求担保。

总而言之，美国更多激起的是学术上的模仿，而不是真正的仿效。美国自己也没有想要扩散其革命模式。等到美国成了技术革命的模式，前景才颠倒了过来，外国情调和本地特色才在全球扩散开来。然而，这算得上是达到了普遍化吗？

在欧洲经历过多次效果不同的"演练"之后，1876年在费城举行独立百年纪念展览，这次展览展现了美国工业颇为壮观地出现在节省人力、批量生产的舞台上，这种现象，对于因人手多余，出现"只吃饭不干活的人"，而对于受到了长期折磨的欧洲大陆来说，也许曾经依稀预感到，但是还没有从精神上掌握它。年轻的托克维尔（Tocqueville）狂热地寻求将过去和未来协调起来。在他走遍美国之后才深信，社会能从教育中得益，因此也就会从大众阶层的"需求"中得益［1832年9月20日写给路易·德·克尔格莱（Louis de Kergorlay）的信］，后来到了茹费里时代，"公共教育"才在法国成为国家的责任；在美国，17世纪以来，公共教育虽然在美国各地的执行情况不一致，但已经成为一种无可争议的原则。到了第二次世界大战的时候，"无私的研究"才在美国有了立足之地（而且也才获得了与其财富相当的声誉和手段）。

这些差距和断续的过程应使我们提高警觉，警惕那些怀念欧洲大陆、因大西洋彼岸的"超级大国"的压倒而失去了优势的人，也要警惕那些吹捧强大的美国所主导的"技术革命"的伪哲学家，美国的技术革命注定会让我们这个时代的民众和文化失去人文特点。在过去的运动当中，欧洲放弃了使各族人民欧洲化的努力。但是难道他们能够因此而被"美国化"吗？暂时来说，我们可以这样说，从我们所研究的两场革命来看，从遥相呼应，但是并不一定相互理解的美国革命和法国大革命来看，这个问题迫使我们通过历史，再次考察现代性概念中所包含的东西。

二 宪法①

1987 年在费城举行的美国宪法两百周年纪念活动，在法国并没有留下比百年纪念更加辉煌的痕迹。然而，这部伟大的宪法与以往的宪法有着天壤之别，因为它在充满君主专制政体的世界中，开启了一个共和与自由的体制，法国最早的宪法文本就是受这一宪法的启发而制定的。

然而，在两次纪念活动之间，还是有着显著的区别：第一次纪念活动是在布朗热主义觉醒时期举行的，根本无人理睬；而第二次纪念活动却标志着人们态度的转变，这在几次交流活动和研讨会上都反映出来了②，这几乎是政治心理的变化。

我们对美国体系的全新审视，似乎是出于两种原因，而这些原因与两国之间信息交流的普遍进步是无关的。

第一个原因，可以肯定的是，以双重面目——马克思主义和雅各宾派——出现的革命观念的衰落。一系列参照遗产也随之颠倒；一个古老的耻辱出现在公共生活的美式经验合法性上；我们可以说，是孟德斯鸠—托克维尔—雷蒙·阿隆所形成的思考轴线，代替了卢梭—马克思—萨特所形成的思考轴线。第二个原因，是戴高乐的宪法深入人心。法国人也许有史以来第一次从整体上对自己的政治制度、对这些制度的运行、至少是对这些制度的存在表示同意。而这种同意又激起了对宪法的讨论，促进了立宪主义的全新回归，使人们为制度的实践、为制度的运行方式、为对制度的解释而进行斗争。人们对第 49 - 3 条提出疑问，对共和国总统和总理之间的关系，对总统任职的期限和连任，对法律是否符合宪法的检查提出疑问。这种围绕宪法实践而产生的政治动荡并没有对

---

① 本文在曾经发表时的标题是：《美国宪法的普世价值：法国与美国经验》。［"Valeur universelle de la Constitution des États-Unis：la France et l'expérience américaine", in Marie-France TOINET (dir.)，*Et la Constitution créa l'Amérique*, actes du colloque organisé au palais du Luxembourg les 9 et 10 janvier 1987 par l'Association française d'études américaines à l'occasion du bicentenaire de la Constitution des États-Unis, Presses universitaires de Nancy, 1988.］

② Cf. Bernard VINCENT, «D'un centenaire l'autre：1887 - 1987», in M. -F. TOINET, *Et la Constitution créa l'Amérique*, *op. cit.*, pp. 13 - 20.

制度本身提出质疑（舆论当中的一小部分人除外），这无疑使我们更接近美式宪法生活的特点①。从法学家和历史学家的讨论当中，我们可以清楚地看到，在两种体制、两种模式、两个宪法的历史之间，说到底真正的关系很少，有的时候只是属于并行的发展。

的确，如果我们来看整个宪法时期，除了大革命的启动行为之外，美国的模式几乎是在无人知晓的情况下（除了极少数内行的人之外）运行的，正如法国那种纯粹自愿自恋式政治所采取的满怀希望又充满失望的措施一样。这是人们经常援引，但是最终也常常会被排除在外的一种象征。按照时间的顺序，这一象征先后采取了四种主要形式。

第一种形式，是机构智慧（*sagesse institutionnelle*），对所有复辟自由思潮和七月王朝美国学派的小党来说，这无异于一个变成了现实的乌托邦。勒内·雷蒙（René Rémond）② 使人想起一些响亮有力的宣言："美国人解决了几百年以来所有社会都在寻求解决的问题，那就是如何更好地治理国家问题。"③ "一个真正的有哲学头脑的人民，"将制度的根深深地扎在土地里，这在古老的欧洲是不可想象的。奥迪尔·鲁戴尔（Odile Rudelle）④ 则挖掘出一个十分奇怪的个案，那就是延续了整个19世纪的卡尔诺王朝：拉扎尔·卡尔诺（Lazare Carnot）、依波利特·卡尔诺（Hippolyte Carnot）、萨迪·卡尔诺（Sadi Carnot）等。这些名字与共和传统，甚至与国民公会的传统密切地联系在一起。但我们还是看到，这个王朝的创建人、公共拯救委员会的成员和法国大革命军队胜利的组织者拉扎尔·卡尔诺却恳求拿破仑，希望他成为新的华盛顿，而不是新的亚历山大，想通过国民美国化的愿望，来为他曾经属于国民公会的事实赎罪。他的儿子希波利特·卡尔诺在七月王朝时期是美国党最热衷的共和捍卫者；后来当了共和国的主席，而且他那注定会被人暗杀的孙子萨迪·卡尔诺，是在美

① 关于美国的宪法，请参见两部主要的作品，Marie-France TOINET, *Le Système politique des États-Unis*, PUF, «Thémis», 1987, et Gordon S. WOOD, *La Création de la République américaine*, *1776 - 1787*, [1969], trad. F. Delastre, Belin, 1991。

② Cf. René RÉMOND, *Les États-Unis devant l'opinion française*, *1815 - 1852*, 2 vol., Armand Colin, 1962.

③ Charles-Ogé BARBAROUX, *Résumé de l'histoire des États-Unis d'Amérique*, Paris, 1824, p. 341, cité dans R. RÉMOND, *Les États-Unis devant l'opinion française*, *op. cit.*, t. II, p. 543.

④ Odile RUDELLE, «La France et l'expérience constitutionnelle américaine: un modèle présent, perdu, retrouvé», *in* M.-F. TOINET, *Et la Constitution créa l'Amérique*, *op. cit.*, pp. 35 - 52.

国宪法百年纪念日的时候上台的。

第二种形式，是在七月王朝时期，尤其是在帝国时期的政治自由（*liberté politique*）。拉马丁（Lamartine）说，共和国是"极端的共和国"，是"被放逐的人，被排斥的人，该上断头台的人的共和国"（1848 年 6 月 13 日在国民议会上的讲话）。为了与这样的共和国形成对照，法国大革命是按照美国革命的模式来进行的。托克维尔和他的朋友们来到美国大使馆，想了解美国革命的一些详细情况，并在宪法委员会内部进行动员，想让委员会通过一种美国式的体制。这个时候甚至出现了"欧洲的美国"的想法。人们有这种迷恋的情绪，再加上后来又决定建立一种通过直接普选，产生一个独一无二的执行权力的决定，这使得人们相信，1848 年的宪法受到了美国总统制的影响。奥迪尔·鲁戴尔的分析消除了这种具有欺骗性的表面现象。她指出，美国联邦制的情况是，各个州都想保留自己的身份，所以当时是要组织一个"联邦"。与这种联邦制不同，1848 年法国宪法的目的是要组建一个统一的、高度集中的共和国。美国化的拥护者失败了，说到底，促进了经过投票通过一部宪法，一部他们并不赞成其原则和方式的宪法，即：地方的生活被压制，唯一的国民议会，通过直接普选产生执行权力，而这一权力不久便将共和国也掌握在自己的手中。

第三种形式，对于美国学派的人来说，美国宪法后来成了政府稳定（*stabilité gouvernementale*）的象征。1870 年之后，艾德瓦·拉布莱伊（Edwouard Laboulaye）成为美国学派的领袖。这一学派经过努力，最终随着 1875 年的法律，成立了由地方民主产生、完全照搬美国模式的众议院。但是很快，这一经验便告结束，1877 年 5 月 16 日的危机很快便将新的共和国引向传统的小路上，又形成了法国古老的雅各宾体制那种统一集权的模式。

第四种形式，这也是美国宪法第四个即最后一种象征，民主司法（*juridisme démocratique*）和完善的总统制模式、在第五共和国时期，戴高乐把它建成了一种反总统制的体制。在 1964 年那场著名的新闻发布会上，他对此做过详细的解释，人们经常引述这场新闻发布会，所以值得我们在此重提：

> 其他的人则逆来顺受，声称愿意接受一个国家元首的存在，但是只有当议会建立起一个不可战胜的堡垒，能让各个党派都从中找到自己的帝国和安全的条件下，这个国家元首才可以称之为国家元首。这些人表现出一种相当新颖的偏爱，说明他们赞成与美国的总统制相似的所谓的"总统"

体制。我们不可能不知道，这样的宪法，到目前为止，在美国也是勉勉强强地运行着。但是，这样的体制怎么能够适合于法国民族呢？多少个世纪以来的漫长努力，使得法国成为一个相当集权的国家，七代人经受着内外动荡的伤害，时刻有可能再受到其他动荡之苦，而且很多政治党派都处在分裂之中，缺乏稳定性。

这就是问题的根本，正是这一点让民主分成了两种版本：美国式的民主和法国式的民主。

然而——这是表达政治制度类型的另外一个特点——，有一些发展是并行的①。这些演变尤其标志着共和形式在民主当中扎根的两个时刻，涉及的主要是实践，而不是理论：1875 年法律的宪法实践和第五共和国的宪法实践，尤其是 20 世纪 70 年代以来，通过 1981 年的更替确定了宪法法院（Conseil constitutionnel）权力的加强。

通过奥迪尔·鲁戴尔的深入分析，我们看到深远的影响，也看到了 1875 年的宪法从时机上与美国宪法有一些相似性。她说，我们不从规模上比较，但是我们可以注意到，1875 年在右倾中间派拥护君主政体的人和"左倾"中间派的共和党人之间，有必要达成妥协，而这种必要性在 1787 年也起到了同样的作用，因为 1787 年也有必要在拥护联邦制和赞成联盟制的人之间达成妥协。美国人曾想象过一项由三部分构成的解决方案，即：统一的执行权、双重的立法权力和裁决冲突的最高法院；法国人建立的体系与美国的体系也不是没有相似性，因为法国的体系当中也有立法权和执法权的统一，以及带有来自地方民主参议院的两院制。共和派和君主派之间主要冲突的仲裁，是通过简单的修正权来完成的，完全是在议会框架之内解决。这个体制当中没有提及司法和地方生活，其行政组织形式仍然是执政府时期确立的形式，而且在 1848 年再次得到确认。如果有必要，这可以说明，在美国的经验和第三共和国之间进行比较是有局限性的。作者在三个主要问题上都详细说明了这种比较的局限性，即：修正的权利、参议院的存在和共和国总统的权限。

虽然有着本质上的区别，但是并行发展的倾向性在第五共和国时期明显表

---

① 将总统任期由 7 年减少为 5 年，可以被看成是法国和美国政治体制具有相似性的一种做法。但是共和国总统和总理之间的关系并没有因此而发生丝毫的改变。

现出来，比如，宪法法院和最高法院的关系问题。

这两种机构之间有着根本性的不同。美国的模式是从19世纪初以来便为人们所接受的。美国的模式同美国传统上的分权制和法律帝国密不可分。法国的体系是新近出现的，还没有完全被法国的政治传统所接受，法国的政治传统是抵制由司法原则来限制民众最高权力的。尽管如此，人们还是经常援引最高法院的例子，不管是作为反面案例被提起（"法官理政"），还是被作为向所有公民开放的独立法院的模式被提起，人们很愿意把最高法院说成是与宪法法院对立的，而宪法法院中都是一些退休的政治家，判决案件时更多考虑的是政治，而不是司法。

然而，专家还是一致认为，在两种个案当中，应当面向宪法实践，面向惯例和法院的判例，才能够找到相似性。而不是面向理论，面向使两家法院扩大权力、更多地确立其权威的具体情况。

还有一些实践使法学家和政治学家一致承认，两国的法院有相似之处：在两国法院的经验当中，都有对一些案例的参照。在欧洲的大部分宪法（比如，德国、意大利、西班牙、葡萄牙）当中，立法者所应遵守的自由和基本原则，的确出现在最新的法律文本当中，而且规定得相对明确。美国和法国都不是这种情况，当然法国的宪法距今要近得多，宪法的前言参照了1789年的原则，参照了共和国法律所承认的基本原则，以及1946年的经济和社会原则。法国的法官和美国的法官都以十分宽泛的原则为基础，而其中的一些基本原则可以回溯到18世纪。由此我们认为，在这两个国家，而且只是在这两个国家中，法官拥有十分宽泛的解释权力，同时这一自由也提出了很多问题。所以，在法国和美国才逐渐建立起了法院的判例，这些判例文集受到两个方面的批评：一方面，有些人责备这些体制胆小；另一方面，有些人则承认这些体制有给予宪法活力的权利。另外，在严格的司法表象之下，高等法院政治干预的范围要宽得多。

一个很大的差别是，法国的宪法法院遇到的是政治传统中最为根深蒂固的习惯问题。如果我们想理解两种体系时表现出来的相似性，以及两种宪法和政治体系无法缩短的差距，那么我们就必须回到两种政治经验的革命起源上来。相似性和差距揭示了也隐藏着普遍主义一个古老的争议性问题。

不管法国和美国在今天世界力量对比关系中的影响力有多大差距，在开始的时候却是现代民主两种互相竞争版本的起源。两国的遗产当中都有18世纪末的启蒙运动，使得两国的社会都是按照理性形成的，但是各自的建设模式却有着深刻的区别，而且是互相竞争的。

在美国，宪法的诸说混合特点是不同寻常的，这是独立革命的特点，它恢复了被英国王权嘲弄的自由，同时又崇尚启蒙，将宪法的传统和人权结合在一起，将宗教和现代性联系在一起。美国社会的公民性的确是源于个体权利。比如，1787 年宪法所表达的政治和制度体系，主要的宗旨就是保护民众不受政府的伤害，其思想就是政府的合法权利产生于民众的一致同意。因此，这是一种强有力的预防性体系。

相反，法国的革命民主不是以自由传统为基础的；法国的民主是需要创立的。1789 年革命是要推翻一个世界，推翻绝对君主政体。因此，权威的传统结构完全被颠覆了。人们在原来君主占据的位置上又安置了另一个君主，即：民族，以及它的历史遗产和所承载的想象；还有它的抽象概念和普遍性特征；它的彻底性：所有的权力都属于民族。只要看一看郭舍（Gauchet）在美国宪法对法国的影响问题上所做的分析①，就能得出这样的结论：1791 年制宪会议成员完全了解两国的差别，也完全意识到两国的差别。他们的确受到了美国先例的启发，但是他们想制定一部不同的宪法：他们想"超越美国"。传统和宗教的双重突变从一开始便在美国宪法的外面包上了一层敬佩之情，一种神圣性和一种连续性，从而抵制了所有想改变它的调整。但同时，这也在一个多世纪的时间里使美国的体系仅限于自己使用。

法国的民主革命曾经要摆脱使其构成的历史。它不得不建立人权，但是这里所说的人，是在人民主权基础上出现的新人。因此，正像写《社会契约论》（*Contrat social*）的卢梭一样，要从具有个人利益特征而且腐朽了的作为私人的人，过渡到美国民主中的具有自由平等性的公民，法国的民主革命不断地遭遇异乎寻常的困难。这种困难在盎格鲁－撒克逊的政治文化当中是不存在的，而在法国的政治文化当中，它是主要的参照。

宪法使美国稳住了国内的和平，因为美国南北战争的目的并不是如何组织公共政权。相反，法国的一场内战使法国开启了一系列连续的探索，以寻求民主的原则，探索多种制度和宪法的优劣。但奇怪的是，正是由于这种历史和制度的不稳性，产生出的宪法原则才具有抽象概念，并升华出普遍意义，才使其

---

① Cf. Marcel GAUCHET, *La Révolution des droits de l'homme*, Gallimard, «Bibliothèque des histoires», 1989, en particulier le chaptire II, «Surpasser l'Amérique», pp. 36 – 59.

爆发性的力量能够波及全世界。

　　两个世纪以后，我们不是看到了角色的颠覆吗？因其势力的影响，美国的民主成了全世界模仿的对象；而法国的民主，在开始的时候具有普遍性，现在却变得越来越狭隘。仅供内部使用的普遍主义，变成了全球性的普遍主义，而具有普遍意义的特殊性，却成了历史的乡巴佬。如果需要的话，这也证明，美国和法国之间一直具有共性，而正是这种共性不断地将两国分开。

三　知识分子①

　　是否有一天，吉米·卡特(Jimmy Carter) 和亚历山大·索尔任尼琴(Alexandre Soljenitsyne)会有幸看到他们的名字出现在法国文化史的某一章节当中而感到惊奇呢？在这一奇怪的时刻，由于索尔任尼琴，法国对社会主义的形象做出了负面的修改，而美国的形象却得到了正面的修改，吉米·卡特当选美国总统，便是美国这一正面形象的象征。如果说两种文化之间的冷冻只是由于寒冷造成的，也就是说，至少自第二次世界大战以来，在所有人看来（不管赞成的还是反对的），法国是受了被假设为代表"社会主义故乡"这个国家的诱惑所造成的话，那么，这180°的转向并不是不可想象的。问题产生于更加遥远的根源。由于一些心理学②和政治学都无法解释的原因，两种文化之间一向隔着一堵墙，使两种文化无法交流。虽然两国各自都有一些不为人所知的杰出的特例③，虽然有一小群人总是在那里为此辩解，但他们提出的那些合理的论据，

---

① 本文在第一次发表时的题目是《美国与法国的知识分子》。[«America and the French intellectuals», *Daedalus*, Vol. CVII, n° 1, hiver 1978, et repris in Stephen R. GRAUBARD (dir.) *A New America?*, New York, Norton, 1979.]

② Cf. en particulier, dans le sillage de l'anthropologie culturelle américaine, l'intelligent essai de Louis DERMIGNY, *USA. Essai de mythologie américaine*, PUF, 1956, chap. Premier, «la mort du père».

③ 关于托克维尔，cf. René RÉMOND, *Les États-Unis devant l'opinion française, 1815 – 1852*, 2 vol., A Colin, 1962, p. 387。还应指出的是美国内战时期的出色的观察家厄尔内斯特·迪维尔吉耶·德·赫拉纳的作品，法国只出版过他的一本简写的作品《一个法国记者厄尔内斯特·迪维尔吉耶·德·赫拉纳眼中所看到的南北战争期间的美国》(*Les États-Unis pendant la guerre de Sécession, vus par un journaliste français Ernest Duvergier de Hauranne*), 克莱伯 (A. Krebs) 在1966年做过介绍，但是美国人却把这一作品全文翻译出版了 [*A Frenchman in Lincoln's America*, trad. et prés. de R. H. Bowen, 2 vol. Chicago (Ⅲ.), The Lakeside Press, 1974 – 1975]。

从没有在争论中引起人们的注意①。但是，在法国知识分子的想象当中，美国从来没有像 18 世纪的英国、19 世纪的德国、20 世纪的苏联和第三世界那样，占据过中心地位。美国仍然是一个镜像的美国（Amérique-reflet），一个被抛弃的美国（Amérique-rejet），古老的欧洲大陆的知识分子们并没有发现新大陆。

对于想探寻这一秘密的人来说，对最近 30 年进行研究，也许是一条优先的线索。不仅仅是因为这 30 年是一个大的周期，使美国的声望从神话变成了更加现实的、让人所知的赞赏；这种变化只存在于舆论层面上。但是，从中也能够清楚集中地看到，为什么会出现以下这种不变的情况，即：为什么尽管美国有着丰富的历史和世界性的影响，但在欧洲的参照体系当中从来没有成为一个正面的引力极呢？

事实上，自第一次世界大战以来，尤其是自第二次世界大战以来，法国丧失了大国的地位，变成了欧洲的一个小国。与此同时，无论美国自己愿意与否，却承担起了世界第一大国的责任。伴随着这一切形势的变化，法国的全部文化似乎通过反作用力的冲击，条件反射般起到了自我防卫的作用，想在文化层面上来争取政治上失去的领导地位。这种竞争看起来好像很别致，似乎是巴黎所特有的，但实际上在国际力量的平衡当中并不重要，也没有什么实际的影响力。这是一种让人感到愤慨也会让人张皇失措的竞争。然而这种可笑的、具有决定性的赌注也许就是两国深刻分歧的关键所在，即：关于普遍主义的冲突。如果不考虑两国的势力，那么在这两个国家当中，谁的普世价值有可以对外输出的余地呢？美国和法国两者当中，从文化上来看，谁是主，谁是辅呢？

美国的欧洲化

我们依然记得，这还是发生在不久之前的事：当美国人在军事上解放了欧洲的时候，也是欧洲最为漠视美国的时候。冷战对于美国来说并非没有其反面作用，那就是冷的意识形态（idéologie froide）②。也许在政治的善恶二元论背后，这种意识形态所表达的，是对一个国家的深深的罪恶感，这个国家在半个

---

① 我们当然想到的是雷蒙·阿隆（Raymond Aron），以及离我们更近的让－弗朗索瓦·雷维尔（Jean-François Revel）。

② 对高斯塔·帕帕约阿努所描写的意识形态是一种补充。Kostas Papaïoannou, *L'Idéologie froide. Essai sur le dépérissement du marxisme*, Pauvert, 1967。

世纪的时间里二次把欧洲从灾难当中挽救了出来：解放的创伤最终所达成的结果是受到众人的排斥。在其他任何时候都不像 1947 年的法国那样，所有的陈词滥调都对美国表现出如此神经质的、充满激情的反应；法国在战争中变得贫穷，无法恢复它的"地位"①，成了马歇尔计划中忘恩负义的乞讨者②。美国不是一个国家，而是一种原罪。处死罗森贝格（Rosenberg）和清除异己就是真理，人们是从这个真理出发来重新建设美国的。从这种意义上说，20 世纪 50 年代只不过是战争的继续：反对法西斯的斗争只不过是换了个符号而已。但是，如此发自内心的拒绝难道不意味着是对美国的感激吗？这就是免受古老大陆诅咒的怪象。不管知识分子在政治上有多么孤立，他们的反美情绪表达了民众的情感，一种被侮辱的民族主义。相反，我们在拥护大西洋主义的亲美律师的辩护词当中找到了证据。比如，《呼吁知识分子》（*Appel aux intellectuels*）③是冷战时期一篇著名的文章，法国人民联盟（RPF）的马尔罗竭力否认美国提出的"世界文化遗产的要求"：

> 美国没有一种希望成为美国特有的文化，这是欧洲人杜撰出来的。一旦欧洲被排斥在有机文化领域之外，美国文化就是一个知识领域，而不是一个有机文化领域。正是欧洲在依然捍卫着世界最高的知识价值。在苏联的结构当中，欧洲会怎么样？大西洋的文明需要欧洲，而且实际上（作为文化）仍然在尊重欧洲。苏联的结构藐视其过去，憎恨其现在，而且在它所接受的未来当中，它的过去会一无所剩。只有当欧洲放弃的时候，与我们的文化对立的美国特有文化的这个假设才会成立！

这是一篇极具说服力的文章：美国之所以存在，正是由于大众艺术、电

---

① "地位"（son rang）是戴高乐提出来的，《战争回忆录》（*Mémoires de guerre*）最后一卷第二章的标题就是这个词（第一章是"解放"）。

② 在奥里奥尔的《七年任期日记》（V. AURIOL, *Journal du septennat*, t. *I*, *op. cit.*）所有关于美国的段落当中，都可以看到政府最高层的这种反应。

③ 1948 年 3 月 5 日在巴黎普莱耶厅（salle Pleyel）发表的讲话，作为附件发表在安德烈·马尔罗的《征服者》（*Conquérants*, in André MALRAUX, *Romans*, nouv. éd. augmentée, Gallimard, «Bibiothèque de la Pléiade», 1976）当中。

影、侦探小说①和福克纳（Faulkner）②的存在，也就是说，美国的存在是由于它的民间创作，它的社会底层和南部的存在。美国人发现了黑格尔和海德格尔，美国人出版了马克思的作品③，这都没有让人们重视美国的现实。于是人们争论的界线便位于两种学说之间，一边是经过阿拉贡（Aragon）④阐述的斯大林版本的、正统的马克思列宁主义，一边是萨特⑤人道主义的存在主义。但是在思想上，大西洋的界线是封闭的。

美国人为法国思想带来好处的那两种类型在法国人的认识当中变了味，所以这种不接受主义就更加容易占上风。有的人之所以高看法国，只是出于美国的傲慢，而且他们在美国觉得自己是被边缘化了的人，就像艾德蒙·威尔逊（Edmund Wilson）一样，以略微带些老派人士的做法，赞美法国菜和法国的生活艺术，并不特别关注法国政治社会的新现实。其他人，也是大多数人，注意到欧洲的有生力量受到伤害，政治不稳定，自恋地沉迷于过去的光荣当中。每一方都让对方觉得自己是个乡巴佬。

道德上的谴责导致文化上的短视。法国根本无视美国的社会学和美国的历史、心理学以及经济学，更何况20世纪40年代末和50年代的这一代人，似乎都在忙着以科学和理性的方式树立美国意识，从杜鲁门（Truman）到艾森豪威尔（Eisenhower）甚至到肯尼迪（Kennedy），都试图将美国变成塞姆·马丁·利普赛（Seymour Martin Lipset）的作品标题所说的那样，一个"首屈一指的新兴民族"（*The First New Nation*）⑥：这是一种历史"单子"，是所有民族历史当中的一个孤立的个案，只能用独特的概念才能够解释，只能用它自己的历

---

① 当时正是马塞尔·迪阿梅尔（Marcel Duhamel）在伽利玛出版社推出"黑色系列"（Série noire）的时候，系列中有切斯特·希姆斯（Chester Himes）、达希尔·哈梅特（Dashiell Hammet）、雷蒙·山德勒（Raymond Chandler）等人的作品。

② 应当指出的是，福克纳的光荣是从法国迸发转向美国的，安德烈·马尔罗就为《神庙》（Sanctuaire）写过一篇著名的前言。

③ 美国的 A. Costes 出版社和法国的 Éd. sociales 出版社都是共产党的出版社，两者都加快了不受控制的出版节奏。

④ Cf. David CAUTE, *Le Communisme et les Intellectuels français*, 1914–1966, trad. M. Paz, Gallimard, «La Suite des temps», 1967.

⑤ Cf. Michel-Antoine BURNIER, *Les Existentialistes et la Politique*, Gallimard, «Idées», 1966.

⑥ Seymour Martin LIPSET, *The First New Nation. The United States in Historical and Comparative Perspective*, New York, Basic Books, 1963.

史才能够证实。只有当所有的国家都经过美国的"增长阶段"①之后，才可以和美国进行比较。在历史上，所谓的"一致"学派利用连续、保守主义、自由主义和个人主义的概念"重建"②美国的历史，自从有了清教徒和宿命论主义的历史以来，这些概念第一次与欧洲古老的辩证法没有任何关联。在社会学上，正是塔尔果特·艾格·帕松斯（Talcott Edger Parsons）学派以社会和谐理论为美国的自我证实树立了一座里程碑，一种社会与民族整合统一的封闭系统。在法国由雷蒙·阿隆（Raymond Aron）传播的"意识形态的终结"这个主题③，以及关于"富足社会"没落的主题④，只有准备报考国家行政管理学院的学生们才感兴趣。在这一点上，美国文化在法国重新挑起一场古老的争论，使法国知识分子内部产生了分裂。战后整个法国思想恰恰是在反对实证主义的过程中发展起来的，而美国因为继承了 19 世纪的一些科学和分析传统，才真正成为实证主义的继承者。而且就在这些年，心理分析的实践在欧洲被看成是最后一个分歧点，而在美国却被认为是社会合并统一的因素，这更加强了法国对美国社会模式的怀疑，认为美国社会是将所有形式的消极事物"功能化"。对于知识阶层来说，美国整个社会科学及其合理化和有效性的前提，以及在经济增长、民主进步和意识形态热情的降低之间所建立的联系，这些在美国社会的一致协调性当中起着黏合剂的深刻作用，所以这不可能是别的东西，只能是帝国主义毒辣和阴险的工具。

正是这种信念慢慢地、确实无疑地铸成了美国 1960 年的危机，从而出现了因差别而受到重创，因其使命而得到证实的美国。奇怪的是，自从公民权运动和反对越战运动以来，一直到"水门事件"和卡特当选总统，使美国崛起

---

① Walt Whitman ROSTOW, *Les Étapes de la croissance économique. Un manifeste non communiste* [1960], Éd. du Seuil trad. Ph. de la Vergne, 1962.

② Cf. John HIGHAM, *The Reconstruction of American History*, New York, Harper, 1962.

③ Cf. Daniel BELL, *The End of Ideology. On the Exhaustion of Political Ideas in the Fifties*, 1960, [En français, *La Fin de l'idéologie*, trad. E. Baillon, PUF, 1997.]

④ 需要指出的是约翰·K·加尔布莱特 1961 年在 Calmann Lévy 出版社发表的《富足社会》(1958) (John K. GALBRAITH, *The Affluent Society*, 1958, trad. A. Picard *L'Ère de l'opulence*) 法文译本是雷蒙·阿隆主编的"精神自由"(*Liberté de l'esprit*) 丛书中出版的，同一时期还出版了旺斯·帕卡德 (Vance Packard) 的作品。但是《富足社会》的读者远不及 1968 年发表的《新工业国家》(*The New Industrial State*, traduit. Chez Gallimard par J. - L. Crémieux-Brilhac et M. Le Nan sous le titre *Le Nouvel État industriel. Essai sur le système économique américain*)，美国的原作也是发表于 1968 年。

的剧烈动荡产生了看似矛盾的双重后果，即：一方面对美国的特殊论提出质疑，同时又一次证实了美国的特殊性。"几近欧洲"（quasi-Europe），还是"超级欧洲"（super-Europe）呢？不管是哪种情况，它都是那个旧世界。

美国不败的神话结束了，随之一起结束的，还有美国内战结束以后人为固化的传统神话，主要表现在："大黄蜂精英"（l'élite wasp）霸权社会模式的非神圣化。由于领导阶层的破产、弱势阶层造反以及所有的种族运动，这种社会模式已经不再具有神圣性了。将幸福和财富、将个人的发展和资本主义的扩张联系在一起的增长模式的非神圣化，托克维尔曾将这种"民主契约"看成是美国成功的关键，现在这种增长模式已经不再具有神圣性了。同理想主义和帝国主义密切地联系在一起的美国普遍主义的非神圣化，当越南战争正打得激烈的时候，这种普遍主义依然保留着罗斯福总统在古巴战争时所宣称的信念："让全世界接受美国的制度，那是慈善之举。"最后，是总统职务授予的政治制度体系的非神圣化：那本来是美国供奉其形象的神庙，却被"水门事件"所亵渎。受到质疑的，是这一特殊体系的原则。这样一来，同样的历史问题在各个方面都成为可能，也可以对人、社会和民族的未来进行各种类型的分析。信奉俾斯麦的实力政治的基辛格外交，从政治上是这一变化的象征。法国放弃了在文化上洋洋得意的心态，很快便登上了美国修正主义的火车，而且美国人似乎也准备烧掉它曾经崇拜过的东西，准备崇拜它曾经烧掉的东西。历史"激进主义"的突然出现，关于奴役的讨论，"熔炉"的终结，尤其是通过法兰克福学派而出现的某种马克思主义，对最佳增长模式的放弃，以及对经济落后的各个方面全新的关注，像"年鉴"派（école des Annales）这样的历史虽然具有局限性，但是却产生了确实的影响，出现了弗洛伊德左派和反心理分析派，法国很快便将部分当成了整体，将远离中心的东西当作中心。正因如此，法国也就流露出准备更加高看欧洲影响的迹象。无论如何，思想的去殖民化在今天已经完成，美国也被归到了凡夫俗子的民族之列。

同时，最让一个只看事物外部的欧洲人感到吃惊的事，是危机所表现出的典型的美国特点，以及危机在美国体系作用之下被消化的方式。如果不是要回归原始许诺理想的愿望，回归乌托邦所表达的根本愿望所推动，或者说要让公正和平等的理想适应20世纪的条件的愿望（对这一愿望，人们现在看到的只是失败和谎言）所推动的话，那么，那些不同类型的异议，无论是政治的、种族的还是生态的，又是受何种力量推动的呢？从这个意义上说，美国的民主的确经历了危机，但人们并没有走出美国式的民主。如果苏联是一个意识形态的国家，那么，美国仍然是一个意识形态的民族。人们从一种协调一致过渡到了另一种协调①，从个人基础上的平等合法性过渡到群体基础上的平等合法性②。其目的，就是为了让美国继续，用吉弗森喜欢反复使用的一句话来说，那就是：作为人类历史上一个使人感到困惑和繁荣的例子（*puzzled and prospering beyond example in the history of man*）③。同样从这个角度上看，从危机到卡特领导的美国出现，这之间并没有发生断裂，而只有连续性，因为卡特领导的美国是从制度上对革命异议发出的回应，并不是因为佐治亚州原来的州长（卡特）不具有革命者的特性。在这个没有根基的国家，选举采取了到源头去朝圣的形式：美国南部，圣经，对美国价值的信仰。选举再一次，又一次证明，美国人有一种习惯，一切创新都必须付出代价，才能在传统中取得公民权，新自由、新自主、新民族主义以及新边界都不能例外。他们需要将现在的根扎在最遥远的过去的土壤当中，在庄严的时刻呼吁完成未来使命的最基本的承诺。正如保罗·瓦里莱（Paul Valéry）所说的那样，在美国，人们总是"倒退着"走进未来。在 30 年的时间里，美国在欧洲的心目当中从不可原谅的人变成了熟悉的人，从 21 世纪回溯到 18 世纪，从欧洲永远不会成为的样子，变成了欧洲再也变不回去了的样子。

转折

在这美国形象浩大的修正当中，法国 1956～1958 年这几年起着预示脱节崩溃的作用。去斯大林化，戴高乐主义，经济增长和阿尔及利亚战争：这一段

---

① 详见一个很好的英国观察家高德弗莱·霍格森在《我们这个时代的美国》中所做的最新的分析（Godfrey HODGSON, *America in Our Time*, Doubleday, 1997, chap. IV, «The Ideology of the Liberal Consensus», XXIV, «Ideology and Consensus»）。

② 弗朗索瓦·福雷（François Furet）对这个声名狼藉的问题给出过很好的证明，详见他 1977 年 1 月 24 日在《新观察家》（Nouvel Observateur）上发表的一篇文章《吉米·卡特，一场美国式的革命》（«Jimmy Carter, une revolution à l'américaine», Repris dans François FURET, *Un itinéraire intellectual*, éd. établie et préfacée par Mona Ozouf, Calmann-Lévy, «Liberté de l'esprit», 1999, p. 405）。

③ Thomas JEFFERSON, lettre à John Adams, Monticello, 21 janvier 1812.

时间成了一个转折点。在两年的时间里，所有的现象几乎同时发生，而且每种现象都以其独特的方式（间接的和模糊的）影响着美国的形象。

在所有现象当中，最具决定性的无疑是赫鲁晓夫的报告所引发的信号，紧接着是布达佩斯的革命。这导致共产党知识分子流落世界各地。到此为止，似乎自战争和抵抗运动以来，道德和理性，真理和正义都处于同一边。一切都要重新开始了：古巴、中国和阿尔及利亚，大部分都重新开始了。但是，无论如何，对于某些人来说，甚至对于很多人来说，马克思列宁主义正统观念的解放表现为对美国更加关注的好奇心，美国已经不再是我们的未来，而成了我们的现在。在伏尔泰的国家，出现一些天真汉，他们首先在耕种自己的花园。

更何况有一种因素有助于从多方面决定这一变化，那就是戴高乐主义。这是同时从政治方面和经济方面来决定的。在政治方面，表现为戴高乐将军的反美态度。第五共和国的一切选举平衡都是以外交政策为基础的，那就是与苏联和谐相处，以挑衅的态度独立于美国，这一政策在国内将共产党的作用消化于阿妮·克里热尔（Annie Kriegel）所描述的"相互控制的侵犯体系"① 当中。但是，既然戴高乐将军亲自指挥了反美运动，左翼思想界为了反对戴高乐，也就可以重新考虑他的反美态度。这是一个方面，但相对于第二个方面来说，归根结底没有那么重要。因为，专家们从 1954 年便分析说，经济会获得大幅增长，舆论界从 1956 年开始感觉到了这一增长，知识界最终也不得不考虑这一点，尤其是使第 20 届代表大会感到震撼的形势，就连共产党也不得不承认这种显而易见的、无法回避的现象，从而放弃了显然是已经过时的了"工人阶级绝对贫困"的教条。生活水平的提高让人们不得不考虑改革，为改革找到社会地位，而且大家都知道，社会不可能是一个和平的场所。美国人尤其从戴高乐主义当中看到了民族主义的连篇空话，而法国人则从中看到在蓬皮杜领导下即将实行的深刻的工业变革。当时有很多思想团体如百花齐放般发展，其中让－姆兰的俱乐部是最著名的一个思想团体；参加这个俱乐部的有高级公务人员和知识分子，意识形态学家和技术官僚，经济学家和哲学家，大家都有一个全新的信念，那就是法国现实需要一些摆脱一切教条的分析。当时一些谨慎的管理者，比如，弗朗索瓦·布洛施－莱内（François Bloch-Lainé）突然之间成

---

① Cf. Annie KRIEGEL, «Le Parti communiste français et la Ve République», *Contrepoint*, n° 9, 1973; repris dans ID., *Communismes au miroir français*, *op. cit.*

了书店里畅销书《企业改革》（*La Réforme de l'entreprise*）的作者；一些在美国社会科学大学里培养的社会学家，比如，米歇尔·克洛齐埃（Michel Crozier）提出了"被封锁的社会"的主题，这些人注定会成为名人；一些原来的共产党人，比如，塞尔日·马莱（Serge Mallet）制定出"新工人阶级"的概念，甚至在萨特的杂志《现代》（*Les Temps modernes*）上发表一些对布尔机器个案的研究；雷蒙·阿隆（Raymond Aron）进入索邦大学，宣讲他的《关于工业社会的十八课》（*Dix-huit leçons sur la société industrielle*），这本书在第一个政论简装书的丛书当中，成了第一本畅销书。然而，工业社会的问题总会把人们带到美国，虽然美国并没有别的令人赏心悦目的魅力。艾德伽·莫兰（Edgar Morin）在一部重要的翻译作品的前言中所说的，正是这一点：

> 新的世界已经不再是另一个世界。我们的美国化使我们放弃了欧洲轻视态度中最糟糕的东西，放弃了用以表达我们精致考究的那种粗俗的贬斥。美国的社会不再是那种"不可能的"、没有意识形态结构的政党，没有革命的异议，只有"人事关系"和"公共关系"的技术官僚的社会。我们预感到，从文明的角度来看，美国不仅保留着西方文明的现在，而且还保留着人类的未来①。

对阿尔及利亚战争又怎么看呢？弗朗索瓦·福雷（François Furet）曾经以巧妙迂回的方式，阐述过他的观念，那是与作为当时思想标志的结构主义的成功联系在一起的②。对于一个关注日期，哪怕是象征性日期相对性的历史学家来说，他不可能不注意到，就是在 1956 年，政治上开始去斯大林化，阿尔及利亚战争也真正开始了，在同一年，雷蒙·阿隆发表了《知识分子的鸦片》

---

① David RIESMAN, *La Foule solitaire. Anatomie de la société moderne*, Artaud, 1964. 这是当时罗斯托和加尔布莱特（Rostow et Galbraith）主编的一系列翻译作品当中最出色的一部。该系列当中的第一部翻译作品是威廉·华特的《组织的人》（William H. WHYTE, Jr., *L'Homme de l'organisation*, trad. Y. Rivière, Plon, 1958）。应当指出的是，在战后，列翁·布鲁姆用法语介绍了詹姆斯·布恩海姆的作品《组织者的朝代》（James BURNHAM, *L'Ère des organisateurs*, trad. H. Claireau, Calmann-Lévy, 1947）。这是一种古老的传统，试图使现代社会的管理方法合理化，这种意图可以回溯到 1930 年代的安德烈·塔迪厄和新社会主义学派（André Tardieu et aux néosocialistes）的学者。但是这种意图很快便被维希政府和技术官僚派中的"共同政体"右派所垄断。这样一来，这种图谋便代表了一种类型的权力，成为知识分子不断与之斗争的对象。

② François FURET, «Les intellectuels français et le structuralisme», *Preuves*, n° 192, février 1967.

（*L'Opium des intellectuels*），克洛德·列维－施特劳斯（Claude Lévi-Strauss）出版了《忧郁的热带》（*Tristes tropiques*），这一切都标志着结构主义从试验室研究突然出现在公众面前，变成了一种时尚，一种哲学，甚至是一种意识形态。"列维－施特劳斯主义"和"阿隆主义"同时经历了他们最荣耀的时刻。然而，相对于美国来说，结构主义是一个双面现象。

与存在主义及其宣称的自由哲学、体验现象分析学不同，结构主义则表现为从事社会调查的谦虚态度，对现场的细致观察，对现实的批判考虑，对事实的尊重，对专题论述一丝不苟的态度，对数学模式的崇拜。像唯科学主义一样，它首先依靠一系列的程序，排除一切意识形态的先入之见，根据社会精神机制，先从最简单的开始，建立一些科学真理。同时，它也表明了这一超越一切的重要时刻：在法国，意识形态的权威开始通过知识来传达，而不再是通过文学来传达，是通过历史分析、经济、人类学或者语言学来传达，而不是通过小说或者哲学的表达方式来传达；总而言之，是通过所谓的人文科学来传达。然而，人文科学的语言既使美国和文化世界接近，又使两者远离。列维－施特劳斯不是在美国度过了漫长的战争年代吗？虽然他对"美国的生活方式"（*American way of life*）稍加喜欢，对现代文明明显厌恶，但是他却非常赞赏美国的大学、图书馆、博物馆和科学藏品，他的思想形成在很大程度上难道不是受益于美国的影响吗？

另外，我们也不能不强调，美国的分析方法从根本上来说是局限于语言学领域的，而且结构主义就是产生于语言学领域。与美国不同的是，在法国，结构主义是在阿尔及利亚战争的时候，通过人种学而得以发展的。与不太熟悉法国政治城府之深的人所感觉到的相反，阿尔及利亚战争的意识形态张力，并不是因为在这场战争当中形成对立的左右两派之争，即：民族主义和殖民主义老右派与国际主义和反殖民主义老左派之间的对立。这场战争的严重性在于，对于主张政治和种族融合的左派来说，阿尔及利亚应当享有全部法国的权利，所以就要求它在内心深处接受全新的独立思想。这种转变是缓慢的，要求改变自小学以来便形成的所有思想习惯，同一切关于帝国和本地人世界的共和传统决裂，这种改变具有一种撕心裂肺的痛苦感；总而言之，这种变化要求诞生一种新的意识，那就是第三世界的意识，这也是当时出现的一种说法。如果阿尔及利亚战争仅仅是将一些传统思潮对立起来的话，那它就不会如此深刻地让民族意识产生裂痕，使意识形态产生深刻动乱。它比古巴的激情和中国的分裂更具体，成了革命极端主义新起点的转化场，稍纵即逝却十分强劲①。于是毫无疑问，由《忧郁的热带》而推向大海的结构主义之船，便借着阿尔及利亚战争之风，扬帆远航了。阿尔及利亚战争从很大程度上使这种新的社会科学话语产生了法国所特有的意识形态内涵。况且，很能够说明问题的就是，人们习惯了把在大西洋彼岸称为"社会科学"的东西，在法国称之为"人文科学"。语言表达的区别反映了两种不同的文化背景，两种民族的根基，反映了两种不同的功能。美国的社会科学，不管是经验性的还是抽象的，是社会发展不可分割的一部分，是加入实践和制度当中的。正因为如此，在很长一段时间里，法国人认为美国的社会科学有在原则上乖乖听命于政治使用者的嫌疑。人文科学，在法国这个具有人道主义和文学传统的国度里，不太关注对事实耐心的研究，而是更关注理论的建构和预言性功能，其本身也构成政治和社会的重要意义。为此，美国人也可以觉得法国的人文科学是不可靠的，它总可能发生意识形态的偏移，正如马克思主义可以具有分析性和预言性两种模式性质。这些东西最近来到法国的文化舞台上之后，使对话更加容易，但同时也更加困难了。正如英国人谈论爱尔兰作家萧伯纳（Bernard Shaw）一样，法国人和美国人开始被分离，仅仅是因为一种共同的话语。但是，分离又指的是什么呢？

革命的抵押

在很长一段时间里，人们一直认为，在两个文化当中起屏障作用的，是马克思主义的影响。今天这种幻觉被消除了，因为我们看到，在思想的先锋派人物当中，人们在猛烈地、大张旗鼓地清算马克思主义，但是美国的地位并没有发生显著的变化。

况且，马克思主义对知识分子的影响也经历过几个明显不同的阶段。法国曾经在一个多世纪的时间里傲然地无视马克思②，正如在开始的时候对弗洛伊德的厌恶一样，是共产党在战后，因为成立了苏联，把它作为马克思主义无可争议也不许人提出异议的代表，这才使人们接受了马克思主义。马克思不是作为分析工具出现的，而是被当作权威的论据。从阶级斗争是推动历史前进的动

---

① 我当时曾想在一篇论文中表达过这一思想。*Les français d'Algérie*, Julliard, 1961, chap. Ⅳ, «Qu'est-ce qu'un libéral?» ［réédition revue et augmentée, Christian Bourgeois, 2012］.

② Cf. un début de recherche intéressant dans ce sens par Daniel LINDENBERG, *Le Marxisme introuvable*, Calmann-Lévy, 1976.

力这一论断到无产阶级专政，从无产阶级专政到苏联革命，从苏联到党，再从党到政治局，齐达诺夫（Jdanov）提出的武断的表达式，使知识分子只能扮演走狗、叛徒或者侵略者的角色。在美国，则是毫无地位可言。赫鲁晓夫的报告打碎了教条主义，但却开启了传播马克思主义的时代。其规模之大，无疑是因为这种传播可以暂缓对把马克思主义视同为斯大林的冒险进行的一次真正历史分析，就像要将这项分析带入静音状态一样，但是，马克思主义与斯大林的冒险这两者之间的鉴别一直都是问题。因此，在如花岗石一般坚硬的马克思主义之后，我们看到继之而来的，是柔软的、有弹性的、像面粉一样的马克思主义，用萨特那句著名的话说，就是"我们这个时代无法超越的地平线"：有一个"存在主义化了的"马克思，一个"结构主义化了的"马克思，一个"弗洛伊德化了的"马克思，一个"天主教化了的"马克思，而且与这部"圣经"相对抗的，还有一个被阿尔图瑟（Althusser）推向科学和理论如钻石般纯洁的马克思[1]。

1968 年 5 月事件的爆发打断了这一平静的争论，开启了一个史无前例的美式认识模式。在节日般的欢乐之中，戴高乐派人士突然发现，大部分主题，他们本以为产生于很有法国特点的无政府主义、超现实主义和境遇主义，实际上多少年以来便已经是美国校园里的发明了。你看墙上那些口号："滚开！物体！""要做爱，不要作战！""懒惰有理！"整个法国陷入了一场无政府主义的闹剧当中，反对官僚斯大林主义；口头上憎恨消费社会，实际上却稳稳地扎根于其中；不尊重传统，不切实际；回过头来看，却惊异地发现自己与嬉皮士、与禅、与吉里·拉宾（Jerry Rabin）、与黑豹党人、与颠覆的处于边缘化的美国串通一气[2]。无论是传统政治团体在人们心目中丧失了信誉，让人们尖锐地感觉到富足社会的矛盾和无出路，让文化上的少数民族，被欺负的人种从内部去殖民化，还是巧妙地利用资本主义体制的裂痕，利用表面上的那些力量重归软弱；无论是两代人之间的危机还是权威、信仰抑或文明危机，美国只能让人觉得是一个充满无限能力和预测能力的实验室[3]。1968 年之后的整个一代青年

---

① Cf. l'ouvrage canonique de Louis ALTHUSSER et al., *Lire Le Capital*, Maspero, 1965, et ses *retractationes*, *Autocritique*, Maspero, 1975.

② Cf. Annie KRIEGEL, «Communisme et gauchisme d'Europe dans le miroir américain des années 60», in ID. *Communismes au miroir français*, op. cit.

③ Cf. en particulier Edgar MORIN, *Journal de Californie*, Éd. du Seuil, 1970.

人在摆脱了毛派的束缚之后，所体验的美国都像是在帮助他们重新找回自己的一种诱惑。持不同政见的国际歌比无法找寻的工人阶级的国际歌更加令人感到激动。革命的大西洋主义产生了情感上的亲美危机，但也为更加深刻的动荡做好了准备。

因为当时的人们所看到的，是极端自由主义左派对专制左派曾经一心想垄断的马克思主义发出的诅咒。多亏了苏联的集中营和索尔仁尼琴，才使我们今天能够亲眼看到异乎寻常的赎罪仪式。并不是因为以前没有人，甚至是来自左派的人站出来，揭露在托洛茨基派的潮流当中或者在这一潮流之外，斯大林的官僚主义或者斯大林的恐怖政策①。而是，这些人的声音立即被否认了，即使是在 1956 年之后②。

怀疑者一定是慢慢习惯了对事实的操纵和细微的区别，最终放弃了这种高难度的杂技。这种"杂技"，是通过让·卡纳帕（Jean Kanapa）在 1956 年的第 14 届共产党代表大会上还腼腆地称之为"某些违反社会主义法律"的事，但最终不得不直接称之为"斯大林的罪恶"的事所揭示出来的，现今是越来越难以否认了。剩下的就看怎么解释了③。但是，即使防备措施越来越谨慎（著名的俄罗斯"延误"，经济落后的影响，习俗的传统野蛮），斯大林主义的"积极成果"也越来越不足以保证苏联马克思主义的身份了。

不过，索尔仁尼琴以明显的方式，以控诉的风格再一次证实了的，正是这种身份识别。这一点是不容置疑的，索尔仁尼琴曾经三次这样说过，是从三个角度说的：人民的思想深度，集中营的底部以及流放者的深度。他再一次代表了奋起反对权力的伟大知识分子的形象，从伏尔泰到雨果，再到左拉。他真的睁开了眼睛，或者充当起摇杆的作用了吗？不管怎样，索尔仁尼

---

① Au point d'apparaître à Jean-François REVEL, *Ni Marx ni Jésus*, Laffont, 1970, comme le lien d'élaboration de la «seconde révolution mondiale».

② 我们尤其想到包里斯·苏瓦利纳（Boris Souvarine）1935 年在 Champ libre 出版社出版，1978 年再版的《斯大林》（Staline），以及《是社会主义还是野蛮行径》杂志小组 20 世纪 50 年代在秘密中围线 Cornelius Castoriadis 和 Claude Lefort 所做的研究工作，Cornelius Castoriadis 的文章最近收入《社会想象的制度》（*L'Institution imaginaire de la société*, Éd. du Seuil, 1976）当中，而 Claude Lefort 的文章则收入《官僚主义批判元素》（*Éléments d'une critique de la bureaucratie*, Droz, 1971）。

③ 最后的解释见于《苏联史》（*Histoire de l'Union soviétique*, Éd. sociales, 4 vol., 1972 – 1975），同时附有社会党的官方评论（详见本书第三章第三部分"戴高乐—共产主义时期"）。

琴并没有促使以批判和理性的方式重新提出马克思，让马克思主义摆脱苏联和中国的冲动，他只是让新的极端自由派潮流［安德烈·格鲁克斯曼（André Glucksmann）可以说是这种新潮流一个很好的代表①］将马克思关闭在苏联社会主义的经验当中，并将马克思和苏联经验先后烧掉。另外，为了显得有所节制，并让好心人对存心不良的人放心，或者让存心不良的人对好心人放心，在其中又增加了西方理性主义的所有传统，并一直回溯到笛卡尔和柏拉图，马克思只不过是这一传统的终点。所以，在漫长而艰难的竞选前夕，左派联盟联合了社会党人和共产党人，让知识分子尽情地表达，左派中有的人认为苏联不是社会主义国家，社会主义还有待于发明；有的则认为苏联是社会主义的样板，左派联盟很有可能带着我们直奔这样的社会主义。但是，在这个新的极端主义当中，仍然没有美国的影子。

因此，两种文化之间的分界线既不是苏联现象，也不是马克思主义现象，而是在双方的文化背景当中，革命思想所占据的位置②，是欧洲智慧的"慈母与导师"（*mater et magistra*）。重大的区别是，法国革命发生在一个已经有着悠久的历史、有着强烈的集体意识以及强有力的中央集权传统的国家。革命的动荡从来就不是既得的事实，它只不过是勾画出了左右两派的背景而已，政治历史便是在这一背景上编织出来的。随着 19 世纪末和 20 世纪初世俗共和国的胜利，政治历史刚刚在社会深层上立足，首先是苏联的革命，同时也包括中国的革命和第三世界的革命，便向革命事业尚未完成的法国提供了一些二手的救世主降临的信息，其中经历过一些高潮时刻，比如，人民阵线、抵抗运动和阿及尔利亚战争。除了法国之外，在其他国家，共产党都没有取得过如此大的民族合法性，都没有扎下过如此深厚的根基，然而却与它在文化和记忆中的实际影响没有任何关系。共产党疯狂地使用、滥用这种有着悠久历史的信誉，结果是它让今天的知识分子付出了沉重的代价。明天还要让选民付出代价吗？但是共产党还是把革命思想一直传承到了今天，而目前这种思想在衰落、在更新。这并不是说，法国只有左派知识分子，或者只有左派的知识传统。左派操

---

① André GLUCKSMANN, *La Cuisinière et le Mangeur d'hommes. Essai sur les camps de concentration*, Éd. du Seuil, 1975, et *Les Maîtres Penseurs*, Grasset, 1977.

② 除了革命时期围绕 200 周年发展起来的所有历史学之外，我们仍然会回到阿娜·阿伦特的经典著作《论革命》：Hannah ARENDT, *On Revolution*, 1963, publié en France sous le titre *Essai sur la révolution*, trad. M. Chrestien, Gallimard, «Les Essais», 1967。

纵着知识的循环，并在权力之外形成了成为知识界权威的反权力。革命思想位于左派的中心，而左派又位于民族文化的中心。

在美国则相反，美国的左派极端主义始终是边缘的，也许这是因为革命与民族创立的时刻恰好重合。革命从一开始便与一种虽然是受到争议的、却是没有裂痕的遗产融为一体，革命构成人们之间的协调一致，而不是摧毁这种一致性。民族思想吸收了革命思想，并声称无论对错，都要实现这一思想。美国作为历史和民族，是以价值的代表出现的，是作为一种独特计划的完成品出现的。这是它的历史命运：它没有意识形态，它就是一种意识形态。换句话说，在法国，革命是一个有着悠久记忆的民族永恒的未来，而在美国，则是一个没有记忆的民族永恒的过去。正是这种对称使两种文化无法沟通，并使这种不可能的对话有了意义。

法国知识分子的亲美国或者反美国态度只不过是一种次要的现象，是与动荡时局联系在一起的表面效应，而不是一种现实结构；因为结构现实不是文化范畴的问题，而是社会学和历史范畴的问题。自启蒙时期以来，古老的欧洲大陆知识分子所承担的传承文化价值的基本作用，在美国不需要具有同等作用。知识分子在美国发挥作用，而不是承担着一种神圣的职责；那是一种职业，而不是一种权威。美国的智者是分散在整个政治和社会群体当中的，在地理上是分散的，在文化上是零散的，或者是驻扎在大学校园的绿洲当中；而法国的智者则是集中在一个孤立的小社会阶层当中，这个社会阶层有它自己的历史，自己的传统，自己特殊的流通网络和条件反射。一个美国知识分子总是很难理解，为什么法国那么多年轻人宁愿追随萨特在错误的道路上奔波 20 年，也不愿意跟着阿隆走上理性的道路；为什么年轻人会立刻把米歇尔·福柯（Michel Foucault）关于疯狂、监狱、性的历史哲学研究当成现实的日常挑战；总而言之，为什么整个知识研究领域有那么多政治上的考虑。反过来，法国人也永远难以接受的是，一个美国人怎么能容忍在他的思想关注和明确的政治参与之间有那么大的空白，比如，逻辑上是笛卡尔派、政治上又是无政府主义的乔姆斯基（Noam Chomsky），在法国就很不走运。差别也许并不大，但是自从 18 世纪以来，这种差别所表达的却是基督教和天主教的超验性在几个世纪以来世俗化的遗产，而这是美国人所没有的。在囚禁着我们思想的高卢中心主义（gallo-centrisme intellectuel）当中，我们只知道有保守主义或者革命，这种世俗化的遗产让我们很难理解由现实主义和梦想编织而成的牢不可破的历史活力。

四 记忆①

在一个能够记忆起自己最初来源的民族和一个没有记忆的国家之间可能存在着本质的区别。没有记忆的国家总是在密谋分裂，而有记忆的民族在庆祝他们的凝聚力。一个是将最近的事情根植于远古的记忆；而另一个为了证实目前的一切，会从缔造者最初的承诺中寻求永恒未来的成就。

在美国，在集体意识和历史思想当中，对"发展"的分析所占据的位置如同 19 世纪法国对"起源"的讨论所占的地位一样重要，甚至比那时还要高。这首先是因为，在像美国这样一个一直为国家身份所担忧的国家当中，历史学家起了一个意识领导者和民族情感解释者的作用。这一点，比起法国来说，美国的历史学家更像德国的历史学家。另外，美国的历史比我们更注重同现实相连接：一切新的元素，比如，西方的征战、移民潮、巨型城市规划、参与世界性战争的巨大压力等，这一切都同国家现实相连接，几乎同时让人回顾起美国的历史，形成美国历史从未出现过的新版本。最后，从一部殖民史、不断外省化的国家史过渡到世界史，这一切让美国有充分的理由去寻找美洲真正独特的历史。

美国身不由己；仅仅这一原因足以让美国人对自己历史的意识研究有充分的理由进入国际关系这一广泛的历史当中。事实上，如果说每一个大国都存在自己的外交传统的话，那么国家政要本身就反映了国家经验，并以他所属的集体心理参与了国际社会②。然而，更多的是，当外交研究扩展到公共舆论研究

---

① 本文曾以《美国的历史重任》为题发表于《国际关系历史研究》，法国大学出版社，1966 年。本文还以新闻形式节选并以《美洲记忆》为题发表于 1976 年 7 月 19 日的《新观察员》杂志。同时以《美国：一个无记忆的国度的记忆》为题编入《现在、国家、记忆》一书中，第 342 ~ 424 页。

② Cf. Robert E. OSGOOD, «L'influence de la tradition sur la politique étrangère américaine», in ASSOCIATION FRANÇAISE DE SCIENCE POLITIQUE, *La Politique étrangère et ses fondements*, A. Colin, «Cahiers de la Fondation nationale des sciences politiques», n° 55, 1954, pp. 179 – 202。关于美国的对外政策，cf. Jean-Baptiste DUROSELLE, *De Wilson à Roosevelt. Politique extérieure des États-Unis*, 1915 – 1945, A. Colin, 1960，尤其是第 I、Ⅶ、Ⅹ 和Ⅻ章节，[后来 Pierre MÉLANDRI 对此又做了补充，*La Politique extérieure des États-Unis de 1945 à nos jours*, PUF, 1995]。关于美国民族情感的特征，形式及动态，cf. Pierre RENOUVIN et Jean-Baptiste DUROSELLE, *Introduction à l'histoire des relations internationales*, A. Colin, 1964, notamment pp. 128, 221 et 228.

之后①，国际关系历史应该能够同人们的精神状态历史相结合；能够从外部建立一种历史模式，描述外在的国家情感，深入了解不属于我们自己的深层时间经验。这种分析方式早在殖民者和殖民地国家关系中得到应用②，希望能够从通过同西方初步接触来改变发展的社会过渡到另一种社会中去，在这种社会中，西方殖民主义产生高级技术文明，它的发展同工业资本主义发展相协调。

对于这种对比，法国历史学家的地位似乎并不像看起来那么糟糕。我们知道，美国形象对 19 世纪法国的精神具有很大的影响和推动力，托克维尔的《美国民主论》（De la démocratie en Amérique）在美国被当作美国经典著作来阅读。但是，两国之间彼此呼应也许是源于两国之间距离，而恰恰正是这种距离区分了两国的历史。在所有欧洲国家当中，法国付诸美国这一新世界很少。一个法国人在美国，他既找不到自己人，也找不到自己的乡亲，既没有他的旧体制，也没有 19 世纪的法国，更没有法国式革命。而同时，恰恰是对法国，美国人往往会抱怨说不被理解，不受欢迎。当"失落的一代"的那些知识分子，当幸福的具有艺术气息的欧洲知识分子发现巴黎的时候，法国倒成了美国真相的显影剂和启示者，一小批研究美国的法国历史学家表现得如此镇定和肯定，这使我们深深地体会到，美国历史的简单性，没有断裂点，没有悲剧式的冲突，没有表现文明的艺术杰作（除了现代建筑以外）。在我们看来，这一切都使美国历史失去意义，至少可以说失去了晦涩不明的意义。我们倒很愿意再次重复说，如果美国有一段漫长的历史，一个伟大的未来，它就不会有我们所说的"历史"，那段从我们古老祖先继承下来的所谓的"历史"。这一矛盾性期望美国目前的历史编撰也许可以证实这种判断，而此时，我们的这种错觉也在渐渐消失。

美国单子

从第二次世界大战起，即 20 世纪 50 年代起，美国就开始了对历史的整体回顾。10 年前，塞缪尔·爱略特·莫里森（Samuel Eliot Morison）在美国历史协会上曾指出，1950 年很难找到一段不是沿着杰弗逊—杰克森—罗斯福这条

---

① Cf. en particulier, R. RÉMOND, *Les États-Unis devant l'opinion française*, op. cit.

② 这是 Jacques BERQUE 所有著作的基本内容，包括 *Les Arabes d'hier à demain*（1960）, *Le Maghreb entre deux guerres*（1962）, *Dépossession du monde*（1964），均由 Éditions du Seuil 出版社出版。

主线发展下来的美国历史，正如在 1900 年左右的时候，很难找到一段美国历史不是沿着自由派—辉格党—共和党这条主线发展下来的。莫里森指出，他衷心希望能够以"明智的保守主义的观念"① 书写一部美国历史。这位杰出的历史学家已经预见到了新保守主义的出现，这不是作为平衡的简单回归，而是要更加广泛地对美国历史进行重新诠释。对于这一点，也许我们从未参与过②。

为了反对前人的经验性理想主义，那些曾经在新德里和战争中度过青年岁月的历史学家们如今已经逐渐成熟，他们将重心放在如何团结美国而不是如何分裂美国上面。清教徒的思潮，革命时代，西方的角色，共同人类（*common man*）的到来，内战、劳动阶级、工业扩展及进入世界强国之列：从各个领域同时发起攻击③。但是进步传统所强调的各种区别被系统性减弱。人们所熟悉的民主派人士，比如，罗杰·威廉姆斯（Roger Williams）、纳撒尼尔·培根（Nathaniel Bacon）、安德鲁·杰克逊（Andrew Jackson）、托斯丹·范伯伦（Thorstein Veblen）等，都有过很严肃的传记④。而保守主义的英雄们，比如，约翰·温思罗普（John Winthrop）、琼·汉米尔顿（John hamilton）、约翰·D. 洛克菲勒（John

---

① Samuel Eliot MORISON, «Faith of a Historian», *The American Historical Review*, vol. LVI, janvier 1951.

② Cf. Claude FOHLEN, *L'Amérique anglo-saxonne de 1815 à nos jours*, PUF, «Nouvelle Clio», 1965.

③ Cf. John HIGHAM（éd.）, *The Reconstruction of American History*, Londres, Hutchinson, 1962. 具有重大意义的现象，历史性文学在美国十分流行。想对此有大概的了解，cf. Harvey WISH, *The American Historian. A Social-Intellectual History of the Writing of the American Past*, New York, Oxford University Press, 1960, qui met à jour Michael KRAUS, *The Writing of American History*, Norman, University of Oklahoma Press, 1953（éd. revue et complétée de l'ouvrage de 1927）。关于 18 世纪和 19 世纪的美国，cf. David D. VAN TASSEL, *Recording America's Past. An Interpretation of the Development of Historical Studies in America*, 1607 – 1884, University of Chicago Press, 1960。关于 19 世纪，cf. Hugh HALE BELLOT, *American History and American Historians. A Review of Recent Contributions to the Interpretation of the History of the United States*, Norman, University of Oklahoma Press, 1952, et Oscar HANDLIN, «The Central Themes of American History», in *Relazioni del X Congresso Internazionale di Scienze Storiche*, 1955, t. I, pp. 139 – 166。还有几本 Donald H. MUGRIDGE 和 Blanche Prichard McCRUM 提到的重要著作，往往容易被忽略：*A Guide to the Study of the United States of America. Representative Books Reflecting the Development of American Life and Thought*, *Washington*, 1960, et à Oscar HANDLIN（éd.）, *Harvard Guide to American History*, Cambridge（Mass.）, Harvard University Press, 1954。该书中有一个栏目是介绍美国历史文献。

④ Cf. Allan SIMPSON, «How Democratic was Roger Williams», *William and Mary Quaterly*, vol. XIII, janvier 1956, pp. 53 – 57; Wilcomb E. WASHBURN, *The Governor and the Rebel. A History of Bacon's Rebellion in Virginia*, Chapel Hill, University of North Carolina Press, 1957; Bray HAMMOND, *Banks and Politics in America. From the Revolution to the Civil War*. Princeton University Press, 1957; David RIESMAN, *Thorstein Veblen. A Critical Interpretation*, New York, Scribner, 1953.

D. Rockefellers）等部分或全部恢复名誉①。宗教本身的对立成为传统综合分析的主要代价②。这新一代人达成共同协议③，共同声明，这已经不再是构成美国历史决定性特征的各部门之间、各阶级之间或者各意识形态之间的某种冲突，确切地说，是缺乏根本冲突，各种行为方式的统一性，缺乏差异以及缺乏关键性的历史责任。总之，意识形态所宣称的结局承担着美国社会内部分裂所有的指责。

　　这种思想在两次世界大战过渡期间就早已促进了美国内战的修正主义史学派④。对于这一学派的两个主要代表人物蓝道（George Randall）与卡拉文（Avery Craven），或者我们还可以加上梅顿·寇特（Merton Coulter）来说，正如所有的战争一样，美国的内战也是一场毫无意义、毫无理由的战争。这场战争本可以避免的，它所产生的结果只有一个——那就是灾难，尤其是对南方农业社会的谋杀。为此，卡拉文还画了一幅南方田园式风景画，这同30年代阴暗的美国形成强烈的对比："劳动者嘴里一直在说'雇佣奴隶'，当饥饿和贫穷遍布荒野的时候，资本家在疯狂地堆积财富；文化成为一种商品，被存储于博物馆中，除了乡下的某个角落，满眼所见，尽是文化贫瘠！这就是30年纷

---

① Cf. Edmund S. MORGAN, *The Puritan Dilemma. The Story of John Winthrop*, Boston, Little, Brown, 1958；Broadus MITCHELL, *Alexander Hamilton*, t. I, *Youth to Maturity*, 1755 – 1788, New York, Macmillan, 1957；Allan NEVINS, *Study in Power*, *John D. Rockefeller*, *Industrialist and Philanthropist*, 2 Vol., New York, Scribner, 1953.

② Cf., en particulier, Will HERBERG, *Protestant-Catholic-Jew. An Essay in American Religions Sociology*, Garden City（N. Y.）, Doubleday, 1955；R. W. B. LEWIS, *The American Adam. Innocence, Tragedy, and Tradition in the Nineteenth Century*, University of Chicago Press, 1955, ou allant encore plus loin, William B. HESSELTINE, «Four American Traditions», *Journal of Southern History*, Vol. XXII, février 1961, pp. 3 – 32. Voir Henry F. MAY, «The Recovery of American Religious History», *The American Historical Review*, Vol. LXX, octobre 1961, pp. 79 – 92.

③ 关于历史文献这一新思潮，有很多文章，请参阅 Eugen WEBER 的一篇文章，认识敏锐，批判严谨：«Les études historiques aux États-Unis：une histoire sans histoires», *Revue historique*, vol. CCC-CLVIII, avril-juin 1961, pp. 341 – 358, 及 John HIGHAM 的精神宽容主义的评论, «The Cult of American Consensus：Homogenizing Our History», *Commentary*, n° 27, février 1959, pp. 93 – 100, 及 «Beyond Consensus：The Historian as Moral Critic», *The American Historical Review*, Vol. LXVII, avril 1960, pp. 609 – 625.

④ Cf. notamment Thomas J. PRESSLY, *Americans Interpret their Civil War*, Princeton University Press, 1954, pour un clair exposé mis à jour par la bibiographie de Don E. FEHRENBACHER, «Disunion and Reunion», *in* J. HIGHAM, *The Reconstruction of American History*, *op. cit.*, p. 228.

争所给我们带来的结果。"①

"无意义之战"② 理论代替了"不可抑制冲突"理论。它认为人们夸大了南北社会差距。在两个政治集团的温和派之间，存在这样一种看法，即同存是可能的。让"充满蜜糖般激情的""被武器这个魔鬼悲惨地模糊了双眼的""迷失的一代"③ 来承担所有战争的重任；目光短浅的政治家和振奋的政治理论评论家们，无论是哪一派，他们都被歇斯底里的宣传引入了歧途。因此，战争被归结于不符合实际的人为的情感因素，这是情感本质危害的证明。从那里，这些历史学家看到了伤害的首要原因和面目，而不是整个政治形势的结果。当然，自战争以来，这一修正主义本身也得以加深，并进行了部分"修改"④；但是，却在正式的历史编撰当中产生一个新的悖论。这一学派的新代表人物肯尼特·密尔顿－史坦普（Kenneth Milton Stampp），正

① Avery Odelle CRAVEN, *The Repressible Conflict*, 1830 – 1861, Baton Rouge, Louisiana State University Press, 1939, p. 60.

② Cf. Thomas N. BONNER, «Civil War Historians and the ¨Needless War¨ doctrine», *Journal of the History of Ideas*, vol. XVII, 1956, pp. 193 – 216.

③ Cf. James Garfield RANDALL, *Lincoln the Liberal Statesman*, New York, Dodd, Mead, 1947, p. 40, et *Lincoln, the President*, 4 vol., New York, Dodd, *Springfield to Gettysburg*, 1945, Mead, 1945 – 1955, t. I, p. 239.

④ 关于这一可耻的问题，修正主义本身也受公共思想变化的影响，其中 1954 年最高法院关于废除种族隔离政策的法令就是一次政治示威。这种变化从 1939 年就已经出现，呼吁南方的历史学家重新慎重考虑重建问题。这已经不再是"犯罪"。Cf. Francis B. SIMKINS, «New View Points of Southern Reconstruction», *Journal of Southern History*, vol. V, 1939, pp. 46 – 61, et Howard K. BEALE, «On Rewriting Reconstruction History», *The American Historical Review*, vol. XLV, 1939 – 1940, pp. 807 – 827。在反对修正主义解除意识形态和思想武装战争之后，批判之声越来越高：cf., en particulier, outre Bernard Augustine DE VOTO, «The Easy Chair», *Harper's Magazine*, vol. CXCII, février 1946, pp. 123 et 234, Arthur M. SCHLESINGER, Jr., «A Note on Historical Sentimentalism», *Partisan review*, vol. XVI, 1949, pp. 968 – 981, ainsi que Pietr GEYL, «The American Civil War and the Problem of Inevitability», *New England Quarterly*, Vol. XXIV, 1915, pp. 147 – 168。修正主义的代表们缓和了他们自己的观点：cf., par example, Avery Odelle CRAVEN, *Civil War in the Making, 1815 – 1860*, Baton Rouge, Louisiana State University Press, 1959. Allan NEVINS 的一部著作早已成为经典作品，融合了民族主义的全部思想和修正主义的细节，使多种观念交织在一起，Cf. Allan NEVINS, *Ordeal of the Union*, New York, Scribner, 1947。最后，还有一些新历史学家，他们将自己的解释扩展到对现行经济利益和不同文化地位的理解上，尤其是 C. Vann WOODWARD, *Origins of the New South, 1877 – 1913*, Baton Rouge, Louisiana State University Press, 1951, *Reunion and Reaction. The Compromise of 1877 and the End of Reconstruction*, Boston, Little, Brown, 1951, et *The Burden of Southern History*, Baton Rouge, Louisiana State University Press, 1960。

是他为"美国历史问题"这一经典系列丛书专门编撰了美国内战一卷①，他在书的结尾做出这样一种悲观的评论，他说："他们征战留下的一些最明显的结果就是产生北方浮夸的贵族和南方衣衫褴褛的孩子们。在整个美国大众当中，没有战胜者，只有战败者。"② 如何更好地表达那种悲伤和对现实的失望，对意识形态冲突和非理性冲动的恐怖，还有对令人致死的幻觉的厌恶之情，以及相对于进步主义历史文献积极乐观的推进而表现的那种狂热的后果呢？

事实上，在今天的美国历史当中，进步主义的推测已经代替了保守主义的论断，肯定了美国的一元论，取代了二元论的解释。

在路易斯·哈茨（Louis Hartz）看来，真正应该进行的是，美国的历史要通过外国人的视角来看，这样才不会出现那种从根本上完全一致的自由主义和资本主义政治传统的延续性。"美国需要面向它同其他国家的关系才能找到这种哲学的闪光点，这种美国历史本身所拒绝的对历史理解的核心精髓。"③ 其中当代一位最伟大的历史学家所提出的论述早已考虑到理查德·霍夫斯塔特（Richard Hofstadter）在 1948 年提出的论断。霍夫斯塔特认为："所有主要的政治传统都有一个共同之处，就是尊重财产的权利，这是经济个人主义的哲学，是对竞争的保证。"他带着略有酸楚但是很现实的感情指出，这一中心思想构成了基本信念，如今同舆论相结合："在当代地方冲突之外，还存在谅解协调的空间和文化政治传统的协调统一，美国的文明即依靠于此。这些从根本上说具有深厚的民族主义和孤立主义的特征；具有极端的个人主义和资本主义的特色。"④

要更好地指出一点是，回归美国并不代表看破红尘、早已醒悟的知识分子和幻想破灭的进步主义，保守主义思想同样对这一坚如磐石的意识形

① Kenneth Milton STAMPP, «What caused the Civil War», in Richard W. LEOPOLD et Arthur S. LINK (éd.), *Problems in American History*, New York, Prentice-Hall, 1952.

② Id., *And the War Came. The North and The Secession Crisis, 1860 – 1861*, Baton Rouge, Louisiana State University Press, 1950, p.298.

③ Louis HARTZ, *The Liberal Tradition in America. An Interpretation of American Political Thought since the Revolution*, New York, Harcourt, Brace, 1955.

④ Richard HOFSTADTER, *The American Political Tradition and the Men Who Made It*. New York, Knopf, 1948, «Introduction». [En français, *Bâtisseurs d'une tradition*, trad. D. Wandby, Seghers, «Vent d'ouest», 1966.]

态做出肯定的回应。尤其是丹尼尔·J. 布尔斯廷（Daniel J. Boorstin），他著作颇丰，思想活跃，曾经提出这样一个疑问：为什么美国从来没有生产出伟大的理论或者是一部杰出的政治哲学体系①? 对此，他的回答是，那是因为美国成功地展示了国家的成就，展示了一部十分顺利的历史，而不需要革命。美国曾经拥有很多司法人员和政治家，他们以最好的办法彼此对立；但是，共同的保守主义总是让美国超越一切教条理论和抽象体系②。总之，这一点正如欧根·韦伯（Eugen Weber）所指出的那样，哈茨的结论是："我们都是自由主义者。"霍夫斯塔特认为："我们都是美国人。"布尔斯廷认为："我们都是保守主义者。"而他自己却引用了伯克的话作为其著作的结束语。

社会冲突不仅被否定了，而且被固定在特定的时间范围上。在 1890 ~ 1930 年间，人们认为由于大的移民潮，向西方的扩张以及城市移民的出现，历史学家的视线因此被模糊了。但是，人们却指责他们忘记了最重要的一点，即：社会的垂直上升，代表国家工业化进程的运动。无论怎样，这只是在几乎稳定的两个时期之间社会重组的一个阶段罢了。第一个时期，直到 1815 年，经历了一段社会运动相对低的时期，那时在各个不同的殖民地都建立起了稳定的社会；第三个时期从自由移民后期开始，回到了一个稳定的正常状态，由于社会融合的强大力量，让人回想起 18 世纪。在这两个时期之间，1815 ~ 1930 年只是一个特殊的过渡时期，这一时期的骚乱给历史学家们留下了很深的印象，但是他们却以偏概全。

人们对这一时期的冲突有些误解。在颠覆自由主义的阐述面前，当代的历史学家没有后退，比如，诺朗德·柏托夫（Rowland Berthoff）建议研究 19 世纪 20 ~ 50 年代，从共济会到人道主义改革家及废奴主义领袖再到第一批工会的出现，那些自称革新主义运动人员的基本保守主义特征③。这是霍夫斯塔特为"改革岁月"④ 中世纪转折所做出的杰出阐述。在他看来，民粹主义远不是

---

① Daniel J. BOORSTIN, *The Genius of American Politics*, University of Chicago Press, 1953.

② Cf. également Clinton ROSSTTER, *Conservatism in America*, New York, Knopt, 1960.

③ Rowland BERTHOFF, «The American Social Order: a Conservative Hypothesis», *The American Historical Review*, vol. LXV, avril 1960, pp. 495 – 514.

④ Richard HOFSTADTER, *The Age of Reform*, *From Bryan to F. D. R.*, New York, Knopf, 1955 (Prix Pulitzer).

民主的先锋，像埃皮纳勒经典版画形象①中表现的那样，为贫苦受压迫的人伸张正义的人。它如同进步主义一样，是受威胁的保守主义者的运动。孤立主义，无论是对外省的孤立主义还是种族孤立主义，这些未明言的资本主义者总是装出一副怀念工业前期的美国的样子。工业化和移民的冲击使他们陷入盎格鲁－撒克逊农耕者神话补偿性激情当中。从理想的角度说，那是对纯粹的重述；而实际上，是促进反对天主教、反犹太教和反对黑人的阵地，是纵容，甚至同最反动的运动联盟。维护身份的反应激起了进步主义者：古老的新爱尔兰家族已经失去了他们的威望，资本主义集中威胁着小工业主的世界。所有这些失去地位的人歌唱着他们对社会的情感，如同一首 19 世纪赞美新教道德价值胜利的圣歌一般。在那个时候，伍德罗·威尔逊和西奥多·罗斯福不是因为他们之间的差异而是因为他们之间的相似性才给人们留下深刻的印象。

在塞缪尔·P. 海斯（Samuel P. Hays）的著作《回应工业主义》② 中，他也同样颠覆了这个问题。进步主义意识的制高点成为抵制工业文明发展的阻点，成为那个时期具有决定性意义的历史因素。在这一方面，作者似乎以一种故意煽动性的方式介绍了工业领主和工人的武装，把他们看作一个不可避免而且是必要的程序当中非人称因素，他们之间的冲突却是令人十分遗憾的一种误解。社会仇恨和疯狂激烈的罢工运动不是阶级对立冲突的结果，而是整个社会感受到无论好与坏都要孕育这个工业社会时那种阵痛的表达方式，美国首先体验到这一点。戴维·M. 波特（David M. Potter）在他的著作《丰富的人民》③一书中解释说，这种体验最终是受益的，他的哲学思想似乎同丹尼尔·布尔斯廷的思想比较接近。

*

然而，对一段没有历史的历史重新做这样的诠释，这使最近出现的具

---

① 人们发现，关于这个问题 John D. HICKS 在他的著作 *The Populist Revolt. A History of the Farmers' Alliance and the People's Party* 做了非常清晰的论述，Lincoln, University of Nebraska Press, 1931.

② Samuel P. HAYS, *The Response to Industrialism*, *1885 – 1914*, University of Chicago Press, 1957.

③ David M. POTTER, *People of Plenty. Economic Abundance and the American Character*, University of Chicago Press, 1954. (*Les Fils de l'abondance, ou le Caractère national américain*, Seghers, « Vent d'ouest », 1965.)

有权威学科影响的社会科学，如心理学和社会学变得备受责难。事实上，如果美国历史的特殊性在于它的持续性，那么类美洲人（*homo americanus*）所反映的就不是某些变化和特殊性，而是对一种稳定性和整体性的描述了。因此，在美国，现今的历史不再具有它曾经到处所拥有的那种权威性，比如，让人意识到美国现象的根本来源，全盘托出其独特性的秘密，坚持不懈地回答从圣·约翰·德·克雷夫科尔（Saint John de Crèvecœur）到施莱辛格（Schlesinger），贯穿整个美国历史所提出的问题："美国人这一新人类到底是什么？"[1] 从这种解释性的缘由中，历史成为解释的一个附属因素。

像马克斯·雷勒（Max Lerner）撰写的《美国，作为一种文明》[2] 这样宏大的综合论述是否会像上一代比尔德夫妇（Charles et Mary Beard）的经典著作《美国文明的崛起》[3] 那样获得巨大的成功呢？这两部著作分别在 1927 年和 1957 年出版。两部著作的名称如此接近，反映了 30 年美国和它的历史关系发生了颠覆。比尔德夫妇抓住文明这个词来描述历史事实，比尔德后来指出："没有任何一种思想，民主思想也好，自由思想也罢，甚至是生活模式，都没有文明的思想更能恰当、系统、清晰明了地表达出美国的精神。"雷勒赋予文明一种更加宽阔更加模糊的含义。他指出："（文明）这个词让人想起希腊、罗马、中国、阿兹台克、玛雅、印度、意大利复兴时期、西班牙、法国、俄国、美国等文明。这个词能够细致地观察美国的行为、趋势及激情，并实施一个完整的标准和整体影响的标准，而反过来肯定会产生这样的思想，即美国文明的思想。"换句话说，不是通过美国历史来寻找整体标准，而是从整体性的假设出发，在历史当中寻找假设真理那些几乎是隐喻性的证明。

---

[1] Cf. J. Hector SAINT JOHN DE CRÈVECOEUR, *Lettres d'un fermier américain*, Londres, 1782, et Arthur M. SCHLESINGER, JR., *Paths to the Present*, New York, Macmillan, 1949.

[2] Max LERNER, *America as a Civilization*, New York, Simon and Schuster, 1957; 法文版, *La Civilisation américaine*, trad. M. PAZ, Éd. du Seuil, 1961, p. 51; Max Lerner and Harold Joseph LASKI, *The American Democracy. A Commentary and an Interpretation*, New York, Viking Press, 1947, dans Daniel BELL, *The End of Ideology. On the Exhaustion of Political Ideas in the Fifties*, Glencoe (Ill.), The Free Press, 1960, chap. V. 作者集中 10 年的时间来比较我们所建立的一代。

[3] Charles A. et Mary R. BEARD, *The Rise of American Civilization*, New York, Macmillan, 1927.

这种美国意识的"哥白尼式革命"是依靠文化人类学的发展①，所以它很正常地尊重国家民族特性这一概念，这一概念因为极权专制曾把它当作种族主义和非理性主义来使用，使它在上一代人心中失去了威信。这同一个名词，怎么能够成为民主的最终决定性话语呢？但是，因为这个概念一直是历史学家不可缺少的概念，他们仅仅是为了谈论美国精神、美国思维、美国系列思想、美国传统、美国想法、美国价值等，而将这一概念从词汇表中清除出去。说实话，不是美国历史学家不想给国家特性下一个定义，因为这是它存在的理由；而是今天当人们通过肯定国家特性来解释历史的时候，人们会深入历史当中去寻找这一概念形成的来源。从深层意义上说，这也正是当代历史学家试图争论的历史假设的有效性；而历史学家正在进行一场继承诉讼。

因为这一诉讼很容易审查，所以没有人有心去赢得这场官司。传统主义历史学家从来没有，充其量也只能够从国家民族特征中搭建出两个相反的形象：一是杰弗逊思想凝聚而成的理想个人主义（individualiste-idéaliste）；另一是下

---

① 这一方面我们拥有的资料非常丰富，包括 Margaret MEAD, *And Keep Your Powder Dry. An Anthropologist Looks at America*, New York, William Morrow, 1942; Geoffrey GORER, *The American People. A Study in National Character*, New York, Norton, 1948；法文版的有 *Les Américains. Étude d'un caractère national*, trad. H. Claireau, Calmann-Lévy, 1949。由 Clyde KLUCKHOHN 列出了文献目录 «Have There Been Discernible Shifts in American Values During the Past Generation?», in Elting E. MORISON (éd.), *The American Style. Essays in Value and Performance*, New York, Harper, 1958，这份文献目录我没有得到。Cora Du BOIS 在 *American Anthropologist*, vol. LVII, 1955 年专门对美国的一期特刊中发表了一篇文章 «The Dominant Value Profile of American Culture»，很简单却极具代表性地对此做了一个总结。关于美国国家民族主义的文学著作，尤其是 Karl W. DEUTSCH, *Nationalism and Social Communication. An Inquiry into the Foundations of Nationality*, Boston, MIT, New York, Wiley, 1953; Hans KOHN, *American Nationalism. An Interpretative Essay*, New York, Macmillan, 1957。我们也可以参阅很多旅行家的叙述，这些都成为诗选的主要选题，如 Henry S. COMMAGER, *America in Perspective. The United States through Foreign Eyes*, New York, Random House, 1947, Allan NEVINS, *America through British Eyes*, New York, Oxford University Press, 1948, Oscar HANDLIN, *This Was America. True Accounts of People and Places*, *Manners and Customs*, Cambridge, Harvard University Press, 1949, Warren S. TRYON, *A mirror for Americans*, 3 vol., University of Chicago Press, 1952。关于 19 世纪法国旅行家的游记，可参阅 P. RÉMOND, *Les États-Unis devant l'opinion française*, *op. cit.* David Morris POTTER 在他的 *People of Plenty* 的前两章中很清楚地对理论讨论做了一个论述，University of Chicago Press, 1954。最后，我们很高兴了人类学的总体论述外，还有 4 本历史书，如：Henry Nash SMITH, *Virgin Land. The American West as Symbol and Myth*, Cambridge, Harvard University Press, 1950，这本书表达了一种失落的进步主义观念，同 Richard Hofstadter 的思想观念极为相近；William R. TAYLOR, *Cavalier and Yankee. The Old South and American National Character*, New York, Braziller, 1961; W. J. CASH, *The Mind of the South*, New York, Vintage Books, 1941; Merrill D. PETERSON, *The Jefferson Image in the American Mind*, New York, Oxford University Press, 1960。

一代托克维尔所代表的物质保守主义（conformiste-matérialiste）。面对这种僵局，首先他们认为：第一种形象符合 19 世纪的美国；而第二种形象符合 20 世纪的美国。然而，两种模式的内容却没有任何变化①。其次他们又为这些模式穿上更为现代的外套，如同大卫·理斯曼（David Riesman）在他的《孤独的人群》②所描述的内向直接人（inner-directed man），即内心成熟的人逐渐被其他直接人（other-directed man），其他直接人有些类似于威廉·H. 怀特（William H. Whyte）所描写的"组织人"（l'homme de l'organisation）③ 的特征所淹没一样。但是，在前一种情况，需要从心理学的角度解释 19 世纪前半叶以来美国两种模式的交错重叠；在后一种情况，需要从历史的角度来论证从一种模式到另一种模式的过渡。今天的历史学家、社会学家和政治学家很矛盾地达成一致意见，竭力要求美国特性的优先性以及标准的不可比特性，这些标准符合他自身的定义，但并不是依照同样的强度承认这些标准所有——对应限定性的描述：美国应该是力量的场所，潜在的储蓄库，勇于挑战历史的理性解释。因此，由弗雷德里克·杰克逊·特纳（Frederick Jackson Turner）、查尔斯·比尔德（Charles Beard）和维尔农·路易斯·帕林顿（Vernon Louis Parrington）等三巨头形成的希望在今天被指责过于辩证主义。现今的修正主义试图将美国变成一种历史单一性。

这一新历史思想潮流的内在效能为我们带来的东西远没有它的方法、成功和意义所带来的那么多。它所表达的是否是美国集体意识深层次上的一次变革？当然不是。但是它反映了更为普遍的现象中特殊的一面，即：最近很重要一批知识分子同美国式的价值快速结合；由于知识分子自身文化的原因，在很多人身上，当他们处在这个无文化的国家当中的时候，已经完全没有外国人的感觉。这就是变革，《党派评论》（*Partisan Review*）杂志为此做了一次著名的调查，题为

---

① Cf. Henry Steels COMMAGER, *The American Mind. An Interpretation of American Thought and Character since the 1880's*, New Haven, Yale University Press, 1950, 此书依然陈述了战前的一些流行主题。法文版的有 *L'Esprit américain. Interprétation de la pensée et du caractère américains depuis 1880*, 由 H. et M. Lesage 翻译，PUF, 1965。

② David RIESMAN, *The Lonely Crowd. A Study of the Changing of the American Character*, New Haven, Yale University Press, 1950. (*La Foule solitaire. Anatomie de la société moderne*, Arthaud, «Notre temps», 1964.)

③ William H. WHYTE, JR., *The Organization Man*, New York, Simon and Schuster, 1956; *L'homme de l'organisation*, trad. Y. Rivière, Plon, 1959.

《我们的国家和我们的文化》（1952 年）①。这篇文章在某种程度上正式承认了这一点，霍夫斯塔特在他最近的一本书中分析了这场变革相互矛盾的影响②。

所以说，历史思想并没有突然地发明创造出美国历史的国家理论，但是这种思想却蒙上了一层潜在的强大而模糊的民间情感，具有科学尊严，这种情感直到今天还没有被正式承认，只是在突然间爆发的时候才懂得表现出来。在同这全体意见一致的"国家主义"更加紧密结合的同时，这种思想才具有揭示性。正以此名义，美国历史思想的"疾病进展期"才能够清晰明了地大声地对美国历史做出一种本能的解读；但是，直到那时，这种解读一直都是默默地阅读。通过这种方法才赋予它从未有过的含义。

集体双重记忆

重返美国也许能够让我们更好地明白，我们自己对历史敏感性同美国人对历史敏感性之间那种强烈的反差也只是一种幻觉罢了。

首先，对于这种面向未来而不是面向过去的历史概念，对于这种当代人只有在希望让他们自己的社会在当时的前景下接受那些变化时才诉求历史的习惯，一切都有利于促进这种概念或习惯的发展。对于一个国家来说，如果历史不是别的，仅是记录要求人类条件在未来不断永续发展并逐步改善的过程，那么这个国家在我们看来，会对自己的历史做出一个负面的评价，认为过去总是低于现在。或者说，如果历史只是孕育未来，而我们又无法分享对未来的希望，那么我们又何故对此感兴趣呢？历史的这种不可逆转性，这种只有所谓的美国人，只有这种强烈的愿望才构成他们共同点的美国人所共享的财产，这一切都将我们排除在外，或者至少看起来是将我们排除在外的。

让我们感到吃惊的是，这种潜在的论断同美国意识不是自然而然地联系在一起。它只是一时的美国意识。在 19 世纪后二十几年，天命论和纯粹主义历史，自然主义和贵族历史以及国家民族主义和浪漫主义历史相互结合，形成奥斯卡·汉德林（Oscar Handlin）③ 所描述的那种"官方教义"。这种教

---

① 1953 年以 *America and the Intellectuals* 为题出版。

② Richard HOFSTADTER, *Anti-Intellectualism in American Life*, New York, Knopf, 1963.

③ Cf. Oscar HANDLIN, «Les Américains devant leur passé», *Diogène*, n°6, avril 1954. ［Cf. également Michael G. KAMMEN, *Mystic Chords of Memory. The Transformation of Tradition in American Culture*, Knopf, 1991, «La mémoire américaine et sa problématique», *Le Débat*, n°30, mai 1984.］

义取得很大的成功，这一方面的很多历史著作在教学大纲中都占有重要的位置。因此，成立了美国历史协会，美国各地方到处也都成立历史协会。从1876年到1904年间，不断出现大型的纪念百年庆祝活动。演讲、手册及官方出版物为那些突然间中断历史的大量移民提供了一个连续的必要的没有缺陷的历史，一个具有自然因果关系、具有永恒新颖性特征的庄严的连续历史。这段历史最基本的作用，就是从首批先驱者和奠基人开始为他们做出了承诺，并解释了他们后代的优越性。正是在这一点上，同我们的历史时间情感有着深层的区别。欧洲的时间是被打断的连续时间，我们所生存的时期是延伸到"时间的黑夜当中"，带有深深的周期循环性概念。而美国的时间，无论是神化的生产效率，还是自然的或者机械的生产效率，都是单一方向的。它可以停止也可以加速，但它不懂得出生和再生，辉煌和没落。帝国和王朝的延续接替，体制及共和国的序号编排对它来说都是陌生的。美国不会重新开始。

甚至进步的概念，相对于时间这种不可逆转充满连续性的概念来说都是次要的，时间如同联邦一样是统一的不可分割的。美国历史时间的连续性因顺序的颠覆而不断地给其造成威胁。这种连续性简短、均一、充满精神愉悦感，这让我们有一种次历史或子历史（sous-histoire）的感觉。但是，这难道不正在从根本上颠覆了我们对历史的解读方式吗？这说明，进步只是一种次要的附属的感觉，它在单一方向上填充了一个维度。由于进步这种概念，随之而来的各种情感共存，包括对可能的翻转的恐惧，面对线性灾难的头晕目眩，以及整体历史方向节点的担忧①。

我们不可能不强调这样一个事实，即：在美国意识中，历史文献中进步的正式教义的诞生同科学历史的来临所引起的震撼是同时发生的。我们知道，社会达尔文主义②还有在历史甚至宗教历史当中引进科学方法，它们所引起的风暴在众多美国人心中所产生的影响；在宗教历史中，乔治·班克罗夫特（George Bancroft）还揭示了上帝留下的一些可见的痕迹。人们开始质疑美国经验的特殊特征。亨利·福德（Henry Ford）宣称，如果历史在评论之下减弱了过去圣经伟

---

① 由汉德林所发展的思想，见《Les Américains devant leur passé》，前面已提到此文章，我们在这里只是依照这种思想加以陈述。

② Cf. Richard HOFSTADTER, *Social Darwinism in American Thought*, Boston, Beacon Press, 1944.

大的价值，那么历史就将一无是处。出于对崇高精神的尊敬，他们抗议历史学家
对圣经的亵渎，抗议这种从演变理论中获取的实证主义对英雄的亵渎。同样也很
正常，在一个如此具有凝聚力的社会中，历史学家的态度不断成为精神颠覆的奇
怪标志，历史学家为避免这种崩溃的威胁，将进步主义的价值重新投资到历史学
编辑当中，而其基本原则却是拒绝这些进步主义的价值。"历史存在的职责是叙
述人类的进步，一些重大事件也仅仅是自由的行为，美国肩负着普遍意义的任
务。"① 对于这些坚定的信念，19 世纪末再次加以肯定，从而建立了集体记忆
的基础。然而，这些信念并没有妨碍新的历史经验不断地威胁这种符咒的成
功，也没有妨碍它威胁到对连续不尽的起源的赞誉。

新英格兰的知识分子精英很早就体会到这一点；只要想想亨利·詹姆斯
（Henry James）的书，尤其是他的《波士顿人》（Bostoniennes）就知道了。如
果可能的话，人们很想了解那些发行量很大的小说，还有它们发行的地理范
围。可是关于这些小说，我们只知道它们在民众意识当中的冰山一角。美国人
尤其喜欢那些伟大的家族历史，比如（这里也只是随便提到几部）：韦斯科特
（Glenway Wescott）的《祖母》②，讲述了一个威斯康星州没落贵族的挽歌；布
罗姆菲尔德（Louis Bromfield）的《农场》③，讲述了俄亥俄州四代人逐步衰败
的故事；辛科莱尔（Harold Sinclair）描写印第安纳州的《岁月的错觉》④；还
有很多揭露城市腐败和扩张罪行的小说⑤。

一些历史学家同样也表达了这种担忧。亨利·亚当斯如饥似渴地研究长期
以来受积极因素影响的历史变化进入到一个衰败阶段的时代⑥。他在自己的家
族中进行研究，从而得出这样的结论，即：衰败从第一代就开始了。他的兄弟
选定了 1825 年这个时间段，那时铁路刚刚出现。人们热衷于那些关于世界末
日的文学，开始描述古老文明的崩溃，这些变得越来越流行。与此同时，世纪
转折时期的经济萧条和激烈的大罢工更进一步肯定了这种断裂节点时的情感。

---

① O. HANDLIN, «Les Américains devant leur passé», art. cité.

② Glenway WESCOTT, *The Grandmothers. A Family Portrait*, New York/Londres, Harper, 1927.

③ Louis BROMFIELD, *The Farm*, New York, Harper, 1933.

④ Harold SINCLAIR, *Years of Illusion*, Garden City (N. Y.), Doubleday, 1941.

⑤ Ernest E. LEISY, *The American Historical Novel*, Norman, University of Oklahoma Press, 1950.

⑥ Henry ADAMS, *The Education of Henry Adams* (1907), Boston, Houghton Mifflin, 1918.
（*L'Éducation de Henry Adams*, trad. R. Michaud and F. L. Schoell, Boivin, 1931; nouv. éd. Pierre-Yves Pétillon, Imprimerie nationale, «La Salamandre», 2007.）

布鲁克斯·亚当斯（Brooks Adams）在他的《文明与衰退法则》① 当中，通过对每个大陆，每个帝国的分析，预测了美国分裂和以后的纷争。是否还应该提起特纳本人？他的思想已经成为进步主义宣传捍卫思想之一，因为他将民主思想同边界的连续移动联系在一起。他在 1893 年对边界这个词做了很狭义的描述，提出美国的扩张其实早已蕴含了它的衰退。在正式宣布关闭边界三年之后，他提出了自己的理论。人类学家继续肯定了雅利安人当中美国一支的脆弱性，迈德逊·格兰特（Madison Grant）② 在一战前夕突然转变态度，表达了这种担忧，赞同对第一次世界大战、大萧条、第二次世界大战、原子弹以及今天美国国防部提出的《大扩展》理论这些灾难的预感，这一切会定期得以复苏。在对永恒历史朴素主义的怀念和世界历史疯狂泛滥之间，人们明白，美国国家领导人和外交人员强烈感受到没有安全余地，明白他们那种全心投入不可逆转的情感，那种不可能失败的情感。美国人只有在民俗和圣战之间做选择。

＊

乐观主义和悲观主义，进步与灾难，起源与衰退，这些对立的二元论从时间和历史观念来看，它们在起源上是来自同一种态度，即：为移民提供了一个非欧洲的印象。但是，提供这一切的人同样也是移民。无论内在有什么不同，这一事实上的连带关系直到现在都具有独特的情感色彩，那种对过去、对历史理解的特殊情感。

也许，美国人同近来其他所有欧洲殖民国家一样都具有这种背井离乡的思想感受。从这一点看，有这样一些主题要研究，而且没有比研究这些主题更具有意义，那就是：无论是有意识还是无意识地将澳大利亚、以色列、人口密集的这些殖民地国家集合在一起研究的课题，其目的就像欧洲过去在阿尔及利亚一样带着某种不确定的使命。这些国家有一个共同特征，就是首批到来的移民强制实施的模式产生的那种活力以及后代采用、承受或者改变这种模式的灵活性。很快这种模式就有了一定的框架，即便是像在加拿大那样具有两面性。但是，美国的现象夹杂着奠基人明显的宗教原则、普世主义原则，以及他们所宣

---

① Brooks ADAMS, *The Law of Civilization and Decay. An Essay on History*, New York, Macmillan, 1896.

② Madison GRANT, *The Passing of the Great Race*, *or the Racial Basis of European History*, New York, Scribner, 1916.

称的平等、幸福、自由的意识形态。大量的移民及其来源惊人的多样性在这里产生极大的差距，包括宣言与现实之间的差距，公共财产的概念同个体利益之间的差距，宪法中所规定的原则和少数集团对此做出的解释实际所产生的差距，还不包括当今那些少数黑人团体。美国的记忆就在这内部张力中得到发展。奥斯卡·汉德林通过研究移民对美国历史所起的作用，认为移民就是美国的历史。他们没有通过外来的贡献改变历史的意义，这一意义在他们到来之前就已经存在了。无论他们来自何方，他们都是"移民"，在统称之下统一了新来的人员，从这一点说明了美国方式。在原则基础上建立起来的社会需要在事实当中有所区别。但是在这里，各种少数派的精神思想比起大多数人的思想库来说显得并不那么重要：美国的集体记忆是一种选择性记忆。

这就是为什么美国人对新的要求总是参照历史。一切创新都得益于传统，比如，新特权、新自由、新国家主义、新国界等。美国人不再是创始人，而是创始人的继承者，他们希望一直忠实于这一名声。这就是这一借用过来的历史所表现出的代表性力量，这一历史是人提供的，是从未经历过的历史。那些从未参与这段历史的人，他们如同接受一个没有任何区别的遗产一样将这段历史整体接收过来，没有失去任何精华之处。对历史的整体接受，或者几乎是全盘接受就是对共同未来的一个承诺。这就是它的历史不可抑制的神圣力量以及它蕴含的不断增长的来源，这同历史的这种重要性是不可分离的。无论是资本主义的剥削还是实际上的悲惨和不幸，没有任何事实能够抹杀它的威信和伟大。恰恰相反，体制所强加的痛苦正是这一力量的标记。具体地说，因为避难的人准备相信，美国肩负着将这一光芒在全世界传播开的任务，这一光芒正是他们前来寻找的东西。所有过去的一切，都混杂在一起，没有明显区别地被用来影响地球上所有人类的未来历史。没有人享有绝对遗产继承的权利。在所有美国福利当中，对历史的权利甚至是不需要付出任何价钱的东西。所以，人们可以立刻参加进来的。杰弗逊的笔、华盛顿的武器是为所有人举起来的。

美国的历史唯意志主义者需要黄金时代的这种制作，甚至是两代人的加工制作。大部分研究移民的历史学家和社会学家强调指出，存在一种不好的意识，即：第二代人的代表（尤其是斯拉夫拉丁系的直系）希望能够与美国人同化，将那些反射性地维护自己父辈的行为看作可笑的民俗行为，抛弃了欧洲伟大历史当中所有服饰、饮食、语言以及那些卑微的历史习惯。其代价就是融入美国的社会中，为了表现欧洲历史最为盛名的东西而信奉一种极为夸张的尊重。一方面出于犯罪感，另一方面出于报复，他们为自己提供了两个想象出来的伟大历史：一个是欧洲的历史，不幸的是他们已经被排除在外了；另一个是美国的历史，但事实上他们根本没有参与过这段历史。所以，神话的作用就是这部移民记忆的自然结果和其最必然的特性。

我们的历史情感，弥散在那些建筑物、艺术城市及博物馆中，同我们日常的境况融合在一起；我们只要参观一下南部的种植园、维农山庄的华盛顿居所、蒙蒂塞洛·杰弗逊的居所，参加一下美国 7 月 4 日的国庆典礼，就可以理解这些纪念性场所和时间，它让人们明白，美国的历史首先表现为各种形象的连续性。美国人不是生活在对自己过往经历的认识和自我深刻理解的历史上，而是生活在浸透模式之上。这就是其历史不断重复特性的原因。在这个国家当中，人们总是本能地谈论面向未来，而相对来说对过去却并不感兴趣。历史文学、重塑历史、写实的编年史获得了前所未有的成功。美国人不厌其烦地听人讲述他们的过去，尽管这不是他们自己的历史——西方的征战、印第安人的消失、殖民地的生活等，这些都是永不穷尽的主题；它们的真实性便体现在不断地重复当中。重大的历史时期并不是历史的对象，而是一些象征，这些象征的表现使那些美德得以复活。它们不属于真理和知识的范畴。它们不再是历史的产物，而是消费的客体。它们被品尝、被享受、被消化；他们历史当中最惨痛的阶段，甚至包括内战、奴隶制时期，都成为一部浪漫曲。电影中搬上荧幕的那些大规模的历史重建也许只是通过现代技术或者说技术色彩从物质方面反映了想象中的历史折射，其中大部分，他们将自己并没有经历过的历史片段贪婪地归于己有。

尽管表面上有些类似，但是这种操作方法同儿时或原始记忆机制并不相似，却同 19 世纪欧洲工人自我教育中以诗歌写下查理大帝加冕礼那悲惨事件的反应有些相似。获取文化手段同时也让他们接受了这种文化高雅的内涵。在学习阅读和书写的同时，他们忘却了生产制造，忘却了苦难，忘却了所有同文盲状态相连的精神世界，本能地、可笑地模仿书中所描绘的世界的形象。美国的移民也一样，他们也"越过了准绳"：农民即便是应该避难于他们的生活方式之下，他们也很少根植于他们祖国的文化，而是投靠于美国幸福的形象之下。这一形象，我们相信，通过各地区区别分析，虽不相互矛盾，但还是具有细微的差异。尽管地方情感的内在反差如此强烈，但没有否定存在超越地方情感的国家意识。这种反差更好地强调了情感的蜿蜒曲折：美国南部就是一个很好的例子。

历史失败这一致命情感培育了创造力，赋予人们时间的意义，而时间是对我们的情感而言的。伍德沃德（Woodward）[1] 正好指出，美国南部的历史重要性不是历史学家提出来的，而是小说家表现出来的。相反，这一代人的首批著作又都是历史性著作：艾伦·泰特（Allen Tate）撰写了一部关于石墙·杰克逊（Stonewall Jackson）的传记[2]；罗伯特·佩·华伦（Robert Penn Warren）撰写了约翰·布朗（John Brown）的传记[3]；埃伦·格拉斯哥（Ellen Glasgow）初期曾经想写 19 世纪弗吉尼亚的社会历史，她在自传后续中写道："我的出生同过去历史精神的再现有着紧密的情感联系，那是一部融合了时间和空间的情感诗篇。"[4] 凯瑟琳·安妮·波特（Katherine Anne Porter）一直在寻找如何将家族的历史同本身的存在联系起来，她借《修墓老人》（*Old Mortality*）中米兰达之口发出这样的呼喊："我是一场失败战争的孙女，我的血以及那堆贫穷的白骨懂得在一个战败国中生命意味着什么。"[5] 更有意思的是，南方一些最著名的作家，像福克纳（Faulkner）将历史时间内在化而赋予它一种普遍的意义。难道在法国，福克纳在《喧哗与愤怒》中借加文·施蒂芬斯之口，在千言万语之中说出的这句话："往事从未死亡。这甚至不能称之为往事。"不也是最易理解、最受赏识的一句话吗？

也许，美国的历史机遇在南方接近于这种不幸的意识。这是美国伟大机体中的一个瑕疵。美国历史固守于两端之间：一个是"生日快乐"；一个是"圆满结局"。

*

由于历史与未来在同样无区别的确实性中被提高了价值，所以在美国，历史比在其他地方都保留了一份更加深厚的规范特征。伟大的历史学家不是在真相当中建立以前发生的全部事实的人。对于这些事实，相对于其他早已建立起

---

[1] C. VANN WOODWARD, «The Historical Dimension», in ID., *The Burden of Southern History*, op. cit.

[2] Allen TATE, *Stonewall Jackson, the Good Soldier*, New York, Minton, Balch, 1928.

[3] Robert Penn WARREN, *John Brown, the Making of a Martyr*, New York, Payson and Clarke, 1929.

[4] Ellen GLASGOW, *The Woman Within*, New York, Harcourt, Brace, 1954.

[5] Katherine Anne PORTER, «Old Mortality», in ID., *Pale Horse, Pale Rider. Three Short Novels*, New York, Harcourt, Brace, 1939.

来的全部事实，他无所作为，无法做出更多的事情。但是，他可以在国家历史的整体性上撒下一张庞大的解释网，当解释所阐述的事实越来越真实，那么这张网就变得越来越精确了。

事实上，美国历史学家有一个优越的条件，就是不拘泥于历史重要事件。这是具有两面性的暴君，其中一面往往是不幸的。欧洲历史需要敌人，布满了死尸：政治的、军事的、经济的。重要的历史事件在整个不可弥补的存在当中先于解释，而这种解释同事件纠缠在一起，决定出了一个胜利者和一个失败者。在欧洲，这一历史事件在一部像美国历史这样日益积累而成的历史当中是分离的，但也能够结合起来。在美国人眼中，正是这不断积累的历史如同先锋一般开拓了自由、民主和财富。从这个意义上说，美国的历史是一部幸运史，完成了一个既定事实，以一劳永逸、几乎是神圣的方式共同实现了早已决定要完成的事业。

历史学家一上来就占据了实证整体的中心位置，同时也体会到他被赋予一种道德和公民的强烈责任。科学真理的要求同历史学家的职责、精神批判的职责并不矛盾，因为历史总是沿着一个方向前进。历史学家以现实主义思想主宰着理想主义的命运。查尔斯·比尔德在他的《公开的信仰》中称："历史学家就像投身于政治中的国家领导人一样：在写作的同时他就在行动；在行动的同时，根据事物本性的某种观念，他已经做出了选择。其实，他已经深信，我们可以了解历史发展变化真实的一面，而这一信仰是主观决定的成果，而不是纯粹的客观发现。"[1]

美国历史学家这种最具挑战性并积极参与的告解依然具有偏重的痕迹。关于这一点，17世纪时一位神甫曾肯定说："成为上帝的历史学家是我们最伟大的责任。"上帝也好，人类也好，美国的历史学家完成的是一份职责。在阅读清教徒那些最经典的历史著作，比如，威廉·布莱福特（William Bradford）的《普利茅斯垦殖记》（Of. plymouth Plantation）（1620~1647年）、卡顿·马特尔（Cotton Mather）的《基督在美洲的辉煌事业》（*Magnalia Christi Americana*）

---

[1] Charles A. BEARD, «Written History as an Act of Faith», *The American Historical Review*, vol. XXXIX, n° 2, janvier 1934。在关于比尔德众多的文献当中，我们重点提出两本：Lee BENSON, *Turner and Beard. Amercian Historical Writing Reconsidered*», Glencoe（Ⅲ.），Free Press, 1960; Bernard C. BORNING, *The Political and Social Thought of Charles Beard*, Seattle, University of Washington Press, 1962, 他自己也提供了一份参考文献。

（1702 年）的时候，我们惊奇地发现，因为担心落掉了上帝创造的一面，编年史作者的好奇心已经远远超出了公共事务的层面，可以涉及气候、植物、文化技术、住宅、卫生及饮食方面。同这谨慎的态度相对应的是对身份鉴别充满热情。正是带着这份热情，乌尔里克·B. 菲利普（Ulrich B. Philips）讲述了古老南方劳动者的故事，卡尔·维特（Carl Wittke）讲述了移民的故事，沃尔特·P. 维波（Walter P. Webb）讲述了大平原先驱们的故事。美国伟大的历史学家都是些伸张正义的人，他们保证历史不是对"过去发生的事情"的研究，而是将一点固定到另一点上最短的路径，是对依靠人类、每个人、他们自己来实现这条路径的一个承诺。

当然，整个国家历史不仅仅是描述，而是定义。但是，在欧洲，尤其在法国，为了强调对历史的描述而掩盖了对其特征的界定，实证主义在其中起了很大的作用。它使我们习惯地认为，这两方面的要求是相互矛盾的，人们总是说："历史学家不做审判。"在美国，历史材料的可塑性排除了这种困境，这样的问题根本不存在。毫无疑问，理性科学的历史从根本上解放了宗教的强制性，但是却保留了一些田园式的遗产。比如，马特尔和帕林顿思想之间尽管存在很大的差异，但是这种差异的本质同波舒哀与拉维斯之间的差异是不同的。当瑟若博（Seignobos）指出历史的任务就是取得通过实际材料客观证实的决定性真理的时候，特纳已经肯定了每一代人都应该根据自己的需要来书写美国的历史。

从某种意义上说，美国比我们更好地保护了历史，使其避免遭受稍纵即逝的危害，因为解释理论的优先性对历史起了保护作用，使历史免于遭受事实绝对性反驳的遭遇。班克罗夫特（Bancroft）对革命时期的叙述所剩无几，但是班克罗夫特的根本依然存在。因为，在他的历史当中，一个关键的问题就是个人对自由的眷恋，这种眷恋像一股强大的动力同历史发展密切相关。尽管梅尔·尤金·柯蒂斯（Merle Eugene Curti）在研究威斯康星州时态度有所保留，稍有差异，但是边界的理论①却很好地抵制了那些博学广泛的研究，比如，亨利·皮朗（Henri Pirenne）通过在地中海沿岸安置阿拉伯人这一现象来解释西方殖民主义的发展。特纳提出的真理是建立在武力思想（idée-force）基础上，这一点同皮朗的思想不同。美国人可

---

① Robert F. RIEGEL, «American Frontier Theroy», *Cahiers d'histoire mondiale*, vol. Ⅲ, n° 2, 1956, pp. 356-380, 其中含有参考文献。

以写一部关于应该如此（devoir-être）的方式史：正如同他们曾经经历过的那样。

美国的时间赢得了内容上的丰富，而失去了年代上的深度。它的透明度也是表层的。美国的记忆在根源上、在本质上及机制上都是欧洲式的，经过改变，使我们认不出来。这是不是很奇怪？其实美国人仅仅是习惯了生活在时间的双重性当中，而我们是生活在重复当中。

远离欧洲

直线性的过去，移植的记忆，规范的历史，正是在记忆的这三重矛盾性上建立起了集体心理及其历史解释，直至今日。这产生一个重要的结果，那就是：对美国发展的所有解释，对美国特殊性的所有分析，都在于对欧洲辩证法的吸收应用；只是因为它们具有纯粹的美国内容，这才使它们取得了自己的权威，但它们的解释方式依然是欧洲式的。

特纳理所应当地成为将历史从符咒领域带到解释领域的第一个人，将历史根植在美国的领土上，同时，他也成为这一现象的杰出榜样。"空闲的土地，连续不断地后退，向西方不断地推进，这些都说明了美国的扩张。"[1] 1893 年特纳在美国历史协会上描绘了一幅具有诗意和想象力的巨画，这幅巨作难道不是充满感情的吗？人们可以体会到其中的深层含义。65 年之前，特纳就肯定地指出"美国历史的第一部分"。65 年后，"新边界"这个词就足以承受得起总统大选的重负了。然而，作为颠覆欧洲现实的例子，有哪一个比这更有说服力呢？边界是欧洲各国国家生活中最深刻最现实的一个问题，因为边界的确定同国家的形成相吻合。但是边界又是封闭社会的同义词，给人一种闭关锁国的印象。而且更为严重的是：边界的移动即意味着撤回了一个国家同另一个国家的协定。有赢便有输。由于地理的原因，美国对这个词的吸收应用便赋予它一种恰当的含义，给人一种开放社会的印象，赋予它连续的含义，一种单一庄严的含义，即：对文明的让步。美国人感觉到，就像阿拉伯世界的首都从大马士革转移到巴格达的时候一样，当国家的重心远离欧洲，贴近西方大陆，越来越

---

[1] Frederick Jackson TURNER, *The Frontier in American History*, New York, Holt, 1920；«*La Frontière dans l'histoire des États-Unis*», trad. A. Rambert, préface de René Rémond, PUF, 1964, «L'importance de la frontière dans l'histoire américaine», p. 1.

远离欧洲大陆的时候，他们体会到某种骄傲和安全感。美国南北战争后的一代，面对面的历史失去了其绝对特征："正是在密西西比河水中南北双方得以相会，相互融合，一个国家自此诞生了。"[1] 与此同时，美洲大陆的历史重新找回其完美的连续性，殖民地历史，屈辱的农耕时期，简单的历史片段，这一切相互交织，重新融合而变得高大崇高起来。在美国，如同在欧洲一样，特纳将社会力量称为美国的"分区"，而米什莱则将其称之为"外省"，特纳诉诸历史的存在和内部纷争。可见，没有比"历史也是社会力量之争"这种说法更好的解释了。他们的战争曾经是美国前行的历史："美国的民主不是从理论家的梦想中诞生的，它不是由康斯坦号油轮带到弗吉尼亚的，也不是由五月花号带到普利茅斯的。它是从美国的丛林中走出来，并在每一个新边境上得以加强壮大。"[2] 这句话就像吹起了挑战的号角；民主这一伟大的思想同边界产生实际有效而且具有象征意义的联系，它是欧洲思想，同时这种思想本身被美国所改变。

在这里也只是美国扩张的一个理论。美国内战是最为残酷的一段历史，是最具说服力的。在这段历史当中，事件的悲剧性超出了所有对此做出解释的学派之争。而且，在"修正主义"之前的两大学派，民族主义学派（以 James Ford Rhodes 和 John William Burgess 为代表）和以比尔德为代表的经济学派之间的对峙，他们都没有质疑这一点，即：冲突是国家发展过程中必要的不可避免的关键一步。民族学派的人反对南方是引起内战的原因，同情战后南方人的不幸；他们强调奴隶制以及宪政问题，谴责联邦政府想要退出合众国，认为只有北方接受白人的优越性和南方的种族主义态度才有可能达成和解。而比尔德的态度却相反，他认为"美国的二次革命"是社会战争，是工业经济推动旧的土地制度的一次无可挽回的超越，是"社会的一次大劫难，通过这次灾难，北方及西方的资本家，劳动者和农民将南方种植园主的贵族从国家管理中排除掉"[3]。人类暴行的爆发只是可以看到的历史情节，是整体结构颠覆的一个概

---

[1] Frederick Jackson TURNER, *The Frontier in American History*, New York, Holt, 1920; «*La Frontière dans l'histoire des États-Unis*», trad. A. Rambert, préface de René Rémond, PUF, 1964, «L'importance de la frontière dans l'histoire américaine», p. 25.

[2] Frederick Jackson TURNER, *The Frontier in American History*, New York, Holt, 1920; «*La Frontière dans l'histoire des États-Unis*», trad. A. Rambert, préface de René Rémond, PUF, 1964, «L'importance de la frontière dans l'histoire américaine», «L'Ouest et l'idéal américain (1914)», p. 257.

[3] Cf. Charles A. et Mary R. BEARD, *The Rise of American Civilization*, New York, MacMillan, 2 vol., 1927-1930, t. II, p. 54.

况，是"如同财富积累和分配关系的阶级关系"。但是，这两种理论都提出了普遍客观不可控制的深层力量的作用规律，对于这些力量，人类只能实施有限的行为。

在确定基本区分和解释二元性上，没有人比进步主义学派走得更远。他们在罗斯福新政时期的那一代历史学家身上找到了最为坚定也最为灵活的表达形式。这就是流传于新政当中的两个潮流：一方面，是进步传统的最终出路；另一方面，是美国传统的综合概述。这两个方面无论在历史事实还是在史书编撰事实上都有很好的表现。在同一类型的所有表述当中，新政是唯一的一种表述方式，它的第一个词"新"不是具体经验的重拾，而是在体制普遍危机当中，对所有国家储存资源的重新整理和运用。人们准确而普遍地强调出这一说法的现代性的一面。这一特征不应该让人忘记传统主义强有力的宣言，这样的宣言，在杰弗逊式的神话中有不同的变化，是必要的参照物①。事实上，1930 年的传统教科书将民粹主义和进步主义联系在一起，认为这两种潮流是杰弗逊和杰克逊反对财阀政治传统的继承，应该在新政中得以延续。但是，无论是比尔德、帕林顿、施莱辛格还是乔治·E. 毛雷（George E. Mowry），他们都不主张仅仅代表美国历史武力和拥护某一党派的一面；他们不是在实施一种意识形态的破坏体制（*spoil system*），而是希望在明确的综述当中重拾美国历史最深刻的趋势，保留所有的经验，甚至包括民族主义和保守主义历史学家的经验知识：梅尔·尤金·柯蒂斯这位经验丰富的老历史学家在他最近的一篇论文中提出了一个挑战，高调要求重新追回弗朗西斯·帕克曼（Francis Parkman）和班克罗夫特②。

无论在美国借用欧洲知识模式方面，还是新旧世界政治经验比较方面，没有一代历史学家能够走得更远。所以，1939 年，施莱辛格伴随着美国各种交替出现的跌宕起伏思潮，指出："关注少数群体权益的时期同关注大多数人遭受错误的时期总是固定相随的。"③ 他还计算出从独立战争以来运动阶段

① Cf. M. D. PETERSON, *The Jefferson Image in the American Mind*, *op. cit.*, «Jefferson and the New Deal», pp. 355 – 377.

② Cf. Merle Eugene CURTI, *Probing our Past*, New York, Harper, 1955, «Democratic Theme in American Historical Litterature», pp. 6 et 10.

③ Arthur M. SCHLESINGER, SR., «Tides of American Politics», *Yale Review*, vol. XXIX, décembre 1939, p. 220.

的平均期限为 16 年，比保守时期的平均期限 19 年要短些。但是，他又指出，顽强的保守主义者要摧毁他们敌对者所建立的东西也只是部分的，依然具有正面积极的结果。所以保守主义者越来越不像保守主义了，而自由主义者却越来越像自由主义者。因而建议同英国和法国做比较。这一次算是跨出了决定性的一步。在我们看来，只需要以我们同样的话语展开美国内部对话；只需要纯粹美国式的材料解释方式反映我们的思想范畴，考虑到我们早已确定的矛盾性就行了。这一次，美国的历史学家走得更远：他提出材料本身的平行性。

新政甚至幻想着同我们具有同样的身份特征，把历史作为自我意识来加以利用。它最终将美国历史变成欧洲辩证主义的一个边境省，代际的冲突在今天突然断裂，从根本上反对普遍主义的这种方法，而这种方法，尽管表面上并非如此，却一直是美国的历史。这也是为什么美国历史学家 10 年来一直竭力批判对欧洲历史干扰最大的两个问题的原因：一方面，是构成进步传统链条的两端；另一方面，是殖民地和革命时期。

进步传统的存在正是最杰出、最受重视的历史学家所强烈揭露的，是他们为简单朴素的教育法的虔诚可信度所考虑的方面。只需读一下《新南方起源》[①] 或者是理查德·霍夫斯塔特所描绘的德里安尖锐的形象，我们就可以得出这样的结论：农耕制的南方在人民政党诞生中所起的作用并不比中西部起的作用小，1896 年的民主领导人不仅成为所有传记中诚实正直的农场主英雄，而且更是城市小资产阶级（律师、商人、官吏、小银行家等）的一员，在东北部受不断扩张的大贸易（*big business*）的威胁，濒临破产。1895 年的民粹主义和 1912 年的进步主义之间存在着一种连续性，这种连续性没有一点乡村特色，而是具有城市化特征[②]；而且，这也只是历史学家的心愿而已。实际上，民粹主义精神没有在西班牙对美国的战争中得以幸存，农业的高价格足以将其扼杀掉，由于市政府及受中西部农场主所厌恶的移民的支持，造就了东部工业大都市，成为在进步主义当中发展起来的改革者及反对垄断主义者要求收回失

① C. VANN WOODWARD, *Origins of the New South*, op. cit.

② Cf. notamment Robert H. BREMNER, *From the Depths. The Discovery of Poverty in the United States*, New York University Press, 1956; Sidney PINE, *Laissez-faire and the General Welfare State. A Study of Conflict in American Thought*, 1865 – 1901, Ann Arbor, University of Michigan Press, 1956; ainsi qu'Arthur MANN, *Yankee Reformers in the Urban Age*, Cambridge, Belknap Press of Harvard University, 1954, et Howard H. QUINT, *The Forging of American Socialism. Origins of the Modern Movement*, Columbia, University of South Carolina Press, 1953.

地的精神家园①。

不管怎样，正是从一场前所未有的危机当中新政才体现出其独特性②。罗斯福成功地实现了艾尔弗雷德·E. 史密斯在 1928 年未曾实现的事业，即移民工人、西部和南部城市及乡村白种小资产阶级以及黑人的联盟。而且，新政政策一直在社会政策和维护重建小资本主义利益之间摇摆不定。1912 年，在进步主义战火中，罗斯福将社会政策称为"新民族主义"；关于维护重建小资本主义利益，威尔逊为了还击他的对手，将其称为"新自由主义"。但是，回顾历史，我们发现，新政更像是拯救自由事业和资本主义体制的工具，而不是一场带有社会主义使命的运动。今天，那些研究社会主义运动、提出在美国建立社会主义失败论的历史学家③，以及研究移民史、强调移民农民个人主义和保守主义特性的历史学家④，他们赞同将纯粹自由主义的捍卫者同所有美国传统结合起来，这就要求以一种全新的美国式的视野来看待这个问题。

而这一点，从其起源以来，从帕林顿所阐述的意识形态方面和比尔德在他的《宪法的经济解释》和《美国文明的崛起》⑤ 两部书中先后阐述的经济和社会方面，需要人们提出疑问的，正是革命这个问题。路易斯·哈茨（Louis Hartz）解释说，移民的作用就是防止美国人起来反对旧体制的需求，使他们一开始就建立起一种现代社会，生来就是自由的（*free born*）。所以，人们没有意识到一个国家的发展是通过国家所含有的解释因素来实现的，而不是通过外部因素的缺失来实现的，这一缺失使欧洲遭受了革命的灾难，却使美国免于此难。殖民地移民只是希望政治制度同他们的经济社会状况协调一致，他们一直在这一希望的指引下前进。公开恢复了班克罗夫特在《宪法的形成》中所提出的解释，这种说法在 1882年激励各政府的统一力量凝聚在一起，在那时这显得如此宝贵：拒绝自由人民牺牲

---

① 关于罗斯福创建的进步党，Cf. George E. MOWRY, *The Era of Theodore Roosevelt*, 1900 - 1912, New York, Harper, 1958。这本书重拾 *Theodore Roosevelt and the Progressive Movement*, Madison, The University of Wisconsin Press, 1946，并加以扩充。关于威尔逊的态度，Cf. Arthur S. LINK, *Woodrow Wilson and the Progressive Era*, 1910 - 1917, New York, Harper, 1954。

② 关于进步主义同新政之间的差异以及其中微妙的交替，参阅 Arthur MANN 关于 Fiorello H. La Guardia 的传记：*La Guardia. A Fighter against his Times*, 1882 - 1933, Philadelphie, Lippincott, 1959。

③ Cf., Donald D. EGBERT, Stow PERSONS (éd.), *Socialism and American Life*, Princeton University Press, 1952; David A. SHANNON, *The Socialism Party of America. A History*, New York, Macmillan, 1955.

④ Cf., notamment, Oscar HANDLIN, *The Uprooted*, Boston, Little, Brown, 1951.

⑤ Charles A. BEARD, *An Economic Interpretation of the Consitution of the United States*, New York, Macmillan, 1913; Ch. A. et M. R. BEARD, *The Rise of American Civilisation*, op. cit.

自己的自由。在如今缺少雅各宾的特色，但是却从中体现了保守主义哲学，也就是说：革命不在于实际的颠覆，而是在于自主地具有预防性地消除所有反革命的危险。革命也只是牢固树立某种制度的辅助手段。

所以，其意义便转向殖民社会的结构上，查尔斯·M. 安德鲁斯（Charles M. Andrews）在 1924 年将其称为"安静和平的革命"①，克林顿 L. 罗斯特（Clinton L. Rossiter）②，尤其是丹尼尔·J. 布尔斯廷（Daniel J. Boorstin）在他后来的三部曲的第一卷《美国人》③ 中也对这一革命加以分析。除政治形势之外，作者故意通过回忆的方法仔细考察了吕西安·费弗尔在《无宗教信仰的 16 世纪》中所分析的革命，那是一种技术、精神及科学工具，其目的是为了以印象主义方式而不是表现主义方式来体现美国社会通过化解欧洲范型而得以实现这一明显事实。费弗尔指出："我们会看到欧洲的梦想如何在同美国现实接触当中消散或者改变。"随后他又指出："新的地平线在新世界中出现，不是因为美国人的视力好，而是因为他们的视力没有被过去所积累的财富所蒙蔽。"④

人们认为，18 世纪的时候，美国革命只是简单的争取独立的行为，而这一点证明，他不再只以这种思想为依据了。这也是美国历史学家之间讨论最为激烈的议题，对此，人们不会感到奇怪。而且我们也不会奇怪地看到，美国历史这个棘手的问题却被现在修正主义破坏者带着不可容忍的喜悦给解决了。布尔斯廷在一篇尖锐的论文中猛烈地攻击"美国启蒙时期的神话"⑤ 割断了最终具有决定性的绳索。

*

从此以后，美国的历史学家，当然是那些最具挑衅性的也是具有代表性的历

---

① Charles M. ANDREWS, *The Colonial Background of the American Revolution. Four Essays in American Colonial History*, New Haven, Yale University Press, 1924.

② Cf. Clinton L. ROSSITER, *Seedtime of the Republic. The Origin of the American Tradition of Political Liberty*, New York, Harcourt, Brace, 1953.

③ Daniel J. BOORSTIN, *The Americans. The Colonial Experience*, New York, Random House, 1958; *The National Experience*, 1965; *The Democratic Experience*, 1973. (*Histoire des Américans*: *L'Aventure coloniale*; *Naissance d'une nation*; *L'Expérience démocratique*, trad. Y. Lemeunier et al, A. Colin, 1981.)

④ Lucien FEBVRE, *L'Incroyance au XVIᵉ siècle*, Albin Michel, 1942.

⑤ Id., «The Myth of an American Enlightenment», in *American and the Image of Europe. Reflections on American Thought*, New York, Meridian Books, 1930, pp. 66 - 78。他的论述非常精彩，因为同 18 世纪理性普遍主义的断裂是以回归历史的名义进行的："以如此简单的方式，甚至比知道自己目前情况如何还简单的方式来描写我们的过去，难道我们不是已经失去了鲜活的历史能够给我们提供的宁静和光明吗？"

史学家，他们将欧洲和历史从美国现象的肯定陈述中删除掉。这是新民族主义吗？的确如此，人们很快指出，除了特纳的传统以外，美国统一的赞歌同科学认识前的宿命论历史遥相呼应。威廉姆·斯托顿（William Stoughton）这位受人尊敬的牧师在 1668 年所宣称的："（上帝）经过筛选，选中整个民族，在这片荒野上播下精心挑选的种子。"然而，美国却没有从班克罗夫特的历史中摆脱出来，表现出上帝所指定的一个民族的骄傲与自豪。面对无法解释的经历，如同被关在一个盒子当中，人们只留给他们一把钥匙。面对这种状况，他们反而表现得如同知识分子对挥霍无度的浪子一般的担忧。这是否是一种新的孤立主义？一切恰恰相反，如同一个大历史时期，1917 年美国屈尊介入进来；但自二战以来，它又以成为世界历史这股强大的力量，再次回归到美国。争夺另一主导地位，这一必要性迫使美国重新做出断定，这不仅是对欧洲而言，也是对除欧洲之外的其他国家而言。

这不是对美国命运的讽刺，欧洲之外的共产主义世界的意识形态同美国意识形态形成竞争实力，这种竞争将美国带到这场关于欧洲历史经验普遍价值的深刻讨论之中。直到第二次世界大战，相对于欧洲矛盾的致命的思想形态来说，美国一直非常确定，他为世界提供了和平、理性和友好协商的福音。而竞争突然让他们发现国王无任何价值：美洲如同欧洲一样也是冲突之地，它不能为世界其他地方提供任何建议；美国模式，如果仅仅是不断地吸收欧洲模式，那就不能够成为出口产品。在同一运动当中，历史学家和知识分子又发现了国家传统那种自发的极权主义。除了马克思理性主义，除了革命的欧洲，除了小资产阶级的欧洲，美国人拒绝接受的还有启蒙下的欧洲遗产。一些人感觉触了礁，另一些害怕发动了巨型机器。霍夫斯塔特的话十分深刻，正是以一种担忧的态度表达了这种前所未有的颠覆，他说："作为国家，没有意识形态，却是一种意识形态，这就是我们曾经的命运。"美国成为它自己的意识形态，这究竟是融合的奇迹还是危机的信号呢？

这具有广阔的意义。需要明白的是，在如同排除旧世界遗物一样排除历史的同时，美国是否真正驱除了危机和灾难；是否就此避免了可能的冲突及其必然的张力；是否能够继续避免黑格尔在《历史哲学教程》中所排斥的"普遍历史重心"问题？但是，今天的美国是否依然是历史的储蓄库，是否依然是"厌倦了古老欧洲历史武器库的人的梦想之国"①？如今的美国是否是"未来之国"？是否是只要穿过大西洋就可以比较得出"历史的重担是如此不堪重负"呢？

---

① Georg Wilhelm Friedrich HEGEL, *Leçons sur la philosophie de l'histoire*, trad. J. Gibelin, Vrin, 1937, p. 83.

第五章
身份认同之路

一 "代" 的概念①

没有一个概念比 "代"的概念更加普通,然而却更加模糊的了。没有一个概念比 "代"的概念更加古老,它的参考渊源一直可以追溯到《圣经》、希罗多德、普卢塔克。所有的表层现象,现今年轻的流行的一切表面现象,没有任何事情可以渗透到我们对现状的历史认识最敏感的内心深处。在它身上,什么是法国特有的?从什么意义上可以说它是真正的记忆之所? 在这里,它提供了怎样的共享类型?

也许,围绕 "代"的问题,将不会有 20 年来这种激烈的社会学、经济学、人口学及历史学的问题②,也不会没有经历 1968 年 5 月运动只是因为民意测

---

① 以 "La génération" (1992) 为题载入 P. NORA (dir.), *Les lieux de mémoire*, t. III, *Les France*, vol. I, *Conflits et partages*, *op. cit.*, pp. 931 – 971。

② 这里只是选用具有标志性的主题,这些议题本身也有文献参考,参阅 «Génération» de l'*Encyclopoedia Universalis*, Par Philippe PARROT et Shmuel NOAH EISENSTADT. EISENSTADT 自己还撰写了经典著作: *From Generation to Generation. Age Groups and Social Structure*, Glencoe (III), Free Press, 1956, cf. Hans JAEGER, «Generations in History: Reflections on a Controversial Concept», *History and Theory*, vol. XXIV, n° 3, 1985, pp. 273 – 292, 对这一概念做了历史文献的编辑。Alan Barrie SPITZER, «The Historical Problem of Generations», *American Historical Review*, vol. LXXVIII, décembre 1973, pp. 1353 – 1385。总结了 "代"的意义,并对美国丰富的社会学文献做了整理。Cf. également Claudine ATTIASDONFUT, *Sociologie des générations*, PUF, 1988, et Pierre FAVRE, «De la question sociologique des générations et de la difficulté à la résoudre dans le cas de la France», in Jean CRÊTE et ID. (dir.), *Générations et politique*, Economica, 1989。这是根据 Pierre Favre 在 1984 年 6 月在魁北克拉瓦尔大学召开的 «Générations et changement politiques» 研讨会上的发言,以及在巴黎由 Annick Percheron 主持的法国政治科学协会圆桌会议上的引导词改编的,见 *Génération et politique*, 1981 年 10 月 22 ~24 日。为此,制定了一个参考数目,包括 277 本书和文章。《二十世纪历史杂志》出版了一期特刊,阐述了当代法国历史概念的现状,题名为 «Les générations», n° 22, 1989 年 4 ~6 月。关于这个概念在心理学、人种学、经济学和人口学方面的研究,参照以下注释。

验就促进这个词的过度使用。需要将这个词重新放回全世界年轻人的反抗当中去考虑。在反抗中，玛格丽特·米德（Margaret Mead）第一次从世界文明的角度揭露了代沟的问题①。至少在历史学家看来，"代"这个概念稍纵即逝，不易捉摸，它在一个长期冷漠、没有信任的环境中艰难地成长。随后，受1968 年运动这个幽灵的影响，出现了各种各样大量的研究。这既是一种冲动，也是一种好奇。关于 1968 年运动的爆发，相对于那些记忆表述不可抑制的思潮，那些本能的或者由参与者发动的自我庆祝形式，那些明智的思想②也只能为严肃的历史研究的匮乏而叹息。就如同瓦斯爆炸一样，没有人看到它的到来，没有任何理由能够完整地解释这一现象。所以，从根本上，它就合理地由"一代人"的降临来解释了。

1968 年神圣不可侵犯的一代人不是同"历史事件"一起开始创造的。它是以 10 年（1978 ~ 1988 年）一个节奏在明显不同的历史环境下慢慢发展起来的③：第一个 10 年纪念，那是一种怀旧，对左派鲁莽行为伤感的反馈，体现了对"孤儿时代"④ 的忧郁，正是以这个名义，一位记者要求"失落的一代"⑤ 重拾他们的记忆；第二个 10 年纪念是在共同执政最紧张的末期：一方面，是北欧传说的中心人物塞尔日·朱利（Serge July）所说的 1986 年 12 月学生运动的"早泄"⑥；另一方面，在提前结束的 200 周年纪念的基础上早早就发动起来的总统大选和立法选举这两项运动，这一次的 10 年纪念便恰恰位于这个钳口上。这并没有妨碍两个 5 月 10 周年庆典的召开，第一部著作就简单却庄严地以"代"（*Génération*）⑦为题目，让一小部分前托洛茨基主义者、前毛泽东思想主义者、前无产阶级左派的参与者和专栏作家展现了他们的能力，开

---

① Margaret MEAD, *Culture and Commitment : A Study of the Generation Gap*, Londres, The Bodley Head, 1970；*Le Fossé des générations*, trad. J. Clairevoye, Denoël, 1971.

② Antoine PROST, «Quoi de neuf sur le Mai français?», *Le mouvement social*, n° 143, avril-juin 1988, pp. 81 - 99, 主要阐述了 1968 年的历史和记忆，对这一问题做了一个总结。

③ Jean-Pierre RIOUX, «À propos des célébrations décennales du Mai français», *Vingtième Siècle*, *revue d'histoire*, n° 23, juillet-septembre 1989, pp. 49 - 58。做了非常丰富细腻的分析。

④ Jean-Claude GUILLEBAUD, *Les Années orphelines*, *1968 - 1978*, Éd. du Seuil, 1978.

⑤ Jacques PAUGAM, *Génération perdue*, Robert Laffont, 1977（同 Fr. Lévy, J. -P. Dollé, Chr. Jambet, J. - M. Benoist, M. Lebris, J. -É. Hallier, M. Butel, J. -P. Faye, B. Kouchner, B. -H. Lévy, M. Halter, Ph. Sollers, A. de Gaudemar 电台采访摘要）。

⑥ Serge JULY, «La Révolution en creux», *Libération*, 27 mai 1988.

⑦ Hervé HAMON et Patrick ROTMAN, *Génération*, Éd. du Seuil, 2 vol., 1987 - 1988.

始操控局势，树立或者让人树立这一代的传令官，承担纪念代表性的任务。

对庆典这种狂热形式的爱好本身就具有一定意义。它不是为那些具有沉重内容的历史事件，比如，1914 年战争、人民联盟、抵抗运动、自由运动等而存在。它深刻地揭示了历史事件的性质，即：反映真相的使命，具有象征意义的柔韧性，历史弹性，主观经历向事实客观材料的倾向性。纪念的萌芽在于运动本身的这一使命当中。因为运动援引某些话语作为保护，出演一些参照性戏剧，这一切，除了没有革命出路的革命纪念形式以外，还能是什么呢？

"代"，记忆，象征。1968 年 5 月本身就是对自己的纪念。树立一种记忆，对一代人的自我肯定，是并行前进的，就如同一种现象的两面一样。抹去历史文献编撰的接替也只是强调了在 1968 年这一代人的活力当中，在这个表达方式下所覆盖的唯一具有象征意义的内容当中，巨大历史循环的终点。这一历史循环具体来说是从大革命开始，在 1968 年那一时刻画上了一个句号。而"代"以纯粹不可转移的状态出现了，它使这个概念具有操作性和回顾性的最高权力，也因此将其引入这场游戏当中，为其建立首要的现实意义，使其成为一个记忆之所。

概念的发展历程

68 年这一代的概念，事实上无论是从它的国际背景还是法国特色的角度来说，只有将它同这一现象的起源，即法国的大革命相互连接起来（68~89）才能够更好地理解它的形成。我们并不掩饰，将这两个时间联系在一起可能会有不恰当的地方①：一个是纯粹状态的历史时间，是现代历史事件的到来；另一个是"一系列历史事件"，对于这些事件我们也在思考到底是什么让它们构成了一个统一的历史事件。但是，这却是一个很明显的短路。它画出了一条曲线，描绘了一道彩虹，这道彩虹经历了一代人从纯粹的历史内容特征的说明到基本的象征含义的意义表达这个过程。

1968 年的运动过度发展"代"的范畴，而 1789 年大革命却缩小了"代"的范畴。但是，"代"的范畴却无所不在。雷迪夫·德·拉·布列塔尼（Rétif de La Bretonne）当时就指出："是《艾米尔》将我们引进这滑稽可笑、顽固傲

---

① 关于两个历史事件的比较，Cf. *Espaces-temps*, n° 38 – 39, *Concevoir la Révolution*, 89, 68, *confrontations*, 1988。

慢、厚颜无耻、妄自决策的一代当中。这代人高声喧哗，使老者沉默不语，以极其放肆无礼的方式，一会儿表现出很自然的疯狂（这种疯狂由于受过教育而得到加强），一会儿又表现出不成熟的明智，青涩得如同 8 月中旬的酸葡萄汁。"① 在革命爆发的前 20 年当中，这一代就已经出现，是以年轻人的运动和示威游行的形式表现出来的，最近在巴黎和外省表现得更加明显②。网球场誓言是对先辈们审判的第一次胜利，是以团结友爱原则进行的③。在那个时候，这一代就突然出现在世人面前。如果不是宗派思想那么快地掩盖了它的光芒，那它也许会持续得更加明显。在加强世袭政府的消亡与共和国三年穑月 5 日（即 1795 年 6 月 23 日）合法代表之间联系的时候，它在革命者的思想中表达得非常清楚。关于这一点，托马斯·潘恩（Thomas Paine）出了一本小册子，对《政府的首要原则》（Les Premiers Principes de gouwernement）做了很奇怪的阐述。在这本小册子当中，英美的政论家们追随杰弗逊的思想④，投身于精细的年龄替换计算当中，致力于对概念的明确定义，以确定每个人的权利：

> 因为每一代人的权利都是平等的，所以任何一代都不能因为拥有一点点权力而建立世袭政府。每个年龄段的人，每一代人（从权利的角度说）都是也应该是自由的，他们同他们先前的几代人一样具有为自己而自由行事的权利。关于这一点，如果我们有另外一种规定的话，那么就会像奴隶或者暴君一样；说像奴隶，如果我们相信，第一代人没有任何权利将我们

---

① Nicolas RÉTIF DE LA BRETONNE, *Les Nuits de Paris* (*1788 – 1794*), éd. P. Boussel, UGE, 1963, p. 193.

② 依照 "代" 的更新权益, Cf. Jean NICOLAS, «Génération 1789», *L'Histoire*, n° 123, juin 1789, pp. 28 – 34.

③ Cf. Mona OZOUF, «Fraternité», in F. FURET et M. OZOUF (dir.), *Dictionnaire critique de la Révolution française*, op. cit., pp. 731 – 740; Antoine de BAECQUE, «La Révolution française et les âges de la vie», *in* Annick PERCHERON, René RÉMOND (dir.), *Âge et politique*, Economica, 1991, chap. II, pp. 39 – 59.

④ 杰弗逊曾有过对 "代" 的权利的论述, "代" 本身对自己的权利做了明确的规定："死人没有任何权利。他们什么也不是。什么都不是的人无法拥有任何权利。"（Thomas Jefferson 给 Samuel Kerchevol 的信, 1816 年 7 月, «*Writings*», 1924, p. 1402）。而且他还写道："我们可以将每一代人看作不同的国家，他们有权利（这种权利来自大多数人的意愿）将他们的成员联系在一起，但没有任何权利将他们后代同他们联系在一起，也不能将其他国家的居民联系在一起。"（ID. 给 Th. Earle 的信, 1823 年 6 月 24 日, 同上, p. 962.）; cf. Patrick THIERRY, «De la Révolution américaine à la Révolution française», *Critique*, juin-juillet 1987。杰弗逊甚至认为每项法律应该每 19 年重新投票确立。

联结在一起；说像暴君，如果我们将联结我们后代的权力归功于自己①。

而且"代"的概念庄严地出现在一些基本文本当中，1793 年的人权基本宣言（即孔德赛宣言），在宣言的最后一条即第三十条中规定："一代人没有权力将自己的法律强制于后代。"② 自 1791 年宪法以来，这一点早已不言而明了，因为它废除了世袭权和行会的限制，确定了自由平等的个体社会的基础。这一点同样也表现在家庭、父母权力，尤其是年幼者对权利的要求方面，比如，取消兄长权、确定成年年龄为 21 岁、婚姻自由无须父母许可权、不可剥夺子女继承权等。圣－茹斯特在代表新生一代类型的时候，用这样的话总结了其特征："你们最终决定一代人不能束缚另一代人。"③ 但是，从本质上说，革命，无论是从修辞学上，还是远大抱负上，都完全含有"代"的意义，被抬高到历史过程和首创过程的礼仪性高度上，是从专制制度的黑暗到自由光明的过渡。再生代（Génération-régénération④）：在其所有的含义中，包括生物、心理、精神道德、宗教和救世主降临说意义中都是紧密相连的。更进一步说，它体现在教育观念和时间的翻转中，体现在断裂的末世论中，体现在从旧体制向新体制明显的过渡中。正统性的黄昏，一代人的曙光。历史不再是法律：它是现象的根本。

所以，革命标志着这一概念绝对性的到来，但是却不为人所见。当然人们

① 郭舍指出，这篇罕见的文章意义在于意识到实践的影响，就是从对"代"的自然确定到社会政治规定的过渡这一实践所产生的影响，它"包括所有超过 21 岁的个人"，保留了从 14 岁到 21 岁这一阶段的权力，"也就是等到达到规定年龄的未成年的人数比第一阶段幸存人数多的时候"。

② Marcel GAUCHET, *La Révolution des droits de l'homme*, Gallimard, «Bibliothèque des histoires», 1989, p. 328。他在第 193 页还引用孔德赛 1789 年 8 月 30 日的信，恭喜 Mathieu de Montmorency 伯爵有这样的想法。Mathieu de Montmorency 伯爵是政治新秀，他很高兴看到"一个为战争培养的年轻人为平和的人权提供了广阔的视野，这一点足以让 20 年来的哲学家们感到吃惊"。（CONDORCET, «Œuvres», t. IX）。

③ *Le Moniteur*, t. XVI, p. 215.

④ Cf. Mona OZOUF, «Régénération», *in* F. FURET et ID. (dir.), *Dictionnaire critique de la Révolution française*, *op. cit.*, pp. 821 – 831, *L'Homme régénéré. Essai sur la Révolution française*, Gallimard, «Bibliothèque des histoires», 1989. Antoine de BAECQUE, «Le peuple briseur de chaînes. Fracture historique et mutations de l'homme dans l'imaginaire politique au début de la Révolution française», *Révolte et société*, actes du IVᵉcolloque d'histoire au présent, t. I, mai 1988. Publication de la Sorbonne, février 1989, pp. 211 –217; «L'homme nouveau est arrivé. La "régénération" du Français en 1789», *Dix-huitième siècle*, n° 20, 1988.

会指出职业生涯对杰出人才过快地伸出了双手，就像波拿巴那样，拥有革命的奇迹，废除了特权。但是个人的青春，就像圣－茹斯特的青春一样，冲击着人们的想象，而不是让历史参与者普遍变得年轻。夏多布里昂故意将自己的出生年限推迟了一年（说是 1769 年而不是 1768 年），这一做法说明他希望将自己的命运同拿破仑的命运相提并论，希望自己成为"89 年革命后 20 年"的一代。今天，只有在回顾这个词的权益的时候，一些学者的研究①（而且来自盎格鲁－撒克逊学者的研究）才会有针对性地计算会议成员的平均年龄。所以，在政治舞台上会出现年轻人的突然断层：制宪会议的平均年龄是 40 岁，立法会议的平均年龄是 26 岁。这是历史参与者年轻化的一个奇迹。大革命这一不为人所知的一面值得在这一点上对这一历史事件重新做一全面的解读。在细节上显得更加明显，比如，当人们考察革命敌对派别内部的时候，会发现山岳派的人相对于吉伦特派的人年轻。这一点却被广泛忽视，因为，它同革命本身融合在一起。一个群体独特的青春活力同原则的普遍性混合在一起，成为基础事实，而不是要求的最终或根本表现形式。这是布克—潘恩关于历史那场著名的论战所代表的深层意义。在这场论战中，我们毫不夸张地说，我们看到了一代人具有历史性的洗礼。布克对传统的功绩做了深刻的反思，对这些"自行开始一项没有任何基础的事业""拒绝典范政府"的"篡夺者""政治青年""夏天的苍蝇"大肆讥讽。针对布克的反思，托马斯·潘恩提出反对意见，在关于"死人篡夺权"的最初基本形式上，提出每一代人都有自我规定的权利："一个人没有任何支配他人的权力，现存的几代人对未来的人也没有任何支配权。"②

　　法国大革命奠定了"代"的基础，并不是因为这场革命诞生了一代人（这一代人的明显特征是回顾宗谱渊源所产生的结果），而是因为这场革命打开并

① Marie-Hélène PARINAUD, «Membres des assemblées et volontaires nationaux (1789–1792). Contribution à l'étude de l'effet de génération dans la Révolution française», thèse de l'EHESS, 2 vol., 1985.

② 对 Philippe Raynaud 做的丰富介绍，Cf. Edmund BURKE, *Réflexions sur la Révolution de France*, présentation riche de Philippe Raynaud, Hachette, «Pluriel», 1989; Thomas PAINE, *Les Droits de l'homme*, Belin, «Littérature et politique», 1988。反对意见，cf. Robert B. DISHMAN, *Burke and Paine. On Revolution and the Rights of Man*, New York, 1971; Marilyn BUTLER, *Burke, Paine, Godwin and the Revolution Controversy*, Cambridge University Press, 1984, 2ᵉ éd., 1988. Cf. également Judith SCHLANGER, «Les débats sur la signification du passé à la fin du XVIIIᵉ siècle», in *Le Préromantisme, hypothèque ou hypothèse?*, colloque de Clermont-Ferrand, 29–30 juin 1972, Klincksieck, 1975。

允许甚至加快或者已经开启了一个变化平等的世界的大门，从这个世界中诞生了"代的意识"。这不是法国独有的现象（而且，长期持续的君主制和谋杀国王的俄狄浦斯式粗暴行为已经为法国提供了一种特殊的强度）；它也属于大西洋革命和民主制具有代表性原则的一部分。但是，这个问题在美国突然得到解决，以至于"代"的转移现象从来没有像这样在政治领域中被提出来的时候，法国大革命在法国引起了一场为期很长的冲突，孕育了一种政治进度，这种政治进度带有明显的"代"的面貌。无论从历史的意义上说，还是从"代"的意义上说，都确实存在一部法国政治史。这部历史从路易十八开始，经历了第三等级、贝当政府直到戴高乐总统，可以看作年轻人反对他们父辈监护人的斗争。形成了一个连续的基础和集体生活的纬度。不管怎样，法国记忆的政治框架在法国"代"的概念中建立起来，并取得了政权。仅此一点，以法国政治史急促的切分节奏就足以使"代"的这种表达式从实践上变成"统治"一代的同义词。

　　法国年代史链条两端的两个时间如同社会表现的两个时代，这两个时间的相互碰撞融合清晰地反映出一个具有相反两面的巨大幽灵。由于 1789 年的革命，这一历史事件完全吸收了"代"的象征符号，以至于在完全表现出来的同时掩盖了这种符号体系。当 1968 年运动爆发的时候，"代"的规模反而变成事件本身的构成，以至于除了参与者的传记和经历之外，按照兰克（Ranke）的意思，人们理所应当地提出这样的疑问："实际上到底发生了什么事？"借用黑格尔的说法，从历史是用血书写成的角度看，回答只有一个，即：什么也没发生。

　　然而，恰恰需要这个空白历史场使符号体系如煤气爆炸般发生真正的断裂，这是"代"这一概念的核心问题，是具有代表性集合的范畴，是对横向身份同一性最强烈的肯定，超出了其他纵向团结一致的所有形式。1968 年的运动说明了这种所属性简单复合的活力，而所属性正是构成"代"的基础。"年轻人的运动"到处展开，但是，除了在对伤痛历史，如抵抗运动或阿尔及利亚战争的失望中能找到一丝体验外，他们没有共同的能够为其提供基础和生活经历的决定性体验。这种模拟式的革命起义是在全面的反潮流当中、革命发展的最高点、全面利用阶段和革命正统意识形态完全解体的时候发生的。人民的战略中心迅速被点燃，这一点甚至让革命参与者自己都感到吃惊。这一代纯粹无条件的爆发让人如此困惑不解，完全独立于他所做出的"承诺"及随之而来的整体分析，让评论者们寻找一些办法遏制这一代人对其他事件、对另一代人所产生的影响①。比如，一些人口统计学者认为，这将是"代"的三个层面的积累和爆发产生的影响，即：阿尔及利亚战争后遣散的一代（生于 1935 ~ 1941 年间的年轻人），随后是空白的很少受意识形态影响的一代（在第二次世界大战期间出生的一代），最后是战后第一个婴儿潮出现的一代②。文化心理学家③对运动的浪漫主义忧伤情感及其同 1848 年革命的相似性很敏感，在他们看来，正是历史事件的缺失引起心理创伤，青少年和无政府主义者所表现出来的乌托邦式理想主义和自恋特征就肯定了这一点。对于偏重社会学记者④来说，1968 年的这一代人仅仅是阿尔及利亚战争那一代人的影子，标志着 10 年前戴高乐将军重掌政权。对投身于左派而又转身的观察者⑤来说，正好相反，这一次的爆发是 20 世纪 70 年代人的助产妇，标志着已经抹去了阿尔及利亚战争的痕迹，超越了共产党对前一代人所产生的迷惑力。

这种需要简单明确下来的不确定性，甚至可以说是需要将我们最后一代人同几代人中最显而易见的那一代人等同起来的那种不确定性，也只是不断地重复自孔德以来相继出现的所有分析者的困难⑥，重复着底稿的困难，在这些底稿当中，他们思考研究如何从对共同经历了一场意外事件的同年龄组的人的经验性和感性描写过渡到理性的界定上来。事实上，这个概念是否具有实际操作性和科学意义，只有看是否有一个清晰明确的答案，回答四个方面的问题，即：时间、人口统计学、历史和社会学提出的问题。一代人能够持续多长时

---

① Cf. en particulier《Le mystère 68》, table ronde organisée par *Le Débat*, n°s 55 et 51, mai-août et septembre-octobre 1988.

② Hervé LE BRAS, 《L'interminable adolescence ou les ruses de la famille》, *Le Débat*, n° 25, mai 1983.

③ Didier ANZIEU, 《Les Idées de mai》, Fayard, 1969; André STÉPHANE, 《*L'Univers contestationnaire*》, Payot, 1969; Gérard MENDEL, 《La Crise de générations》, Payot, 1969.

④ Pierre VIANSSON-PONTÉ, 《La nouvelle génération perdue》, *Le Monde*, 6 septembre 1976, repris *in* ID., *Couleur du temps qui passe, Chroniques II*, Stock, 1979, p. 247。正是这一专栏启发制作了 1976 年 11 ~ 12 月的节目，J. PAUGAM 据此完成了他的著作 *Génénation perdue, op. cit.*, préface de P. Viansson-Ponté, qui porte en sous-titre：*Ceux qui avaient vingt ans en 1968? Ceux qui avaient vingt ans à la fin de la guerre d'Algérie? ou ni les uns ni les autres?*："我们不是在讨论你们是否构成一代人，这只是次要的。但是，迷失，你们确实如此！你们是怀揣着钥匙而迷失的一代：你们迷失了自己的身份，你们的权威，你们的自信。"

⑤ Éric VIGNE, 《Des générations 68?》, *Le Débat*, n° 51, septembre-octobre, 1988, pp. 157 – 161.

⑥ 实际上是孔德在他的《实证哲学教程》第 51 课，1839, t. IV 中首先思考了"代"的更新节奏对社会进步和人类精神进步的重要性。

间？替换节奏如何？由子辈代替父辈这种更新是否是连续永恒的运动？应该选择什么样的时间作为标记：是诞生的时间还是协商好的 20 周年纪念（假设青少年最长的接受年龄是 20 年）？从广义上讲，如果一个历史事件同时意味着经验的普遍状况和伤痛的事实，那么，它在决定一代人的性质中到底起什么作用？占多大分量？一代人是一种有意识的现象还是无意识的现象？是强加的还是选择的？是统计还是心理现象？换句话说，谁构成一代人？谁又不属于这一代人？这一代人又是如何表现的？要知道，所有年龄段的人，尽管有所不同，也可能意外地在他们没有参与的一代中相互认识。

　　当我们坦率地提起这些问题的时候，我们就会马上意识到这些无法解决的矛盾和疑难，我们不可能不去解决这些问题。这些问题如此明显，不需要我们去展开；关于这些问题的讨论已经装满了整个图书馆。最有创新意识、对概念含义最敏感的分析家都在这些问题上遭受过挫折，比如，社会学家卡尔·曼海姆（Karl Mannheim）在 1928 年发表的经典论文①中就指出：他从中看到了"完成历史动力的一个根本因素"，但是却很难将这一因素从双重混杂的混合物中抽脱出来。所以，大多数的使用者往往从灵活感性几乎是中立的定义走向僵硬的数理化应用，或者相反。比如，弗朗索瓦·蒙特雷（François Mentré）在一战之后从中找到了"一种新的方法来理解同以往方式相反或至少不同的生活"②。在二战之后，文学史学家亨利·皮尔（Henri Peyre）把这定义为"在开始的时候由于共同的敌对行为而结合在一起的（一代人），因为在 16 ~ 25 岁之间他们遭受同样的影响，或者说还要早些"③。但是，这两个人都毫不犹豫地建立了一些冗长费劲的列表，根据原始时间有规律地进行分段，这一原始时间是根据一些重要的连续事件但多多少少有些任意性而规定下来的：1490 年是一个分段（克鲁埃、杜贝莱、玛格丽特·德纳瓦尔、拉伯雷、马罗都在那个年代出生），1600 年是另一个分段（笛卡尔、普桑、蒙沙、高乃依、克洛德·洛兰、费马出生在那个年代）。在这一方面，一个最令人惊讶的结论是西

① Cf. Karl MANNHEIM, «The Problem of Generations» (1928), in ID., *Essays in the Sociology of Knowledge*, Londres, Routledge and Kegan Paul, 1959, pp. 278 - 322。这篇论文的法文版由 G. Mauguer 和 N. Perivolaropoulou 翻译发表，*Le Problème des générations*, introduction et postface de Gérard Mauger, Nathan, 1990。
② François MENTRÉ, *Les Générations sociales*, Éd. Bossard, 1920.
③ Henri PEYRE, *Les Générations littéraires*, Boivin et Cie, 1948.

班牙作者朱利安·马里亚斯（Julián Marías）给出的结果。马里亚斯希望系统地运用他的老师奥特加·伊·加塞特（Ortega y Gasset）的思想对 19 世纪到 20 世纪各代的年份做了一个划分，初看起来真让人有些意想不到，这些年份分别是：1812 年、1827 年、1842 年、1857 年、1872 年、1887 年、1902 年、1917 年、1932 年和 1947 年[①]。相反，伊夫·勒努阿尔（Yves Renouard）是第一个在 1953 年向这"辉煌耀眼的引航灯"致敬的历史学家，认为只有它"才能够建立一个动态社会表格"，抱怨没有一个更加精确的定义："一群年龄阶层，有着共同的思想、情感和生活方式的男女集合，面对影响他们所构成的社会重大事实和历史事件表现出同样的生理、智力和精神状态。"相反，在过于严格的实际应用当中，他却建议采取谨慎小心的态度[②]。

所有勇敢地发起冒险行为并且根据相似的标记继续冒险的开创者们，他们不可避免地成为"强硬与软弱辩证法"的囚徒。对他们来说，"代"的工具性只具有明确的科学性。但是，在具体应用的时候，面对生活的破碎零散，他们却退缩了。人们依然停留在尽量能够引起共同回忆的范畴上，以便能够走出去，并能走回来。这些大胆的尝试让人想起那位著名的业余爱好者，如果他的橡皮筋没有为他提供这么多的使用的话，他也许会发现橡胶的所有效能。如果一种划分工具没有明确限定不可以实施于现实中混乱不可划分的现象的话，那么"代"就是一个明确的不可替代的划分工具。实际上这是否是更新的节奏呢？我们轻松合理地从蒂博代（Albert Thibaudet）（他的《1789 年以来法国文学史》[③] 完全建立在"代"的思想上）所预言的 30 年的节奏过渡到加塞特和勒努阿尔所认为的 15 年期限，接着又缩短到皮尔和蒙特雷的 10 年。现在有些人提出自 1789 年以来法国文学史可以分为 12 代，而另外有些人却提出 5 代的划分法。这是否意味着同出生时间有关呢？面对这样的欺骗说法，没有人会做出让步。比如，蒂博代，尽管对自己的提法不满意，但却不得不将在 1766 ~ 1769 年间出生的人（夏多布里昂、拿破仑、塞纳库尔、班杰明·康斯坦、曼

① Julián MARIAS, *El método histórico de las generaciones*, Madrid, Revista de Occidente, 1949.

② Yves RENOUARD, «La notion de génération en histoire», *Revue historique*, vol. CCIX, n° 425, janvier-mars 1953, pp. 1 - 23, repris *in* ID., *Études d'histoire médiévale*, Sevpen, 2 vol., 1968.

③ Albert THIBAUDET, *Histoire de la littérature française depuis 1789 à nos jours*, Stock, 1936。蒂博代还就他对文学的思考为 F. MENTRÉ 的书写了一篇文章：*Les Générations sociales*, *op. cit.* : «Le roman de l'intellectuel», *La Nouvelle Revue française*, n° 92, 1er mai 1921, repris *in* ID., *Réflexions sur la littérature*, Gallimard, 1938。

恩·德·比朗）统一归入 1789 年的大潮流中，而且还包括了一些作家，比如，里瓦罗尔（Rivarol）伯爵和儒贝尔（Joubert）这样比夏多布里昂和拿破仑大 15 岁的人。在 1914 年战争的那一代人中，他还将普鲁斯特和蒙泰朗列在一起，可知两人相差几乎 30 岁。人们是否愿意把他们同历史事件紧密联系起来呢？那就需要立刻区别经历过的历史事件和挑选出的历史事件，有教益的历史事件和决定性历史事件。而且所有事件都包括几代人，这些事件越是涉及面广——比如，1914 年战争——，就越难分辨它所涉及的标志性群体。所以，伊夫·勒努阿尔认为，面对历史重要事件会产生四种类型的“代”的反应：一是，无所谓的老年人的反应；二是，还没有意识的儿童的反应；三是，在两种反应之间，有取得事件话语权的人的反应和与其争夺权力的人的反应；四是，是否对统计的具体物质性有所争议？而这时的争执主要在于人口统计学家简单清晰的观念和“代”的代表性难以决定的问题上。人口统计学家对“代”的定义是在同一年出生、年龄相同或同一届的人，这是经济学家和统计学家不可争议的统计方法；而“代”的代表性问题，就是以什么样的标准来划分所谓的爱尔那尼那一代（génération d'*Hernani*）或者抵抗运动那一代人，要知道他们对著名的代表一无所知或者从来没有参加过战争。事实上，是否就是因为他们丰富了艺术、智力和文学这些具有表现性的领域，人们就有权从历史的角度将一代人与他的代言人等同起来呢？

我们应该承认，这些解决办法都具有令人信服的调和成分，但是作为一种细致的分析工具或者说锋利的划分工具来使用的话，它会迅速钝化了其棱角和刀刃。面对这些需要解决的困境，我们明白，那些富有责任心的历史学家，他们清晰地感觉到有一种不可替代的方法，那就是将“代”的概念放置到时间的认识当中去理解，大体上摒弃了这个概念，认为这是一个笼统无效粗浅没有任何含义的概念。尤其是年鉴学派的创始人，他们专门在具体的社会问题中重新找回这种说法。面对“代”的划分问题，他们的态度十分严格，他们看到的只是一个人为现象，参与者自身的一种幻觉。马克·布洛赫（Marc Bloch）仅仅赋予它“首个立标杆”[1] 的作用。而费夫尔（Lucien Febvre）更是得出这样的判断：“最好放弃‘代’的概念！”[2] 尽管近年来人们很高兴看到一些尝

---

[1] M. BLOCH, *Apologie pour l'histoire*, *ou Métier d'historien*, op. cit., p. 94.

[2] Lucien FEBVRE, «Générations», *Revue de synthèse historique*, n° 47, juin 1929, pp. 37 – 43.

试，试图赋予现象一种历史生命，机智地展现出"代"的含义在政治①或知识②领域的光辉，但基本的观念依然没有改变③。

当人们希望给"代"做出一个确切的定义，或者要了解这个定义各方面所隐含的意义的时候，我们不可避免地落入了这个概念本身所掩盖的一个圈套，一个双重圈套。一方面，"代"从本质上是一个纯粹的个体现象，但是，却变成只有集体含义的词；另一方面，这个概念开始的时候是一个连续的定义，却变成只有断裂无连续性的意义④。这个概念是从基本的生物学思想中诞生的，在时间的象征性划分中发展，同实际年龄没有任何关系。我们大家都知道，自己可以归属好几代人，多多少少同几代人都有联系，不一定必须属于出生时间给他指定的那代人；我们大家也都知道，历史分期是唯一不属于算数范畴的问题，其独特范畴的强烈意义，不在于历史分期所规定的物质和时间的决定性上，而在于历史分期允许其归属性的动态上。从"代"的角度看，肯定存在两种根本态度（为了避免使用两种基本相反的哲学）：一种态度基本上可以从中看到一种封闭性原则，一种社会分配和生存限制的原则，这种有限性的进一步加强，让海德格尔在德国浪漫主义哲学思想中指出"生活在或同他的时代共生这一事实就是人类生存的一个悲剧"⑤；而另一种态度，只有通过"代"的概念所假设的自由空间和自我缩减才能明白概念以民主平等思想为基础并在民主平等思想的范畴内所承担的令人难以置信的鉴别力。"代"与"代"之间纯粹的无条件的团结联系是整个事物构成的基础，只要它提出的水

---

① A. KRIEGEL, *Les Communistes français*, *op. cit.*, Jean-Pierre RIOUX et Jean-François SIRINELLI (dir.), *La Guerre d'Algérie et les intellectuels français*, *Cahier de l'IHTP*, n° 10, novembre 1988.

② Jean-François Sirinelli, *Génération intellectuelle*, *Khagneux et normaliens dans l'entre-deux-guerres*, Fayard, 1988; *Générations intellectuelles*, *Cahiers de l'IHTP*, n° 6, novembre 1987.

③ Cf. Raoul GIRARDET, «Remarques perplexes sur le concept de génération et les virtualités de son bon usage», 法国政治科学第一会议讲稿, 22 – 24 octobre 1981, reprises et développées in «Du concept de génération à la notion de contemporanéité», *Revue d'histoire moderne et contemporaine*, t. XXX, avril-juin 1983, pp. 257 – 270. Jacques LE GOFF, «L'appétit de l'histoire», in Pierre NORA (dir.), *Essais d'ego-histoire*, Gallimard, «Bibliothèque des histoires», 1987, p. 238. "关于将'代'的概念应用于历史当中，我持怀疑态度，因为当人们说'代'的时候，什么是一代人？"

④ 从符号学的角度看，Cf. Eric LANDOWSKI：«Continuité et discontinuité: vivre la génération», communication au Iᵉʳ congrès de l'Association française de science politique, 22 – 24 octobre 1981, repris in *La Société réfléchie*, Éd. du Seuil, 1989, pp. 57 – 73。

⑤ Martin HEIDEGGER, *Être et Temps*, trad. F. Vezin, Gallimard, «Bibliothèque de philosophie», 1986, p. 449。最有意思的一段是关于 Wilhelm Dilthey 的评论，他是第一个从历史角度上探索这个概念的人。

平状态保持平等民主的理想或理想化形象，那么这种团结一致就得以释放。"代"的概念体现了并归纳了它生而带之的平等原则。它基本上被简化了，这是肯定的。它一下子就取消了所有的差异。而且更好的一点是："代"的概念解决了民主范畴中无法解决的问题，将承受变成意愿，将简单的诞生变成对生存的要求。这也许是当今唯一一种在归属于某一事物的同时还保留自由状态的方式。

"代"是民主和历史加速前进的产物。通过历史事件来完成的身份鉴别符合缓慢变化和具有清晰断续特征的时代，时代断续本身就要求确认时代的参与者。缺少真正集体记忆的大众性标记，同时变化的速度加快，这样就导致相反的状况，即由"代"的概念来鉴别时间的潮流。相反，不是重要的历史事件消失了，而是历史事件改变了制度：大量增长而变得平庸。因为设计和经历的方式而变得无法实现，分散人群，让他们感觉到它们的影响。它们出现的历史场所扩散到全世界当中。长期以来，法国一直生活在一个以自我为中心的历史当中，它期望经历一场异质化中心的历史。25 年来，由于中产阶级的扩散，生活方式和消费习惯的统一化[1]，社会一直在一个方向上发生变化。所以，新颖性的重心开始偏向技术和社会革新这些微观历史事件上。最终，人口的变化加重了现象的转变：一方面，由于寿命的延长和缓慢的出生率，人口变得老龄化；另一方面，由于不愿立刻进入生活和"后青少年"[2] 的出现，年轻人的数量相对增加。在法国社会中，老年人和年轻人的比重同时增长，明显加重了对抗局势，在这种情况下，那些不"年轻"的人立刻被认为是"老年人"。就这样，历史、社会和人口统计共同将民主这一根本现象变得民主化了。总之，随着"代"的问题的出现，社会内部发生了颠覆，可以看作现代被中介化的历史事件[3]。"代"作为统治的一代和完整的历史现象被雾化了，通过"代"这个概念对整个社会的日常生活进行诊断研究。以前人们将一个世纪分成三代，而今天，每一天都可以看成是一代人。1989 年 5 月《新观察》报出版了一本

---

① Cf. Henri MENDRAS, *La Seconde Révolution française* (1965 – 1984), Gallimard, «Bibliothèque des sciences humaines», 1988.

② Cf. «Entrer dans la vie aujourd'hui», *Le Débat*, n° 25, mai 1983; Hervé Le BRAS, «L'interminable adolescence ou les ruses de la famille»; André BÉjin, «De l'adolescence à la post-adolescence, les années indécises».

③ Pierre NORA, «Le retour de l'événement», *in* Jacques Le GOFF et Pierre NORA (dir.), *Faire de l'histoire*, t. I, *Nouveaux problèmes*, Gallimard, «Bibliothèque des histoires», 1974.

题为《30 年，一代人的肖像》的期刊；著名的《自由报》为此出版了《韦尔南的一代》的文学副刊；《无限》杂志为 "89 一代" 的年轻作者命名；《二十世纪》杂志为 "各代人" 出了一期特刊；"1992 年的一代" 协会的两名国立政治学院毕业生出版了一本名为《欧洲一代》的书！记者和宣传的想象使 "代" 这个概念摇摆不定，如同法郎在蛇形浮动体系中一样，在技术（使用万能牌或帮宝舒的一代）和心理（对什么都无所谓，追求花样，追求单身的一代）区间浮动。最后一次便是大肆宣传 "密特朗一代"，人们甚至还不知道这一代人是否是一位杰出的广告人经过深思熟虑密谋而出的，还是带有些许讽刺的崇拜。就像状态主义者所说的那样，在这种破坏性、强迫性的膨胀状态下，在这种 "扭曲" 的使用中，人们不无道理地指出，这是对这一概念过早的消损。这个概念很好地适应了沉重漫长的 19 世纪的深透理解力，但是，由于历史暂时的一些事物而失去了效能①。这样的消耗并不明显。"代" 这一概念的雾化甚至是平庸化相反并没有限制它的神圣化、极端化和渗透性使命。

　　这个概念在当代的变化，以及它的使用和传播所提出的一个真正问题，归根到底，横向身份是由于年龄的平等而形成的，随着变化的加快，个体的这种横向身份为什么并且如何走向纵向身份的各种形式？以前在家庭、阶级、社会、学校、职业生涯及国家的限制中认识到 "代" 的存在：为了更好地自我肯定，"代" 的概念让所有人都表现出来。为了让这个概念得以飞跃，同时赋予它自己的价值，尽一切努力树立自己的威望，展现出其分类和模糊类别的功能和潜力，其他参数就要变得不易区别，并且穷尽其他社会传统身份鉴别形式。并不是说这些前后关系和联系方式就此消失，而是这些参数失去了某些构成力量。"代" 在这片空白中成长，就像当代最敏感的社会学家，如保罗·约纳（Paul Yonnet）② 所指出的那样，"代" 的到来简化了同时也使社会归属网变得复合多样，目的是要承担其他团结一致的形式，为它们强加上一道灵活严格的栅栏，这就意味着有其他的限制形式。正是 "代" 的可塑性使它变得更有效，它所填补的空白说到底还是满的。就这样，一个温和的、模糊的外加的概念变成一件具有强烈影响力、最基本最明确的工具。这样的转变令人

---

① Annie KRIEGEL, «Le concept politique de génération: apogée et déclin», *Commentaire*, n° 7, automne 1979.

② Paul YONNET, *Jeux, modes et masses. La société française et le moderne* (1945 – 1985), Gallimard, «Bibliothèque des sciences humaines», 1985.

很奇怪，因为"代"在削弱自己的原始历史功能的同时又肯定了它的分类
霸权。

　　这样的转变本身是无法解读的，只有通过倒转各种年龄段威信的金字
塔才能理解。近 20 多年来，青少年独立化现象突然间以惊人的速度在加
快①。而正是在这一点上才出现这一棘手问题。青年也是在人生的转折阶
段获得自由，超越社会学的现实和社会小集团，甚至从年龄的象征体系中
解放出来，成为整个社会调整基础，成为作用与地位分配的精神形象，实
现自我的目的。经过对孩童和青年的众多研究，现在终于可以粗略概括青
年的地位。这"不仅仅只是一个词"②，它经历了三个重大阶段。第一个阶
段体现了革命循环的中断，一个充满动荡的世界的开始，这时正是青年人
承担成年人应该承担的工作，是青年人全面承担了社会政治转变的动力。
具体表现在：1825 年（是布朗热还是政论家 J. – J·法兹发明了新词?）出
现了一个新词"老人政治"（gérontocratie），即以美好的自由开端来攻击反对
复辟旧世界的愤怒情绪。整个 19 世纪的革命都像是一场青春的反抗。大革命
后社会逐步建立起来，产生新的家庭结构，遗产的扩散，父子之间的冲突，为
有功绩的人提供职业生涯，通过高等学校挑选精英人才，这一切使青年人进入
第二阶段。在这一阶段，青年人开始接受社会责任的启蒙教育，这一启蒙以激
烈而有规律的节奏进行，简单而狂热地进行了"代"的更新。这一主题为 19

---

① Michel PHILIBERT, *L'échelle des âges*, Éd. du Seuil, 1968. Philippe ARIÈS, «Les âges de la vie», *Contrepoint*, n°1, mai 1970, pp. 23 – 30；«Generazioni» de l'*Encyclopedia* Einaudi. John R. GILLIS, *Youth and History. Tradition and Change in European Age Relations*, 1770 – Present, New York, Academic Press, 1974. Kenneth KENISTON, «Youth: A "New" Stage of Life», *American Scholar*, vol. XXXIX, n° 4, automne 1970, pp. 631 – 654。研讨会摘要 «Rapport au temps et fossé des générations», CNRS/Association des âges, Gif-sur-Yvette, 29 – 30 novembre 1979。国际研讨会摘要：«Historicité de l'enfance et de la jeunesse», Athènes, 1ᵉʳ – 5 octobre 1984, *Archives historiques de la jeunesse grecque*, n° 6, Athènes, 1986, 提供了重要的参考目录。另外, Olivier GALLAND, *Les Jeunes*, La Découverte, «Repères», 1984, 还有 1985 年国际青年召开的两次国际会议摘要：«Classes d'âge et société de jeunesse», Le Creusot, 30 mai-1ᵉʳ juin 1985, 结果发表在 *Bulletin de la Société française d'ethnologie*, n° 12, 1986, 以及法国技术研究部的会议摘要, 9 – 10 décembre 1985, 以 *Les Jeunes et les autres。Contribution des sciences de l'homme à la question des jeunes* 为题出版, Michelle PERROT 和 Annick PERCHERON 为此撰写了序言, Vaucresson, CRIV, 2 vol., 1986. Cf. Gérard Mauger, *Tableau des recherches sur les jeunes en France*, PIRTTEM-CNRS 报告, 1988。

② Jean-Yves TADIÉ 关于 «Le roman de génération» 的引文, in ID., *Le Roman au XXᵉ siècle*, Belfond, 1990, pp. 99 – 102。

世纪和 20 世纪初的大部分文学作品提供了丰富的内容，从巴尔扎克到朱尔·罗曼（Jules Romains），从福楼拜的《情感教育》到马塞尔·阿尔朗（Marcel Arland）的《命令》，再到萨特的《缓刑》①。这一主题正是当今"代"的文学作品②在社会与经济文学领域以及科学方法进行研究的内容。第三个阶段，在这长期的稳定中，"代"的概念被明确地具体化，19 世纪末期和 20 世纪属于青年的运动和组织，几乎只是成年社会的附属组织或者是加入成年社会、机构、意识形态和党派的青年活动，包括从童子军运动到天主教和共产主义青年团③。然后，就突然出现了这一现象的分裂和民主化。也许人们希望为其指定一个具体而明确的时间吧！关于这一点，我们一定不会搞错：那就是在 1959～1965 年间。1959 年的时候出现了"黑夹克衫队"（blousons noirs），标志着在社会的民意测验和表现中青年的神话再次出现负面的影响。1965 年，统计学家指出，生育率的趋势发生变化：在未来的 10 年，生育率将跌至"代"的更新标准以下；而就在那一年，罗杰·达尔特瑞（Roger Daltrey）闪着他伦敦无产阶级的蓝眼睛，在世人面前唱了一首"我这一代人"（*My Generation*）。突然之间，青年一代如同一个独特的世界出现在公众的意识当中，他们有着自己的原则，自己的服饰，自己的词汇，自己的相认标记，自己的偶像〔比如，杰克·凯鲁亚克（Jack Kerouac），约翰尼·郝利德（Johnny Holliday）〕，自己的神话，从《星球》（*Planète*）到《致同伴》（*Salut les copains*），他们那些盛大的弥撒，其中第一场悼念性弥撒"同伴之夜"于

---

① Cf. Dominique STRAUSS-KAHN, *Économie de la famille et accumulation patrimoniale*, Éd. Cujas, 1977; *Accumulation et répartition des patrimoines*, Actes du colloque international du CNRS, 5 – 7 juillet 1978, Economica, 1982; Claude THELOT, *Tel père, tel fils? Position sociale et origine familiale*, Dunod, 1982, Denis KESSLER et André MASSON (dir.), *Cycles de vie et générations*, Economica, 1985. Xavier GAULLIER, «La mutation des ages», *Le Débat*, n° 61, septembre-octobre 1990.

② Antoine PROST, «Jeunesse et société dans l'entre-deux-guerres», *Vingtième siècle, revue d'histoire*, n° 13, janvier-mars 1987, pp. 35 – 43.

③ 对这一现象，各个领域很快发表了意见。如经济学家和人口学家（Alfred SAUVY, *La Montée des jeunes*, Calmann-Lévy, 1959）、历史学家（Philippe ARIÈS, *L'Enfant et la vie familiale sous l'Ancien Régime*, Plon, 1960）、社会学家（Edgar MORIN, *L'Esprit du temps*, Plon, 1962; «Salut les copains», *Le Monde*, 6 – 8 juillet, 1963; Georges LAPASSADE, *L'Entrée dans la vie*, Éd. de Minuit, 1963）。Anne SIMONIN, La chronologie de «L'aventure des idées», in *Le Débat* (n° 50, mai-août 1988) et *Les Idées en France*, 1945 – 1988, *une chronologie*, Gallimard, «Folio histoire», 1989。

1963 年 6 月 21 日在民族广场举行，吸引了 15 万多的年轻人，这场弥撒被看作青年初露头角的象征而被编写于年鉴当中①。

这并不是最重要的，最重要的是，这个概念同年龄及其严格的排斥性和区别性紧紧地联系在一起，这就是使"代"的概念又重新弹回到各个年龄段上，并四处爆发。横向性原则所取得的胜利，如果它保证了青年的独立性，那么它就无法提供任何保证，也无法提供任何出路，因此，它也不会保证青年的实际优势及其对这一代人的垄断。相反，它仅仅为各个年龄段的人适应这个概念做了准备，也为整个社会将这一现象内在化做了准备。寿命的延长也起了推波助澜的作用，它缩减了"代"在无限的年龄级别上的划分，人们将不会过多地在意是否处于青年、老者，还是老年、老者当中。这是"代"的概念最终达到的结果和信号，它将成为一种纯粹的个体和私人心理语言，一种内部使用的身份特征。在一个致力于民主雾化的世界中，"代"不仅成为自由的手段，它还是不自我孤立的唯一方法。

模式的历史建构

在每个国家，也许都有那么一代人，他们也是唯一成为后代的楷模和领导者的一代人。在俄国，是 19 世纪 60 年代车尔尼雪夫斯基的政治意识形态那一代。在西班牙，是以乌纳穆诺为代表的 1898 年那具有传奇色彩的一代，他们具体表现了文学对抗。在美国，第一次世界大战之后，美国式的生活方式产生分裂，导致"失落的一代"的出现。在德国呢？德国的情形同法国十分相似，自革命战争和帝国战争以来②，两国的历史就相互交织在一起，相互作用。为此，人们是在 1815～1820 年普鲁士青年为了知识分子

---

① Cf. Paul YONNET, «Rock, pop, punk, masques et vertiges du peuple adolescent» et «L'esthétique rock», (*Le Débat*, nᵒˢ 25 et 40), repris dans ID., *Jeux, modes et masses*, Gallimard, «Bibliothèque des sciences humaines», 1986.

② CAPEFIGUE, *Le Gouvernement de Juillet. Les partis et les hommes politiques*, 1830 – 1835, Duféy, 1835, t. Ⅰ, p. 22, 那个时期的一位历史学家曾见证说："是在 1818 年的时候，法国才感受到德国第一次的行动；迟到的日耳曼统一思想引起很大的反响，我们同事以其青春的朝气同这一代热气蓬勃的人结成同盟，席勒的思想促成了这一代人的悲剧，1812 年和 1831 年组织的大众起义如同一个军事政府。"

的解放和民族统一的战斗中看到法国代表的 "浪漫主义一代"[①] 真正典型形成的时刻，而不是在释明权 (*Aufklärung*) 和狂飙突进运动 (*Sturm und Drang*) 中发现的。正是这 "浪漫主义一代" 提供了 "19 世纪主要表达形式"[②]，用这种形式来迎接 "一种自然的隐德来希 (即亚里士多德所说的完成)"[③]，在历史和传记当中留下了一道烈火燃烧的痕迹。

缪塞 (Musset) 在晚些时候，即 1836 年的时候用了一个很有诗意的表达方式来描写这一代人，他们是 "世纪的孩子"。这种充满激情的奔放情感带着某些 "我已经分不清哪片是潮水，哪片是漂浮物"[④] 的情绪，在这种情感背后，应该能够读出一种特别具体的历史情形。这一历史情形开始于 1819 ~ 1820 年，在镇压大学教师运动和烧炭党起义中，在 1823 年 (那是昙花一现的法国青春期，诗情复苏的摇篮) 具体形成，1825 年经过实证得以确定 (那一年《全球》期刊发表了一篇标志性论文)，最终在 1830 年爆发，并连续统治了近 20 年，发挥着它的光芒，

---

① 关于浪漫主义一代，参考 Alan Barrie SPITZER 最近也是最基本的一本著作：*The French Generation of 1820*, Princeton University Press, 1987。在书的结尾，作者同那个时代的德国学生运动，尤其是 *Burschenschaften* 协会做了比较，列出了一套参考文献，p. 267。他的论断同 Henri BRUNSCHWIG 的论断比较相似，*La Crise de l'État prussien à la fin du XVIIIe siècle et la genèse de la mentalité romantique*, PUF, 1947, pp. 104 et 270。两国 "代" 的比较值得系统地关注研究，有些年代 Claude DIGEON 在他的书中做了分析：*La Crise allemande de la pensée française*, *1870 - 1914*, PUF, 1959, 书的框架准确来说是建立在 "代" 的划分的基础上的，Robert WOHL, *The Generation of 1914*, Cambridge (Mass.), Harvard University Press, 1979, 此书的第二章，在讲述完法国后，紧接着介绍了德国。同时参考 Jean-Claude CARON 的著作：*Générations romantiques. Les étudiants de Paris et le Quartier latin*, *1814 - 1851*, A. Colin, 1991。

② Augustin CHALLAMEL, *Souvenir d'un hugolâtre. La génération de 1830*, Jules Lévy, 1885："20 多年来，在这样或那样杰出的亡者墓前，人们常常会说这样一句话：'他属于最强大最英勇的 1830 年的那一代。'……没有人会出来反驳：因为 1830 年这一代人，包括生活在那个时代，或几乎在那个时代的所有法国人，从 19 世纪开始到 19 世纪中叶，在政治、文学、科学及艺术领域，庄严伟大地完成了自己的事业。"

③ Sébastien CHARLÉTY, *La Monarchie de Juillet* (*1830 - 1848*), t. V d'Ernest LAVISSE, *Histoire de la France contemporaine depuis la Révolution jusqu'à la paix de 1919*, Hachette, 1921, p. 47。

④ 应该把这句话放到当时的环境下来分析："年轻人的生活包括三个因素：在他们背后，有一个从未摧毁的历史，这段历史一直在它的废墟上发挥作用，带着几个世纪以来专制主义的化石；在他们前面，是广阔无边的水平线的曙光，照耀着未来的第一缕光芒；在两个世界之间……仿佛是一片汪洋大海将古老的大陆和年轻的美洲分隔开，我已经分不清哪片是潮水，哪片是漂浮物，眼前是波涛汹涌的大海，沉船的碎片到处可见，远远地不时有几艘帆板或者几艘冒着浓重蒸气的轮船穿过；当前的这个世纪，用一句话来说，分隔了过去与未来，它既不是历史也不是未来，它同时又与两者相似，人们每迈出一步，都不知道是踩在根源上还是踩在残骸上。" (Alfred de MUSSET, *La Confeession d'un enfant du siècle*) 我们还记得，Alfred de MUSSET 出生于 1810 年，大概同浪漫主义这一代相差了 10 岁左右。

直到波德莱尔和福楼拜出现。这样人们可以不加区别地谈论 1820 年这一代或者 1830 年这一代。在这一代人中，艾伦·B. 斯皮策（Allan B. Spitzer）列举了 83 人，其中大部分是出生在 1795～1802 年间，比如，蒂埃里（1795 年）、维尼（1797 年）、梯也尔（1797 年）、米什莱（1798 年）、孔德（1798 年）、皮埃尔·勒鲁（1797 年）、古诺（1801 年）、德拉克洛瓦（1798 年）、巴尔扎克（1799 年）、雨果（1802 年）等。美国的历史学家阐明了青年的联系、关联、交流及复合多样的网络，因为这一群体团结在保皇派文学起义的年轻作家和积极参与共和派阴谋团体的青年学生战略联盟周围。在本能上，这一代人是自己宣布的一代，尤其是戴奥多尔·汝富鲁（Théodore Jouffroy）（出生于 1796 年），他是烧炭党成员，从 1823 年开始着手写了一篇论文，内容很简单，但是，当 1825 年在《全球》期刊上发表后却引起很大的反响，他因此也被撤销了在法国高等师范大学的教授职务；后来，圣·伯夫（Sainte-Beuve）也意识到这是"被迫害的青年精英最鲜明的宣言"①：

> 当两党都有话语权的时候，在怀疑论当中诞生了新的一代。这一代在倾听，也听明白了。这些孩子已经超越了他们的父辈，也感受到他们教义中的空白。他们比周围的人都具有优越性，既不会被新生的狂热崇拜主义所统治，也不会被整个社会无信仰的个人自私主义所统治。他们有对自己任务的情感，有对自己时代的认识。他们明白他们父辈没有理解的东西，明白那些腐败的暴君没有听到的东西。他们知道什么是革命。他们知道一切，那是因为他们正从革命中走过②。

对于所有人来说，这些年的统治留下了一个高尚纯洁的记忆，一个被新生

---

① Sainte-Beuve 出生于 1804 年，在其对人物肖像描绘当中好几次概述了"代"的划分。他对同代的人十分严格，通过第 20 年指出自己同同代人联系在一起的特点："每一个文学年代都只是从它自身开始……对那些在那一天正好是 20 岁的人来说，奥林匹亚的悲伤将是拉马丁的'湖'。必须有坚定而宽广的思想才能使判断战胜印象。"（*Note et pensée*, n°187）H. PEYRE 为此撰写了一个很短的章节，其中包括所有的参考资料。见 *Les Générations littéraires*, *op. cit.*, pp. 53–58。

② Théodore JOUFFROY, *Comment les dogmes finissent*, 摘自 Sébastien CHARLÉTY, *La Restauration*, t. Ⅳ d'Ernest LAVISSE, *Histoire de France contemporaine depuis la Révolution jusqu'à la paix de 1919*, Hachette, 1921, chap. Ⅲ, «La génération nouvelle», p. 197。

世界的曙光所照耀的记忆。后来，对这一时代，戈蒂叶（Théophile Gautier）在他的《浪漫主义历史》① 一书中，在提及第一座基督教堂会议的时候，曾赞叹说："这是多么美好的时代呀！""这一切是那么年轻、新颖，很奇怪地被蒙上了各种颜色，散发着令人陶醉的浓郁的芳香！我们有些晕头转向：似乎走进了一个未知的世界。"二十几年后，阿尔弗雷·德·维尼（Alfred de Vigny）依然迷恋这第一片乐园，在《法国的青春期》中，他回忆自己如何"置身于一群年轻人当中，彼此不认识，却能够聚在一起对一首新诗进行沉思。每个人，在心中静静地体会他们的任务"②。提鲍德（Thibaudet）把这一群体称为"一窝雏鸟"，一场"集合起来的起义"，能赋予其诗歌、社会和政治使命的，是它的历史状态。因为，这是截然不同的革命的一代。正因为如此，才会让他脱颖而出，并受到他希望换掉的那些人的尊重。父辈的命名洗礼实际上是一代人具有合法地位的、首要的、极关键的条件。老拉法耶特自己从 1820 年开始就谈论这"新生的一代，他们经验丰富，慷慨大方，超越了所有雅各宾主义和波拿巴主义给人的影响。我相信，他们一定会支持无条件自由的权利"③。1822 年，本雅明·康斯坦（Benjamin Constant）在众议会的论坛上公开向当今的年轻人致意："（他们）没有旧体制下的年轻人那么轻浮，没有革命时期的年轻人那么狂热，他们以自己对知识的渴望，对工作的热爱，对真理的虔诚而显得与众不同。"④ 这些年轻人出生于世纪的转折时刻，在帝国的军事化学校中长大，拿破仑对他们的教育仅仅是对胜利的叙述和民族的耻辱，凭着这一代人的良心实实在在地表达法国大革命投入行动当中的最基本的东西。这就是他们海格立斯式的热情，想要组成军队的青年意识——戈蒂叶曾说，在浪漫主义的军队中，如同在意大利的军队中一样，所有人都很年轻⑤——，是责任感，是凝聚力以及需要加强的敌人阵

① Théophile GAUTIER, *Histoire du romantisme*, 1872, p. 11。戈蒂叶出生于 1881 年，像阿尔弗莱·德·缪塞一样，代表着后浪漫主义幻想破灭的产物。Cf. Paul BÉNICHOU, *Le Sacre de l'écrivain*, José Corti, 1973, pp. 452 – 462; *Les Mages romantiques*, Gallimard, «Bibliothèque des idées», 1988。

② Alfred de VIGNY, *Discours de réception à l'Académie française*, 26 janvier 1864, in *Œuvres*, éd. de Fernand Baldensperger, Gallimard, «Bibliothèque de la Pléiade», 1948, p. 968. Cf. P. BÉNÉICHOU, *Le Sacre de l'écrivain*, *op. cit.*, p. 288 sqq.

③ 这是拉法耶特 1820 年 7 月 20 日写给 James Monroe 的信, *Mémoires, correspondance et manuscrits du général Lafayette publiés par sa famille*, Paris, Leipzig, Londres, 1837 – 1838, t. I, p. 93, 摘自 A. B. SPITZER, *The French Generation of 1820*, *op. cit.*, p. 4。

④ *Archives parlementaires*, 2ᵉ série, t. XXXV, p. 466.

⑤ Th. GAUTIER, *Histoire du romantisme*, *op. cit.*, p. 9.

线。因为年代史所准备的，政治社会状态已经为它加强巩固了①。在复辟的政府决策人身上，尽管年轻人成功的比率很大，但是却无法推翻这样一个名声，即复辟是一些腐朽老人的制度。就像巴尔扎克所说的："这些人惧怕光明，看不起那些新来的人。"政治反动，1830 年的失败造成历史倒退，社会跌入低谷，外省的传统主义、激烈的竞争、职业出路危机等这些现象为巴尔扎克提供了源源不断的素材。更不要说"庞大的 89 届"的神话，这一代人曾遭到侮辱，被取缔，那种被迫害的情感就是构成"代"的意识的重要条件。

不只是历史基础。浪漫主义这一代之所以能够成为主要典型，不是因为他们是综合各方面因素的复合性一代，融合了所有社会、政治、知识、科学技术因素的一代，表达了这个年龄段的人最强烈的思想，反映了法国当代历史中最沉重的历史时刻，由于社会革命而磨尖其棱角将其塑造成榜样，并在 1830 年 7 月的对抗中再次得到加强。实际上，将这一全副武装试验性的一代变成具有创造性丰富的领导一代的，是将所有这些因素同两条主轴联系在一起，即政治和文学，权力和言语。在法国，这两条主轴构成这一概念的重要核心。在他们积极的魅力当中，具体来说，正是诗歌浪漫主义者赋予其魔力②。这里有一个法国式的"代"的身份特征的构成中心环节。其他国家领导者的构成是建立在其他机构之上的。比如，俄国是建立在政府权力、市民社会和公共教育的三角关系之上；美国是建立在对未来前景共同意见断裂基础之上的。在法国，"代"的概念表现在权力关系和表达关系（文学、知识或者音乐）的共同记录当中；正是它们的紧密结合才诞生了"代"。当然，以前也出现过几代人，我们只说一下文学领域的，比如，象征主义和超现实主义那一代，还有像马拉美在德雷福斯事件中，伯顿在革命运动中的政治投入，他们的存在推翻了这一说法。当然，还有几代人，比如，抵抗运动的那一代，冷战中的共产主义一代，他们只有政治反抗；艾吕雅（Eluard）和阿拉贡却站出来提出反对意见。但是，相对于法国"代"的概念这种混合性主要特征来说，历史学家的这些细微区别并不重要。在德雷福斯事件那一代人中不是也出现了佩吉那样发自肺腑的抒情吗？战后的一代中不也有不受萨特"存在主义"影响的一代人吗？不存

---

① Cf. Louis MAZOYER, «Catégories d'âge et groupes sociaux, les jeunes générations françaises de 1830», *Annales d'histoire économique et sociale*, n° 53, septembre 1938, pp. 385 – 419.

② Cf. Yves VADÉ, *L'Enchantement littéraire. Écriture et magie de Chateaubriand à Rimbaud*, Gallimard, «Bibliothèque des idées», 1990.

在没有冲突的一代人，也不存在一代人不对自己的意识发表自我宣言的，这是他们将政治和文学变成"代"的归属感最权威的领地。正是政治历史和文学象征这两种元素的结合才在两个世纪当中使这些要素结合起来，赋予"代"这个概念一定的诠释厚度和持久性。不存在一边是政治的一代，另一边是文学的一代。相反，正是这相关的两个领域绝对无条件地支持，说明了从法国大革命以来，"代"的这个概念才能够在政治历史中成功地发展，说明正是在早期文学的这几代人当中，在随后几代人的意识形态中，直到今天的知识分子几代人中这项研究才显得更加有意义，更富有成效。这个概念得益于1820年，那是君主议会最强烈的年代，出现了两个相互对立的法国：唯美的法国和政治的法国。政治复辟和早期的七月君主政权以他们那一代最大的强度和可见度提出一条冲突路线，就是那种从法国大革命时期产生的，但却没有被革命解决的路线类型。这一路线带有集体记忆的特征，表现了几个重要的二元对立关系：父/子、老/少、新/旧的对立。"代"的代表性问题变成了一种假象。

1820年这一代的建构还有另外一面。当然，这一面不是没有意义的，那就是载入史册对于这一代人的重要性。但愿是同"一代"人发现了历史，而"代"就是一个令人震惊的事实。关于这一特征，郭舍在精心地重新建构知识分子氛围时就已经提出来了。那是围绕着1820年奥古斯塔·蒂埃里（Augustin Thierry）《法国历史书信》的起源展开的。郭舍指出："历史改革有一种'代'泛滥的现象。"[1] 当蒂埃里计划重新全部改写历史记忆和历史方法的时候，他只有25岁。他属于最年轻的一代历史学家，正是这一批历史学家创写了构成集体身份特征的历史。蒂埃里出生于1795年，就像米涅（Mignet）出生于1796年，梯也尔出生于1797年，米什莱出生于1798年，埃德加·基耐（Edgar Quinet）出生于1803年一样，在孩童时期没有经历过法国大革命，这一点同1787年出生的基佐或者西斯蒙德（Genevois Sismondi）不同，后者是革命的先驱，一直处在边缘化的地位。但是，在他的《法国历史》序言当中很清楚地指出历史改革的基础框架。他说："法国大革命在打破权利和特权的同时，将过去各个世纪置于几乎同我们相同的距离。大革命的机构对我们的管控比任何一个世纪都要多。"需要指出的是：同一个年龄段的人同时发现郭舍所说的"作为过去的过去"，所以也就是应该称为"作为现在的现在"。如果我们真的就是要确定一个"代"的

---

① M. GAUCHET, «Les *Lettres sur l'histoire de France* d'Augustin Thierry» (1986), art. cité, p. 266.

话，那么这种说法将是对"代"的历史定义的一种最好的表达方式。这两个运动是不可分的。"代"的意识的产生需要有历史的思想。法国大革命的历史激进性使"代"成为法国民族首创性现象，但是革命者既没有设想也没有将他们的行动写到历史当中去。相反，他们本希望中断、颠覆甚至重新改写历史，避免历史连续性的规律和要求。需要有以下的过程，这样才能使这个因为年龄组合在一起、受革命事件主导的群体在行动的空白和反抗行为的全面鞭策下去发现，历史是人作用于人的产物，具有集体行为和社会萌芽的重力，在未来的变化中起着时间润滑的作用。这种深入深层历史当中的渗透从根本上同"代"的意识的快速崛起是不可分离的。没有连续性的假设就没有断裂；没有另一种记忆的恢复就不会有记忆的选择。这体现了历史改革的重要性，也体现了浪漫主义对过去、对中世纪及其衰退所采取的新态度的重要性：这让他们终于创造了一代人。如果没有这一代人发现过去的历史那就不会有几代人未来的历史。所有更新动力都是相互联系的。

更新动力：这首先需要一个框架，一个稳固沉重的框架，从大革命中解脱出来，又进入 1968 年这样一个大的循环，那时还刚刚萌芽，在 1960～1965 年左右突然发生转变。"代"的替代，无论以什么样的节奏，什么样的形式，如果人们对一切长久的固定的元素不关心不注意的话，那么在其不断上升发展过程当中总有不被人理解的地方，而各种各样的形式变化就会在这些元素背景下自动消失。应该提到的一点就是著名的法国"凝聚力"。在这里我们也只能大致谈一下概况。这种"凝聚力"来自国家统一的独特连续性，尽管存在内部分裂，但是统一作为"神圣联盟"这一简单的表达方式依然是不可超越的象征；这种"凝聚力"也来自极度平衡的民主制度，因为在维希第二帝国末期的时候法国有 4000 万居民，在欧洲创造了人口零增长的奇迹：它还来自社会运动，这种社会运动比其他工业化国家和根深蒂固的农业国家进行得都要缓慢些，因为法国在 1914 年有 50% 以上的劳动人口从事农业生产，这个数字直到 1970 年才降到 10% 以下。最后，这种"凝聚力"来自稳定的政治传统和选举习惯[1]。正如我们可以想象的那样，法国各代更新的特征往往同国家、社会、人口统计、家庭和政治框架的稳定性相关，而受政治生活变化节奏的影响并不大。

---

[1] Cf. Jean-Louis ORMIÈRES, «Les rouges et les blancs», *in* P. NORA（dir.）, *Les Lieux de mémoire*, t. Ⅲ, *Les France*, vol. 1, *Conflits et partages*, *op. cit.*, pp. 230 – 273.

法国"代的延续"这一简单的表达方式具有独特的发展潜力，在身份特征定义
中它既是泡沫，又是潮波，无所不在。要理解这些，社会、人口统计、家庭和政
治框架的稳定性是最根本的基础。而且，这对理解子辈对父辈的破坏以及那些看
起来很奇怪的概念两者之间紧密的关联也是最基础的，因为这些概念之间，比
如，国家、知识分子、未来、政治似乎没有什么关系。

正是在这一方面，"代"的更新这些巨大的自然机制才可以发挥作用。在复辟
和七月君主政权末期，首先出现了奇怪的混杂联盟，这一联盟的加固突然间诞生了
一代人。对于这一代人，德勒克吕泽（Delécluze）① 曾指出："1830 年革命以前这
些聪明好学的年轻人突然改变了态度，对他们的前辈残忍地傻笑，显得如此绝
情，如此忘恩负义。"这就是巴尔扎克所形容的著名的"大熔炉"，如同一部蒸
汽机一样爆发②。这足以说明，在 1830 年之后，在对革命失望之后，大量的暴
力骚动充斥着政治生活。巴黎吸引了那些野心勃勃的外省人，突然间使他们摆脱
了家庭的束缚，"移居"过来，接收了基佐的洗礼，成为各大学第一届年轻的大
学生，就像缪塞说的："我们用 12 年的时间教他们如何变得文雅知性，而最终
被付炬于可怕的圣日耳曼街区。"③ 医学实习生和律师转眼间取得了一定的地位，
年轻的工人摆脱了以往习惯的手工业合作关系，年轻的农民远离了农村的嘈杂。
所有的这一切，就像巴尔扎克说的，在 1833 年"被新的法制判了刑"，被排除
在政治和选举的游戏之外。关于这些，文学读物让我们认识了马尔卡（Marcas）、
于连·索黑勒（Julien Sorel），还有泰斯劳里尔（Deslauriers）集团，使我们再熟
悉不过了。接着，一直到对教堂、军队、家庭尤其对学校的颠覆，还存在着
"代"的分格，一步一步地经历了 19 世纪民主发展的一系列重要过程，经历了
市民选举和能力选拔制度的强大组织系统，这一系统覆盖了整个社会，强制性地
设置了"关卡和考察水平"④，将各代人几乎按照"年级"和"届"规定在一
定的年代框架之中，用以充实各学校和"校友"协会的联系名册。这些强制

---

① Étienne-Jean DELÉCLUZE, «De la politesse en 1832», in *Paris, ou le Livre des Cent-et-un*, t. XIII,
Ladvocat, 1833, p. 107.

② Honoré de BALZAC, *Z. Marcas*, «La jeunesse éclatera comme la chaudière d'une machine à vapeur», in
La Comédie humaine, éd. publiée sous la direction de Pierre-Georges Castex, Gallimard, «Bibliothèque
de la Pléiade», t. VIII, 1978, p. 847.

③ Alfred de MUSSET, 23 mai 1831, *Mélanges de littérature et de critique*, 1863.

④ Cf. Édmond GOBLOT, *La Barrière et le Niveau. Étude sociale sur la bourgeoisie française moderne*,
Alcan, 1925.

性的方法，为了不失去它操作性能，直到今天依然散发了其陈旧的气息。正是在这方面，自主选择和保证结合的一系列过程才能得以发展，比如，各种各样的青年协会和运动。年龄这一条件足以创建"代"的网络组织，这些非官方的团结联盟工具往往具有强大的力量，也是非法的，但具有持续的生命力。这些组织从直接的个人友好关系经过小集团、俱乐部、群体、社团，卡尔·曼海姆（Karl Mannheim）所说的作为"代"的表达方式策源地的"具体集团"，最后发展到通过游行示威或音乐节而形成唯一的同龄联盟。最后，也很明显，最近出现了第三个层次，进而颠覆了"代"各阶层长久以来沉淀下来的东西，同时使其呈现出最耀眼的规律性，即：它符合文明这一形象的到来，符合消费和技术增长，符合年轻人国际化发展（"我们都是德国犹太人"），符合传统教育危机，符合划分年轻的小资产阶级和年轻工人界线消失或者衰退的趋势。

然而，"代"的中心动力不在于这种更新机制上。重要的是要明白，通过哪一个时间转折轴，这个取得政权的年龄区域（年轻神话神秘的 20 年）被价值社会赋予权利或者被判定应有的权利。在复辟的时候，甚至在"代"的双重特征（即让大革命的孩子们来重新更好地完成革命）原则当中，我们可以发现这一根本机制。它在每一步不停地重复出现，不停地展示自我满足的证书，这是先辈们在他们后代的赞叹中为自己也是通过后代颁发的证书。比如，在很多关于年轻人问题的调查中热情地接收旧民族主义维护者和反德雷福斯派虔诚的募捐。这些调查发生在 1914 年战争之前，其中亨利·马西斯（Henri Massis）和阿尔弗雷·德·塔尔德（Alfred de Tarde）于 1912年在《舆论》杂志上进行调查，并于次年在《今天的年轻人》杂志上以阿戛桐（Agathon）的笔名发表的文章，至今依然是最著名的一篇调查文章①。一代年轻人接受社会主义思想的教育而变坏，我们曾一度困惑于此：这些带有社会主义思想的教师喜欢运动，爱争吵，他们具有强烈的爱国情怀，具有理性，尊重传统。巴雷斯曾在他的《杂记》中写道："新诞生的一代是我们国家从未经历过的最优秀的一代。法国年轻一代万岁！"保罗·布尔热（Paul Bourget）在回复埃米尔·布特鲁（Émile Boutroux）加入法兰西学术院欢迎仪式讲话中说：

---

① 参阅 Agathon Philippe BÉNÉTON 所撰写的调查分析报告：«La génération de 1912–1914：image, mythe et réalité?», *Revue française de science politique*, vol. XXI, n°5, octobre 1971, pp. 981–1009。

　　新的一代站起来了，为此，天空布满了星星。这几代人，他们的存在向我们更好地证明，他们自己在向生活求证思想真理的同时，已经重新开始相信，而且不断地了解，那些完全自觉地依附旧法国宗教和哲学传统的几代人。

　　半个世纪以后，在政治的另一面，如果我们看一下埃德加·莫兰（Edgar Morin）在《决口》（La Brèche）杂志中对 1968 年 5 月的大学生写的评论，或者罗朗·若弗兰（Laurent Joffrin）在《青春的冲动》（Un coup de jeune）对 1986 年中学生的评论①，他们的赞美之声是一致的。"代"对历史学家提出的一个真正也许是最严肃的问题，就是要明白成人社会为什么而且如何逐步使年轻人成为他们最好的自我占有者、保存者和投影。其间，他们又会产生怎样的不适和什么样的转变，如何悄悄地接受自己的失败，自己的空虚，自己个人的自我毁灭和通过第三者完成自我实现？如果没有父辈对子辈这种启蒙式的投入，没有这种在破坏的同时予以实现的要求，人们就不会明白一种断裂否定的原则怎么会同时成为一种原则：一种传统延续和更新的原则。

　　这就是模式构成因素的基础。在这里，指的是在发展过程中不断重复的模式。它的历史可以以任何唱腔谱写出一段"代"的唱片。我们可以想象出所有的历史记录。关于"代"的书写，我们有时会本能地将政治历史词语同艺术文学词语分开，有时会将两种词语混合在一起②。但是，人们也许会更加灵活地倾向于比较强势的一代（比如，1800 年、1820 年、1840 年等几代人）；或者比较弱势的几代人（比如，1810 年、1830 年、1850 年等）；或者比较复杂的几代人，那些活跃在各个领域中的几代人；还有"面色苍白的中间几届"，包括保罗·蒂博（Paul Thibaud）、克劳德·尼科莱特（Claude Nicolet）在内，这些人在抵抗运动和阿尔及利亚战争中只有用冷战来代表他们这一代人身份特征的象征③。我

---

①　Edgar MORIN, Claude LEFORT, Jean-Marc COUDRAY, *Mai 1968：la brèche*, Fayard, *1968*. Laurent JOFFRIN, *Un coup de jeune. Portrait d'une génération morale*, Grasset, *1987*.

②　Michel Winock 最近重新构建了八代知识分子，即从德雷福斯事件起的一代知识分子到 1968 年这一代。Cf. *Vingtième siècle*, *revue d'histoire*, n° 22, consacré aux «Générations», avril-juin 1989, pp. 17 – 39。

③　"这一代人曾经是尾巴主义者。他们跟随着他们的前辈，甚至（这是极少的情况）跟随他们的后辈。"（Paul THIBAUD, «Les décrocheurs», *Esprit*, juillet 1985）；"我们整体算是被历史抛弃的一代。"（Claude NICOLET, *Pierre Mendès France, ou le Métier de Cassandre*, Juilliard, 1959, p. 37），Cf. Jean-Pierre AZÉMA, «La clef générationnelle», *Vingtième siècle*, *revue d'histoire*, n° 22, consacré aux «Générations», avril-juin 1989。

知道这一代，因为这是我所处的那一代，但是我又认不出这一代人来。人们可以在同"具体的群体"经历密切联系的同时，努力地切断某些敏锐的联系。比如，如果人们对法国的犹太人感兴趣，那么人们就可以分辨出大屠杀的这一代，六日之战前夕的一代，西班牙系犹太人到来的那一代，还有由于黎巴嫩的入侵造成以色列幻想破灭的一代。或者，如果人们对妇女解放运动感兴趣的话，人们就会区别探索的一代（1945 年产生选举法；1947 年出版《第二性》；1956 年出版《上帝创造了女人》，在同一年产生了家庭计划生育）和肯定的一代，这一代在 1975 年由于西蒙娜·薇依法（loi Simone Veil）而达到顶峰；总之，就是西蒙娜·德·波伏娃和女权自由运动的那一代。在这两代人之间，存在着各种标志性选择：《你好！忧伤》或者是避孕药、洗衣机①、无痛生产或者是第一个进入巴黎理工学院的女学生安娜·肖皮内（Anne Chopinet）。标识没有什么区别，这只是依靠人们重新认识它的代表性程度。其可能性实际上是无限制的，其意义不在于程度的多样性或者能够重新构建的历史。而完全在于其成立的原则当中，它的创建必须尊重模式规律、潜在的等级关系以及固定因素的规律性。法国确实存在这样一段历史，可以同从法国大革命到今天这段历史相分离，却由各代人的冲动所指导。为什么？

实际上，我们应该知道（如果记忆场真正是"代"的问题的话）到底是谁将法国变成"代"的天堂。面对这个没有答案的问题，我们可以自愿地不加任何粉饰地指出三种原因。

第一个原因，在于历史倾向，正是这一倾向规定了法国同它的双边关系。这本书完全建立在简单的对立体系之上，但这一简单的对立体系却具有深层含义，即人们在别处甚至在同一水平上都无法找到类似的体系。它将法国置于双面的自我意识之中，这种意识结合并增强了父子关系这种简单根本的一面。而后者正是"代"之间关系最深层的基础。从空间的角度看，就像是市中心同城郊的关系，像是巴黎同外省的关系；从政权的角度看，这又像是中央权力同地方权力的关系；从历史角度看，就像统一与多样化的关系；从社会角度看，是多数人民同少数民族的关系；从国家角度看，是标准同奇特的关系。在法

---

① Yves STOURDZÉ, «Autopsie d'une machine à laver. La société française face à l'innovation grand public», *Le Débat*, n° 17, décembre 1981, pp. 15 – 35。在这篇立意新颖的文章中，作者重新回顾了女性大众面对 1965 ~ 1970 年间这一将女性从传统家庭艰苦的工作中解放出来的工具所持有的缄默态度。

国，权力的问题同"代"的权力在同等性质上是相连的。从最近的分析看，往往是要保留还是要放弃对权力的控制问题。长期以来倾向于君主政权和神权以及缓慢形成的根深蒂固的国家政权集中制，这些依然存在，足以证明普遍存在着这样一种冲突，这种冲突构成了法国同它自己关系的根源。为此，法国大革命在突然间打开了所有阵线，而没有改变（托克维尔语）权力象征性集中。所有的国家戏剧式发展都可以根据"代"的更替而自然发展并加以塑造，予以模仿、结合。因为，"代"的更替总是以某种方式构成最基本的层面。这也是为什么弗洛伊德总是说，法国是对精神分析最敏感的一个国家。他以人类学、心理学和个体语言详细描述的冲突早已出现在国家、政治和集体的词语当中。地理、历史、政治和社会早已浸透到"代"的那种潜在的长期存在的层面当中。举一个反例：协调性的巨大发展恰恰明显消除了父子之间在"代"的自主性上的对立。

第二个原因，同保守主义、复古主义及传统主义有关。在雷蒙·阿隆（Raymond Aron）看来，这些是法国只有通过革命才能进行改革的原因。这种惰性在很多领域都很明显，在原则的普遍性和事实的保守主义之间形成明显的独特的对比。而且在新制度当中，长期存在着旧体制的特征，这种反差恰好有利于在其中编入"代"之间的对立方案。反差和持久性，由于带有某些缺陷，让很多国外的观察者们感到非常吃惊，尤其是哈佛的分析家们。受米歇尔·克洛齐埃（Michel Crozier）和斯坦利·霍夫曼（Stanley Hoffmann）的"封闭社会"和"共和式综合征"的思想影响，这些分析家在 20 世纪 60 年代开始着手"法国研究"①。而那个时候正好是法国完全处于现代性当中，是他们很熟悉的法国，也是他们再也无法重新认识的法国。当然需要他们美国人的眼光，通过这种人类学的差距让我们来评估如何将长期以来形成的君主制传统、基督教传统和乡土传统重新投注于民主化、世俗化和资本化的社会中。因为，他们自己对这些传统也很陌生，他们首先指出：贵族价值可以在小资产阶级价值内部继续延伸下去；可以在救赎的概念当中融合成功的概念；可以将教堂的神圣移植到国家的神圣上面；在一个伴随着废除一切而开始的社会当中，保持所有

---

① Stanley HOFFMANN, Charles P. KINDLEBERGER, Laurence WYLIE, Jesse R. PITTS, Jean-Baptiste DUROSELLE, François GOGUEL, *À la recherche de la France*, Éd. du Seuil, 1963. 尤其是 PITTS 的文章，«Continuité et changement au sein de la France bourgeoise», pp. 265 – 339。

同职能和资历相关的特权①；消极抵制民主平等程序；重视安全胜于重视自由。从图尔果（Turgot）到孟戴斯·弗朗斯（Mendès France），改革的无能以及同历史千丝万缕的联系使"代"的反作用成为法国集体身份的中心特征。

第三个原因，来自我们所说的"法国反抗主义"。实际上，每个国家，如果以它独特的方式建立一定的秩序，都会引起人们的争议。以前俄国将它的这种秩序判定为恐怖主义，而今天被定位为分裂派。在失落的一代之后，美国对它的加利福尼亚反文化思潮进行了预处理。英国人除了贵族传统以外，接受了那些离经叛道的行为，把它作为一种自然的权利来看待。法国因为历史和其特有的文明，产生了一种反叛反应，这一反应同来自神权君主制的形式主义和等级权威风格有关，通过政府官僚的中央集权而得以维持下来，这一权力体制从上到下深入各个机构、军队、学校和企业，渗入到所有社会关系当中，甚至渗入夫妻和家庭关系当中。法国是指挥阵地②，接下来的就有潜在的无政府主义以及秩序与颠覆的辩证主义，构成政治历史和知识分子历史的基础。关于这一点，我们在像保罗·瓦莱里（Paul Valéry）这样典型的法国精英身上可以看到：瓦莱里是典型的遵循惯例的人，出版了《纯粹实用无政府主义原则》一书。同时，在像德雷福斯事件这样典型的法国历史情况下也可以看到：在德雷福斯事件中，有一个叫保罗·雷奥多（Paul Léautaud）的人为法国行动队的亨利纪念碑捐赠了自己的小积蓄，并写下这样的话："为了秩序，反对正义和真理。"在哪个国家可以想象得出能够有这样的行为？说实话，这样的反应，在整个法国历史过程当中都会发生。比如，贝当和戴高乐，这就构成了1968年5月学生运动的根本要素。但同时这也反映了整个知识分子的生活节奏，那种生活中同样渗透着一种看不到的等级关系③，领导着"代"的更替，从浪漫主义经过超现实主义最后到福柯。"先锋"这个概念，它的历史效果同"代"的历史效果完全相似，如同影子般，更确切地说，如同光亮一般伴随其左右。长期以来，先锋人物保证了在政治和知识分子相互结合的两个领域中"代"的

①　Cf. François de CLOSETS, "*Toujours plus*!", Grasset, 1982, et Alain MINC, *La Machine égalitaire*, Grasset, 1987.

②　«La France, terre de commandement», 这是 Michel CROZIER 一篇文章的题目，发表于 «*Esprit*» 的一期特刊，décembre 1957, pp. 779 – 797，主题为 *La France des Français*。

③　Cf. notamment Marc FUMAROLI, «La Coupole», *in* Pierre NORA（dir.），*Les Lieux de mémoire*, t. II, *La nation*, vol. 3, *La Gloire-Les Mots*, Gallimard, «Bibliothèque illustrée des histoires», 1986, pp. 321 – 388.

颠倒交换。

对权力的崇拜首先诉诸反抗文化和合法性。"代"在法国大革命所形成的历史循环内部起到了关键的作用。从这一点上看，也许这是"代"最神秘的一点：正是这个原因，早已成立的法国社会才在年轻人中集中确立了实现自我的任务。因为年轻一代是国家最高的希望，具有最崇高的思想。为此，在这项任务当中，法国做好了完全重新认识自我的准备。在这种崇高而神圣的形式下，这项任务要求在暴力冲突中有自我牺牲的精神，比如：战争中年轻一代为此付出了自己的代价；在大革命当中，年轻人被当作矛扔了出去。其实，说到底是年轻人所承担的牺牲责任才使人们真心实意地承认他们反抗的合法性。正是因为这个原因，在世纪转折时期，巴雷斯和佩吉给这一代赋予了"被牺牲的一代"这个称号，这个称号从本质上同"代"这个词本身是相关联的。"人们有理由反抗"[①]：当一种说法开始不再是事实的时候，萨特却大声说出了这个具有预言式的极端激进的话。而此时已经经历了两个世纪，在这两个世纪当中，在各民族构成的欧洲，在革命的法国，鲜血的重量已经赋予各代人国家民族模式最强烈的记忆。

记忆场域

"代"是记忆与历史的混合，现在是，曾经也一直是。但是，在时间的长河中，在某种关系中，在一些类似的比例当中，这种关系却往往被颠覆。最具体、最具质感、时间性和生物性的历史概念——"从阿布拉哈到大卫，从大卫到驱逐巴比伦，从驱逐巴比伦到耶稣这十四代"[马蒂厄（Matthieu）]——在这一时期，是对历史线条最为敏感的历史，是纯粹的记忆。

然而，历史的概念是一段一段地穿过历史，这是一个广泛构建、回顾和制造出来的现象。"代"仅仅是行动中爆发的火焰：是一种确认，一种总结，一种自我回归，目的是在历史当中留下第一份记录。如果说 1968 年的那一代像它曾经经历的那样具有"代"的意义，那么这一代人只有在左派产生影响的那几年才被定义和描述成它应有的样子。在德雷福斯事件 10 年之后，佩吉才重新谈论《我们的青春》（1910 年）。当缪塞给那个世纪的孩子们洗礼的时候，他们已经是成年人了。年轻人的行为其实是老年人的行为。当人们意识到

---

① Philippe GAVI, Jean-Paul SARTRE, Louis VIC（Benny Lévy, *alias* Pierre Victor）, *On a raison de se révolter. Discussions*, Gallimard, «La France sauvage», 1974.

她诞生的时候，那已经是她具有历史意义的时间了——"这个世纪已经两岁了。""代"是记忆的产物，是回忆的影响。只有通过差异和对立才自我建构起来。

　　这种普遍的现象，只有像在 20 世纪末的危机中才表现得如此清楚。在那场危机当中，"代"的表述方式在这一代的两个阵营（以佩吉和巴雷斯为代表的德雷福斯支持者和民族主义者两个阵营）相遇，从而使这个主题得到进一步加深，重新改变。这两个人都曾经说过，带着一种强烈的信仰去归属于一代人，虽是同代人却存在着差别，这种信仰到底是怎么形成的？除了这两个人，应该没有其他人能够更好地说明这一点。佩吉认为，这一代是学校的桌椅和巴黎师范生的"宿舍"培养出来的，他们饱受痛苦，体会到"友谊"。"友谊"这个词对他来说具有最高的含义。而巴雷斯认为，这一代是"年轻的储君"，结合了所有的唯美主义。在两个人身上，"代"的神圣化也非常强烈，是为他们各自的祝圣仪式服务的，但是它们的含义是不同的。对佩吉来说，那是成为最后一块方阵的感觉，即"我们是狂热崇拜共和制的最后一代"；是见证最后一次失败的证人，"我们是被打败的一代"；是体现精神经验的唯一保管人。这就是 1909年他发表的文章的含义。"写给朋友，我的订阅读者。"① 那是为他那一代人写的真正一篇墓志铭。在那篇文章中，佩吉讲述了一个年轻人来拜访他，请他谈谈对德雷福斯事件的看法：

　　　　他特别恭顺。手里托着帽子。他一直在听我说。边喝着茶边听我说。我从来没有像那时那样，就在那一刻，顿时豁然开朗，感觉到了什么是历史；那是一种无法跨越的深渊，一道横在现实事件和历史事件之间的深渊；有一种完全绝对的不可兼容性；一种全然的奇特性；一种不可交流性和不可估量性。这种不可估量性，从文字本身的意义上讲，是因为缺乏可能的共同的评估手段。我在说，在宣告，在陈述，在传递着某个德雷福斯事件，一个真实的德雷福斯事件。在这个事件当中，我们，我们这一代的其他人不断地参与进来。

---

① Charles PÉGUY, *À nos amis, à nos abonnés*, in ID., *Œuvres en prose*（*1909 – 1914*），éd. de Marcel Péguy, Gallimard, «Bibliothèque de la Pléiade», 1957, p. 1309。这段历史是由 1968 年这一代的一个犹太籍散文家提出来的，这一代的追忆过程本身就很有意义。Alain FINKIELKRAUT 就此开始对巴比案件开始思考，见 *La Mémoire vaine*, Gallimard, 1989。

　　另外，是巴雷斯关于"代"的思想，一般来说是民族主义思想。他的主要思想是反对"父辈的失败"，认为父辈们没有能力动摇德国知识分子的霸权主义，没有能力来理解布朗热主义的再生力量。他对他们那一代人的个人主义有着高度的认识。但是，他又重新找回并获得传统主义，这种传统主义思想使他很快加入了另一个阵营，即《不断上升的一代》，如同一个链条的环节，一环一环紧紧相扣，从书写《追忆》的亨利·马西斯（Henri Massis）到蒙泰朗（Montherlant）、罗薛尔（Drieu la Rochelle），甚至是写《欧洲年轻人》（1927 年）的马尔罗，还有杰里·姆尔尼埃（Thierry Maulnier），撰写《我们的战前》的罗伯特·布拉席拉赫（Robert Brasillach），以及自由联盟所说的罗歇·尼米埃（Roger Nimier），最后也许还可以带上雷吉斯·德布雷（Régis Debray）和让 - 埃登·哈里耶（Jean-Édern Hallier）。在"代"的问题上，存在两个典型的建构，两种在历史记录当中的典型模式。每一代都是唯一的，但是一个正如佩吉所说的，是"站起来又同时倒下的前线"，而另一个就像巴雷斯说的，是"国家的临时环节"。

　　"代"的记忆具有历史性，不仅是因为具有比较性的回顾和在时间长河中的独特构造，更主要的是因为外在因素强加给它的这种历史性，目的是可以以激进的方式进行内在化。这种自我宣称实际上是来自别处请求的结果，是对一种召唤的回应，是他者、父母、老师、记者或者舆论看法的一种反射，形成一种雪球似的效果。阿戛顿的调查主要关注 1912 年这一代的形象问题，从人口和社会的角度看，反映不出任何问题，除了学生数量的快速增长。关于这一点，它的发现者们反倒没有涉及①。但是，这项调查却产生了极大的反应，同时又开展了 10 项其他调查，类似的大量书籍纷纷出版，进一步肯定了阿戛顿的调查。这一代正好在战前出现，各种各样的材料构成了一个神秘的形象，强加于舆论之上，随后加入了历史和教科书。因为 1914 年的战争的确是构建这个概念的最为强烈的历史时期。同样的现象慢慢在小范围上再次产生，比如，《快讯》报在 1957 年 12 月进行了一项关于 1978 年 4 月所谓"新思潮"或者

---

① Ph. BÉNÉTON，«La génération de 1912 - 1914»，提到的文章中阐明了调查结果如何被歪曲，或者通过被调查者的选择，或者删除不和谐的回答，就像 Emmanuel BERL 的答复一样（À contretemps，Gallimard，1969，p. 155），并提供其他调查名单，其中最著名的就是阿戛顿的调查和 Emile HENRIOT 的调查，在 1912 年 4 ~ 6 月刊的 Le Temps 上进行，1913 年以 «À quoi rêvent les jeunes gens» 为题发表。同时还有 Étienne REY，La Renaissance de l'orgueil français，Grasset，1912；Gaston RIOU，Aux écoutes de la France，Grasset，1913；Ernest PSICHARI，L'Appel des armes，G. Oudin，1913；R. WOHL，The Generation of 1914，op. cit.，后者想当然地完全依靠舆论的表述。

说 "新哲学家" 运动的调查。这些调查终于使 "代" 的现象具体化，并不是所有的调查都能取得同样的成功。1949 年弗朗索瓦·莫里亚克（François Mauriac）在《费加罗》报 5 月 30 日的评论版中发表了《调查申请》一文，他写道："一位年轻的出版作者吉贝尔·斯诺（Gilbert Signaux）有一天对我说，对于他们这一代来说，也许是时候有类似于 1910 年左右阿戛顿调查所表现出来的那种意识了。"罗贝尔·康特斯（Robert Kanters）同吉贝尔·斯诺合作，在两年之后发表了这项调查的结果，题目为《1951 年二十岁：青春调查》（Julliard，1951 年）。这项调查立即在《圆桌会议》和《法国现象》中引起一种竞争意识，米西尔·布拉斯帕尔（Michel Braspart）[罗朗·楼宕巴克（Roland Laudenbach）的笔名]第一次同安托尼·布隆丹（Antoine Blondin）、雅克·罗朗（Jacques Laurent）、罗歇·尼米埃（Roger Nimier）合作，提出他们对 "自由偶像""不逊的看法"[1]。但是，这块酵母却没有起到发酵作用。当然，那时右派还没有引起人们的重视，太过于孤立，而没有走进历史的舞台。直到 3 年以后，在《现代时光》出现了 1 篇左派的文章。至此，贝尔纳·佛朗克（Bernard Frank）笔下的那些 "拿破仑时代近卫队老兵和轻骑队"[2] 才将这一些人带到人们面前，成为可以看见的一代。从此以后，人们往往通过调查来反映作家这一紧密团结的群体现象，从而提供了更具有社会学和科学性的基础。但是，通过外在因素来鉴定 "代" 的原则依然没有改变。如同产品一样，如果卖得好，那么人们就会过度使用。现代社会是由还没有成形的几代人铺垫而成的，他们就如同胎死腹中的历史现实一样。

最后，"代" 的记忆具有历史性，这具有非常沉重的含义，存在于被历史占据的最深层含义。这样更好，因为它已经不堪重负了。每一个时刻，当人们有强烈的意识要成为一代的时候，这些时刻的产生无一例外地是因为失望和疲惫而造成的，那是面对一段悬于头上、高不可及，因为它的伟大和悲剧性而让人气馁的大量历史的时候而产生的失望和疲惫感。就像浪漫主义者面对法国大革命；"世纪末" 的几代人面对整个 19 世纪；20 世纪 30 年代处于战火和危机当中的那几代人面对世界大战；自由运动之后的那几代人面对

---

① Cf. Marc DAMBRE, *Roger Nimier, hussard du demi-siècle*, Flammarion, 1989, p. 253.

② Bernard FRANK, «Grognards et hussards», *Les Temps modernes*, n° 86, décembre 1952, p. 1015, repris dans *Grognards & Hussards*, Le Dilettante, 1984.

第二次世界大战①一样；而重新开始的革命以及 1968 年那几代人及其后来者根本没有发动他们想要的战争。一段历史的完结，结束了它一个周期的运转，这种思想一直困扰着强大的几代人，更别提那些被称为中间过渡的人，只留下一片空白萦绕着他们的想象力，从而左右着他们的记忆机制。在"代"开始的时候存在一种缺失，如同一种哀悼一般。他们的记忆基础不是由他们曾经的经历构成的，而是根据他们没有经历过的经验综合构成的。这就是他们背后的共同点，永远像幽灵一般缠绕着他们，将他们结合在一起。这一点比出现在他们面前分裂他们更加稳妥可靠。"代"的记忆这种稳定的有组织的天然结构产生很多关于起源的讨论，诞生了无数个传说。整个 20 世纪二三十年代的文学，从蒙泰朗到西林纳（Céline），从阿拉贡和罗薛尔到马尔罗，都是以那些老战士的叙述让两次世界大战之间的那一代人产生幻觉。随后，1968 年 5 月立即成为他们自己的纪念仪式：从那一年的 10 月开始出版了 180 本书。浪漫主义历史同浪漫主义一起开始，最伟大的历史学家米什莱也在同一代中。正是这一代人，为了能够生活在"天才的一代"这个招牌之下而发明了"代"的概念，并将这一发明通过转移，通过谱系传承的狂热及其产生的影响移植到法国大革命中。当看到这一切的时候，浪漫主义变得庄严而刺激。其中有一段值得我们在这里加以引用：

> 这种天才的能力以令人奇怪的方式爆发出来。如果人们要追寻其原因的话，我们可以说，人们在大革命中找到最有力的冲击，一种全新的自由思想等。但是，我认为，还存在另一种根本原因，那就是：这些令人尊敬的孩子们是构想出来的，他们是特定时代的产物。在那个时代，是卢梭的天才资质重振了它的精神，使它重新找到了希望和信仰。在这种新宗教诞生的曙光中，妇女可以觉醒，从而产生了更加人性化的一代②。

---

① 在 *Courrier* 杂志的社论中有一段很奇怪的阐述，是 Armand-M. PETITJEAN 为 1939 年的"可动员的人"写的，后被编入 *Combats préliminaires*, Gallimard, 1941. 有两部著作是关于共产主义者投入冷战的运动中：Emmanuel LE ROY LADURIE, *Paris-Montpellier. PC-PSU（1945 – 1963）*, Gallimard, «Témoins», 1982；Maurice AGULHON, «Vu des coulisses», in P. NORA（dir.）, *Essais d'ego-histoire*, op. cit., p. 20 sqq。第三本出现的稍晚一些：Philippe ROBRIEUX, *Notre génération communiste*, 1953 – 1968, Robert Laffont, 1977。

② Jules MICHELET, *Histoire de la Révolution française*, livre IV, chap. 1.

正是这种在本质上具有神话特性和记忆特征的历史庆典才产生历史的一代并使其根植于记忆当中。

实际上，由于"代"的存在（这也是为什么我们在这里对这个问题感兴趣），人们会感到沉浸于纯粹的记忆中会很好。这种纯粹的记忆就是嘲笑历史，忽视历史的间隙和连贯性，续接和阻碍；纯粹的记忆源于"瞬间"的感觉、强烈的形象和强烈的黏合力；纯粹的记忆是摧毁时间的延续性使时间成为没有历史的现在。从国家的角度说，摧毁时间的一个最明显的例子就是大革命。在1789年夏末，法国大革命突然创造出旧体制这个快捷的表述方式①，顿时消除了10世纪的历史时间性。但是，每一个阶段，无论从大的框架还是细枝末节，都在重新开始这个动作。我们甚至可以说，"代"的断裂（正因为如此，才产生了"代"丰富的创造性和重复的贫瘠性）从根本上说，在于使历史具有"永恒持久性"以更好地"纪念"现在。从这个意义上看，"代"是最有效的，甚至是主要的"记忆场所"的制造者，是构成其临时身份和自己特有记忆的坐标。"记忆场所"是这样的场所，它能够产生和承载象征性回忆、密码和使彼此相互认识的标记的无限权力，这些不断地通过叙述、资料、见证资料和摄影使其复活，重新恢复生命力。挖掘"代"的记忆就是从对这些场所的清查开始。对于法国，对于我们这一代，这就是本书的目的。如果我们仅仅看到帕格森式的心理学家，比如像皮埃尔·让内（Pierre Janet）所提出的古老区别，即区别情感记忆和理智记忆的话，或者是受杜尔凯姆思想影响的社会学家，如莫里斯·哈布瓦赫（Maurice Halbwachs）对集体记忆社会范畴的分析，那么任何人都不会有所进步。然而这还关系到其他问题，因为"代"的记忆没有反映个人的心理问题。"代"的记忆所凝聚和表现的场所都有一个共同点，就是成为共同的场所，集体参与的中心，但是也可以立即感受到个体的适应性。会议、报纸、游行、全体大会、协会等，这些都是政治一代人的大众象征；对知识分子一代，他们的表现就是出版社和杂志，场所就是咖啡馆、沙龙、研讨会、"法国高等师范学院文科预备班"或者书店。不是个人将记忆同公共坐标联系在一起，大家所分享的也不是个人情感。"代"的记忆反映的是历史和集体的社会群居性，这样才能自我内在化，使其深入心灵深处，产生一种本能的无意识感，从而控制生命的选择，忠实于本能

---

① Cf. François FURET, «L'Ancien Régime et la Révolution», *in* P. NORA （dir.）, *Les Lieux de mémoire*, t. Ⅲ, *Les France*, vol. Ⅰ, *Conflits et partages*, *op. cit.*, pp. 106 – 139.

的反应。"我"同时也是"我们"。通过这样的体现和分析，记忆同时间不再有什么重要关系了。正是在这一点上我们才触及"代"最真实的一面。"代"的一元因素自我封闭，固定于自己的身份特征之上，从特征上排斥历史和历史"教训"。一位科学史学家托马斯·S.库恩（Thomas S. Kuhn）曾描写了一些"范式"，控制着科学革命的机构①。而"代"的一元因素同这种"范式"倒有些关联。这些自我封闭的集团由研究员和学者组成，他们结合在一起，对现象提出统一的解释模式，封闭孤立，通过智力上的协调一致、行业间的实习、一定的工作风格和独特的语言方式，形成关键的反射作用。这些集团能够在"代"的记录当中以奇特的方式表现出来。同样，科学集团通过根本对立来自我定义，暗暗地分享科学传统成果的精华，他们各代人同其他人几乎没有什么要分享，但同时又把所有拿出来与人分享。这两个概念十分相近，就像丹尼尔·米洛（Daniel Milo）②所研究的那样，这种相近性值得赋予他们应有的地位，即具有决定性而同时具有边缘化的地位，赋予他们记忆的历史性坐标，根据这些瞬间的起决定作用的坐标将各"代"重新组合起来。"代"的范例也是一样，自我封闭，但同时经历所有的时间长河，毫不改变地维持着自己的生命直到被消除或取代。与此同时，等待着新的一代有可能重新激活它，启用它们特有的功能。所以，人们所说的"战争和占领时期范式"，即当代法国意识和身份特征的中心模式，在长期的秘密谋划之后，成为不断重新投资的目标。在20世纪60年代初，产生第一次浪潮，这次浪潮只限于历史学家领域，在30年代的时候已经达到高潮了。但是，这次浪潮始于那些在年轻时就已经经历过的人，比如，让·图沙尔（Jean Touchard）和勒内·雷蒙（René Rémond），那时他们早已谨慎地、非常具有科学性地提出法国法西斯是否存在这个中心问题③。但是，是1968年这一代，而且总是这一代，重新投入大规模的活动。从那一

---

① Thomas S. KUHN, *La Structure des révolutions scientifiques*, Flammarion, 1972.

② Cf. Daniel MILO, «Neutraliser la chronologie: "génération" comme paradigme scientifique», *in* ID., *Trahir le temps (Histoire)*, chap. IX, Les Belles Lettres, 1990.

③ L'essai de Jean TOUCHARD, «L'esprit des années 1930», paru dans Guy MICHAUD (dir.), *Tendances politiques dans la vie française depuis 1789*, Hachette, 1960。这篇文章直接受 Jean-Louis LOUBET DEL BAYLE 的古典著作 *Les Non-conformistes des années 30. Une tentative de renouvellement de la pensée politique française* 的影响，Éd. du Seuil, 1969。从1954年起已经开始这个问题的讨论，Cf. R. RÉMOND, *La Droite en France de 1815 à nos jours*, *op. cit.*，在1982年第4版 *Les Droites en France* 中，第10章以"是否存在法国法西斯主义？"开始。这个问题还有后续，直到 Zeev Sternhell 发表自己的著作，并引起一场论战。

年开始，帕特里克·莫迪亚诺（Patrick Modiano）出版了小说《星形广场》。那时他只有 20 来岁，就已经开始幻想着重新构建占领时期的记忆场所，后来在 1971 年继续这种建构，并出版了《悲伤与怜悯》。仿古的方式，如同总检察官安德烈·莫尔内（André Mornet）在 1949 年所说的，通过所有可以想象的途径，科学、小说、电影、历史①等方法，将大量冲击着"将要从我们的历史当中删除这 4 年"的言论，这一方式一直延续到今天。

　　说到这一点，我们可以衡量这一代所走过的路程和全部的新陈代谢过程。历史、人口学和精神思想的定义构成了一道五彩斑斓的彩虹，展开关于各"代"的经验性研究。现在关于这一研究我们拥有十分完备的试验台，覆盖了整个社会领域。当然，今天这一定义的波频集中在记忆问题上。记忆使"代"的问题成为纯粹的时间格律分步的象征，代表着变化的优先模式，指出并接受社会活动者的到来。而且，托克维尔已经很好地指出了年龄的组织和分类原则。在民主时代，人们总是让年龄承担着一定的作用，因为在民主时代，"相似的概念没有贵族时代那么模糊"。但是，"在让每一个人忘记他的祖先，对他隐瞒其后代"的同时，这个时代也看到了"既紧绷又放松的人性情感关系"②。人们也许不会更好地描绘当代历史分期这个十分特殊的范畴的位置，它是处于中心位置，归根到底，还是一个卑微的地位。它没有人类学方面的纬度，也没有时代的宗教性，没有世纪的历史尊严，更没有那个时代或者那个时期丰富的色彩和幅度。它建立起来的个人与集体的混合：一方面，删除了它的心理深度；另一方面，也删除了它的表达潜力。当然，这是一个无限的现象，如同无意识一样，令人着迷，但同时也是昙花一现，简短、贫乏、重复。在一个不断改变的世界中，每个人都可以成为自己的历史学家，"代"是将他们的记忆变成历史的最本能的一种方法。因此，"代"是个体历史客观化本能的时间领域。

　　赋予"代"这个概念强烈的现实性和解释功能的，是法国独特的境况。法国从战争以来经历了双重历史的意识过程。也就是说：一方面，法国过度投入沉重的历史挑战当中，造成法国具有比欧洲其他任何国家都沉重的历史；另

---

① P. ORY，«Comme de l'an quarante. Dix années de "rétro satanas"»，其中提供了 1968～1981 年极为有用的编年史。

② Alexis de TOCQUEVILLE, *De la démocratie en Amérique*, Gallimard, 1951, t. Ⅱ, partie Ⅱ, chap. Ⅱ：«De l'individualisme dans les pays démocratiques», p. 106.

一方面，法国也经历过完全取消世界历史约束的过程，这让法国对自己独特历史经验做纪念性的深刻反思。这种现象是唯一的、复合性的，也是极为特殊的。因此，需要谨慎思考，明确相互交叉的各条线路。

我们快速概括一下各个历史时期。先说战争：法国是所有国家当中唯一赢一半败一半的国家。英国将所有的死亡危机同最终的胜利结合起来，而德国却走向了相反的道路，但是整体灾难要求它做一些简单的调整。具体地说，应该要等一代的时间间隔才让德国在绿色的青春和历史学家的争论当中重新找回意识的悲剧，才重新将德国的历史同我们的历史彼此靠拢。西班牙从这件棘手的事件中轻松脱身。相反，解放以后高度的悲怆凄婉却处于一种张力当中，这让法国，因为抵抗运动和戴高乐，以分享战败国遗产的方式来分享战胜国的命运。法国已经因为内部分裂而遭到破坏，遭受凌辱和洗劫，而且法国一直希望重新寻找自己在世界中的"排序"，因为它已经失去了一切真正的实力手段。当法国刚刚开始崛起的时候，冷战开始了。每一个国家都有它自己的阵营。但是，法国因为共产党的存在影响很强烈，而且去殖民化的问题一直萦绕着这个国家，在 1945 年法国没能做出决断，成为西欧唯一将阵营划分内在化的国家，所以它没有掌握主导权，从而不得不经历着意识上的分裂，一方面是政治无能，另一方面是机构瘫痪，直到最后完全崩溃。是阿尔及利亚战争，这场真正的分裂战争不仅重新翻出了旧账，使我们的历史陷入乡土气息当中，而且这场战争还因为左派的内部冲突而加重了国家冲突，这也是战争持续不止和精神腐败最深刻的原因。这场战争给我们带来了戴高乐主义。我们在这本书中一直在研究历史不断增加的重任，从这个角度看，戴高乐主义也是一个具有双面性的历史过程。因为，这个民族主义的胜利者：一方面，在世界这个大政治舞台中重新发出多多少少是法国自己的声音，多多少少是真实的，保护了法国的后退；另一方面，代表着一个工业化和路易－菲利普主义的法国的梦想，正是这个法国进行了工业革命，平淡地享受着发展的利益。

如果系统地总结一下，这就是历史强化投资。但是，这种投资基本上是打着将法国从大的历史当中撤回的旗号进行的，这所谓大的历史在世纪的大冲击中，其实只是经历了各种反作用。通过一步一步地动摇和改变，从世界强国到中等强国，进行苦涩调整的过渡，先后经历了 1918 年、1945 年和 1962 年。这每一段时间都带有一定的分量，具有惨痛的现实和补偿性的幻想。直到那时，法国可以自诩说自己是第一个经历了欧洲身份特征形成的所有历史阶段的国家，从十字军东征到民族国家、绝对君主制度、专制制度和革命，直到殖民帝国，除了这些历史经验的结果和影响以外，它再也没有好承受的了：既没有社会主义革命，也没有纳粹的极权主义；既没有经济危机，也没有消费社会对它进行鞭策；它只经历入侵、反弹和复苏。这两种截然不同的历史意识记载相互衔接，这种黏附加深和痛苦的脱离，是理解现实当中历史被迫稳定持续上升的基础。这就是国家历史强化的悲剧性，它只是被释放出来的世界历史的本土化版本，是依靠记忆而保留下来的。历史记忆同样具有类似的双重性，国家记忆反映出来的是一个不真实的记忆：一方面，在共同庆祝彼此的一致（尽管缺少一部伟大的历史，我们拥有伟大的过去）；另一方面，又不断地衡量并一再衡量所有的历史阶段，尤其是近期发生的历史阶段，思考这些历史是否伟大至此，或者是否屈辱至此。法国大革命 200 周年纪念，在它最近的一次总结中，将凭借这样的双重记忆而维持下来，这就是永恒的模糊性而给人留下的深刻印象。法国大革命是否结束？是否是整体运动？旺代的历史是否是种族灭绝活动？罗伯斯庇尔是一个伟大的人物，还是一个掘墓人？白色恐怖时期是形势时期的一个历史片段，还是我们政治文化潜在的构造？人权宣言是普遍而且可以普遍化原则，还是一篇内部使用的文章？这些问题的回答也许是肯定的，也许是否定的。但是，这是在我们法国所经历的历史，整个世界依然在那里。这就是密特朗说的一段话的精髓："人们一直在看着我们，而我当时就在其中。"

这就是"代"及其后续问题所有潜在的爆发力。而且，这种延续性问题随着生命的延长和连续不断的变动而加快速度，不断增加。过去的不会再重来，历史参与者不会死亡，新来的人相继出现。正是这三个因素的辩证关系激化了"代"的概念，让它在构成世纪悲剧的共鸣中产生极大的影响。造成世纪悲剧的人一直都在那里，不断有各种潮流涌来，抨击着这场悲剧。所以在这里，从理论上和实践上，将存在着一个平均分配的问题，即从两个方面如何看待那些只反映"代"的记忆的东西和那些只反映历史记忆的东西。或者简单地说，是记忆与历史的分配。条件是要明确，这种分配要在两个方面进行。当记忆发生在某一代人身上，而这一代人将记忆带给了那些没有经历过但却构建了这场记忆的历史学家的时候，这就存在一个时间过渡的问题。还有一个智力过渡问题，就是从亲身见证到批判性工作的过渡。从"代"这个意义上说，这两个过渡都不是单一的。因为：有可能存在对他们自己那一代的记忆十分杰出的批判，这一代的记忆也造就了一批历史学家；也有可能是一代历史学家，也是很杰出的，他们的工作特点是以他们自己那一代人的记忆来重新思考他们的客体。这是人们一直观察的事实，尤其是法国大革命 200 周年纪念，可以对法国大革命进行一次验证。完整的记忆从大的历史中走出来，进入一个历史记忆完全虚空的大时代，正是这两个方面将记忆的双重分配集中在"代"的决定权上，并扩大到国家历史的维度上，这种分配是在两个最具有悲剧性的历史时刻进行的，即：法国大革命和战争。

关于我们开始提出的几个问题，答案很明显。的确存在"法国式"的几代人。如果说记忆场所是"代"的话，那么并不是因为简单的记忆群体而产生了共同经验的平庸性和无意义性。如果说记忆场所是"代"的话，那是因为记忆和历史朴素而微妙的作用，是保留至今的历史，是成为自己证人的历史参与者，是变成参与者的新证人不断反弹的辩证法。正是因为这三个因素的碰撞才产生了问题；正是这些因素的结合才构成今天法国的记忆中心，点燃了"代"的概念。此时此地，戏剧继续上演，每一代人都在重新书写他们那一代的历史。但是，后面几代人需要等多长时间才能重新找到如此耀眼的星光呢？

二　国家回忆录的王道①

关于"法国的某种思想"，现今出版的戴高乐将军的《回忆录》让这一类作品重新恢复了它的光芒，重新找回它古老的尊严。这类作品可以追溯到菲利普·德·科米纳（Philippe de Commynes）时代，那个时候当然也包括叙利公爵的《王室经济》，黎塞留的《遗嘱》，路易十四的《回忆录》《纪念圣海伦》，还有基佐的《我这一时代的历史回忆录》。在三元节奏和带有学院式庄严语气背后，这份不言而明的参考资料迫使人们接受一系列先辈们的价值。塔西陀（Tacite）的悲观主义特征，恺撒第三人称的使用，雷茨（Retz）的马基雅维利观念和国家政府准则，圣西蒙的肖像艺术，拿破仑在科隆贝的流放，夏多布里昂的不安与褶皱的衣服。总之，这是所有文化的坐标，继承了所有的传统，戴高乐将军以他的方式（是最好的也是最坏的）、高度浓缩地回顾了国家记忆的

---

① Paru sous le titre《Les Mémoires d'État. De commynes à de Gaulle》［1986］, *in* P. NORA （dir.）, *Les Lieux de mémoire*, t. Ⅱ, *La Nation*, vol. 2, *Le Territoire-L'État-Le Patrimoine*, *op. cit.*, pp. 355 - 400.

传统，并提供了一个暗示性的参考标准。

这一传统同国家的集体表现联系得过于紧密，以至于在今天都无法抹杀这个传统。关于回忆录，那个时代从来没有像今天这样销售这么多，但是却不再是同样的回忆录了。一方面，是年鉴学派；另一方面，是心理分析学派。这两个学派都在更新传记的格局。历史的概念扩大到根本现象当中，这一概念牺牲了官方传记，而优先于匿名的或者不知名的人物传记，他们最能代表中产阶级的精神思想；深层精神学拥有政治传记的职能性报告，甚至是事实的简单叙事，强烈地抨击了那些平庸的思想。所以，每个政治人物在职业生涯结束的时候，几乎必须出一本传记，讲述他所看到的真实情况，这已经成为民主派的惯例。而媒体采访以及口头调查，不时地唤起他们的回忆，从他们的传记当中断章取义，这些最终归于单调，变成几乎是庄严令人敬畏的统一类型。然而，这种类型不仅是几部文学著作，也有一些思想，具体地说，是关于记忆、权力和历史的思想。

在最近几年中，自传、生活叙事和日记引起人们很大的兴趣①。为了对回忆录进行分析，人们研究类似具有可比性的特点，但是却没有什么结果。也就是说，出现大量的关于主要著作的研究工作。在一些战略性时期，有部分试图表现出共同价值②；提出精辟的评论以区别自传与回忆录③。但是，这只是从乔治·米施（Georg Misch）那份还没有完成，也没有翻译成法文，只有一个

---

① Cf. Philippe LEJEUNE, *L'Autobiographie en France*, A. Colin, «U2», 1971, *Le Pacte autobiographique*, Éd. du Seuil, 1975, et *Je est un autre*, Éd. du Seuil, 1980；Georges MAY, *L'Autobiographie*, PUF, 1979, et Daniel MADALENAT, *La Biographie*, PUF, 1984。日记有：Béatrice DIDIER, *Le Journal intime*, PUF, 1976。口头历史：Philippe JOUTARD, *Ces voix qui nous viennent du passé*, Hachette, 1983。自画像：Michel BEAUJOUR, *Miroirs d'encre*, Éd. du Seuil, 1980。社会科学自传方法：Jean POIRIER, Simone CLAPIER-VALLADON et Paul RAYBAUT, *Les Récits de vie, théorie et pratique*, PUF, 1983。生活叙事参考书目：Wayne ISHIKAWA, «Life-Writing in France：A French Bibiography», *Biography*, vol. V, n° 4, automne 1982, pp. 335 – 350, Philippe LEJEUNE 加以补充：«Bibliographie des études en langue française sur la littérature personnelle et les récits de vie, I：1982 – 1983», *Cahiers de sémiotique terxtuelle*, Université de Paris X-Nanterre, n° 3, 1984。值得一提的是：*Dictionnaire des littératures de langue française*, édité chez Bordas, 其中有一篇关于自传的文章（Daniel COUTY），但不是关于记忆的。

② 斯特拉斯堡和梅斯 1978 年 5 月 18～20 日会议摘要：*Les Valeurs chez les mémorialistes français du XVIIᵉ siècle avant la Fronde*, sous le patronage de la Société d'étude du XVIIᵉ siècle, Klincksieck, 1979。

③ Cf. Georges GUSDORF, *La Découverte de soi*, PUF, 1948, *Mémoire et personne*, PUF, 1950；«Condition et limites de l'autobiographie», in *Formen der Selbstdarstellung*, *Festgabe für Fritz Neubert*, Berlin, Duncker und Humblot, 1956.

大框实际上很少有利用价值的纪念性列举清单①着手，对自传做整体分析，以归纳出类型特征，或者对自传进行大体分类，对整体做年代史划分。这个清晰明了、多种形式无所不在的分类在历史学家②和文学家③之间无所适从，因为历史学家要求那些被推定为回忆录的著作能够揭示一些真相；而文学家更加关注美学的发展变化，而不是作品的历史条件。这一缺陷也许可以以一种独特的方式提供一种连贯的看法，比如，回忆录是国家权力的评论和报告，可以看到回忆录同权力、国家政府的关系。在法国，国家政权的过早出现以及它连续经历的各种形式是唯一可以说明为什么在法国会出现这么丰富的纪念性作品，而且还会多次反弹。

我们再次强调：我们不是在研究类型发展史；也不是重新研究历史与回忆录之间古老而交错复杂的关系；不是系统考察从 17 世纪以来一直存在的回忆录与文学之间丰富的交流；更不是剖析回忆录与自传之间各种细微的关联（尽管所有的问题都值得进行深刻的分析）。而是在国家民族记忆这一整体地理面貌纹路方向中，比较文章粗略性，因为这些文章往往很难进行比较。与此同时，标志出那一块重要山脉的大框，这块山脉尽管定期有人来参观。从根本上说，却很少有人来开发这块土地。

回忆录的记忆

要掌握回忆录的传统在我们自己传统中的分量，应该站在回忆录传统形成的中心环节上，也就是在复辟末期那关键的 10 年和七月君主制度的头几年。直到那时，传统时期出版了一些十分分散的作品，一般是通过管理不严的出版社，往往是在科隆、阿姆斯特丹或伦敦的出版社。有一段时期，比如，路易十四个人统治前期，曾经集中出版了《投石党回忆录》。叙利和黎塞留的回忆录

---

① Georg MISCH, *Geschichte der Autobiographie*, Francfort-sur-le-Main, Schulte und Bulmke, 1949 – 1962, 6 vol., 前两卷开始的时候在莱比锡和柏林出版, Teubner, 1907 et 1931. 英文版: *A History of Autobiography in Antiquity*, Londres, Routledge and Kegan Paul, 1950。

② Henri HAUSER, *Les Sources de l'histoire de France*, XVIe siècle, Picard, 1908; Émile BOURGEOIS et Louis ANDRÉ, *Les Sources de l'histoire de France*, XVIIe siècle, t. Ⅱ, *Mémoires et lettres*, Picard, 1913. Robert BARROUX, «Mémoires», *in Dictionnaire des lettres françaises*, Fayard, 1950 – 1951, 4 vol.

③ 事实上多是古典文学的历史学家来研究回忆录。除了这些专著以外，还可以参阅: Marc FUMAROLI [cf. *infra*, note 3, p. 477] et René DÉMORIS [cf. *infra*, note 1, p. 490]。

在 17 世纪不断再版，而到了 18 世纪也各自再版了一次。18 世纪，除了摄政时期的回忆录因为雷茨那次糟糕的出版而取得胜利以外，人们更喜欢凡尔赛的回忆录。而那时圣西蒙还不为人所知。在定期再版的回忆录中，布莱斯·德·蒙吕克（Blaise de Monluc）和皮埃尔·德·莱斯图瓦勒（Pierre de L'Estoile）、巴桑皮尔（Bassompierre）伯爵、拉·罗什富科（La Rochefoucauld）、蒙庞西埃王妃（Mlle de Montpensier）的回忆录比其他回忆录都受读者欢迎，在 16 世纪发行了 7 版，17 世纪又发行了 7 版，在 18 世纪继续发行了 3 版。另外，科米纳的回忆录是国家政治人物的枕边书，是这一类型的典范①。

从 1820 年到 1840 年，人们突然开始系统地大量出版巨大的纪念性作品。其中重要的也是第一部集锦，就是贝蒂多（Petitot）编写的《法国历史回忆录全集》，出版于 1819 年。克劳德－贝纳德·贝蒂多②在47 岁的时候已经是一位备受尊敬的文献学家和文人。在法国大革命时期，他写过很多作品，但没人赏识。后来经冯塔纳（Fontanes）的介绍开始在共和国教育部（Instruction publique）工作，并一直在那里工作到晚年，成为教育部部长。翻译过艾法利（Alfieri）和塞尔旺岱斯（Cervantès）的作品；出版过波尔－罗亚尔（Port-Royal）和拉辛（Racine）的《语法》；出版过拉·尔普（La Harpe）和莫里哀的作品；出版了 33 卷《法国戏剧目录索引》。开始的时候，他只是想以 42 卷本的形式重新出版类似让－安东尼·鲁谢（Jean-Antoine Roucher）在 1785 年开始着手进行的一部集锦的编撰，而这部集锦也是根据狄德罗一套书的形式构想出来的，目的是要"服务于法国历史"。但是，法国大革命的爆发中断了这项工作，在编辑第 65 卷的时候解散了这份工作。这部集锦同样

---

① 《Tableau des dates de publications des principaux Mémoires depuis le milieu du XVᵉ siècle jusqu'au milieu du XVIIIᵉ》dans l'appendice III de l'excellente thèse d'André BERTIÈRE, *Le Cardinal de Retz mémorialiste*, Klincksieck, 1977, pp. 606 - 615.

② Claude-Bernard PETITOT 于 1772 年 3 月 30 日在第戎出生。1790 年来到巴黎，他是一名改革主义者，投身于戏剧的编写，先后编写了：*Hécube*（reçue au Théâtre-Français）, *La Conjuration de Pison*, *Geta*, *Laurent de Magnifique*, *Rose-monde*. 但是却都没有取得成功。后来被任命为塞纳省公共教育部办公室主任，推进希腊文学习，重建统考制度。1805 年在第戎完婚。Fontanes 当时是大学校长，1808 年任命他为学监。1815 年辞职，但仍继续留任为共和国教育部委员会秘书长一职，并在 1821 年成为大学顾问。1824 年被任命为共和国教育部部长并一直任职到 1825 年 4 月 6 日。1803 年 PETITOT 出版了 Port-Royal 的 *Grammaire générale* 的新版，随后出版了他的 *Essai sur l'origine et la formation de la langue française*. 他的 *Répertoire du théâtre français*（1803 - 1804）原本 23 卷，在 1807～1819 年再版时增加到 33 卷。

采用的是八开版，分册陆续出版的方式也是一样的，从维尔阿杜安（Villehardouin）到布兰托姆（Brantôme）的文章大框也是一样，从奥古斯特到 17 世纪初同样也是根据统治朝代进行分配。但是，思想和方式却已有了很大的不同：花费大量的时间建立文本、摘要和解释机制，大量详细的介绍，甚至形成真正的条约式规定，表现了正在诞生的一种文献学和评论学的需求（关于投石党和波尔－罗亚尔的注释就超过了 250 页；关于吉斯公爵和拉罗什富科的注释也有近 70 多页），而且出版发行了 500 册让－路易·福柯（Jean-Louis Foucault）精深研究的小册子①。几乎是与此同时，面对预订者的压力，贝蒂多决定同他的兄弟亚历山大策划出版他的专著，就是第二套全集。这套系列专集比第一套的计划更加雄伟，包括"从亨利四世即位起到 1763 年巴黎和平条约签订"共 78 卷。贝蒂多于 1825 年去世，而这一系列全集在 1829 年由他的合作者让－路易·蒙默尔克（Jean-Louis Monmerqué）② 最终完成。事实上，第一套比预期的多了 10 卷。从 1823 年起，整套书又进行了再版印刷，重新印刷了 500 册。

这一次真的是一个飞跃。复辟时期新出现的印刷出版商们立刻看到一个充满生机的市场，一群新的读者，他们是半贵族半小资产阶级，他们要重新建立自己的藏书，消化自己的记忆③。接着在 1824 年，原为制宪会议的印刷商博杜安

---

① 关于这些系列出版物及其引起的出版之争，有两份资料可以进行充分的阐述：一份是 *Précis des contestations relatives à la Collection des Mémoires sur l'histoire de France publiée par MM. A. Petitot et Monmerqué*，*suivi du rapport de MM. les arbitres*，publié par J.-L. FOUCAULT，le 6 novembre 1827（Bibl. nat.，Fp 2445）；另一份是 Brière 的律师 Gaudry 先生的诉讼词。关于这份讼词 Foucault 企图提出诉讼，拒绝支付 831 法郎的稿费，因为第一套书开始预计再多出版 9 册 42 本，但实际上只出了 33 本（Bibilothèque nationale，Versailles，«Courrier des tribunaux»，*JO*，A 797）。第二套，共 79 卷，其中一个"目录"就 480 法郎，两套书共 131 卷，预订者的价格是 750 法郎。

② Louis Jean Nicolas（dit Jean-Louis）Monmerqué（1780 – 1860），法官、审判官，随后从 1811 ~ 1852 年任巴黎上诉法院顾问；1822 年任塞纳省重罪法院院长，负责 4 名拉谢尔中士案件的审理，最终判处自由主义行为。1833 成为 Académie des inscriptions et belles-lettres 成员，同年成为法国历史协会奠基人之一。撰写关于 Brantôme（1823），Mme de Maintenon（1828），Jean Ier，roi de France et de Navarre（1844）的历史注释，出版了 *Lettres de Mme de Sévigné*，（1818 ~ 1819），10 卷。*Mémoires de Coulanges*，*Lettres de Louis XIV*（1822），并同 Francisque Michel 共同出版 *Historiettes*，Tallemant des Réaux（1833 – 1835），6 卷。

③ 关于复辟末期和七月王朝初期出版界深刻的变化，Cf. Henri-Jean MARTIN，Roger CHARTIER（dir.），*Histoire de l'édition française*，t. Ⅱ，*Le Livre triomphant*（1660 – 1830），et t. Ⅲ，*Le Temps des éditeurs*，Promodis，1984 et 1985。

（Baudouin）兄弟俩委托一个自由派的律师贝尔维尔（Berville）[①] 联合他的朋友巴利耶（Barrière）[②] 收集所有革命者的回忆录，在他们的推介宣传册中是这样写的："（这些回忆录是）新的一代人急切想了解的。"这一套丛书预计分 12 卷出版，1827 年出版时已经完成了 53 卷。1823 年，基佐出版了《英国革命回忆录》，共 25 卷。应让－路易·布雷耶（Jean-Louis Brière）的邀请，他同时还出版了一套丛书，名字叫《法国君主制度成立以来到奥古斯特政权历史回忆录丛书》，分 12 年，共 30 卷。这样关键时期在前后两头得到补充。涵盖了整个历史概况，产生一个整体效果。所有引言抓住每个机会："回忆录如果独立来看的话对历史没有任何价值和权力，但是整合起来，却构成了一个时期完整的图像。"[③]

整个运动没有就此结束。让－亚历山大·布松（Jean-Alexandre Buchon）[④] 是梯也利（Augustin Thierry）在《欧洲审查》（Censeur européen）报工作时的同事。他提出一项档案管理改革计划，被任命为马梯纳克（Martignac）部长办公室主任，但任

---

① Albin de Berville, dit Saint-Albin Berville（1788–1868），法官，文人。复辟时期自由派人。1821 年的时候是 Paul-Louis Courier 的辩护律师，1822 年成为 Béranger 的辩护律师，他的辩词被收入行吟诗歌集全集 Œuvres complètes 当中。七月革命以后，被任命为巴黎皇家法院大律师。1838～1848 年成为蓬图瓦斯众议员，成为议会的中心人物。制宪委员会成员，右派人士。1825 年加入哲学技术协会（Société philotechnique），并任终身秘书。Revue encyclopédique 和 Constitutionnel 杂志记者。1817 年他的著作 Éloge de Delille 获亚眠学院奖，1818 年 Éloge de Rollin 获法兰西学院演讲奖。他的很多辩词被载入 Panckoucke 的 Barreau français 系列和 Warée 的 Annales du barreau 中。另外，除了 1845 年出版的 Fragments oratoires et littéraires，还收集了他的文学和诗歌于 1868 年出版了 Œuvres diverses，1869 年出版了 Œuvres oratoires。

② Jean-François Barrière（1786–1868），打算从事律师职业，最终成为塞纳省政府的一个厅长，主要负责医院的组织工作。政论家，Gazette de France 和 Journal des débats 杂志的记者。除了上述提到的两个重要系列以外，还出版了 Campan 夫人和 Loménie de Brienne 的回忆录，以及从未出版的关于 17 世纪的两部选集：La Cour et la ville sous Louis XIV, Louis XV et Louis XVI, 1829 和 Tableaux de genre et d'histoire, 1848。

③ Prospectus de la collection Berville et Barrière des Mémoires relatifs à la Révolution française.

④ Jean Alexandre Buchon（1791–1846），政论家、历史学家、旅行家。在他的专栏中分别介绍了 Georges Chastellain 和 Jean Molinet 的重要作品，根据 André Dacier 的建议，还介绍了 Jean Froissart 的作品。关于他档案改革的总规划，cf. Pierre PETRESSON DE SAINT-AUBIN, «Un projet de réforme des archives départementales en 1829», Gazette des archives, n° 68, 1er trimestre 1970, pp. 46–48，以及 «Projet d'A. Buchon pour l'organisation des archives départementales», Bulletin de l'Ècole des chartes, n°129, 1971, pp. 120–129。1830 年以后他负责希腊的一个项目，发表了 La Grèce continentale et la Morée, 1843–1844, 2 vol.，以及他在意大利、马耳他、瑞士的游记。他同时还出版了 Histoire populaire des Français, 1832 和 Histoire universelle des religions 前三卷, 1844。为 Biographie universelle 和 Revue indépendante 杂志撰稿。Cf. Jean LONGNON, Alexandre Buchon, sa vie et son œuvre, Paris, 1911；Voyage dans l'Eubée, les îles Ioniennes et les Cyclades en 1841, avec une notice biographique et bibliographique, Émile-Paul, 1911, Maurice Barrès 为其写了序言。

期不长。后来又成为《文学神殿》的主任。布松从 1826 年到 1828 年用两年的时间在维第尔（Verdière）出版社出版了《13 世纪到 16 世纪白话文民族编年史》，共 46 卷。从 1824 年到 1826 年还出版了 14 卷悲剧艺术回忆录。七月革命以后加速了这种现象。皇家图书馆的两位馆员，路易·拉菲斯特（Louis Lafaist）[路易·辛布尔（Louis Cimber）的笔名]和菲里克斯·丹茹（Félix Danjou）向位于罗浮宫旁圣托马大街（rue Saint-Thomas-du-Louvre）的波崴（Beauvais）出版社提出，希望从 1834 年到 1839 年出版《法国历史神奇档案集：从路易十一到路易十八》，共 24 卷，主要是来补充基佐、贝蒂多和布松的丛书。尤其是在 1836 年到 1839 年，米修（Michaud）和弗朗索瓦－普汝拉（François-Poujoulat）出版了《13 世纪到 18 世纪末法国历史回忆录新集》。皮埃尔·拉鲁斯（Pierre Larousse）非常仇恨天主教思想，负有极大的责任，把这部新集锦看作贝蒂多系列丛书的模仿品。不过说实话，米修①身为学术院院士，是《十字军东征》这部历史书的著名作者，是加布里埃·米修的弟弟，他的一生都在从事着《普遍传记》的编撰。在这项工作中，人们只是借用了他的名字罢了。这部集锦主要还是由小普汝拉②来完成的。这部著作内容丰富，充分证明了他的能力，

---

① Jean-François MICHAUD（1767 –1839），历史学家、政论家。出生于法国阿尔邦斯（萨瓦省）。19 岁的时候在里昂一家书店工作，后得到 Fanny de Beauharnais 伯爵夫人赏识，在 1790 把他带到巴黎。因为替保皇党的报纸撰写文章，所以逃难到艾恩省。因支持保皇派反对制宪会议而于葡月 13 日被捕，被判死刑。后来逃到瑞士直到雾月 18 日才回到法国。1806 年开始同他的哥哥 Louis-Gabriel 一起编写 *Biographie moderne, ou Dictionnaire des hommes qui se sont fait un nom en Europe depuis 1789.* 这是具有里程碑性质的著作 *Biographie universelle* 的初版，他交给他的哥哥来完成，而自己则专心编写 *Histoire des croisades*，共 5 卷文章，4 卷参考书目（1811 ~1822 年）。自 1813 年当选法兰西学院院士，复辟时期众议员，是 *La Quotidienne* 杂志的主要编辑，1830 年以后成为 *Moniteur* 的主编。有一个很有趣的细节：正是 *Biographie universelle* 的 “出版说明” 强调指出他只是名义上参与了著名的回忆录系列的编撰工作：“在这项工作中，他自己也承认，他的工作几乎为零。” 另外，他那时还在意大利疗养。人们对他的最终评价是：“他身上有一种细微近似完美的学术性的东西，但同时也有一些苍白而无法确定的东西：那是真实而简单的能量，在他的谈话中和写作中缺乏这种能量。”

② Jean-Joseph François POUJOULAT，1808 年出生于法国罗纳河口省，1826 年在普罗旺斯完成学业后来到巴黎。因为他对保皇党和基督教的热情而受到米修的赏识，并联合他一起建立十字军东征图书馆。1830 年他陪同米修去东方，并同他共同出版了 *Correspondance d'Orient*，7 卷册（1832 ~ 1835 年）。他去世后，又新出版了 *L'Histoire des croisades*（1840 – 1846）。从 1848 年到 1851 年任制宪立法委员会众议员，12 月 2 日退出政界，专心投入记者工作（*Le Musée des familles*，*La Quotidienne*，la *Revue des Deux Mondes* 杂志的记者）和文学创作。他的文学创作包括 25 篇，主要涉及三个领域：东方（*La Bédouine*，1835，获法兰西学院奖；*Histoire de Jérusalem*，1840 – 1842；*Voyages en Algérie*，1846）；天主教（*Histoire de saint Augustin*，1844；*Lettres sur Bossuet*，1854；*Le Cardinal Maury*，1855；*Vie de Mgr Sibour*，1857；*Associations et congrégations religieuses*，1860；等等）；政治（*Histoire de la Révolution française*，1847；*La Droite et sa mission*，1848；*La France et la Russie à Constantinople*，1853；*Le Pape et la liberté*，1860）。

而他本身也得到了雅克–若瑟芬（Jacques-Joseph）① 和埃梅·香波里奥–菲雅克（Aimé Champollion-Figeac）的帮助，一位是埃及学家的哥哥，一位是他的侄子。由于他们将注释缩减了，整个文章的篇幅也得到了很好的控制，大版本，分两列排列，共 32 卷，可以随意调整。"米修—普汝拉"这对组合，同 "贝蒂多–蒙默尔克"这对组合一样，成为一对经典组合。这两对直到今天也没人能够超越他们。他们构成了一部材料汇编：基本的作者就有 100 多人。而且，这还远远不够。1836 年，布松做出了一个选择，用 17 卷的文章讲述从茹安维尔（Joinville）到 18 世纪的历史；1846 年，迪多（Didot）要求巴利耶在莱斯库尔（Lescure）的协助下完成 18 世纪 37 卷回忆录的编撰。这样的编撰工作多得不胜枚举，每一次都格外出版了很多厚厚的分册，目的是为了不影响整体平衡。如果我们只算最基本的几部，最主要的系列丛书就有 500 多卷，在几年当中，充斥并活跃着有关记忆书籍的市场。

　　尽管出版商努力做了大量的评论，但是不应该对专家学者的科学出版物深信不疑。恰恰相反，基佐本人在他的系列丛书的一个宣传册中宣称："我们古老历史的原始纪念物直到今日一直是学者们的独有遗产；公众根本无法接触，他们无法了解法国和法国生活……"② 像所有在这一潮流中出现的回忆录一样，相对于过去几个世纪本笃会修士的编译工作，尤其是樊尚·杜歇教士（Dom Vincent Duchesne）和布凯教士（Dom Bouquet）的编译工作而言，这些丛书主要的意义在于着手发动一场巨大的记忆民主化运动，让所有人，无论是旧法国的拥护者还是新法国的拥护者，让他们拥有一个庞大的集体资本，一个巨大深厚的国家生活经历储藏库。这是所有人共同的经历，如同您就在其中一样，体会着它舌尖上的

---

① 关于 Jacques-Joseph CHAMPOLLION-FIGEAC（1778 – 1867），他是 Jean-François 的哥哥，也是他的合作者，cf. Charles-Olivier CARBONELL 的博士论文，*L'Autre Champollion. Jacques-Joseph Champollion-Figeac*，Toulouse，Presses de l'Institut d'études politiques et l'Asiathèque，1985。效忠于达西的人。Académie des inscriptions et belles-lettres 学院终身秘书、国立文献学院教授、皇家图书馆馆长，说到底不是一个完全的博学者。Jacques-Joseph Champollion-Figeac 曾参与基佐主持的很多文献开发工作。1830 年他曾使他的儿子 Aimé 进入国立文献学院作旁听生，接着在 1831 年让他成为皇家图书馆的 "书记员"。他的儿子完成了一本书，题为 *Les Deux Champollion*，1880. 在米修和普汝拉主持的系列丛书，有 Jacques-Joseph 和 Aimé 联名出版的 *Mémoires* de François de Lorraine，du prince de Condé et d'Antoine Puget（t. VI），du *Journal* de Pierre de LEstoile（t. XIII），de Retz（t. XIII），des *Mémoires* de Brienne，Montrésor，Fontrailles，La Châtre，Turenne（t. XXV），d'Omer Talon et de l'abbé de Choisy（t. XXVIII）。

② Prospectus de la collection Guizot de *Mémoires relatifs à l'histoire de France depuis la fondation de la monarchie française*.

滋味及其不可争议的事实。他们看到了，您同他们一起攻占罗克鲁瓦（Rocroi），走进国王的卧室，占领了巴士底狱。这是所有出版商不断重复、不断上演的剧目。当然，在这些系列丛书当中存在着很大的差别。贝蒂多—蒙默尔克和米修—普汝拉组合浓缩了经典教规，构成了一套无法进行根本性更改的著名材料库。基佐提供了这一个范围的根本基础，翻译并提出了新的作者，比如，基伯特·得·诺让（Guibert de Nogent），而且他还竭尽全力建立叙事起源的历史文献编撰工作。贝尔维尔和巴利耶代表着政变，至少是一个大胆的行为，因为他们提出了一部当代历史，在历史记忆中引进了一个依然很新鲜并富有争议的记忆。人们能否想象在第二次世界大战之后，普舍（Pucheu）或德亚特（Déat）的回忆录会同迪永的回忆录结合在一起？然而，除了坟墓和时间以外，正是这一案件起诉革命悲剧中四十几名享有特权的证人。在这场悲剧当中，我们看到，制宪议会派图雷乌（Turreau）将军去审查旺代人，图雷乌将军同他们最著名的首长之一的遗孀拉·罗什雅克兰侯爵夫人（marquise de La Rochejaquelein）关系十分亲近，路易十六的随身仆人克莱瑞（Cléry）却同判处路易十六死刑者卡诺走得很近。在这种结合当中，出版商看到了"阐述当前关于巨大变化的原因、过程及影响的最有效的方法，他们如今已经有很大收获"。传统回忆录、运动回忆录、历史文献回忆录，这一切都是统一的；符合同样的爱好和类似的企图。《环球报》在热情接待贝蒂多的时候评论道："也许我们搞错了，也许马上就会流行起来，全世界的人将会为获得渊博的学识而度过他们大部分的娱乐时间。"每一位编写回忆录的人都会深深地卷入政治当中。贝蒂多曾是朴素君主主义天主教徒，米修完全不知悔改，基佐是自由的空论家，贝尔维尔是自由的爱国主义者，但是他们所有人都遵从同一个目的，即：以史证为基础建立当今国家合法性。所有人都深信，全部历史文明遗产唤起了一种"公正与善良的情感"，这种情感正是基佐想重新在自身上找到的那种感情。具体地说，这些以政治为目的的回忆录集锦，它们的重大意义在于，重新找回国家集团潜在的资本，将一个早已不存在的法国鲜活的记忆同当代法国流血的光荣记忆结合起来。

19世纪20年代正是这种高潮时期。在那个时期政治一片空白，但是却充满记忆，所有的政治和社会条件、议会活动的更新、沙龙的重新兴起、反对审查等都促进了记忆的发展。这一切结合起来，将复辟变成一个记忆的节日和戏剧。路易十八悲惨的王室如同查理十世一样，被歪曲夸张，遭到讽刺，看到对旧王室那些描述让人感觉好笑。1815年那场国家耻辱反而有利于法国对以往和新近取得的荣耀进行叙述，增加了这些叙事的价值。在和平的反响当中，开始了回忆录的内战。法兰西帝国为法国大革命蒙上一层沉重的枷锁，严厉地惩罚那些试图摆脱这种束缚的各种努力①。拿破仑的失败迅速引起革命回忆录的连续出版②，其中也包括关于拿破仑自己的传说③，萨尔科（Salgues）的 9 卷编译著作标志着这一系列传记的开始，1823 年出版的《备忘录》使其达到高峰。没有关于山岳派的回忆录，那要等到 19 世纪末期，解除压在这些"吸血鬼"们身上的巨大耻辱才出现的事。因为构成法国大革命历史的不是山岳派，而是制宪会议派和吉伦特派，这一点拉马丁（Lamartine）的书《吉伦特派的历史》是最好的证明④。一项出版数据有力地证明了这一点：关于老吉伦特派的回忆录，一半以上是在 1830 年以前出版⑤。查理·巴耶勒（Charles Bailleul）被指责反对 1793 年 6 月 2 日纪念日，在吉伦特派政权的最后几天被戴上脚镣带到巴黎监狱。作为证人，他的回忆录在 1818 年被一抢而空。紧接着，在贝尔维尔和巴利耶的回忆录丛书中，巴耶（Bailly）、布佐（Buzot）、佩蒂翁（Pétion）、梅连（Meillan）、卡诺（Carnot）、梯布多（Thibaudeau）、杜朗 – 马亚纳（Durand-Maillane）、朗瑞奈（Lanjuinais）、李瓦塞尔（Levasseur）、费鲁（Ferroux）、富歇（Fouché）的回忆录，不管是真是假，往往因为被砍了头而中断。有时候，出版商会接到受害者的儿子送来的书稿，比如，像巴尔巴鲁（Barbaroux）的回忆录那样。在这些回忆录当中，还有怎样的情感没有表达出来呢？另外还有很多回忆录要重新分别出版，比如，让 – 帕普迪斯·卢维（Jean-Baptiste Louvet）的《我的悲催叙事》；奥诺雷·里奥福（Honoré Riouffe）的《犯人回忆录》；罗朗夫人（Mme Roland）的《呼唤

---

① 这是 Pierre PAGANEL 在 1810 年因为出版了 *Essai historique et critique sur la Révolution française* 而遭遇到的事情。

② Cf. Edmond BIRÉ, *La Légende des Girondins*, Genève, Société générale de librairie catholique, 1881.

③ Cf. Jean TULARD, *Bibliographie critique des Mémoires sur le Consulat et l'Empire*, Centre de recherches d'hisoire et de philologie de la IVᵉ section de l'École pratique des hautes études, vol. XIII, Genève, Librairie Droz, 1971.

④ Sur la genèse de l'*Histoire des Girondins*, rééditée chez Plon en 1984 avec une introduction et des notes de Jean-Pierre JACQUES, cf. la thèse (inédite) d'Antoine COURT, «Lamartine historien», université de Clermont-Ferrand II, 1985, et l'article de Fabienne REBOUL, « Histoire ou feuilleton? La Révolution française vue par Lamartine», *Romantisme*, vol. XVI, n° 52, 1986, pp. 19 – 33.

⑤ Le point a été bien mis en lumière par la thèse de Sergio LUZZATO, «La Rivoluzione nella memoria, studio sulla memorialistica dei convenzionali», École normale supérieure, université de Pise, 1985.

不公平的后裔》。由于这些回忆录，产生记忆的一些重大意义，从而使国家度过了整个 19 世纪直到今日。

我们这里所关心的问题很多，包括国家记忆的凝聚力（它既有团结性又有分裂性），对记忆的重新体验（这种体验已经变成历史形式，文章的真实性，出版社甚至还有出版物的水平）。但不管怎样，这些都不重要。相反，是各种形式交织混合在一起才使历史的新关系具有一定的意义。这种新关系从此确定下来，有关的回忆录成为它的基石和象征。这些回忆录出现在各个阶层，从普通大众到专家学者，重要的是它们彼此相互渗透。除了维多克（Vidocq）的回忆录以外，一些出版商还根据大大小小的故事伪造或编造黎塞留的《回忆录》以及路易十八的《回忆录》，这些伪造作品不伤大雅，也能够娱乐读者。王后的秘密、侍女的回忆录，这些都是出版商不遗余力想得到的东西。他们毫不吝惜钱财，组织一些"洗染匠"，比如，威尔马莱（Villemarest）、伊达·德·圣-埃尔姆（Ida de Saint-Elme）、洛克福尔（Roquefort）、博尚（Beauchamp）等 25 名虚假作者编写伪回忆录。他们根据一些多多少少值得怀疑或者根本没有依据的草本杜撰一些回忆录，草草地赶编布列纳（Bourrienne）的回忆录，还有康斯垣（Constant）的回忆录。最著名的伪回忆录作家当属拉莫特·朗贡（Lamothe-Langon）①，他曾出版了很多爱情小说、黑色小说和风俗道德小说，之后转向编撰虚假回忆录。仅在 1829 年这一年，他就出版了不止 20 卷回忆录，包括《黎塞留历史回忆录及轶事》《一位高尚女人的回忆录》《杜巴利公爵夫人回忆录》和《法国大臣回忆录》等。这是历史小说的潮流，正如巴尔扎克在 1829 年所说的那样，是"法国 19 世纪文学的表达方式"，是回忆录的真正模仿，是历史想象民主化强有力的工具②。从 1815 年到 1832 年，一些回忆录专家③整理出近 600 部伪回忆录，尤其在 1822 年、1828～1829 年和 1832 年这三个时期数量有明显激增。这三个时期，"我们可以说第一个时期是'苏格兰'影响期；第二个时期是自由派对政治的维护期；第三个时期是反对七月王朝期"。

---

① Cf. Richard SWITZER, *Étienne-Léon de Lamothe-Langon et le roman populaire français de 1800 à 1830*, Toulouse, Privat, 1962.

② Cf. Louis MAIGRON, *Le Roman historique à l'époque romantique*, Hachette, 1898；Georges LUKÁCS, *Le Roman historique*, Payot, 1965。巴尔扎克的引言节自 *Du roman historique et de Fragoletta*, 1829。

③ Cf. Claude DUCHET, «L'Illusion historique, renseignement des préfaces（1815-1832）», *Revue d'histoire littéraire de la France*, vol. LXXV, nᵒˢ 2-3, mars-juin 1975, pp. 245-267.

这三个时期的发展变化同回忆录的出版情况变化完全一致。其他具有时代标志的伟大历史著作，比如，梯也尔 15 卷册的《领事与帝国史》、巴朗特（Barante）10 卷册的《布艮尼大公史》、西斯蒙德（Sismondi）31 卷册的《法国人历史》，这些精巧细致地从各个编年史作家和回忆录作者的书写中节选出来重新编撰的作品，它们又是什么呢？也许米什莱可以自豪地说，自己是第一个钻研档案史料的人，也是最后让人听到历史参与者声音的人。米什莱的历史，尤其是他的革命史①，依然受记忆的魔力所主导。在他之后，记忆的魅力完全被中断。从此，学术历史书写的所有新颖性都建立在回忆录的发掘与研究上。1824 年奥古斯塔·蒂埃里宣称："我们今天能够书写的最完整、最忠实、最优美生动的法国历史，将是这样一部历史：在这部历史当中，每一位编年史作者按照严格的时代顺序一个一个轮流来讲述他自己的故事，具有自己的风格和时代特色，亲自见证一些历史事件的发生，他是这些事件最好的观察者和描述人。这一漫长连续的单纯记忆储存将不会被任何哲学思考或任何外在的现代附加因素所中断，它将会不费力气地延续下去，几乎在不为读者所知的情况下连贯发展。从某种意义上说，它将是在我们身上发生的历史的瞬间再现。这里说的'我们'指的是我们的习惯、风俗以及我们的文明。"②　短短的几行字，说明了一切。

　　在这场新的或者被重新唤醒的回忆录出版热潮中，也许人们在紧紧抓住"回忆录就是记忆"这最后的一刻。法国历史出版公司成立以后又成立了历史研究委员会，但是这两个机构的成立都进入了精神领域③。自他们出版发行物以来，人们开始转向学术历史。后来的家族回忆录或者国家政府回忆录的发掘

---

① Ⅱ suffit pour s'en convaincre de consulter le dossier des sources du Jules MICHELET, *Histoire de la Révolution française*, t. Ⅱ, *1792 – 1794*: *Livres IX à XXI*, éd. de Gérard Walter, Gallimard, «Bibliothèque de la Pléiade», t. Ⅱ, 1939.

② Prospectus d'une *Histoire de France* en trente volumes, jamais aboutie, qu'Augustin THIERRY évoque dans la préface de *Dix ans d'études historiques*, 1834. Le texte, reproduit à l'époque dans le *Journal des savants*, année 1824, p. 698, est cité dans Louis HALPHEN, *L'Histoire en France depuis cents ans*, A. Colin, 1914, p. 52.

③ Cf. L. THEIS, «Guizot et les institutions de mémoire» (1986), in P. NORA (dir.), *Les Lieux de mémoire*, t. Ⅱ, *La Nation*, vol. 2, *Le Territoire-L'État-Le Patrimoine*, op. cit., pp. 569 – 592。（同时参阅 1985 年 12 月 17～20 日由法国历史科学委员会为更新历史科学在 Institut de France 举办的重要国际会议«Le Temps où l'histoire se fit science, 1830 – 1848»，会议由 Robert-Henri Bautier 主持。）

和出版，不管它们具有多大的意义，引起人们多大的怜悯，它们都将标记着一种个人对历史的忠实性，而不会发自本能地再现国家历史。1829～1830 年间，圣西蒙的外甥，胡鲁瓦·德·圣西蒙侯爵将军（général marquis Rouvroy de Saint-Simon）出版了他的回忆录。这本回忆录同 1879～1928 年布瓦斯利斯勒（Boislisle）出版的那部宏伟的回忆录根本没有可比性。同样，山岳派由法国革命历史公司出版的作品同吉伦特派的出版物也是无法比较的。而且吉伦特派的作品都是由他们的儿子或者遗孀将还没有写完的手稿送到出版商的手中，这些手稿几乎还是血迹淋淋的。出版社不同，读者群不同，这确实是根本的区别。在 1830～1848 年间，出现了一大批前所未有的关于建构或者重新建构国家民族身份最激烈的历史集体记忆，在它与国家集体性学术历史记忆之间，人们终于找到并掌握了一条细微不易觉察但却清晰明了的连接线。

这一记忆时刻，回忆录的这一伟大时刻，构成了一道纹理区分，一道分水岭，颠覆了长期以来形成的传统。实际上，自复兴时期以来人们一直坚持这样的论述，就是法国没有历史，也没有一位历史学家配得上这样的称号。但是，法国有回忆录，这些回忆录是我们国家民族的传统历史。这一说法延续了整个古典时期，人们很容易将它编成一部选集。正如勒·墨隐（Le Moyne）神父在他的《论 1670 年历史》中所说："直到今天，法国有许多日记和回忆录，但却没有一部法国史"。从博丹（Bodin）的《方法论》，16 世纪拉·保波利尼耶（La Popelinière）说的"完美的历史思想"直到芬乃伦（Fénelon）和圣-埃乌雷蒙（Saint-Évremond）认为："应该承认我们的历史学家只是很可怜地得到这个称号。"[1] 伏尔泰也曾说："关于整个历史，除了众所周知已经印刷出版的 200 卷回忆录以外，我没有其他回忆录。"[2] 很多历史论文不断替他惋惜，正如郎格莱特-杜福雷斯努瓦（Lenglet-Dufresnoy）在他的《历史研究方法论》（1713 年）[3] 中开玩笑地说："朝廷的顾问在不断膨胀……"君主政体的历史学家，他们自己似乎将这一切内在化成一件很明显的事情。即便是历史学家梅士

---

[1] SAINT-ÉVREMOND, Œuvres, Londres, 7 vol., t. Ⅲ, 1706, p. 137.

[2] VOLTAIRE, lettre à l'abbé Dubos, 30 octobre 1738, in Correspondance, t. Ⅰ, décembre 1704-décembre 1738, 1978, éd. de Théodore Besterman, Gallimard, «Bibliothèque de la Pléiade», p. 1279.

[3] Nicolas LENGLET-DUFRESNOY, Méthode pour étudier l'histoire, 1713, 2 vol., t. Ⅱ, p. 5. 关于古典时期的历史神学家——le père Rapin, Charles Sorel, La Mothe Levayer - cf. René DÉMORIS, Le Roman à la première personne, A. Colin, 1975, chap. Ⅰ, pp. 78 - 89.

雷（Mézeray），尽管对他很有研究的历史学家埃文斯（Evans）相信他是一个
真正的历史学家，梅士雷自己也意识到相对于主体来说自己是有些卑微[1]；达
尼尔神父（père Daniel）在他的《法国历史》序言及 1723 年出版的《简明教
程》中也表达了同样的思想。布兰维埃（Boulainvilliers）甚至走得更远，当他
指出"为了书写一部完美的历史而出版了这么多的回忆录之后"，最后希望书
写"几部历史能够构成一个完美的记忆"。这不仅是得体的声明，而是一种深
刻的思想。关于这种思想，夏多布里昂在《基督教起源》提出了他最终的解
释，这句话后人一字不漏地到处传诵："为什么我们只有回忆录而没有历史？
为什么大部分回忆录都那么杰出优秀呢？"[2] 他接着写道："一个法国人，在任
何时候，即使是在粗暴野蛮的时候，也是虚荣、轻浮而善于交际的。对整个客
体思考得很少，但是对细节的观察却很细微，他的眼光快速、准确、敏锐：他
应该一直站在舞台上，他无法忍受像历史学家那样完全消失。"简单地说："回
忆录可以使他完全自由地发挥他的天赋。"他说出了要点；以民族特色所做的
解释将会长期成为官方解释。也是根据这种解释，贝蒂多在他的《讲座绪论》
中证明："人们抱怨说法国的历史过于干涩枯燥。但正是因为如此，回忆录才
会具有如此大的魅力，出现让人感到遗憾的细节。"在庄重具有严谨修辞文法
的西塞罗式历史、华丽的演讲、哲学式历史和上古历史模糊不清的编撰当中，
在圣摩尔本笃会修士的历史编译和法兰西文学院的史记当中，唯一真正的历
史，就是回忆录。

回忆录突然间大量出版，并大量进入历史写作当中，这标志着记忆与历史
相互结合，相互混淆的交替时期。这种一致性没有持续很久。1870 年战争以
后，随着所谓的实证主义一代的到来，形势突然转向历史这一边，回忆录很快
就变成了可能资料中的一种，首先是主要的资料，最后变成辅助资料。当历史
变成评论总结和最高审判的时候，回忆录的优势也就此结束，对回忆录的评论
产生了一个整体怀疑。由历史学家来汇总所有资料和没有上诉的判决，由历史
参与者和国家政府服务人员来整理证据和他们所承担的所有形势报告。但是，

---

[1] Cf. Wilfred Hugo EVANS, *L'Historien Mézeray et la conception de l'histoire en France au XVIIe siècle*, Librairie universitaire, 1930. (À compléter par Guy VERRON, *François Eudes de Mézeray. Histoire et pouvoir en France au XVIIe siècle*, Éd. H & D, 2011.)

[2] François René de CHATEAUBRIAND, *Génie du christianisme* (1802), troisième partie, livre III, chap. IV, «Pourquoi les Français n'ont que des Mémoires».

这种决定性工作分配并没有让人忘记 19 世纪三四十年代的重要性。在这一时期，整个形势的发展转向主要集中在回忆录上。当然，人们可以了解并出版所有的回忆录，并应该将新历史建立在这些回忆录的基础上；这一古老的指导性目的，即"法国有回忆录，但却没有历史"的最终确认，恰好揭示了那些陈词滥调所具有的深刻力量。

实际上，在批判历史发展的第一阶段，关键史料的初步收集主要是以口述资料为主。简单地说，人们把回忆录当作档案资料，极大地混淆了作者的手稿和档案，完全没有准确意识到档案的特殊性：人们将档案送到图书馆，就如同递送一本手稿一样，经过档案管理员手上的可以是任何一本回忆录的手稿，同样任何一部档案也可以被当作一本回忆录来看①。因此，基佐认为不仅有必要，而且也有可能"全部出版这些关于我们党的历史极其重要而且几乎从未发表的手稿"。在今天看来，这种天真简单的想法会让我们吃惊。正如基佐在他 1833 年 12 月 31 日的政府报告②中指出的那样，他相信："今天我们已经出版的原始手稿和伟大著作无论从数量上还是重要性上都无法超越那些尚未出版的手稿。"如果政府能够很好地组织并提供资助，那可以用几年的时间，出版所有关于国家记忆的书稿。这种彻底性的乌托邦式想法只是一种梦想。但是他那一代的人却同他有着同样的想法，为此他在教育部展开了这样一项工作：他将《回忆录》中的一段独立改编成书，成为《回忆录》这本书的第 3 卷，构成一个记忆场所，主要讲述国家记忆时段。

尽管批判历史的档案收集在第一时间首先面向回忆录，这是一个不可争议的事实，但是对于个人回忆录同集体记忆的关系来说，对于传记历史在国家历史当中的描述或者说对国家政权回忆录来说，这不是毫无意义的。也许在法国，它们的重要性不在于政治的悲剧化过程中，而是在于个人同历史关系那种独特的风格上。这是一种亲子演变关系，一种身份鉴别关系，是一种凝聚的信仰构成的整体。在这个整体上，通过长期共同命运巩固而成，融入了史诗、民族、选举和散文手稿等东西。这些东西交叉混合在回忆录出版的优势当中。米

---

① Confusion soulignée par Jean Le POTTIER, «Histoire et érudition. L'histoire et l'érudition médiévale dans l'historiographie française du XIXᵉ siècle», thèse de l'École des chartes, 2 vol., 1979.

② Cf. Xavier CHARMES, *Le Comité des travaux historiques et scientifiques*, *histoire et documents*, 1886, t. II, pp. 3 et 39, cité dans L. HALPHEN, *L'Histoire en France depuis cent ans*, *op. cit.*, en particulier le chapitre IV, «La chasse aux documents».

什莱在他的《普通历史绪论》中有一段极有说服力的文字："法国在行动，在理性的思考，它在宣布在战斗；它撼动了整个世界；它创造了历史并讲述着历史。历史是行动的报告。您在世界其他任何地方：英国、德国、意大利都找不到回忆录和个人历史。这一切只有在法国才有。法国以它独特的活力抓住了这一切。一个人一旦做了或者看到什么事情，他会立刻写下来。有时他会夸大其词。在一些旧的编年史书中应该看到我们的人所做的一切。法国是散文诗歌的国家。我们这个民族的天才禀赋没在别处，而在它内在的平淡个性上。"这就是意识甚至是回忆录传统合法有效构成的全部，它划定了自己的界限，就像在唯一一部全套著作《法国回忆录及历史》中清楚地表达的那样。在 1863 年，在我们认为是那个时期的最后时刻的时候，在实证主义伟大运动即将形成决定性区别的前夕，儒勒·卡波什（Jules Caboche）在这部著作中竭力揭示"连续6 个世纪的回忆录"的历史意义。卡波什细心地区别纯粹的自传、精神回忆录、儿时叙事和个人回忆（波尔 – 罗亚尔、马尔蒙塔、拉马丁等），这样就可以只关注那些"严肃的历史描述"，"为了名誉和伟大事业而勇敢掀起的战斗"，那些"为权力、信用和恩惠"而战的场所，在这些地方，"有为之效力的国王，有胜利扩展的国家"。只有国家政权的回忆录才能成为回忆录，它是国家机构（主要是君主专制和官僚主义）普遍客观力量和持续性最深刻最具有人性的补偿。"我们的天赋，我们的国家特征，我们的骑士风度和冲动的特性，健谈重实际，狂热而又轻率，诚挚而又虚荣，这一切都赋予法国人某些历史优越性：独特而深刻，富有人情而几乎是国家内部的历史。"本能地适应这一切被看作后天取得的经验。正是通过法国的这些历史，才对历史开展深刻的鉴别工作。"我们都是拜亚尔（Bayard），我们都是法拉门（Pharamond），我们都是茹安维尔。"我们在曼苏腊战役中呐喊："除了上帝的头饰，我们还要谈论夫人们的卧室！"

将个体经历书写到国家的史诗中，12 世纪在国家类型和传统起源当中这种表现非常明显。基伯特·德·诺让是法国写回忆录最早的一个人。他既是讲述第一次十字军东征的故事《上帝通过法国人采取行动》（*Gesta Dei per Francos*）的作者，又编写了自己的自传（*De vita sua*）。在自传当中，他表达对自己身份特征和个人历史分离的担忧，但这段个人历史却同国家集体性的整体历史密切相关，有着不可分割的关系。16 世纪，雅克·奥古斯特·德·图（Jacques Auguste de Thou）重新开启了回忆录的先河。诺让在他的自传开头就公开表明，原来首先想把十字军东征的历史当作一部史诗来写，但是经过思考以后，他觉得这篇散文最好将中心落在主体上①。这就是回忆录创始者的心声。如果没有对法国尊严内在的信念和法国特殊命运坚信不疑的信心，就不会有回忆录。关于这一点，在诺让的自传中清楚地表现了出来，但是在其他回忆录中也都暗含了这层意思。所有这些回忆录都是结合了《自传》（De vita sua）和《上帝通过法国人采取行动》（Gesta Dei per Francos）中所有的记忆。对个人主义的确定，现代式自传的诞生，现存证据不可替代性的特征，这一切都只将起到加强这种情感的作用：因为回忆录，是历史的具体体现，是各种各样多种形式的法国历史的具体体现。而且这种情感，往往在法国历史动荡不安及权力遭到动摇之后会显得更加强烈。神圣联盟、宗教战争、投石党，这些都是回忆录的重要生产者；在历史重大危机，在革命和法兰西帝国中断之后，在这个失去旧体制所有遗产的主要时期，这种情感变得更加浓重，夏多布里昂在他的《坟墓外回忆录》中写道："我看到了一个世界的死亡和重新开始。"这就是他的大音管弦乐的构成。

从《坟墓外回忆录》（1848～1850年）到基佐的《回忆录》跨度仅有10年左右，随即出版了《为了我那时的历史》。这本书的第一卷开始于1858年。10年时间出版了两个时代的回忆录。一方面，是有组织的戏剧般的后记出版；另一方面，具有独特性，从一开始就声明"同我许多同代人所做的不同：我要在我还活着的时候出版我的回忆录以作回答"。一方面，即使在失去了贵族体制，任人唯贤的新体制出现的时候，对自身的存在感依然有一种深刻的自信。因为，择能而仕的科考制度长期以来使他们的家谱体系逐渐衰退，在所有的贵族派回忆录中都有所体现，但是往往会以这样简洁的句子结束"这些幼稚的重复"："我更喜欢我的名字，而不是我的头衔。"另一方面，关于童年和后代有一道不可逾越的门槛，但是却可以突然间活跃起来进入公共社会："我既没有服务于革命也没有服务于法兰西帝国。"一方面，竭力将内心深刻的自我同他那一代重要的历史

---

① De vita sua 这本书法文本的第一次出版是在1825年，在基佐编的系列丛书中 Mémoires relatifs à l'histoire de France, t. IX et X. Georges Bourgin 在1907年出版了拉丁语的注解版。英文的注解版中 John F. BENTON 写了一篇很有价值的序言 Self and Society in Medieval France: The Memoirs of Abbot Guibert of Nogent, New York, Harper and Row, 1970. 在此感谢 Bernard Guenée 让我获得这些信息。Guibert de Nogent 在十字军东征这段历史的引论结尾写道："我认为，如果他是上帝垂顾适合写这个主题的人的话，那么这个人应该用一种更加严厉的语气，一种所有研究汝得（Judée）战争的历史学家所没有的严厉语气来完成……我为我们的作品起这个题目 Gesta Dei per Francos，没有任何自命不凡的意思，但是这个题目应该为我们的国家争得荣誉。"

坐标——拿破仑——等同起来，以至于推迟一年的出生日期，使自己，文字上的皇帝，真真正正成为这位军事皇帝的同代人。另一方面，又很谦卑地限制自己只是为了证明自己的行为和事业而写作："我自己私人的历史，我个人关于国家事务的所思、所感、所愿，同我团结在一起的朋友们的所思、所感、所愿，融入我们行动当中的我们的心灵生活，这一切，尤其是落在我心里我想说的，我都可以自由地说出来。"人们很容易研究这样一些诉讼，即在为名人编写现代文学的编撰人和谦卑高傲的律师之间的诉讼。一方面，因为编写名人的历史，编撰人自己也同名人一起成为"伟大的作家"。另一方面，律师在为一件超出自己能力的案件辩护，关于这一点，勒南（Renan）承认："普通保守的谨慎的语调"对他来说是"重大案件的真正风格"[1]："我并不逃避自己作品所赋予的重任。"

夏多布里昂和基佐有着同样的看法。在 19 世纪中叶，一个开启了服务于国家民主制度的回忆录大量而连续的出版工作。而另一个他自己就是回忆录的一份记忆。他让其中一个一个过时并精彩闭幕的时代得以延续，保留那种可以接受的混沌杂乱状态，这就是他们传统的精华和基础。

一个传统的传统

在回忆录的现代传统形成当中，人们首先将重点放在剑术决斗、大封建主的战争及宫廷回忆录的凝聚和丰富作用上，这些都是君主制度轮流利用并为此而争斗的东西，其结果是抛弃了或者削减了这些回忆录。记忆，当从历史的角度看对他们什么都不剩下的时候，那就只剩下记忆本身了。至少过去的经历，人们不会忘记。所以，他们自己维护着过去的经历，为了这崇高的战斗，他们应该弃武从文，"用墨迹沾染自己的手"。他们反对官方历史学家维护自己的过去。他们很重视自己的名誉，对他们的服务和牺牲有一个公正合理的评价，他们不允许"法国中产阶级"（escoliers），那些为官方服务的历史学家用奴仆的笔杆对此妄加评论[2]。同国王胜利光环照耀之下的手工艺者和朝臣们的回忆

---

[1]　关于基佐的《回忆录》，勒南写了一篇报告，1859 年 7 月 1 日发表于 *Revue des Deux Mondes* 杂志。

[2]　Cf. Orest Allen RANUM, *Artisans of Glory. Writers and Historical Thought in Seventeenth Century France*, Chapel Hill, University of North Carolina Press, 1980, ainsi que deux articles importants de François FOSSIER, «La charge d'historiographe du XVIᵉ au XIXᵉ siècle», *Revue historique*, vol. CCLVIII, n° 523, septembre 1977, et «À propos du titre d'historiographe sous l'Ancien Régime», *Revue d'histoire moderne et contemporaine*, vol. XXXII, n° 3, juillet-septembre 1985.

录不同的是，大人物的回忆录成为过往历史的最后战壕和堡垒。布莱斯·德·蒙吕克（Blaise de Monluc）在拉巴斯唐战役中经历了枪林弹雨，在被解职后仅用了 7 个月的时间即授意他人完成了他后来出版的《评论》的初稿，讲述了他为了皇室和天主教的荣耀所经历的 5 次早有安排的战役，17 次进攻，11 次包围战以及多次雇佣德籍骑兵进行诬蔑性侵袭，笔触间流露出各种辛酸和复仇的心理。当巴桑皮尔元帅（maréchal de Bassompierre）看到路易十三的历史学家西蒙·杜柏林（Simon Dupleix）的编年史的时候，尤其是关于巴士底狱的主要部分的时候非常生气，所以决定以自己的方式来讲述事实的真相。所有这些回忆录都是对朝廷忘恩负义的控诉，皇室的宣传攫取了官方版本。雷茨不止一次地愤怒指责"这些无礼放肆的作者可笑的虚荣心""这些出身低下从未见过世面的人"，这些"卑鄙小人肆无忌惮的言论"，他们"奴婢市侩的灵魂""自炫对朝廷内所发生的事无所不知"①。

这种思想早期是由马可·福马罗利（Marc Fumaroli）② 提出来的。福马罗利以肯定的方式指出从 1555 年到 1570 年这种剑术决斗回忆录的特征所产生的理论环境，这种类型的回忆录似乎都是同马丁·杜贝莱（Martin Du Bellay）的《回忆录》一起形成的。那时博丹（Bodin）在他的《历史方法》（*Methodus ad facilem historiarum cognitionem*）中为简单直接的历史（*historia nuda*，*simplex*，*recta et omnibus detractis ornamentis*）做辩护；同时，研究"完美历史"的历史学家主要是以哲学批判和法国天主教教会自主论的方法论的判例为基础；在那个时候，蒙田在他的《杂论》中写下了重要的一篇文章，肯定了"唯一优秀的历史是由那些亲自指挥历史事件，或者参加引导，或者至少有机会以其他形式来引导这些事件的人来书写的历史"（第 2 卷第 10 章）。他还清晰地分析了在什么样的公平当中，在怎样的谨慎细微的计算当中，在怎样激烈的论战环境当中发展这一类型的回忆录。在这种模式上，其他冲积物是如何逐渐堆积起来，加筑在正在增强的君主政权以及正在分离的社会各个层面之上

---

① Cardinal de RETZ, *Œuvres*, éd. de Marie-Thérèse Hipp et Michel Pernot, Gallimard, «Bibliothèque de la Pléiade», 1983, p. 635 – 636.

② Marc FUMAROLI a magistralement développé cette idée en deux articles essentiels, «Les Mémoires du XVIIᵉ siècle au carrefour des genres en prose», *XIIᵉ siècle*, nᵒˢ 94 – 95, 1971, pp. 7 – 37, et«Mémoires et histoire: le dilemme de l'historiographie humaniste au XVIᵉ siècle», in *Les Valeurs chez les mémorialistes français du XVIIᵉ siècle avant la Fronde*, *op. cit.*, pp. 21 – 45.

的："君主反对议会，天主教反对耶稣教，文学派别彼此争议，宗教等级相互对立，法国天主教反对教皇绝对权利主义，在这些线条的每一个断裂处都会诞生一个不协调的回忆录作者派系。"① 正是这些暂时的控诉，这些反抗性的辩词进一步巩固证实了所有词典（从菲雷蒂埃到拉鲁斯和立特里）都引证的诉状（le mémoire）与回忆录（les Mémoires）之间的原始联系。诉状（le mémoire）是行政、司法、金融后来用于科学上的术语；而回忆录（les Mémoires），是"那些参与事件的人或者曾经亲眼见证或者关系到他们的生活及主要行为的人所写的东西"（菲雷蒂埃的《通用字典》）：因为一个人，他个人对社会问题的表态就是对真相的担保，是他的真相。"我将我的名字放在这本书的开头，目的是要求我自己既不缩减事实，也不扩大事实。"（雷茨主教②）

　　毫无疑问，正是在这时产生了回忆录最具有生命力的萌芽。18 世纪有一个非常有礼貌、文雅又懂得追求享乐的人，他就是乔伊索（Choiseul）。当他从尚特鲁避难出去的时候，也拥有很多曾经的经历，意识到不能"写出一部符合标准的《回忆录》，但是却可以写一些关于往事的想法，就像一部对往事的记忆那样"。他在 1759 年 12 月 20 日给伏尔泰的信中写道："我要用那些君主的野心、仇恨、残暴和虚假来安慰自己；我情人的肥臀让我忘记了这一切，增加了我对那些具有同样缺点的大人物的伟大行为的蔑视。"最优秀的回忆录是实实在在的论战，三种最有影响的回忆录类型：雷茨、圣西蒙和夏多布里昂，他们的例子具有高度的说明意义：他们都来自贵族，而且贵族等级的骄傲受到深深地伤害，一个是因为投石党的失败，另一个是因为失败而堕落到绝对君主制度，再一个是因为革命倒转而被迫流亡。从根本上说，这些回忆录都是"战争回忆录"，著名的陆军统帅的一部回忆录将戴高乐将军《剑锋》中引用的莎士比亚的一句话："要成为伟人，就是支持大论。"③ 作为座右铭。回忆录代表着权力之争，对过去的霸权以及在后代面前

---

① ID. , «Les Mémoires du XVIIe siècle au carrefour des genres en prose», art. cité, p. 23.

② Œuvres, op. cit. , p. 127.

③ 这个题名比戴高乐的回忆录更具有说明性。Bernard LEDWIDGE 在他的英文版自传中提到过，戴高乐错误地引用了哈姆利特的话，并篡改了它的意思。Cf. Bernard LEDWIDGE, De Gaulle, trad. I. Heugel, D. Rist, Flammarion, 1984, p. 52。

收复在现实当中已经失去的东西。阿贝尔·索莱尔（Albert Sorel）① 曾经说过这样漂亮的话："任何失败的战役都可以在纸上收复。"在政治失势、历史失败、生命攸关、濒临死亡、面对上帝或者真正历史的时候，政权外的回忆录作者就成为权力的裁判员，最终决定着谁做了什么。所有的回忆录首先都是反历史的。

这种战争模式回忆录，从编年史角度上看，开始于科米纳的回忆录，他是由科米纳的出版商在 1550 年首先命名，随后有雷茨的回忆录。这种类型的回忆录的战略意义在于，在政治起决定作用的时期，以一种决定性的方式重新激活中世纪时的遗产，用来丰富史料并重新分配力量阵线。事实上，战争性回忆录联系了很多中世纪时的思潮，这些思潮彼此相近但却各有不同。以前，在成为历史之前，曾有一种写"*memoria*"这种回忆录的贵族传统，是一种做"墓碑"的形式，有点像墓志铭或者是人头像，目的是要永远延续对品德高尚（*virtutes*）的人的怀念，对伟大人物行为的怀念，那些著名大家族头衔要让他们的子孙永永远远记得他们的先辈②。而且极少的情况下，还有对生命的叙事。就像诺让的叙事一样具有宗教色彩；或者具有个人色彩，比如，彼得·阿贝拉尔（Abélard）、伯尔纳·德·克莱沃（Bernard de Clairvaux）、皮埃尔·勒·维内拉波尔（Pierre le Vénérable）等通过文字表达自己的个人经历；或者具有军事特色，像茹安维尔。根据一些历史学家③的研究，在圣路易封圣的时候，让娜·德·纳瓦尔（Jeanne de Navarre）皇后让茹安维尔写一部圣路易的传记，而茹安维尔就利用这个机会写了一部具有军事特色的回忆录。而且到处都有那

---

① Albert SOREL，«Histoire et Mémoires»，*Minerva*，vol. Ⅵ，n° 22，15 janvier 1903.

② Cf. Philippe ARIÈS，«Pourquoi écrit-on des Mémoires?» in *Les Valeurs chez les mémorialistes français du XVIIᵉ siècle avant la Fronde*，*op. cit.* Cf. également Maria Rosa LIDA DE MALKIEL，*L'Idée de gloire dans la tradition occidentale*，trad. S. Roubaud，Klincksieck，1968.

③ 最近加拿大一位茹安维尔评论家 Alain Archambault 指出："整个著作本身不是要成为一部圣传，而是一部自传"。认为茹安维尔在开始编撰《圣路易的一生》前 30 年，也就是 1272 年就开始写这些回忆录。（Cf. Alain Archambault，«Les silences de Joinville»，*Papers on Language and Literature*，vol. Ⅶ，1971）。在此感谢 Jacques Le Goff 为我指出这一点。这也正是 Gaston PARIS 在他的 «Jean, sire de Joinville» 中提到的思想，*Histoire littéraire de la France*，t. XXXII，1898，pp. 291–459。这一点经 Jacques Monfrin 证实，他完成了茹安维尔作品的出版。同时参考：Danielle RAGNIER-BOHLER，«Fictions»，*in* Philippe ARIÈS et Georges DUBY（dir.），*Histoire de la vie privée*，t. Ⅱ，Éd. du Seuil，1985，pp. 376 sqq.

种编年史①，人们会看到，正是这种编年史的风格类型将 12 世纪和 14 世纪的历史个人化，其中一个自主性标志就是作者自己的承诺，通过一种类似于总结圣路易一生序言的仪式性形式来做担保："以上帝无所不能的名义，我，茹安维尔先生，香巴尼国王的侍从，被要求撰写我们伟大国王圣路易一生的传记，记录在 6 年当中我陪伴他到处征战，最终又回到这里。"后来官方历史文献编撰者越来越具有法律性，就像他们中的一位叫让·查尔梯（Jean Chartier）所说的："由国王并以国王的名义安排指定派遣的。"其中查尔梯是重要的一位编撰者，1437 年的时候，查理七世刚刚回到巴黎，贝纳德·盖内（Bernard Guenée）便说明了指定查尔梯作为官方历史文献编撰者的重要性。

所有这些传统都会合在战争回忆录这个大潮流当中，从宗教战争到投石党后期，这一潮流真正奠定了这一类型回忆录的基础。但是，在将共和国胜利的坟墓变成个人名誉遗嘱，将真正的历史严格地视为他们所创造的历史，由他们亲眼所见，亲耳所听，而不让任何旁人来支配领导或监督总结清查工作的同时，封建贵族的那些伟大人物彻底改变了遗产的含义。这种强烈地占有和私有化形式不仅将这种传统固定下来，而且广泛地促进了一种内在化的发展。这将不再有如此多的胜利和名誉，不再有永恒的记忆和灵魂的救赎，不再有那么多的公共生活和私人生活，不会再赋予家庭和孩子那么多抽象的名声，世界上也不会再有精神教育和基督教教育这样聒噪的声音。日趋没落的封建骑士精神将集中官方记忆的神圣性转化成家谱宗祠的私人记忆。如果不是遗嘱的话（遗嘱往往具有更加详述的形式），任何一种书写都无法同死亡达成如此深刻密切地默契②。

这种工作从一开始就很谨慎地谈论自己。最终进行这项工作的，往往是因为很严重的危机，一种重病后的康复感谢礼，在失去亲人的服丧期间或者退休

① Cf. Daniel POIRION（dir.），*La Chronique et l'Histoire au Moyen Age*，actes du colloque des 24 et 25 mai 1982，Presses de l'université de Paris-Sorbonne，1984。在这份回忆摘要中有三篇文章同我们的意见直接有关：Bernard GUENÉE，«Histoire et chronique：nouvelles réflexions sur les genres historiques au Moyen Âge»，Christiane MARCHELLO-SOUTET，«L'historien et son prologue：formes littéraires et stratégies discursives»，Olivier SOUTET et Claude THOMASSET，«Des marques de la subjectivité dans les *Memoires* de Commynes»。关于武功歌和历史史诗的关系，参阅：Jean Frappier，*Histoire*，*mythes et symboles*，Genève，Droz，1976。

② Marc FUMAROLI l'a bien mis en lumière dans son introduction à Henri de CAMPION，*Mémoires*，Mercure de France，«Le temps retrouvé»，1967.

前要完成的最后一份责任。正是这种悲怆凄婉的情感，让人忘记了往事和所有的谎言，认为真相无论如何都无法掩盖。从此打开了一条通道：一方面，拉近了回忆录和理性书籍的距离；另一方面，将回忆录变成一种苦行，一种精神锻炼甚至是一种忏悔。世间的虚荣穿过了世间的叙事。这两个潮流互相会合，比如，罗贝尔·阿尔诺·德·昂迪力（Robert Arnauld d'Andilly）（他翻译了圣·奥古斯丁的《忏悔录》）回忆录的开头就很典型，每个用词似乎都在遵循着固定的编码习惯①：

> 我的生命如此漫长，大部分的时间都是在朝廷中度过的，结识了很多伟大的人物，自由地同他们相处攀谈。这样的生活，让我深深地认识到，在这个世界中一切都是虚无的，我从来没有想过要留下一些记忆，来打动我的亲人和那些对我另眼相待的人。但是，因为拗不过蓬波尼（Pomponne）的儿子的迫切要求，我写一些东西给我的孩子们，能够让他们学到家庭道德榜样，让他们懂得轻视虚假的物质财产，因为大多数的人将财产作为崇拜的偶像，他们甚至不惜自己的名誉和救赎来追求这些财产。在这种要求下，我最终决定满足他的愿望，我将只讲述我亲眼所见或者别人真诚地给我讲过的事情。

这种阴郁悲伤的传统，在波尔 – 罗亚尔的回忆录中最终变成一种忏悔和赎罪的形式，它不会完全抑制嗜古派甚至是贵族模式留给这种回忆录类型那些清新、充满活力、完美存在的东西。所有战争回忆录都是黄金时代的叙事。他们最初的辛酸苦涩，他们灵感中的"记得你将要死去"（memento mori）以及写作中的忧郁情绪，最终还是爆发出来，尤其在 16 世纪和 17 世纪初，那时有一种超凡的回忆愉悦感②。卡斯特尔诺（Castelnau）、博韦 – 南基（Beauvais-Nangis）、特瓦尼（Tavannes）、墨尔基（Mergey）③ 的回忆录，甚至不用去追

---

① Robert ARNAULD D'ANDILLY, *Mémoires*, collection Petitot, 2ᵉ série, vol. XXXIII, 1824.

② 在 Jean-Marie CONSTANT 的书中有很多例子，*La Vie quotidienne de la noblesse française aux XVI – XVIIᵉ siècles*, Hachette, 1985，这些都是建立在对回忆录的仔细阅读的基础上。

③ Les *Mémoires* de Michel de CASTELNAU, Jean de MERGEY, Guillaume de SAULX-TAVANNES, dans la collection Petitot, 1ʳᵉ série, vol. XXXIII, XXXIV et XXXV, ceux de BEAUVAIS-NANGIS, Société de l'histoire de France, 1862.

溯最开始拉罗什富科的回忆录，这些都充分流露出像荷兰历史学家赫伊津哈（Huizinga）所说的那种"激烈生活的味道"。意大利战争的阳光、宗教战争愉快的大屠杀、投石党荒诞的鲁莽行动，所有这些发自内心的政治冒险行为，反映了一个疯狂时代的记忆，印有深刻的时代色彩和尊贵而强烈的好动行为，这一切在1660年之后取得了巨大的成功。那时，朝廷沉重的标签使他们不断扩大发展，摄政时期古怪的行为及浪漫主义想象力又重新唤起了他们的活力。这种记忆的青春活力在女人身上体现得更加明显。她们像蒙庞西埃（Montpensier）小姐那样从女战士开始，最后像莫特韦尔（Motteville）① 夫人那样成为朝廷的夫人，或者还有更好的结局，就像那些远离人们的视线并不引起人们重视的女人，比如，拉盖特夫人（Mme de la Guette）② 那样。拉盖特夫人在她的回忆录中讲述了一个投石党乡下女战士的故事。她像贞德忠实查理七世一样对国王怀有忠贞不贰的心，为了寻找在贡德打仗的丈夫，她化装成女尼穿越了整个法国，挽救了被绑在石灰窑上的蒂雷纳军队，最后终于来到荷兰，躲藏在她10个孩子当中幸存下来的一个孩子家中，得以避难。经历了这么多的事情，她希望成为"极少几个决定将自己所经历的事情大告于天下的女人之一"，并"重新唤起美丽青春的魅力"。正是这些著名的或者普通的回忆录体现了艺术的非传统主义和自由，那种不想成为艺术的艺术之声。凯吕斯夫人（Mme de Caylus）③ 曾说："不管怎样，回忆录就是以最简单最自由的方式写出的东西……"放纵的文风，质朴的笔触，形成了这种回忆录体裁的清晰底片，谨慎地对待再次活跃起来的所有可能性……

这种传统产生于具有笔论和好战思想的封建贵族主义，事实上它不能减轻沉淀在这种宫廷回忆录中的压力。今天是否可以设想一下，那些没有人物肖像描写、没有趣闻轶事、没有描述、没有秘密和引人争议或者遭人揭发的流言蜚语、没有心理和历史解释、没有考虑表现形式，甚至没有"特性"和"格言准则"的回忆录会是什么样？如果说这种没有规律的回忆录体裁有它必然的

---

① *Mémoires* de Mlle de MONTPENSIER et de Mme de MOTTEVILLE, collection Petitot, 2ᵉ série, vol. XXXVII à XLIII.

② *Mémoires* de Mme de LA GUETTE（1613 – 1676），édités par Micheline Cunin, Mercure de France, «Le temps retrouvé», 1982.

③ *Souvenirs* de Mme de CAYLUS, édités par Bernard Noël, Mercure de France, «Le temps retrouvé», 1965.

段落、约定俗成的惯例，以及在开始的时候会习惯引用一些良言，那么这要归于诺贝尔·艾丽雅斯（Norbert Elias）所说的宫廷社会[1]的长期完整的心理倾向。

从编年史角度看，存在一定的连续性；从记忆的动力来看，完全同战争回忆录的传统相反。不再有反对权力和政府的回忆录，而是权力和政府回忆录。不再有指控式回忆录，而是戏剧场景和评论性回忆录。不再有对过去表示庆祝的回忆录，而是在往事或者在诋毁中形成的作品，以此来庆祝现在。宫廷怪事和书写回忆录是同一种性质；宫廷需要记忆，但是却不一样：因为记忆基本上起了记录和描写的作用。这是一个集中、等级化、聚光的世界，但同时又在不断变化，时常发生波动的世界，在这个世界中总是会有那种微弱的力量，来自宗派集团、联盟、阴谋集团的压力[2]，因而会产生各种背叛及阴谋诡计等。在这个世界中，任何一个微小的动作都会产生影响，即便不重要的事情时刻都可能变得异常重要。这是一个固定的世界，它引起，或者至少促进所有同固定论相关的行为，比如，油画、场景、格言警句等的发展和普遍化。这是一个具有规章制度的世界，虽然它有不成文的规定，但是大家都普遍接受了这些规则，这就说明了为什么在学习和辩识之间、在解释和侵入之间存在着一个固定的游戏规则。这是一个戏剧化的和表演式的世界，所以它需要有后台、差距、矜持、竞出高价、策略等，通过对人类特性不断地思考，它可以在隐藏的动机下发现明显的行为方式。这是一个封闭的世界，完全同外界隔离——人们或者位于圈内或者位于圈外——，但是内部的界线划分却随着恩宠和性情而灵活多变。根据每一天的情况、等级的排列，可以建立或者解散一些微环境（micromilieux）。这是大世界中的世界，在这里礼仪价值、同其他人的接触、交谈及"思想"价值都比其他人的价值优越，相反却要求懂得放弃，懂得独处，对世间的虚荣怀有基督徒的情感。在这个世界中，政治社会同臣服于同一制度下的俗世社会交叉对证。韦拉尔（Villars）元帅的回忆录同拉法耶特夫人的回忆录只是同一体制下的两面。韦拉尔是一名军事家和外交家，而拉法耶特夫人

---

① Norbert ELIAS, *La Société de cour*, Flammarion, 1974。还有尤其不要忽略 Maurice MAGENDIE 的作品：*La Politesse mondaine et les théories de l'honnêteté, en France, au XVIIe siècle, de 1600 à 1660*, Alcan, *1925*.

② Cf. Emmanuel LE ROY LADURIE, «Système de la Cour de Versailles», in *L'Arc*, n° 65, 2e trimestre 1976, numéro consacré à l'auteur.

是一个作家，宫廷里的一名夫人，但是两人的回忆录都竭力表达了同一个原则，这也是回忆录传统最基本的构成原则之一，即：反映了权力的边缘化与权力的中心化之间的关系。在宫廷怪事当中，都需要以回忆录形式记录下来，但是却在回忆录同记忆的其他关系当中。比如，应该读一读路易十五时期吕伊纳（Luynes）公爵的回忆录，就能意识到这种记忆没有任何意义，完全是记录宫廷一年当中的琐事。但是在另一方面，甚至是圣西蒙，都在促进这种逻辑方法发生完全的转变。在圣西蒙身上，人们发现记忆所有可能的反射意义，所有的看法观点相互交叉，迂回穿射①，如同各种光线在色调均匀的记忆上留下的痕迹。至少在当若（Dangeau）的《日记》中，在编年史中，我们看到，他们把这种方式当作最好的解决办法加以利用并正式接受。

这样的一个环境很自然地将回忆录的书写归于秘史的旗号之下。所有宫廷回忆录最终都被归纳于这一基本范畴当中。布儒瓦（Bourgeois）和安德烈（André）收集了 17 世纪 259 部回忆录编辑成《法国历史起源》。如果我们看一下这些回忆录，就会发现几乎大部分都在描述路易十三、路易十四，或者他们主要人物的"奇怪细节""独特性"，或者揭示他们的统治。这里再一次反映了权力的性质，正是权力的性质决定了秘密的整体结构。所有的回忆录都在描写权力中心，其他权力的持有者和分配者。因此，所有的回忆录都描写了政府秘密，正是这些政府秘密首先指定撰写回忆录，然后再一次出现一些伟大人物，但是这些伟大人物同大封建主不同，起因也不同。慢慢地，国家秘密优越的存在感决定了秘密其他形式的使用权。因为在传统回忆录中，秘密远没有限于政治领域。它首先以政治投资，并以相反的做法，像舒瓦西（Choisy）修道院院长化装成女人②那样乔装打扮，转化成个人内心深处的秘密或者是夫妻闺房秘密。它被蒙上了一层心理、精神和历史意义。书写一部回忆录，就是通过小事情来解释重大影响，或者相反，通过大事情来说明微小影响；解释人类并理解人类，揭示"事情的真正经过"。这就是为什么传统回忆录中经典目录会

---

① Cf. SAINT-SIMON, *Mémoires*, suivi d'*Additions au journal de Dangeau*, éd. d'Yves Coirault, Gallimard, «Bibliothèque de la Pléiade», 8 vol., 1983–1988, «Introduction», t. I, 1983. [Cf. aussi *infra*, note 1, p. 500.]

② Cf. réunis sous la même couverture, les *Mémoires pour servir à l'histoire de Louis XIV et les Mémoires de l'abbé de Choisy déguisé en femme*, édités par Georges Mongrédien, Mercure de France, «Le temps retrouvé», 1966.

不断丰富的原因：从肖像艺术的舞台表现处理到肖像完美地反映了秘密心理学。从雷茨到圣·西蒙，我们看到秘密在不断发展，变得越来越精炼[1]。雷茨是反对肖像刻画的，比如，对黎赛留和马萨林的肖像刻画，或者他希望将这些肖像重叠在一起，就像后来在全力介绍 17 位阴谋家时说："我知道你们很喜欢肖像。这里展现了一道画廊，人物的面部似乎有些延伸。在这里，我会给你们介绍一些名人画作，你们在没有看到他们的行为以前看到他们的面容。"[2]圣·西蒙却相反，在他身上，人们发现至少 200 万个肖像，但是在 1659 年他从《少女肖像集》[3]中得出所有关于肖像理论经验，并以一定的运动节奏对它们进行分散，过滤深化，直到将这些经验变成一种不可超越的精确的工具。但是，秘密，真的也好，重大也好，基本重要也好，都是它使回忆录本身的编撰产生影响，成为回忆录存在的可能条件。这一点在圣·西蒙身上表现得更加明显。他写了这样一段话：

> 阅读这段历史，尤其是阅读从弗朗索瓦一世以来到近期我自己写的关于我们自己历史的独特记忆，这让我产生这样的愿望，就是从那些我所看到的一切写起，带着某种渴望，带着某种希望，希望能够成为一些重要的东西，希望更好地了解我这一时期的国家事务。在我的脑海中没有什么不合适的。但是要为自己保留一定的秘密，这种坚决的做法在我看来是解决一切问题的方法。所以，在 1694 年，在旧莱茵河上罗尔日公爵将军军队所在的金斯海姆营地中，那里有我的一只骑兵队。在那里我开始撰写回忆录[4]。

从各个方面看这段话都很让人吃惊。因为它的简洁：50 年连续的辛苦努力最终设计完成，人们一定会认为这应该是一项极其复杂的工程，但结果却不尽然。这段话同样反映了传统记忆结构机制，因为，圣·西蒙早应该在 19 岁的时候就开始写他的《回忆录》。毫无疑问，圣·西蒙是唯一早熟的人，他表

---

[1] Cf. Dirck VAN DER CRUYSSE, *Le Portrait dans les «Mémoires» du duc de Saint-Simon*, Nizet, 1971.

[2] Cardinal de RETZ, *Œuvres*, op. cit., p. 286.

[3] 肖像描写同小说分离，模仿绘画，借用绘画中的词语（画笔、线条、画风等），这些都诞生于卢森堡以斯库蒂莉和蒙庞西埃小姐为中心的小社团。这些肖像描写首先由塞格拉斯收集整理，共 30 多幅，1663 年由爱德瓦·巴托洛缪收藏，整理出两卷近千页的篇幅。

[4] SAINT-SIMON, *Mémoires*, op. cit., t. I, p. 20.

明在回忆录作者身上，那种独特的创世主般的天才将"宫廷"引向一种具有迷幻般的隐德莱希（即完成）的强度上，同奇异的事情和表达方式产生自然的吻合。这段话更加令人惊奇的是，在他先天性的视野中，是计划与秘密的结合，是无限的计划同根本性秘密的结合。

　　然而，宫廷回忆录的根本并不在此处，而在于回忆录同文学之间最终建立起来的联系，并使彼此之间的交流不再中断。即使在 1660～1680 年之间传统美学形成过程中，是回忆录及回忆录这个词所能包含的所有简单、真实而自然的参考书目为小说提供了解决方法，提供了它获得自由和现代特性的出发点。人们可以看到在《克莱芙王妃》和拉法耶特夫人给莱斯雷纳（Lescheraine）骑士那封著名的信①中，回忆录所起的作用。在那封信中，《法国宫廷回忆录》的作者是这样评论小说的："这完全是模仿宫廷生活以及人们在那里生活的方式。这里没有任何小说或徒手捏来的东西；而且这不是小说，而完全是一部回忆录。"小说，从我们领会这个词的含义时起，就是由同真实的回忆录一样的"母体胚胎"② 建构而成的。回忆录和小说之间的区别在于，回忆录集中于自传式历史叙述；而小说集中于巴洛克式、英雄式或者田园式想象叙述。这种区别变得模糊不清，不仅介入两种体裁之间，而且介于回忆录一种体裁的两种风格之间：回忆录小说（romans et Mémoires）更加倾向于分析，细微的心理渗透，个人叙事，个人的心理生活和情感。另外，回忆录小说还侧重于现实和社会描写，其中大部分是通过风景叙述和纪实报告来完成。小说借用回忆录的形式以至于清空回忆录这个词明确的参照物，并颠覆了它那些没用的含义。比如，小说家桑德拉斯（Courtilz de Sandras）③ 想尽一切办法模糊所

① 根据 André Beaunier 的研究，参阅：Mme de La FAYETTE, *Correspondance*, 1942, t. Ⅱ, p. 63。在 1678 年 4 月 13 日写给莱斯雷纳骑士的信中，拉法耶特夫人并没有承认她是小说的作者，她只是讲述了"人们所讲的故事"。

② Marie-Thérèse HIPP 博士论文中所用的说法，*Mythes et réalités. Enquête sur le roman et les Mémoires（1660 – 1700）*, Klincksieck, 1976, p. 531。作者在序言中用了一半的篇幅来论述回忆录体裁的历史过程。

③ Courtilz de Sandra（1644 – 1712）是第一个提出伪回忆录说法的人，他出版了一部巨作，在具有已知人物和事件的历史背景下加入了一些无从考究的战争趣事、爱情故事和外交秘密等。他的一本题为 *Mémoires de Mr d'Artagnan* 的回忆录是最著名的一部，大仲马多多少少抄袭了其中的内容。Cf. Jean LOMBARD, «Le personnage de Mémoires apocryphes chez Courtilz de Sandras», *Revue d'histoire littéraire de la France*, n° 77, août 1977, numéro spécial consacré au roman au XVIIe siècle, ainsi que, du même, «Courtilz de Sandra ou l'aventure littéraire sous le règne de Louis XIV», thèse de lettres, Université de Paris IV, 1978。

有的痕迹，冒名顶替，混淆真伪：从 1700 年到 1750 年，人们清理出 2000 多部以回忆录形式撰写的小说①。在这些变化上，一些文学历史学家的研究非常优秀，像乔治·梅（Georges May）、雷纳·德毛里斯（René Démoris）、让·胡萨（Jean Rousset）、玛丽 - 泰利斯·伊普（Marie-Thérèse Hipp）为我们提供了丰富的证据，在这里我们不一一说明②，我们只提出跟讨论有直接关系的几点：事实很集中也很简单，但是却引起很大的震动。在 17 世纪、18 世纪和 19 世纪，三个最伟大的回忆录作家同时也是法国最伟大的文学家之一，这三位作家都热衷于政治的宏伟壮观，但是他们从来没有亲身经历过，只不过从一些零星的名单上及回忆录的叙述中了解他们的职业生涯。这些回忆录的编撰既边缘化又相对集中。实际上，这就是使雷茨、圣·西蒙和夏多布里昂关于国家政府回忆录的《回忆录》。从回忆录这个词的所有意义上说，并不是他们有机会承担的公共责任（这一点对他们来说多少还是重要的），而是他们个人同权力、政治及政府的关系，这种关系是通过绝对的身份鉴别和根本的距离，通过想象的才能和几乎是自愿的无能为力形成的。这三个人内心都有一个最高的政治理想，使他们可以同最伟大的政治权力人物相媲美：雷茨与黎塞留，圣·西蒙与路易十四，而夏多布里昂与拿破仑。但是他们的政治理想都失败了。与他们的"另一个自我"不同的是，他们的回忆录并不是胜利的基础，然而通过他们回忆录的文学著作使他们从失败中解脱出来了。奇怪的是，正是他们在文学上这种绝对的成功优势使他们完全进入国家回忆录的体制当中，成为国家回忆录的担保人和支柱，因为没有他们，国家回忆录这种体制就根本不会存在。

当代人接受"回忆录"这个词是受三个重大事实的影响：对自我深刻的分析、神圣权力的取消及历史突然间快速发展。在 18 世纪末期，这三个事实彼此紧密相关，最终在民主传统中确定了回忆录这种体裁。

---

① Cf. Philip STEWART, *Imitation and Illusion in the French Memoir-Novel*, 1700 – 1750： *The Art of Make Believe*, New Haven, Yale University Press, 1969.

② Cf. Georges MAY, «L'histoire a-t-elle engendré le roman?», *Revue d'histoire littéraire de la France*, vol. Ⅳ, n°2, avril-juin 1955 ; René DÉMORIS, *Le Roman à la première personne*, A. Colin, 1975, 其中有一个重要的章节«Les Mémoires, l'histoire, la nouvelle»讲述历史回忆录的起源、历史学家同回忆录的关系以及回忆录同古典美学的关系。Du même, l'article classique, «Les Mémoires de Pontis, Port-Royal et le roman», *XVIIe siècle*, n° 79, 1968. De Jean ROUSSET, *Narcisse romancier. Essaisurla première personne dans le roman*, José Corti, 1950, ainsi que «Les difficultés de l'autoportrait», *Revue d'histoire littéraire de la France*, n°s 3 – 4, mai-août 1969。

从回忆录这个词的现代意义和延伸的限定性意义上说，为了回忆录的存在，首先应该要使传统社会框架同个人主义的到来产生断裂；这不是从心理学的角度上说的，而是从社会意义上说的，从托克维尔社会条件平等的意义上说的。回忆录在心理学上会占有一席之地，它的位置很有限，并仅仅是由社会确定特征的必要性决定的。这只是回忆录作家表明身份不可缺少的一个因素，显示了职业生涯和人生过程的看法。一旦这种心理上的身份成为回忆录的描述客体的时候，人们就开始转向自传，乔治·格斯多夫（Georges Gusdorf）用了很长的一段篇幅详细论述了民主化漫长的过程是如何完成的①。为了使人与人之间的距离值得分析，为了存在纯粹私人的一面具有真正的意义，为了重忆能够自我延续，应该有社会动员。否则的话，勒纳的《青少年时的记忆》及其后的很多作品根本就无法想象。杰克·乌瓦基纳（Jacques Voisine）非常详尽地阐述了这一点②：1856 年"自传"这个词还是一个新词，那一年《学术词典》开始采用它今天所指的含义；后来在 1863 年，《利特里词典》开始研究一种体裁的发展，但是依然持有保留意见。关于体裁的发展，卢梭在他的《忏悔录》中提出了一个具有决定性而且完全自觉的方向③。在他的一篇名叫《论纳沙泰尔》④ 手稿中，卢梭清楚地指出，他一生的故事不是一部小说，也不是肖像描述：这将是一生的叙述，不是"因为地位和出生"而变成伟大人物的一生，而是一个具有"不幸者名声"的普通人的一生。这将是一个讲述内心深处的故事。在这个故事中，"思想和情感的链条"将替代"外在事件"的时代性。只有在外在事件对他产生影响的时候才能引起他的兴趣。在强烈的世俗化的预言中，他希望"给读者呈现出（他）透明可见的灵魂"。"作为一个普通人，我没有什么可以引起读者注意的。对于这一点，人们不会有任何异议。在我能够得以生存

---

① Cf. G. GUSDORF, «Conditions et limites de l'autobiographie», art. cité.

② Cf. Jacques VOISINE, «Naissance et évolution du terme littéraire *autobiographie*», in *La Littérature comparée en Europe occidentale*, conférence de Budapest, pp. 26 – 29 octobre 1962. Budapest, Akadémiai Kiado, 1963.

③ Cf. Yves COIRAULT, «Autobiographie et Mémoires (XVIIᵉ-XVIIIᵉ siècle), ou l'existence et naissance de l'autobiographie», *Revue d'histoire littéraire de la France*, n°6, 1975, ainsi que Jacques VOISINE, «De la confession religieuse à l'autobiographie et au journal intime entre 1760 et 1820», *Neohelicon*, n°ˢ 3 – 4, 1974.

④ Il s'agit de fragments autobiographiques et d'ébauches des *Confessions*, conservés à la bibliothèque de Neuchâtel et publiés dans Jean-Jacques ROUSSEAU *Œuvres complètes*, éd. sous la direction de Bernard Gagnebin et Marcel Raymond, Gallimard, «Bibliothèque de la Pléiade», t. Ⅰ, 1959, pp. 1148 sqq.

的模糊境况中，如果我能比国王想得更多，比国王更好地思考，那么我灵魂的历史会比他们的历史更加具有意义。"所以，这是个人的历史。

但是，在 19 世纪前半叶，人们对自传还是保留着某种不确定性，比如，艾法利（Alfieri）在 1840 年完成的《自传》（*Vita*）和歌德的《诗歌与真相》（*Dichtung und Warheit*），这些作品对这一体裁的现代风格的形成起了决定性作用，但是却依然被翻译成《回忆录》。相反，拉马丁却喜欢将这一说法叫作"私书"（*Confidences*），而乔治·桑，虽然是卢梭的弟子，《忏悔录》的出版人，他却喜欢使用《我一生的故事》这种说法。在这里，确切的年代已经不重要了，但是发展的方向，比如，自传在个人内在历史①、心理上和文学历史发展方向中的固定位置将最终决定回忆录在外在历史线性叙事中的位置。这就是回忆录的崇高尊严，但同时也是它的弱点，因为每一部回忆录都承载着历史的庄严和社会的表现，这一切都会让回忆录变得平淡乏味。它们既反映了深层的多重复合性和心理闪光点，但却没有牵动那些卑微的人的凄婉悲壮，因为那些谦卑的人只有权写"生活的叙事"，就像阿格里克尔·佩第吉耶（Agricol Perdiguier）一样。然而，佩第吉耶却代表着基本的反记忆潮流，在今天看来，他的作品却显得更加有意义②。既不是米歇尔·雷里斯（Michel Leiris）的

---

① 这一散乱的概念出现在 Georges GUSDORF, *Les Sciences humaines et la pensée occidentale*, 13 vol., Payot, 1966 - 1988。比如，在第 9 卷 *L'Homme romantique*, 1984, 在为 *Thérèse Aubert* 一篇中写的"新序言"里（第一版出版于 1819 年），他阐明了 Charles Nodier 的这个概念："当那些不幸钟情于此的年轻人因为它的奇特性而喜欢上它的时候，他们就错了。它甚至比其他任何东西都单调乏味。我非常了解，就像今天人们所说的，存在很多个人主义，所以在这一切的深处存在着无限的烦恼。"

② Cf. Agricol PERDIGUIER, *Mémoires d'un compagnon*, introduction de Philippe Joutard, UGE, 1964. 最近几年出版了很多朴实的匿名的自传。其中包括：Maurice AGULHON (éd.), *Martin Nadaud. Mémoires de Léonard, ancien garçon maçon*, Hachette, 1976；Jean-Marie GOULEMOT (éd.), *Jamerai Duval (Valentin). Mémoires, enfance et éducation d'un paysan au XVIIIᵉ siècle*, Le Sycomore, 1981；Daniel ROCHE (éd.), *Jacques-Louis Menestra, compagnon vitrier au XVIIIᵉ siècle*, Montalba, 1982；Emmanuel LE ROY LADURIE et Orest RANUM (éd.), *Pierre Prion, scribe*, Gallimard-Julliard, «Archives», 1985。Philippe Lejeune 着手进行了一项庞大的调查，调查类似于资产阶级自传体裁的民间自传。他的首份调查结果 «Autobiographie et histoire sociale au XIXᵉ siècle», 发表于 *Individualisme et autobiographie en Occident*, colloque du Centre culturel international de Cerisy-la-Salle, sous la direction de Claudette Delhez-Sarlet et MAURIZIO Catani, Institu Solvay, Bruxelles, Éd. de l'Université de Bruxelles, 1983。在这本会议摘要中，还有两篇同我们的议题有关的重要文章：Friedhelm KEMP, «Se voir dans l'histoire：les écrits autobiographiques de Goethe», et Claudette DELHEZ-SARLET, «Chateaubriand：scissions et rassemblement du moi dans l'histoire»。

《人的时代》也不是克勒兹的泥瓦匠马丹·纳度（Martin Nadaud）成就了这一点：回忆录在民主时期成为自传的初级阶段。但是自传让这些卑微的人在最基本的甚至平凡的先决条件下同时出现，然而却远没有局限于此。也许那些贵族，他们的生涯包括一段很长的时期，在这个过程中承载了一段属于他自己的外在历史。

历史在快速前进，不断地增加可记忆的戏剧场景。在这种情况下，外在历史势必要占据上风。这就形成了见证性回忆录，因为民主时代使回忆录成为权力内部新闻，这也许是最基本之处。回忆录是在反对国家霸权过程中或者说在国家霸权内部繁殖生长，并受国家政府官方回忆录所支配。由于神圣君主权和国家记忆霸权的崩溃，最终消除了界线，将新闻记录式的回忆录抛出在变化之外。这种日记式回忆录一直存在，从 15 世纪布鲁瓦·德·巴黎（Bourgeois de Paris）［即路易·德西雷·韦隆（Louis Désiré Véron）医生］以及 16 世纪皮埃尔·德·莱斯图瓦尔（Pierre de L'Estoile）就已经开始出现，他们的风格同达尔蒙·德·雷奥（Tallement des Réaux）及塞巴斯蒂安·梅西埃（Sébastien Mercier）的风格极其不同。最近发现，里尔的毛织工人皮埃尔-伊雅克·沙瓦特（Pierre-Ignace Chavatte）[1]在整个 17 世纪后半叶所坚持记录的编年史表现出同样强烈的好奇心和毅力。他的记录包括流言、小道消息、风俗逸事、社会杂事、流过的岁月、生活物价、日常生活中的奇遇、工作和每天平淡的生活等。就像沙瓦特所说的，这种"纪念性历史杂记"长期以来同国家政府回忆录相对立。这些回忆录诞生于对他来说很陌生的社会领域，包括城市、小资产阶级和普通老百姓的生活圈；他设想着另外一种记忆方式，以一种本能的方式记录下来；从政权当中收集起来的东西也只是遥远的反应，在恐惧被动或者批判思想中产生的回响。热情善意和恶毒的行为相互交织，这一切都融合在对真实细节的狂热当中。那是舆论回忆录。18 世纪，随着巴黎城市的发展和知识反叛的诞生，这种回忆录不断增加。这种"公共精神"[2]，在皇家图书馆誊写员布瓦特（Buvat）的回忆录中得到充分表现；还有像马蒂尔·马莱（Mathieu Marais）律师及巴比耶（Barbier）律师的回忆录。尤其是后者，从来没有一个

---

① Cf. Alain LOTTIN, *Chavatte, ouvrier lillois*, Flammarion, 1979.

② Cf. l'ouvrage très utile de Charles AUBERTIN, *L'Esprit public au XVIIIᵉ siècle. Étude sur les Mémoires et les correspondances politiques des contemporains*, 1873.

人像他那样将议会同宫廷的争论汇集得如此之全；另外，在 36 卷《共和国书信秘密回忆录》中也体现了这种公共精神，这部回忆录的前 5 卷是出自巴寿蒙（Bachaumont）之手。法国大革命突然间起了加速的作用，神权君主权力崩溃，公共空间突然扩大，各种事件的节奏加快，这一切都突然改变了这一微小模式的尺度，为它提供了一个位于中心的重要位置。比如，从上流社会的社交生活，从精神和文学的角度上，把凯吕斯夫人的回忆录和布瓦涅伯爵夫人（comtesse de Boigne）[1] 的回忆录同巴寿蒙和雷缪萨（Rémusat）[2] 的回忆录做一下比较，我们会很自然地发现，经过一个世纪的时间，日记式的成分同回忆录的主要传统是如何相互结合的。

民主的到来从原则上引起体裁最终决定性的重新分配、自传体文书的普及和不断多样化，同时根据政治要求重新划定回忆录。"回忆录"这个词直接意味着国家政权，包括权益等级同责任等级关系紧密相连中国家生活、机构、政党、外交、明星人物甚至是简单的参与者。但是，当回忆录几乎变成功能性工具的同时，回忆录的书写在质量上丢失的东西在数量上得到补偿。在时事媒体的播报和学者们的评论之中，国家政治分裂每天都会积累一堆厚厚的个人历史性见证材料。另外，那一时代的人很快就注意到，现象在降低但同时在蔓延。夏多布里昂在他的《历史研究》（1831 年）序言中指出："我们生活的时代应该有必要为回忆录提供大量的素材。至少在 24 小时之内，任何人都有可能成为历史人物，都应该有责任让世人认识到他对宇宙所产生的影响。"文学历史学家也敲响了同样的警钟。弗雷德里克·戈德弗鲁瓦（Frédéric Godefroy）曾经指出："19 世纪的回忆录，几乎无一例外地只表现出个人的骄傲，它们在本身生存中吸收了各种历史时间，或者为了提起一个角色，而专心于一些所有人都了解的普通历史。"[3] 像贝蒂多所做的工作，在今天是很难想象的。就在这样的工作开始变得不可能的时候，贝蒂多却完成了这项工作。"法国历史回忆录"这个概念随着政治的变化开始解体，分散直至消退尽失。正是这种消退尽失才使我们今天认识到这一现象的特殊性和这一传统的奇特性。国家政权人

---

① Cf. Les excellents souvenirs de la comtesse de BOIGNE, édités par Jean-Claude Perchet, 2 vol., Mercure de France, «Le temps retrouvé», 1971.

② Cf. Charles de RÉMUSAT, *Mémoires de ma vie*, présentés et annotés par Charles Pouthas, 3 vol., Plon, 1958 – 1960.

③ Frédéric GODEFROY, *Histoire de la littérature française au XIXᵉ siècle*, 1879, t. I, p. 642.

物的回忆录从此陷入权力的诗歌当中。当然，也只有戴高乐将军，因为其独特的命运，才能最后一次展现出国家回忆那种回顾性诗句。

国家回忆录， 国家的记忆

一小部分回忆录可以散发并产生这样神奇般的作用。当人们追溯以往的时候，发现这的确有些特别。从历史的角度看，这种神奇的作用似乎带有揭示性。从胥利的回忆录到戴高乐的回忆录，从黎塞留到拿破仑，他们都曾经是或者懂得如何真正表达权力，他们是国家政权某一时刻的体现，是正在进行的历史。他们的回忆录尽管是为他们自己的历史而作，却依然成为我们历史的一部分。他们是特殊的一群人，但是他们也是历史的中心人物。因为，我们介绍的三个回忆录形成传统，承担着国家快速发展的责任。我们看到，每个传统都代表着国家形象，但是却都没有构成国家的中心投影点：第一个传统，战争回忆录传统在于反对国家政权；第二个传统，宫廷回忆录，是依靠国家政府在其边缘形成依赖性而发展起来的；第三个传统，民主传统，它同国家权力分散及其短暂过渡性占有有关。所有回忆录都是国家政府回忆录但又都不是，因为它们都在对权力进行叙述，但是却以间接的方式进行。当权力掌握话语的时候，又是怎样的呢？

这些回忆录同普通回忆录之间存在着根本性的区别，而具体体现出来的身份识别力量，上述回忆录正是通过这种区别才将其完全从中提取出来。这种区别是由他们的抱负野心和历史形势造成的，比如，伟大的作家，受命于国王成为承担国家权力的首相或者成为因为神权而掌握国家最高权力的人、革命者或者被选举出来的人，但是这种区别没有消除这类人自己本身的矛盾性，除非是为了让另一类人来替代他们。实际上，所有的回忆录都混合了消除个体和对个体高度肯定两种现象，都存在自我缺失的不确定性和自我存在的高度确定性的矛盾游戏。所有回忆录也都存在合法性和非法性这种微妙的辩证关系："我应该发表言论吗？我能够不说话吗？"没有一部回忆录能够解决这样进退两难的问题，除非通过具有规定性的目的或者一套借口才能完成，也只有事先进行系统的比较才能够寻尽这些借口相关的参考资料。最后，所有这些回忆录都反映了一种传统类型，启发产生了一种记忆风格，让作者可以选择他想回忆或者不想说的东西，形式各种各样：包括具有哲理的书；避世退隐而作的书；资料回忆录或者见证回忆录；为证明而写的回忆录或者忏悔式回忆录；遗言式回忆录或者是成果回忆录，甚至大部分混合了很多各种独特的形式。高层回忆录超越了所有地方类型，从一开始就享有强烈的合法性原则。相反，由于事实的外部版本是为众人所知的，是一个必要的段落，所以人们期待作者提供一个内部版本。而作者本人也深知，他所写的版本将必然受到严格的审查。位于上层的回忆录作家也知道，他也只能在他所做的和他的为人之间行事：他的回忆录属于官方证明材料，是这些材料未经改动（ne varietur）的版本。至少，伟大的国家回忆录编撰者也只是在编撰他们自己的回忆录。当然有些人，比如，胥利，他们很幸运，一部分行政档案被摧毁，这使得长期以来，直到最近一段时期，历史学家只记录简单的事实①。如果不是这样的话，怎么还会存在一部胥利神话，如此生动、如此著名，一直保留到维希政权呢②？但是几乎所有人都对此有所指责；如果科米纳和雷茨没有留下他们的回忆录会怎样呢？同样拿破仑或者夏多布里昂没有写回忆录，又会怎样呢？一些国家政府人物，即便是次要人物，比如，樊尚·奥利奥（Vincent Auriol），他的日记在死后被发现③。这一发现完全改变了历史面目。

作者同主题，自我同历史，证人同参与者之间的协调一致为国家回忆录中的"我"提供了一个十分模糊而问题重重的身份。在回忆录中第一人称应该几乎完全成为第三人称。不再是作为自传中观察者、探索者的"我"来寻找他自己，他自己的历史，他自己人为的协调性，而是一个历史人物脱离了肉体又被赋予另一个肉身，变成一个无人称或超人称的"我"，他是以集体名义书写的自传中的英雄。在戴高乐回忆录中，马尔罗有一句关于戴高乐及他同象征人物之间关系的精彩描写："查理从来没有在

---

① Cf. SULLY, *Mémoires des sages et royales oeconomies d'Estat*, collection Michaud et Poujoulat, 2ᵉ série, t. Ⅱ et Ⅲ, et l'édition des *Oeconomies royales* par David Buisseret et Bernard Barbiche, dont seul a paru le tome Ⅰ（1572 – 1594）. Société de l'histoire de France, 1970. Sur Sully, cf. Bernard BARBICHE, *Sully*, Albin Michel, 1978.

② Cf. Christian FAURE, «Pétainisme et retour aux sources: autour du tricentenaire de Vichy», *Cahiers d'histoire*, vol. XXVIII, n° 4, 1983.

③ 从他的 7 年任期（1947~1954 年）的第一天开始直到最后一天，为了撰写他的回忆录，Vincent Auriol 就积累了上千页的手稿，包括藏在办公室的录音访谈。他去世后，这些大量的手稿由 Jacques Ozouf 和我共同主持，出版了很多作品，其中有合成一卷的缩简版：Vincent AURIOL, *Mon septennat*（1947 – 1954）, Gallimard, 1970，还有一套 7 卷的完整评论版：Vincent AURIOL, *Journal du septennat*, préface de René Rémond, A. Colin, 1970 – 1978（1947 par Pierre Nora, 1948 par Jean-Pierre Azéma, 1949 par Pierre Kerleroux, 1950 par Anne-Marie Bellec, 1951 par Laurent Theis, 1952 par Dominique Boché, 1953 – 1954 par Jacques Ozouf）.

那里（回忆录）出现。"① 《回忆录》中这个没有名字的人物即将诞生，甚至戴高乐将军自己也证明，这个回忆录的人物是在欢迎他归来的欢呼声中诞生的，而那欢呼声似乎并不是对他而发出的。"未来的雕像拥有那些配得上这些雕像的人。"路易十四和拿破仑做得更好：他们只有一个名字。在路易十四身上，私人同公共人物完全重合，国王那些著名的令人熟悉的特征则属于他冒险家的形象。去个人化的代价就是拥有强大的表现力，为了重要人物这个形象放弃个人从而获得重要的身份特征。在伟大的国家回忆录中产生这种爆炸式的混合体，同他者身份相近，同自己却保持一定距离。就像卢梭的回忆录一样，没有同读者之间的对话；又如同圣·奥古斯丁的回忆录，没有圣人的看法：一个同他自己平等的"我"，一个符合他人所期待的"我"。对于这样一系列的变化，仅仅拥有政权是不够的。无论是普恩加莱还是奥利奥，在他们的日记中都无法完成这一点。相反，随着弗雷维尔（Fréville）为莫利斯·杜雷（Maurice Thorez）量体裁衣而作的自传《人民的儿子》② 的出版，反政府回忆录提升到国家回忆录的机制上，而付出的代价就是与真相相反，这使得这些书无法再重新出版。

著名的国家回忆录无法摆脱体裁内在的矛盾性，除非是将这些回忆录重新置于最高水平，置于一个足以颠覆所有的数据、改变游戏规则的强度上。就这一点来说，回忆录完全达到了这种体裁的顶峰、最高顶点，完成了它最完美的成果，具有最高的合法性。但同时，政府回忆录又是这一体裁的完全回归，包括一系列特例，无论从素材上还是从表面上看，在它们之间都存在着不可比性。每一部回忆录都沉浸在一个特定的历史环境中，通过特有的定义来描述来反映人物特征。每一部回忆录自成体裁，因为所有人都属于一个人；他的秘密不属于任何人，因为他要完成历史救赎。所以政府回忆录必须要具有绝对的独特性，甚至要强调题目的多样化："经济""遗嘱""规训""缅怀""九泉之下"，仿佛"回忆录"这个词，无论是接受还是拒绝总具有指示性，使要说的话变得平淡无奇，最终归于一种早已过时的模式一样，或者是故意要具有一定的参考性；它的首要任务在于在避免使用回忆录这个词的同时而尽力迎合这个

---

① Cf. André MALRAUX, *Antimémoires*, in *Le Miroir des limbes*, *op. cit.*, p. 114 sqq。所有关于伟大人物的回忆录的章节都值得阅读。

② 关于莫利斯·杜雷的《人民的儿子》，参阅 Philippe ROBRIEUX, *Maurice Thorez*, *vie secrète et vie publique*, Fayard, 1975, en particulier le chap. I 。

词；或者又仿佛是默默顺从一种模式就意味着要除去它的标签。

为了保证这些回忆录具有根本的差异性，它们采用了一定的程序和方法，从而说明了这些程序和方法的重要性。等级各有不同。在著名的文学家身上，当然这是反映他们自己记忆的反射游戏，这种游戏巧妙复杂，具有很强的综合性；就像我们分析雷茨和圣·西蒙的回忆录一样，他们是文学历史学家①。然而对于政治家来说，根据时代和国家政治人物类型，由于技巧的独特性，个人在历史中的合法性，甚至是回忆录地位的特殊性，彼此的差距似乎显得不那么重要。我们将慢慢解释。

叙事技巧。一些大领主，尤其在 16 世纪末期和 17 世纪前半叶，因为各种原因，或者为了保留等级的骄傲，或者缺乏习惯，或者表面的谦虚，或者对历史学家的虚假模仿，或者很容易受人吹捧，他们往往会命人为他们写回忆录，并让他们的下人执笔，甚至本人与此没有任何关系。比如，罗汉公爵（duc de Rohan）、艾斯特雷和普莱西斯将军、格拉蒙（Gramont）以及奥尔良的格斯顿（Gaston）就是这样。还有一些人模糊所有线索，使得那些授权如同杂技一般，解读也不十分明确：这些不愿被承认的回忆录完全脱离了叙述的主人公，人们不知道谁在陈述。所以很快就确定了一种相互叠加的撰写方式，1675 年当塞维尼夫人希望雷茨为她写回忆录的时候，她鼓励雷茨"写"或"让人写"她的历史。因为，在她看来，这两个表达方式明显是等同的。为此，西蒙娜·贝尔梯耶（Simone Bertière）提出"没有第一人称的回忆录"②的说法。然而，这些间接的自传同胥利那种令人吃惊的舞台表演之间存在着很大的区别。胥利庄严地坐在他的城堡宽敞的大厅中③，一言不发，静静地听着他 4 名秘书为他所编撰的关于他政治生涯的故事。面对 4 人的叙述，他承认"被重新带回到自己"。就像圣－博娃（Sainte-Beuve）所说："他以恭顺的方式将自己的记忆

---

① Pour Retz, cf. A. BERTIÈRE, *Le Cardinal de Retz mémorialiste*, *op. cit.*, en particulier pp. 300 – 306 (le passé revu à la lumière du présent), 418 – 426 (la temporalité dans les *Mémoires*) et 429 – 469 (la conduite du récit). Pour Saint-Simon, cf. Yves COIRAULT, *L'Optique de Saint-Simon*, A. Colin, 1965, en particulier partie II, B, «La vision retrouvée dans le souvenir».

② Cf. Simone BERTIÈRE, «Le recul de quelques mémorialistes devant l'usage de la première personne: réalité de la rédaction et artifices de l'expression», in *Les Valeurs chez les mémorialistes français du XVIIᵉ siècle avant la Fronde*, *op. cit.*

③ Hélène HIMELFARD 在她的文章中至少指出了在 17 世纪撰写回忆录的重要性: «Palais et château chez les mémorialistes du règne de Louis XIV», *Dix-septième siècle*, nᵒˢ 118 – 119, janvier-juin 1978。

让人发送到四个香炉中；他参加祭奠仪式，满意地听取自己故事的回音。"①
胥利对此深为了解："我们又找回您伟大光辉的形象，您的父亲大人有四个儿
子……"这样的叙述性故事可以展开离题叙述，可以有细节，有沉默，有可
忽略的地方以及需要解决的问题。它可以允许失势的大臣依靠书信和资料对他
的仇恨和鄙视一再加以润色调整，变得文雅高尚，在 30 年当中自言自语叙述
他的荣耀，那份夹杂着路易四世的和法国荣耀的胜利感。但是，就像马克·弗
马罗利（Marc Fumaroli）用极其狡黠的手笔所写的那样，这并没有妨碍他在
《致读者》一篇文章中，列举了历史学家应该遵守的"13 条公平规则"②。

　　但是，这是另一种叙述技巧，比其他方法更加丰富，就像雷茨让人在他的
《私书》中所承担的中介作用一样，这些就像塞维尼夫人、科马丁夫人、拉法
耶特夫人以及格力尼昂夫人③等人所承担的角色一样。在他之前的回忆录作家
同样也确认了这一点，他们是为了家人、朋友，或者应无法拒绝的邀请而写回
忆录的。所以，科米纳自己也说过，他写回忆录也是应维也纳大主教安其罗·
卡托（Angelo Cato）的要求而写的，尽管在主教死后他还在继续撰写回忆录，
而且他的文章也证明，除了最初的目的以外，他还经常写到一些君主④。被请
求撰写回忆录的原则是约定俗成的一部分。保罗·德·冈迪（Paul de Gondi）
开始的时候就说："夫人，我非常讨厌将我的故事附加在您的身上，因为我的
人生曾经遭遇到许多不同的境况。然而，您提出了这样的要求，我遵从您的命
令，即使损害了我自己的名声我也在所不惜。命运的任性让我犯了很多错误；
我怀疑揭开掩盖命运的面纱是否是一种明智的行为。但是，自从我开始认识到
我的状况以来，我还是坦率地对您说，我将毫不保留地将这一切都写出来，即
使是那些微小的特别的事情；我将对我一生中所做的事情毫不隐瞒。"⑤ 冈迪

---

① SAINT-BEUVE 发表了 3 篇关于胥利《回忆录》的文章：*Causeries du lundi*, Garnier, 1854, t. Ⅷ。

② Marc FUMAROLI, «Le dilemme de l'historiographie humaniste au XVIe siècle», in *Les Valeurs chez les mémorialistes français du XVIIe siècle avant la Fronde*, op. cit., p. 29.

③ Cf. A. BARTIÈRE, *Le Cardinal de Retz mémorialiste*, op. cit. partie Ⅰ, chap. Ⅲ, «L'identité de la destinataire».

④ COMMYNES, *Mémoires sur Louis XI*, éd. Jean Dufournet, Gallimard, «Folio», 1979, et plus généralement Jean DUFOURNET, *La Destruction des mythes dans les Mémoires de Philippe de Commynes*, Genève, Droz, 1966, *Vie de Philippe de Commynes*, Sédès, 1969, et *Études sur Philippe de Commynes*, Honoré Champion, 1975.

⑤ Cardianl de RETZ, *Œuvres*, op. cit., p. 127.

的一生包括好几个部分，让他得以在战争人物、国家政治人物和宗教人物①之间穿插往来。这样一段开场白，似乎比简单的礼仪性献词要奇特一些。从一个女人的视角来看，当她充分发挥自己的想象，着眼于现实，带有某些强制性而又具有吸引力地开始撰写一部回忆录的话，冈迪在这段话中还有哪些资源没有提供呢？那是代表了所有读者的唯一收信人，是内在可触摸到的石头，是私密的镜子，是一块跳板，作者定期过来为她的写作，自由地发表言论，愉悦地交谈，为那些"知心话"创造新的想法。雷茨很懂得如何将"知心话"变成一种工具，甚至是完全更新体裁的一种工具。这种"知心话"在回忆录的建构中起了根本性的作用，就像《追忆似水年华》中叙述者在这部著作的结构中所起的作用一样。黎塞留的《政治遗言》②（无论约瑟夫神父采用的是哪一部分）使用的是同样的回顾方法，国家权力的表现力量远胜于回忆录本身的含义，这是由各种引证转述的材料和形势片段构成的一部庞大的编年体叙事，就像《母子故事》（1600～1623 年）和《国王重大行动简述》（1624～1639 年）两部作品一样。遗言：这个词所属的体裁同回忆录的体裁不完全一样，尽管这两种体裁十分相近，在 16 世纪和 17 世纪又非常流行。黎塞留在撰写《政治遗言》的那个时期（大约在 1637 年）就有两个很著名的例子：禹侯·德·舍维尼（Hurault de Cheverny）为他的孩子们写了一部《规训》，1636 年由他的儿子出版；按照这部《规训》的模式，弗丁·德·拉·霍格特（Fortin de La Hoguette）完成了他的《遗言》以及《一位好父亲给孩子们的忠告》（1649 年）。这本书在 17 世纪的时候出版了 16 次③。黎塞留的《政治遗言》具有宫廷行为及处世方式的社会性留言、完全家庭式的私人留言、临终前基督徒式的精神遗言形式：它借鉴于私人生活表达方式的那种体裁，并将它带到君主、君主制度及政府的层面上来。他除去了这种体裁的私人含义和个人独特经历，赋予它一种公众的重要性，并以一些道德价值准则，一些似乎早已存在或者是单独收集而成的道德准则来武装它，使它具有一定的价值。

---

① A. BERTIÈRE, *Le Cardinal de Retz mémorialiste*, *op. cit.*, et Marc FUMAROLI, «Apprends, ma confidente, apprends à me connaître. Les Mémoires de Retz et le traité *Du sublime*», *Versants*, n° 1, automne 1981, repris dans«Commentaire», n°15, automne 1981.

② Cf. cardial de RICHELIEU, *Testament politique*, éd. critique de Louis André, préface de Léon Noël, Robert Laffont, 1947.

③ Cf. M. FUMAROLI, «Le dilemme de l'historiographie humaniste au XVIᵉ siècle», art. cité. p. 33.

这是同国家回忆录之间根本的区别：为了赋予国家回忆录最基本的独特性，这种差别只在法国历史中两个超级强大的人物身上出现过：一个是路易十四；另一个是拿破仑。这两人之间有某种相似性，具体地说，那是因为身份鉴别的方法不同。开始的时候，有一个令人吃惊的现象：拿破仑天生就是一位作家，似乎可以同恺撒相媲美，因为武力的原因而留下空白，人们本应期待他会写一部回忆录；但是他本人没有写回忆录，而是通过中间对话者半自愿半强迫地讲述出来。路易十四，从原则上说本应该避免这个问题的——太阳是否会照亮它自己的光芒？——，自 1661 年登基之日起他就有写回忆录的想法，并从 1666 年开始实施。他认为："国王应该对世人甚至几个世纪的人公布自己所有的行为。"① 我们今天还保留了两段连续的回忆录：一部分是 1661～1662 年的；另一部分是 1666～1668 年的。在这两段中，无论柯尔贝尔（Colbert）、佩里尼（Périgny）主席还是皇储的家庭教师，保尔·珀利松（Paul Pellisson）及其秘书图桑·罗斯（Toussaint Rose）在回忆录中所撰写的部分如何，这份书稿都显示了这位君主一丝不苟的精神，他审查文章中的每一个用字；他承担着整篇回忆录的撰写工作。但是，这一对比反差却不是最令人吃惊的，也不是让这两部奇特的回忆录成为范例的原因。这两部回忆录能够成为典型范例，是因为它们所采用了最恰当的方法来表现他们希望给人留下的国家政府形象：一个是直接的方法；另一个是间接的方法。路易十四的回忆录是一个充满热情而积极的总结。这份回忆录是为了建立一种参考性备忘录而诞生的，这份备忘录首先要交给科尔贝尔，他随后要做 "一个周记，记录每周发生的事情，用以编写国王的历史"。1665 年，当他放弃这份工作的时候，是路易十四自己在纸片上亲手做记录的。1666 年 2 月 14 日当他开始口述的时候，他还处理 1 月份和 2 月初的事情。直到 1672 年在对荷兰战争前夕他才停止这种严格的做法，后来只是时有时无地偶然拾起。这一强制性行为足以说明路易十四在完成国王这份 "职业"，"当人们感觉履行了自己所承担的所有工作时那种伟大、崇高和愉悦的心情"。最高君主即可所委派的工作反映了君主活动的职业化。它甚至代表着绝对君主制度的形象。因为，这些回忆录开始的时候是为教育皇储而写的，而皇储代表了臣民唯一具体的形象。路易十四意外地说了这样一句话：

① LOUIS XIV, *Mémoires*, éd. Jean Longnon, Tallandier, 1978, et Charles DREYSS, *Mémoires de Louis XIV pour l'instruction du Dauphin*, *avec une étude sur leur composition*, 1860, 2 vol.

"实际上，人们总有一个目的，就是要讨人喜欢。"为此，完美的君主肖像描述总是稍微带有教育的成分，在回忆录中它的最终目的就是对这一君主进行描述：遵规守序，通情达理，思想崇高。相反，拉·卡斯（Las Cases）① 笔下的拿破仑的形象完全是非自愿的，也是事后编造的形象。他秘密地出现在陌生人面前，交友广阔，但却不知道如何来面对这些陌生人；一个移民回归的贵族，他甚至没有自己亲近的人，但是却并不意味着可以追随他浪迹天涯。就是这样一个人，由于偶然的机遇，尊重逃亡者，巧妙地抓住他反复讲的话，抓住其中的重要性，而其他同伴，像蒙托隆（Montholon）和古尔戈（Gourgaud）却相信完全可以用三言两语就总结了这些多余的话语。所有的影响在于一系列的对比中：圣海伦的悲惨生活，遭受胡松·罗维（Hudson Lowe）的虐待，同帝国在所有平民和军事领域中的旧权力之间的对比；君主暴政的回忆同流放者卑微的人性之间的对比；暴君所引起的灾难同革命遗产自由维护者之间的对比。这一结果让人震惊。通过完全不同的方式，其目的又恰恰相反，《圣海伦回忆录》同路易十四的《回忆录》实现了同样的结果：这些回忆录没有重建一种行为，但是却构建了一个人物。这些回忆录只是对历史起了补充作用，却建立了一部神话。

最后是个体同历史之间连接：这是构成伟大的国家记忆最有力的要素，这一点在民主时期的回忆录中表现得最出色。直到那时，为国王效力，创造君主制度的伟大辉煌依然是公共行为的主要原因。茹安维尔站在圣路易背后，科米纳站在路易十一的身后等。当君主制度的合法性被取消的时候，政治野心也只能通过伟大的历史来证明了，因为历史让一个普通的个体（尽管非其所愿）具有崇高的责任感，从而来承担一定的权力。最伟大的国家政府回忆录只是因为"命中注定"的必要性而产生，或者因为功绩或者由于某种机缘巧合。必要性：关于这个词，勒纳·雷蒙（René Rémond）在阅读《为了我那一时代的历史回忆录》② 8 卷册的时候记下了这个词，后来基佐经常使用这个词，而在

① LAS CASES, *Mémorial de Saint-Hélène*, 1re éd. intégrale et critique par Marcel Dunan, Flammarion, 1954, 2 vol. ; introduction d'André Fugier, Garnier, 1961, 2 vol., ainsi que l'édition du Seuil, «L'intégrale», introduction de Jean Tulard, présentation et notes de Joël Schmidt, 1968. Sur l'accueil réservé au *Mémorial*, cf. Jean TULARD, «Le retour des Cendres», in P. NORA (dir.), *Les Lieux de mémoire*, t. Ⅱ, *La Nation*, vol. 3, *La Gloire-Les Mots*, op. cit. pp. 81 – 110.

② Cf. René RÉMOND, «Le philosophe de l'histoire chez Guizot», in *Actes du colloque François Guizot*, Paris, 22 – 25 octobre 1974, Société de l'histoire du protestantisme français 1976.

戴高乐将军的笔下也似乎是"很自然的事"。事实在于,尽管时间和人物都不同,但是在这两个伟大的民主政权回忆录作者身上,人们却可以揭示出同历史的一种关系,这种关系为了完全对立,却产生了完全相似的结果,即:个人的行为同国家政府的某一时刻,某一个永远被唤起的时刻相符合。基佐是一个付诸行动的历史学家,他很清楚,最优秀的回忆录是如何编撰出来的,而且他自己也出版了很多回忆录。在他70岁的时候,会用历史学家的眼光来审视他写过的作品。如果他像其他人,如埃米尔·奥利维尔(Émile Ollivier)、克里蒙梭或者普瓦卡雷那样为某一利益进行辩护的话,比如,为七月君主制度进行辩护的话,那他就是以最广泛的方式来解释整个法国历史,这是一种至关重要的解释,因为这种解释只是以现代法国政治形势和阻止革命产生偏差为目标。所以,他的行为表现出一种很自然也很强烈的意识形态,反感通过"不择手段的表演"来解释政治,即使"这样的表演很多"①,并经常拒绝通过一些小的案件来解释重大历史事件。在他笔下,行动远没有重大的理性动机有意义。因此,在他的回忆录前三卷中分别回忆了他作为首相以前的那段时期的历史,也讲述了复辟时期的事情,还有1830年革命及他在共和国教育部的工作,并对这些历史做了深刻的分析。今天在我们看来,这3卷比他的后5卷回忆录更加丰富。后面的内容主要讲述了日常事务,多是当代事务,比如,1840年危机、东方事务或者是西班牙婚礼等。在基佐身上,历史通过一种寻找其自身意义的推演方法而产生的,是在非戏剧化和反思当中进行的。在戴高乐将军身上却相反,历史只有在悲剧和神秘主义当中才能出现。戴高乐将军仿佛被法国"融合"了。"融合"(incorporé)这个词也同样时常出现在他的笔下,使得他有权力越过一切名称限制:"一种来自历史深处的召唤,国家的本能让我意识到无人继承的财富,承担起法国的主权。正是我,拥有了这种合法性。"② 这句异乎寻常的话指出了国家记忆的精髓。但不管怎样,尽管这两个人在原则上、在信仰上都是悲观主义者,又都具有高傲狂妄的严厉性格,但在这两个人的回忆录中,都存在着一个早已建构好的历史模块。在基佐身上,这一历史模块是通过分析形成的;而在戴高乐身上,是通过有血有肉的情感构成的。简单地说,就是拥有心理和精神双重性但又根本不同的一段历史记忆为他们提供了人和状

---

① François GUIZOT, *Mémoires pour servir à l'histoire de mon temps*, Michel Lévy, t. Ⅱ, 1859, p. 324.
② Charles de GAULLE, *Mémoires de guerre*, t. Ⅱ, *L'Unité*, 1942 – 1944, Plon, 1956, p. 321.

况，一道具有解释性的基准网，可以瞬间付诸使用，借助编撰这个空间（在叙述过程当中，我们可以发现所依靠的材料格式都相同）可以使他们立刻融入历史事件当中。在这两个人身上，历史"就是它本来的样子"，人"也是他原来的样子"，新的从来就不是新的，它同使之成为记忆的旧东西相似；如此周而复始，因为正是他们的记忆构成国家记忆。

人们却无法将这些重要文章的识别力量缩减成方法、特殊事实和必要中介的简单的集合体。这种识别力量同一些最基本的原因有关，即：它们的必然性同偶然性的密切结合，这就是使得这个偶然创建起来的样本成为一个完成的记忆装置。

因此，不可能不考虑这一点：它本有可能不存在。这条令人惊叹的记忆长廊，并排地以同样的方式结合在一起，而如今依然具有同质性而遭到指责。这条长廊是一个偶然的结果，是在没有希望的情况下的新发现，是一项博大精深的工作。这一形象同我们从权力的执行和国家历史发展变化中得出的最高表达方式不可分离：这是一个被构建出来的记忆，从它注定要经历的黑暗中剥离出来的记忆。当远离水深火热的境况，当我们微笑地对待它的时候，记忆注定要处于黑暗当中。直到 19 世纪，这些文章没有一篇是为了出版而写的。胥利没有让任何人来负责印刷他的回忆录，《皇家经济结构》是在他自己的城堡中出世的。最经典的回忆录是那些看起来不可能出生的孩子。人们所说的路易十四的《回忆录》，实际上是非常分散的手稿的合集，幸免被付之一炬。1714 年的一个晚上，年迈的国王很清醒地想要烧毁这些回忆录。幸亏诺阿耶斯元帅（Noailles）非常虔诚地将这些书稿收集起来，并在 35 年之后亲手交付于皇家图书馆。格鲁维尔（Grouvelle）在 1806 年，查理·德雷斯（Charles Dreyss）在 1860 年，让·龙尼翁（Jean Longnon）在 1927 年分别对这些幸存的旧书稿进行了重新修整，正是因为他们的顽强毅力才使得这些书稿得以走进希腊的神殿。那部《备忘录》呢？关于这匹传记的战马，正如小基纳特（Quinet）所说的，拿破仑又回来"纠缠着人的智力，如同被死亡完全改变的幽灵一般"[1]。英国人本不应该将拉·卡斯离开圣海伦时收缴的笔记还给他的……而雷茨、黎塞留呢？当今学者依然在讨论保罗·德·冈迪是否预计要出版他的《回忆

---

① Cité par Jean TULARD, «Un chef-d'œuvre de propagande», introduction à l'édition du *Mémorial*, *op. cit.*

录》。但是所有人都承认，如果冈迪完成了他的回忆录的话，这个问题也许就不存在了。无论如何，这是一部没有完成的回忆录。而且，回忆录的开头有很多部分被撕毁或者丢失。《政治遗言》只是写给路易十三的；这本书在黎塞留死后46年，于1688年在阿姆斯特丹出版，出版商是一个新教徒，没有人知道他是怎么获得这本书的。而且这本书的出版改变了书的意义：成为一个反对路易十四的宣传工具，反对废除具有政治宽容性的南特敕令。长期以来人们一直否认这篇文章的真实性，尤其是伏尔泰。但是，这并没有妨碍它在18世纪一再出版印刷，如同一件珍品和柯尔贝尔（Colbert），以及玛扎兰（Mazarin）的作品一起编入伪政治遗言合集当中。那对圣·西蒙的作品如何评论的呢？秘密性似乎一直伴随着他。由于小公爵破产留下了一大堆的手稿，作为债主圣·西蒙一直将它们保存到1755年3月他离世的时候，并封存成自己的财产①。但是，这种拯救式行为产生了多大的反响呀！在大衣里抄录流传，一系列的诉讼，为诽谤恶意中伤而偷截片段，禁止出版，受外交部审查，在审查中提交了163份案卷，而我们今天看到的《回忆录》，由伊夫·考若尔特（Yves Coirault）编辑整理在《七星集》中出版的，只囊括了其中11卷，在这个事件中充满了侦探性故事。基佐是第一个打破传统的人，他同米歇尔·勒维（Michel Lévy）签订了一份出版合同，规定每年出版8卷，以此可以骄傲地向公众宣布："这部著作在我的头脑中早已成形。"② 但是，直至今日，上帝奇特的羽翼似乎一直在保护着戴高乐将军的《回忆录》。这本回忆录中的时代划分出奇地精准：《召唤》发表在勒内·高第（René Coty）富有讽刺和幽灵般的选举的时候；《统一》发表在第四共和国最后分裂的时候，《拯救》是在他重新执政之后，《希望回忆录》的第1卷在他去世的前3个月出版，而第2卷还没有完成，据说写得不尽如人意，为这一如此完美的命运留下了一丝不完善的遗憾……所有这些文章都有一种奇特的命运，因为一系列的偶然事件而被收编进遗产当中，通过各种普通但却十分有效的编辑出版，重新回到人们鲜活的记忆当中，通过学者评论家的记忆精心修饰使其从出版中消失继而又重新出现。大部分的作品很少面世，被束之先贤祠的高阁之上，法庭也不会关心是否存在后

① Clair résumé de l'histoire des manuscrits par François-Régis BASTIDE, *Saint-Simon*, Éd. du Seuil, «Écrivains de toujours», 1953, p. 175.

② Cf. Michel RICHARD, «Guizot mémorialiste», in *Actes du colloque François Guizot*, *op. cit.*

续，它们存在与否，其实并不重要，它们是自己唯一但不确定的收信人。

这些国家政府回忆录却构成了一个整体。回顾历史，我们必须将它们作为一个系统体系来解读。从根本上说，这些样本反映了三个不同但彼此互为补充的范畴。这一范畴包括大臣部长，无论失势与否，比如，胥利、黎塞留、基佐，他们每个人都以自己的方式代表了国家合并巩固的强大形象：胥利是乡村主义者的支柱人物，代表着柯尔贝尔或者图尔戈旧体制理想大臣的幻想形象；黎塞留是理性政权令人震惊的象征；基佐是小资产阶级法国的教育家。人们所要求的正是对国家政治建设持久稳定、精密严格和效忠的这个中心主线。所以，尽管这些作品很少被人阅读，甚至远离市场，但这并不重要。胥利的行为被不恰当地总结成"田园农作"①，当重农主义、复辟时期、梅里纳法（lois Méline）、维希政权推动法国乡村主义运动的时候，人们就会看到胥利的形象一再活跃在法国人面前。关于黎塞留的文学②，无论是历史性的还是小说文学，都促进人们熟悉这位《格言录》的作者。基佐长期以来信誉扫地，让君主议会政治思想受到极大影响，如今却又成为人们新的讨论话题③。如果说其他大臣的回忆录也能够如此让人感兴趣或者有意义的话，那么没有一个人能够同这样一件事业相提并论。这一事业是如此深远，触及法国人的思想深处，它是法国人通过或者希望通过政府的根本稳定和超级坚实可靠而形成的。这一切构成了国家建筑的主梁。在这一建筑的侧位之上，在对称位置上有国家文学的代表：雷茨、圣·西蒙和夏多布里昂。而另一侧，有著名的政治代表：路易十四、拿破仑和戴高乐。他们是仆役、称颂者和最高权力的代表人。这三组文章的相互关系，是一种人为的也是必要的关系。正是这种关系构成法国国家记忆体系的独特性，同时为这一神圣建筑地理构造提供了特殊性。这个法国国家记忆，奴仆们都为之服务，但是如果称颂者没有为它唱赞歌的话，那些最高权力的代表人物是不会体现这种记忆的。归根到底，是政治行为以外的伟大作家，对政治感兴趣或者为政治着迷的人，是国家政权的游戏者，看热闹的人还有卖弄者，他们才是法国式回忆录体系的最终答复者。这种体系完全建立在文字书

---

① Cf. B. BARDICHE, *Sully*, *op. cit.*, en particulier, pp. 197 – 201.

② En dernier lieu, Michel CARMONA, *Richilieu*, Fayard, 1983, et, du même, *La France de Richelieu*, Fayard, 1984.

③ Comme en témoigne le titre même de l'ouvrage de Pierre ROSANVALLON, *Le Moment Guizot*, Gallimard, 1985.

写的权威和词语音乐的基础上。戴高乐将军除外，他对文学的痴迷过于明显。但是，如果没有巴尔扎克、司汤达和雨果，那肯定不会有圣海伦囚徒的浪漫形象。1668 年，路易十四开始严肃地撰写他的《回忆录》，而这一年拉辛上演了《讼棍》，莫里哀上演了《东道主》和《吝啬鬼》，布瓦洛完成了他的诗体书简《致国王》，拉·封丹出版了他的前 6 本寓言集。难道这些我们能没有注意到吗？在文学连续低音和国家形象的配乐（我们只要想想戴高乐—马尔罗这一组合[①]）之间，联系非常紧密。

但是，如果不强调基础的话，这种构造也只是一种广义的看法。路易十四、拿破仑和戴高乐构成法国国家统一的三个关键时刻，在他们的回忆录中被个性化了，分别体现了绝对君主政权的到来、革命遗产的稳定和共和民主制政权的进一步巩固。这就是明显的重大事实，在其他国家和历史当中是不存在的。正是这一事实决定了国家记忆的整体结构及其隐含的等级关系。这三个人以最大的强度凝聚了国家合法性，在我们的历史和神话当中，代表了国家最强大的形象。在几乎使法国黯然失色的重大历史危机（投石党叛乱、法国大革命、1940 年的失败）之后，这三个人在不同的条件下，从表面上看，没有任何联系的目的，以自己的方式，在他们的回忆录中展现了自己的形象，为他们的行为提交了一份报告。这就是这一体系的关键点，它最高的保证和最后的真理。如果说在法国存在国家记忆，并在法国产生如此强烈的震撼力的话，那不仅是因为一些国家政权的伟大人物定期地点燃强大权力的火把，而且还因为焊接历史传统和历史延续性的三个关键转折时刻在这些回忆录的创始人的文章中得以升华：具有历史深意的偶然性使这一体系具有完整性和内在的逻辑性。

事实上，尽管路易十四的回忆录对他的形象影响并不十分必要，拿破仑的回忆录也不是他亲手执笔，但这些并不重要。这些文章的实际流传和真正阅读量也不重要。至少这代表了法兰西民族的三王显圣。在法国，国家记忆不属于政府机构性和积累性的东西，而是个人几乎完全模仿性的行为。一些

---

① 《反回忆录》这个题目本身就深刻揭示了作者的用意，自 1928 年出版《征服者》以来，就通过他的主人公之口，说出这样的话："除了回忆录，还有哪本值得去书写呢？"这就足以见得，在他的记载当中，就像在戴高乐将军的记载当中一样，马尔罗已经意识到传统的深度，意识到颠覆传统从而更新传统的必要性，而不是像戴高乐将军那样概括回顾传统。关于真假之分，关于马尔罗所说的"经历"的含义，参阅 Jean LACOUTURE 清晰阐述的区别比较，他比较了回忆录的文学版本和同毛泽东会谈的官方版本，最后一章是他一部出色的自传：*Malraux, une vie dans le siècle*, Éd. du Seuil, 1973。

大型的国家政府回忆录，人们有可能从中了解一些真实事件的真相，我们不是为了了解而阅读，而是为了验证关键时刻重要人物的身份及国家重要人物而阅读。在路易十四的回忆录中保留的不是西班牙婚礼的叙述，而是圣－博韦（Sainte-Beuve）① 由此扩展的《皇室笔记》。在这份记录中，伟大的太阳王对自己的"极端暴力"供认不讳，为了是"让他的人民认识到他对他们的友谊和温情"。我们能记住的《备忘录》中的片段，是被钉在石头上的主人公被雷电击中那熟悉的瞬间。在公众的意识当中，《战争回忆录》中所发生的故事完全表现在开头的第一句话②中，在"法国的某种思想"上，每个人都可以加入自己的想法，接下来也只是为之辩解和证明。那剩下的真的只同历史学家有关了。国家记忆承载最多的是那些只有简单行为叙事的空洞的回忆录。从这些回忆录中人们找不到秘密，人们可以尝试某种风格，创造一种形象，符合一种习俗，观察肉体降临的神秘性。正是从这样的回忆录开始，才有了整体安排，创立了一种模式，这是一种偶然却也是必然。如果这三部作品不存在的话，人们也许会试图说要创造出三部回忆录。实际上前两部就是这么做的，第三部只是在从前两部的再次更新中才获得了它的权威性。这三部回忆录奠定了我们国家自我超越的基础。正是国家的自我超越才为蒙吕克（Monluc）的苦涩、布瓦涅（Boigne）伯爵夫人充满智慧的话语和埃德伽·福尔（Edgar Faure）生涯的曲折多变添加了一些滋味和意义。这只是大人物才懂得围绕他们的行为掌控的一种辐射，将不会有回忆录的传统，对于历史学家来说，这将是一个没有根据的议题。

这就是国家传统的古代文化，是文学传统同政治传统之间的重要联系，浓缩了历史传统中权力的个人精华：正是在这三个国家特征的会合处，回忆录这一持续而不断变化的作品找到了它的秩序原则。回忆录至少从 16 世纪就开始存在，但是那时还只是一种特殊收藏品。20 世纪开始才大量发现并印刷出版。今天需要我们重新阅读这些回忆录，分析它们所要讲述的内容，那些不存在的东西。19 世纪在回忆录中找到了我们历史当中的国家秘密，人们可以从中看到我们国家记忆的秘史。如果说梦想是通往本能的优先通道这句话是真的话，

---

① SAINTE-BEUVE, *Causeries du lundi*, *op. cit.*, t. Ⅴ, p. 313.

② 人们是否注意到，这开头著名的一句话："我常常对法国有一种想法。"（«Je me suis toujours fait une certaine idée de la France»），从韵律上说，同《追忆似水年华》的开头一句是一样的："有很长一段时间，我早早就上床了。"（«Longtemps, je me suis couché de bonne heure»?）

那么就不应该把回忆录看作一种轶事或者边缘话的体裁，而应该是寻找我们国家身份特征的王道（为了避免使用圣道这个词）。

三　法国和犹太人——相互交织的命运①

在三四十年前的法国，人们几乎不会谈论犹太人的记忆和身份问题，也不会谈论民族记忆和民族认同的问题。而如今这两个话题却无处不在。这两个现象紧密相关，甚至相互交织。

在研究法国民族记忆的同时，我明显感觉到，在法国内部，犹太人的记忆和身份特征已经取得了他特殊的自主性和实证性，尽管存在个人经验的多样性，但完全可以从普遍的角度上来谈论这个问题，甚至需要走得更远一些：犹太人的记忆构成了一个模式。这从"模式"的两个含义来说：一是作为一个完成封闭的系统，具有自己的逻辑特征；二是一种学派，以它自己的方式拥有一种范例价值。

这是一个很大的议题。大量的文学作品已经从很多角度涉及或者研究这个问题，但是却没有从整体上对这个问题加以思考。这一问题的深刻研究将会深入涉及对法国国家模式的理解，比如，涉及传统模式危机及其目前的变化。在这里我只想对此做一下大致的概括。

法国问题中的犹太人问题

在开始谈论这个问题的时候，我们不可能忽略法国的主要背景问题，正是这个背景让犹太人成为法国特别敏感的共振箱，或者说正是这个背景过分决定"犹太问题"。主要有三个原因。

第一个原因，主要历史的重要性。从一般的角度看对法国也好，或者从特殊的角度看对犹太人也好，最近几个世纪发生的重要历史事件促使法国和犹太人之间建立一定的联系。确定法国身份特征的几个重要历史时刻，比如，法国大革命、德雷福斯事件、维希政权，同时也是决定犹太人命运的关键时期。还有哪个国家我们可以如此评论呢？

① Paru sous le titre《Mémoire et identité juives dans la France contemporaine》, *Le Débat*, n° 131, septembre-octobre 2004, pp. 20 – 34.

事实上，在 1791 年，法国是第一个正式解放犹太人的国家。接受犹太人作为法国公民，这是法国公民权定义的标准和试金石，难道能说这没有任何意义吗？这一年是具有奠基意义的一年，它所产生的影响就是将犹太人同革命的思想和运动结合在一起，将他们划定为左派，相反却将他们指定为法国反革命优待对象。这一年所产生的影响，还有就是，整个 19 世纪"犹太人"所经历的爱国主义和共和主义热潮，犹太教士在犹太教堂中成立的法国西农协会，1870 年以后阿尔萨斯犹太人多数人选择了法国，他们热情地投入 1914～1918 年的战争及法国自由战争当中。人们都知道，德雷福斯案件在犹太复国主义政治及以色列政权诞生中所起的决定性作用。在经历这场事件的时候，法国确立了自己共和主义的身份特征。最后，在维希政权的时候，围绕"驱逐，排斥"（exclusion）这个词，从历史的角度衔接了两个不同意义的影响，但是每种意义都产生长远而沉重的效果：首先，驱逐同"融合"相对立，标志着法国人对法国人内部问题的解决；其次，一个后果就是，唯一可能让纳粹主义获得胜利的，就是驱逐导致灭绝，引起后来的"反人类犯罪"。

每一个历史时期都按照自己的方式，经历了危机和痛苦，成为犹太人民族嵌入的补充阶段。犹太人的解放使社会、智力和政治上产生巨大的发展。德雷福斯案件将保护犹太人写入左派的发展日程当中，从而在法国共和制和犹太人自然民主倾向中建立了决定性联系。"民族革命"的失败使整个社会对反犹太主义的官方信誉失去信任。

第二个原因，犹太人特殊的身份特征记忆超定性。在于阿尔及利亚战争使犹太人在法国出现的形式发生了深刻的变化。犹太人在法国出现的形式多种多样。这不仅仅表现在数量上突然增加，西班牙系犹太人大量涌进，一度因为同化和去犹太主义而处于衰退地位的国家犹太主义再度复苏活跃起来，集团意识的诞生，犹太主义（直到那时还一直仅限于在犹太教堂内、家庭和协会内活动）开始扩张到公共领域。而且这是一层非常丰富并具有复合型的关系，连接了三个方面，包括以色列、法国和犹太人；而这一关系又有多种层面。

从简单的人口关系来看。北非大部分的犹太人来法国定居，他们说法语，那些来自阿尔及利亚的犹太人拥有法国国籍；但是还有一部分家庭定居以色列。这一批遣送回国的人同以色列的关系非常紧密，这不是因为他们在那里定居，而是因为他们对那里非常熟悉，在精神情感上感到非常亲近。相反，尽管他们是法国人，自己也认为是愿意成为法国人的，但在记忆和血液中还保留着两次被法国抛弃的悲惨记忆：一次是在战争中作为犹太人被维希政权所抛弃的记忆；另一次是作为阿尔及利亚的法国人被戴高乐将军抛弃的记忆。当然，这是一些旧伤疤，但却从来没有完全结痂愈合。而且最为敏感的是在 1870 年，法国通过《克雷米厄法案》(*décret Crémieux*)，使阿尔及利亚所有犹太人获得法国国籍，这一做法，同当地的伊斯兰教徒形成极大的对比，使这些犹太人成为比自然的法国人还法国人。

换句话说，阿尔及利亚的犹太人是杰出的黑脚人，也可以说，他们是最后的黑脚人，他们在内心深处保留了对阿尔及利亚的一份记忆，而这份记忆，是其他被遣送回国的人正试图忘记的。这样更好，像马格里布那样完全具有一定结构的犹太群体，他们的突然到来，为那些一直处于国家少数民族地位的群体带来了大多数的人为意识。犹太人在法国人口中只占 1%。但是，那是在法国历史上第一次发生这样的事情：一些好战的、承担一定责任的犹太组织，偶尔会扛着以色列的国旗，带领 5 万年轻人走向街头，发动一些浩大的游行示威活动，就像 1970 年那次要求"为以色列争取 12 小时"的游行。

将犹太人在法国的出现移到重心位置上的过程中，人们的态度发生了根本转变。以前人们只有责任，但自此以后，人们开始争取和维护权利。犹太人同法国的关系从根本上是在爱和感激的基础上形成的，最近一些变化加强了一种不满和怨恨的方式，这种方式将要出现在它自己的位置上。

第三个原因，纯粹是局势造成的。但同时，这个原因也标志着我们今天所关心的问题的真正起点。这个原因源于两个现象的结合，这两个现象表面上看没有任何关系，但是却产生共鸣，相互影响。这两个现象就是：一方面，是犹太人特殊身份的构成，这一结构由于六日战争而进一步加快；另一方面，是"代"的身份构成，以 1968 年 5 月运动为起点。

1967~1968 年：这两个时间如此相近，每一个时间都非常重要。六日战争在所有犹太人，甚至最没有犹太特征的犹太人身上产生一种很快就消散、却无法忍受的幻影，那就是第二次纳粹对犹太人的大屠杀的幻影，从第一次的大屠杀中唤醒了人们对现实的认识。对以色列那种模糊的情感使那种还没觉察到却已经启动的归属意识变得具体起来。人们很清楚，这种归属意识远非正统犹太教的范畴，这个大陆的宗教、文化、语言和历史因为"法国式"的同化过程已经被磨灭，而这就是要重新发现这片大陆的一个漫长的运动。

1961 年艾希曼（Eichmann）在耶路撒冷接受审判，推动了这种群体意识的觉醒。与此同时，另一种意识也在兴起，那就是社会这种正在解放的小群体要求确定其身份特征的全面运动，包括妇女运动、工人运动、外省人运动、科西嘉人的运动等，对于他们来说，重新拾起他们的"记忆"，事实上也就是他们在国家这个群体当中自己的历史，是确定身份不可分割的部分。

人们也许会说，这两个现象不具有法国特色。这种说法也许不错。但是，这种解放运动，或者更确切地说，内部的去殖民化运动，在法国动用了极其强烈的请愿力量，足以动摇法国的传统模式。法国是一个具有很强的政府极权制度的国家，国家集体记忆是通过学校教育形成的，这种教育方式消除了特殊群体的身份特征，将他们的"记忆"抑制在家庭和个人传统的圣殿当中。关于这一运动及其对国家所产生的动荡，我已经做了过多的描述和分析，在这里我不想再次强调。

这种解放一直将忠于历史（是真的也好，是想象的也好）同归属感紧密结合在一起；它将个人的自我意识同新的集体意识相混淆；它拉近了记忆和身份特征的关系。从某种意义上来说，这关系到每一个法国人、关系到所有曾经具有"记忆人民"特征的人。

在这场运动中，法国的犹太主义赢得了历史实证性和记忆身份。它的主要构成特征包括三个方面：有计划地种族灭绝大屠杀、犹太复国主义和宗教伦理主义。

我们没有必要在这里再次重复说，这不是在做系统研究，而是简单地标记各种运动相互交错而形成的沉积层和主要线路。

身份认同的因素

种族大屠杀的规模

第二次世界大战期间纳粹对犹太人的大屠杀在逐渐增强，在整个世界的意识当中，这种普遍的节奏已经基本清楚。经过一段潜在的自愿的遗忘以后，在 20 世纪 70 年代初再次兴起，随后逐渐加深，伴随着一种让人感到厌烦刺痛的感觉，直到 20 世纪 80 年代中期，至少在欧洲，人们不再使用"Shoah"这个词来描写二战时纳粹屠杀犹太人的历史事件，它成为世俗化宗教一种新形式的主要支柱，当代犹太人身份的基础。在法国、以色列和美国几乎都是一样的；

使用的方式不同，那着陆点也不同。

法国的独特性在于，记忆普遍同维希政权的记忆相关，或者说同法国及其政府在"最后决案"中的直接和间接责任的具体点相关。以至于学术性的历史文献，像关于维希政权这段时期的基本评论，只有通过这一棱镜才能做出最后的判断。而在此前，这方面的评论完全将这一因素边缘化，并且低估了这一体制在反犹太政策中的活力。

正是这一点才让罗伯尔·帕克斯顿（Robert Paxton）在 1973 年出版的《维希政权下的法国》具有重要的创始性；长期以来，他曾经发表了大量的关于流放、关押在集中营和大屠杀的证据。他是第一个（还好他不是法国人）严肃谴责贝当政府通敌行为的人。而且，这种令人作呕的揭露，对这个锈迹斑斑铜绿色的法国，对这个路易·马勒（Louis Malle）导演的电影《拉孔布·吕西安》（1974 年）中描绘的法国的揭露，是伴随着抵抗运动主义者秘密分裂进行的。两年前，即 1971 年，奥菲尔斯（Marcel Ophuls）的电影《悲伤与怜悯》被禁止在电视中播放，同时，乔治·蓬皮杜总统特赦了自卫队士兵图维尔（Touvier），这两件事构成了当时极大的丑闻，即标志着抵抗运动内部秘密的分裂。随着 1968 年这新一代的到来，也就是帕特里克·莫迪亚诺（Patrick Modiano）这一代，产生了一种新的感受。同年，出版了莫迪亚诺的小说《星型广场》。

但是，只是因为在此之前发生的事件，它的重要性一直没有完全强调出来，所以人们并没有打开这个缺口。正是这一事件，在纳粹的反犹主义和基督教的反犹主义之间采取了相互渗透的决定性措施，来确定犹太人的身份。这时，通过两个重要事件，人们自然而然地围绕犹太人身份这个话题展开讨论。这两个事件：一是安德烈·施瓦兹－巴尔（André Schwarz-Bart）的小说《最正直的人》，他描写了一场荷马式的传奇战争，获得 1959 年龚古尔文学奖；另一是 1965 年第二次梵蒂冈大公议会结束，其中一个结果就是洗清犹太人在耶稣之死中最基本的罪行，为犹太教和基督教的和解开启了一条通道。然而，施瓦兹－巴尔的小说是一部动荡充满血腥的编年史，经历了基督教的几个世纪，描述了正义者的代表。对于这些犹太人来说，根据一个古老的传说，上帝从每一代人中挑选出一个人给他死后继续生存的机会，而他最后一个孩子，就是埃尔尼·勒维（Ernie Lévy）。他出生于波兰，后来死在德朗西，被施以火葬。这部小说滋扰了人们的心绪，强烈谴责了基督教在对无辜者施以火刑时的反犹主义。因此，这本小说曾多次被出版商拒绝，这并不奇怪。直到左派的基督教徒将它推荐给瑟伊出版社（Éditions du Seuil）。

那个时期还有两个人，一个是弗朗索瓦·莫里亚克（François Mauriac），另一个是于勒·伊萨克（Jules Isaac），他在同一年，即1959年出版了《反犹主义是否具有基督教的根源》。如果不揭示基督教的罪行和它所起的连接作用，人们不可能明白一部只关系到犹太人的记忆如何能够引起如此大的反响。应该让无耻肮脏的畜生走出基督的肚子。也就是在那个时候，《奥斯维辛》被当成绝对邪恶的象征，作为中世纪以来欧洲历史负面结果出现在世人面前。

越来越多的人谴责基督教的罪行，对抵抗运动意见一致的版本也越来越少。在这两种现象之间产生了一条道路，当然不是针对维希政权的贝当主义，而是对法国自己有生以来的纳粹主义和反犹主义可怕的指责。关于这一点，斯坦贺尔（Sternhell）在1978年出版的《革命的右派》及两年后贝尔纳－昂利·勒维（Bernard-Henri Lévy）出版的《法国意识形态》中都有所表述。尽管两本书的表达方式不同，但是却具有同样的影响和诙谐的笔触。

在那几年当中，马克思主义结束了它的主导影响。这使得很多已经被抹去犹太特征的知识分子，多多少少受大屠杀影响的知识分子对犹太人产生了同情心。对于他们来说，这将是一条漫长道路的开始。从这个角度看，克劳德·朗兹曼（Claude Lanzmann）是一个很典型的例子。他的第一部电影《为什么是以色列》探索以色列的独特性。而恰在此时，爆发了1973年的赎罪日战争，1985年又上映了电影《大屠杀》，成为犹太人种族灭绝"记忆场所"一个著名的纪念里程碑。从完全不同的意义上看，这些年一直在流行否认纳粹种族灭绝行为的思想，如果一些极端左派的犹太人没有单纯地给它带上不正常的光环，谁会知道这种思想也曾经历过美好时光呢？

无论如何，这种偶然性不会令人震惊，除非在20世纪70年代末期，马克思主义知识分子开始崩溃，爆发了达尔奇耶·德·佩里普瓦（Darquier de Pellepoix）、雷纳·布斯凯特（René Bousquet），以及让·勒盖（Jean Leguay）事件。这三个人，佩里普瓦是前犹太事务官员；布斯凯特是拉瓦尔警察署秘书，冬季赛车场大搜捕的组织者；勒盖是布斯凯特占领区的代表，是第一个被控诉犯有反人类罪行的法国人。这些案件发生在图维尔（Touvier）、帕蓬（Papon）和克劳斯·巴比（Klaus Barbie）案件之前。在这些人当中，巴比是唯一一个德国人，但是1987年对他的审判具有一定的象征性，似乎可以打开对犹太人种族灭绝问题敏感性和关注性的另一个时代。

表面上看，没有发生什么变化。是同样运动在进一步深化并取得霸权。然而，一切都在变化，人们甚至可以将随后的年代，直至今日，用三个词来表达，他们所代表的含义就是：纪念、弥补和美国化。整个时代都经历了狂热的纪念活动，但是毁灭性的经验却为这种狂热添加了它独特的现实性，比如，幸存者和证人的去世，时间的过渡，"代"的接替，"被关押在集中营的犯人的儿女"。正是在这个时候开放伊泽尔儿童之家（Maison des enfants d'Izieu）和"维希政权下受种族歧视和反犹太主义迫害者国家纪念日"。这是塞尔日·克拉斯菲尔德（Serge Klarsfeld）1993 年从密特朗总统那里争取过来的，并定在每年的 7 月 16 日。同时，也是以各种可能的形式进行弥补的时期。首先，是精神弥补，伴随着一系列统一形式的忏悔，其中最著名的就是希拉克总统1995 年 7 月 16 日在纪念冬季赛车场大搜捕时的讲话，承认法国政府在遣送犹太人到集中营中所承担的责任。他在讲话中承认："是的，每个人都知道，占领时期疯狂的罪行得到了法国人的支持，得到了法国政府的支持。"其次，是经济弥补，马岱奥利（Mattéoli）委员会开展了一系列的工作。再次，是司法补偿，其中最著名的就是帕蓬案件的审理。

最基本的问题不在于此。问题是它反映了另外一个历史，就是在华盛顿纪念馆，那是世界上关于犹太人这一主题最大的博物馆和所有美国的相关组织，尤其是斯迪文－斯皮埃尔伯格（Steven-Spielberg）基金会当中，收藏了所有的档案、纪录片和电影等。纪念活动的中心转向了美国。欧洲，尤其是法国存在着一个无法解决的传承问题和令人头痛的教育问题。

以色列复国主义

1967 年是一个具有决定性重要意义的转折年。实际上，直到那时，双方依然紧密结合，和平共生。在所有人眼中，以色列原则上在各个方面都享有强烈的好感。抛开旧反犹主义所遭受的恐怖经历和遭受肃清运动不谈；抛开这个小避难国（就像欧洲一个背负重罪、灾难累累的挪亚方舟）成立时那种激动和炙热的情感不谈；我们可以看到，犹太复国主义的国家计划，它更容易被法国国家概念的理解度所接受，而不是作为国家果实，或者说几乎是理想的成果出现在世俗化和社会主义复国主义当中。这是一个避难国，同时也是救世主国家，它的"希伯"代表着美德。以色列早已改变了犹太人的形象，掀起了世俗的厄运。它结束了漂移的犹太人的生活，结束了有钱人的犹太人的生活，甚

至变成农民的形象，在荒漠中种植水果。六日战争在展示以色列防卫队
（Tsahal）是一支不同寻常的军队的同时，应该还在这田园式风格上增加了一
个延长号。毫无疑问，在法国甚至在其他国家中，没有一个犹太人不从内心深
处感谢以色列从根本上改变了世人对它自己形象的看法，也是在自我意识中改
变了自己的形象。在那个时候，除了那些思想上还有着忧伤情感的人，很少有
人像马克西姆·罗丁逊（Maxime Rodinson），这位犹太人、马克思主义者、阿
拉伯研究专家那样表明自己反以色列主义，坚持只谈论依舒夫（yishouv）（指
移居在以色列的犹太人）。

自从同田园生活断裂以后，就开始了大规模的变化。这种断裂非常具有戏
剧性，它以戴高乐将军对以色列外交部部长阿巴·埃邦（Abba Eban）的警告
为标志。对戴高乐将军的评价是"精英人群，主导者，并充满自信"。如果只
勾勒大框，没有低估法国同以色列两国之间政治外交的各种变化，我们可以把
这种变化看作由一场巨大的突变，包括地理政治、意识形态和历史突变所主导
的变化。

地理政治变动：从冷战末期和阿拉伯－穆斯林的伊斯兰教爆发以来，全球
局势发生深刻变化，开始时的双方事务（法国代表着启蒙的欧洲，以色列代
表着民族性运动的最后萌芽）慢慢变成以色列、美国和法国的三方事务。三
方面的关系并不容易调整：如今以色列似乎是美国无条件的优先盟友，几乎成
为它的第 51 个联邦国。而法国同美国自从伊拉克战争以来，双方关系从来没
有产生过如此差的状况。但是地理上的偏移远远超出外交上的偏移。以色列一
方面有东方化的倾向，另一方面也深深地走向美国化的趋势；这是它的双重偏
离。以色列历史学家埃利·巴尔纳维（Élie Barnavi）[①] 不无遗憾地说："我们
越来越不像欧洲人了。"法国本能地承认，自己的国家模式最终被证明是同美
国的模式十分相近的，比如，移民构成，国家与宗教的关系，民主式个人主义
类型以及不断增长的差异，甚至包括对社会主义思想的敌视。两个国家都避免
了欧洲的厄运而走向希望的大陆，两个国家都有他们的独立宣言。

意识形态的变动，产生最敏感最可怕的结果，那就是人们以前认为法国在
本质上是一个世俗化的国家，随着右派犹太复国主义意想不到地出现，并且不
断扩大发展，救世主降临说的基本要义完全准备让政治归附于宗教；随着和平

---

① 《欧洲—以色列》第四回合论坛于 2003 年 9 月在意大利举行。

前景越来越渺茫，恐怖主义及恐怖主义战争不断发生，裂痕越来越深，左派的批判趁机汹涌而入。巴勒斯坦慢慢代替了中国和古巴。谴责犹太政府的政治实际上就是在暗暗地质疑犹太教本身。因此，从反对犹太复国主义到反犹太主义，从反以色列主义到反犹太教，它们之间的界限越来越模糊，很难划清彼此的分界线。法国的阿拉伯政治起了推波助澜的作用，而那些受害者（主要还是犹太人，他们希望建立一个犹太政府，其中一个目标就是要摆脱这些犹太受害者），他们的角色，由于历史开了一个悲剧式的玩笑，已经转到这个政府敌对者的一方，最终成为刽子手。从 2000 年 9 月第二次以色列占领区的巴勒斯坦人暴动初期开始，这种转变就开始加快，并产生决定性的作用。在经过几个世纪的压迫之后，违心地站在压迫者的位置上，人们又如何衡量这种集体创伤呢？

最后是历史变动，这种变动几乎不为人所发觉，但却是根本性的变化。人们没有说，但在沉默中产生了一定的效果，这就是决定着以色列同犹太人聚居地关系的传统活力在悄悄地发生颠覆。政府的目标是集中犹太民族的人民，犹太复国主义提出回归的意识思想，为以色列提供了集中所有犹太世界并对犹太世界享有决定性权力。因此，无论好与坏，以色列都稳稳地掌握着犹太人的命运。很明显，民族动力本身，以前给人们带来极大的希望，现今越来越多被认定为具有防御性，似乎触及了一直以来它所拥有的信任。同时也很明显，那些在法国和美国稳定居住的犹太人，他们的存在在事实上已经构成以色列中央集体性的潜在问题。个人或家庭移居（*Alyah*）（阿利亚运动）可以慢慢地一点一滴地进行。幸运的是，这些个人请求可以毫无风险地转变成集体的选择。

尽管如此，以色列犹太复国主义并不是犹太人身份记忆的决定性参考因素。实际上，借助这一因素可以大致勾勒出两个相反的运动。30 年以来，这两个运动一直在对以色列犹太复国主义进行深入研究。这两个运动就是：一方面，是归属形式的多样化；另一方面，是犹太群体的统一。如果要试图确定这种"记忆"的确切内容，那就如同提出"谁是犹太人""谁不是犹太人"这样的问题一样，毫无结果；相反，这两个具有定义性的运动在这一时期大大增强，所以，对这两个运动进行思考更具有合法性。

多样性：曾经有一段时间，犹太人还是不是犹太人？这个问题根本没人会提出来；接着出现一段时期，只需反犹主义就足以让你成为犹太人。当犹太教取得实证性、国家民族宗教文化合法性那时起，成为犹太人的方式根据个人的成长道路就变得多种多样，尤其是当人们远离正统派和犹太教实践中心，走向世俗犹太教庞大的生活圈的时候，方式就更加多样化。生活在犹太教世俗化的圈子中的犹太人占大多数，其中还有很大一部分人在他们的集团机构组织中根本不被承认。正是针对这些边缘人群而提出这样特殊的问题：批判以色列政治的自由度在什么地方？那种通过反对犹太复国主义或遮或掩表现出来的反犹主义又是从什么地方开始它有意无意的游戏呢？

统一：有些人拒绝承认犹太"团体"的存在，他们认为唯一的存在原则就是反对法国犹太教主教会议的本质。如今这些人不得不承认这样一个"团体"及其代表机构的存在，承认它的合法性，也许还有其存在的必要性，总之就是承认它存在的现实性。这个团体同时具有社会、宗教和政治特性。应该如何称呼他们呢？是在法国的犹太人？犹太裔法国人还是法国犹太人？无论哪种称谓都差不多，就像从"古以色列人"变成"犹太人"一样，无论使用大小写都没有什么区别。但是，无论如何，犹太人的民族根基是一个无可改变的现象。即使一个犹太裔法国公民成为法国总统大选候选人，他的提名也不会触动大多数法国人的意识。像存在美国犹太教一样，法国也有典型的犹太教，这同我们所说的"法国犹太教"极为不同。这种根基一般不会影响以色列的团结，除非法国的犹太人像美国犹太人那样决定不再大规模移居到以色列了。

宗教道德

对当代犹太身份特征的构成和发展来说，这是最重要的也是最错综复杂的一个方面。由于极权主义意识形态的衰退，革命思想的消失，让对社会主义极其失望的两代人［比如，安妮·克里格尔（Annie Kriegel）和贝尼·勒维（Benny Lévy）］回到了犹太教上来。借此，犹太人处于两种运动的十字交叉路口上。这两种运动：一种是纯粹宗教再投资；另一种是普遍的世俗化运动。它们对当代世界产生了深刻的影响。

一方面，在犹太教内部出现越来越严重的宗教问题集中化；另一方面，这种宗教问题在从事宗教活动集团以外开始扩散，比如，在文化整体运动当中，关注它的榜样价值甚至是价值模式。

宗教的再投资：从这方面看，1982 年在"法语犹太知识分子大会"上，《圣经》成为人们关注的焦点，这本身就具有一定的意义。我们还记得曾经出版过三本书：斯姆尔·特利伽诺（Shmuel Trigano）的《失踪者的故事》（1977 年）；贝尔纳-昂利·勒维（Bernard-Henri Lévy）的《上帝的遗嘱》（1979 年）；

阿兰·芬基尔克劳（Alain Finkielkraut）的《想象的犹太人》（1980 年）。这系列出版物代表了新一代的到来，他们以自己的方式，表达了重新恢复犹太思想的三个基本方面，即：在接受西方文化的同时，在犹太思想中重新巩固犹太哲学，直至追溯迈蒙尼德的哲学思想；那就是将西方道德传统重新建筑在旧约思想之上；确认同痛苦否定论断裂的"犹太人的幸福"。

从这一点看，列维纳斯的认可达到这这场运动的高潮。直到那时，这种思想一直遭到禁闭，仅在了解它的人身上才有所体现。突然间，这种思想变成著名人物关注的中心，比如，德国哲学思想传统的奠基人，像门德尔松（Mendelssohn）、罗森维（Rosenzweig），还有更为普及的德语文化圈，从维也纳到柏林，包括本雅明、舒勒姆（Gershom Scholem）和汉娜·阿伦特等。而且，1978 年列维纳斯同菲利普·内莫（Philippe Nemo）共同出版了《对话》一书，他们很明确地指出，由于莫里斯·拉威尔（Maurice Clavel）从中说情，最终导致纯犹太哲学同毛泽东思想的接受相结合。

总之，在最近 25 年中，出现了我们所说的宗教重新合法化，其中，犹太人的神灵精神更是十分关键。从这一点看，应该强调犹太的问题和反对极权主义斗争之间的关系，比如，东欧的分裂［这使人想起埃德加·库兹涅佐夫（Edouard Kouznetsov）］以及纳粹主义同反犹主义之间越来越趋向同一性质的关系。

正是在这一方面，我们触及了最本质的东西，那就是宗教投资同世俗化运动相结合，不仅达到重新唤起信仰或者纯粹重新赋予宗教思想以活力的目的，而且促进了我们所说的"宗教文化"的发展，换句话说，就是促进了权利和道德的发展，这两点在人权的宗教中是紧密相连不可分离的。这一现象的出现也许有部分原因是因为许多法国犹太人不懂希伯来语，所以没法接触到它的宗教，而只能了解它的传统；但是还有很多更深层的原因。

这就是同当前活跃的犹太教认识相衔接的基本中心点。表面上看犹太教一直处于边缘化的地位，相对比较封闭。但是犹太教在进入主流思想中却具有自己的方式。它是如何靠近的呢？这是一个值得长期研究的问题。这也是列维纳斯、保罗·利科以及勒内·吉拉尔（René Girard）共同关注的问题。吉拉尔的思想在这几年当中同样也产生很大影响。所有西方思想传统，从斯皮诺萨到黑格尔再到海德格尔，如同把少数民族隔离在偏远地区一样，都抛弃了犹太思想传统。现在，借助被破坏的历史面貌，借助圣经传统的回归，借助必要的恶之思想的回归，犹太教思想回归了，但是犹太教本身却被历史深深改变了。

在这一点上还应该回到二战时纳粹屠杀犹太人的历史事件和它逐步神圣化的过程上。对于当代的犹太人来说，这就是他记忆和身份特征的模板事件。第二次世界大战时纳粹屠杀犹太人的历史事件，是从高度的历史化（即使历史化本身非常矛盾地被大量去历史化）和犹太教的高度世俗化的意义上发挥作用的；同时也是在精神要求的高度确认的意义上产生影响。这一事件从犹太人身份特征的焦点问题变成当代意识形态的中心问题。

这种发展从某种意义上说标志着它的胜利，同时也是它目前不幸状态的原因。

断裂？

几年来，从奥斯陆协议失败、以色列—巴勒斯坦冲突陷入战争和激化的困境以来，一切又都重新开始，产生了一种新形式的反犹主义。皮尔 - 安德烈·塔吉耶夫（Pierre-André Taguieff）把这种新反犹主义称为"犹太恐惧症"，这种说法多多少少还是比较恰当的，但是这一说法的价值在于指出了这种现象从未有过的特点。

那时，整体局势开始缓和，似乎结束了一个世纪的印有反犹主义烙印的历史。由于新反犹主义同这一整体局势形成强烈的对比，这种状态就更加让人震惊。其中也有一些积极的象征。要掌握其中的要点，也就是说，由整个社会承担了对犹太人记忆和身份特征的意见讨论，比如：第二次世界大战时期，纳粹屠杀犹太人的历史事件被看成是人类集体遗产；对权利（人权、干预法、国际法）的尊重成为主导意识形态的基础；尤其是以色列政府国家的存在，即使很困难而且经常遭到一部分阿拉伯国家的质疑，却似乎成为国际组织的一个既成事实，时好时坏地走向近东阿拉伯国家的稳定之路，并同巴勒斯坦地区签订了协商条约。从社会角度看，在法国顺理成章地实施了社会融入补充形式，也许这也是因为法国种族主义开始转向反对阿拉伯人。传统的反犹主义似乎只限于勒庞主义的范畴。除了零星的几次游行示威，1980 年在哥白尼大街发生的犹太教堂爆炸袭击事件，以及 1990 年卡庞查墓地的亵渎事件外，法国的反犹主义似乎已经成为早已解决的历史问题了。在犹太世界内部，一系列的迹象似乎也确定了这一点，比如，时任法国总统希拉克在 1995 年 7 月 16 日冬季赛车场大搜捕纪念日上正式承认法国在"最终解决案"中的责任，通过对帕蓬的判处（1998 年 4 月）最终以司法的方式解决了历史遗留下来的问题，第二次世界大战时期，纳粹屠杀犹太人事件终于成为历史，尽管难以接受，但是随着最后幸存者的去世，这也成了不可逆转的趋势。人们本可以相信，"犹太问题"终于解决，"正常化"也许不是神话。

然而各方又开始重新洗牌。这一现象很难评价，我这里并不是从它的规模和错综复杂性来理解的。而且这一现象不是法国独有的，它还具有欧洲甚至全球性的特征。尽管如此，还是应该大致回顾一下法国在以色列—巴勒斯坦错综复杂的悲剧结果上产生特殊张力的原因。主要有三个原因。

第一，同欧洲其他国家相比，犹太和穆斯林两大群体的存在非常强大，但是比例却各有不同，大概有 1% 到 10% 的人口。从历史和社会状况来说，也无从做比较。另外，当公共权力或者舆论很自然地将两个团体看成是"移民而来"的时候，这让犹太人感到很震惊。

尽管如此，当面对以色列—巴勒斯坦冲突，面对伊拉克战争和近东和平前景真正消失的时候，这两个群体却构成了一个特别敏感的投影屏幕和回音箱。因为，用巴勒斯坦事件来鉴别一部分马格里布年轻人的身份成为解放反犹太教文化的导火线，长期以来这种文化一直潜伏在阿拉伯—穆斯林人当中。这正是反犹主义危害的活跃根源，而不是在别处。这同那些相关舆论，比如，以色列的、美国及其他代表性舆论所认为的或企图证明的相反。因此，有时候对一些游行的爆发的控制或者对公共权力的反应相当缓慢，还有掩盖现象的倾向或者尽量减小它的影响。他们没有认识到事件的种族问题、宗教问题及其反常现象。而就在那一瞬间，这一真相变成显而易见的事，变成一件很普通的事。揭露阿拉伯反犹主义比幽灵般滑稽可笑地重新追溯纳粹主义问题更加棘手和危险。因为，纳粹主义的问题有利于集中全体人民的一致意见。

这种团体现象的到来揭示了环境的完全改变。这种风云突变发生在犹太人在法国存在的传统背景下，发生在它同反犹主义的关系当中。对犹太人的仇恨，开始是根植于旧法国的反动分子领域，很难融入法国社会中的阿拉伯—穆斯林移民领域，甚至一小部分被认可的左派人士身上。从面部明显特征来看，从来自日耳曼语和斯拉夫语国家的犹太人（他们被完全同化）转向马格里布来自西班牙的犹太人，尽管他们是法国公民，却像是刚刚移民过来的人很自然被识别出来。

这种变化是悄悄地在发生，却令人难以置信。这也部分解释了在舆论当中所出现的犹太人对一些迫害的高度反应，尽管这些迫害很快被公共权力机关废止和镇压。在以色列—阿拉伯的紧张关系背后，在一些直接相关的领域，重新升起了对遏制下的冲突的共鸣。马格里布的犹太人，尤其是阿尔及利亚的犹太人，他们处于记忆和遗忘道路的十字路口上。我曾经回顾了他们同法国复杂的关系，同时也存在一条阿拉伯的道路，那是回忆他们自己被流放、被侮辱、伊斯兰国家卑微的地位的道路。他们被阿拉伯民族主义从自己的祖国驱逐出去，现在在他们的接待国，自己的国家，却又遭到曾经驱赶他们、让他们逃跑的阿拉伯人的迫害。而且从数量上看，他们具有同样的比例弱势。这是一条让他们同法国犹太人对立的道路。他们在阿尔及利亚、突尼斯、摩洛哥同样也经历了灭绝的历史，没有锣鼓之声，没有号角。在他们到来的时候，只有第二次世界大战时期纳粹屠杀犹太人事件，但是他们却没有亲身经历过。所以，缓慢地、秘密地在无意识中产生了类似于种族灭绝的案件，一切又重新复苏，纳粹屠杀犹太人事件不是唯一事件。

同法国格格不入的穆斯林年轻人针对的是犹太人中的法国人，比他们更法国人的法国人。同样，当犹太人指责整个法国具有反犹主义，他们所指的是从各个方面使他们遭受重创、遗忘他们的那个法国。这样的指责，以色列和美国的拉丁文圣经很高兴一再引用，一再组织讨论。

第二，在这样一个人权国家，人们相信总有一天一定会对以色列的存在和合法性再次提出质疑，所以，以色列国家的魔鬼化，对它道德上的谴责和政治上的责难，这一切构成了真正的陷阱，埋在犹太人的脚下。左派曾经是反对反犹主义的先锋队并是它最好的支持者。极左派及一部分左派还有巴勒斯坦主义哲学知识分子的转变使犹太人失去了他们的传统根基和最自然的依靠。这是历史具有决定性也是悲剧性的转变，这使以色列和犹太人成为这场运动的受害者，而这场运动在历史上曾经支持过他们的。阿兰·芬基尔克劳（Alain Finkielkraut）曾在他的著作《以他者的名义》（2003 年）中指出这场悲剧性的转变，认为这是戴着反种族歧视的面具引导反犹主义前进的转变。他指出了根本点和可能产生的悲剧影响。传统的反犹主义事实上是反动、反对现代性和反民主的。总之，是为说明被历史运动超越而被唤起的领域。如果人们明确期待犹太政府能够忠实道德价值，所以对他的道德加以谴责；或者对以色列陷入一系列恶性事件感到不解；如果人们对巴勒斯坦人民的痛苦和不幸怀有人道主义的同情心，同伊斯兰进步主义在意识思想上团结一致，通过这一切使反犹主义经由反对犹太复国主义同人权的意识形态交织在一起的话，那么，它就有可能在全球扩散。这样的事情是有可能的。人权社会顺理成章地进入后民族时代，也只能对以色列让犹太人进入国家阶段所遇到的困难无动于衷了。我们再远点儿说，人权社会对犹太人，即使是最具有普世思想的犹太人同独特性保持的那种关系感到奇怪，甚至怀有某些敌意。犹太教作为一种宗教，就像一个犹太民族作为一个民族一样是不会进入人权领域中的。那场承认犹太教、承认犹太民族的运动反过来却反对犹太教、反对犹太国家。

对所有人，尤其是对犹太人和左派（其中大部分犹太人是左派）的人来说，接下来的形势非常错综复杂，荒谬反常，矛盾重重。一方面，在反犹主义依然是大面积禁止、绝对不可名言、具有真正致命罪过的世界和领域中，反犹主义和反以色列主义却危险地走到一起，以至于人们努力想知道如果两者彼此不互相触及会怎么样；另一方面，犹太人隐隐约约感觉到犹太人和以色列人在互相感染。自此以后，宗教在以色列现象的整体意识中占据了优势。以同样的方式，毫不夸张地说，以色列的形势更加有助于近以色列的犹太人重新以色列化，使那些被不具有犹太教特征的犹太人重新被犹太教化。在这种情况下，对于一个犹太人来说，不可能对以色列极其复杂的现实、对以色列的特殊性、必然命运，甚至，如果我们可以这样说的话，对它类似于第二次世界大战时期纳粹屠杀犹太人事件的独特性无动于衷。因此，无须推动，他们对以色列的或者犹太中心主义这样的称谓非常敏感。从近东的和平前景看，只要法国人、亲以色列派、犹太人，所有人在普遍理性和人类个人权利上有可能达成一致意见的话，那么将不会有任何问题。每个人规规矩矩地待在自己家中，上帝来处理大家的事情。犹太人在以色列特殊的悲惨命运打破了这种舒适的保证。一方面，是人权的转变；另一方面，是以色列的变化。这一切是否要以迫使所有犹太人重新成为以色列才能结束？还是要迫使他们不再成为犹太人？

第三，同时存在另一个变化，如果说这个变化是以色列—美国的发展轴心偏离了整个欧洲的话，那么，它使法国更加偏离了欧洲。这个变化对前面的变化起了补充的作用。

在欧洲，尤其是反犹主义的法国的幻觉（这种幻觉成为以色列和美国福音的真理）中，存在着一种不言而明的指控，掩盖了一份双重矛盾的苦衷，那就是：法国是作为国家而接受判决，是因为出卖国家而经受判决的。

从历史上说，法国作为民族国家的模式、教会的长女、启蒙运动的故乡，代表着欧洲民族现象，这一现象的毒果就是曾经灭绝过犹太人。第二次世界大战时期纳粹屠杀犹太人事件使它接受欧洲的判决。我们发现有一种迹象肯定了另一种迹象，如同镜子的反射一样，那就是避免了欧洲厄运的美国人自己反被第二次世界大战时期纳粹屠杀事件中的幸存者所同化①。这种观念在恐怖的另一头，在犹太极端主义中找到了它的表达方式。比如，让－克劳德·米勒奈尔（Jean-Claude Milner）试图证明民主欧洲不可避免地向反犹太教的方向变化，反犹太教被认为"直到1945年一直主导着启蒙思想"②。

本质问题不在于此，而在于谴责法国没有忠实于自己的国家模式。这是既明确也非明确的指责。不管怎样，它为犹太人同法国人的争诉提供了资源，使这场诉讼既让人恼火又具有合法性，既引起人们错觉又十分恰当，既没有意义又深刻揭示了法国传统国家模式的全面危机。在犹太人理性地进入民族国家的历史时刻，在法国国家内部集体确认犹太人的记忆和身份特征，这只能凸显30多年以来民族国家历史模式明显的解体。一个"法国犹太教"这种思想应该符合法国国家的美好时光，也许可以成为精神建构的一部分，成为历史回顾的幻觉。但是，这个概念既已出现，并且在法国国家模式解体变得十分明显的那些年当中开始普及，这都具有真正的历史意义。事实上，法国社会已经处于后民族时代了。另外，也正是因为如此，才让法国如此容易地容忍了犹太教集团主义对其特殊主义的确认和反应。相反，法国很多犹太人依然处在民族时代，这使他们同以色列人走得很近③；这一切，上至官方机构，下至街区，仿佛他们在求助于一个不复存在的法国一样。

失败由此产生：在法国的犹太人和法国之间，而不是犹太人和非犹太人之间产生了一种无法理解的不理解，一种深深的不和。一种不适和不安直入他们自己内心，但却突然通过一些意想不到的词，比如，"去同化"被表达了出来；而在这一点上，更有甚者，比如，皮埃尔·比尔波姆（Pierre Birnbaum）这些人，倒成了"法国犹太教"的称颂者和《共和国狂热者》④的奉承人。同样的冲动，让法国历史得以全面修正。斯姆尔·特利伽诺（Shmuel Trigano）

① Cf. Jean-Marc DREYFUS, «Comment l'Amérique s'est identifiée à la Shoah», *Le Débat*, n° 130, mai-août, 2004.

② Jean-Claude MILNER, *Les Penchants criminels de l'Europe démocratique*, Verdier, 2003.

③ Cf. RAN HALÉVI, «Israël ou la question de l'État-nation», *Le Débat*, n° 128, janvier-février 2004。

④ Pierre BIRNBAUM, *Les Fous de la République. Histoire des Juifs d'État de Gambetta à Vichy*, Fayard, 1982；对比他的另一部著作：*Géographie de l'espoir. L'exil, les Lumières, la désassimilation*, Gallimard, 2004。

早已从犹太人的解放中发现遏制策略和种族灭绝的开端①。20 年以来，法国历史在他的预见性分析中初具规模。如今，以一种近似挑衅的形式肯定了这种预见。比如，塞尔日·克拉斯菲尔德（Serge Klarsfeld）曾毫不犹豫地肯定了"从法国大革命到自由运动，法国不断地成为犹太民族的敌人"②。这种观念同一般思想相反，他的这种肯定是依靠克莱蒙－陶奈尔（Clermont-Tonnerre）1789 年 12 月 23 日发表的著名演说中的一句话（"作为民族不要给犹太人任何东西，而是将他们看作个体来给予"），这句话被普遍认为是解放的出发点。

这是一个反常、矛盾、难以决定的形式。一方面，法国的反犹主义在历史上从来没有降到如此低的水平；从社会和意识形态的角度看，社会整体化是一个既定事实；反犹太人的冲击和示威找不到任何官方担保的机会。另一方面，犹太人的世界同法国之间那种不可逆转的、具有深层裂痕的意识已经得到证实，尽管我们也只是看到了一个开端。

*

阿拉伯—穆斯林的反犹主义，转向人权的内部变化，那种以法国理想形象的名义表现出来的非典型争执，在这些现象当中，犹太人如今再次感觉到受存在陷阱的威胁，就像以色列囚徒受历史陷阱威胁一样。因此，产生了一种可怕的辩证法，埃德加尔·莫兰（Edgar Morin）对这一辩证法做了非常精辟的描述③。

面对这一威胁，两种相反的思想相互对立。这两种思想既没有印证犹太人和非犹太人之间的分裂，也没有印证犹太社会内部的分裂（即在集团的活动范围或自由范围内，犹太教实际活动者和非活动者之间，宗教人士和世俗化人士之间），更没有印证左派与右派的政治分裂，而且这两种思想都能够很容易地进入各党派当中。但是这两种思想走得更远。

一种思想，在艰难时期、在考虑个人的热忱和舒适的情况下，倾向于保护真理（世界的真理、自己的真理以及他人的真理）。很多犹太群体都倾向于这种思想，他们认为这个世界对他们没有做过或者也不会做什么重要的事情，他

①　Shmuel TRIGANO, *La République et les Juifs*, Presses d'aujourd'hui, 1982.

②　Serge KLARSFELD, «Les Juifs et la France：une autre vision», *Le Monde*, 7 janvier 2004.

③　Edgar MORIN, «Antisémistisme, antijudaïsme, anti-israélisme», *Le Monde*, 19 février 2004.

们是孤立的，只能待在他们自己人当中。另一种思想结合了这样一些人：他们认为，犹太教如果自我封闭，那这正是反犹主义者所期待的；他们依然相信，人们永远没有理由保持孤立，尤其在困难时期；存在着一种普遍的理性和伦理道德，犹太人曾经确切地提供过这样的信息。这些人在以色列和法国有很多。

四　从继承到变化[①]

当人们涉及"国家模式""身份特征""法国思想"或者"法国"本身这些问题的时候，很难知道这些到底是什么问题。然而，每个人都知道，法国模式发生了深刻的变化，我们继承了这种变化，当中很多年长的人也是在这种变化中成长的。

这一变动有很多时间标志。比如，社会学家亨利·曼德拉（Henri Mendras）在他的著作《法国二次革命》[②] 中将这一时间确定在1965年。因为，梵蒂冈第二次公议大会在这一年召开，这次公会在像法国这样有深厚天主教背景的国家中产生了重要影响。另外，战后婴儿潮的孩子们已经达到成年人的年龄，大超市和消费社会爆炸扩张，社会容忍性上升，法国大革命的参数已经消耗殆尽。关于这一点，他还结合了弗雷（Furet）在1978年所做的分析："法国大革命已经结束。"人们还可以将这一时间确定在1968年5月或者20世纪80年代，左派开始执政，或者更确切地说，1983年社会主义计划结束，那时的标志就是同共产主义断裂，同市场经济结盟。当然，人们还想到1989～1990年，法国大革命200周年纪念和苏联解体。人们甚至可以想到2005年对欧洲宪法提出否决，这标志着旧的国家模式面对欧洲合并所做出的本能的反应。时间的确定并不重要，重要的是在本质原则上大家的意见是一致的，那就是：我们已经从一个世界过渡到另一个世界，从一个法国过渡到另一个法国，从一种"共同"的形式过渡到另一种"共同"的形式。

在今天，只需"国家身份"这个词就足够了。对于历史学家来说，应该避免这种表达方式，或者仅在不情愿的情况下使用。因为，这个词或者被神圣化或

---

① Paru sous le titre«Les avatars de l'identité française», Le Débat, n° 159, mars-avril 2010.

② Henri MENDRAS, La Seconde Révolution française (1965 – 1984), Gallimard, «Bibliothèque des sciences humaines», 1988.

者被魔鬼化。对于一些人来说，这个表述方式经历了一系列连续的历史变化：从"法国人的法国"到维希政权，从"民族革命"到"国家优惠"，再到"移民和国家身份"，现在已经变成一个具有罪责的表达方式。经过同样的变化，人们甚至可以声称不存在国家身份，这一身份完全是为了需要而想象创造出来的。对于另一些人来说，在历史的风云多变以外，应该存在生物或者精神上的不变因素，本质上的一种生存"同样性"。这就是这种表述方式最主要的不合适的地方，因为，它涉及这个身份特征的预想，如同它是一个实体事实一般。那么，人们将会没完没了地讨论，构成国家身份特征的到底是什么因素起优先作用？是语言还是风景面貌？是饮食还是风雅殷勤？"真正的法国"是拥有人权的法国还是法国领土及先逝者建构的法国？是戴高乐的法国还是贝当的法国？

国家身份，法国身份，这两种说法几乎说的是同一个意思。但是，前一个说法反映的几乎是形而上学的含义，而另一个说法则反映了一直在变化的历史内容。我们是否需要强调一下这样一个问题，那就是：我们在这里所讨论的只是从长远的角度，指出主要的层面，并将其同重要的历史坐标联系起来，目的是要理解为什么在当今出现"国家身份"这个概念？以及在什么样的条件下出现这个概念？

继承

原始特征

同法国模式相关的一些传统词语，包括古老、连续、统一、同国家的关系及根植于历史的关系。

古老性将它的根源一直延伸到时间深处，甚至将法国可以接受的诞生时间变成一个永恒的讨论话题。法国的起源，是 52 年基督耶稣之前的阿里吉雅？还是 498 年左右克洛维洗礼？是 843 年凡尔登条约将查理曼帝国一分为三产生弗朗西？还是 987 年于格·卡佩（Hugues Capet）登基？1987 年为此举办了一次非常奇怪的纪念活动。这次活动的确非常奇怪，但却具有深刻的含义。在 20 世纪 80 年代末，希拉克那时还是巴黎市长，希望找出一种形式反对 200 周年纪念。因此，他组成了一个历史学家委员会，要求他们找出一个比 1789 年还要早的纪念时间，以此让共和国总统难堪。经过长时间精心思考和研究以后，人们提出 987 年这一年，当然还有很多保留意见，因为，人们对于格·卡佩的了解极少，而他登基的时间也非常值得怀疑。希拉克抓住了这个时间组织了一场纪念活动，并取得成功。舆论立刻发现原来法国有千年的历史。这种深层研究结束了法国大革命，为法国同它的长期存在找到和解的方式，从而深深地吸引了法国人。从这一方面来看，很难为法国的古老性确定一个确切的时间。这种古老的难以追溯的记忆在人们的想象中还是产生一定的压力，以至于在拉斯科遗址发现 50 周年纪念的时候，密特朗总统将这一伟大的遗址定为难以找寻的法国史前记忆的象征。

第二个因素，连续性：没有一个国家能够像法国这样一直保持所获取领土的连续性，仅依靠一部撒利克法典就可以维持王朝的连续性，在旧体制和革命之间维持行政权的连续性。我们甚至还可以说构成上的连续性，因为，这个国家连续地经历了断裂和分裂，然而终究没有因为内部战争而毁灭。

法国国家模式的第三个特征是政府的地位。在法国，政府承担了一种比西方任何一个基督教国家的政府都要早熟的责任。就像一个研究中世纪历史学家伯纳德·盖内（Bernard Guenée）解释的那样（他的这句话可以作为经典之语）："在法国，政府先于国家出现。"换句话说，法国是一个政府集中的国家。这是关键的一点，因为，它全面地解释了来自法国自身思想的特殊性，即：法国既不是建立在经济基础上（像荷兰），也不是建立在文化基础上（像东欧和中欧国家）；既不是建立在社会基础上（像英国），也不是建立在语言基础上（像德国）。在法国，自我意识同权力、政府有关，从这一点看，自我意识基本上是政治性的。

甚至政府的力量也是来源于国家统一。这是自上而下强加的统一，是以专制的方式要求的，不是因为人们自发地、因为语言和领土联邦而形成的，而是一种集中式的平均主义的统一。法国至少经历了两次非常强烈的政府平均主义：一次是路易十四的君主激进主义；一次是 1789 年革命激进主义。政府在所有领域都起了统一和教育的作用。语言本身也是通过 1539 年"维莱哥特雷法令"（l'ordonnance de Villers-Cotterêts）强加的，一个世纪以后成立了法兰西学术院，确定了语言的政治和政府性行为。这也说明为什么马尔罗曾经想让人在他的墓碑上写下"法语作家"（Écrivain français）这样的字样；巴雷斯和夏多布里昂也能够做出同样的事情。同样，没有一个国家可以在政府的监管下拥有大学机构，政府授予并一直授予大学机构独立和自由的特权。

政府与国家之间的这种联系同时也解释了法国身份的最后一个特征，即历史在我们身份意识、形象中的分量。在法国，历史编撰学，也就是说历史讨论或者历史叙事总是在旧体制权力机构、共和国的权力机构的监护阴影下发展。它从来没有诉诸其他替代性或地方性的记忆。所以，法国的历史是在民族学或文学记忆之外建立起来的。这是法国的独特性，而中欧的所有历史记忆是建立在民族学和文学的基础上。而我们的记忆是由政治历史一块一块构成的。

从一开始在君主政权机构当中，法国的记忆同样也是建立在神圣情感之上的。君主历史文献的首批坐标就是建立在神庙中，比如，圣德尼的神庙。所有皇室历史文献也都同朝代关系紧密相连，在这种关系背后，我们发现远古神话和特洛伊神话，除此之外，还有中东及以色列国王的神话。这种神话传说继承了救世主的特征，并将所有的国家历史神圣化。在汉斯的圣职加冕礼及司法的象征（不再是皇族的象征而是公开的君主制象征）中，重新找到的正是这种神圣的特征。教会、国王、人民及国家，在这四者当中，保证长子在神圣信仰当中的地位，这种担保在同普遍性的关联中是共存的。法国就是教会的长女。

从 16 世纪宗教战争构成了法国历史的第一个形式。从那时起，就出现了所有至今一直保留的重要讨论话题，比如，法国特权、法国古老性、法国统一等。所有这些神话般的主题都根植于历史的想象和现实当中。而且，根据高卢人的"创造发明"，还可以发现强有力的国家古老性的合法议题，人们所说的法国历史构成的体裁类型，一种无论集体叙述的内容和形式如何，都可以作为法国国家身份特征不可分割的一部分的体裁。当我思考法国记忆问题的时候，我的出发点是一个充满悖论的假设，这个假设就是：是法国历史的编撰叙事构成了法国集体记忆。法国同其他国家不同，是历史承担了国家记忆的任务。

在这些奇特的特征之上，还应该加上一个起催化剂作用的因素，那就是分裂的力量。这让人觉得非常矛盾。人们可以支持这样的说法：法国同时也是建立在分裂的势力之上。也许，只是因为法国的断裂和分散力量才使得寻求统一变得如此稳定，如此经受不断的锤炼。最终我们接受了这样一句话〔这句话不知道是谁说的，米什莱、保尔·维达尔·德·拉·布拉奇（Paul Vidal de La Blache）、吕西安·费弗尔还是费而南·布劳岱尔〕，那就是："法国被多样化。"在我看来，首先法国没有被多样化，它是被分割了，因为没有一个国家是由如此多的国家、不同的人民、语言和各种各样物理现实以及各种不同性质的力量构成；为了政权的稳定，要从政治上调和这么多不可调和的因素。尤其是，表面上的连续性模糊了不断的分裂，比如，阿尔马尼亚克和勃艮尼的分裂、宗教战争、投石党革命等。正如旧法国所经历过的最深刻的断裂，比如，从墨洛温王朝到卡佩王朝，从封建君主制到皇权政府，或者再到绝对君主制度。

革命身份

我们现在来研究一个很棘手的问题：在这些长期存在的基本因素中，哪个是革命的影响呢？革命是如何进入这个塑造模块当中而且是如何改变这个模块的？很明显，在所有我们上面提到的断裂当中，是革命给我们造成的影响最为深刻。至少（这一点不应该忘）是因为革命创造了现代意义上的国家①，同时融合了其他三个意义：社会、司法和历史。这种融合是在集体身份构成的一些最重要的方式当中形成的，是建立在一个基本断裂之上的。这种断裂包括三个方面：时间、空间和社会层面。

时间的断裂体现在旧体制这个概念当中。这个概念从 1789 年夏天开始出现，反映了法国十多个世纪似乎被天主抛弃的所有悲惨历史；时间的断裂让我们接受了国家救世主般重新开始的思想。我们能否评估这种断裂的影响，或者说这种被重新潜力化的历史继承在否定当中的力量？

空间的断裂，这种断裂同一个国家领土的创造有关。国家领土被自然疆域这个概念神圣化了，是一个纯粹的神话，但是却将国家身份特征奠定在从凯撒大帝以来就一直萦绕着法国人意识的高卢人的形象之上，它在主权空间上起了决定性作用，因为正是在这主权空间内部开始了一个自由的国度。如何按照国界神圣性的尺度来衡量当代取消国界这一概念所产生的深刻影响？

社会断裂更为重要：这同我们所说的西哀士定理有关，即他在 1789 年《什么是第三等级？》中提出的关于国家的定义："第三等级包括所有属于国家的人，不是第三等级的人不能够被当作是来自国家的人。"一个国家的成立是以排除这个国家的一部分人为基础，也就是说，享有特权的人、贵族和由真正的人民构成的三级会议选举，除此之外什么都没有。这一切是构成法国内部矛盾冲突加重和排除原则的关键，无论这种冲突是真实的还是一种幻觉，它一直在不断更新。

集体身份的这种基本定义潜在地包含了无穷的发展。简单地说，这个定义加强了法国国家模式所有长期存在的主题，并将其悲剧化。这些主题，如统一，同时在这一概念上激起了对所谓"敌人"的恐惧；普遍性，把这一概念

---

① Cf. *supra*, chap. Ⅰ, «L'avènement de la nation», p. 17.

国家化；历史意识，就此创建了起来。

革命首先加强了敌人的困扰，这同战争和战争的持久性有关，在法国也许比在欧洲其他国家更为密集，更为经常。无论是西班牙、德国、意大利还是英国都没有这么密集地经历过战争的持久性，也没有将战争的持久性内在化，把它变成自我的一种军事意识。法国本应该同世界上所有国家展开战争，除了波兰和美国。法国在国内外到处都可以看到敌人。所以边界的概念普遍化十分重要，这里不仅指领土边界，而且还指司法、社会、心理上的边界。这种敌对的情感是革命以来天生的身份特征。反革命法国的消失、启蒙对宗教的胜利、右派同共和派结盟，这些都以他们自己的方式成为造成法国国家身份特征模糊不清的重要因素。共和国需要敌人，就像戴高乐将军所说的："法国就是为伟大时刻和伟大灾难而生的。"在失败当中有两位军事将领（贝当和戴高乐）拯救了法国，这一事实揭示了法国人身上的好战特性，而如今这正是他们非常欠缺的一点。

这一切都说明，革命进一步加强了在1792年和1793年变得越来越紧张的统一思想。正是从那时起建立了所有统一的象征。比如，"公共救赎""危机中的祖国"等这些表达方式，激励了早已同保证国家统一紧密相连的司法需求，正是在这种"一个人反对所有人"的自我反射上承接了许多国家想象。同样，在1880年，当人们把7月14日定为国庆日的时候，法国人把这个7月14日当作占领巴士底狱的日子。可是，这个参照时间并不是指1789年攻占巴士底狱的日子，而是指一年以后庆祝联邦成立的日子。这两个7月14日，一个指攻占巴士底狱，一个指激动沸腾的统一，所有法国外省热烈的结合。两者在时间上的混淆很能说明问题。然而，正是统一时常诉诸的法国大革命成为一直萦绕在人们心头不断使用的主题。

法国大革命同时回收了并进一步加强了另一个基督教君主制度所占有的主题来确定自己的特征，那就是"普遍性"。事实上，法国大革命使这个词变得更加复杂多样。当这个词不是指宗教救世主神圣的事情的时候，这个词还是比较简单的。随着法国大革命的爆发，普遍性就变得完善健全，这样的一个普遍性要在发生过革命和取得自由的国家取得自己的独特性。普遍性在启蒙时期所取的抽象概念在保卫祖国的时候就被领土化了。如果没有在革命过程中经过抽象的普遍性到具体的普遍性这个转变，那么，人们就不会明白法国国家普遍性这种输出能力，它同美国的普遍性有着本质上的不同，因为，美国的普遍性没有被输出。相反，法国自由的地方性并没有阻止法国式的国家输出。经过法国大革命，普遍性这个概念是从宣称世界和平开始的，后来是对全世界发起战争，如果我们没有掌握这个概念的模糊含义的话，那么就无法理解法国国家模式向欧洲民族性运动这一过渡。当这个革命国家成为从抽象的宗教普遍性向具体的国家普遍性转化模具的时候，那就有要进一步研究的东西了。也恰恰是在这个时候，从启蒙开始向浪漫主义转变，从国家转向国家主义。

最后一个特征，在这个特征中法国大革命加强、加重、集中并凝聚了法国身份的最基本的层面，那就是历史。如果说法国革命产生了现代意义上的国家，那么，后革命性产生了现代意义上的历史。这两者是紧密相关的。这是伟大的自由和浪漫主义一代的杰作。如同勒南所说："它在我们中间创建了历史。"这一代人是在阴影下长大的，或者说是在复辟平淡期和七月王朝初期的时候，在革命事件盲目昏暗的灯光下长大的。这一代却以自己的方式，通过挖掘国家历史资料，打着国家的旗号，借用国家的安排调度，将国家历史资料搬上文学舞台，发动了革命。奥古斯丁·蒂埃里在他的《法国历史信札》中清楚地指出了这一点，郭舍也在《记忆场所》中指出了它的重要性。米什莱通过将法国主体化表现了这一代人的最高激情："早期的我，用我的灵魂、用整个人经历着这场革命。"一个忠诚地投入这场神圣任务当中的人，他就是人权和公民权福音的携带者。

通过这几点，我们看到法国经历了好几种身份特征；历史的问题既不是身份的连续也不是身份的接合点。卡佩的"王朝与皇族身份"被强加于宗教战争之上；路易十四的专制主义使君主专制的身份达到顶峰；"革命身份"使国王个人的神圣加冕向国家的集体加冕发生巨大转变；最后还有共和国的身份，这一身份从 19 世纪 80 年代开始，并在德雷福斯案件中被具体化，而且，因为也正是因为这件事才将这件社会杂谈变成国家身份的大熔炉。

共和国身份

共和国身份，在这里我们很高兴（这个问题我们一直在别的地方加以分析）重新提起这个构成其独特性的原则。这一身份既像 19 世纪后半叶整个欧洲国家神话的加强，又像最古老民族国家中的一个变量。

首先，就像我们经常所说的那样，这是一个综合产物。在共和制和国家思想最终绝对的身份识别构成中，不仅有意识形态的一面，而且还有历史的一面。这也构成了这一身份所有的后来影响。这一身份的识别，除了政治构成和象征以外：一方面，要求收复过去几个世纪君主制的集体意识；另一方面，确定同德国国家身份相对的法国国家身份特征。正是这一点为历史提供了在国家公民意识形成当中的优先权，并将这一优先权变成同价值观不可分离的人道主义文化，即文化价值和共和国身份价值的主轴。这就是这种文化给今天留下灾难的原因。因此历史形成了我们今天所说的"国家史诗"的形式。那是因为历史结合了一部恰当的叙事组织原则（走向共和国统一之路）和每个人的能力，是孩子们都有在集体动荡多变的经历中找到投放自己身影的能力。在这部国家史诗当中，拉维斯的《法国历史》，无论大小，都成为典型的表述。依然是战争，成为国家史诗的构成因素，成为 1918 年战争胜利的节点，构成一个完美的结局，将共和制国家合法化。在此之前，法国人从没有像今天这样对自己的历史感到如此满意。一个悲剧式的讽刺，就是和平，就是从阿尔及利亚战争结束以来一直统治着法国的和平，也许这就是法国集体身份特征最扰乱人的因素。

相对欧洲其他国家来说，最能清晰表现法国国家身份特性的，是 1905 年法律，它最终分离了国家身份特征和宗教问题。这种分离实际上产生两种强烈的影响。第一个影响是经过德雷福斯案件之后，重新确定了左派和右派。通过这一重大分化，每个政治阵营都在开始寻找自己在国家身份政治当中的定位。在国家生活深处，存在着一个左派的法国和一个右派的法国。三十几年来，正是左右两派之间冲突的减弱，并逐渐变得模糊以及构成共和国身份特征模糊不清的一个最清晰的迹象。第二个影响是法国世俗化，而且规模越来越大。在启蒙思想、理性思想、民主思想和教育当中，共和制的市民宗教最终将小学教育同国家身份特征的基础连接起来。没有任何一个国家在学校当中付诸如此大的力量。如果说今天要指出国家身份的重要问题，几乎是唯一，也许是最令人担忧的问题，那就是小学教育。正是根据这些已知条件，伊斯兰教作为法国第二大宗教进入法国，才引起如此严重的问题。从原则上说，伊斯兰教没有区别政治和宗教的关系，这提出了一个基督教认为早已解决了的问题。新一局又开始了，而且是以加速的方式开始；其实这一局在法国的穆斯林人当中早已大范围地开始了。

共和—国家的概念还有一个区别欧洲其他国家的特征，那就是主导了殖民经历的法国式普世主义。殖民统治成为法国共和制无法补偿的罪行。最大的罪过，是法国共和制最重要的虚伪表现。整个欧洲都同共和制法国一样经历过殖民统治，的确，同欧洲其他国家相比（除英国以外，但形式不同），法国在海外的举动投入更多的力量和它自己的意识思想，即使这种意识形态本身被深刻地分化了。象征性地将克里蒙梭的反殖民主义（"我的爱国主义在法国"）同茹费里扩展主义辩护（这种辩护是以"高级种族"文明教化者义务的名义进行的）对立起来，已经变成很普通的事情了。在这里，存在着当代价值观和对历史事实当代评判的一个重要回顾。从整体上说，其实是忘记了这样一个事实：正是激进左派以进步主义思想发展了共和制的殖民现象，饶勒斯以殖民统治和滥用殖民统治的罪名被判处就证明了这一原则。左派在阿尔及利亚独立思想上的转变非常缓慢。同时，这也意味着忘记了殖民统治从历史的角度看在于为共和制度提供一个合法性，证明共和制向法国归还了君主制让法国失去的东西，向殖民地的人输出使他们要求独立的思想。这不是目的，而是事实，是共和主义普世思想的影响。

变化

现在我们来看一下法国三四十年以来历史身份摇摇欲坠、普遍动荡不安的现象①，这是最基本的事实。这是让法国从一种国家类型过渡到另一种国家类型的转变。即从一个政权国家，一个战争国家，一个以农业为主、基督教、帝国主义和救世主式的国家变成一个涉及各个领域依然在痛苦中寻找自我的法国。人们自愿将这种新的身份类型称为民主制，条件是在这个词中不含有让共和主义感到怪异的一种模式的胜利［即相对于法国模式来说的美国模式的胜利，就像吉尔斯·德布雷（Régis Debray）在 20 世纪 80 年代将两种模式对立起来分析那样］，而是共和制模式本身的历史变化。简单地说，这一变化就像跷跷板似的：由于一系列的历史原因，共和—国家的身份特征遭到破坏（因为两者的对立毫无意义），各种社会身份制度在悄悄地上升（为了不使用"爆发"这个词），这个体制承载了"共同体"（être-ensemble）各种形式深刻的变动。

模式衰弱

我们早已指出，自阿尔及利亚战争结束以来，和平曾经是传统模式转变最

---

① 关于这一议题的进一步扩展，cf. différents textes des *Lieux de mémoire*, en particulier «La nation mémoire», conclusion du t. Ⅱ, *La Nation*, vol. 3, *La Gloire-Les Mots*, op. cit. pp. 647 - 658, ainsi que «Comment écrire l'histoire de France?» et «L'ère de la commémoration», en tête du tome Ⅲ, *Les France*, vol. Ⅰ, *Conflits et partages*, op. cit., pp. 9 - 32, et en conclusion générale, vol. 3, *De l'archive à l'emblème*, op. cit., pp. 977 - 1012。

有力的因素之一。如果这是事实的话，那是因为和平确实涉及一个世纪以来法国经历过三次战争的影响。这三次战争都是以失败结束的，但是失败的结局被掩盖了。正是因为这个原因，三次战争不同的后果是最具破坏性的。德国纳粹的崩溃，甚至苏联共产主义崩溃，被认为是整个欧洲的自我毁灭，是 20 世纪所有邪恶的模板。只有在这一切发生之后，1918 年的胜利才显示出它的虚假性。1945 年的胜利以及戴高乐将军成功地确保了法国在世界强国中的地位，这些也只是让人忘记了 1940 年彻底失败的那段历史。20 世纪 70 年代初这一切刚刚消失，就出现了贝当时期和占领时期的法国这样黑色的记忆。1962 年战争，戴高乐将军采取了一切措施，比如，让法国进入核俱乐部，促进法国经济的崛起，让法国人忘记在阿尔及利亚的全面溃败。尽管如此，像雅克·贝尔克（Jacques Berque）所指出的那样，"失去对世界的占有"，也就是法国帝国主义扩展的结束，回归到法国六角形本土（这个词在那个时代，就像它在失去阿尔萨斯—洛林地区以后诞生时候那样特别流行），这标志着法国身份基石的全面重组。

　　这种重组通过法国自上而下的双重爆发表现出来。自上而来的爆发，就是 1976 年来自布鲁塞尔的"法国第一个经济学家"进入总理府，似乎确定了法国加入欧盟整体规划。这对一个习惯于只听从自己想法的国家来说，这是一个要服从国际规范而进行艰难调整的学习过程。接下来还要改变或放弃所有有关主权的参考系数，比如，领土、边界、兵役、货币等。自下而来的爆发，就是推动集权下放，通过 1982 年《德菲尔法》（loi Defferre）减弱政府监督权力。与此相呼应，在完全不同的制度中，各种权力和控制形式，无论是家庭的、教会的还是党派的，都在逐渐分化，其中包括 1968 年 5 月学生运动的爆发。现在回顾起来，这似乎是一个出发点。个体肯定的普遍运动大大超出了国家范畴，但是在这样一个法国，就像米西尔·科洛吉耶（Michel Crozier）所说的，作为"指挥地"的法国，这次全面运动显示了它的独特性。

　　伴随着国家身份这一固定表达方式的模糊表述，还有一个国家内部现象，这一现象进一步动摇了法国传统身份特征的稳定性。这就是法国结束了农业国的身份。直到第二次世界大战结束，法国一直都是农业人口占多数的国家，这一点同它的那些重要的工业邻国不同。在辉煌的 30 年当中，农业从业人口比率迅速下降，到 1975 年——这一直是一个具有象征性的界定年份——农业人口比率下降到 10% 以下。而且农民人数比农业生产者的人数还要少。旧的农民阶级开始消亡，同时伴随着传统工人阶级的消亡。这种消亡同梵蒂冈第二次公议大会和普遍抛弃基督教信仰的影响比较接近。在阿尔及利亚战争之后的几年中，这种现象显得更加动荡不安。在那些年中，法国将要面临新一种类型的移民，这批移民基本上来自马格里布等地，他们突然而来，而且很难管理。这批移民的宗教同以前基督教和犹太人移民的宗教极为不同，他们的文化更难以归服于法国传统法律和习俗。这使融合机制的弱化变得更加明显。

20世纪70年代，从那个时候起人们开始谈论"乡村记忆"，乡村"民族学"。在这一时期，皮埃尔·雅克兹·艾利亚斯（Pierre Jakez Hélias）的《骄傲的马》和埃马纽埃·勒·华·拉杜里（Emmanuel Le Roy Ladurie）的《蒙塔尤：奥克村庄》取得了巨大的成功，使"乡村记忆"变成一件非常明显的事情。这种记忆也只能依靠学术或情感的重建才得以生存，就像1972年民间艺术和传统博物馆的展览所证明的那样。恢复记忆的第一个要求就是建立在这个主题之上，它的确具有深远的意义。遗产的第一次"民主"革命也是建立在乡村这一主题基础上。这个词在那时是属于城堡、大教堂的世界，属于精神与艺术的重要创作。而现在却躲藏在民歌、老祖宗的摆杆步犁、夏季进山放牧的道路及村落洗衣池的背后。我们又怎么能不将这种现象同1974年雷纳·杜蒙（René Dumont）作为总统候选人结合起来思考呢？换句话说，这难道不是国家生态主义的崛起吗？

将想象重新根植于一个遥远的事物上，确切地说，这表明了人们最终以意想不到的方式远离了历史。我们也可以说，德斯坦继任总统以后更间接地加强了这种遥远的寻根现象。那时德斯坦还是一个年轻的经济学家，出身大中产阶级，专家政治论者，巴黎人，内心深处具有欧洲人的思想，支持"缓解争端"的政治生活，他的7年任期反映了"变化"和"现代性"。他登上了政权最高峰的时候，正是法国人完全深入这种失落而重新找寻自己根源深处的时候，所以人们对他的政治并不感到陌生。让大家感到吃惊的是，在1980年，德斯坦自己产生一种致力于收复遗产的思想，这时，这种深入的找寻才重新浮出了水面。

德斯坦7年任期中造成"身份"的断裂，从象征意义上看，这种断裂发展得更远，随着我们通常所说的"戴高乐—共产主义"的结束，使一种具有很大规模、具有长远意义、看不到却对国家身份起决定作用的现象变得明显起来，那就是，在国家势力减弱，难以跻身于中等强国之列的背后，伟大历史开始撤退。

长期以来，而且一直如此，法国可以为曾经列于世界强国而骄傲，因为拥有欧洲（曾经是世界中心）历史和形成大多数先锋经验而骄傲。这个国家经历了十字军东征、封建制度、民族国家、专制君主制度、启蒙运动、法国大革命、独裁统治直至殖民帝国。法国自己的历史传说，它自己从维钦托利到戴高乐这部著名的"国家史诗"，被编写进这长长的历史画卷当中。其中，国家承载了自 18 世纪以来的进步，正好同理性和文明相协调。然而，从 1918 年以来，除了反弹和反冲以外，法国再也没有经历大的历史震荡。尽管西方共产党的存在越来越强烈，但却没有社会革命；尽管民族主义极端右派传统一直让人感到战争的威胁，但却没有纳粹独裁统治；因为还没有真正的工业和金融革命，所以没有像 1929 年那样真正的危机。20 世纪六七十年代，大众文化和消费社会的到来，标志着人们进入了一个共同体。全球化进一步迫使法国接受一些超出其范围的标准，迫使它过时的特殊身份特征在西方模式中开始解体崩溃。总之，对法国来说，这是一段再也没有智慧，也没有英雄主义和承载普世价值理性思想的历史。

在 20 世纪 40 ~ 70 年代这段近 30 年的历史中，戴高乐主义和共产主义，这两种对称、相互矛盾而又互相补充的现象可以掩盖一定的现实。这两种思想以自己的方式，保留了法国依然拥有伟大的历史和伟大的命运这样的幻觉。尽管分量不同，但它们却融合了构成法国当代历史的两个重要主题：国家和革命。关于这一点，两种思想都能推出一个关于国家历史集中、具有综合性、尚且合理而且具有希望的说法。自这两种思想同时消失以来，法国再也没有重新恢复原状。

自此以后，没有任何一个国家计划能够强制执行实施。社会主义计划不行，因为当左派的意识形态尤其是马克思主义几乎要消耗殆尽的时候，左派在政治上已经取得了政权；欧洲计划也不行，因为当欧洲计划再也无法满足一个扩张的法国发展模式的时候，法国人对它的计划已经不感兴趣了。从这一点看，1992 年《马斯特里赫特条约》的签订是一个决定性的标志。自由派的计划更不行，1986 年去国有化运动只是暂时产生的影响；国家主权计划也行不通，因为这一计划显得那么古老落后，而且是一种自杀式的计划；生态主义计划也不行，因为不同于其他国家，比如，德国，这个计划似乎显得过于理想化，被怀疑有左派的倾向，在今天看来有些反动。法国知道有将来，但却没有看到希望，这就是法国人悲观的原因，这不是个人的悲观主义，而是整个集体的悲观思想，或者也可以说是历史性的悲观主义。

这种政策上的枯竭并不意味着国家情感的消失，却表达了国家情感的变化，并将这种情感转移到统一和文化层面的多样性上，比如，语言、习俗、风景等。至少，人们不是想，而是幻想。我们甚至敢这样说：情感主义替代了国家情感，史诗成了浪漫曲。这正是勒南对国家这个概念所定义的原则。人们到处引用这个定义，但是它听起来如同一个呼唤，一声丧钟。"已经共同完成了重大事情，希望依然能够如此。"这是对先辈的崇拜，每天都在进行全民表决。勒南的国家理念是以两个概念的结合为基础，而我们却恰恰将它们分离，这两个概念就是：作为遗产的国家和作为计划的国家。历史不再是未来的保证，历史承载主体的缺失，这就是国家身份严重"危机"最关键的一点，而不是其他别的东西。

各种身份体制

我们可以说，现今的形势有所改善，因为出现了"国家身份"这个概念，这个概念处于两种现象的交叉处：一种是国家—共和制身份的弱化（是衰弱而不是消失）；另一种是我们所说的多种身份体制的到来。

这些身份特征的兴起同各种少数派普遍获得自由有关，同各种性质（包括社会、性别、宗教及外省）少数派的解放和内部去殖民化运动有关，这些少数派自己的历史曾经因为国家普遍同质化的历史而被边缘化，并割抛，最后只能变成家族生活、个人或私人的历史记载。这些少数派往往不自知，突然间产生了自我意识，肯定了他们的存在，通过人们所说的"收复"或者"重新适应"他们过去而确保他们的不同点。直到20世纪70年代，被处以绞刑的贵族后代、人民公社遭到枪决的子孙或者20世纪30年代来到法国的波兰犹太人的后裔，他们承接着同一部也是唯一一部历史："我们高卢祖先。"尽管这部历史版本不同，但却带有明显的教育表达方式。正是这双重归属记录构成了共和国家的集体身份，而最终遭到破坏的也是这双重记载。长期以来，我一直在描述这种现象，尤其在《记忆场所》结尾部分。但是在这里我还是要重提这一现象的主要原则，甚至要强调这一现象的发展变化和结局。

如果说"记忆"这个词很自然地用来描述这些少数群体自我意识和存在自主性特征，以至于现在达到过度普遍化的程度的话，那么毫无疑问那是因为这个词代表两个方面：一方面，这个词同历史对立。在法国，"记忆"这个词只有相对于历史争取到的力量而言才会产生力量。温情同理智对立，情感同理性对立，生活或者幻想经验同推理性重构对立。即使当记忆引起认识和学术开发愿望的时候，这种愿望也要臣服于远离记忆的批判性程序。另一方面，记忆曾经是"身份"的载体。这两个词非常接近往往可以相互转换。

30 年当中，这两个词（还应该加上"遗产"这个词，这个词反映了同样的范畴）的含义很奇怪地发生转变并丰富起来。这三个词都从个人的记载当中过渡到集体的记载当中，这正是引人关注的现象。如果说"集体记忆"的存在很难给出一个明确的定义的话，那么，它被强加了一个共同的含义。这一表述方式覆盖了一个赋予它责任和光环的语意场，即：从无意识到半意识，从习惯传统到回忆和见证，从被动的结合到坚定地确认。以前身份只具有描述个体特征的行政和侦探的意义；现在却具有归属一个团体的集体指定意义。对遗产这个词的发展变化也是一样。这个词很快从父亲或母亲所拥有的财产变成集体财产意识，完全变成具有比喻的含义，因为，现在有人在谈论语言遗产的同时也谈论生物遗产和机构遗产。

出现一种自我意识的内在新构局，这是共同运动的另一种组织结构形式，这种"共同性"使我们除了使用"身份"一词外不可能使用别的称谓，或者可以使用复数称谓，叫作"各种身份"。这更好，在描述这种新构局的循环当中，记忆、身份、遗产，这三个词相互依靠，互相参照。

在这一过程当中，法国"民主"身份在于自我意识的转变，这种自我意识是社会性而不是政治性的，是纪念性的而不是历史性的，是遗产性的而不是国家性的。"国家身份"的问题只是针对新一代的多重身份回归到法国身份这个问题而提出的；1985 年费尔南德·布隆岱尔（Fernand Braudel）出版了一本名叫《法国身份》的书，阐明了法国身份的独特性。一个"国家身份"，有些人对此猛烈抨击，因为它适用于国家思想；而另一些人对此极力维护，赋予它社会和文化具有同质性的内容，以此来反对那些同共和主义格格不入的人，尤其是那些移民。

群体的身份，从原则上说，同国家思想，至少同以雅各宾思想为基础的统治国家思想的发展不相容。否则的话，我们就不会理解，为什么那些很高兴确定科西嘉身份或者犹太人身份的人，会仅仅因为提到国家身份，或者国家记忆而立刻激动起来，大为冲动。或者相反，我们同样也不明白，为什么坚决维护纯正的国家与共和身份的人，一听到要忠实某种群体的身份传统这样的说法，会迫不及待地叫嚣集团主义。也许这是等级问题。但是，这些身份中的每一种身份的兴起都会对共和制国家传统的基本层面产生疑问，甚至使其遭到谴责。比如，确定犹太人的记忆和身份，自战争以来，就一直伴随着对法国的控诉，这个法国远非那个有过维希政府或者发生过德雷福斯案件（这些现象并不能损害犹太人同法国的联系）的法国，而是在中世纪有过基督教反犹主义的法国。对一些人来说，这是对同法国本身具有不可分割关系而且同法国是同体关系的反犹主义的控诉。关于女权主义，它应该同国家思想没有任何关系。尽管如此，对妇女身份特征记忆的挖掘在于在女人身上颠覆由男人编造书写的历史思想。至于殖民记忆，这是最后一个记忆，正是这种记忆更加深刻地揭露了共和传统，它的自由、平等和友爱，被奴隶制、压迫和种族歧视这些词所替代。殖民记忆直接引导人们烧毁了三色旗，为"马赛曲"喝倒彩。

所有关于身份的记忆，多多少少带有抗议性的、要求性的和控诉性的成分。这很正常，因为从其特性上说，少数群体的身份是受害者的身份；是那些没有历史权的人的历史。从这一点看，这些记忆带有一些同正义和道德相关的权威和特权。在这新的集体身份结构当中，对这些身份的肯定就具有很强的解放性和自由的特征。再远一点说，这些身份曾经是，现在也是在以它们自己的方式，要求法国的普世主义，反对那个对自己不忠、狭隘或者（借用一个固定的表达方式）已经发霉了的法国。

我们不可能不注意到，在国家内部，有多少身份和记忆诉求要求承认他们的请求。除了像布列塔尼和科西嘉岛等这样小民族主义外，其他都引起反响，包括最激进的要求，比如，要求被编入国家历史大典当中。那是需要有象征性、有法律、有宪法和政府官方话语权的。15 年来建立的国家纪念活动，从数量上看，比一个多世纪以来的数量多了一倍，但也只白白浪费了共和主义的纪念，或者只是表达了团体性质的要求、赎罪和忏悔（冬季赛车场大搜捕，人口贩卖和奴隶），一块一块分散到各个关于抗战的记忆领域当中（对在北非殖民地当地雇佣兵的纪念，印度支那和北非士兵的纪念）。重要的是这些纪念活动都是国家性质的。希拉克刚当选法国总统的时候，于 1995 年 7 月 16 日冬季赛车场大搜捕纪念活动上发表演讲，这使犹太人集团一小部分活跃分子可以提出司法请求，而这一请求曾经被密特朗总统坚决拒绝过，希拉克的演讲也承认了这不仅是维希政府的罪行，也是"法国"的罪行。所谓的纪念法的真正目的肯定不是强制手段下的有效性——即使 1990 年颁布的《盖松法》(loi Gayssot)，该法律的目的是惩罚否认犹太种族灭绝行为，因为现存的司法制度足以处决罗伯特·弗利松（Robert Faurisson）——，而是在于它们的象征性，在于宣布时的司法尊严和意见一致性："共和国承认阿梅尼亚种族灭绝屠杀行为。"

在这一点上，地方语言的情况尤其具有说明性。2008 年在宪法改革的时候，议会在凡尔赛宫召开，在第 75－1 条领土集体性中规定："地方语言属于法国遗产。"一些协会曾经为此抗争过，要求将这句话写入宪法第二条"共和国的官方语言是法语"之后。这条规定在宪法中的前后顺序的重要性，在历史中的意义，谁能看不到呢？这个规定呼应了 10 年前法国政府拒绝签订"欧洲地方语言和少数民族语言宪章"。这一宪章是想将那些"非领土"语言，但是在法国依然被一些群体使用的活的语言，比如，意第绪语、阿拉伯语、柏柏尔语等同纯粹意义上的地方语言联合起来。目前这场抗争输赢各半，但是它对确定国家身份的意义却十分清楚。这场抗争还在继续。

这些记忆身份的抗争并没有掩盖它们的多样性、各个层次的细微差别、不同侧面、历史依靠以及让它们表达现实异常复杂模糊不清的社会构成。比如，的确存在犹太人的记忆和身份特征，那是从战争以来就构成的记忆和身份。我们可以为这一身份和记忆的形式及特殊发展过程做一描述，我也曾经试着这样做过①。但是，相对法国来说，怎么能不考虑分离这一群体不同成员（甚至他们彼此之间都不相识）会造成的敏感裂痕，怎么能不考虑穿过每个原始群体内部的界限，而这条界限往往也是他们自己内部的界限呢？当然也有女性的记忆和身份特征，对于这一点，妇女解放运动早已表现出来。谁能对世界观、社会观、政治观和人类两性关系的差异视而不见呢？正是这种差异产生了妇女内部关于存在两性相互补充与否的观念之差。至于殖民记忆，这是最能触及共和国、国家、法国根本记忆的。在所有存在的关系，同殖民地的关系和同法国的关系当中，如何能够看不到到底是谁分离了——开始是马格里布、非洲和安第列斯的殖民地的人——这些古老的殖民地呢？

而且，这只是一些明显的具有指示性的区别，目的是得出以下结论：因为无法衡量这些记忆身份新的要求，所以也就无法明白今天为什么以及如何提出"国家身份"这个问题；因为没有考虑这个力量场动态的、流动的、变化的、具有冲突性而又在不断重组重构的特性，所以只能盲目地参与。为此，由上层

---

① 参阅前一章提到的内容。

决定的国家身份的讨论也只能导致狭隘的善恶二元论。这也是最近几年关于国家身份的讨论所产生的最根本的现实，同时在原则上造成这场讨论无法控制的状况，产生极其危险的后果。这场讨论将移民和穆斯林教徒看成法国国家的他者；这是一个只根据自己情况来反思自己的法国。相反，这个新的民主身份的关键词本应该更加全面，应该像在所有民主制度中一样具有：特殊形势的内在理解性、具有协商性、公断性、问题等级化、决定权的清晰化。

受威胁的历史

在新的身份结构布局中，受到威胁最大的是历史，首先是国家历史。这不仅是在最近的方面，通常我们所说的"敏感"方面，因为，这些方面最有可能被注入特殊群体记忆的利益当中。我这里说的是更广泛的方面，是在同过去的关系当中那种连续性的情感和对不同时间的意识。

从原则上讲，多种身份时代的发展会冲击民族主义伤疤的国家历史。事实是，在民族主义（无论是左派的还是右派的）得以确定的最美好时期，历史变成科学。因此鉴别他们的身份，只有一步之遥。比如，最近重新出版了拉维斯的《法国历史》，这部历史阐明了科学实证主义同对祖国狂热的崇拜之间密切的相互渗透的最大罪行，只要阅读一下相关评论（这些评论有时发表在最有权威的报纸上），人们很快就会得出这样的结论：一些心怀不轨的历史学家不会去寻找1870年战后德国那段科学历史的秘密来更好地论证奴隶制和殖民主义。我们很难接受这样的说法：谈论国家、法国、历史或者国家身份不一定是在谈论民族主义。也许在民主身份类型中存在一段"法国的历史"？

多种身份时代有将时代封闭在一个永恒的现在当中的倾向。也许，在人权哲学（被简化成个体哲学）和国家历史思想（尽管这是最遭评论也是最有问题的思想）之间存在某种不相容性。从受害者的角度看，被授予一些特权、启发他的道德主义，两者结合起来磨灭了时间的差异，对过去的评价给予了情感和道德上的优先权，同时注入了今天的价值评判。奥斯德立兹纪念成为拿破仑早已在海地恢复奴隶制时的丑闻，而且这不是他唯一的罪行。

最近30年还发现，问题重新回到国家历史的重要时期。具体地说，就是最能深刻反映国家身份的时期，比如，维希政权时期、法国大革命时期、1914～1918年战争、殖民主义时期等。维希政府的形象在法国记忆和历史文献当中曾经轰动一时，其中1973年罗伯特·帕克顿（Robert Paxton）出版了一本书，标志着这一现象的起点。书中介绍了各种相关研究和讨论会，阐述了维希政权的反犹政策及其在犹太人集中营中所要承担的历史责任，并深入分析了构成其机构的意识形态。法国大革命200周年纪念，它的官方版本主要是寻求保留人权遗产，但无论从哪方面看，都让恐怖时期所犯的罪行浮上水面，让人们看到了同革命思想、同9月的大屠杀及旺代的"灭绝"行为相互联系的逻辑思想。

另外，20世纪最后几年，法国纪念工业蓬勃发展，同时积极动员历史为现在服务，我们不可能不将这两种现象联系起来。从这一方面看，1998年是最丰富最有意义的一年，因为三个重要的时间在这一年重合。这三个时间，每个时间都具有强烈的象征性，每个时间都构成国家身份的交叉点，这就是：南特敕令颁发400周年纪念；废除奴隶制150周年纪念；1918年停战80周年纪念。

在这三种纪念当中，反映了同样的运动。南特敕令，尽管违背历史潮流甚至有些过时，却提供了庆祝民主制度的重要品质，比如，意识自由、公民平等、世俗化、宽容等。它甚至像是国家身份民主构成的基本契约，通过扩大基本权利来解决冲突的一种模式。废除奴隶制的纪念曾经是殖民记忆飞跃最重要的一个标志性时间，是集中于大西洋条约及固定形象构成的重要标志性时间。3年以后，《托比拉法》（loi Taubira）将此定为反人道主义罪行。但是，停战纪念却是让历史继承失去资格影响最深的时刻。影响最深的是，11月5日时任总理若斯潘发表演说，呼吁"将1917年的反抗重新融入集体记忆当中"，这句话很快被媒体诠释为一种"恢复名誉"，因为克拉奥纳市市长曾揭露这场贵妇行径（Chemin des Dames）之役是"第一个一直未受到惩处的反人道罪行"。直到那时，这场战役一直被认为是英雄主义的高峰。而结果是，神圣爱国主义的极点却最终揭示了国家现实，即：大众罪行。

作为愤怒表现的最高阶段，回顾历史当中的反人道主义罪行，这是历史审判当中典型的不合时代要求的道德主义。人们是否还记得，在战后，为确定当时的罪行而产生了一个理念，那个没有对当时所有人采取共同措施、可以让这些罪犯延存在这个世界上的理念？这个概念经历了重大的转变和发展，为解决以往的问题，为历史中普遍的罪行打开了一扇大门，直到民众舆论响起了警钟，历史学家有所行动才结束。但愿在这些罪行的始作俑者受到惩罚的同时，历史学家也能接受同样的惩罚，因为是这些历史学家引起这些问题，对此加以讨论并平衡此事。这种惩罚本身对于他们个人来说并不重要，但是却表明这种惩罚转移对社会和精神所产生的风险，以及这种结果的荒谬性。一个具有多种身份的社会，只有当历史学家自己成为记忆的活动者的时候才会对它有所容忍。

我们再进一步讨论记忆的任意性，这种任意性可以长期潜伏迂回，也可以在人意想不到的时候苏醒并爆发出强大的力量。这是事实。这些受过伤害、要求还以公正、要求被承认、要求被载入国家史册当中的记忆，它们什么时候改变了方向，成为过分要求的借口，成为压迫工具的借口，甚至成为要挟，而同记忆、同历史没有任何关系了呢？

这时就有必要诉求历史，历史学家就可以为他们的职业进行辩护，甚至，从民主的意义上说，可以为民主所交给他们的任务辩护。

民主身份要求记忆冲突和对立普遍化。在记忆的内战中，除了裁决与和平两个法庭外什么都没有：政治话语不起作用，除非它承载着道德权力。而时间就是历史。在这里，我们可以进一步说，与以往的历史学家不同，当代的历史学家是在生者的眼皮下工作，没有任何突出地位。而以往的历史学家是被禁止分析现实，只研究那些不可能有反应的死者。人们不禁要问，作为历史学家，确切地说，是否在试图解脱现实压力，试图从一定高度采用自己的形式，"眺望远方"。自从亨利·德·拉·波贝利尼尔（Henri de La Popelinière）以来，所有的条件都发生了改变。波贝利尼尔是宗教战争时期法国首批历史学家之一，他本人是胡格诺教徒，他要求希望"观察同时期事务"的历史学家"摆脱一切"，"公正地对待每一个人，没有原谅，没有怜悯，没有耻辱；强硬、顽强、不退让"。

索　引

历史丛书

一 已出版著作

ALAIN DEWERPE : *Espion. Une anthropologie historique du secret d'État.*

HICHEM DJAÏT : *La Grande Discorde. Religion et politique dans l'Islam des origines.*

GEORGES DUBY : *Guerriers et paysans, VIIe-XIIe siècle.*

GEORGES DUBY : *Le Temps des cathédrales.*

GEORGES DUBY : *Les Trois Ordres ou l'Imaginaire du féodalisme.*

GEORGES DUBY : *Dames du XIIe siècle, I. Héloïse, Aliénor, Iseut et quelques autres.*

GEORGES DUBY : *Dames du XIIe siècle, II. Le Souvenir des aïeules.*

GEORGES DUBY : *Dames du XIIe siècle, III. Ève et les prêtres.*

ALPHONSE DUPRONT : *Du sacré. Croisades et pèlerinages. Images et langages.*

ALPHONSE DUPRONT : *Le Mythe de croisade* (4 volumes).

MICHEL FOUCAULT : *Histoire de la folie à l'âge classique.*

MICHEL FOUCAULT : *Surveiller et punir.*

MICHEL FOUCAULT : *Histoire de la sexualité, I. La Volonté de savoir.*

MICHEL FOUCAULT : *Histoire de la sexualité, II. L'Usage des plaisirs.*

MICHEL FOUCAULT : *Histoire de la sexualité, III. Le Souci de soi.*

BÉATRICE FRAENKEL : *La Signature. Genèse d'un signe.*

GILBERTO FREYRE : *Maîtres et esclaves.*

FRANÇOIS FURET : *Penser la Révolution française.*

MARCEL GAUCHET : *La Révolution des droits de l'homme.*

MARCEL GAUCHET : *La Révolution des pouvoirs.*

BRONISLAW GEREMEK : *La Potence ou la pitié.*

JACQUES GERNET : *Chine et christianisme. Action et réaction.*

JACQUES GERNET : *L'Intelligence de la Chine. Social et mental.*

PIERRE GIBERT : *L'Invention critique de la Bible, XVe-XVIIIe siècle.*

CARLO GINZBURG : *Le Sabbat des sorcières.*

CARLO GINZBURG : *À distance. Neuf essais sur le point de vue en histoire.*

AARON J. GOUREVITCH : *Les Catégories de la culture médiévale.*

G. E. VON GRUNEBAUM : *L'Identité culturelle de l'Islam.*

SERGE GRUZINSKI : *La Colonisation de l'imaginaire.*

BERNARD GUENÉE : *Entre l'Église et l'État. Quatre vies de prélats français à la fin du Moyen Âge.*

BERNARD GUENÉE : *Un meurtre, une société. L'assassinat du duc d'Orléans, 23 novembre 1407.*

JEAN GUILAINE : *Caïn, Abel, Ötzi : l'héritage néolithique.*

LAURENT GUYÉNOT : *La Mort féérique. Anthropologie du merveilleux, XIIe-XVe siècle.*

ROGER HAHN : *Le Système du monde. Pierre Simon Laplace.*

FRANÇOIS HARTOG : *Le Miroir d'Hérodote. Essai sur la représentation de l'autre.*

FRANCIS HASKELL : *Le Musée éphémère. Les Maîtres anciens et l'essor des expositions.*

E. J. HOBSBAWM : *Nations et nationalisme depuis 1780. Programme, mythe, réalité.*

OLIVIER IHL : *La Fête républicaine.*

GÉRARD JORLAND : *Une société à soigner. Hygiène et salubrité publiques en France au XIXe siècle.*

PHILIPPE JOUTARD : *La Légende des camisards.*

ERNST KANTOROWICZ : *L'Empereur Frédéric II*.

ERNST KANTOROWICZ : *Les Deux Corps du roi. Essai sur la théologie politique au Moyen Âge.*

AVIAD KLEINBERG : *Histoires de saints.*

ANNIE KRIEGEL : *Communismes au miroir français.*

JACQUES KRYNEN : *L'Empire du roi. Idées et croyances politiques en France, XIIIᵉ-XVᵉ siècle.*

JACQUES KRYNEN : *L'État de justice. France XIIIᵉ-XXᵉ siècle, I. L'Idéologie de la magistrature ancienne.*

JACQUES KRYNEN : *L'État de justice. France XIIIᵉ-XXᵉ siècle, II. L'emprise contemporaine des juges.*

RICHARD F. KUISEL : *Le Capitalisme et l'État en France.*

JACQUES LAFAYE : *Quetzalcoatl et Guadalupe.*

DAVID S. LANDES : *L'Europe technicienne ou le Prométhée libéré.*

JACQUES LE GOFF : *Pour un autre Moyen Âge.*

JACQUES LE GOFF : *La Naissance du Purgatoire.*

JACQUES LE GOFF : *L'Imaginaire médiéval.*

JACQUES LE GOFF : *Saint Louis.*

JACQUES LE GOFF : *Saint François d'Assise.*

EMMANUEL LE ROY LADURIE : *Le Territoire de l'historien, I et II.*

EMMANUEL LE ROY LADURIE : *Montaillou, village occitan, de 1294 à 1324.*

EMMANUEL LE ROY LADURIE : *Le Carnaval de Romans.*

GIOVANNI LEVI : *Le Pouvoir au village.*

MOSHE LEWIN : *La Formation du système soviétique.*

ANDREW W. LEWIS : *Le Sang royal.*

BERNARD LEWIS : *Le Retour de l'Islam.*

BERNARD LEWIS : *Race et esclavage au Proche-Orient.*

GUY LOBRICHON : *Héloïse. L'amour et le savoir.*

CATHERINE MAIRE : *De la cause de Dieu à la cause de la Nation. Le jansénisme au XVIIIᵉ siècle.*

ÉLISE MARIENSTRAS : *Nous, le peuple. Les origines du nationalisme américain.*

HENRI MASPERO : *Le Taoïsme et les religions chinoises.*

SANTO MAZZARINO : *La Fin du monde antique. Avatars d'un thème historio-graphique.*

JULES MICHELET : *Cours au Collège de France, I. 1838-1851.*

JULES MICHELET : *Cours au Collège de France, II. 1845-1851.*

ARNALDO MOMIGLIANO : *Problèmes d'historiographie ancienne et moderne.*

ROBERT MORRISSEY : *L'Empereur à la barbe fleurie. Charlemagne dans la mythologie et l'histoire de France.*

CLAUDE NICOLET : *Le Métier de citoyen dans la Rome républicaine.*

CLAUDE NICOLET : *L'Idée républicaine en France.*

CLAUDE NICOLET : *Rendre à César.*

THOMAS NIPPERDEY : *Réflexions sur l'histoire allemande.*

PETER NOVICK : *L'Holocauste dans la vie américaine.*

PIERRE NORA : *Présent, nation, mémoire.*

DANIEL NORDMAN : *Frontières de France. De l'espace au territoire, XVIᵉ-XIXᵉ siècle.*

OUVRAGE COLLECTIF (sous la direction de FRANÇOIS FURET et MONA OZOUF) : *Le Siècle de l'avènement républicain.*

OUVRAGE COLLECTIF (sous la direction de JACQUES LE GOFF et PIERRE NORA) :
Faire de l'histoire, I. Nouveaux problèmes.
Faire de l'histoire, II. Nouvelles approches.
Faire de l'histoire, III. Nouveaux objets.

OUVRAGE COLLECTIF (sous la direction de PIERRE NORA) : *Essais d'egohistoire.*

OUVRAGE COLLECTIF (sous la direction de PIERRE BIRNBAUM) : *La France de l'affaire Dreyfus.*

MONA OZOUF : *La Fête révolutionnaire.*

MONA OZOUF : *L'École de la France.*

MONA OZOUF : *L'Homme régénéré.*

GEOFFREY PARKER : *La Révolution militaire. La guerre et l'essor de l'Occident, 1500-1800.*

OLIVIER PÉTRÉ-GRENOUILLEAU : *Les Traites négrières. Essai d'histoire globale.*

MARC PHILONENKO : *Le* Notre Père. *De la prière de Jésus à la prière des disciples.*

JACQUELINE PIGEOT : *Femmes galantes, femmes artistes dans le Japon ancien, XIᵉ-XIIIᵉ siècle.*

MAURICE PINGUET : *La Mort volontaire au Japon.*

KRZYSZTOF POMIAN : *L'Ordre du temps.*

KRZYSZTOF POMIAN : *Collectionneurs, amateurs et curieux. Paris, Venise : XVIᵉ-XVIIIᵉ siècles.*

KRZYSZTOF POMIAN : *Des saintes reliques à l'art moderne. Venise-Chicago, XIIIᵉ-XXᵉ siècle.*

KRZYSZTOF POMIAN : *Ibn Khaldûn au prisme de l'Occident.*

ÉDOUARD POMMIER : *L'Art de la liberté. Doctrines et débats de la Révolution française.*

ÉDOUARD POMMIER : *Winckelmann, inventeur de l'histoire de l'art.*

DOMINIQUE POULOT : *Musée, nation, patrimoine, 1789-1815.*

GÉRARD DE PUYMÈGE : *Chauvin, le soldat-laboureur. Contribution à l'histoire des nationalismes.*

ROLAND RECHT : *Le Croire et le Voir. L'art des cathédrales (XIIᵉ-XVᵉ siècle).*

PIETRO REDONDI : *Galilée hérétique.*

ALAIN REY : *« Révolution » : histoire d'un mot.*

PIERRE ROSANVALLON : *Le Sacre du citoyen. Histoire du suffrage universel.*

PIERRE ROSANVALLON : *Le Peuple introuvable. Histoire de la représentation démocratique en France.*

PIERRE ROSANVALLON : *La Démocratie inachevée. Histoire de la souveraineté du peuple en France.*

JEAN-CLAUDE SCHMITT : *La Raison des gestes dans l'Occident médiéval.*

JEAN-CLAUDE SCHMITT : *Les Revenants. Les vivants et les morts dans la société médiévale.*

JEAN-CLAUDE SCHMITT : *Le Corps, les Rites, les Rêves, le Temps. Essais d'anthropologie médiévale.*

JERROLD SEIGEL : *Paris bohème, 1830-1930.*

GÉRARD SIMON : *Sciences et histoire.*

TIMOTHY SNYDER : *Terres de sang. L'Europe entre Hitler et Staline.*

CHRISTOPHE STUDENY : *L'Invention de la vitesse. France, XVIIIᵉ-XXᵉ siècle.*

KEITH THOMAS : *Dans le jardin de la nature.*

H. R. TREVOR-ROPER : *De la Réforme aux Lumières.*

ROBERT VAN GULICK : *La Vie sexuelle dans la Chine ancienne.*

FRANCO VENTURI : *Les Intellectuels, le peuple et la révolution.*

JEAN-PIERRE VERNANT : *L'Individu, la Mort, l'Amour.*

PAUL VIALLANEIX : *Michelet, les travaux et les jours, 1798-1874.*

ANATOLI VICHNEVSKI : *La Faucille et le Rouble.*

NATHAN WACHTEL : *La Vision des vaincus. Les Indiens du Pérou devant la Conquête espagnole (1530-1570).*

ALAIN WALTER : *Érotique du Japon classique.*

FRANCE A. YATES : *L'Art de la mémoire.*

二　插图历史丛书

SVETLANA ALPERS : *L'Art de dépeindre.*

ANTOINE DE BAECQUE *: L'Histoire-caméra.*

MICHAEL BAXANDALL : *L'Œil du Quattrocento.*

MICHAEL BAXANDALL : *Ombres et Lumières.*

ANDRÉ CHASTEL : *Le Sac de Rome, 1527.*

THOMAS CROW : *L'Atelier de David. Émulation et Révolution.*

GILBERT DAGRON : *Décrire et peindre. Essai sur le portrait iconique.*

MARC DESPORTES : *Paysages en mouvement. Transports et perception de l'espace, XVIIIᵉ–XXᵉ siècle.*

FRANCIS HASKELL : *De l'art et du goût. Jadis et naguère.*

FRANCIS HASKELL : *Mécènes et peintres. L'art et la société au temps du baroque italien.*

FRANCIS HASKELL : *L'Historien et les images.*

MICHEL JEANNERET : *Versailles, ordre et chaos.*

R. KLIBANSKY, E. PANOFSKY, FR. SAXL : *Saturne et la Mélancolie.*

DAVID S. LANDES : *L'heure qu'il est. Les horloges, la mesure du temps et la formation du monde moderne.*

ALAIN MÉROT *: Du paysage en peinture dans l'Occident moderne.*

OUVRAGE COLLECTIF (sous la direction de PIERRE NORA) :

    Les Lieux de mémoire, I : *La République.*

    Les Lieux de mémoire, II : *La Nation (3 volumes).*

Les Lieux de mémoire, III : *Les France (3 volumes)*.

OUVRAGE COLLECTIF (sous la direction d'ÉTIENNE FRANÇOIS et HAGEN SCHULZE) : *Mémoires allemandes*.

OUVRAGE COLLECTIF (sous la direction de RENÉ DE BERVAL) : *Présence du bouddhisme*.

ÉDOUARD POMMIER : *Théories du portrait. De la Renaissance aux Lumières*.

ÉDOUARD POMMIER : *Comment l'art devient l'Art dans l'Italie de la Renaissance*.

SIMON SCHAMA : *L'Embarras de richesses. La culture hollandaise au Siècle d'Or*.

JEAN STAROBINSKI : *L'Invention de la liberté, 1700-1789*, suivi de *Les Emblèmes de la Raison*.

MICHEL VOVELLE : *La Mort et l'Occident, de 1300 à nos jours*.

EDGAR WIND : *Les Mystères païens de la Renaissance*.

皮埃尔·诺拉著作目录

LES FRANÇAIS D'ALGÉRIE, *préface de Charles-André Julien*, *Julliard*, 1961; *rééd. Revue et augmentée, avec une préface de l'auteur, un document inédit de Jacques Derrida et un dossier critique, Christian Bourgois*, 2012.

DISCOURS DE RÉCEPTION À L'ACADÉMIE FRANÇAISE ET RÉPONSE DE RENÉ RÉMOND, *suivis des allocutions prononcées à l'occasion de la remise de l'épée*, *Gallimard*, *collection « Blanche »*, 2002.

PRÉSENT, NATION, MÉMOIRE, *Gallimard*, *collection « Bibliothèque des histoires »*, 2011.

HISTORIEN PUBLIC, *Gallimard*, *collection « Blanche »*, 2011.

同 Bernard Pivot 合著

LES MÉTIER DE LIRE. RÉPONSES À PIERRE NORA, *Gallimard*, *collection « Le Débat »*, 1990.

LE MÊME OUVRAGE, D'APOSTROPHES À BOUILLON DE CULTURE, *nouvelle édition augmentée*, *Gallimard*, *collection « Folio »*, 2001.

主编

LES LIEUX DE MÉMOIRE, *tome I*, LA RÉPUBLIQUE : SYMBOLES-MONUMENTS-PÉDAGOGIE-COMMÉMORATIONS-CONTRE-MÉMOIRE, *Gallimard*, *collection « Bibliothèque illustrée des histoires »*, 1984.

－，*tome* Ⅱ，LA NATION，*volume* 1，HÉRITAGE-HISTORIOGRAPHIE-PAYSAGES，*volume* 2，LE TERRITOIRE-L'ÉTAT-LE PARTIMOINE，*volume* 3，LA GLOIRE-LES MOTS，*Gallimard*，*collection « Bibliothèque illustrée des histoires »*，*1986*.

－，*tome* Ⅲ，LES FRANCE，*volume* 1，CONFLITS ET PARTAGES，*volume* 2，TRADITIONS，*volume* 3，DE L'ARCHIVE À L'EMBLÈME，*Gallimard*，*collection « Bibliothèque illustrée des histoires »*，*1993*.

LE MÊME OUVRAGE，*nouvelle édition en trois volumes*，*Gallimard*，*collection « Quarto »*，*1997*.

ESSAIS D'EGO-HISTOIRE，*Maurice Agulhon*，*Pierre Chaunu*，*Georges Duby*，*Raoul Girardet*，*Jacques Le Goff*，*Michelle Perrot et René Rémond*，*Gallimard*，*collection « Bibliothèque des histoires »*，*1987*.

Avec Jacques Ozouf，VINCENT AURIOL. JOURNAL DU SEPTENNAT，*1947 – 1954*，*tome* Ⅰ，*1947*；*tome* Ⅱ，*1948*；*tome* Ⅲ，*1949*；*tome* Ⅴ，*1951*；*tome* Ⅵ，*1952*；*tome* Ⅶ，*1953 – 1954*，*Armand Colin*，*1970 – 1079*；*tome* Ⅳ，*1950*，*avec CD*，*Tallandier*，*2003*.

－，VINCENT AURIOL. MON SEPTENNAT，1947 – 1954 : NOTES DE JOURNAL，*Gallimard*，*collection « Témoins »*，*1970*.

Avec Jacques Le Goff，FAIREDE L'HISTOIRE，*tome* Ⅰ，NOUVEAUX-PROBLÈMES；*tome* Ⅱ，NOUVELLES APPROCHES；*tome* Ⅲ，NOUVEAUX OBJECTS，*Gallimard*，*collection « Bibliothèque des histoires »*，*1974*.

多媒体

MICHELET，HISTORIEN DE LA FRANCE，*CD audio*，*Gallimard*，*collection « À voix haute »*，*1999*.

图书在版编目（CIP）数据

追寻法兰西 / （法）皮埃尔·诺拉（Pierre Nora）

著；刘文玲译. －－北京：社会科学文献出版社，

2017. 4（2018. 3 重印）

ISBN 978 - 7 - 5201 - 0332 - 9

Ⅰ. ①追… Ⅱ. ①皮… ②刘… Ⅲ. ①法国 - 研究

Ⅳ. ①D756. 5

中国版本图书馆 CIP 数据核字（2017）第 028825 号

追寻法兰西

著　　者 / 〔法〕皮埃尔·诺拉 （Pierre Nora）
译　　者 / 刘文玲

出 版 人 / 谢寿光
项目统筹 / 王　绯
责任编辑 / 曹义恒　孙军红

出　　版 / 社会科学文献出版社·社会政法分社 （010）59367156
　　　　　　地址：北京市北三环中路甲 29 号院华龙大厦　邮编：100029
　　　　　　网址：www. ssap. com. cn
发　　行 / 市场营销中心 （010）59367081　59367018
印　　装 / 北京季蜂印刷有限公司

规　　格 / 开　本：787mm × 1092mm　1/16
　　　　　　印　张：28　字　数：484 千字
版　　次 / 2017 年 4 月第 1 版　2018 年 3 月第 2 次印刷
书　　号 / ISBN 978 - 7 - 5201 - 0332 - 9
著作权合同
登 记 号 / 图字 01 - 2014 - 6222 号
定　　价 / 128. 00 元